中国社会科学院创新工程学术出版资助项目

归善斋《尚书》十诰章句集解

上卷

尤韶华 著

SENTENTIAL VARIORUM ON TEN ADMONISHMENT IN SHANGSHU

中国社会科学出版社

图书在版编目(CIP)数据

归善斋《尚书》十诰章句集解：全三卷／尤韶华著．—北京：中国社会科学出版社，2016.9

ISBN 978-7-5161-9219-1

Ⅰ.①归… Ⅱ.①尤… Ⅲ.①中国历史－商周时代②《尚书》－研究 Ⅳ.①K221.04

中国版本图书馆 CIP 数据核字（2016）第 258443 号

出版人	赵剑英
责任编辑	任　明
责任校对	郝阳洋
责任印制	李寡寡

出　版	中国社会科学出版社
社　址	北京鼓楼西大街甲 158 号
邮　编	100720
网　址	http://www.csspw.cn
发行部	010-84083685
门市部	010-84029450
经　销	新华书店及其他书店
印刷装订	北京市兴怀印刷厂
版　次	2016 年 9 月第 1 版
印　次	2016 年 9 月第 1 次印刷
开　本	710×1000　1/16
印　张	174
插　页	2
字　数	2662 千字
定　价	750.00 元（全三卷）

凡购买中国社会科学出版社图书，如有质量问题请与本社营销中心联系调换
电话：010-84083683
版权所有　侵权必究

自序
五四大街叙说的
历史：走向民生法制

《归善斋〈尚书〉十诰章句集解》，是《归善斋〈尚书〉章句集解》的第三册。第一册《归善斋〈尚书〉二典章句集解》、第二册《归善斋〈尚书〉三谟章句集解》已分别于2014年、2015年出版。这些著作均在五四大街北侧的沙滩完成。1984年伊始，笔者有幸就学、就职于此。五四大街见证了中国民族文化的中衰与复兴。中华民族复兴，关键在于民族文化的复兴，这已成为多数国人的共识。五四大街会继续见证并叙说这一发展过程。

在一次上班的路上，见着一位先生，要在沙滩站下车，说是欲到此游泳。此处虽不是辽阔的天然海洋，却是深邃的知识海洋，荡涤着多少国人的心灵。对中国传统文化的批判从此处肇端，第一个国学研究机构也在此处设立。叩问五四大街，它将会说，国学研究机构的创建者，也正是中国传统文化最早的批判者。20世纪30年代，曾有名士先后提出"汉字不灭，中国必亡"的见解，而今汉文化正在世界各地传播。

《尚书》是中国民族传统文化的渊源，而传统文化的历史传承，无疑应起于源头。鉴于分别出版，为方便读者了解《归善斋〈尚书〉章句集解》的总体结构，下列数段再与重申。在《归善斋〈吕刑〉汇纂叙论》的序文中提到，归善斋有三重含义，即汇集经学善解；《吕刑》导人向善；国学诸家合善。此外对学术善政也有所期盼。《归善斋〈尚书〉章句集解》，意在汇集众家之解，以供读者探觅其善，以免限于一家之言。《钦定四库全书》有五十余种《书》类著作，可分为以下几类。（一）基本上对《尚书》逐篇逐句解说，有（汉）孔氏撰，（唐）陆德明音义，（唐）孔颖达疏《尚书注疏》、（宋）苏轼《书传》、（宋）林之奇《尚书全解》、（宋）史浩《尚书讲义》、（宋）夏僎《夏氏尚书详解》、（宋）时澜《增修东莱书说》、（宋）黄度《尚书说》、（宋）袁燮《絜斋家塾书钞》、（宋）蔡沈《书经集传》、（宋）黄伦《尚书精义》、（宋）陈经《陈氏尚书详解》、（宋）钱时《融堂书解》、（宋）魏了翁《尚书要义》、（宋）陈大猷《书集传或问》、（宋）胡士行《胡氏尚书详解》、（元）吴澄撰《书纂言》、（元）陈栎《尚书集传纂疏》、（元）许谦《读书丛说》、（元）董鼎《书传辑录纂注》、（元）朱祖义《尚书句解》、（明）王樵《尚书日记》、（清）《御制日讲书经解义》。（二）对各篇的某些章句考据解说，有（宋）金履祥《尚书表注》、（元）黄镇成《尚书通考》、（元）陈师凯《书蔡传旁通》、（元）王充耘《读书管见》、（元）陈悦道《书义断法》、（明）梅鷟《尚书考异》、（明）马明衡《尚书疑义》、（明）袁仁《尚书砭蔡编》、（明）陈泰交《尚书注考》、（明）陈第《尚书疏衍》、（清）王夫之《尚书稗疏》、（清）毛奇龄《尚书广听录》、（清）朱鹤龄《尚书埤传》、（元）王充耘《书义矜式》、（清）张英《书经衷论》、（清）孙之騄辑《尚书大传》、（清）蒋廷锡《尚书地理今释》。（三）只就数篇加以解说，有（清）李光地《尚书七篇解义》、（宋）杨简《五诰解》。（四）仅就单篇解说，有（宋）毛晃《禹贡指南》、（宋）程大昌《禹贡论》、（宋）傅寅《禹贡说断》、（清）朱鹤龄《禹贡长笺》、（清）胡渭《禹贡锥指》、（清）徐文靖《禹贡会笺》、（宋）胡瑗《洪范口义》、（宋）赵善湘《洪范统一》、（明）黄道周《洪范明义》、（清）胡渭《洪范正论》。此外，（清）阎若璩《古文尚书疏证》、（清）毛奇龄《古文尚书冤词》则论辩今古文《尚书》。以上著作，均或多或少表达自己的见解。（元）王天与《尚书纂传》、（明）刘三吾《书传会选》、（清）《书经大全》仅仅汇集相关解说。

这些著作起于汉唐，讫于明清，而以宋代居多，汉唐仅《尚书注疏》一部。文化是一种积淀，后人的著作征引前人的著作。越往后，征引越多。而后人对前人的征引，或褒，或贬，或认同，或质疑，或补充，可以从这些征引中看到《书》学的发展轨迹。其中汉唐二孔的《尚书注疏》

和南宋蔡沈的《书经集传》最为重要。其他《书》类著述大多围绕《尚书注疏》《书经集传》而作。唐宋时，《尚书注疏》立于官学，而元明清《书经集传》立于官学。《书经集传》为朱熹门人蔡沈受师命所作，部分书稿经朱熹审定。元明及清代前期《书》类著述，大多认同《书经集传》。元代吴澄《书纂言》、陈栎《尚书集传纂疏》、董鼎《书传辑录纂注》并辑录朱熹语录。晚清学者排斥宋学，重刊《十三经注疏》，以阮元主持校刻为善本。

《尚书》毕竟是为政之书，仅从字面训诂，难以准确地理解。因而还需要从政治、法律、历史、礼乐、哲学、文学的角度予以探究，而这方面正是宋代《书》学以及元明学者之所长。四库本所载《书》类著述对《尚书》的解说涉及各个方面，尤其典章制度，律历器物，天文地理的源流考据，或繁或简。一些长篇解说，对于经文的理解大有裨益。经学数千年，不同的时代，不同的学者，不同的背景，不同的感悟，各自的思维方法、视觉角度、经历理念导致歧义。各家著述各有其善，即使是有一言之善也值得采用。

《书》类著述，以解说、考据《尚书》章句为宗旨。《归善斋〈尚书〉章句集解》，按照章句分解汇集，故题名为"章句集解"。四库全书提要及各自的序言，叙述各家著述的简要内容和《书》学发展的历史沿革，故列于篇首，以供参考。《古文尚书疏证》《古文尚书冤词》未就章句作专门解说，拟将列于《归善斋〈尚书〉章句集解》篇末作为附录。《尚书纂传》《书传会选》《书经大全》未有独立见解，不予列入章句解说，以免重复。各家解说体例纷杂，分句分段各异，长短不一。《尚书注疏》最早，汉孔传分句最细，故以其为准，作为标题，列为目录。其余著述，依照各自章句的自然段落，归于其下，凡长于此句的，则于下文中注明见于何句。

以上是《归善斋〈尚书〉章句集解》的总体说明。《归善斋〈尚书〉章句集解》依据唐孔颖达的分类编纂而成。他在《虞书·尧典》中说，"检其此体，为例有十。一曰典，二曰谟，三曰贡，四曰歌，五曰誓，六曰诰，七曰训，八曰命，九曰征，十曰范。《尧典》《舜典》二篇典也。《大禹谟》《皋陶谟》二篇谟也。""《益稷》亦谟也，因其人称言以别之"。典、谟，属于《尚书·虞书》，而《尚书·虞书》唯有典、谟二体，即二典、三谟，因此，编纂为第一册《归善斋〈尚书〉二典章句集解》、第二册《归善斋〈尚书〉三谟章句集解》。《尚书》的《夏书》《商书》《周书》无典、谟。

第三册原拟为《归善斋〈尚书〉诸诰章句集解》。按孔颖达的说法，"《仲虺之诰》《汤诰》《大诰》《康诰》《酒诰》《召诰》《洛诰》《康王之诰》八篇，诰也。"即以"诰"为名有八篇。同时他又认为，"《盘庚》亦诰也。故王肃云：不言诰，何也？取其徙而立功，非但录其诰"；"《西伯戡黎》云，'祖伊恐，奔告于受'，亦诰也"；《武成》云"'识其政事'，亦诰也"；"《金縢》自为一体，祝，亦诰辞也"；"《梓材》，《酒诰》分出，亦诰也"，"《多士》以王命诰，自然诰也"；"《君奭》周公诰召公，亦诰也"；"《多方》《周官》上诰于下，亦诰也"；"《吕刑》陈刑告王，亦诰也"。

在编纂过程中，觉得诸诰若作为一册，则篇幅过大，有失均衡，故分为两册。第三册变更成《归善斋〈尚书〉十诰章句集解》，列入以"诰"为名的正诰八篇。《仲虺之诰》《汤诰》《大诰》与《金縢》反映商殷的兴亡始末，合为上卷。《康诰》《酒诰》《梓材》同为一序，皆诰康叔，且《梓材》从《酒诰》分出，三篇合为中卷。《召诰》《洛诰》《康王之诰》，即成王亲政及康王继位，合为下卷。正诰八篇，另列入《金縢》与《梓材》二篇，共为十篇，故名《归善斋〈尚书〉十诰章句集解》。其余十篇不以"诰"为名，而被孔颖达视为"诰"的，则将作为第四册《归善斋〈尚书〉别诰十篇章句集解》。

《尚书》推崇敬畏，而敬畏正是民主和法制的基础。《尚书》十诰主要是关于商周法制的论述，其中有"敬"字二十二处，"畏"八处。正与二典与三谟的理念相承，敬畏法制，慎施刑罚，用刑中正得当。而更为关键的是，强调敬天敬民，实行德治，注重民生，善政安民，公正公平，导民向善。《尚书》十诰尤其注重民心，将民心与天命相连，得民心，则获天命。民心，即天心。夏桀、商纣昏德虐政，失民心，失天命而亡国。商之成汤、周之文武，敬德善政，得民心，顺天命，而取代夏商。反复重申敬畏，期待子孙永久保有天命。《尚书》的其他篇章同样推崇敬德、敬

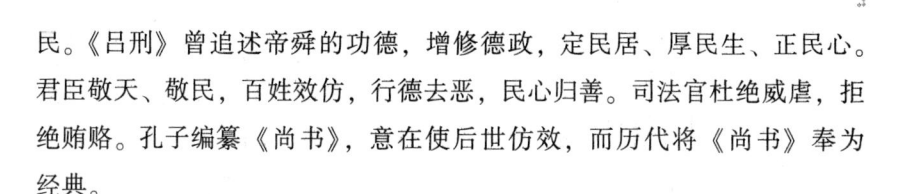

民。《吕刑》曾追述帝舜的功德，增修德政，定民居、厚民生、正民心。君臣敬天、敬民，百姓效仿，行德去恶，民心归善。司法官杜绝威虐，拒绝贿赂。孔子编纂《尚书》，意在使后世仿效，而历代将《尚书》奉为经典。

《尚书》的理念适用于现代社会，笔者在《归善斋〈尚书〉二典章句集解》序中已有论述，可以参阅。敬畏，是一切准则的基线。没有敬畏，任何的准则都将是虚幻的。是法官还是蠹吏，是律师还是讼棍，以是否敬畏为分界。健全民主与法制，最大的障碍在于，许多民主与法制的鼓吹者，内心并不敬畏和信奉民主与法制。致使当前法制的现状被广为诟病。为此，法律和法学的从业者，须重塑敬畏之心

《韩非子》有"国无常强，无常弱。奉法者强，则国强；奉法者弱，则国弱"之说。所谓"奉法者强"，固然是敬畏的体现，却未必"国强"，即使"国强"，也可能是强而未稳。《韩非子》的法，更多的是"国家法制"，而非"民生法制"。而单纯的国家法制，往往会导致恶法或劣法，借助法制实行暴政、虐政，而以此亡国。这也是法家之说不为历代推崇的根源所在。《尚书》的敬畏，以敬天畏民为先导，以民为本，崇尚"民生法制"，明德慎刑。数千年的朝代更替，印证了《尚书》敬畏的基本理念。

君有明德与昏苛之异，臣有贤清与佞贪之别，政有救济让利与争利敛财之分，况且还有君子与小人之差。这在五千年的历史中一直并存，不仅导致朝代的更迭，也促使谏诤和监督制度的建立与延续。在《孝经·谏诤》中孔子曰："昔者，天子有争臣七人，虽无道，不失其天下。诸侯有争臣五人，虽无道，不失其国。大夫有争臣三人，虽无道，不失其家。士有争友，则身不离于令名。父有争子，则身不陷于不义。故当不义，则子不可以不争于父，臣不可以不争于君。故当不义则争之。"谏被分为五种，说法略有差异，诸如：《孔子家语·辨证》："忠臣之谏君，有五义焉。一曰谲谏，二曰戆谏，三曰降谏，四曰直谏，五曰风谏。"刘向《说苑·正谏》："谏有五：一曰正谏，二曰降谏，三曰忠谏，四曰戆谏，五曰讽谏。"班固《白虎通·谏诤》："人怀五常，故有五谏。谓讽谏、顺谏、窥谏、指谏、陷谏。"此外，还有其他说法。《公羊传·庄公二十四

年》有"三谏不从，遂去之"的记载，后世称为"三谏之义"，即有谏诤三次的责任，不从则止。也有死谏的，故有"文谏死"之说。专门的谏诤机构有给事中，大臣、地方官、乡绅则可就有关事项上疏。专职的监督机构有御史台（明清为都察院）。司法有御史台（都察院）、大理寺、刑部相互制衡。正是谏诤和监督制度的建立与发展，将对法制和民生的敬畏保持在适度的范围之内。

传承法律文化，就是要建立健全"民生法制"，将民生法制作为法制改革的方向。当前社会不仅存在国家法制与民生法制之争，更有民生法制与资本法制的矛盾。民生法制的要点在于不与民争利，让利于民。国家法制与资本法制的共同特征是忽视民生，以国家意志与资本的意志为重，在民生与国家、资本意志冲突时，民生让道于资本和国家。政府与民争利，法律就会不顺民心，禁民所难从。特别是，在资本法制与国家法制混合时，危害尤烈，而在对法律不存敬畏时，权力和资本互相依存，国家法制变异为权力法制。权力肆意损坏民生在先，与资本共同牟利在后；权力纵容资本侵夺民生。尤为严重的是，在依法治国的口号下，地方政府常常违背中央政令，滥用职权、依法施虐的情形不为少见，因而弊政丛生，刑罚不当，而招致民怨。对此中央政府必须予以监督与遏制，改权力政府为责任政府，守法治国。这一进程已经起步，中央政府重视民生，政策法规中已有让利于民的表述，但仍有待立法、执法和司法进一步落实，对地方政府施政的监督与滥权的遏制有待加强。

民生法制顺从民心，国家法制、资本法制背离民心。芸芸众生，呼唤民生法制，而民族传统文化已受推崇，民生法制正在走来。尽管阻力重重，路途尚远，毕竟是趋势所向。当然，鉴于复杂的社会因素，不能将民生法制理想化，民生、国家、资本的利益保持适度的平衡。五四大街将继续见证民生法制的实现。

敬哉，敬民，敬天，明德，善政。

总 目

·上 卷·

商书　仲虺之诰第二 ……………………………………………… 1
　汤归自夏，至于大坰 ……………………………………………… 4
　仲虺作诰 …………………………………………………………… 10
　《仲虺之诰》 ……………………………………………………… 14
　成汤放桀于南巢，唯有惭德 ……………………………………… 17
　曰，予恐来世以台为口实 ………………………………………… 29
　仲虺乃作诰 ………………………………………………………… 32
　曰，呜呼！唯天生民有欲，无主乃乱 …………………………… 44
　唯天生聪明时乂 …………………………………………………… 49
　有夏昏德，民坠涂炭 ……………………………………………… 53
　天乃锡王勇智，表正万邦，缵禹旧服 …………………………… 59
　兹率厥典，奉若天命 ……………………………………………… 63
　夏王有罪，矫诬上天，以布命于下 ……………………………… 67
　帝用不臧，式商受命，用爽厥师 ………………………………… 75
　简贤附势，实繁有徒 ……………………………………………… 78
　肇我邦于有夏，若苗之有莠，若粟之有秕 ……………………… 86
　小大战战，罔不惧于非辜，矧予之德，言足听闻 ……………… 90
　唯王不迩声色，不殖货利 ………………………………………… 94
　德懋懋官，功懋懋赏，用人唯己，改过不吝 …………………… 108
　克宽克仁，彰信兆民 ……………………………………………… 114

1

乃葛伯仇饷，初征自葛。东征，西夷怨；南征，北狄怨 …………… 118
曰，奚独后予 ………………………………………………………… 128
攸徂之民，室家相庆，曰，徯予后，后来其苏 …………………… 131
民之戴商，厥唯旧哉 ………………………………………………… 135
佑贤辅德，显忠遂良 ………………………………………………… 138
兼弱攻昧，取乱侮亡 ………………………………………………… 150
推亡固存，邦乃其昌 ………………………………………………… 154
德日新，万邦唯怀；志自满，九族乃离 …………………………… 158
王懋昭大德，建中于民，以义制事，以礼制心，垂裕后昆 ……… 168
予闻曰，能自得师者王 ……………………………………………… 176
谓人莫己若者亡 ……………………………………………………… 182
好问则裕，自用则小 ………………………………………………… 186
呜呼！慎厥终，唯其始 ……………………………………………… 189
殖有礼，覆昏暴 ……………………………………………………… 197
钦崇天道，永保天命 ………………………………………………… 201

商书　汤诰第三 ……………………………………………………… 205

汤既黜夏命 …………………………………………………………… 206
复归于亳，作《汤诰》 ……………………………………………… 212
《汤诰》 ……………………………………………………………… 215
王归，自克夏至于亳，诞告万方 …………………………………… 218
王曰，嗟！尔万方有众，明听予一人诰 …………………………… 226
唯皇上帝，降衷于下民 ……………………………………………… 235
若有恒性，克绥厥猷唯后 …………………………………………… 242
夏王灭德作威，以敷虐于尔万方百姓 ……………………………… 245
尔万方百姓，罹其凶害，弗忍荼毒 ………………………………… 254
并告无辜于上下神祇 ………………………………………………… 258
天道福善祸淫，降灾于夏，以彰厥罪 ……………………………… 261
肆台小子，将天命明威，不敢赦 …………………………………… 267
敢用玄牡，敢昭告于上天神后，请罪有夏 ………………………… 272

聿求元圣，与之戮力，以与尔有众请命 …………………… 276
上天孚佑下民，罪人黜伏 …………………………………… 281
天命弗僭，贲若草木，兆民允殖 …………………………… 287
俾予一人，辑宁尔邦家 ……………………………………… 292
兹朕未知获戾于上下 ………………………………………… 299
栗栗危惧，若将陨于深渊 …………………………………… 303
凡我造邦，无从匪彝，无即慆淫 …………………………… 306
各守尔典，以承天休 ………………………………………… 313
尔有善，朕弗敢蔽；罪当朕躬，弗敢自赦，唯简在上帝之心 …… 317
其尔万方有罪，在予一人 …………………………………… 325
予一人有罪，无以尔万方 …………………………………… 330
呜呼！尚克时忱，乃亦有终 ………………………………… 333
咎单作《明居》 ……………………………………………… 339

周书　金縢第八 …………………………………………… 344

武王有疾，周公作《金縢》 ………………………………… 344
《金縢》 ……………………………………………………… 356
既克商二年，王有疾，弗豫 ………………………………… 365
二公曰，我其为王穆卜。周公曰：未可以戚我先王 ……… 374
公乃自以为功 ………………………………………………… 382
为三坛同墠 …………………………………………………… 388
为坛于南方，北面，周公立焉 ……………………………… 392
植璧秉珪，乃告太王、王季、文王 ………………………… 395
史乃册祝曰，唯尔元孙某，遘厉虐疾 ……………………… 399
若尔三王是有丕子之责于天，以旦代某之身 ……………… 410
予仁若考，能多材多艺，能事鬼神 ………………………… 416
乃元孙不若旦多才多艺，不能事鬼神，乃命于帝庭，敷佑
　　四方 ……………………………………………………… 421
用能定尔子孙于下地，四方之民罔不祗畏 ………………… 425
呜呼！无坠天之降宝命，我先王亦永有依归 ……………… 428

今我即命于元龟 ··· 432
尔之许我，我其以璧与珪归俟尔命 ····························· 438
尔不许我，我乃屏璧与珪 ·· 442
乃卜三龟，一习吉 ··· 445
启籥见书，乃并是吉 ··· 452
公曰，体！王其罔害 ··· 456
予小子新命于三王，唯永终是图 ································ 461
兹攸，俟能念予一人 ··· 465
公归，乃纳册于金滕之匮中，王翼日乃瘳 ······················ 468
武王既丧，管叔及其群弟乃流言于国 ···························· 474
曰，公将不利于孺子 ··· 496
周公乃告二公曰，我之弗辟，我无以告我先王 ················· 500
周公居东二年，则罪人斯得 ····································· 511
于后，公乃为诗以贻王，名之曰《鸱鸮》，王亦未敢诮公 ······ 522
秋，大熟未获，天大雷电以风 ··································· 529
禾尽偃，大木斯拔，邦人大恐 ··································· 540
王与大夫尽弁以启金滕之书 ····································· 543
乃得周公所自以为功代武王之说 ································· 547
二公及王乃问诸史与百执事 ····································· 550
对曰，信，噫！公命我勿敢言 ··································· 555
王执书以泣，曰，其勿穆卜 ····································· 559
昔公勤劳王家，唯予冲人弗及知 ································ 563
今，天动威，以彰周公之德 ····································· 567
唯朕小子其新逆，我国家礼亦宜之 ······························ 570
王出郊，天乃雨，反风，禾则尽起 ······························ 574
二公命邦人，凡大木所偃，尽起而筑之，岁则大熟 ············ 581

周书 大诰第九 ··· 587
武王崩，三监及淮夷叛 ·· 588
周公相成王，将黜殷，作《大诰》 ······························ 598

《大诰》 …………………………………………………………… 602
王若曰,猷！大诰尔多邦,越尔御事 …………………………… 611
弗吊,天降割于我家不少 ………………………………………… 626
洪唯我幼冲人 ……………………………………………………… 631
嗣无疆大历服,弗造哲,迪民康 ………………………………… 635
矧曰其有能格知天命 ……………………………………………… 638
已！予唯小子,若涉渊水,予唯往求朕攸济 …………………… 642
敷贲敷前人受命,兹不忘大功 …………………………………… 651
予不敢闭于天降威用 ……………………………………………… 656
宁王遗我大宝龟,绍天明即命 …………………………………… 667
曰,有大艰于西土,西土人亦不静,越兹蠢 …………………… 674
殷小腆诞敢纪其叙 ………………………………………………… 680
天降威,知我国有疵 ……………………………………………… 686
民不康,曰,予复！反鄙我周邦 ………………………………… 690
今蠢,今翼日,民献有十夫予翼,以于敉宁武图功 …………… 694
我有大事,休,朕卜并吉 ………………………………………… 704
肆予告我友邦君,越尹氏、庶士、御事 ………………………… 708
曰,予得吉卜,予唯以尔庶邦,于伐殷,逋播臣 ……………… 716
尔庶邦君,越庶士、御事,罔不反曰,艰大 …………………… 719
民不静,亦唯在王宫、邦君室 …………………………………… 724
越予小子考翼,不可征,王害不违卜 …………………………… 728
肆予冲人永思艰,曰,呜呼！允蠢,鳏寡哀哉 ………………… 732
予造天役,遗大,投艰于朕身 …………………………………… 741
越予冲人,不卬自恤,义尔邦君,越尔多士、尹氏、御事 …… 745
绥予曰,无毖于恤,不可不成乃宁考图功 ……………………… 749
已！予唯小子,不敢替上帝命 …………………………………… 753
天休于宁王,兴我小邦周,宁王唯卜用,克绥受兹命 ………… 760
今,天其相民,矧亦唯卜用 ……………………………………… 765
呜呼！天明畏,弼我丕丕基 ……………………………………… 769
王曰,尔唯旧人,尔丕克远省,尔知宁王若勤哉 ……………… 774

天閟毖我成功所，予不敢不极卒宁王图事 …………………… 788
肆予大化诱我友邦君 …………………………………………… 792
天棐忱辞，其考我民 …………………………………………… 798
予曷其不于前宁人图功攸终 …………………………………… 802
天亦唯用勤毖我民，若有疾 …………………………………… 806
予曷敢不于前宁人攸受休毕 …………………………………… 810
王曰：若昔朕其逝，朕言艰日思 ……………………………… 814
若考作室，既底法，厥子乃弗肯堂，矧肯构 ………………… 823
厥父菑，厥子乃弗肯播，矧肯获 ……………………………… 828
厥考翼，其肯曰，予有后弗弃基 ……………………………… 832
肆予曷敢不越卬敉宁王大命 …………………………………… 836
若兄考，乃有友伐厥子，民养其劝，弗救 …………………… 840
王曰：呜呼！肆哉，尔庶邦君，越尔御事 …………………… 846
爽邦由哲，亦唯十人，迪知上帝命 …………………………… 857
越天棐忱，尔时罔敢易法，矧今，天降戾于周邦 …………… 861
唯大艰人诞邻胥伐于厥室，尔亦不知天命不易 ……………… 866
予永念曰，天唯丧殷，若穑夫，予曷敢不终朕亩 …………… 870
天亦唯休于前宁人，予曷其极卜，敢弗于从 ………………… 877
率宁人有指疆土，矧今卜并吉 ………………………………… 885
肆朕诞以尔东征，天命不僭，卜陈唯若兹 …………………… 890

·中 卷·

周书　康诰第十一 …………………………………………… 895
　成王既伐管叔、蔡叔 ………………………………………… 896
　以殷余民封康叔 ……………………………………………… 905
　作《康诰》《酒诰》《梓材》 ……………………………… 909
　《康诰》 ……………………………………………………… 913
　唯三月哉生魄 ………………………………………………… 921
　周公初基，作新大邑于东国洛。四方民大和会 …………… 936

侯、甸、男邦、采、卫，百工播民和，见士于周	940
周公咸勤，乃洪大诰治	944
王若曰：孟侯，朕其弟，小子封	948
唯乃丕显考文王，克明德慎罚	969
不敢侮鳏寡，庸庸，祗祗，威威，显民	976
用肇造我区夏，越我一、二邦以修	983
我西土唯时怙冒，闻于上帝，帝休	987
天乃大命文王，殪戎殷，诞受厥命	991
越厥邦厥民，唯时叙	995
乃寡兄勖，肆汝小子封，在兹东土	998
王曰：呜呼！封，汝念哉	1002
今民，将在祗遹乃文考，绍闻衣德言	1017
往，敷求于殷先哲王，用保乂民	1021
汝丕远唯商耇成人，宅心知训	1025
别求闻由古先哲王，用康保民	1029
弘于天，若德裕，乃身不废在王命	1033
王曰：呜呼！小子封，恫瘝乃身，敬哉	1038
天畏棐忱，民情大可见，小人难保	1051
往，尽乃心，无康好逸豫，乃其乂民	1055
我闻曰：怨不在大，亦不在小；惠不惠，懋不懋	1059
已！汝唯小子乃服，唯弘王，应保殷民	1063
亦唯助王宅天命，作新民	1070
王曰：呜呼！封，敬明乃罚	1074
人有小罪，非眚，乃唯终自作不典，式尔	1086
有厥罪小，乃不可不杀；乃有大罪，非终，乃唯眚灾，适尔，既道极厥辜，时乃不可杀	1090
王曰：呜呼！封，有叙，时乃大明服	1094
唯民其敕，懋和	1106
若有疾，唯民其毕弃咎	1110
若保赤子，唯民其康乂	1113

非汝封刑人杀人 …………………………………… 1117

无或刑人杀人 ……………………………………… 1123

非汝封又曰劓刵人 ………………………………… 1127

无或劓刵人 ………………………………………… 1130

王曰：外事，汝陈时臬司师，兹殷罚有伦 ……… 1134

又曰：要囚，服念五六日至于旬、时，丕蔽要囚 … 1145

王曰：汝陈时臬事，罚蔽殷彝 …………………… 1151

用其义刑义杀，勿庸以次汝封 …………………… 1161

乃汝尽逊，曰时叙，惟曰未有逊事 ……………… 1165

已！汝惟小子，未其有若汝封之心，朕心朕德，惟乃知 … 1169

凡民自得罪，寇攘奸宄，杀越人于货 …………… 1176

暋不畏死，罔弗憝 ………………………………… 1185

王曰：封，元恶大憝，矧惟不孝不友 …………… 1189

子弗祗服厥父事，大伤厥考心 …………………… 1202

于父不能字厥子，乃疾厥子 ……………………… 1206

于弟弗念天显，乃弗克恭厥兄 …………………… 1209

兄亦不念鞠子哀，大不友于弟 …………………… 1213

惟吊兹，不于我政人得罪 ………………………… 1217

天惟与我民彝大泯乱 ……………………………… 1221

曰：乃其速由文王作罚，刑兹无赦 ……………… 1224

不率大戛，矧惟外庶子训人 ……………………… 1228

惟厥正人，越小臣诸节 …………………………… 1241

乃别播敷，造民大誉，弗念弗庸，瘝厥君，时乃引恶，
  惟朕憝 …………………………………………… 1245

已！汝乃其速由兹义率杀，亦惟君惟长 ………… 1250

不能厥家人越厥小臣、外正；惟威惟虐，大放王命；乃非
  德用乂 …………………………………………… 1256

汝亦罔不克敬典，乃由裕民，惟文王之敬忌 …… 1260

乃裕民曰我惟有及，则予一人以怿 ……………… 1268

王曰：封，爽惟民迪吉康 ………………………… 1272

我时其唯殷先哲王德，用康乂民作求 …………………………… 1283
矧今民罔迪不适。不迪，则罔政在厥邦 …………………… 1287
王曰，封，予唯不可不监，告汝德之说，于罚之行 ………… 1291
今唯民不静，未戾厥心，迪屡未同 ………………………… 1302
爽唯天其罚殛我，我其不怨 ………………………………… 1307
唯厥罪无在大，亦无在多，矧曰其尚显闻于天 …………… 1311
王曰：呜呼！封，敬哉！无作怨，勿用非谋、非彝 ………… 1315
蔽时忱，丕则敏德 …………………………………………… 1326
用康乃心，顾乃德，远乃猷 ………………………………… 1330
裕乃以民宁，不汝瑕殄 ……………………………………… 1334
王曰，呜呼！肆汝小子封，唯命不于常 …………………… 1339
汝念哉！无我殄享 …………………………………………… 1348
明乃服命 ……………………………………………………… 1351
高乃听，用康乂民 …………………………………………… 1355
王若曰：往哉！封，勿替敬典 ……………………………… 1358
听朕告，汝乃以殷民世享 …………………………………… 1364

周书　酒诰第十二 ………………………………………… 1368
《酒诰》 ……………………………………………………… 1368
王若曰：明大命于妹邦 ……………………………………… 1374
乃穆考文王，肇国在西土 …………………………………… 1389
厥诰毖庶邦庶士，越少正，御事，朝夕曰：祀兹酒 ……… 1403
唯天降命，肇我民，唯元祀 ………………………………… 1406
天降威，我民用大乱丧德，亦罔非酒唯行 ………………… 1411
越小大邦用丧，亦罔非酒唯辜 ……………………………… 1418
文王诰教小子，有正、有事，无彝酒 ……………………… 1421
越庶国，饮唯祀，德将无醉 ………………………………… 1429
唯曰我民迪小子，唯土物爱，厥心臧 ……………………… 1433
聪听祖考之彝训，越小大德，小子唯一 …………………… 1440
妹土，嗣尔股肱纯，其艺黍稷奔走，事厥考厥长 ………… 1444

肇牵车牛，远服贾，用孝养厥父母 ·················· 1454

厥父母庆，自洗腆，致用酒 ······················ 1458

庶士有正，越庶伯君子，其尔典听朕教 ··············· 1461

尔大克羞耇唯君，尔乃饮食醉饱 ··················· 1471

丕唯曰，尔克永观省，作稽中德 ··················· 1476

尔尚克羞馈祀，尔乃自介用逸 ···················· 1482

兹乃允唯王正事之臣 ························ 1486

兹亦唯天若元德，永不忘在王家 ··················· 1490

王曰：封，我西土棐徂邦君、御事、小子，尚克用文王教，
　　　不腆于酒 ························ 1494

故我至于今，克受殷之命 ······················ 1507

王曰，封，我闻唯曰，在昔殷先哲王，迪畏天，显小民 ······· 1511

经德秉哲，自成汤，咸至于帝乙，成王畏相 ············· 1523

唯御事，厥棐有恭，不敢自暇自逸 ·················· 1527

矧曰其敢崇饮 ··························· 1531

越在外服，侯、甸、男、卫邦伯 ··················· 1534

越在内服，百僚庶尹，唯亚唯服宗工 ················· 1543

越百姓里居 ···························· 1547

罔敢湎于酒，不唯不敢亦不暇 ···················· 1550

唯助成王德显，越尹人祇辟 ····················· 1554

我闻亦唯曰：在今后嗣王酗身 ···················· 1558

厥命罔显于民，祇保越怨不易 ···················· 1571

诞唯厥纵淫泆于非彝，用燕丧威仪，民罔不尽伤心 ········· 1575

唯荒腆于酒，不唯自息乃逸 ····················· 1578

厥心疾狠，不克畏死 ························ 1582

辜在商邑，越殷国灭无罹 ······················ 1585

弗唯德馨香祀，登闻于天，诞唯民怨 ················ 1589

庶群自酒，腥闻在上，故天降丧于殷，罔爱于殷，唯逸 ······ 1592

天非虐，唯民自速辜 ························ 1596

王曰，封，予不唯若兹多诰 ····················· 1600

古人有言曰：人无于水监，当于民监 …………… 1612
今唯殷坠厥命，我其可不大监，抚于时 ………… 1615
予唯曰：汝劼毖殷献臣 …………………………… 1619
侯、甸、男、卫，矧太史友、内史友 …………… 1633
越献臣百宗工，矧唯尔事服休、服采 …………… 1639
矧唯若畴圻父，薄违农父 ………………………… 1643
若保宏父定辟，矧汝刚制于酒 …………………… 1648
厥或诰曰，群饮，汝勿佚 ………………………… 1653
尽执拘，以归于周，予其杀 ……………………… 1663
又唯殷之迪诸臣、唯工，乃湎于酒，勿庸杀之 … 1666
姑唯教之，有斯明享 ……………………………… 1671
乃不用我教辞，唯我一人弗恤弗蠲，汝事时同于杀 … 1676
王曰，封，汝典听朕毖 …………………………… 1679
勿辩乃司民湎于酒 ………………………………… 1686

周书　梓材第十三 ……………………………… 1690
《梓材》 …………………………………………… 1690
王曰：封，以厥庶民，暨厥臣，达大家 ………… 1703
以厥臣达王，唯邦君 ……………………………… 1714
汝若恒，越曰我有师师 …………………………… 1718
司徒、司马、司空、尹、旅，曰予罔厉杀人 …… 1725
亦厥君先敬劳，肆徂厥敬劳 ……………………… 1729
肆往，奸宄、杀人，历人宥 ……………………… 1733
肆亦见厥君事，戕败人宥 ………………………… 1737
王启监，厥乱为民 ………………………………… 1741
曰，无胥戕，无胥虐，至于敬寡，至于属妇，合由以容 … 1749
王其效邦君，越御事，厥命曷以 ………………… 1753
引养引恬，自古王若兹监，罔攸辟 ……………… 1757
唯曰，若稽田，既勤敷菑，唯其陈修，为厥疆畎 … 1761
若作室家，既勤垣墉，唯其涂塈茨 ……………… 1774

11

若作梓材，既勤朴斫，唯其涂丹雘 …… 1778

今王唯曰：先王既勤用明德，怀为夹 …… 1782

庶邦享，作兄弟方来，亦既用明德 …… 1792

后式典，集庶邦丕享 …… 1796

皇天既付中国民，越厥疆土，于先王肆 …… 1799

王唯德用，和怿先后迷民，用怿先王受命 …… 1804

已！若兹监，唯曰欲至于万年唯王 …… 1810

子子孙孙永保民 …… 1817

·下 卷·

周书　召诰第十四 …… 1821

　　成王在丰，欲宅洛邑 …… 1822

　　使召公先相宅 …… 1832

　　作《召诰》 …… 1835

　　《召诰》 …… 1839

　　唯二月既望 …… 1846

　　越六日乙未，王朝步自周，则至于丰 …… 1859

　　唯太保先周公相宅 …… 1863

　　越若来，三月唯丙午朏。越三日戊申，

　　　　太保朝至于洛，卜宅 …… 1868

　　厥既得卜，则经营 …… 1874

　　越三日庚戌，太保乃以庶殷攻位于洛汭；

　　　　越五日甲寅，位成 …… 1878

　　若翼日乙卯，周公朝至于洛 …… 1885

　　则达观于新邑营 …… 1891

　　越三日丁巳，用牲于郊，牛二 …… 1894

　　越翼日戊午，乃社于新邑，牛一、羊一、豕一 …… 1901

　　越七日甲子，周公乃朝，用书命庶殷侯、甸、男邦伯 …… 1905

　　厥既命殷庶，庶殷丕作 …… 1913

太保乃以庶邦冢君出取币，乃复入 …………………… 1918

锡周公曰，拜手稽首，旅王若公 ………………………… 1933

诰告庶殷，越自乃御事 …………………………………… 1937

呜呼！皇天上帝，改厥元子，兹大国殷之命 …………… 1941

唯王受命，无疆唯休，亦无疆唯恤 ……………………… 1949

呜呼！曷其奈何弗敬 ……………………………………… 1953

天既遐终大邦殷之命，兹殷多先哲王在天 ……………… 1957

越厥后王后民，兹服厥命 ………………………………… 1966

厥终，智藏瘝在 …………………………………………… 1970

夫知保抱携持厥妇子，以哀吁天，徂厥亡，出执 ……… 1973

呜呼！天亦哀于四方民，其眷命用懋 …………………… 1977

王其疾敬德，相古先民有夏 ……………………………… 1981

天迪从子保，面稽天若；今时既坠厥命 ………………… 1995

今相有殷 …………………………………………………… 1999

天迪格保，面稽天若 ……………………………………… 2002

今时既坠厥命 ……………………………………………… 2006

今冲子嗣，则无遗寿耇 …………………………………… 2009

曰其稽我古人之德，矧曰其有能稽谋自天 ……………… 2015

呜呼！有王虽小，元子哉，其丕能諴于小民今休 ……… 2019

王不敢后，用顾畏于民碞 ………………………………… 2027

王来绍上帝，自服于土中 ………………………………… 2031

旦曰，其作大邑，其自时配皇天 ………………………… 2040

毖祀于上下，其自时中乂 ………………………………… 2046

王厥有成命治民，今休 …………………………………… 2050

王先服殷御事，比介于我有周御事 ……………………… 2054

节性，唯日其迈 …………………………………………… 2065

王敬作所不可不敬德 ……………………………………… 2069

我不可不监于有夏，亦不可不监于有殷 ………………… 2076

我不敢知曰，有夏服天命，唯有历年 …………………… 2086

我不敢知曰，不其延，唯不敬厥德，乃早坠厥命 ……… 2089

我不敢知曰，有殷受天命，唯有历年 …………………… 2093

我不敢知曰，不其延，唯不敬厥德，乃早坠厥命 ……… 2097

今王嗣受厥命，我亦唯兹二国命，嗣若功 ……………… 2100

王乃初服，呜呼！若生子，罔不在厥初生，自贻哲命 … 2105

今，天其命哲，命吉凶，命历年 ………………………… 2117

知今我初服，宅新邑，肆唯王其疾敬德 ………………… 2121

王其德之用，祈天永命 …………………………………… 2128

其唯王勿以小民淫用非彝 ………………………………… 2132

亦敢殄戮用乂民 …………………………………………… 2140

若有功，其唯王位在德元 ………………………………… 2143

小民乃唯刑，用于天下，越王显 ………………………… 2149

上下勤恤，其曰我受天命，丕若有夏历年，
　　式勿替有殷历年 …………………………………… 2153

欲王以小民，受天永命 …………………………………… 2161

拜手稽首，曰，予小臣，敢以王之雠民百君子 ………… 2165

越友民，保受王威命明德 ………………………………… 2175

王末有成命，王亦显 ……………………………………… 2179

我非敢勤，唯恭奉币，用供王，能祈天永命 …………… 2183

周书　洛诰第十五 …………………………………………… 2187

召公既相宅，周公往营成周，使来告卜 ………………… 2188

作《洛诰》 ………………………………………………… 2198

《洛诰》 …………………………………………………… 2201

周公拜手稽首曰，朕复子明辟 …………………………… 2207

王如弗敢及天基命定命 …………………………………… 2223

予乃胤保大相东土，其基作民明辟 ……………………… 2229

予唯乙卯，朝至于洛师 …………………………………… 2233

我卜河朔黎水，我乃卜涧水东、瀍水西，唯洛食 ……… 2242

我又卜瀍水东，亦唯洛食，伻来，以图及献卜 ………… 2248

王拜手稽首曰，公不敢不敬天之休，来相宅，其作周匹休 …… 2252

公既定宅，伻来，来视予卜休，恒吉，我二人共贞 …………… 2262
公其以予万亿年，敬天之休 ……………………………………… 2266
拜手稽首诲言 ……………………………………………………… 2270
周公曰，王，肇称殷礼，祀于新邑，咸秩无文 ………………… 2274
予齐百工，伻从王于周，予唯曰，庶有事 ……………………… 2295
今王即命曰，记功，宗以功作元祀 ……………………………… 2300
唯命，曰汝受命笃弼，丕视功载，乃汝其悉自教工 …………… 2306
孺子其朋，孺子其朋，其往 ……………………………………… 2313
无若火始焰焰；厥攸灼叙，弗其绝 ……………………………… 2319
厥若彝，及抚事，如予，唯以在周工 …………………………… 2323
往新邑，伻向即有僚，明作有功，惇大成裕，汝永有辞 ……… 2330
公曰，已！汝唯冲子，唯终 ……………………………………… 2335
汝其敬识百辟享，亦识其有不享；享多仪，仪不及物，唯曰
    不享 …………………………………………………………… 2346
唯不役志于享，凡民唯曰不享，唯事其爽侮 …………………… 2352
乃唯孺子，颁朕不暇听，朕教汝于棐民彝 ……………………… 2356
汝乃是不蘉，乃时唯不永哉 ……………………………………… 2366
笃叙乃正父，罔不若予，不敢废乃命 …………………………… 2369
汝往，敬哉，兹予其明农哉，彼裕我民，无远用戾 …………… 2374
王若曰，公！明保予冲子 ………………………………………… 2378
公称丕显德，以予小子扬文武烈 ………………………………… 2396
奉答天命，和恒四方民，居师 …………………………………… 2400
惇宗将礼，称秩元祀，咸秩无文 ………………………………… 2404
唯公德明光于上下，勤施于四方 ………………………………… 2409
旁作穆穆，迓衡不迷，文武勤教 ………………………………… 2416
予冲子，夙夜毖祀 ………………………………………………… 2420
王曰，公功棐迪笃，罔不若时 …………………………………… 2423
王曰，公！予小子其退，即辟于周，命公后 …………………… 2431
四方迪乱，未定于宗礼，亦未克敉公功 ………………………… 2440
迪将其后，监我士师工 …………………………………………… 2445

15

诞保文武受民，乱为四辅 …… 2450
王曰，公定，予往已，公功肃，将祗欢 …… 2454
公无困哉，我唯无斁其康事，公勿替刑，四方其世享 …… 2462
周公拜手稽首曰，王命予来承保乃文祖受命民 …… 2467
越乃光烈考武王，弘朕恭 …… 2483
孺子来相宅，其大惇典殷献民 …… 2487
乱为四方，新辟，作周恭先 …… 2495
曰，其自时中乂，万邦咸休，唯王有成绩 …… 2499
予旦以多子，越御事，笃前人成烈，答其师，作周孚先 …… 2503
考朕昭子刑，乃单文祖德，伻来毖殷，乃命宁 …… 2510
予以秬鬯二卣，曰明禋，拜手稽首，休享 …… 2520
予不敢宿，则禋于文王、武王 …… 2526
惠笃叙，无有遘自疾，万年厌于乃德，殷乃引考 …… 2531
王伻殷乃承叙万年，其永观朕子怀德 …… 2536
戊辰，王在新邑 …… 2541
烝祭岁，文王骍牛一，武王骍牛一。王命作册，逸祝册，唯告
　　周公其后 …… 2554
王宾，杀禋，咸格，王入太室，裸 …… 2559
王命周公后，作册逸诰 …… 2564
在十有二月，唯周公诞保文武受命，唯七年 …… 2569

周书　康王之诰第二十五 …… 2576

康王既尸天子 …… 2577
遂诰诸侯，作《康王之诰》 …… 2588
《康王之诰》 …… 2592
王出，在应门之内 …… 2594
太保率西方诸侯入应门左，毕公率东方诸侯入应门右 …… 2609
皆布乘黄朱 …… 2614
宾称奉圭兼币，曰，一二臣卫，敢执壤奠 …… 2617
皆再拜稽首。王义嗣德，答拜 …… 2622

太保暨芮伯咸进，相揖，皆再拜稽首 …………………………… 2626

曰，敢敬告天子，皇天改大邦殷之命 …………………………… 2636

唯周文、武诞受羑若，克恤西土 ………………………………… 2641

唯新陟王，毕协赏罚，戡定厥功，用敷遗后人休 ……………… 2645

今王敬之哉 …………………………………………………………… 2652

张皇六师，无坏我高祖寡命 ………………………………………… 2655

王若曰，庶邦侯、甸、男、卫 ……………………………………… 2659

唯予一人钊报诰 ……………………………………………………… 2670

昔君文、武丕，平富，不务咎 ……………………………………… 2674

厎至齐信，用昭明于天下 …………………………………………… 2680

则亦有熊罴之士，不二心之臣，保乂王家 ……………………… 2683

用端命于上帝，皇天用训厥道，付畀四方 ……………………… 2687

乃命建侯树屏，在我后之人 ………………………………………… 2691

今予一二伯父，尚胥暨顾，绥尔先公之臣，服于先王 ………… 2696

虽尔身在外，乃心罔不在王室 ……………………………………… 2701

用奉恤厥若，无遗鞠子羞 …………………………………………… 2704

群公既皆听命，相揖趋出 …………………………………………… 2708

王释冕，反丧服 ……………………………………………………… 2720

目 录

·上 卷·

商书 仲虺之诰第二 ·· 1

汤归自夏，至于大坰 ·· 4
仲虺作诰 ·· 10
《仲虺之诰》 ··· 14
成汤放桀于南巢，唯有惭德 ······································ 17
曰，予恐来世以台为口实 ··· 29
仲虺乃作诰 ·· 32
曰，呜呼！唯天生民有欲，无主乃乱 ·························· 44
唯天生聪明时乂 ··· 49
有夏昏德，民坠涂炭 ··· 53
天乃锡王勇智，表正万邦，缵禹旧服 ·························· 59
兹率厥典，奉若天命 ··· 63
夏王有罪，矫诬上天，以布命于下 ····························· 67
帝用不臧，式商受命，用爽厥师 ································ 75
简贤附势，实繁有徒 ··· 78
肇我邦于有夏，若苗之有莠，若粟之有秕 ··················· 86
小大战战，罔不惧于非辜，矧予之德，言足听闻 ··········· 90
唯王不迩声色，不殖货利 ··· 94
德懋懋官，功懋懋赏，用人唯己，改过不吝 ··············· 108
克宽克仁，彰信兆民 ··· 114

1

乃葛伯仇饷，初征自葛。东征，西夷怨；南征，北狄怨 …………… 118

曰，奚独后予 ………………………………………………………… 128

攸徂之民，室家相庆，曰，徯予后，后来其苏 …………………… 131

民之戴商，厥唯旧哉 ………………………………………………… 135

佑贤辅德，显忠遂良 ………………………………………………… 138

兼弱攻昧，取乱侮亡 ………………………………………………… 150

推亡固存，邦乃其昌 ………………………………………………… 154

德日新，万邦唯怀；志自满，九族乃离 …………………………… 158

王懋昭大德，建中于民，以义制事，以礼制心，垂裕后昆 ……… 168

予闻曰，能自得师者王 ……………………………………………… 176

谓人莫己若者亡 ……………………………………………………… 182

好问则裕，自用则小 ………………………………………………… 186

呜呼！慎厥终，唯其始 ……………………………………………… 189

殖有礼，覆昏暴 ……………………………………………………… 197

钦崇天道，永保天命 ………………………………………………… 201

商书　汤诰第三 ……………………………………………………… 205

汤既黜夏命 …………………………………………………………… 206

复归于亳，作《汤诰》 ……………………………………………… 212

《汤诰》 ……………………………………………………………… 215

王归，自克夏至于亳，诞告万方 …………………………………… 218

王曰，嗟！尔万方有众，明听予一人诰 …………………………… 226

唯皇上帝，降衷于下民 ……………………………………………… 235

若有恒性，克绥厥猷唯后 …………………………………………… 242

夏王灭德作威，以敷虐于尔万方百姓 ……………………………… 245

尔万方百姓，罹其凶害，弗忍荼毒 ………………………………… 254

并告无辜于上下神祇 ………………………………………………… 258

天道福善祸淫，降灾于夏，以彰厥罪 ……………………………… 261

肆台小子，将天命明威，不敢赦 …………………………………… 267

敢用玄牡，敢昭告于上天神后，请罪有夏 ………………………… 272

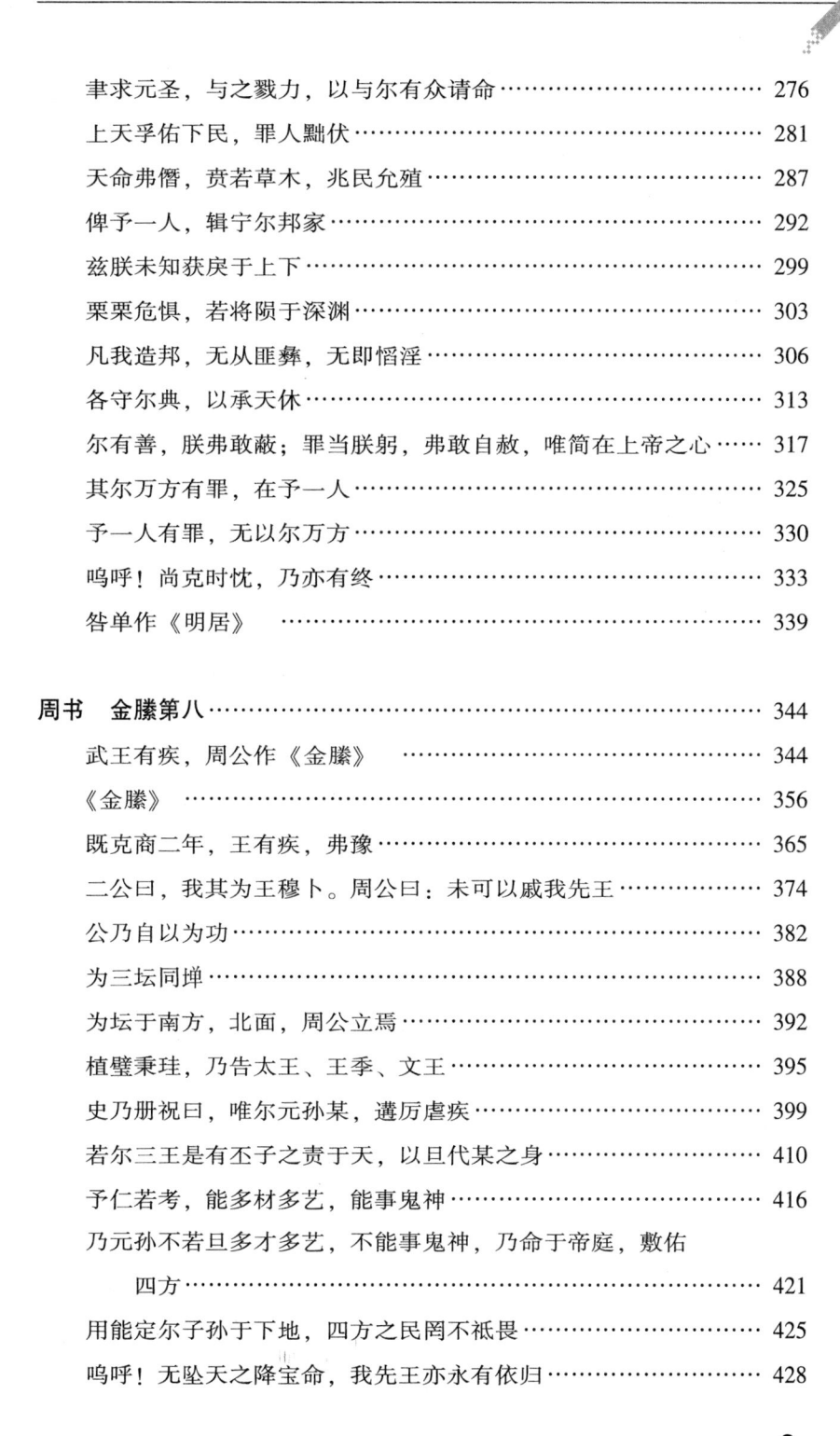

聿求元圣，与之戮力，以与尔有众请命 …………………… 276
上天孚佑下民，罪人黜伏 …………………………………… 281
天命弗僭，贲若草木，兆民允殖 …………………………… 287
俾予一人，辑宁尔邦家 ……………………………………… 292
兹朕未知获戾于上下 ………………………………………… 299
栗栗危惧，若将陨于深渊 …………………………………… 303
凡我造邦，无从匪彝，无即慆淫 …………………………… 306
各守尔典，以承天休 ………………………………………… 313
尔有善，朕弗敢蔽；罪当朕躬，弗敢自赦，唯简在上帝之心 …… 317
其尔万方有罪，在予一人 …………………………………… 325
予一人有罪，无以尔万方 …………………………………… 330
呜呼！尚克时忱，乃亦有终 ………………………………… 333
咎单作《明居》 ……………………………………………… 339

周书　金縢第八 …………………………………………… 344
武王有疾，周公作《金縢》 ………………………………… 344
《金縢》 ……………………………………………………… 356
既克商二年，王有疾，弗豫 ………………………………… 365
二公曰，我其为王穆卜。周公曰：未可以戚我先王 ……… 374
公乃自以为功 ………………………………………………… 382
为三坛同墠 …………………………………………………… 388
为坛于南方，北面，周公立焉 ……………………………… 392
植璧秉珪，乃告太王、王季、文王 ………………………… 395
史乃册祝曰，唯尔元孙某，遘厉虐疾 ……………………… 399
若尔三王是有丕子之责于天，以旦代某之身 ……………… 410
予仁若考，能多材多艺，能事鬼神 ………………………… 416
乃元孙不若旦多才多艺，不能事鬼神，乃命于帝庭，敷佑
　　四方 …………………………………………………… 421
用能定尔子孙于下地，四方之民罔不祗畏 ………………… 425
呜呼！无坠天之降宝命，我先王亦永有依归 ……………… 428

今我即命于元龟 ·· 432

尔之许我，我其以璧与珪归俟尔命 ···················· 438

尔不许我，我乃屏璧与珪 ·································· 442

乃卜三龟，一习吉 ··· 445

启籥见书，乃并是吉 ·· 452

公曰，体！王其罔害 ·· 456

予小子新命于三王，唯永终是图 ························ 461

兹攸，俟能念予一人 ·· 465

公归，乃纳册于金縢之匮中，王翼日乃瘳 ············ 468

武王既丧，管叔及其群弟乃流言于国 ·················· 474

曰，公将不利于孺子 ·· 496

周公乃告二公曰，我之弗辟，我无以告我先王 ····· 500

周公居东二年，则罪人斯得 ······························· 511

于后，公乃为诗以贻王，名之曰《鸱鸮》，王亦未敢诮公 ····· 522

秋，大熟未获，天大雷电以风 ···························· 529

禾尽偃，大木斯拔，邦人大恐 ···························· 540

王与大夫尽弁以启金縢之书 ······························· 543

乃得周公所自以为功代武王之说 ························ 547

二公及王乃问诸史与百执事 ······························· 550

对曰，信，噫！公命我勿敢言 ···························· 555

王执书以泣，曰，其勿穆卜 ······························· 559

昔公勤劳王家，唯予冲人弗及知 ························ 563

今，天动威，以彰周公之德 ······························· 567

唯朕小子其新逆，我国家礼亦宜之 ····················· 570

王出郊，天乃雨，反风，禾则尽起 ····················· 574

二公命邦人，凡大木所偃，尽起而筑之，岁则大熟 ····· 581

周书　大诰第九 ··· 587

武王崩，三监及淮夷叛 ····································· 588

周公相成王，将黜殷，作《大诰》 ····················· 598

《大诰》 …………………………………………………………… 602
王若曰,猷!大诰尔多邦,越尔御事 ………………………… 611
弗吊,天降割于我家不少 …………………………………… 626
洪唯我幼冲人 ………………………………………………… 631
嗣无疆大历服,弗造哲,迪民康 …………………………… 635
矧曰其有能格知天命 ………………………………………… 638
已!予唯小子,若涉渊水,予唯往求朕攸济 …………………… 642
敷贲敷前人受命,兹不忘大功 ……………………………… 651
予不敢闭于天降威用 ………………………………………… 656
宁王遗我大宝龟,绍天明即命 ……………………………… 667
曰,有大艰于西土,西土人亦不静,越兹蠢 ………………… 674
殷小腆诞敢纪其叙 …………………………………………… 680
天降威,知我国有疵 ………………………………………… 686
民不康,曰,予复!反鄙我周邦 …………………………… 690
今蠢,今翼日,民献有十夫予翼,以于敉宁武图功 ………… 694
我有大事,休,朕卜并吉 …………………………………… 704
肆予告我友邦君,越尹氏、庶士、御事 …………………… 708
曰,予得吉卜,予唯以尔庶邦,于伐殷,逋播臣 …………… 716
尔庶邦君,越庶士、御事,罔不反曰,艰大 ……………… 719
民不静,亦唯在王宫、邦君室 ……………………………… 724
越予小子考翼,不可征,王害不违卜 ……………………… 728
肆予冲人永思艰,曰,呜呼!允蠢,鳏寡哀哉 …………… 732
予造天役,遗大,投艰于朕身 ……………………………… 741
越予冲人,不卬自恤,义尔邦君,越尔多士、尹氏、御事 … 745
绥予曰,无毖于恤,不可不成乃宁考图功 ………………… 749
已!予唯小子,不敢替上帝命 ……………………………… 753
天休于宁王,兴我小邦周,宁王唯卜用,克绥受兹命 …… 760
今,天其相民,矧亦唯卜用 ………………………………… 765
呜呼!天明畏,弼我丕丕基 ………………………………… 769
王曰,尔唯旧人,尔丕克远省,尔知宁王若勤哉 ………… 774

天阌毖我成功所，予不敢不极卒宁王图事 …………………… 788
肆予大化诱我友邦君 ……………………………………………… 792
天棐忱辞，其考我民 ……………………………………………… 798
予曷其不于前宁人图功攸终 ……………………………………… 802
天亦唯用勤毖我民，若有疾 ……………………………………… 806
予曷敢不于前宁人攸受休毕 ……………………………………… 810
王曰：若昔朕其逝，朕言艰日思 ………………………………… 814
若考作室，既底法，厥子乃弗肯堂，矧肯构 …………………… 823
厥父菑，厥子乃弗肯播，矧肯获 ………………………………… 828
厥考翼，其肯曰，予有后弗弃基 ………………………………… 832
肆予曷敢不越卬敉宁王大命 ……………………………………… 836
若兄考，乃有友伐厥子，民养其劝，弗救 ……………………… 840
王曰：呜呼！肆哉，尔庶邦君，越尔御事 ……………………… 846
爽邦由哲，亦唯十人，迪知上帝命 ……………………………… 857
越天棐忱，尔时罔敢易法，矧今，天降戾于周邦 ……………… 861
唯大艰人诞邻胥伐于厥室，尔亦不知天命不易 ………………… 866
予永念曰，天唯丧殷，若穑夫，予曷敢不终朕亩 ……………… 870
天亦唯休于前宁人，予曷其极卜，敢弗于从 …………………… 877
率宁人有指疆土，矧今卜并吉 …………………………………… 885
肆朕诞以尔东征，天命不僭，卜陈唯若兹 ……………………… 890

· 上 卷 ·

商书 仲虺之诰第二

《尚书全解》卷十四《商书·仲虺之诰》

（宋）林之奇撰

《仲虺之诰》。

《周礼》，出师以立戒，先后刑罚：一曰誓，用之于军旅；二曰诰，用之于会同，谓于会同之所，设言以告众也。若《汤诰》《康诰》《召诰》之类，皆是于会同之时，告众以其所设施之意。故《汤诰》曰"王归自克夏，至于亳，诞告万方"；《康诰》曰"四方民大和会，侯、甸、男邦、采、卫，百工、播民和，见士于周"；"周公咸勤，乃洪大诰治"；《召诰》曰"诰告庶殷，越自乃御事"，凡此皆是会同之所诰也。此仲虺告汤一人之辞，而亦曰"诰"者，唐孔氏曰，仲虺必对众告汤，亦是会同。然亦不必如此说，且如"殷既错天命，微子作诰父师、少师"，亦岂对众之辞邪？要之，凡曰"诰"者，但有所诰戒之辞。苟欲一之以会同之说，则固矣。《康诰》《召诰》之类，二字足成文。"仲虺诰"三字，不得成文，故以"之"字足成其句，亦犹《冏命》《毕命》二字成文，至《微子之命》《蔡仲之命》，则加"之"字也。

《书经集传》卷三《商书》

（宋）蔡沈撰

契始封商，汤因以为有天下之号，书凡十七篇。

《尚书详解》卷十一《商书·仲虺之诰》

（宋）陈经撰

《仲虺之诰》。

此篇为成汤有惭德而作也。仲虺之意在于正君心，故其始，则有以美之；其终，则复有以警之。美之者，所以释汤之惭也。成汤于胜夏之后，常留惭德于中，则必有自沮之意，而无日新之德，是谓执而不化矣。警之者，所以防其未然也，使成汤于惭德既释之后，矜能伐功。志得意满，则前日之功复亏矣。大臣之用心，操纵弛张，凡以扶持开导其君，使归于善而已。

《书集传纂》疏卷三《朱子订定蔡氏集传·商书》

（元）陈栎撰

契始封商，汤因以为有天下之号，书凡十七篇。

纂疏：

《史记》，帝喾生契，为唐虞司徒，封于商，赐姓子氏，十三世生汤，在位十三年，寿百岁，国号"商"，盘庚迁殷以后号"殷"。

《书传辑录纂注》卷三《商书》

（元）董鼎撰

契始封商，汤因以为有天下之号，书凡十七篇。

纂注：

《史记》，汤，黄帝后，帝喾生契，为唐虞司徒，封于商，赐姓子氏，十三世生汤，名天乙，都亳，今济阴亳县。郑氏曰，商在太华之阳，汤在位十三年崩，寿百岁，国号"商"，盘庚迁殷以后号"殷"。

《尚书句解》卷四《商书·仲虺之诰第二》

（元）朱祖义撰

《仲虺之诰第二》。

(汤既胜夏而归，念尧、舜、禹，揖逊授受，而己始以征伐得天下，恐后世以为口实。仲虺虑其忧愧无已，必有自沮之心，而无日新之德，故作诰以释汤之惭。始言天厌夏德而眷汤不容释；中言民之怀商而戴商为已旧；终言成汤创业垂统必思所以永保天命。无非所以释汤之惭也。此正仲虺作诰之意也。）

《尚书日记》卷七《商书》

（明）王樵撰

《商书》。

契始封商，汤因以为有天下之号。《商书》旧凡四十篇，二十三篇亡。

郑玄云，契本封商国，在太华之阳。皇甫谧云，今上洛商是也。襄九年《左传》云，陶唐氏之火正阏伯，居商邱，相土因之。杜预云，今梁国睢阳宋都是也。按书序，自契至于成汤八迁，汤始居亳，从先王居。孔氏曰，自商邱迁焉。都虽数迁，"商"名不改。正义曰，相土，契之孙也。自契至汤，凡八迁，若相土至汤都遂不改，岂契至相土三世而七迁也。相土至汤，必更迁都，但不知汤从何地而迁亳尔。又曰，汤取契封商，以"商"为天下之号。周不取后稷封邰，为天下之号者，契后八迁，"商"名不改，成汤以"商"受命故宜以"商"为号。后稷之后，随迁易名。公刘为"豳"，太王为"周"，文王以"周"受命故当以周为号。"亳说"见《汤诰》。

《仲虺之诰》。

孔氏曰，仲虺臣名（赵台卿谓即莱朱），以诸侯相天子。会同曰"诰"。正义曰，定元年《左传》云，薛之皇祖奚仲，居薛以为夏车正；仲虺居薛，以为汤左相。作诰皆解汤之辞。而言会同者，因解诸篇诰义，且仲虺必对众告汤，亦是会同曰"诰"。按，凡因会而陈之者皆曰"诰"，不特以告君，亦因以晓众庶也。今人专以释汤之惭为言，不复及下句，则失仲虺作诰之意矣。

《尚书地理今释·商书》

（清）蒋廷锡撰

商。

《括地志》云，商州东八十里商洛县，本商邑，古之商国，帝喾之子契所封也。商洛县今废，今为商州，地属陕西西安府。

汤归自夏，至于大坰

1.《尚书注疏》卷七《商书》

（汉）孔氏传，（唐）陆德明音义，（唐）孔颖达疏

序，汤归自夏，至于大坰。

传，自三朡而还。大坰，地名。

音义，夏，亥雅反。坰，故萤反。徐钦萤反，又古萤反。

疏，正义曰，汤归自伐夏，至于大坰之地。上言遂伐三朡，故传言自三朡而还，不言归自三朡，而言归自夏者，伐夏而遂逐桀，于今方始旋归，以自夏告庙，故序言自夏。传本其来处，故云自三朡耳。大坰，地名未知所在，当是定陶向亳之路所经。

《尚书注疏》卷七《考证》

《仲虺之诰》序"至于大坰，仲虺作诰"。

臣召南按，仲虺，《荀子》作"中蘬"；大戴作"仲傀"。赵岐曰"莱朱"一曰"仲虺"。《左传》仲虺为汤左相，是伊尹为右相。

2.《书传》卷七《商书》

（宋）苏轼撰

汤归自夏，至于大坰。

大坰，地名，《史记》作"泰卷陶"。

3.《尚书全解》卷一四《商书》

（宋）林之奇撰

汤归自夏，至于大坰。

盖其文连接上篇典宝之序，故汉孔氏云"自三朡而还"也。班孟坚

曰，书之所起远矣，至孔子纂时，上断于尧，下讫于秦，凡百篇而为之序，言其作意。而某窃尝以谓，书序者，乃历代史官转相传授，以为书之总目者。盖求之五十八篇之序，有言其作意者，如《尧典》序曰"昔在帝尧，聪明文思，光宅天下，将逊于位，让于虞舜，作《尧典》"，欲略一篇之旨，断以数言。若此之类，谓之孔子作序，言其作意可也。如此篇序曰"汤归自夏，至于大坰"，上一句言其作诰之时，下一句言其所诰之地。而汤之惭德，与夫仲虺之所以广汤之意者，初无一言及之，若此之类，其为史官记载之辞也，审矣。故书序之言，唯著是篇之所由作而已，亦不必求之太深也。大坰，地名。《史记》以为"秦定陶"，其实一也。其地先儒以为未知所在，当是定陶，而亳之路所经。盖孔氏以"三朡"为定陶，故正义云尔也。仲虺，奚仲后，为汤左相，见于《左氏传》。誓序曰"伊尹相汤伐桀，则汤之时，当是伊尹为右相，与仲虺共辅相汤，为伐夏吊民之举也。"

4.《尚书讲义》卷七《商书》

（宋）史浩撰

汤归自夏，至于大坰，仲虺作诰。

汤之班师，至于大坰。《史记》则谓之泰卷。按地志，此地去亳为近。仲虺不待至亳而为此书，其急若此，非徒勉汤也。盖欲释天下万世之疑，而破天下万世乱臣贼子之心也。昔者宰予，圣门之高弟，其心非真欲短丧也，以为生逢圣师，一言足以定万世之事，非此而不求其决，后世必有安于素冠之刺者矣。仲虺之志，盖亦出此。夫以汤之顺天应人，当时天下固知，非其本心也。苟吾不因其有惭德之言而明著之，则万世之下乱臣贼子，宁不以吾君借口，是故反复其辞，无所隐讳，必期天下万世晓然知之，皆曰以汤为顺天应人之举，犹有惭德下此者，其可为乎？此仲虺之志也。昔洙泗诸子，与吾先圣人难疑答问于古圣贤，罔不商论，独无一言及伊尹相汤之事，或者疑之，岂非此书具存不必置辨于其间耶。

5.《尚书详解》卷十《商书·仲虺之诰》

（宋）夏僎撰

汤归自夏，至于大坰，仲虺作诰。

《仲虺之诰》其作也，盖汤既胜夏而归，念尧舜禹揖逊相授受，而己始以征伐得天下，恐后世以为口实。仲虺恐其忧愧无已，有害于唯新之政，故作诰以广其意。始言天厌夏德而眷爱成汤不庸释；中言民怀商而爱戴有商为己旧；终言成汤创业垂统，必思有以永保天命。无非所以广汤之意，此正仲虺作诰之意也。

"汤归自夏，至于大坰，仲虺作诰"者，此孔子序仲虺作诰之意也。汉孔氏谓"自三朡还"，盖以上言遂伐三朡，故知"自三朡还"。要之，此经只言汤归自夏，亦不必指"三朡"，但是胜夏之后，自夏而归商也。大坰，汉孔氏以为地名，唐孔氏谓未知所在，当在定陶归亳路所经处，此皆意之耳。然亦不必多泥，但是汤归至大坰，自言有惭德，仲虺于其地作诰，以广成汤之意，故序书者本其地而言之，谓"至于大坰，仲虺作诰"耳。若夫陈博士以"坰"为"郊"，言"大坰"犹言广野，恐未必然。此言至于"大坰"必是有所指定而言，非泛言广野也。

6.《增修东莱书说》卷七《商书·仲虺之诰第二》

（宋）吕祖谦撰，（宋）石𤁋增修

汤归自夏，至于大坰，仲虺作诰。

成汤放桀于南巢，唯有惭德，曰，予恐来世以台为口实，仲虺乃作诰。

汤伐桀而归，至于大坰，仲虺作诰，不待至亳者，汤既伐夏，愧怩之心发于胸中，若不能一朝居，苟不即有以洧散之，则过而不化，将有害于进修之业矣。"唯有惭德，曰，予恐来世以台为口实"，汤非畏议论也，正恐后世乱臣贼子，以汤借口而为乱也。自古君臣变易，亦或有之。如后羿之事尚矣，何为口实，乃至于汤。盖后羿天下晓然知其为恶，谁肯从之。汤一代之圣人，天下将以为圣人，且为之，则凡欲为此者，复何不可。此汤之所以恐也。汤居万世，君臣之始变，此心之惭，此诰之作皆不可少也，乃作诰，继汤有惭而作诰也。

7. 《尚书说》卷三《商书·仲虺之诰》

（宋）黄度撰

汤归自夏，至于大坰，仲虺作诰。

大坰，地（缺）。仲虺，名，或仲氏奚仲之后，为汤左相。孔氏曰，以诸侯相天子。

8. 《絜斋家塾书钞》卷五《商书·仲虺之诰》

（宋）袁燮撰

（归善斋按，原缺）

9. 《书经集传》卷三《商书·仲虺之诰》

（宋）蔡沈撰

（归善斋按，未解）

10. 《尚书精义》卷十五《商书·仲虺之诰》

（宋）黄伦撰

汤归自夏，至于大坰，仲虺作诰。

无垢曰，桀既奔亡，汤心歉然，方有惭德。顾此情意，何暇更伐人之国，利其宝玉乎？仲虺以汤之惭德，见于容止言语之间，其心有不释然者，故至大坰作诰，以安慰之。仲虺乃汤之宰相，观其所诰，忠厚广大，亦岂寻常之流哉。又曰，古之作诰，不分君臣，第于会同，有说者，皆谓之诰也。

东莱曰，汤伐桀而归至于大坰，未至于亳，方在中路间。仲虺欲作诰，不待至亳，而中路便作者，汤既伐夏，其愧怍之心，赧然发于胸中，若不便作诰，以消散之，则是过而不化，必有害于初政。

11. 《尚书详解》卷十一《商书·仲虺之诰》

（宋）陈经撰

汤归自夏，至于大坰，仲虺作诰。

成汤放桀于南巢，唯有惭德，曰，予恐来世以台为口实。

汤既胜夏而归，未至亳，而至大坰，是在中路也。仲虺不待其反亳，而遂作诰，盖急于释汤之惭也。成汤放桀于南巢，唯有惭德，盖自上世以来，闻有揖逊者，未闻有臣放其君者。成汤始为此举，岂有不怩怩于心乎？汤之所以惭者，非忧其后世之人议己也。"曰，予恐来世以台为口实"，恐乱臣贼子有无君父之心者，必借汤以借口。君子言必稽其所终，行必稽其所弊，不得不为之虑。虽然，观成汤之惭处，始足以见汤之心，夫岂不曰已为天所命，桀为天所弃，应天顺人，虽无可疑，然揆之心，不得如尧舜揖逊，适会处君臣之不幸，而至于此，其心岂容自安。孔子曰，其言之不怍，则为之也难。凡愧怍之发自其良心之不可掩者见于此耳。此所以为圣人也。若傲然自处，以为当然，不知愧怍，是亦凶人而已矣。

12. 《融堂书解》卷五《商书·仲虺之诰》

（宋）钱时撰

《仲虺之诰》。

汤归自夏，至于大坰，仲虺作诰。

仲虺一书，一反一复，极言竭论，所以相规相勉者，不一而足，殆非徒为汤开释而已也。史氏既具言惭德之事，而夫子序书，不复再及，止书归自夏以著作诰之时，书至大坰以志作诰之地，极有味于此。备见返未及国，便作此书，正是因其惭，而急投之。呜呼，是仲虺之心也，唯吾夫子知之。

13. 《尚书要义》

（宋）魏了翁撰

（归善斋按，原缺）

14.《书集传或问》卷上《仲虺之诰》

（宋）陈大猷撰

（归善斋按，未解）

15.《尚书详解》卷四《商书·仲虺之诰第二》

（宋）胡士行撰

汤归自夏（胜夏），至于大坰（地），仲虺作诰。

仲虺之诰，成汤放（不穷追之）桀于南巢（桀窜其地），唯有惭（愧）德，曰予恐来世以台为口实（尧舜出揖逊而汤伐桀恐后世篡夺者以借口），仲虺乃作诰。

汤忸怩之发，若不能一朝居，不消散之，则过而不化，有害日新之业矣，故虺不待至亳而诰。

16.《书纂言》

（元）吴澄撰

（归善斋按，无此篇）

17.《书集传纂疏》卷三《朱子订定蔡氏集传·商书·仲虺之诰》

（元）陈栎撰

（归善斋按，未解）

18.《读书丛说》卷五《仲虺之诰》

（元）许谦撰

（归善斋按，未解）

19.《书传辑录纂注》卷三《商书·仲虺之诰》

（元）董鼎撰

（归善斋按，未解）

20.《尚书句解》卷四《商书·仲虺之诰第二》

（元）朱祖义撰

汤归自夏（汤自夏归商），至于大垌（至于大垌之地）。

21.《尚书日记》卷七《商书·仲虺之诰》

（明）王樵撰

（归善斋按，未解）

22.《日讲书经解义》卷四《商书·仲虺之诰》

（清）库勒纳等撰

（归善斋按，未解）

仲虺作诰

1.《尚书注疏》卷七《商书》

（汉）孔氏传，（唐）陆德明音义，（唐）孔颖达疏

《仲虺作诰》。

传，为汤左相奚仲之后。

音义，虺，许鬼反。诰，故报反。相，息亮反。奚，弦鸡反。

疏，其臣仲虺作诰，以诰汤。史录其言，作《仲虺之诰》。

汤在道而言"予恐来世以台为口实"，故仲虺至此地，而作诰也。序不言作《仲虺之诰》，以理足文便，故略之。

传，正义（曰），旧定元年。《左传》云，薛之皇祖奚仲居薛，以为夏车正。仲虺居薛，以为汤左相，是其事也。

2.《书传》卷七《商书》

(宋)苏轼撰

《仲虺作诰》。

春秋传曰,薛之皇祖奚仲居薛以为夏车正,仲虺居薛以为汤左相。

3.《尚书全解》卷一四《商书》

(宋)林之奇撰

仲虺作诰《仲虺之诰》。

盖汤伐夏而归内不自,安有惭德之言。故仲虺作诰,言其所以不得不伐之义,以广汤之意也。此数语者,亦是史官录此语之时撮其大旨,以见其君臣之间所以相告勉者,即班孟坚所谓言其作意者也。

4.《尚书讲义》卷七《商书》

(宋)史浩撰

(归善斋按,见"汤归自夏")

5.《尚书详解》卷十《商书·仲虺之诰》

(宋)夏僎撰

(归善斋按,见"汤归自夏")

6.《增修东莱书说》卷七《商书·仲虺之诰第二》

(宋)吕祖谦撰,(宋)石㵾增修

(归善斋按,见"汤归自夏")

7.《尚书说》卷三《商书·仲虺之诰》

(宋)黄度撰

(归善斋按,见"汤归自夏")

8. 《絜斋家塾书钞》卷五《商书·仲虺之诰》

（宋）袁燮撰

（归善斋按，原缺）

9. 《书经集传》卷三《商书·仲虺之诰》

（宋）蔡沈撰

（归善斋按，未解）

10. 《尚书精义》卷一五《商书·仲虺之诰》

（宋）黄伦撰

（归善斋按，见"汤归自夏"）

11. 《尚书详解》卷一一《商书·仲虺之诰》

（宋）陈经撰

（归善斋按，见"汤归自夏"）

12. 《融堂书解》卷五《商书·仲虺之诰》

（宋）钱时撰

（归善斋按，见"汤归自夏"）

13. 《尚书要义》

（宋）魏了翁撰

（归善斋按，原缺）

14. 《书集传或问》卷上《仲虺之诰》

（宋）陈大猷撰

（归善斋按，未解）

15. 《尚书详解》卷四《商书·仲虺之诰第二》

（宋）胡士行撰

（归善斋按，见"汤归自夏"）

16. 《书纂言》

（元）吴澄撰

（归善斋按，无此篇）

17. 《书集传纂疏》卷三《朱子订定蔡氏集传·商书·仲虺之诰》

（元）陈栎撰

（归善斋按，未解）

18. 《读书丛说》卷五《仲虺之诰》

（元）许谦撰

（归善斋按，未解）

19. 《书传辑录纂注》卷三《商书·仲虺之诰》

（元）董鼎撰

（归善斋按，未解）

20. 《尚书句解》卷四《商书·仲虺之诰第二》

（元）朱祖义撰

仲虺作诰（仲虺作诰，以告汤。虺，音卉）。

21. 《尚书日记》卷七《商书·仲虺之诰》

（明）王樵撰

（归善斋按，未解）

22.《日讲书经解义》卷四《商书·仲虺之诰》

（清）库勒纳等撰

（归善斋按，未解）

《仲虺之诰》

《尚书注疏》卷七《商书》

（汉）孔氏传，（唐）陆德明音义，（唐）孔颖达疏

《仲虺之诰》。

传，仲虺，臣名，以诸侯相天子。会同曰诰。

疏，正义曰，发首二句，史述成汤之心。次二句，汤言已惭之意，仲虺乃作诰。以下皆劝汤之辞。自"曰，呜呼"至"用爽厥师"言天以桀有罪命伐夏之事。自"简贤附势"至"言足听闻"说汤在桀时怖惧之事。自"唯王弗迩声色"至"厥唯旧哉"言汤有德行加民，民归之事。自"佑贤辅德"以下说天子之法当擢用贤良，屏黜昏暴，劝汤奉行此事，不需以放桀为恶。《康诰》《召诰》之类二字足以为文，"仲虺诰"三字不得成文，以"之"字足成其句。《毕命》《冏命》不言"之"，《微子之命》《文侯之命》言"之"与此同。犹《周礼·司服》言"大裘而冕"，亦足句也。

传，正义曰，"伯、仲、叔、季"，人字之常。仲虺，必是其名，或字"仲"而名"虺"。古人名字不可审知。纵使是字，亦得谓之为名。言是人之名号也。《左传》称居薛为汤左相，是以诸侯相天子也。《周礼·士师》云，以五戒先后刑罚：一曰誓，用之于军旅；二曰诰，用之于会同，是会同曰诰。诰，谓于会之所，设言以诰众。此唯诰汤一人，而言会同者，因解诸篇诰义，且仲虺必对众诰汤，亦是会同曰诰。

《书经集传》卷三《商书·仲虺之诰》

（宋）蔡沈撰

《仲虺之诰》。

虺，许伟反。仲虺，臣名，奚仲之后，为汤左相。诰，告也。《周礼·士师》以五戒先后刑罚：一曰誓，用之于军旅；二曰诰用之于会同，以喻众也。此但告汤，而亦谓之诰者，唐孔氏谓，仲虺亦必对众而言，盖非特释汤之惭，而且以晓其臣民众庶也。古文有，今文无。

《书集传纂疏》卷三《朱子订定蔡氏集传·商书·仲虺之诰》

（元）陈栎撰

《仲虺之诰》。

仲虺，臣名，奚仲之后，为汤左相。诰，告也。《周礼·士师》以五戒先后刑罚：一曰誓，用之于军旅；二曰诰，用之于会同，以喻众也。此但告汤，而亦谓之诰者，唐孔氏谓，仲虺亦必对众而言，盖非特释汤之惭，而且以晓其臣民众庶也。古文有，今文无。

纂疏：

问，《仲虺之诰》，似未见其释汤惭德处。曰，正是解他，云若苗有莠，若粟有秕，他缘何道这几句，盖谓汤若不除桀，则桀必杀汤。如说"推亡固存"处，自是说"伐桀"。至"德日新"以下，乃是勉汤。又如"天乃锡王勇智"，他特地说他"勇智"两字便可见。《尚书》多不可晓，固难理会。然这般处，古人如何说得恁地好，如今人做时文相似。

《读书丛说》卷五《仲虺之诰》

（元）许谦撰

《仲虺之诰》。

人之所不能为者，汤能为之，是其勇；人之所不能知者，汤能知之是其智。

《书传辑录纂注》卷三《商书·仲虺之诰》

（元）董鼎撰

《仲虺之诰》。

仲虺，臣名，奚仲之后，为汤左相。诰，告也。《周礼·士师》以五戒先后刑罚：一曰誓，用之于军旅；二曰诰，用之于会同，以喻众也。此但告汤，而亦谓之诰者，唐孔氏谓，仲虺亦必对众而言，盖非特释汤之惭，而且以晓其臣民众庶也。古文有，今文无。

辑录：

问，《仲虺之诰》似未见其释汤惭德处。先生曰，正是解他。云"若苗之有莠，若粟之有秕"，他缘何道这几句，盖谓汤若不除桀，则桀必杀汤。如说"推亡固存"处，自是说伐桀。至"德日新"以下，乃是勉汤。又如"天乃锡王勇智"，他特地说他"勇智"两字便可见。《尚书》多不可晓，固难理会。然这般处，古人如何说得恁地好，如今人做时文相似。夔孙。

《尚书句解》卷四《商书·仲虺之诰第二》

（元）朱祖义撰

《仲虺之诰》（古史之所题）。

《日讲书经解义》卷四《商书·仲虺之诰》

（清）库勒纳等撰

此书是商史臣记商朝君臣之言语、政事，共十七篇。契始封商，汤因以为有天下之号。

《仲虺之诰》。

此一篇书，是商臣左相仲虺，解释商王汤伐夏之惭，而因进以劝勉之词。军旅曰誓，会同曰诰。此对众告君，兼以晓谕臣民，故亦谓之诰。

《蔡氏传旁通》卷三《商书·仲虺之诰》

（元）陈师凯撰

仲虺，奚仲之后，为汤左相。

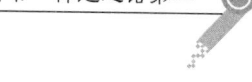

《左传》定元年，薛宰曰，薛之皇祖奚仲居薛，以为夏车正。奚仲迁于邳，仲虺居薛，以为汤左相。

士师以五戒先后刑罚。先后，音去声，犹左右也。

《书经衷论》卷二《商书·仲虺之诰》

（清）张英撰

仲虺释汤之惭，但言天为民立君之意，而初不及君臣之义。盖明于天人之理，则其不得已之心，自见惭不待释而自释矣。曰"唯天生民有欲"，"天生聪明时乂"，"天乃锡王勇智"，言天之爱民，民之待君如是其切。天既为天下万民而生汤，即欲不救民水火而不可得，此通篇之大关键也。

成汤放桀于南巢，唯有惭德

1. 《尚书注疏》卷七《商书》

（汉）孔氏传，（唐）陆德明音义，（唐）孔颖达疏

成汤放桀于南巢，唯有惭德。

传，汤伐桀，武功成，故以为号。南巢，地名。有惭德，惭德不及古。

音义，汤伐桀，武功成，故号"成汤"。一云"成"谥也。

疏，正义曰，桀奔南巢，汤纵而不迫，故称放也。传言"南巢，地名"，不知地之所在。《周书》序有"巢伯来朝"，传云"南方远国"。郑玄云，巢，南方之国。世一见者，桀之所奔，盖彼国也。以其国在南，故称南耳。传并以南巢为地名，不能委知其处，故未明言之。

《尚书注疏》卷七《考证》

"成汤放桀于南巢"疏"桀奔南巢"一段。

臣浩按，疏一条监本，误移于后文"奉若天命"注下。又，此篇疏

并不依经传之次，以类相从，今并一一移正。

2.《书传》卷七《商书》

（宋）苏轼撰

成汤放桀于南巢。

庐江陆县东，有居巢城。《书》有巢伯来朝，春秋楚人围巢。桀奔于此，汤不杀也。

唯有惭德，曰，予恐来世以台为口实。

后世放杀其君者，必以汤武借口，其为病也，大矣。

3.《尚书全解》卷十四《商书》

（宋）林之奇撰

成汤放桀于南巢，唯有惭德，曰，予恐来世以台为口实，仲虺乃作诰。

南巢，地名。薛氏曰，庐江，陆县东，有居巢城。《书》有巢伯来朝，春秋楚人围巢。盖桀奔于此，汤不杀也。汤武之事皆是为天下之民除残去虐，不得已而以臣伐君。然汤之于桀也，唯放南巢而已。至武王则杀受者，盖汤之伐桀，而桀避位出奔，既已窜于南巢矣。于是汤纵不诛，以见其顺天应人，有黾勉不得已之意也。至纣之事，则异乎此。《荀子》曰，武王"选马而进，厌旦于牧之野鼓之，而纣卒易向，遂弃殷人，而进诛纣。盖杀之者，非周人，固殷人也"。以是观之，则是武王本无诛之意，而牧野之战，前徒倒戈，攻于后以北，是纣率如林之众以逆战，盖自在行阵之间。故殷人杀之耳。纣既见杀，武王无可奈何矣。于是，立其子武庚代殷后，盖所以致其恻怛不忍之意。是亦汤伐桀之意也。邵康节曰"下放一等，则至于杀矣"。其意以汤能容桀而放之，武王则不能放纣而杀之，则降于汤一等，失其旨矣。王氏曰，桀之罪不若纣之甚，故汤放之而已，是亦凿说，宜以《荀子》之言为正。《记》曰，"觞酒豆肉，让而受恶，民犹犯齿；衽席之上，让而坐下，民犹犯贵；朝廷之位让而就贱，民犹犯君"。古先圣王，声为律，身为度，以为法于天下，可传于后世。以此救民，民犹有流为不善者。汤之伐夏救民，虽曰应天顺人，出于不得已而然，然以分言之，则是以臣伐君，以诸侯夺天子之位。汤之心，虽无所利于其间，而其迹则近于利之者。故克夏而胜之，则鞠跽而不自安，诚以谓虑其所终，而稽其所敝，知后世乱臣贼子，必有以我借口而行其篡夺之谋以利之者，故忸怩然，惭其德之不及古，而慨叹曰"予恐来世以台为口实"。彼其意诚以谓，以臣伐君，真吾之罪，不以顺天应人之举为是，固当然者，其始终之际，一出于诚实，内不以自欺，外不以欺人，未尝巧为文饰以为解免，此所以不失为圣也。汤既负惭德。有不安之心矣。仲虺于是推明汤之本意，以为迫天人之望，诚有不得已而不可以已者。既已释成汤之疑，于是解天下后世之惑也。且如魏文帝，既逼汉献帝而夺之位，乃以受禅为名，顾左右曰，舜受禹之事，吾知之矣，其实篡夺，而以舜禹之事欺其群臣。人其可欺乎？自古乱臣贼子多矣，未有如曹丕之无忌惮也。汤自以为称乱，而天下后世不以为称乱；曹丕自以为舜禹，而天下后世不以为舜禹。此君子所以为时中，而小人所以无忌惮者也。

4.《尚书讲义》卷七《商书·仲虺之诰》

（宋）史浩撰

成汤放桀于南巢，唯有惭德，曰，予恐来世以台为口实。

《书》有巢伯来朝巢，在吴楚之间。其曰南巢，当矣。桀奔于巢，汤不穷追之，故曰放也。昔驩兜在崇山，太甲在桐宫，皆迁之而已。今此书直曰，成汤放桀于南巢，虽当时出于伊尹之谋，夏民之怨，然不因汤伐何由有此。至是，成汤为法受恶可也。其曰"唯有惭德"，汤之心则然，天下之论则不然也。鸣条之誓曰，非台小子敢行称乱。观汤此言，则知其心非特恐来世以为口实，亦恐今世以为口实也。其惴惴若此，圣人何乐而为，诚出于不得已也。仲虺此书，表里洞然足信。后世有圣人出，因而申之曰，三代所以直道而行。又曰，三代之得天下也以仁，前有《仲虺之诰》，后有孔孟之言，此后世乱臣贼子所以不得引之以自文其恶也。呜呼，非成汤之圣，何以感召仲虺。非仲虺之贤，何以发挥成汤。苟其不然，则后世之敚攘僭窃者，皆得自列于其后矣。

5.《尚书详解》卷十《商书·仲虺之诰》

（宋）夏僎撰

成汤放桀于南巢，唯有惭德，曰，予恐来世以台为口实。

唐孔氏谓，发首二句，史述成汤之心；次二句，汤言己惭之意。其下皆仲虺劝汤之辞也。盖成汤始也，迫于民之怨咨，知上天之意所属在我，故决于必往无有疑心令也。已胜夏而放桀于南巢，因念我之伐夏救民，虽曰顺天应人，出于不得已，然以分言之，则以臣伐君，以诸侯夺天子之位，虽我之心无所利于其间，而其迹则近于利之者，故念之于心，兀（兀）麑而不自安。诚恐后世乱臣贼子，或借我以为口实，行其篡夺，故既放桀于南巢，遂忸怩然，惭其德之不及古，而慨然叹曰，予恐来世以台为口实，谓我之惭非有他也，诚恐后世以我为借口也。南巢，地名。薛氏谓，在庐江陆县东，有居巢城，盖汤伐桀不遂杀之，放之南巢也。汤、武皆为民除害，然汤于桀则放之而已，武王于纣则杀之者，何哉？汤之伐桀，桀避位出奔，既已窜于南巢，故汤纵而不诛。至于纣，则武王非不欲如汤之放也。考之《荀子》则曰，杀受者，非周人，因因也。考之《史记》曰，武王驰之，纣入鹿台，衣珠玉自焚于火而死。武王以黄钺斩纣头，县（悬）之大白之旗，则杀纣者，非武王也。说者徒见《书》有杀受，立武庚之文，遂谓杀受者，实武王也。此盖弗深考《书》之过。所谓杀受，立武庚者，乃谓纣既见杀，武王不忍，故复立其子武庚也。林少颖谓，汤之惭，诚谓以臣伐君，真吾之罪，不以顺天应人之举为是，固当然者，其终始之际一出于诚实，内不自欺，外不欺人，未尝巧为文饰，以解免。此所以不失为圣。至于魏文帝，既逼汉帝而夺之位，乃以受禅为名，且谓左右曰，舜授禹，其实篡夺，欲以舜禹之事，欺其臣。其臣可欺乎？故汤自以为称乱；而后世不以为称乱。曹丕自以为舜禹，后世不以为舜禹者，诚不诚故也。

6.《增修东莱书说》卷七《商书·仲虺之诰第二》

（宋）吕祖谦撰，（宋）时澜增修

（归善斋按，见"汤归自夏"）

7. 《尚书说》卷三《商书·仲虺之诰》

（宋）黄度撰

成汤放桀于南巢，唯有惭德，曰，予恐来世以台为口实。

汤武应天顺人，然君臣之名，终不可废。是故谓之放，谓之杀，而不敢辞。舜迁苗，谓之放流宥之也；封象，亦或谓之放，不及以政也。南巢，今无为军巢县。放杀，不幸而有此也。尧舜禅让，犹有子哙之事，况放杀乎？其为口实，何疑，是岂能无惭。君子言而世为天下法，行而世为天下则。今举动如此，若稍有可议，使天下后世不肖无耻，有所并缘以行其奸，则安能不忧。《易》坤上六龙，战于野，其血玄黄。汤武战矣，必伤玄黄天地之色。言上下皆伤也，其至于此，诚不幸矣。

8. 《絜斋家塾书钞》卷五《商书·仲虺之诰》

（宋）袁燮撰

（归善斋按，原缺）

9. 《书经集传》卷三《商书·仲虺之诰》

（宋）蔡沈撰

成汤放桀于南巢，唯有惭德，曰，予恐来世以台为口实。

武功成，故曰"成汤"。南巢，地名，庐江，陆县（东），有居巢城，桀奔于此，因以放之也。汤之伐桀，虽顺天应人，然承尧舜禹授受之后，于心终有所不安，故愧其德之不古若，而又恐天下后世借以为口实也。陈氏曰，尧舜以天下让，后世好名之士，犹有不知而慕之者。汤、武征伐而得天下，后世嗜利之人，安得不以为口实哉。此汤之所以恐也欤。

10. 《尚书精义》卷十五《商书·仲虺之诰》

（宋）黄伦撰

成汤放桀于南巢，唯有惭德，曰，予恐来世以台为口实。

无垢曰，方未伐桀也，天下之心，第是率遏众力，率割夏邑，如行汤火中，唯恐桀之不早逝也。及桀既奔亡，汤既为主天下之心，则又焦然不宁，曰，吾有夏之民也，今主天下者谁乎？吾臣子也，今君父奔亡，不知何所往乎？越在草莽，得毋有暴露憔悴之苦乎？所以至此极者，其谁之咎欤？此天下皆有惭德也，汤心尤甚焉者，汤为之主也。尧舜以来，以揖逊相传。至后羿，以篡弑坏之。今汤又以战争坏之。以战争坏之可也，为臣子逐其君父，偃然奄而有之，不知尊临百官，号令天下，其心得无惭乎？

张氏曰，汤之伐桀，上应乎天，则仰不愧于天；下顺乎人，则俯不怍于人矣。俯仰无愧怍，而曰"唯有惭德"者，盖承尧舜禹揖逊之后，始以征诛而有天下，恐天下后世以己借口而称乱，此所以不能无惭也，非可惭而惭之，岂非躬自厚之道哉。

王氏曰，汤未伐桀之时，勇以伐之；既伐之后，乃有惭德，此其本心宽厚，不得已而伐恶以救民，故伐毕乃惭，亦如人之可罪而挞之，及其挞之，则又悔之，皆宽厚之意也。

孔文仲曰，无过者，汤之事也；惭德者，汤之心也。四海之内，家怨人怒，愿与其君偕亡，则民之疾苦已甚，而天下之势危弱极矣。以汤之圣，其视天下之民，如慈母之于乳子。葛伯杀一馈饷之童，汤犹且慨然徂征，况桀之甚恶，而民之无告，其忍坐视天下入于陷阱鼎镬而不救哉？此其必至于伐桀者，汤之事也。虽然上下之分，人之所甚严；君臣之恩，古之所尤惜，汤虽勇于为天下驱残除害，至于放逐，岂诚心之所乐哉。此其所以惭者，汤之心也。

东莱曰，汤非是畏后世议论，正恐后世以汤借口而为乱。然古君臣变易者，近如有穷后羿，亦弑君篡位。此事非是汤作始，汤何故独恐后世以汤为口实，盖后羿之徒，天下皆晓然知其为小人之恶，谁肯信之。若汤为一代之圣人，天下以为圣人，既为之，则凡欲此者，夫何不为，此汤之所以恐也。

林氏曰，南巢，地名。薛氏曰，庐江陆县东，有居巢城。《书》有巢伯来朝，春秋楚人围巢。盖桀奔于此，汤不杀也。汤、武之事，皆是为天下之民除残去虐，不得已而以臣伐君。然汤之于桀也，唯放南巢而已。至武王，则杀受者。盖汤之伐桀，而桀避位出奔，既已窜于南巢矣，于是汤纵而不诛，以见其顺天应人，有黾勉不得已之意也。至纣之事则异乎此。《荀子》曰，武王选马而进，厌旦于牧之野鼓之，而纣卒易向，遂弃殷人，而进诛纣。盖杀之者，非周人，殷人也。以是观之，则是武王本无诛纣之意，而牧野之战，前徒倒戈，攻于后以北，是纣率如林之众以逆战，盖自在行阵之间，故殷人杀之耳。纣既见杀，武王无可奈何矣，于是立其子武庚代殷后，盖所以致其恻怛不忍之意，是亦汤伐桀之意也。邵康节曰下放一等则至于杀矣，其意以汤能容桀而放之，武王则不能放纣而杀之，则降于汤一等，失其旨矣。王氏曰，桀之罪不若纣之甚，故汤放之而已，是亦凿说。宜以荀子之言为正。《记》曰，"觞酒豆肉，让而受恶，民犹犯齿；衽席之上，让而坐下，民犹犯贵；朝廷之位，让而就贱，民犹犯君。古先圣王，声为律，身为度，以为法于天下，可传于后世。以此救民，民犹有流为不善者。汤之伐夏救民，虽曰应天顺人，出于不得已而然，然以分言之，则是以臣伐君，以诸侯夺天子之位。汤之心虽无所利于其间，而其迹则近于利之者，故克夏而胜之则虩虩而不自安，诚以为虑其所终，而稽其所敝，知后世乱世贼子，必有以我借口而行其篡夺之谋，以利之者。故怛怛然惭其德之不及古，而慨叹曰"予恐来世以台为口实"。彼其意，诚以谓，以臣伐君，真吾之罪，不以顺天应人之举为是固当然者。其始终之际，一出于诚实，内不以自欺，外不以欺人，未尝巧为文饰以为解免。此所以不失为圣也。汤既负其惭德有不安之心矣，仲虺于是推明汤之本意，以为迫天人之望，诚有不得已，而不可以已者既以释成汤之疑，于是解天下后世之惑也。且如魏文帝，既逼汉献帝而夺之位，乃以受禅为名，顾左右曰，舜授禹之事，吾知之矣。其实，篡夺而以舜禹之事欺其群臣。人其可欺乎？自古乱臣贼子多矣，未有如曹丕之无忌惮也。汤自以为称乱，而天下后世不以为称乱；曹丕自以为舜禹，而天下后世不以为舜禹。此君子所以为时中，而小人所以无忌惮者也。

11.《尚书详解》卷十一《商书·仲虺之诰》

（宋）陈经撰

（归善斋按，见"汤归自夏"）

12.《融堂书解》卷五《商书·仲虺之诰》

（宋）钱时撰

成汤放桀于南巢，唯有惭德，曰，予恐来世以台为口实。

举师之初而有称乱之嫌，卒伐之后而有惭德之语。呜呼，吾是以深悲圣人之不幸也。口实者，借之以实其口，犹云借口。

13.《尚书要义》

（宋）魏了翁撰

（归善斋按，原缺）

14.《书集传或问》卷上《仲虺之诰》

（宋）陈大猷撰

林氏曰，汤唯放桀，而武王则杀受，盖桀既奔窜南巢，故汤纵而不诛，以见其不得已之意。至纣则异乎。此《荀子》所谓纣卒易向而诛纣。盖武王本无杀纣之意，而前徒倒戈，纣身死于行阵之间，乃殷人杀之耳。纣既见杀，武王无可奈何，故立其子代殷后，以寓其恻怛之意，是亦汤之意也。邵康节谓"下放一等则至于杀"，其意盖以为汤能容桀，而武王不能容纣也，失其旨矣。此说亦善。

15.《尚书详解》卷四《商书·仲虺之诰第二》

（宋）胡士行撰

（归善斋按，见"汤归自夏"）

16.《书纂言》

（元）吴澄撰

（归善斋按，无此篇）

17.《书集传纂疏》卷三《朱子订定蔡氏集传·商书·仲虺之诰》

（元）陈栎撰

成汤放桀于南巢，唯有惭德，曰，予恐来世以台为口实。

武功成，故曰"成汤"。南巢，地名，庐江陆县（东），有居巢城，桀奔于此，因以放之也。汤之伐桀，虽顺天应人，然承尧舜禹授受之后，于心终有所不安，故愧其德之不古若，而又恐天下后世借以为口实也。陈氏曰，尧舜以天下让，后世好名之士，犹有不知而慕之者。汤、武征伐而得天下，后世嗜利之人，安得不以为口实哉。此汤之所以恐也欤。

纂疏：

郑氏曰，必往之师，以救生人。口实之惭，以虑后世。

吕氏曰，此心之惭，此诰之释，皆不可少也。

愚谓，观汤之惭，汤之本心见矣，盖以居万世，君臣之始变也。仲虺释其惭，始则美之。又虑其愧心既释，骄心或生，故终复警之，大臣之引君，当道如此。

18.《读书丛说》卷五《仲虺之诰》

（元）许谦撰

（归善斋按，未解）

19.《书传辑录纂注》卷三《商书·仲虺之诰》

（元）董鼎撰

成汤放桀于南巢，唯有惭德，曰，予恐来世以台为口实。

武功成，故曰"成汤"。南巢，地名，庐江陆县，有居巢城，桀奔于此，因以放之也。汤之伐桀虽顺天应人，然承尧舜禹授受之后，于心终有所不安，故愧其德之不古若，而又恐天下后世借以为口实也。陈氏曰，尧舜以天下让，后世好名之士，犹有不知而慕之者。汤、武征伐而得天下，后世嗜利之人，安得不以为口实哉。此汤之所以恐也欤。

纂注：

新安陈氏曰，观汤之惭，汤本心始见矣。以居万世，君臣之始变也。仲虺释其惭始，则美之；又虑其愧心既释，骄心或生，故终复警之，大臣之引君，当道者如此。

郑氏曰，必往之师，以救生人。口实之惭，以虑后世。

吕氏曰，此心之惭，此诰之释，皆不可少。

20.《尚书句解》卷四《商书·仲虺之诰第二》

（元）朱祖义撰

成汤放桀于南巢（伐桀功成，故号"成汤"。南巢，地名，在庐江陆县东，有居巢城。成汤伐桀不遂杀之，故放之于南巢之地）。唯有惭德（以臣伐君，遂惭其德之不及古）。

21.《尚书日记》卷七《商书·仲虺之诰》

（明）王樵撰

成汤放桀于南巢，唯有惭德，曰，予恐来世以台为口实。

孔氏曰，汤伐桀，武功成，故以为号。南巢，地名。有惭德，惭德不及古。

金氏曰，南巢，今无为军地，桀奔于此，因以处之，故曰放焉。放伐之事，终不若禅让之美，而又汤始为之，故自以为有可愧之德，恐后世无君者，指此为实，以借口也。

22.《日讲书经解义》卷四《商书·仲虺之诰》

（清）库勒纳等撰

成汤放桀于南巢，唯有惭德，曰，予恐来世以台为口实。

此一节书，是商史臣序仲虺作诰之由也。武功成，故曰"成汤"。口实，谓借口以为指实。商史臣曰，我商王成汤，兴兵讨夏桀之罪，桀出奔南巢，因放置桀于此地，遂代夏而有天下，所以顺天命应人心也。乃成汤自思尧舜禹禅让以来，今日始行放伐之事，惭愧其德不如古，且自言曰：伐夏之举，我虽自信其不得已，但恐来世有乱臣贼子，辄以我今日之事，

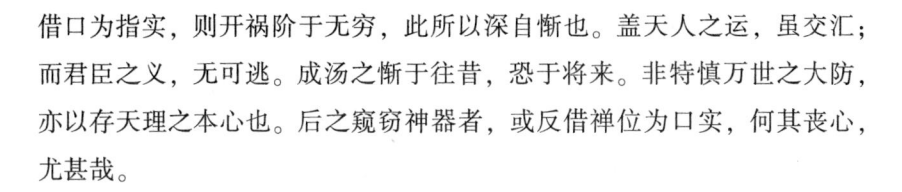

借口为指实，则开祸阶于无穷，此所以深自惭也。盖天人之运，虽交汇；而君臣之义，无可逃。成汤之惭于往昔，恐于将来。非特慎万世之大防，亦以存天理之本心也。后之窥窃神器者，或反借禅位为口实，何其丧心，尤甚哉。

《蔡氏传旁通》卷三《商书·仲虺之诰》

（元）陈师凯撰

南巢，地名，庐江陆县（东），有居巢城。在今淮西无为州巢县。

愧德之不古若。

辑纂引陈氏云，观汤之惭，汤之本心始见矣。以居万世，君臣之始变也。吕氏曰，此心之惭，此诰之释皆不可少。

《尚书考异》卷三《仲虺之诰》

（明）梅鷟撰

唯有惭德。

襄二十九年，季札见舞《韶濩》者曰，圣人之弘也，而犹有惭德，圣人之难也。

《尚书疑义》卷三《商书·仲虺之诰》

（明）马明衡撰

成汤放桀于南巢，唯有惭德。

窃意汤之伐桀，见之既明，行之既遂矣，而乃有惭德，是不安于心也。理既当行，何不安之有？有所不安，孰如勿为之为愈乎？然则，成汤于所谓惭德者，岂犹有的未然之见，不自信之心耶。蔡氏谓，承尧舜禹授受之后，于心终有所不安，是犹似以迹论也夫。唯道理断之于心，则迹异而心同，圣人岂暇形迹之计哉？汤之惭德，汤既自言之矣。"曰，予恐来世以台为口实"，此则汤之意也。盖天聪明，圣智之资，既生不能不任天下之责，此固无俟于言矣。然幸而当其盛时，如舜之于尧，禹之于舜，责任之副，既足以满天下之心，而揖逊之容，又有以起清风于百世。不幸而遇其变，欲辞其责，既所不可，欲任其责，未免以征伐而有之，此则圣人之不幸也。成汤于是将有所不得而逃矣。汤非不能如禹之受舜，然禹之所遇者舜也；汤之所遇者桀也。汤之惭德，其亦自伤其所遇之不幸也。其为后世虑，至深远也。周公之诛管蔡，周公岂乐为之，亦所遇之不幸。周公亦有所不得而逃矣。孔子作春秋，乃自谓罪我，孔子亦岂乐有是哉，盖皆所遇之变，夫子将安所免于人之罪己哉？故唯圣人，而后有大过；唯圣人，而后有大忧。汤之惭德，周公之有过，孔子之罪我，皆所不能无也。此唯知学者方能识之。

汤之所谓惭德者，盖反之于心，有不安于是耳，不安于是而犹为之，何耶？曰不得不为。"时日曷丧，予及汝偕亡"。汤可一日安耶？不为不安，为之又不安。此汤所处之时，是至变者，圣人之不幸耳。夫道理至大，无有终穷，故虽圣人有所不尽者，能如汤、武之放代，周公之管蔡，孔子之春秋，皆是也。夫尧舜为天下得人，此道理之正也，亦尧舜之能尽也。然尧舜当天地中和之汇，故有尧舜之圣，亦唯有尧舜之时。至禹之传子时，已不同，而圣人因时而处之各异。汤之时又不同矣。况望其处之如尧舜乎，不能，故不免伐夏救民。其为天下得人之意则同，而其迹则以臣逐君，恐启后世奸雄之心。揆诸道理，亦未能尽不可不以为过也。《孟子》曰："周公之过不亦宜乎"。圣人特权轻重而行之，而其心亦岂安于是乎？故克尽道理，如尧舜者，汤之所愿也。不得尧舜之时，不能如尧舜者，汤之甚不得已也。故愚于汤之惭德，盖有以见汤之圣德，有得于尧舜之大，而非武之所及也。伐桀惭德，各有攸当。而说者以为，汤伐桀之时，颜忸怩而心不宁已久者，岂足以知成汤之心哉。

《尚书地理今释·商书》

（清）蒋廷锡撰

南巢。

南巢，今江南庐州府巢县东北，有居巢故城。

曰，予恐来世以台为口实

1.《尚书注疏》卷七《商书》

（汉）孔氏传，（唐）陆德明音义，（唐）孔颖达疏
曰，予恐来世以台为口实。
传，恐来世论道我放天子，常不去口。

2.《书传》卷七《商书》

（宋）苏轼撰
（归善斋按，见"成汤放桀于南巢"）

3.《尚书全解》卷十四《商书》

（宋）林之奇撰
（归善斋按，见"成汤放桀于南巢"）

4.《尚书讲义》卷七《商书·仲虺之诰》

（宋）史浩撰
（归善斋按，见"成汤放桀于南巢"）

5.《尚书详解》卷十《商书·仲虺之诰》

（宋）夏僎撰
（归善斋按，见"成汤放桀于南巢"）

6.《增修东莱书说》卷七《商书·仲虺之诰第二》

（宋）吕祖谦撰，（宋）石澜增修
（归善斋按，见"汤归自夏"）

7.《尚书说》卷三《商书·仲虺之诰》

（宋）黄度撰

（归善斋按，见"成汤放桀于南巢"）

8.《絜斋家塾书钞》卷五《商书·仲虺之诰》

（宋）袁燮撰

（按袁氏《仲虺之诰》篇解《永乐大典》原缺）

9.《书经集传》卷三《商书·仲虺之诰》

（宋）蔡沈撰

（归善斋按，见"成汤放桀于南巢"）

10.《尚书精义》卷十五《商书·仲虺之诰》

（宋）黄伦撰

（归善斋按，见"成汤放桀于南巢"）

11.《尚书详解》卷十一《商书·仲虺之诰》

（宋）陈经撰

（归善斋按，见"汤归自夏"）

12.《融堂书解》卷五《商书·仲虺之诰》

（宋）钱时撰

（归善斋按，见"成汤放桀于南巢"）

13.《尚书要义》

（宋）魏了翁撰

（归善斋按，原缺）

14. 《书集传或问》卷上《仲虺之诰》

（宋）陈大猷撰

（归善斋按，见"成汤放桀于南巢"）

15. 《尚书详解》卷四《商书·仲虺之诰第二》

（宋）胡士行撰

（归善斋按，见"汤归自夏"）

16. 《书纂言》

（元）吴澄撰

（归善斋按，无此篇）

17. 《书集传纂疏》卷三《朱子订定蔡氏集传·商书·仲虺之诰》

（元）陈栎撰

（归善斋按，见"成汤放桀于南巢"）

18. 《读书丛说》卷五《仲虺之诰》

（元）许谦撰

（归善斋按，未解）

19. 《书传辑录纂注》卷三《商书·仲虺之诰》

（元）董鼎撰

（归善斋按，见"成汤放桀于南巢"）

20. 《尚书句解》卷四《商书·仲虺之诰第二》

（元）朱祖义撰

曰（乃言），予恐来世以台为口实（我恐后世乱臣贼子借我以借口）。

21. 《尚书日记》卷七《商书·仲虺之诰》

（明）王樵撰

（归善斋按，见"成汤放桀于南巢"）

22. 《日讲书经解义》卷四《商书·仲虺之诰》

（清）库勒纳等撰

（归善斋按，见"成汤放桀于南巢"）

《尚书疑义》卷三《商书·仲虺之诰》

（明）马明衡撰

（归善斋按，见"成汤放桀于南巢"）

《尚书考异》卷三《仲虺之诰》

（明）梅鷟撰

（予）恐来世以台为口实。

襄二十二年，公孙侨对晋人曰，若不恤其患，而以为口实。《楚语》王孙圉曰，使无以寡君为口实。

仲虺乃作诰

1. 《尚书注疏》卷七《商书》

（汉）孔氏传，（唐）陆德明音义，（唐）孔颖达疏

仲虺乃作诰。

传，陈义诰汤，可无惭。

2. 《书传》卷七《商书》

（宋）苏轼撰

仲虺乃作诰，曰，呜呼！唯天生民有欲，无主乃乱。唯天生聪明时义。有夏昏德，民坠涂炭。天乃锡王勇智。

凡圣人之德，仁义，孝弟，忠信，礼乐之类，皆可以学。至唯勇也，智也，必天予而后能，非天予而欲以学求之，则智、勇皆凶德也。汉高祖识三杰于众人之中，知周勃、陈平于一世之后，此天所予智也。光武平生畏怯，见大敌勇，此天所予勇也，岂可学哉。若汉武帝、唐德宗之流，则古之学勇智者也，足以敝其国，残其民而已矣。故天不予是德，则君子不敢言智勇。短于智勇，而厚于仁不害其为令德之主也。周公亦曰，"今，天其命哲，命吉凶，命历年"。哲者，知人之谓也。知人与不知人，乃与吉凶历年同出于天命。盖教成王不强，其所无也。

3. 《尚书全解》卷十四《商书》

（宋）林之奇撰

（归善斋按，见"成汤放桀于南巢"）

4. 《尚书讲义》卷七《商书》

（宋）史浩撰

仲虺乃作诰，曰，呜呼！唯天生民有欲，无主乃乱。唯天生聪明时义。有夏昏德，民坠涂炭。天乃锡王勇智，表正万邦，缵禹旧服。兹率厥典，奉若天命。夏王有罪，矫诬上天，以布命于下。帝用不臧，式商受命，用爽厥师。简贤附势，实繁有徒。肇我邦于有夏，若苗之有莠，若粟之有秕。小大战战，罔不惧于非辜。矧予之德，言足听闻。

凡人之心，忧愧不已，志屈气沮，于有为之功，必将怠惰而不振。仲虺惧焉，乃为此书，以开广其心，使之不疑其已行，而勉励其未至。伊尹之功所以能成始而成终者，仲虺之力也。夫民生□□，嚚不辨理，懵不知事。至于渴饮而饥食，好安而恶危，乃不谋而同，出于天性。天故为之生圣人，出乎其类，拔乎其萃，使就而听命焉。苟无君德，何以保民，故

《泰誓》亦曰"亶聪明，作元后，元后作民父母"，此"唯天生聪明时乂"之意也。桀之昏德，不聪不明也，民亦何辜，其坠于涂炭，天实悯焉，是以不得不生汤以救之。勇者，见义必为；智者，沈几先物，故能趋时赴功，无畏慑懦怯之气，有果断英武之为。迹夫优柔不断失机会而败大事者观之，则知汤之有为，是天锡也，其表正万邦，继禹弼成之地，与禹虽相望于数百岁。若亲相授受，亦理之必然者。典，常也。民心虽无常，理之所在，率是而不违，此应人也。天命虽难忱，理之所在，奉若而不逆，此顺天也。夏王之罪，罪在矫诬。不顺其道而逆之，谓之矫；不畏其威而欺之，谓之诬。以此布命，仰有愧于天，非顺天也；俯有怍于人，非应人也。兹上帝所以不善其为，改命而授商也。汤何歉乎哉？夫"一人有庆，兆民赖之"，爽者，背也。师者，众也。彼夏王既背违其众，民将颠倒纷糅，莫之适从。谗谄面谀之人进，则简贤而附势者，不可胜数众邪；群枉之门开，则恶直丑正之风炽。吾止有国以事夏，尚若苗之莠，粟之秕，皆欲芟夷播弃之。矧吾君之德，世所称誉，罔不听闻，则其不容于世益甚矣。汤之君臣，寄命漏刻非辜之惧，民孰不怀而汤，则顺受之而已。仲虺非不知汤为此举，出于不得已，而必为勇智之说以诱之，所以开广其心，使之不疑其已行，而勉励其未至也。

5.《尚书详解》卷十《商书·仲虺之诰》

（宋）夏僎撰

仲虺乃作诰，曰，呜呼！唯天生民有欲，无主乃乱。唯天生聪明时乂。有夏昏德，民坠涂炭。天乃锡王勇智，表正万邦，缵禹旧服。兹率厥典，奉若天命。

汤王既言放桀，恐后世以我为口实，故仲虺于是作诰，以开释于汤，谓昏德如桀，天既弃之，我不得不伐。勇智如汤，天既命之，我不得不顺天命，故必有如是之勇智，又有如是之昏德，则可以为成汤之所为。不然则否，又何忧后世为口实哉？此仲虺作诰之大意也。

呜呼，叹辞也。叹而后言，美其事也。仲虺谓，天之生民，各有喜怒哀乐爱恶之欲，有欲则皆欲足其欲，苟无主以治之，则人人务足其欲，而争端生焉。争而不已，必至于乱。故天于是特生聪明之君，其耳目之闻见，足以周知四方之情伪，故足以乂其乱也。是天生民而立之君者，盖以其聪明足以正乱而已。今夏桀乃昏德如此，则非聪明矣。无聪明之德，则必虐用其民，故民之危险，若陷泥坠火，无有救之者。桀之暴虐如此，则失其为君之道也甚矣。桀既失其为君之道，故天于是思民之不可无主，恐至于乱，乃锡汤以勇，使之足以有断；锡汤以智，使之足以有谋。即上所谓"天生聪明时乂"是也。唯天知桀之不君，民不可以无主，故锡汤以勇智者，盖将使之揭表仪，以正万邦而已。此又所以发明上文所谓"唯天生民有欲，无主乃乱"之义也。盖桀既不君，万国化之，皆为邪僻，无有一人能出于正者，故天命汤以表正之也。然天所以命汤表正者，岂欲汤外立其道以正之也哉，不过欲缵禹旧服而已。服，事也，法度也。盖禹之维持天下，其法度典章，曲尽其美。唯桀不君，一切坏之。万邦化之，皆不归于正。今，天之意，但欲汤缵禹之旧法而已。此正仲虺告汤，谓天所以命汤表正天下之意也。天之命汤，既出于此，则汤今日伐桀之事，乃所以率循大禹旧典，奉顺天命而已，何足惭哉？故曰"兹率厥典，奉若天命"。此盖仲虺先陈其总意也，其下则又申言其详焉。

6.《增修东莱书说》卷七《商书·仲虺之诰第二》

（宋）吕祖谦撰，（宋）石澜增修

（归善斋按，见"汤归自夏"）

7.《尚书说》卷三《商书·仲虺之诰》

（宋）黄度撰

仲虺乃作诰，曰，呜呼！唯天生民有欲，无主乃乱。唯天生聪明时乂。有夏昏德，民坠涂炭。天乃锡王勇智，表正万邦，缵禹旧服，兹率厥典，奉若天命。

民皆有欲，无主则各求遂而乱矣。聪明，君德也。人无欲，则志定气清，而耳目聪明。桀聪明，非必不若人也，纵欲而昏昏，故不能听德视远，岂唯不能乂民，反涂炭之。人主天下之表也，表正则影从。君不作德而纵欲以竞，其民岂得不乱。汤勇足以断天下之大事；智足以察天下之大变，天所锡也。禹弼成五服，使万邦唯正之供，皆有典常，与天命流行。

天使汤"表正万邦，缵禹旧服"。汤、禹是率其旧典，以奉顺天命，是则桀为弗克若天矣。

8.《絜斋家塾书钞》卷五《商书·仲虺之诰》

（宋）袁燮撰

（归善斋按，原缺）

9.《书经集传》卷三《商书·仲虺之诰》

（宋）蔡沈撰

仲虺乃作诰，曰，呜呼！唯天生民有欲，无主乃乱。唯天生聪明时乂。有夏昏德，民坠涂炭。天乃锡王勇智，表正万邦，缵禹旧服。兹率厥典，奉若天命。

仲虺恐汤忧愧不已，乃作诰以解释其意，叹息言，民生有耳目口鼻爱恶之欲，无主则争且乱矣。天生聪明，所以为之主，而治其争乱者也。坠，陷也。涂，泥；炭，火也。桀为民主，而反行昏乱，陷民于涂炭，既失其所以为主矣。然民不可以无主也，故天锡汤以勇智之德。勇，足以有为；智，足以有谋。非勇智，则不能成天下之大业也。表正者，表正于此，而影直于彼也。天锡汤以勇智者，所以使其表正万邦，而继禹旧所服行也。此但率循其典常，以奉顺乎天而已。天者，典常之理所自出；而典常者，禹之所服行者也。汤革夏而缵旧服；武革商而政由旧，孔子所谓百世可知者，正以是也。林氏曰，齐宣王问孟子曰"汤放桀，武王伐纣，有诸"，孟子曰"贼仁者，谓之贼；贼义者，谓之残。残贼之人，谓之一夫。闻诛一夫纣矣，未闻弑君也"。夫立之君者，惧民之残贼，而无以主之为之主，而自残贼焉。则君之实丧矣，非一夫而何。孟子之言，则仲虺之意也。

10.《尚书精义》卷十五《商书·仲虺之诰》

（宋）黄伦撰

仲虺乃作诰，曰，呜呼！唯天生民有欲，无主乃乱，唯天生聪明时乂。

无垢曰，仲虺可谓有高天下之见矣。其论民与人主，何警绝也，非其见在天下之上，其能判别如此哉。想见其人沉静阅世，知治乱之本原，置之人主左右，必能防微杜渐，陈善闭邪，真宰相之识也。何以言之？其论民曰"唯天生民有欲"；其论人主曰"唯天生聪明时乂"。夫民与人主，所禀不同，岂偶然也，皆天赋也。天赋多欲，乃下民之资；天赋聪明乃人主之资，不可强也。多欲者治于人，无人为之防闲，则放僻邪侈，无不为己，此所以赖于人主也。聪明者治人，非人之所治也。盖多欲则昏塞，无欲则聪明。唯天予之聪明，非人为之聪明也。其所听皆知其心之所存，其所见皆知其兆之所起。盖彼自多欲中来，吾自无欲中优游以阅之，则夫清浊、邪正、君子、小人之情状，其何所逃哉？谨于未萌，防于未兆，进君子而退小人，天下自然定矣。盖天既生有欲之民，亦必生聪明之主，此理之自然也。桀多欲如此，乃下民之资也，而置之民上，不亡何待乎？

陈氏曰，聪明本于性之自然，不假于人力。勇智发于机之自然。自然者，定之则清，养之则明。乃假于人力，然不若天生之，为绝人甚远也。卒然非人力所能致，虽勉强为之，则其中馁然，而方寸乱矣。

张氏曰，人生不能无欲，欲而无度量分界则争，争则乱，乱而无主以治，则攘夺篡弑，无所不至。又曰，听之所闻者，不过迩言；视之所见者，不过近事。如此则为人所乂者也，乌能乂人哉。然则，乂民之乱，非聪明之主其可乎？

11.《尚书详解》卷十一《商书·仲虺之诰》

（宋）陈经撰

仲虺乃作诰，曰，呜呼！唯天生民有欲，无主乃乱。唯天生聪明时乂。有夏昏德，民坠涂炭。天乃锡王勇智，表正万邦，缵禹旧服。兹率厥典，奉若天命。夏王有罪，矫诬上天，以布命于下。帝用不臧，式商受命，用爽厥师。

乃者，继上文之辞也。"曰，呜呼！唯天生民有欲，无主乃乱。唯天生聪明时乂"，此三句自其本而言之，与武王誓师之言曰"唯人万物之灵，亶聪明作元后，元后作民父母"相类，特其意不同。武王以民之至善，在所爱；仲虺以民之有欲，在所治。生民之初，有喜怒哀乐，感物而动，见利而嗜，此有欲也。既有欲，则不能无争。既有争，则不能不就其贤有德，能断曲直，而取平焉。故天于是而生聪明之君，出而治之。德不足以异乎天下，则不能以制服天下。此聪明之所以异乎有欲也。有夏昏德，乃下民多欲之资也，以其昏昏，安能使人昭昭哉？宜乎使人陷于泥涂炭火之中，而无有开明之者。"天乃锡王勇智"，岂非"天生聪明以时乂"乎？勇足以有行，智足以有知，皆天下之达德也。勇智，即聪明也。以其资禀过人，出于自然而然，非有伪而为之者，此天锡也。有此德，故能表正万邦，式于九围是也。"缵禹旧服"，足以绍禹之五服也。汤去禹之世虽远，然帝王之心异世而同符，故缵禹者，不在桀，而在汤也。"兹率厥典，奉若天命"，盖常行之理，即天命也。循其常行，而不为越常非理之事，则奉顺乎天者，何以过是。"夏王有罪"，既得罪于天矣，且又"矫诬上天"，诈称天命，以欺诬下民，而布行其令。帝用此遂不善于桀，用商家以受命，使天下之师众，因汤而有所爽明，向之昧昧者，复觉矣。然则汤之受命也，天实为之，桀不得不废，汤不可不与，又奚惭之有？

12.《融堂书解》卷五《商书·仲虺之诰》

（宋）钱时撰

仲虺乃作诰，曰，呜呼！唯天生民有欲，无主乃乱。唯天生聪明时乂。有夏昏德，民坠涂炭。天乃锡王勇智，表正万邦，缵禹旧服。兹率厥典，奉若天命。

此仲虺作诰第一节也。禹数苗罪，只是个昏迷；仲虺数桀罪，亦只是个昏德。自古圣人所以兢兢业业，不敢少懈者，无他，恐少懈即昏耳。吁，可畏哉！唯其昏，是以民罹凶虐。勇智，即聪明也。聪无不闻；明无不见。灵明无体，妙用无方，以其自刚健而不屈，谓之勇，勇非血气也。以其自睿，照而不惑，谓之智，智非思虑也。

13.《尚书要义》

（宋）魏了翁撰

（归善斋按，原缺）

14. 《书集传或问》卷上《仲虺之诰》

（宋）陈大猷撰

（归善斋按，未解）

15. 《尚书详解》卷四《商书·仲虺之诰第二》

（宋）胡士行撰

（归善斋按，见"汤归自夏"）

16. 《书纂言》

（元）吴澄撰

（归善斋按，无此篇）

17. 《书集传纂疏》卷三《朱子订定蔡氏集传·商书·仲虺之诰》

（元）陈栎撰

仲虺乃作诰，曰，呜呼！唯天生民有欲，无主乃乱。唯天生聪明时乂。有夏昏德，民坠涂炭。天乃锡王勇智，表正万邦，缵禹旧服。兹率厥典，奉若天命。

仲虺恐汤忧愧不已，乃作诰以解释其意，叹息言，民生有耳目口鼻爱恶之欲，无主则争且乱矣。天生聪明，所以为之主而治其争乱者也。坠，陷也。涂，泥；炭，火也。桀为民主，而反行昏乱，陷民于涂炭，既失其所以为主矣。然民不可以无主也，故天锡汤以勇智之德。勇足以有为，智足以有谋。非勇智，则不能成天下之大业也。表正者，表正于此，而影直于彼也。天锡汤以勇智者，所以使其表正万邦，而继禹旧所服行也。此但率循其典常，以奉顺乎天而已。天者，典常之理所自出。而典常者，禹之所服行者也。汤革夏，而缵旧服；武革商，而政由旧，孔子所谓百世可知者，正以是也。林氏曰，齐宣王问孟子曰"汤放桀，武王伐纣，有诸"，孟子曰"贼仁者，谓之贼；贼义者，谓之残。残贼之人，谓之一夫。闻诛一夫纣矣，未闻弑君也"。夫立之君者，惧民之残贼，而无以主之为之主，而自残贼焉。则君之实丧矣，非一夫而何？孟子之言，则仲虺之意也。

纂疏：

王氏曰，经言智仁勇，或言仁智勇，未见先勇者。盖成大功定大业，必以智勇。智之所以行者，勇也，故先勇后智。

吕氏曰，以汤勇智如此，唯循常行之理而已。

真氏曰，汤之伐桀，自谓不幸而处变，故有惭德。仲虺解之曰，此特循常道以顺天命而已，盖变而不失其正，即所谓常也。

陈氏传良曰，非但释汤之惭，亦进德戒满之书。

愚谓，凡汤之表正纉率，乃所以奉若天命也，何惭之有？此以天之生汤者释之，以见汤之顺乎天也。禹有典，则贻子孙，"缵禹旧服"，即云"兹率厥典"，典指为禹之典章亦通。孔氏云，循其典，法祖宗之服行典章，不肖之子孙失坠之，而异伐之。圣贤兴复之，往往而然。

18.《读书丛说》卷五《仲虺之诰》

（元）许谦撰

（归善斋按，未解）

19.《书传辑录纂注》卷三《商书·仲虺之诰》

（元）董鼎撰

仲虺乃作诰，曰，呜呼！唯天生民有欲，无主乃乱。唯天生聪明时义。有夏昏德，民坠涂炭。天乃锡王勇智，表正万邦，缵禹旧服。兹率厥典。奉若天命。

仲虺恐汤忧愧不已，乃作诰以解释其意，叹息言，民生有耳目口鼻爱恶之欲，无主则争且乱矣。天生聪明，所以为之主而治其争乱者也。坠，陷也。涂，泥；炭，火也。桀为民主而反行昏乱，陷民于涂炭，既失其所以为主矣。然民不可以无主也，故天锡汤以勇智之德。勇足以有为，智足以有谋。非勇智，则不能成天下之大业也。表正者，表正于此，而影直于彼也。天锡汤以勇智者，所以使其表正万邦，而继禹旧所服行也。此但率循其典常，以奉顺乎天而已。天者典常之理所自出，而典常者，禹之所服行者也。汤革夏，而缵旧服；武革商，而政由旧。孔子所谓百世可知者，

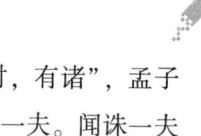

正以是也。林氏曰，齐宣王问孟子曰"汤放桀，武王伐纣，有诸"，孟子曰"贼仁者，谓之贼；贼义者，谓之残。残贼之人，谓之一夫。闻诛一夫纣矣，未闻弑君也"。夫立之君者，惧民之残贼，而无以主之为之主，而自残贼焉。则君之实丧矣，非一夫而何？孟子之言，则仲虺之意也。

纂注：

陈氏傅良曰，仲虺作诰，非但释汤之惭，亦进德戒满之书也。

新安陈氏曰，凡汤之表正缵率，乃所以奉若天命也，何惭之有？此以天之生汤者释之，以见汤之顺乎天也。

吕氏曰，以汤勇智如此，唯循常行之理而已。

真氏曰，汤之伐桀，自谓不幸而处变，故有惭德，以为不独愧于人，亦愧于天。仲虺解之曰，此特循其常道以顺天命而已。盖变而不失其正，即所谓常也。

20.《尚书句解》卷四《商书·仲虺之诰第二》

（元）朱祖义撰

仲虺乃作诰曰（仲虺乃作诰，以开释汤曰）。

21.《尚书日记》卷七《商书·仲虺之诰》

（明）王樵撰

"仲虺乃作诰曰"至"奉若天命"。

仲虺作诰，一以释汤之惭，一以晓其臣民众庶。"聪明"以圣德言，不囿于形气之私，不为物欲所蔽，是为天生聪明，不可徒以生质言。"时乂"者，使为民主，使天下有所取正，而息其争乱也，重表率意。"有夏昏德"二句，见失其所以为民主之意。天为民求主，于是"乃锡王勇智"。独言"勇智"者，勇足以有为，一毫私意牵制他不得；智足以有谋，一毫私意昏蔽他不得。此重圣德上说，正所谓"天生聪明"也。"表正万邦，缵禹旧服"，所谓"时乂也"重天意上说。"兹率厥典"二句则言所以缵旧服，答天意者，宜如此也。

何谓天者，典常之所自出，五典，天叙也；五礼，天秩也；五服以章有德，天命也；五刑以加有罪，天讨也。何谓典常者，禹之旧所服行，尧授舜，舜授禹，不过此四事而已。万古君天下者，亦只有此四事而已。

"兹"字要分晓，盖上言天意如此，故此言，王于兹唯率循其常道，以奉顺乎天命，乃所以承天意。不然，则岂天所以"锡王勇智"之意哉。蔡传篇末总意提得甚分晓，曰，先言天立君之意，指"唯天生民有欲"以下。天之命汤，指"锡王勇智"。"缵禹旧服"不可辞，指"兹率厥典，奉若天命"。既承天意，率厥典，则一人横行于天下，自不得不讨。虽不指放伐，而放伐在其中矣。先儒径指伐桀言，则不可。

许氏曰，人之所不能为者，汤能为之，是其勇；人之所不能知者，汤能知之，是其智。

表正，表标也，立标于此人，所取正也。

《书》有大义，不过一言，曰天立君之意是也。尧舜之所以禅让，汤武之所以放伐，以此而已。仲虺曰，"唯天生民有欲，无主乃乱。唯天生聪明时乂"；汤曰"唯皇上帝降衷于下民，若有恒性，克绥厥猷唯后"；又曰"万方有罪，在予一人"；武王曰，"唯天地、万物、父母，唯人万物之灵，亶聪明作元后，元后作民父母"；又曰，"天佑下民，作之君，作之师。唯其克相上帝，宠绥四方"，天立君之意与君之职，概可见矣。尧舜知子不堪，即以天下与舜；禹自常人视之，则以圣人舍其子，而以天下与人不私其子也，不知圣人之心所睹者，天立君之意而已。荐贤自代，苟代者少不如己，是己负天下也。而尧得舜，舜得禹，故孟子特从而表之，以为二圣人者，乃为天下得人者也。既赞其仁，又赞其难，信乎其难也。论而至此，则不以天下私其子，又奚足为尧舜道哉。禹之子可继，则又不必固于为让，无非顺天而已。迨于桀、纣，民坠涂炭，则汤、武又不得不身任其责，救民于水火之中。故曰"予畏上帝，不敢不正"；"予弗顺天，厥罪唯钧"，亦唯有睹于天立君之意而已。故孔子曰"汤武革命，顺乎天而应乎人"。此二事，乃万世之大义，非尧、舜、汤、武不能为，非孔子、孟子不能赞也。

孔明《出师表》忠肝义胆，可与《伊训》《说命》相表里。但向上一节，似犹未及天立君之意是也，此开天辟地以来一个大头脑。唐虞三代君臣，只干当得这一句。孔明所执之大义，只到恢复汉室便了。在汉家臣子固此，是大义在天下，则非一家之器，使汉德已厌，人心已去，天命已改，虽孔明其如之何？当时只合自已为天吏，直接担当了天下第一等事，救民水火之中，以致仁伐不仁，以致正讨不正，则无敌于天下。当是时，汉室陵夷，生灵涂炭，豪杰并起。昭烈以汉室之胄，举汤武之师，所谓名正言顺而事必成者，凡窃据汉地者，皆可声罪。致讨刘表之荆州，刘焉之益州，正可明白以义取之，不必费许多委曲，又何藉于孙权，结与为援，以荆州见借，而复见夺哉？

汉高帝、唐太宗，都见不得此一著。为义帝发丧，讨得这个题目，只是捉得着了项藉死款。使项藉不杀义帝，却将甚事来做题目，自家若当得个天吏，起疐头，只合救民于水火之中。新城三老董公，所谓名其为贼敌乃可服者，犹落第二义云。

22. 《日讲书经解义》卷四《商书·仲虺之诰》

（清）库勒纳等撰

仲虺乃作诰，曰，呜呼！唯天生民有欲，无主乃乱。唯天生聪明时乂。有夏昏德，民坠涂炭。天乃锡王勇智，表正万邦，缵禹旧服。兹率厥典，奉若天命。

此一节书，是仲虺作诰以释成汤之惭，而先推本于天立君之意也。涂，泥；炭，火也。缵，继也。仲虺因成汤以伐夏为惭，乃作诰以解之，叹息而言曰，天为民而立君，非徒虚拥尊位也。唯天生斯民，有形体，即有嗜欲，使无主以治之，各逞其欲而相争，乃至于乱。唯天不忍其乱，每于生民中，特生一资禀聪明，不蔽于欲之圣人，立为斯民主，敷教行政，以治民之欲，而息其争乱焉。夏桀为民主，反行昏德，暴虐其民，陷民于涂泥炭火。既失其所以为主矣。天念斯民之无主，乃笃生我商王，锡之以勇足有为，智足决几之德，使之表正万邦之民，而继大禹旧所服行之常道，以尽乂民之责，此天意也。今亦但率循其常道，以奉顺天命而已，何惭之有。盖典常之理，出于天，大禹所服行，古今帝王所率由，无非共此常理。夏之子孙不能缵，成汤缵之。故不言革命，而言"奉若"，此可见天命无私。仲虺非专为释惭，亦正告以人主责任重大也。

曰，呜呼！唯天生民有欲，无主乃乱

1.《尚书注疏》卷七《商书》

（汉）孔氏传，（唐）陆德明音义，（唐）孔颖达疏
曰，呜呼！唯天生民有欲，无主乃乱。
传，民无君主则恣情，欲必致祸乱。

2.《书传》卷七《商书》

（宋）苏轼撰
（归善斋按，见"仲虺乃作诰"）

3.《尚书全解》卷十四《商书》

（宋）林之奇撰
曰，呜呼！唯天生民有欲，无主乃乱。唯天生聪明时乂。
呜呼，叹辞也。言民之生，有喜怒哀乐爱恶之欲，失性命之情，以争其所欲，则侵盗攘夺无所不为矣。不为之主以治之，则欲者必争，争而不已，则乱矣。此篇论厥初生民，所为立君以治之之意也。柳子厚曰，生人之初，万物皆生，草木榛榛，鹿豕狉狉。人不能搏噬，而且无羽毛，莫克自卫，必将假物以为用。夫假物者，必争，争而不已，必就其能断曲直者而听命焉。其聪而明，所服必众，告之以直，而不改必痛之而后畏。由是君、长、刑、政生焉。故近者聚而为群，群而无分，其争必大。德又有大者，众群之长，又就而听命焉，以安其属。于是有诸侯之列，则其争又有大者焉，其德又大者，诸侯之列又就而听命焉，以安其封。于是，有方伯连帅之类，则其争又有大者焉，德又有大者，方伯连帅之类又就以听命焉，以安其人。然后天下会于一。是故有里胥，而后有诸侯；有诸侯，而后有方伯连帅；有方伯连帅，而后有天子。此说为尽。盖所以为之君者，唯生民之争，而无以主之则乱，故也。夫唯立君以主民之欲，而民不至于

乱。故非天生聪明之主，其耳目之闻见，足以周知四方之情伪，则不足以乂其乱也。苟非其聪明足以闻其所不闻，见其所不见，则民之好恶哀乐之情，抑郁于下，而无由上达，亦终于乱而已。故必天生聪明，然后可以乂斯民也。天生聪明，其聪明出夫天命之自然，非人为之伪也。如秦始皇、魏武帝之徒，岂谓其非聪明哉。然其聪明出于天性，而胁之以诈，故以巧伪劫天下而服之，虽能服之，终亦叛而去者，以其非天之生聪明故也。王氏云，民之有欲，至于失性命之情以争之，故攘夺诞谩无所不至。为之主者，非聪明足以胜之，则乱而已。此说大害义理。夫所贵乎圣人者，唯欲知天下好恶之情而已，苟欲胜之，则秦始皇、魏武帝之聪明而已，岂足以已其乱邪？仲虺言此者，盖谓天生民而立之君。凡欲其聪明足以止乱而已。今桀之虐斯民也如此，已失夫所以立君乂民之意矣。又所谓当诛而不得诛也。武王誓师曰"唯天地万物父母，唯人万物之灵。亶聪明作元后，元后作民父母"，亦此意也。齐宣王问孟子曰"汤放桀，武王伐纣，有诸"，孟子曰"贼仁者，谓之贼；贼义者，谓之残。残贼之人，谓之一夫。闻诛一夫纣矣，未闻弑君也"盖所谓立君者，唯惧夫民之相与残贼，而无以主之故也。为之主而自为残贼焉，则君之实丧矣，非一夫而何？孟子之意，即仲虺之意也。

4.《尚书讲义》卷七《商书》

（宋）史浩撰

（归善斋按，见"仲虺乃作诰"）

5.《尚书详解》卷十《商书·仲虺之诰》

（宋）夏僎撰

（归善斋按，见"仲虺乃作诰"）

6.《增修东莱书说》卷七《商书·仲虺之诰第二》

（宋）吕祖谦撰，（宋）石㵾增修

曰，呜呼！唯天生民有欲，无主乃乱。唯天生聪明明乂。有夏昏德，民坠涂炭。

汤之伐桀，惭发于中，则是汤非欲往，当时之民又有怨言，则是民亦不欲往。然则汤之必往，何所迫邪？于此深可以验圣人之知。天唯天生民，有此身之欲，无人君以搏节之则乱。天生聪明之君以治民，非私于君也。五行之气，有得其至精者，则为出类拔萃之人，以治其余，汤而可以不往乎？仲虺推其本原而言之，有夏昏德，则与聪明相反矣。其源既昏，其流岂能清彻，天下之人，所以皆在涂炭之中。

7.《尚书说》卷三《商书·仲虺之诰》

（宋）黄度撰

（归善斋按，见"仲虺乃作诰"）

8.《絜斋家塾书钞》卷五《商书·仲虺之诰》

（宋）袁燮撰

（归善斋按，原缺）

9.《书经集传》卷三《商书·仲虺之诰》

（宋）蔡沈撰

（归善斋按，见"仲虺乃作诰"）

10.《尚书精义》卷十五《商书·仲虺之诰》

（宋）黄伦撰

（归善斋按，见"仲虺乃作诰"）

11.《尚书详解》卷十一《商书·仲虺之诰》

（宋）陈经撰

（归善斋按，见"仲虺乃作诰"）

12.《融堂书解》卷五《商书·仲虺之诰》

（宋）钱时撰

（归善斋按，见"仲虺乃作诰"）

13.《尚书要义》

（宋）魏了翁撰

（归善斋按，原缺）

14.《书集传或问》卷上《仲虺之诰》

（宋）陈大猷撰

（归善斋按，未解）

15.《尚书详解》卷四《商书·仲虺之诰第二》

（宋）胡士行撰

曰，呜呼！唯天生民有欲（喜怒哀乐爱恶，欲情之动也，有欲必有争），无主（治）乃乱（争则乱）。唯天生聪明时（是）乂（治）。有夏昏德（与聪明反），民坠涂炭（乱）。天乃锡（与）王勇（有断）智（有谋），表（立仪表）正万邦，缵（继）禹旧服（服行之事，孔云五服）。兹率（循）厥典（常），奉若（顺）天命。

汤之兴，畏天命而悯人，穷也，岂有毫发之私，而何惭焉？聪明，体也；勇智，用也。典者，万世不易之理。汤之所缵，禹之所服，率而奉之，纯乎天也。

16.《书纂言》

（元）吴澄撰

（归善斋按，无此篇）

17.《书集传纂疏》卷三《朱子订定蔡氏集传·商书·仲虺之诰》

（元）陈栎撰

（归善斋按，见"仲虺乃作诰"）

18. 《读书丛说》卷五《仲虺之诰》

（元）许谦撰
（归善斋按，未解）

19. 《书传辑录纂注》卷三《商书·仲虺之诰》

（元）董鼎撰
（归善斋按，见"仲虺乃作诰"）

20. 《尚书句解》卷四《商书·仲虺之诰第二》

（元）朱祖义撰
呜呼（嗟叹之辞）！唯天生民有欲（天生民，皆有性情而有欲），无主乃乱（苟无主，以治之则人人务足其欲，而争端生，必至于乱）。

21. 《尚书日记》卷七《商书·仲虺之诰》

（明）王樵撰
（归善斋按，见"仲虺乃作诰"）

22. 《日讲书经解义》卷四《商书·仲虺之诰》

（清）库勒纳等撰
（归善斋按，见"仲虺乃作诰"）

《蔡氏传旁通》卷三《商书·仲虺之诰》

（元）陈师凯撰
民生有耳目口鼻爱恶之欲，无主则争且乱矣。
孟子曰，"口之于味也，耳之于声也，目之于色也，鼻之于臭也，四支之于安佚也，性也，有命焉"。盖命谓分也，富贵贫贱，各有其分。先王制礼，不可逾越。苟无圣人以主之，则人人各纵其气质之性，以极其欲，而各求所不当得者，则必犯非其分，而争且乱矣。

《书经衷论》卷二《商书·仲虺之诰》

（清）张英撰

"生民有欲，无主乃乱"，必得无欲之人，始可以立极而制防之。"唯王不迩声色，不殖货利"，此正无欲之衷，可以为民极者也。无欲，则其聪不蔽，其明不亏，而可以"时乂"。有欲则昏矣，此正昏明之别，亦即勇怯之关。三者固有一贯之理，然则，智勇又"时乂"之本，而无欲又智勇之本。与六经言仁始于此，盖无欲即仁，此三达德之渊源也。

"唯天生民有欲，无主乃乱。唯天生聪明时乂"，与"唯天地、万物、父母，唯人万物之灵。亶聪明，作元后"之言，前后若合符节，两圣人唯见此理最真。民不可一日无主，天命所在不敢违，故敢于犯不韪之名，发大难之端，而为千古所谅，不然其与后世之僭窃者，何以异哉？

唯天生聪明时乂

1.《尚书注疏》卷七《商书》

（汉）孔氏传，（唐）陆德明音义，（唐）孔颖达疏
唯天生聪明时乂。
传，言天生聪明，是治民乱。

2.《书传》卷七《商书》

（宋）苏轼撰
（归善斋按，见"仲虺乃作诰"）

3.《尚书全解》卷十四《商书》

（宋）林之奇撰
（归善斋按，见"唯天生民有欲"）

4. 《尚书讲义》卷七《商书》

（宋）史浩撰
（归善斋按，见"仲虺乃作诰"）

6. 《增修东莱书说》卷七《商书·仲虺之诰第二》

（宋）吕祖谦撰，（宋）石澜增修
（归善斋按，见"唯天生民有欲"）

5. 《尚书详解》卷十《商书·仲虺之诰》

（宋）夏僎撰
（归善斋按，见"仲虺乃作诰"）

7. 《尚书说》卷三《商书·仲虺之诰》

（宋）黄度撰
（归善斋按，见"仲虺乃作诰"）

8. 《絜斋家塾书钞》卷五《商书·仲虺之诰》

（宋）袁燮撰
（归善斋按，原缺）

9. 《书经集传》卷三《商书·仲虺之诰》

（宋）蔡沈撰
（归善斋按，见"仲虺乃作诰"）

10. 《尚书精义》卷十五《商书·仲虺之诰》

（宋）黄伦撰
（归善斋按，见"仲虺乃作诰"）

11. 《尚书详解》卷十一《商书·仲虺之诰》

（宋）陈经撰

（归善斋按，见"仲虺乃作诰"）

12. 《融堂书解》卷五《商书·仲虺之诰》

（宋）钱时撰

（归善斋按，见"仲虺乃作诰"）

13. 《尚书要义》

（宋）魏了翁撰

（归善斋按，原缺）

14. 《书集传或问》卷上《仲虺之诰》

（宋）陈大猷撰

（归善斋按，未解）

15. 《尚书详解》卷四《商书·仲虺之诰第二》

（宋）胡士行撰

（归善斋按，见"唯天生民有欲"）

16. 《书纂言》

（元）吴澄撰

（归善斋按，无此篇）

17. 《书集传纂疏》卷三《朱子订定蔡氏集传·商书·仲虺之诰》

（元）陈栎撰

（归善斋按，见"仲虺乃作诰"）

18.《读书丛说》卷五《仲虺之诰》

（元）许谦撰

（归善斋按，未解）

19.《书传辑录纂注》卷三《商书·仲虺之诰》

（元）董鼎撰

（归善斋按，见"仲虺乃作诰"）

20.《尚书句解》卷四《商书·仲虺之诰第二》

（元）朱祖义撰

唯天生聪明时乂（天将生聪明之君是治之）。

21.《尚书日记》卷七《商书·仲虺之诰》

（明）王樵撰

（归善斋按，见"仲虺乃作诰"）

22.《日讲书经解义》卷四《商书·仲虺之诰》

（清）库勒纳等撰

（归善斋按，见"仲虺乃作诰"）

《书经衷论》卷二《商书·仲虺之诰》

（清）张英撰

（归善斋按，见"唯天生民有欲"）

有夏昏德，民坠涂炭

1.《尚书注疏》卷七《商书》

（汉）孔氏传，（唐）陆德明音义，（唐）孔颖达疏

有夏昏德，民坠涂炭。

传，夏桀昏乱，不恤下民，民之危险，若陷泥坠火无救之者。

2.《书传》卷七《商书》

（宋）苏轼撰

（归善斋按，见"仲虺乃作诰"）

3.《尚书全解》卷十四《商书》

（宋）林之奇撰

有夏昏德，民坠涂炭。天乃锡王勇智，表正万邦，缵禹旧服。兹率厥典，奉若天命。

夏有昏德，则非聪明矣。非聪明之德，则虐用其民矣。故民之危险，若陷泥坠火，而无有救之者。桀之暴虐如此，则失其所以为君之道矣。桀失为君之道，而生民之乱，不可以无主也，故天乃锡汤勇智。智足以有谋，勇足以有断，即上所谓"天生聪明时乂"也。盖唯智足以察斯民之情，勇足以拯斯民之命，是其聪明足以乂斯民也。唯天以勇智锡汤，是其意盖将使汤表仪天下，以正万国。此盖发上文"唯天生民有欲，无主乃乱"之义也。"缵禹旧服，兹率厥典"，言禹以聪明之德，为天所命，以治斯民，而其子孙弗率，以致"民坠涂炭"，故天之锡汤以勇智，表正万邦者，凡欲使汤继禹之功，从其旧服，以率其典常也。天命既如此，汤其可不奉若之哉。原仲虺之意，盖以为昏德如桀，天既弃之，不得而不伐。勇智如汤，天既命之，不得不顺天命。有桀之昏德，非汤之勇智，则不得为天吏。有汤之勇智，而桀无昏德，则事之而已，尚何伐之有哉？以如是

之勇智，又适遭如是之昏德，故以臣伐君，而不为逆。苟为君之昏不如桀，臣之勇智不如汤，则固不可以为汤之所为矣，又何患其以是为口实哉？

4.《尚书讲义》卷七《商书》

（宋）史浩撰

（归善斋按，见"仲虺乃作诰"）

5.《尚书详解》卷十《商书·仲虺之诰》

（宋）夏僎撰

（归善斋按，见"仲虺乃作诰"）

6.《增修东莱书说》卷七《商书·仲虺之诰第二》

（宋）吕祖谦撰，（宋）石澜增修

（归善斋按，见"唯天生民有欲"）

7.《尚书说》卷三《商书·仲虺之诰》

（宋）黄度撰

（归善斋按，见"仲虺乃作诰"）

8.《絜斋家塾书钞》卷五《商书·仲虺之诰》

（宋）袁燮撰

（归善斋按，原缺）

9.《书经集传》卷三《商书·仲虺之诰》

（宋）蔡沈撰

（归善斋按，见"仲虺乃作诰"）

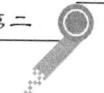

10.《尚书精义》卷十五《商书·仲虺之诰》

（宋）黄伦撰

有夏昏德，民坠涂炭。天乃锡王勇智，表正万邦，缵禹旧服。兹率厥典，奉若天命。

无垢曰，多欲则昏，桀多欲而昏，举一世之民，尽入昏德之中，如陷泥涂，无能自振；如陷烈火无所求生。然天下岂有此理哉？其乱如此，必有治之者矣。当其乱时，天已生一汤于众乱之中，勇以行善，知以明善，巍然为万邦之表，以正天下之群邪，犹众星之北斗，而群山之泰华也。桀其得存乎？汤其可已乎？如此，则汤乃天生为人主，而桀乃天生为下民也。有一桀，必有一汤，此理之自然也。所以，禹之天下，桀不能缵绍，而得汤以绍之也。

张氏曰，桀以不明于德，是以敷虐百姓，百姓莫不罹其凶害，而坠于涂炭之中。天乃锡王勇智者，启佑成汤，使之代夏，救民于水火之中而已。夫兴大功，立大业，非勇有以断，则不能不惧；非智有以决，则不能不惑。此天之所以锡汤，必以勇智也。

史楠曰，天生圣人，莫急于靖乱。圣人奉天，莫大于反正甚矣。"有夏昏德，民坠涂炭"，上天择其主而托之也，锡之大勇，俾所向无坚敌；锡之真智，俾所过无难事。表正万邦之民，使之有所宗；缵承五服之旧，使之有所统。故区区以靖乱之事，而托之于汤者，天意也。汤不过率循大禹常行之典，奉承上天不言之命，反诸正而已矣。天定而天下定，汤可得而辞也哉。

刘敞曰，凡圣王之后，而至于衰者，非其道衰也，物使之衰也。其至于乱者，非其德乱也，俗使之乱也。继而起者，明道以待物，则衰远矣；正德以训俗，则乱远矣。故可以中物者，道也，而道未尝变；可以革俗者，德也，而德未尝变。夏后氏有天下四百余岁，桀为不道，颠覆禹之典，刑夏人不忍。成汤伐而放之，四海之内，归之如一，非畔夏也，以成汤为能复禹之绩也。

东莱曰，有夏昏德，正与聪明相悖。其源既已昏浊，其流岂能彻清。自然天下之民，皆在泥涂火炭之中。天乃锡王勇智。此勇智，非外于聪明，聪明自其中出者也。聪明体也，勇智用也。自古只有两件，曰智，曰勇。勇则能行，智则能知。如此则能表正万邦，使四方视为仪表，而皆得其正。"缵禹旧服"，禹之服，汤乃能继其绪，以此见得皇天无亲，唯德是辅。

　　林氏曰，呜呼！叹乱也，言民之生有喜怒哀乐爱恶之欲，失性命之情，以争其所欲，则侵盗攘夺无所不为矣。不为之主以治之，则欲者必争，争而不已，则乱也。此篇论厥初生民，所谓立君以治之之意也。柳子厚曰，生人之初，万物皆生，草木榛榛，牧豕狉狉。人不能搏噬，而且无羽毛，莫克自卫，必将假物以为用。夫假物者必争，争而不已，必就其能断曲直者而听命焉。其聪明所服必众，告之以直而不改，必痛之而后畏。由是君、长、刑、政生焉。故近者，聚而为群，群而无分，其争必大。德又有大者，众群之长，又就而听命焉，以安其属，于是有诸侯之列。则其争又有大者焉，其德又大者，诸侯之列又就而听命焉，以安其封，于是有方伯连帅之类。则其争又有大者，德又有大者焉，方伯连帅之类，又就以听命焉，以安其人。然后天下汇于一。是故，有里胥，而后有诸侯；有诸侯，而后有方伯连帅；有方伯连帅，而后有天子。此说为尽。盖所以为之君者，唯主民之争，而无以主之则乱，故也。夫唯立君以主民之欲，而民不至于乱。故非天生聪明之主，其耳目之闻见，足以周知四方之情伪，则不足以乂其乱也。苟非其聪明，足以闻其所不闻，见其所不见，则民之好恶哀乐之情，抑郁于下，而无所上达，亦终于乱而已。故必天生聪明，然后可以乂斯民也。天生聪明，其聪明出于天命之自然，非人为之伪也。如秦始皇、魏武帝之徒，岂谓其非聪明哉？然其聪明出于天性，而胁之以诈，故以巧伪劫天下而服之，虽能服之，终亦叛而去者，以其非天之生聪明故也。王氏云，民之所欲，至于失性命之情以争之，故攘夺诞谩，无所不至。为之主者，非聪明足以胜之则乱而已。此说大害义理。夫所贵乎圣人者，唯欲知天下好恶之情而已。苟欲胜之，则秦始皇、魏武帝之聪明而已，岂足以已其乱耶？仲虺言此者，盖谓天生民而立之君，凡欲其聪明，足以止乱而已。今桀之虐斯民也如此，已失夫所以立君乂民之意矣，又所谓当诛而不得诛也。武王誓师曰"唯天地、万物、父母，唯人万物之灵。亶聪明，作元后，元后作民父母"亦此意也。"夏有昏德"，则非聪明矣。

非聪明之德，则虐用其民矣。故民之危险，若陷泥坠火而无有救之者。桀之暴虐如此，则失其所以为君之道矣。桀失为君之道，而生民之乱不可以无主也，故天乃锡汤勇智。智足以有谋，勇足以有断。即上所谓"天生聪明时乂"也。盖唯智足以察斯民之情，勇足以拯斯民之命，是其聪明足以乂斯民也。唯天以勇智锡汤，是其意盖将使汤表仪天下，以正万国。此盖发上文"唯天生民有欲，无主乃乱之义"也。"缵禹旧服，兹率厥典"，言禹以聪明之德，为天所命，以治斯民，而其子孙弗率，以至于"民坠涂炭"，故天锡汤以勇智，"表正万邦"者，凡欲使汤继禹之功，从其旧服，以率其典常也。天命既如此，汤其可不奉若之哉？原仲虺之意，盖以谓昏德如桀，天既弃之，不得而不伐。勇智如汤，天既顺之，不得而不顺。夫有桀之昏德，非汤之勇智，则不得为天吏；有汤之智勇，而桀无昏德，则事之而已，尚何伐之有哉？以如是之勇智，又适遭如是之昏德，故以臣伐君而不为逆。苟为君之昏不如桀，臣之勇智不如汤，则固不可以为汤之所为矣。又何患其，以是为口实哉。

11. 《尚书详解》卷十一《商书·仲虺之诰》

（宋）陈经撰

（归善斋按，见"仲虺乃作诰"）

12. 《融堂书解》卷五《商书·仲虺之诰》

（宋）钱时撰

（归善斋按，见"仲虺乃作诰"）

13. 《尚书要义》

（宋）魏了翁撰

（归善斋按，原缺）

14. 《书集传或问》卷上《仲虺之诰》

（宋）陈大猷撰

（归善斋按，未解）

15. 《尚书详解》卷四《商书·仲虺之诰第二》

（宋）胡士行撰

（归善斋按，见"唯天生民有欲"）

16. 《书纂言》

（元）吴澄撰

（归善斋按，无此篇）

17. 《书集传纂疏》卷三《朱子订定蔡氏集传·商书·仲虺之诰》

（元）陈栎撰

（归善斋按，见"仲虺乃作诰"）

18. 《读书丛说》卷五《仲虺之诰》

（元）许谦撰

（归善斋按，未解）

19. 《书传辑录纂注》卷三《商书·仲虺之诰》

（元）董鼎撰

（归善斋按，见"仲虺乃作诰"）

20. 《尚书句解》卷四《商书·仲虺之诰第二》

（元）朱祖义撰

有夏昏德（桀昏蒙其德虐用其民），民坠涂炭（民之危险若陷泥坠火）。

21. 《尚书日记》卷七《商书·仲虺之诰》

（明）王樵撰

（归善斋按，见"仲虺乃作诰"）

22.《日讲书经解义》卷四《商书·仲虺之诰》

（清）库勒纳等撰
（归善斋按，见"仲虺乃作诰"）

《读书管见》卷上《仲虺之诰》

（元）王充耘撰

民坠涂炭。

"民坠涂炭"，只是陷民于水火耳。涂非真指泥也，泥何能为民害，唯水能杀人。

天乃锡王勇智，表正万邦，缵禹旧服

1.《尚书注疏》卷七《商书》

（汉）孔氏传，（唐）陆德明音义，（唐）孔颖达疏

天乃锡王勇智，表正万邦，缵禹旧服。

传，言天与王勇智，应为民主仪表，天下法正，万国继禹之功，统其故服。

音义，缵，子管反。应，"应对"之"应"。

2.《书传》卷七《商书》

（宋）苏轼撰

表正万邦，缵禹旧服。兹率厥典，奉若天命。

缵，继也，服。五服也。

（归善斋按，另见"仲虺乃作诰"）

3.《尚书全解》卷十四《商书》

(宋)林之奇撰

(归善斋按,见"有夏昏德")

4.《尚书讲义》卷七《商书》

(宋)史浩撰

(归善斋按,见"仲虺乃作诰")

5.《尚书详解》卷十《商书·仲虺之诰》

(宋)夏僎撰

(归善斋按,见"仲虺乃作诰")

6.《增修东莱书说》卷七《商书·仲虺之诰第二》

(宋)吕祖谦撰,(宋)石澜增修

天乃锡王勇智,表正万邦,缵禹旧服。兹率厥典,奉若天命。

"天乃锡王勇智",勇智非自外来,即聪明之发见也。聪明,体也;勇智,用也。勇则能行,智则能知。如此则能表正万邦,使四方视为仪表,而皆得其正矣。"缵禹旧服"者,禹之服至此乃得而继,伐夏而缵禹,天命、人心之至公也。"兹率厥典"者,汤之勇智,循常行之理而已。典者,万世常行之理也。如此,则能奉顺天命矣。自常情观之,仲虺称汤之勇智,本于天锡,宜必有甚高之事,乃不过率厥典而已。

7.《尚书说》卷三《商书·仲虺之诰》

(宋)黄度撰

(归善斋按,见"仲虺乃作诰")

8.《絜斋家塾书钞》卷五《商书·仲虺之诰》

(宋)袁燮撰

(归善斋按,原缺)

9. 《书经集传》卷三《商书·仲虺之诰》

（宋）蔡沈撰
（归善斋按，见"仲虺乃作诰"）

10. 《尚书精义》卷十五《商书·仲虺之诰》

（宋）黄伦撰
（归善斋按，见"有夏昏德"）

11. 《尚书详解》卷十一《商书·仲虺之诰》

（宋）陈经撰
（归善斋按，见"仲虺乃作诰"）

12. 《融堂书解》卷五《商书·仲虺之诰》

（宋）钱时撰
（归善斋按，见"仲虺乃作诰"）

13. 《尚书要义》

（宋）魏了翁撰
（归善斋按，原缺）

14. 《书集传或问》卷上《仲虺之诰》

（宋）陈大猷撰
或问，苏氏以禹服为五服，如何？曰，此说亦可。但上既言"表正万邦"，则文意重矣。

15. 《尚书详解》卷四《商书·仲虺之诰第二》

（宋）胡士行撰
（归善斋按，见"唯天生民有欲"）

16. 《书纂言》

（元）吴澄撰

（归善斋按，无此篇）

17. 《书集传纂疏》卷三《朱子订定蔡氏集传·商书·仲虺之诰》

（元）陈栎撰

（归善斋按，见"仲虺乃作诰"）

18. 《读书丛说》卷五《仲虺之诰》

（元）许谦撰

（归善斋按，未解）

19. 《书传辑录纂注》卷三《商书·仲虺之诰》

（元）董鼎撰

（归善斋按，见"仲虺乃作诰"）

20. 《尚书句解》卷四《商书·仲虺之诰第二》

（元）朱祖义撰

天乃锡王勇智（天乃与汤以勇，使足有断，以知使足有谋），表正万邦（为仪表，以正万邦），缵禹旧服（继禹有旧日弼成之五服）。

21. 《尚书日记》卷七《商书·仲虺之诰》

（明）王樵撰

（归善斋按，见"仲虺乃作诰"）

22. 《日讲书经解义》卷四《商书·仲虺之诰》

（清）库勒纳等撰

（归善斋按，见"仲虺乃作诰"）

《书义断法》卷三《商书·仲虺之诰》

(元) 陈悦道撰

天乃锡王勇智,表正万邦,缵禹旧服。兹率厥典,奉若天命。

天之锡圣人,其有猷,有为者,非常之资。圣人之奉天,其率而行之者,皆有常之典。盖天锡勇智,无为不成,固可以正人心,而成王业者矣。然皆古今常行之道,皆天之所命,而非人之所能为者。其正万邦,缵禹服,即常道也,亦天命也,岂以智力之有余,而尽用之哉?《汤诰》曰"各守尔典,以承天休",《仲虺之诰》曰"钦崇天道,永保天命",如斯而已矣。仲氏释汤之惭,故言天之锡汤,汤奉天者如此。

《书经衷论》卷二《商书·仲虺之诰》

(清) 张英撰

(归善斋按,见"唯天生民有欲")

兹率厥典,奉若天命

1.《尚书注疏》卷七《商书》

(汉) 孔氏传,(唐) 陆德明音义,(唐) 孔颖达疏

兹率厥典,奉若天命。

传,天意如此,但当循其典法,奉顺天命而已,无所惭。

2.《书传》卷七《商书》

(宋) 苏轼撰

兹率厥典(于此率循大禹旧典),奉若天命(奉顺天命以为之主)。

(归善斋按,见"天乃锡王勇智,表正")

3.《尚书全解》卷十四《商书》

（宋）林之奇撰

（归善斋按,见"有夏昏德"）

4.《尚书讲义》卷七《商书》

（宋）史浩撰

（归善斋按,见"仲虺乃作诰"）

5.《尚书详解》卷十《商书·仲虺之诰》

（宋）夏僎撰

（归善斋按,见"仲虺乃作诰"）

6.《增修东莱书说》卷七《商书·仲虺之诰第二》

（宋）吕祖谦撰,（宋）石澜增修

（归善斋按,见"天乃锡王勇智"）

7.《尚书说》卷三《商书·仲虺之诰》

（宋）黄度撰

（归善斋按,见"仲虺乃作诰"）

8.《絜斋家塾书钞》卷五《商书·仲虺之诰》

（宋）袁燮撰

（归善斋按,原缺）

9.《书经集传》卷三《商书·仲虺之诰》

（宋）蔡沈撰

（归善斋按,见"仲虺乃作诰"）

10. 《尚书精义》卷十五《商书·仲虺之诰》

（宋）黄伦撰

（归善斋按,见"有夏昏德"）

11. 《尚书详解》卷十一《商书·仲虺之诰》

（宋）陈经撰

（归善斋按,见"仲虺乃作诰"）

12. 《融堂书解》卷五《商书·仲虺之诰》

（宋）钱时撰

（归善斋按,见"仲虺乃作诰"）

13. 《尚书要义》

（宋）魏了翁撰

（归善斋按,原缺）

14. 《书集传或问》卷上《仲虺之诰》

（宋）陈大猷撰

（归善斋按,未解）

15. 《尚书详解》卷四《商书·仲虺之诰第二》

（宋）胡士行撰

（归善斋按,见"唯天生民有欲"）

16. 《书纂言》

（元）吴澄撰

（归善斋按,无此篇）

17.《书集传纂疏》卷三《朱子订定蔡氏集传·商书·仲虺之诰》

（元）陈栎撰
（归善斋按，见"仲虺乃作诰"）

18.《读书丛说》卷五《仲虺之诰》

（元）许谦撰
（归善斋按，未解）

19.《书传辑录纂注》卷三《商书·仲虺之诰》

（元）董鼎撰
（归善斋按，见"仲虺乃作诰"）

20.《尚书句解》卷四《商书·仲虺之诰第二》

（元）朱祖义撰
兹率厥典（于此率循大禹旧典），奉若天命（奉顺天命以为之主）。

21.《尚书日记》卷七《商书·仲虺之诰》

（明）王樵撰
（归善斋按，见"仲虺乃作诰"）

22.《日讲书经解义》卷四《商书·仲虺之诰》

（清）库勒纳等撰
（归善斋按，见"仲虺乃作诰"）

《书义断法》卷三《商书·仲虺之诰》

（元）陈悦道撰
（归善斋按，见"天乃锡王勇智"）

《读书管见》卷上《仲虺之诰》

（元）王充耘撰

兹率厥典，奉若天命。

此二句，当从真氏之说。盖兹者，此也，指伐桀之事而言之也。汤以为不幸，处君臣之变；而仲虺以此乃率循其常道，以顺天命而已。盖治则戴之，以为君者，常道也；乱则诛之，以救民者，亦常道也。变而不失其正，即所以为常也。故汤则骇之以为变，而仲虺则视之以为常。

《尚书疑义》卷三《商书·仲虺之诰》

（明）马明衡撰

古人动以天为言，盖古人终日钦钦，对越上帝，视天真如临之在上。而心之所安，即与天合；心所未安，即与天违，不敢少肆。自誓、诰之言，未有不称天者。仲虺释汤之惭，表明天意，尤自明白。天以乂民为主。一则勇智，一则昏德，伐夏救民，非汤而何？是虽释汤之惭，非以为汤也，所以告天下与来世，使不得借为口实也，仲虺之意，其亦远矣。

夏王有罪，矫诬上天，以布命于下

1.《尚书注疏》卷七《商书》

（汉）孔氏传，（唐）陆德明音义，（唐）孔颖达疏

夏王有罪，矫诬上天，以布命于下。

传，言托天以行虐于民，乃桀之大罪。

音义，矫，居表反。诬，音无。

疏，正义曰，矫，诈也。诬，加也。夏王自有所欲，诈加上天，言天道须然，不可不尔，假此以布苛虐之命于天下，以困苦下民。

2. 《书传》卷七《商书》

(宋) 苏轼撰

夏王有罪，矫诬上天，以布命于下。帝用不臧，式商受命，用爽厥师。简贤附势，实繁有徒。肇我邦于有夏，若苗之有莠，若粟之有秕，小大战战，罔不惧于非辜，矧予之德，言足听闻。

矫，诈也。臧，善也。式，用也。爽，明；肇，启也。简，慢也。帝既不善桀，故用汤为受命之君，彰明其众于天下。而桀之党恶之流，欲并我以启其国，若欲去莠秕然。故小大战战，无罪而惧。况我以德见忌乎？盖言，我不放桀，则桀必灭我也。

3. 《尚书全解》卷十四《商书》

(宋) 林之奇撰

夏王有罪，矫诬上天，以布命于下。帝用不臧，式商受命，用爽厥师。

此又言夏之民涂炭甚矣，而汤以勇智之德，见忌于桀，日惧危亡之不暇。畏天之命，不敢不奋其智勇以拯生民之命也。自古英雄之君，出而应世。苟其深仁厚德，为天人所归，则必为虐君之所忌。故汉高祖入秦关，秦民大喜，莫不欲高祖王秦者，而项羽忌之，鸿门之会几不得脱。光武宣慰河北，吏人喜悦，争持牛酒迎劳，而更始忌之，遣使立之为萧王，令罢兵。光武不就征，乃得免。使此二主，不能见几而作，自脱于虎口，则斯民之命，果谁为之拯溺哉？汤之勇智，既为天所锡矣，故桀愈不安，而欲殄灭之也。仲虺言夏王自知其有罪，自绝于天矣。于是矫诬上天之命，簧鼓流俗，而虐用之。"矫"与"矫制"之"矫"同；诬，伪也。言桀自以其意而托言上天之意如此，以惑其众也。其详虽不可得而知，意者如田单与燕人战，每出约束必称神师之类。单用兵行师，出于一时之怪，犹可言也。桀为人主，矫诬如此，其罪大矣哉。天命用不善之，是用使商受天命，用明其众。爽，明也。盖圣人以其昭昭，故能使人昭昭天之命也。"用爽厥师"，亦言其有昭昭之实也。

4.《尚书讲义》卷七《商书》

（宋）史浩撰

（归善斋按，见"仲虺乃作诰"）

5.《尚书详解》卷十《商书·仲虺之诰》

（宋）夏僎撰

夏王有罪，矫诬上天，以布命于下。帝用不臧，式商受命，用爽厥师。简贤附势，实繁有徒。肇我邦于有夏，若苗之有莠，若粟之有秕。小大战战，罔不惧于非辜，矧予之德，言足听闻。

仲虺上既总言桀可伐，汤不可不伐之意，故此又申明前言焉。仲虺谓，夏王有罪，民心背弃之。桀恐民心不服，于是矫诬上天之命，簧鼓流俗，以谓民虽不我与，天实我与，民岂可不从。"矫"，如"矫制"之"矫"；诬，伪也。言桀自以其意，记言上天之意如此，以惑其众。如田单与燕人战，每出约束，必称神师之类，皆矫诬之意也。桀既有罪，民弃则天绝，今乃矫诬上天之命布为告命以惑天下谓天实与我是宜上帝所以不善其所为而用商王以受天命，而爽天下之众。盖桀矫天告民，民不能无惑者。故命汤以爽之，所以开其明，使知天命，以断弃夏桀。而矫诬之言，皆不足信也。天命既如此，而一时简贤附势之人，犹不觉悟，方且繁众其党徒，反欲害汤。简，忽也，谓贤如汤，则简忽之。附，亲附也，谓不贤而有势如桀，则亲附之。简贤附势之人，其党既繁盛，故我商家，肇有邦国于有夏之时，其党欲害之，如苗有莠，如粟有秕，皆欲锄治簸扬而去之，以桀喻苗粟，以汤喻莠秕，但言势危如此，必不见容也。诸儒皆以苗粟喻汤，以莠秕喻桀，言商为桀所乱，然与下文不相属。今所不取。唯简贤附势之人，党附于桀，视我商家若莠，若秕，日欲锄簸而去之，故我商家，小大之人，危栗忧恐，罔不惧以无罪见灭。况我于其中盛德之言，犹足听闻于天下，宜其尤疾之而欲去之也。观夏台之囚，则桀欲害汤也甚矣。然桀虽欲害汤，而汤宽仁之德，已足以彰信于兆民。民心已归，天意默相，虽桀亦无如之何。故仲虺于下文，所以必继以"唯王不迩声色，不殖货利"等言者，盖言汤有是盛德，民归则天必相也。叶左丞解"矧予之德，言足听闻"，谓桀之党，以我不利己，欲谋去我。虽我小大皆惧不免于非辜。嫉我如此，尚能闻我之德言乎？此解"矧予之德，言足听闻"一句文理极通，但于上下文意不甚贯穿，故未敢遽从。

6. 《增修东莱书说》卷七《商书·仲虺之诰第二》

（宋）吕祖谦撰，（宋）石澜增修

夏王有罪，矫诬上天，以布命于下，帝用不臧，式商受命，用爽厥师。

"矫诬"云者，蔽夏王之有罪也。诬天之理，矫天之意，以布命令于下。帝用是而不臧。用者，天命无心于去夏也。桀既不臧，而后用汤以受命。式者，天命无心于佑商也。帝之不臧夏，而命商，何以验之？观天意者，莫的于人心。"用爽厥师"，有夏之昏德，薰灼其民，天下居懵然之中，用汤以开明之，使如醉梦之醒，故曰"爽"。仲虺解汤之惭德，先言天立君自然之理。夏昏德所以亡，汤有德所以王，何惭之有？

7. 《尚书说》卷三《商书·仲虺之诰》

（宋）黄度撰

夏王有罪，矫诬上天，以布命于下。帝用不臧，式商受命，用爽厥师。

凡其出令，为割剥之事，皆为矫诬。天未尝使人君厉民以独丰也。式，用也。桀为昏政，天不善之，故用商受命，以爽明其众。《记》曰，"大学之道，在明明德，在新民。"

8. 《絜斋家塾书钞》卷五《商书·仲虺之诰》

（宋）袁燮撰

（归善斋按，原缺）

9.《书经集传》卷三《商书·仲虺之诰》

(宋) 蔡沈撰

夏王有罪，矫诬上天，以布命于下。帝用不臧，式商受命，用爽厥师。

"矫"与"矫制"之"矫"同。诬，罔；臧，善；式，用；爽，明；师，众也。天以形体言，帝以主宰言。桀知民心不从，矫诈诬罔，诧天以惑其众。天用不善其所为，用使有商受命，用使昭明其众庶也。

王氏曰，有昏德，则众从而昏。商有明德，则众从而明。

吴氏曰，"用爽厥师"，续下文"简贤附势"，意不相贯，疑有脱误。

10.《尚书精义》卷十五《商书·仲虺之诰》

(宋) 黄伦撰

夏王有罪，矫诬上天，以布命于下。帝用不臧，式商受命，用爽厥师。

无垢曰，夫人不可无所畏。庶民畏父母，家相畏大夫，三卿畏诸侯，百官六卿宰相畏天子。唯有所畏，则有所不敢，而义理明矣。若夫天子何所畏哉？所畏者，上天而已。使人主不畏天，则亦何所不敢哉？桀谓伊尹曰，吾之有天下，如天之有日也，日有亡乎？日亡吾亦亡矣。观桀此言，则亦何所畏哉？唯无所畏，故无所不敢，玩弄上天，借以为从欲之举，晏然以谓岂我之外，别有天乎？又曰天无心也，以民为心，民心烦冤，至有"时日遏丧，予及汝皆亡"之言，则帝用不臧之实可以民心卜之矣。东征西怨，南征北怨，此天式商受命之实也。盖民徯望如此，而诸侯又皆归汤，乃天命汤以有天下。

东莱曰，夏桀昏德，不知天之理。凡事皆假诧天之辞，以布命令于下。帝用不臧，以覆物言之则为天；以主宰言之，则为帝。天以桀为不善，而用汤以受命。"用爽厥师"者，有夏之民，以桀昏迷，亦懵然不知道理所在，故用汤以开明其众。凡此皆仲虺解汤之惭德，先言天之立君自然道理。有夏失德所以亡，汤有德如此，所以王，何惭之有？

11. 《尚书详解》卷十一《商书·仲虺之诰》

（宋）陈经撰

（归善斋按，见"仲虺乃作诰"）

12. 《融堂书解》卷五《商书·仲虺之诰》

（宋）钱时撰

夏王有罪，矫诬上天，以布命于下。帝用不臧，式商受命，用爽厥师。简贤附势，实繁有徒。肇我邦于有夏，若苗之有莠，若粟之有秕。小大战战，罔不惧于非辜。矧予之德，言足听闻。

此第二节，是申言桀之所以亡者，极形容得桀之情状。呜呼！闻善言而拜之，夏之所以王；闻德言而欲害，之夏之所以亡，斯可鉴矣。

13. 《尚书要义》

（宋）魏了翁撰

（归善斋按，原缺）

14. 《书集传或问》卷上《仲虺之诰》

（宋）陈大猷撰

（归善斋按，未解）

15. 《尚书详解》卷四《商书·仲虺之诰第二》

（宋）胡士行撰

夏王（桀）有罪，矫（诈）诬（欺）上天，以布命于下。帝用不臧（善桀），式（用）商受命，用爽（清明）厥（其）师（众）。

夏之季而汤出焉，如晦冥之日月，醉之醒梦之觉也。

16. 《书纂言》

（元）吴澄撰

（归善斋按，无此篇）

17. 《书集传纂疏》卷三《朱子订定蔡氏集传·商书·仲虺之诰》

（元）陈栎撰

夏王有罪，矫诬上天，以布命于下。帝用不臧，式商受命，用爽厥师。

"矫"与"矫制"之"矫"同。诬，罔；臧，善；式，用；爽，明；师，众也。天以形体言，帝以主宰言。桀知民心不从，矫诈诬枉，托天以惑其众。天用不善其所为，用使有商受命，用使昭明其众庶也。

王氏曰，夏有昏德，则众从而昏；商有明德，则众从而明。

吴氏曰，"用爽厥师"，续下文"简贤附势"意不相贯，疑有脱误简。

18. 《读书丛说》卷五《仲虺之诰》

（元）许谦撰

（归善斋按，未解）

19. 《书传辑录纂注》卷三《商书·仲虺之诰》

（元）董鼎撰

夏王有罪，矫诬上天，以布命于下。帝用不臧，式商受命，用爽厥帅。

"矫"与"矫制"之"矫"同。诬，罔；臧，善；式，用；爽，明；师，众也。天以形体言，帝以主宰言。桀知民心不从，矫诈诬罔，托天以惑其众。天用不善其所为，用使有商受命，用使昭明其众庶也。

王氏曰，夏有昏德，则众从而昏；商有明德，则众从而明。

吴氏曰，"用爽厥师"续下文"简贤附势"意不相贯，疑有脱误（简）。

20.《尚书句解》卷四《商书·仲虺之诰第二》

(元) 朱祖义撰

夏王有罪（桀有罪恶民心弃之），矫诬上天（矫诈诬罔以天命我），以布命于下（布命令于天下）。

21.《尚书日记》卷七《商书·仲虺之诰》

(明) 王樵撰

"夏王有罪"至"用爽厥师"。孔氏曰，言托天以行虐于民，乃桀之大罪。式，用；爽，明也。天用不善其所为，商用受天之命，以昭明其众，所谓"时乂"也。有夏昏德，众从而昏；商有明德，众从而明。天下之系乎有主如此。此下接"简贤附势"文意不伦，恐有脱误。

22.《日讲书经解义》卷四《商书·仲虺之诰》

(清) 库勒纳等撰

夏王有罪，矫诬上天，以布命于下。帝用不臧，式商受命，用爽厥师。

此一节书，是申言天命属汤之意也。矫诬，谓造作虚辞以惑民听。臧，善也。式，用也。爽，是昭明之意。师，众也。仲虺曰，有夏昏德，既涂炭其民，而获罪于天矣。桀知民心不从，反矫讬天意，诬造虚词，以宣布命令于下。其背乱已甚，故天用不善其所为，乃使我商受命，而为生民主。盖以桀有昏德，百姓皆被其污染，故命我王以勇智之德，为之君师，用昭明其庶众，使天下皆有以自新，而升斯世于昭明也。天之命我王者如此，则伐夏之举，岂容已哉？何惭之有？夫天下视君德为风俗，为人君者，修德以爽师，此所谓自新以新民，而承天之实不外是矣。

帝用不臧，式商受命，用爽厥师

1.《尚书注疏》卷七《商书》

（汉）孔氏传，（唐）陆德明音义，（唐）孔颖达疏

帝用不臧，式商受命，用爽厥师。

传，天用桀无道，故不善之式。用爽，明也。用商受王命。用明其众，言为主也。

音义，臧，作郎反。

疏，上天用桀无道之故，故不善之。用使商家，受此为王之命，以王天下，用命商王，明其所有之众，谓汤教之，使修德行善，以自安乐，是明之也。

传，正义曰，式，用，《释言》文。昭七年《左传》云，"是以有精爽至于神明"，从爽以至于明，则爽是明之始，故爽为明也，经称"昧爽"，谓未大明也。

2.《书传》卷七《商书》

（宋）苏轼撰
（归善斋按，见"夏王有罪"）

3.《尚书全解》卷十四《商书》

（宋）林之奇撰
（归善斋按，见"夏王有罪"）

4.《尚书讲义》卷七《商书》

（宋）史浩撰
（归善斋按，见"仲虺乃作诰"）

5. 《尚书详解》卷十《商书·仲虺之诰》

（宋）夏僎撰

（归善斋按，见"夏王有罪"）

6. 《增修东莱书说》卷七《商书·仲虺之诰第二》

（宋）吕祖谦撰，（宋）石澜增修

（归善斋按，见"夏王有罪"）

7. 《尚书说》卷三《商书·仲虺之诰》

（宋）黄度撰

（归善斋按，见"夏王有罪"）

8. 《絜斋家塾书钞》卷五《商书·仲虺之诰》

（宋）袁燮撰

（归善斋按，原缺）

9. 《书经集传》卷三《商书·仲虺之诰》

（宋）蔡沈撰

（归善斋按，见"夏王有罪"）

10. 《尚书精义》卷十五《商书·仲虺之诰》

（宋）黄伦撰

（归善斋按，见"夏王有罪"）

11. 《尚书详解》卷十一《商书·仲虺之诰》

（宋）陈经撰

（归善斋按，见"仲虺乃作诰"）

12.《融堂书解》卷五《商书·仲虺之诰》

（宋）钱时撰

（归善斋按，见"夏王有罪"）

13.《尚书要义》

（宋）魏了翁撰

（归善斋按，原缺）

14.《书集传或问》卷上《仲虺之诰》

（宋）陈大猷撰

（归善斋按，未解）

15.《尚书详解》卷四《商书·仲虺之诰第二》

（宋）胡士行撰

（归善斋按，见"夏王有罪"）

16.《书纂言》

（元）吴澄撰

（归善斋按，无此篇）

17.《书集传纂疏》卷三《朱子订定蔡氏集传·商书·仲虺之诰》

（元）陈栎撰

（归善斋按，见"夏王有罪"）

18.《读书丛说》卷五《仲虺之诰》

（元）许谦撰

（归善斋按，未解）

19. 《书传辑录纂注》卷三《商书·仲虺之诰》

(元) 董鼎撰

(归善斋按，见"夏王有罪")

20. 《尚书句解》卷四《商书·仲虺之诰第二》

(元) 朱祖义撰

帝用不臧（上帝不善其所为），式商受命（用商王受天命），用爽厥师（用开明其众，使知矫诬之言不足信）。

21. 《尚书日记》卷七《商书·仲虺之诰》

(明) 王樵撰

(归善斋按，见"夏王有罪")

22. 《日讲书经解义》卷四《商书·仲虺之诰》

(清) 库勒纳等撰

(归善斋按，见"夏王有罪")

简贤附势，实繁有徒

1. 《尚书注疏》卷七《商书》

(汉) 孔氏传，(唐) 陆德明音义，(唐) 孔颖达疏

简贤附势，实繁有徒。

传，简，略也。贤而无势则略之，不贤有势则附之，若是者繁多。有徒，众，无道之世所常。

音义，繁，音烦。

2. 《书传》卷七《商书》

（宋）苏轼撰

（归善斋按，见"夏王有罪"）

3. 《尚书全解》卷十四《商书》

（宋）林之奇撰

简贤附势，实繁有徒。肇我邦于有夏，若苗之有莠，若粟之有秕。小大战战，罔不惧于非辜，矧予之德，言足听闻。

此言桀之矫诬，亦足以惑其众，而致其党类之盛也。简，略也。《孟子》曰，"我欲行礼，子敖以我为简"，简有忽略之意。言桀之众，贤而无势，则忽略之；不贤而有势，则附之。若是者繁多，有徒众。盖桀，君也，其势尊。小人之欲同恶相济者，则附之。其视汤之贤，则忽略而不容也。夫唯桀之众其盛如此，则汤于是时，以贤见疾，可谓甚危矣。故于是言，我商家国，于有夏之初，已为桀所恶，欲见剪除，如苗之有莠，如粟之有秕，恐被锄治簸扬矣。以桀喻苗粟，以汤喻莠秕，此但言势之危。而立于此时，必不见容也。薛氏、曾氏诸家，皆以苗粟喻汤，莠秕喻桀，言商为桀政所乱，然与下文不相属，今所不取，只当依先儒说也。桀之初，既视我商家，若苗粟莠秕，欲锄治簸扬之矣。故我商家大小危栗，唯恐以无罪见灭也。肇我邦于有夏，犹未盛也，而且惧以无罪见灭。况我之道德善言，听闻于天下，宜其愈见疾也。《史记》曰"桀不务德而武伤百姓，百姓弗堪，乃召汤而囚之夏台"。夏台之囚，虽不见经，然以仲虺之言观之，则知《史记》之言不虚矣。桀之恶汤而欲杀之，至于囚于夏台，而几不得脱。汤之伐之迹，近于有挟也。而汤曾不以为嫌，仲虺且以是而释其惭德者，将天命明威，救生民涂炭之命，所系甚大，而不敢赦也。

4. 《尚书讲义》卷七《商书》

（宋）史浩撰

（归善斋按，见"仲虺乃作诰"）

79

5.《尚书详解》卷十《商书·仲虺之诰》

（宋）夏僎撰
（归善斋按，见"夏王有罪"）

6.《增修东莱书说》卷七《商书·仲虺之诰第二》

（宋）吕祖谦撰，（宋）时澜增修

简贤附势，实繁有徒。肇我邦于有夏，若苗之有莠，若粟之有秕。小大战战，罔不惧于非辜，矧予之德，言足听闻。

上先言天命。"简贤附势"以下，方言人事。自"唯王不迩声色"言汤之德。自"佑贤辅德"，又戒汤为君之事。此一篇之次第也。当桀之时，小人为群，见汤之贤，则简忽之；见桀之势，则亲附之，小人之常态也。当此之时，肇造我邦，其在有夏。"若苗之有莠，若粟之有秕"，言桀之徒，视汤为莠为秕。其势不能两立。"小大战战"而惧非辜者，惧其以贤而害于势也。况我之德言，已足听闻而不可掩乎，言名誉之彰听闻已多，尤为不安。

7.《尚书说》卷三《商书·仲虺之诰》

（宋）黄度撰

简贤附势，实繁有徒。肇我邦于有夏，若苗之有莠，若粟之有秕。小大战战，罔不惧于非辜。

虐而邪之"丑正"，乃亦如是。有德则兴，无德则亡，不可得而私，故谓之天位。尧舜授受，汤武放伐，本一道耳，岂尝有私意哉。桀唯失德，而后天命改授，乃不自省畏，而欲铲商去之，是尚可与言尧舜荐贤之事乎？汤之诰万邦曰，尔有善，朕弗敢蔽，罪当朕躬，弗敢自赦，唯简在上帝之心。故夫子诵其言。桀既私留大位，而同恶助之，将贼害贤德，故小大之民，无不战战，惧陷非辜。桀暴乱天下，天下所恃者，汤而已。汤亡谁拯其乱哉？此商师之所以遂出也。《史记》自孔甲以来，诸侯多畔夏。桀不务德，而汤伤百姓弗堪，乃召汤而囚之夏台，已而释之。桀放而死，谓人曰，吾悔不杀汤，使至此。

8.《絜斋家塾书钞》卷五《商书·仲虺之诰》

（宋）袁燮撰

（归善斋按，原缺）

9.《书经集传》卷三《商书·仲虺之诰》

（宋）蔡沈撰

简贤附势，实繁有徒。肇我邦于有夏，若苗之有莠，若粟之有秕。小大战战，罔不惧于非辜，矧予之德，言足听闻。

秕，卑履反。简，略；繁，多；肇，始也。战战，恐惧貌。言"简贤附势"之人，同恶相济，实多徒众。肇我邦于有夏，为桀所恶，欲见翦除，如苗之有莠，如粟之有秕，锄治簸扬，有必不相容之势。商众小大震恐，无不惧陷于非罪。况汤之德，言则足人之听闻，尤桀所忌疾者乎。以苗粟喻桀，以莠秕喻汤，特言其不容于桀，而迹之危如此。《史记》言桀囚汤于夏台，汤之危屡矣。无道而恶，有道势之必至也。

10.《尚书精义》卷十五《商书·仲虺之诰》

（宋）黄伦撰

简贤附势，实繁有徒。肇我邦于有夏，若苗之有莠，若粟之有秕。小大战战，罔不惧于非辜。矧予之德，言足听闻。

无垢曰，简忽贤者，趋附权势。观望权势之心，如鹰如犬，以陷害君子，使桀召汤而囚之夏台，几不免。盖汤在众乱之中，翘然独秀，夐然独异，若苗之有莠也，粟之有秕也。群小疾视，谁不欲芟除播荡之，以快其不肖之心。凡从汤之号令，以为君子，小大战战，无不惧乎非辜。矧我汤之德日新，汤之言日著，言行如此，四方听之者，闻之者，无不称颂而归向，则汤之迹愈危矣。

东莱曰，桀之时，天下小人成群，见汤之贤，则简忽之；见桀在天子之位，则附亲之。此小人之常态。当此时，肇造我邦于有夏，若苗之有莠，若粟之有秕。自常理论之，则汤邦之人，当为苗为粟；桀众当为莠为秕。今小人却看汤人为莠为秕，而桀人为苗为粟。盖主人不憎盗，而盗憎主人，其势未有两立者。

11. 《尚书详解》卷十一《商书·仲虺之诰》

（宋）陈经撰

简贤附势，实繁有徒。肇我邦于有夏，若苗之有莠，若粟之有秕。小大战战，罔不惧于非辜，矧予之德，言足听闻。

此又言桀之忌汤，若汤不放桀，则必为桀所害。"简贤附势"者，言桀之党，与桀同恶者，见贤则简忽之，见势位之崇，则趋附之。"实繁有徒"言，其党之众也。"肇我邦于有夏"，谓我商家始基于夏之朝，自夏朝观商，如苗中之莠，粟中之秕，未尝不亟欲去之，故我商邦小大之臣，皆战战恐惧，恐以其非罪而受戮。况予之德与其言，足以听闻，谓天下皆见闻汤之德与其言，则桀必忌汤，而有害之之心，桀安可不伐哉？

12. 《融堂书解》卷五《商书·仲虺之诰》

（宋）钱时撰

（归善斋按，见"夏王有罪"）

13. 《尚书要义》

（宋）魏了翁撰

（归善斋按，原缺）

14. 《书集传或问》卷上《仲虺之诰》

（宋）陈大猷撰

（归善斋按，未解）

15. 《尚书详解》卷四《商书·仲虺之诰第二》

（宋）胡士行撰

简（桀党简忽）贤（汤之贤）附（依）势（桀之势），寔（实）繁（多）有徒（党）。肇（始）我邦（商国）于有夏（夏世），若苗之有莠（似苗草），若粟之有秕（莠实）。小大（商民小大）战战（惧色），罔不惧于非辜（无罪被辜）。矧予（汤）之德（有诸中），言（形诸外）足听闻（不可掩）。

此言桀囚汤于夏台也。汤在夏季，桀党恶之，如苗粟之莠秕，欲锄簸之。商人深恐非辜，况汤德日著，尤宜为恶党所忌恶乎？

16. 《书纂言》

（元）吴澄撰

（归善斋按，无此篇）

17. 《书集传纂疏》卷三《朱子订定蔡氏集传·商书·仲虺之诰》

（元）陈栎撰

简贤附势，实繁有徒。肇我邦于有夏，若苗之有莠，若粟之有秕。小大战战，罔不惧于非辜。矧予之德，言足听闻。

简，略；繁，多；肇，始也。战战，恐惧貌。言"简贤附势"之人，同恶相济，实多徒众。肇我邦于有夏，为桀所恶，欲见剪除，如苗之有莠，如粟之有秕，锄治簸扬，有必不相容之势。商众小大震恐，无不惧陷于非罪，况汤之德言，则足人之听闻，尤桀所忌疾者乎？以苗粟喻桀，以莠秕喻汤，特言其不容于桀，而迹之危如此。《史记》言桀囚汤于夏台，汤之危屡矣。无道而恶，有道势之必至也。

纂疏：

陈氏曰，德言令闻也。

18. 《读书丛说》卷五《仲虺之诰》

（元）许谦撰

（归善斋按，未解）

19. 《书传辑录纂注》卷三《商书·仲虺之诰》

（元）董鼎撰

简贤附势，实繁有徒。肇我邦于有夏，若苗之有莠，若粟之有秕。小大战战,罔不惧于非辜。矧予之德,言足听闻。

简,略;繁,多;肇,始也。战战,恐惧貌。言"简贤附势"之人,同恶相济,实多徒众。肇我邦于有夏,为桀所恶,欲见剪除,如苗之有莠,如粟之有秕,锄治簸扬,有必不相容之势。商众小大震恐,无不惧陷于非罪。况汤之德言,则足人之听闻,尤桀所忌疾者乎?以苗粟喻桀,以莠秕喻汤,特言其不容于桀,而迹之危如此。《史记》言,桀囚汤于夏台,汤之危屡矣。无道而恶,有道势之必至也。

辑录:

问,"矧予之德,言足听闻",据古注云,道德善言,某窃意"言足听闻"自当作句,言吾之德,言之足使人听闻,彼安得不忌之,未知是否?先生曰,是。贺孙。

纂注:

林氏曰,桀召汤而囚之夏台,以战战惧非辜之言观之,史不虚矣。

陈氏经曰,德言令闻也。

20.《尚书句解》卷四《商书·仲虺之诰第二》

(元) 朱祖义撰

简贤附势(奈何时人忽汤之贤,依桀之势犹不之悟),实繁有徒(实繁众其所有徒党)。

21.《尚书日记》卷七《商书·仲虺之诰》

(明) 王樵撰

"简贤附势"至"言足听闻"。孔氏曰,简,略也。贤而无势,则略之;不贤有势,则附之。若是者,繁多有徒众。始我商家国于夏世,欲见翦除,若莠生苗,若秕在粟,恐被锄治簸扬。商家大小忧危,恐其非罪见灭。矧,况也。况我之德言,足听闻乎?无道之恶有道,自然理也。

按仲虺之言,此非以其必不相容,而汤之先发制人为得计也,亦曰汤之一身,乃天人所倚赖,使南巢之师不举,则必见翦除于桀,将失天人之望尔。

"小大战战，罔不惧于非辜"，指当时为善不党桀者言也。余且如此，矧汤之善声，尤昭著，而尤桀之所忌者乎？昔司马迁谓，西伯阴行善，后儒皆笑其陋，然以事势言之，当时若行迹显显，必不见容。观纣醢九侯，脯鄂侯，文王只一窃叹，便至羑里之囚。而况日有足听闻之声，入于凶人所恶闻之耳乎？但谓文王为此，而韬晦其迹，则不可尔。大小，蔡传专指商众言，似未是。观下文，以"予"对言，"予"者，我商也，则"小大"，乃当时小大庶邦尔。

22.《日讲书经解义》卷四《商书·仲虺之诰》

（清）库勒纳等撰

简贤附势，实繁有徒，肇我邦于有夏，若苗之有莠，若粟之有秕。小大战战，罔不惧于非辜，矧予之德，言足听闻。

此一节书，言桀之忌汤已甚，而汤之得民愈深也。简，谓简慢；繁，谓众多，肇，始也。仲虺曰，夏王既已不道，而其所任用者，又皆简慢贤哲，阿附权势之人，同恶相济，徒众实多，其不与恶相党比者，独我邦耳。故我商始造邦于有夏之间，为桀所忌，如禾苗中之有稂莠，必遭锄治；谷粟中之有糠秕，必被簸扬。其深加嫉恶如此，所以我商之众无小无大，皆战战危惧，唯恐以无罪而受其祸。盖彼既恃势以慢贤，则贤者必为其所忌，而欲见翦除如此也。况我王之德，尽善尽美，但一称述，又皆厌足人之听闻，而为人所悦服，岂不尤为桀所忌乎？则今日之伐夏，非特奉天讨，亦以从人愿也，何慚之有哉？盖好善恶恶者，天之常理，人之常性。桀好简贤附势者，而恶汤，反天之常，拂人之性，欲不亡得乎？

《蔡氏传旁通》卷三《商书·仲虺之诰》

（元）陈师凯撰

《史记》言，桀囚汤于夏台。

索隐云，狱名，夏曰"均台"。皇甫谧云，地在阳翟是也。阳翟，元属许州，今属均州。

《尚书考异》卷三《仲虺之诰》

（明）梅鷟撰

实繁有徒。

《左传》昭二十八年叔游曰，《郑书》有之"恶直丑正，实蕃有徒"，杜注，《郑书》古书名。张霸之伪也多遗，古文之搜也已严。又襄三十年子产曰，《郑书》有之安定国家，必大焉先。

《书经衷论》卷二《商书·仲虺之诰》

（清）张英撰

（归善斋按，见"唯王不迩声色"）

肇我邦于有夏，若苗之有莠，若粟之有秕

1.《尚书注疏》卷七《商书》

（汉）孔氏传，（唐）陆德明音义，（唐）孔颖达疏

肇我邦于有夏，若苗之有莠，若粟之有秕。

传，始我商家国于夏世，欲见翦除，若莠生苗，若秕生粟，恐被锄治簸扬。

音义，莠，羊九反。秕，悲里反。徐，甫理反，又必履反。锄，仕鱼反。簸，波我反。扬，音扬。

2.《书传》卷七《商书》

（宋）苏轼撰

（归善斋按，见"夏王有罪"）

3. 《尚书全解》卷十四《商书》

（宋）林之奇撰

（归善斋按，见"简贤附势"）

4. 《尚书讲义》卷七《商书》

（宋）史浩撰

（归善斋按，见"仲虺乃作诰"）

5. 《尚书详解》卷十《商书·仲虺之诰》

（宋）夏僎撰

（归善斋按，见"夏王有罪"）

6. 《增修东莱书说》卷七《商书·仲虺之诰第二》

（宋）吕祖谦撰，（宋）石澜增修

（归善斋按，见"简贤附势"）

7. 《尚书说》卷三《商书·仲虺之诰》

（宋）黄度撰

（归善斋按，见"简贤附势"）

8. 《絜斋家塾书钞》卷五《商书·仲虺之诰》

（宋）袁燮撰

（归善斋按，原缺）

9. 《书经集传》卷三《商书·仲虺之诰》

（宋）蔡沈撰

（归善斋按，见"简贤附势"）

10. 《尚书精义》卷十五《商书·仲虺之诰》

（宋）黄伦撰
（归善斋按，见"简贤附势"）

11. 《尚书详解》卷十一《商书·仲虺之诰》

（宋）陈经撰
（归善斋按，见"简贤附势"）

12. 《融堂书解》卷五《商书·仲虺之诰》

（宋）钱时撰
（归善斋按，见"夏王有罪"）

13. 《尚书要义》

（宋）魏了翁撰
（归善斋按，原缺）

14. 《书集传或问》卷上《仲虺之诰》

（宋）陈大猷撰
（归善斋按，未解）

15. 《尚书详解》卷四《商书·仲虺之诰第二》

（宋）胡士行撰
（归善斋按，见"简贤附势"）

16. 《书纂言》

（元）吴澄撰
（归善斋按，无此篇）

17.《书集传纂疏》卷三《朱子订定蔡氏集传·商书·仲虺之诰》

（元）陈栎撰

（归善斋按，见"简贤附势"）

18.《读书丛说》卷五《仲虺之诰》

（元）许谦撰

（归善斋按，未解）

19.《书传辑录纂注》卷三《商书·仲虺之诰》

（元）董鼎撰

（归善斋按，见"简贤附势"）

20.《尚书句解》卷四《商书·仲虺之诰第二》

（元）朱祖义撰

肇我邦于有夏（我商家始有邦国于有夏之时，其徒党欲害之），若苗之有莠（如苗有莠，皆欲锄去），若粟之有秕（粟有秕，皆欲簸扬而去之。秕，比）。

21.《尚书日记》卷七《商书·仲虺之诰》

（明）王樵撰

（归善斋按，见"简贤附势"）

22.《日讲书经解义》卷四《商书·仲虺之诰》

（清）库勒纳等撰

（归善斋按，见"简贤附势"）

《尚书考异》卷三《仲虺之诰》

（明）梅鷟撰

肇我邦于有夏，若苗之有莠，若粟之有秕。小大战战，罔不惧于非辜，矧予之德，言足听闻。

《史记》，桀乃召汤而囚之夏台，已而释之。《亢仓子·农道》篇，凡苗之患，先生者，美米；后生者，为秕，不知耨者去其兄，而养其弟，不收其粟，而收其秕。

若苗之有莠，若粟之有秕。

襄三十年，过伯有氏，其门上生莠，子羽曰，其莠犹在乎？此其句法意义虽不相类，但目击"莠"字而发，其独智则不可诬也。或曰，子之捃摭，无乃已甚乎？曰，非然也。惭德取于前，苗莠取于后，仲虺之志在于中，其当时搜窃之情固如此也。又定公夹谷之会，孔子曰，用秕稗也。

小大战战，罔不惧于非辜，矧予之德，言足听闻

1. 《尚书注疏》卷七《商书》

（汉）孔氏传，（唐）陆德明音义，（唐）孔颖达疏

小大战战，罔不惧于非辜，矧予之德，言足听闻。

传，言商家小大忧危，恐其非罪见灭。矧，况也。况我之道德善言，足听闻乎，无道之恶，有道自然理。

音义，矧，申忍反。恶，乌路反。

2. 《书传》卷七《商书》

（宋）苏轼撰

（归善斋按，见"夏王有罪"）

3. 《尚书全解》卷十四《商书》

（宋）林之奇撰
（归善斋按，见"简贤附势"）

4. 《尚书讲义》卷七《商书》

（宋）史浩撰
（归善斋按，见"仲虺乃作诰"）

5. 《尚书详解》卷十《商书·仲虺之诰》

（宋）夏僎撰
（归善斋按，见"夏王有罪"）

6. 《增修东莱书说》卷七《商书·仲虺之诰第二》

（宋）吕祖谦撰，（宋）石澜增修
（归善斋按，见"简贤附势"）

7. 《尚书说》卷三《商书·仲虺之诰》

（宋）黄度撰
（归善斋按，另见"简贤附势"）

矧予之德，言足听闻。唯王不迩声色，不殖货利，德懋懋官，功懋懋赏。用人唯已，改过不吝。克宽克仁，彰信兆民。

夫岂尝以天下为私哉。汤执中立贤，无方其程度皆自已出改过不吝，汤武反之也。十一征无敌于天下，天下信之，唯其无私而已。

8. 《絜斋家塾书钞》卷五《商书·仲虺之诰》

（宋）袁燮撰
（归善斋按，原缺）

9. 《书经集传》卷三《商书·仲虺之诰》

（宋）蔡沈撰

（归善斋按，见"简贤附势"）

10. 《尚书精义》卷十五《商书·仲虺之诰》

（宋）黄伦撰

（归善斋按，见"简贤附势"）

11. 《尚书详解》卷十一《商书·仲虺之诰》

（宋）陈经撰

（归善斋按，见"简贤附势"）

12. 《融堂书解》卷五《商书·仲虺之诰》

（宋）钱时撰

（归善斋按，见"夏王有罪"）

13. 《尚书要义》

（宋）魏了翁撰

（归善斋按，原缺）

14. 《书集传或问》卷上《仲虺之诰》

（宋）陈大猷撰

（归善斋按，未解）

15. 《尚书详解》卷四《商书·仲虺之诰第二》

（宋）胡士行撰

（归善斋按，见"简贤附势"）

16.《书纂言》

（元）吴澄撰

（归善斋按，无此篇）

17.《书集传纂疏》卷三《朱子订定蔡氏集传·商书·仲虺之诰》

（元）陈栎撰

（归善斋按，见"简贤附势"）

18.《读书丛说》卷五《仲虺之诰》

（元）许谦撰

"矧予之德"为句。朱子曾有此说，谓况存我之德，彰著人之言，颂我之德者，满于听闻。

19.《书传辑录纂注》卷三《商书·仲虺之诰》

（元）董鼎撰

（归善斋按，见"简贤附势"）

20.《尚书句解》卷四《商书·仲虺之诰第二》

（元）朱祖义撰

小大战战（我商小大之人，战战忧恐），罔不惧于非辜（无不惧桀以非罪见灭）。矧予之德，言足听闻（况我盛德之言，足听闻于天下，宜其尤疾之而欲去之也）。

21.《尚书日记》卷七《商书·仲虺之诰》

（明）王樵撰

（归善斋按，见"简贤附势"）

22. 《日讲书经解义》卷四《商书·仲虺之诰》

（清）库勒纳等撰

（归善斋按，见"简贤附势"）

唯王不迩声色，不殖货利

1. 《尚书注疏》卷七《商书》

（汉）孔氏传，（唐）陆德明音义，（唐）孔颖达疏

唯王不迩声色，不殖货利。

传，迩，近也。不近声色，言清简不近女色，言贞固。殖，生也。不生资货财利，言不贪也。既有圣德，兼有此行。

音义，近，"附近"之"近"。行，下孟反。

2. 《书传》卷七《商书》

（宋）苏轼撰

唯王不迩声色，不殖货利。德懋懋官，功懋懋赏，用人唯己。

如自己出。

3. 《尚书全解》卷十四《商书》

（宋）林之奇撰

唯王不迩声色，不殖货利。

此又言汤之盛德善政，巍巍如是，所以得民之心也。《孟子》曰，"桀纣之失天下，失其民也。失其民者，失其心也，得天下有道，得其民，斯得天下矣。得其民有道，得其心，斯得民矣。得其心有道，所欲与之、聚之，所恶勿施尔也。民之归仁也，犹水之就下，兽之走圹也。故为渊驱鱼者，獭也；为丛驱爵者，鹯也；为汤武驱民者，桀与纣也。"唯汤武之德，既有以聚民之欲，去民之恶，故桀纣之民，皆相率而归之，虽欲牢辞

固逊，而不可得。是桀纣驱民，而使归之，非汤武诱之而使来也。《老子》曰，唯无以天下为者，可以有天下。舜禹之受禅，汤武之征伐，奄天下之众，而有之，贵为天子，富有四海，而天下不以为过者，唯其未尝有利之之心，而无以天下为。苟其有一毫利之之心，则天下必有不服者，岂能创业垂统，以贻子孙万世之业乎？故仲虺言汤之盛德，而首以"不迩声色，不殖货利"为言者，谓汤之心清净不欲，湛然不动。举天下之声色、货利，曾不足以动其心，则其伐夏救民，以有天下，果其有利之之心乎？"不迩声色"，言不近嬖宠也；"不殖货利"，言不营财贿也。此圣人之盛德，至大至刚，不为外物之所变迁。见于行事之深切著明者。汉孔氏曰，既有圣德，兼有此行，其说失之矣。见于所行者，是真圣人之德，岂"不迩声色，不殖货利"之外，别有圣德乎？

4.《尚书讲义》卷七《商书》

（宋）史浩撰

唯王不迩声色，不殖货利。德懋懋官，功懋懋赏。用人唯己，改过不吝。克宽克仁，彰信兆民。乃葛伯仇饷，初征自葛。东征，西夷怨；南征，北狄怨。曰：奚独后予？攸徂之民，室家相庆，曰：徯予后，后来其苏。民之戴商，厥唯旧哉。佑贤辅德，显忠遂良，兼弱攻昧，取乱侮亡，推亡固存，邦乃其昌。

《孟子》曰，"汤执中，立贤无方"，执者，执其两端，至于立贤无方，则用其中矣。此圣人之大德也。盖方喜怒哀乐，隐于未发之前。其所谓中，孰从而见，唯举其两端，始得见中也。圣人执之，而能用此，成汤所以立贤无方，众人执之，而不能用，此子莫所以，犹执一也。用之如何，如权在衡，事事期适于平而已，无过与不及也。夫声色之在人，如形影之必相随也。愚者溺之而忘反；智者畏之而欲离，皆非中也。汤则"不迩"而已。"货利"之养人，如鱼水之必相资也。贪者徇之而贾祸；廉者弃之而不恤，亦非中也。汤则"不殖"而已。是二者圣人之中制也。"德懋懋官"，爵有德也；"功懋懋赏"，禄有功也。人君所用必功德之人，则宜乎求备矣。人君所恃有富贵之权，则宜乎自贤矣。汤则用人唯己，不求备也。"改过不吝"，不自贤也。是二者，亦圣人之中制也。宽者无不宥，仁者无不爱。"克宽克仁，彰信兆民"，兆民信其慈矣。今也十一征而无敌，干戈所徂，室家相庆，慈故能勇也。岂非成汤能执慈勇之两端，而用其中乎？贤者佑，德者辅。忠输于隐，我则显之；良不自达，我则遂之，是谓福善。福善则善者劝矣。恶者何所惩乎？今也，弱则兼之，使有立；昧则攻之，使有明。乱矣，从而取之，所谓置君而后去；亡矣，从而侮之，所谓兴灭而继绝也。凡所以昌吾邦者，推其亡，同其存，使不失于偏而已，又岂非成汤能执劝沮之两端，而用其中乎？仲虺赞成汤其辞，所引抑扬反复，无过、不及，是知人君之大德，果在于用中也。尧曰咨尔舜，在是也；舜亦以命禹，在是也。仲虺勉励之意，以谓吾王距尧舜禹，虽数百岁，至于用中，若合符契。今而承三圣之统，享四海之归，亦何歉乎哉？成汤至是，可谓对百世而不惭矣。何虞惭德之有？

5.《尚书详解》卷十《商书·仲虺之诰》

(宋) 夏僎撰

唯王不迩声色，不殖货利。德懋懋官，功懋懋赏。用人唯己，改过不吝。克宽克仁，彰信兆民。

仲虺上既言汤有盛德之言足以听闻于天下，桀欲害之，故此遂言，桀虽欲害，唯汤有盛德，足以彰信于兆民。民归，则天命亦归。虽桀亦无如之何。

林少颖引《老子》曰，"唯无以天下为者，可以有天下"。舜禹之受禅，汤武之征伐，奄天下而有之，天下不以为过者，唯其未尝有利之之心，而无以天下为也。苟有一毫利之之心，则民必有不服，故仲虺称汤盛德，必首以"不迩声色，不殖货利"为言。盖谓汤之心清净寡欲，举夫天下声色货利，不足以动其心，故其伐夏，所以无利之之心也。"不迩声色"，谓不近嬖宠也；"不殖货利"，谓不蓄财贿也。唯其官有德，赏有功者，皆与天下同其利也。所谓"德懋懋官"者，谓人能勉于修德，我则勉之以官，与之共天位，治天职也。"功懋懋赏"者，谓人能勉于立功，我则劝勉之以赏，优其禄廪，荣其车服，以旌宠之，不必共天位，治天职也。各称其实而已，非特此也。又能"用人唯己，改过不吝"焉。"用人唯己"则用人之言如自己出，若所谓善与人同，舍己从人，乐取诸人，以为善也。"改过不吝"，则有过必改，无复吝惜，若所谓过则勿惮改也。"用人唯己"，则善无不从；"改过不吝"，则不善无不改。此又所以合并为公，以成其大也。唯汤清净寡欲，举天下不足以动其心，故利与人同，善与人同，施为善政，则能宽以居之，仁以行之。以不忍人之心，行不忍人之政。此所以能明信于天下，而天下信之，皆愿以为君也。此盖仲虺言成汤之伐夏，亦在我有可以得天下之道，故民归之，则吾特应之而已，不足惭也。大抵拨乱反正，以成帝王之业者，必无利天下之心，而与天下同其利，然后可以得天下。苟有利之心，则将夺于物欲，见利而动，惑于声、色货利之私，遂致以私害公，不能执其所有以与天下共利，刚愎自用，遂非莫改。如此，则所施者，无非虐政。是水益深，火益热也，何足以成功哉。少颖此说极善，故尽从之。

6.《增修东莱书说》卷七《商书·仲虺之诰第二》

（宋）吕祖谦撰，（宋）石澜增修

唯王不迩声色，不殖货利，德懋懋官，功懋懋赏。用人唯己，改过不吝。克宽克仁，彰信兆民。

"唯王不迩声色，不殖货利"，仲虺见圣人之的，故其称圣人皆于本原而言之，不为高大之论，而其实非圣人，则不能至也。声色、货利，而欲不迩、不殖，自非纯乎天，无一毫人欲者，安能汤之所以为。汤不过此耳，本原既已清彻，则凡于事为，无不当理。德懋者，懋之以官，功懋者，懋之以赏，见其崇德报功，不差毫发也。"用人唯己"者，如《记》所谓"取人以身，唯本原之正"。故能以身为度，而任天下之才。苟吾身自无权衡，则何以称天下之长短小大哉？"改过不吝"者，验之颜子可见。颜子几圣者也，其过则不贰，所谓有不善未尝不知，知之未尝复行也。颜子之不贰，未若汤之不吝也。"克宽克仁"者，自古言宽仁往往多以慈爱，而或至于不治。汤之宽仁，慈爱固在其中，而能彰明孚信于兆民，其间盖有不容言者，意有以将其惠而民感之也。"彰信兆民"，盖久于其道，而天下化成之意。

7.《尚书说》卷三《商书·仲虺之诰》

(宋)黄度撰

(归善斋按,见"小大战战")

8.《絜斋家塾书钞》卷五《商书·仲虺之诰》

(宋)袁燮撰

(归善斋按,原缺)

9.《书经集传》卷三《商书·仲虺之诰》

(宋)蔡沈撰

唯王不迩声色,不殖货利。德懋懋官,功懋懋赏。用人唯己,改过不吝。克宽克仁,彰信兆民。

"懋"与"茂"同。迩,近;殖,聚也。不近声色,不聚货利,若未足以尽汤之德,然此本原之地,非纯乎天德,而无一毫人欲之私者,不能也。本原澄彻,然后用人处己,而莫不各得其当。懋,茂也。繁,多之意。与"时乃功懋哉"之义同。言人之懋于德者,则懋之以官;人之懋于功者,则懋之以赏。"用人唯己",而人之有善者,无不容;"改过不吝",而己之不善者,无不改。不忌能于人,不吝过于己,合并为公,私意不立,非圣人其孰能之。汤之用人处己者如此,而于临民之际,是以能宽能仁。谓之能者,宽而不失于纵仁,而不失于柔。《易》曰,宽以居之仁以行之君德也。君德昭著而孚信于天下矣,汤之德足人听闻者如此。

10.《尚书精义》卷十六《商书·仲虺之诰》

(宋)黄伦撰

唯王不迩声色,不殖货利。德懋懋官,功懋懋赏。用人唯己,改过不吝。克宽克仁,彰信兆民。

无垢曰,"不迩声色,不殖货利",想见其尊严高远矣。"德懋懋官,功懋懋赏",想见其尊贤使能矣。"用人唯己",取人以身也,毁誉能动之乎?"改过不吝",急于为善也。谏诤有不从乎?全德如此,宜责人之深,求人之備也。而克宽以养天下之善；克仁以感天下之心，其行之也，出乎中心之自然，非以声音笑貌为也。所以，布大信于兆民久矣。

张氏曰，声令人耳聋，五色令人目盲，则声色所以贼其性者也。迩声色，则性为物蔽财，犹腻耳近之污人，则货财所以丧其志者也。殖货利，则志为物累。唯不迩声色，则视听不蔽，而耳目聪明；唯不殖货利，则思虑不惑，而心志广大。汤之大德，懋昭而圣，敬日跻者，由"不迩声色，不殖货利"以积之而已。

温公曰，成汤圣君也，仲虺圣辅也。以圣辅而赞扬圣君，不称其无过，而称其改过，则圣贤之意较然著明。唯以改过为能，不以无过为贵。盖为人之行，己必有过差，上智下愚，俱所不免。智者改过而迁善；愚者耻过而遂非。迁善则其德日新，是为君子；遂非则其恶弥增，斯谓小人。故闻义而徙者，常情之所难从；谏勿咈者圣人之所尚。

东莱曰，汤之本原既已澄澈，则凡见于事为，无不当理。德勉者，勉之以官，功勉者，勉之以赏。见其崇德报功，不差毫发也。"用人唯己"者，如《记》所谓"取人以身"，唯本原先正，故能以身为度，而任天下之材。苟吾身自无权衡，则何以称天下之物。"改过不吝"，观颜子可见。颜子几圣者也，其过则不贰，所谓有不善未尝不知，知之未尝复行也。

林氏曰，此又言汤之盛德善政，巍巍如是，所以得民之心也。《孟子》曰"桀纣之失天下，失其民也。失其民者，失其心也。得天下有道，得其民，斯得天下矣。得其民有道，得其心，斯得民矣。得其心有道，所欲与之、聚之；所恶勿施尔也。为汤武驱民者，桀与纣也。"唯汤武之德，既有以聚民之欲，去民之恶，故桀纣之民，皆相率而归之。虽欲牢辞固逊，而不可得。是桀纣驱民而使归之，非汤武诱民而使来也。《老子》曰："唯无以天下为者，可以有天下。"舜禹之受禅，汤武之征伐，奄天下之众而有之，贵为天子，富有四海，而天下不以为过者，唯其未尝有利之之心，而无以天下为。苟其有一毫厘之之心，则天下必有不服者，岂能创业垂统，以贻子孙万世之业乎？故仲虺言汤之盛德，而首以"不迩声色，不殖货利"为言者，谓汤之心清净寡欲，湛然不动，举天下之声色、货利，曾不足以动其心。则其伐夏救民，以有天下，果其有利之之心乎？

不迩声色，言不近嬖宠也；不殖货利，言不营财贿也。此圣人之盛德，至大至刚，不为外物之所变迁，见于行事之深切著明者。汉孔氏曰，既有圣德，兼有此行，其说失之矣。见于所行者，是真圣人之德，岂"不迩声色，不殖货利"之外，别有圣德乎？汤之修身行己，见于实效者如此，其取天下固无利之之心也。而又能官有德，赏有功，与天下同其利也。人之勉于德者，我则勉之以官，与之共天位，治天职也。人之勉于功者，我则勉之以赏，优其禄廪荣，其车服以旌宠之，不必共天位，治天职也。盖有德者，以官勉之，有功者以赏勉之，各称其实而已矣。武王之崇德报功，亦此也，非特此也。又能"用人唯己，改过不吝"，而不徇一己之私也，言用人之言，如自己出，若善，与人同，舍己从人，乐取诸人以为善也。王氏曰，"用人唯己"，己知可用而后用之如此，则是果于自任，而不从天下之所好恶也。王者心术之真，大抵如此。"改过不吝"，言己有过则改之，无复吝惜，若所谓"过则勿惮改"也。"用人唯己"，则善者无不从；"改过不吝"，则不善无不改，此所以能合并为公，以成其大也。其发而为政，又能宽以居之，仁以行之，盖所谓以不忍人之心，行不忍人之政也。唯汤之德如上所言，兹其所以明信于天下，天下信之，而欲以为君也。《孟子》曰，"以万乘之国，伐万乘之国，箪食壶浆以迎王师，岂有他哉，避水火也，如水益深，如火益热，亦运之而已矣。"桀之所以失天下之心者，唯其肆为威虐，故"民坠涂炭"而莫之拯。汤于是时，以宽仁之德，彰信于天下，故天下归之，若大旱之望云霓。然汤之所以能成宽仁之德者，其本则自于清净寡欲，湛然天下举不足以动其心，故能利与人同，以施其不忍人之政。兹其所以彰信于天下也。盖拨乱反正，以成帝王之业者，苟有利之之心，则将夺于物欲，见利而动，惑于声色货利之私，遂至以私害公，不能执其所有，以与天下共其利，刚愎自用，遂其非而莫之改。如此，则所施者无非虐政，是水之益深，火之益热也。古之人有行之者，项羽是也。汉高祖与项羽当秦之末，俱兴义兵，以除残去虐。较其势，则高祖之不如羽远甚。然而高祖卒得天下，羽失之者，以高祖之宽仁而羽则唯肆其暴虐而已。原其高祖之所以宽仁者，无他亦本于此数者之德而已。观其入秦关，珍物无所取，妇女无所幸，封秦宫室府库，还军灞上，则其志已不小矣。而又不爱爵赏，降城即以侯其将，得赂即以分其士，好谋能听，从谏如转圜。唯此数者之德皆备于己，故其约法三章，悉除去秦法，而秦民皆按堵如，故莫不欲高祖王秦者，而项羽之所为则皆反是。此其成败之势，所以不同也。以高祖之成帝业者而推之，则知仲虺所以推本成汤，诞膺伐夏救民之意，始于"不迩声色，不殖货利"，"改过不吝"，然后继之以"克宽克仁，彰信兆民"，可谓知所先后矣。

11.《尚书详解》卷十一《商书·仲虺之诰》

（宋）陈经撰

唯王不迩声色，不殖货利。德懋懋官，功懋懋赏。用人唯己，改过不吝。克宽克仁，彰信兆民。乃葛伯仇饷，初征自葛。东征，西夷怨；南征，北狄怨。曰，奚独后予？攸徂之民，室家相庆，曰，徯予后，后来其苏。民之戴商，厥唯旧哉。

此言汤之盛德，足以洽于民心，而得乎民者也。"唯王不迩声色，不殖货利"，自其本源者，言之声色、货利，人君安能绝之哉。盖天则所存，不以欲而害性。声色不迩，货利不殖，则举天下之易动者，不足以易汤之所守，想见其心，一物不留，纯乎天理，广大明白，周流变通。德之勉者，吾必能勉之以官；功之勉者，吾必能勉之以赏。"用人唯己"，而不惑于毁誉；"改过不吝"，而无有于饰非；"克宽克仁"，而不失于苛暴。汤何以能如此哉？盖物去，则理明。其本正而末不治者，未之有也。此其所以"彰信兆民"，不祈人之信，而人自信。此言汤之得民心也。"乃葛伯仇饷"，葛伯仇饷之事，《孟子》言之详矣。初征自葛也，东征而西人怨，南征而北人怨者，望汤之来唯恐其晚，皆曰奚为以予为后，而不先来乎？攸徂之民，谓所往之民，皆室家相庆贺，以为徯予后之来。后来，我始有所苏息。民之戴商久矣，岂一朝一夕之故哉？自此以上，皆释汤之惭，谓天之眷汤而厌桀如此，桀之众忌汤如此，汤之德足以得民又如此，则伐桀而有天下，是固当耳，岂可以此为惭而不释去哉？

12. 《融堂书解》卷五《商书·仲虺之诰》

（宋）钱时撰

唯王不迩声色，不殖货利。德懋懋官，功懋懋赏。用人唯己，改过不吝。克宽克仁，彰信兆民。乃葛伯仇饷，初征自葛。东征，西夷怨；南征，北狄怨，曰，奚独后予？攸徂之民，室家相庆，曰，徯予后，后来其苏。民之戴商，厥唯旧哉。

此第三节，是申言汤之所以宜王者。"唯王"二字，是承上文数桀之罪而言。"唯"犹"独"也。勉于德者，勉之以官；勉于功者，勉之以赏。"唯己"者，一断之于己也。宽与仁非二事，然亦不无轻重，仁则未尝不宽，宽则未必尽仁。"乃葛伯仇饷"，"乃"字正承上文。

13. 《尚书要义》

（宋）魏了翁撰

（归善斋按，原缺）

14. 《书集传或问》卷上《仲虺之诰》

（宋）陈大猷撰

或曰，人之处事，不过义利两涂；人之处心，不过邪正两端，以义制事，则不徇于利，以礼制心则不流于邪。或曰，汤之伐夏救民，亦义制事，此仲氏释汤之意亦善。

15. 《尚书详解》卷四《商书·仲虺之诰第二》

（宋）胡士行撰

唯王不迩（近）声（音）色（女），不殖（生聚）货利。德懋（人德勉者）懋官（阳勉以官），功懋懋赏，用人（取人之善）唯己（为己之善），改过（己之未善）不吝（惜）。克宽克仁，彰（昭）信（孚）兆民。

不迩、殖，此非富天下之本心也。如此，则一毫私欲不存，本原清矣，故乐人之善，改己之不善。如舜之取人，颜子之不贰。欲去理全，而仁之体在是矣。宽者，仁之施，仁者宽之体。克者，实有是理。其心之广大，为安天下，而非富天下，民昭昭然信之久矣。吕云，唯己取人以身也。

16. 《书纂言》

（元）吴澄撰

（归善斋按，无此篇）

17. 《书集传纂疏》卷三《朱子订定蔡氏集传·商书·仲虺之诰》

（元）陈栎撰

唯王不迩声色，不殖货利。德懋懋官，功懋懋赏，用人唯己，改过不吝。克宽克仁，彰信兆民。

迩，近；殖，聚也。"不近声色，不聚货利"，若未足以尽汤之德，然此本原之地，非纯乎天德，而无一毫人欲之私者，不能也。本原澄澈，然后用人处己，而莫不各得其当。懋，茂也。繁，多之意。与"时乃功懋哉"之义同，言人之懋于德者，则懋之以官；人之懋于功者，则懋之以赏。"用人唯己"，而人之有善者，无不容；"改过不吝"，而己之不善者，无不改。不忌能于人，不吝过于己，合并为公，私意不立，非圣人，其孰能之。汤之用人处己者如此，而于临民之际，是以能宽能仁。谓之能者，宽而不失于纵，仁而不失于柔。《易》曰，宽以居之，仁以行之，君德也。君德昭著而孚信于天下矣。汤之德足人听闻者如此。

纂疏：

葛氏曰，君子、小人之进退，系于君心之正邪。君心惑于声色，则便辟之臣进；贪于货利，则聚敛之臣进。有功德者，官赏何由及之。不迩、不殖，乃懋德、懋功之根本也。

孔氏曰，勉于德者，则勉之以官。

愚谓，"用人唯己"，用人唯出于己也。唯不迩、不殖，则君心清明，权自己出，否则，以色货进者，得挠其权矣。宽居仁行之君德，乃德言足听闻之实也。六经言"仁"，自"克宽克仁"始，遂开万世言"仁"之端。仁，以心德之体言，则仁为体，宽为用；以爱之用言，则宽以容人，仁以爱人皆用也。德莫大于仁。汤之克仁，实自不迩、殖之无私欲始。

103

"德懋"至"兆民",根本皆自不迩、不殖来。

18.《读书丛说》卷五《仲虺之诰》

(元)许谦撰

(归善斋按,未解)

19.《书传辑录纂注》卷三《商书·仲虺之诰》

(元)董鼎撰

唯王不迩声色,不殖货利。德懋懋官,功懋懋赏,用人唯己,改过不吝。克宽克仁,彰信兆民。

迩,近;殖,聚也。不近声色,不聚货利,若未足以尽汤之德。然此本原之地,非纯乎天德,而无一毫人欲之私者,不能也。本原澄澈,然后用人处己,而莫不各得其当。懋,茂也。繁,多之意。与"时乃功懋哉"之义同,言人之懋于德者,则懋之以官;人之懋于功者,则懋之以赏。"用人唯己",而人之有善者,无不容;"改过不吝",而己之不善者,无不改。不忌能于人,不吝过于己,合并为公,私意不立,非圣人其孰能之。汤之用人处己者如此,而于临民之际,是以能宽能仁。谓之能者,宽而不失于纵;仁而不失于柔。《易》曰:宽以居之,仁以行之,君德也。君德昭著而孚信于天下矣。汤之德,足人听闻者如此。

纂注:

林氏曰,称汤之盛德,首以"不迩声色,不殖货利"者。《老子》曰:"唯无以天下为者,可以有天下。"汤之心清净寡欲,湛然不动,举天下之声色、货利,曾不足以动其心,则其伐夏救民,果有利之之心乎?

葛氏曰,君子、小人之进退,系于人君心术之正邪。心术一正,则君子进;否则,小人进矣。君心惑于声色,则便辟之臣得志;贪于货利,则聚敛之臣得志。有功德者,官赏何由及之。不迩、不殖,乃懋德、懋功之根本也。

孔氏曰,勉于德者,则勉之以官。

林氏曰,"用人唯己",如自己出。若所谓善与人同,舍己从人,乐取诸人,以为善也。

新安陈氏曰,六经言"仁",自"克宽克仁"一言始,遂开万世言

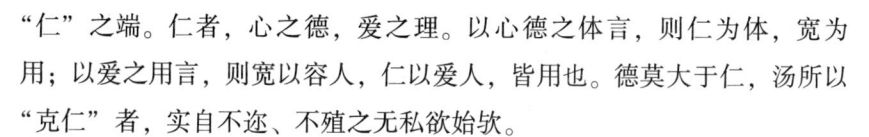

"仁"之端。仁者，心之德，爱之理。以心德之体言，则仁为体，宽为用；以爱之用言，则宽以容人，仁以爱人，皆用也。德莫大于仁，汤所以"克仁"者，实自不迩、不殖之无私欲始欤。

愚按，传训"懋"为"茂"，又谓与"时乃功懋哉"同义，而后实训"勉"，此当从之。

20.《尚书句解》卷四《商书·仲虺之诰第二》

（元）朱祖义撰

唯王不迩声色（唯王不迩声乐女色），不殖货利（不生殖货贿财利）。

21.《尚书日记》卷七《商书·仲虺之诰》

（明）王樵撰

"唯王不迩声色"至"彰信兆民"。迩，近，殖，生也。声色者，诱人之阱，故曰"不迩"；货利者，侵德之莠故曰"不殖"。此仲虺见圣人之的，故言之愈近，而其事实难，其功愈切。汤唯如此，故志气清明。而好恶取舍，无不得其当。"懋"与"予楙乃德"之"楙"同。人之楙于德者，则楙之以官；楙于功者，则楙之以赏。言官赏，一称其人之功德，而无所私也。德浮于官，非所以待德；官浮于德，非所以慎官。赏浮于功，非所以慎赏；功浮于赏，非所以重功。见得圣人处之，便各得其当。

禹恶旨酒，汤"不迩声色，不殖货利"。圣人之所以为圣人，只在人事切近上。

世之学者，高谈元虚。其实于声色、利欲中，能脱然者几人？南轩临终教人曰，蝉蜕人欲之私，春融天理之妙。

汉武谓，多欲不宜君国子民。汲黯谓，帝内多欲，而外施仁义。奈何欲效唐虞之治。

胡五峰曰，寡欲之君，然后可与言王道；无欲之臣，然后可以言王佐。

葛氏曰，君子、小人之进退，系于人君心术之邪正。心术一正，则君子进，否则小人进矣。君心惑于声色，则便辟之臣得志；贪于货利，则聚敛之臣得志。有功德者，官赏何由及之。不迩、不殖，乃懋德、懋功之根本也。

按，人主一心，政治之原。此心一染于声色、货利，则承意趋令之人，见亲而好恶取舍，渐不得其正。于是众谗可以毁有德；众誉可以进无功。欲官赏之施，一称其功德之实，如权衡之不爽，岂可得乎？故九经之道，远色贱货，而后能贵德劝贤。

其用人也，视人之善，如自己出，乐而行之，无一毫之勉强；其有过也，知其不善，则速改以从善，融脱洒落，曾不俟乎终日。

成汤，圣人，仲虺不称其无过，而称其改过。唯其"改过不吝"，所以无过也。成汤之所以圣者在此。

尧舜未至于有过，而舍己从人；汤则改过不吝。

禹"拜昌言"，用人唯己也。"大舜有大焉，善与人同，舍己从人"，则所谓闻一善言，见一善行，若决江河，沛然莫之能御者也。朱子谓，圣人之心至虚至明，万理咸备，故一有感触，则其应甚速，而无所不通。此可以细玩三圣人气象。

仲虺曰，"改过不吝"，伊尹曰，"从谏弗咈"，唯"改过不吝"，所以"从谏弗咈"也。

以心德之体言，则仁为体，宽为用；以爱之用言，则宽以容人，仁以爱人，皆用也。

皋陶称舜"御众以宽"又曰"好生"；仲虺称汤曰"克宽克仁"，言仁虽始于此，然"好生"一言，已尽"仁"之妙矣。

朱子曰，居上不宽，盖有政教法度而行之，以宽非废弛之谓也。又曰，令不行，禁不止，而以是为宽，则非也。又曰，今人为宽至于事无统纪，缓急予夺之权，皆不在我。下稍却是奸豪得志，平民不蒙其惠，反受其殃矣。按，宽仁，君人之大德也，然有行之不得其道，反为宽仁之累，如朱子之言者，知此，则知成汤之所谓"克宽克仁"矣。

此汤德足听闻之实，乃指为诸侯时言之。或以"彰信"即听闻，非是。盖言其德之"彰信"，正见其足人听闻也。

22.《日讲书经解义》卷四《商书·仲虺之诰》

（清）库勒纳等撰

唯王不迩声色，不殖货利。德懋懋官，功懋懋赏，用人唯己，改过不咎。克宽克仁，彰信兆民。

此一节书，是言汤德足人听闻之实也。不迩，谓不亲近；不殖，谓不聚敛。懋者，繁多之意。仲虺曰，我王之德，所以足人听闻者，以其本原澄彻，而用人处己，无不得其当也。凡声色、货利人所同好。唯王于声色，则不迩之；于货利，则不殖之。盖唯恐蛊惑心志，剥削民财，以自即于慆淫，入于刻薄也。此非纯乎天德而无一毫人欲之私者，能之乎？由是以用人，于人之德行优者，则崇其品秩，兼之众职，以懋其官；人之功劳多者，则锡之土田，旌之章服，以懋其赏。由是以处己，见人有善若己有之，而无所不容；于己有过，即便改之，而无所系吝。其用舍之当，举动之宜如此，若夫"宽仁"者，人君之大德，然行之不善，或反受宽仁之累者，有之。唯王"克宽"，广大中具有节制，而不失于纵弛；唯王"克仁"，慈爱中兼有严厉，而不流于姑息。君德昭著，实有感乎一世之理，天下亦皆从而信之。其临民之善又如此，此我王之德，所以足人听闻之实也，而又何惭之有哉？汤用人处己，临民无不各尽其道，而要唯有"不迩""不殖"之德，以致此。此以知君心，诚万化之原也。

《书义断法》卷三《商书·仲虺之诰》

（元）陈悦道撰

唯王不迩声色，不殖货利。德懋懋官，功懋懋赏。用人唯己，改过不吝。克宽克仁，彰信兆民。

唯圣人纯乎天理之公，故唯圣人能极乎君德之盛。宽仁之德，其谓宽而不失于纵；仁而不失于柔。其德之昭著而为信于天下者如此。然汤身之之圣人也，其本源之地，纯乎天理，无一毫人欲之私，而所以用人修己者，莫不各得其当。故其盛德至善，民之不能忘也。《易》曰，宽以居之，仁以行之，君德也。其见于临民者如此，盖本之修己用人者，非一日之积矣。王懋昭大德，建中于民，以义制事，以礼制心，垂裕后昆，盛德之为法于天下，无往而非中，故大业之可传于后世，绰然有余裕。后之人君创业垂统，皆无以为维持凭借久远之计。其或可以垂后，而终不能恢恢乎有余裕者，皆其明德新民之学，有未至焉者也。圣人盛德，既足以建中，而又内外合德，无往非中。盖其用力之深，明德之远，事得其宜，无一事之非中。心得其正，无一念之非中，中道卓然，有立于天下而传后，垂后之计，于是乎有余裕矣。

一说，"克明俊德"者，吾心本然之中，制心、事者，所以合内外而建中，圣人之德全体呈露，而妙用显行，体用兼该，功力至到，如此垂裕，自是有余裕矣。

《读书管见》卷上《仲虺之诰》

（元）王充耘撰

唯王不迩声色。

"唯王不迩声色，不殖货利"，懋官懋赏，用人改过，"克宽克仁"，是历数汤之善行；"彰信兆民"，是总言其善行之足以取信于天下，非特指宽、仁一事而已，传者失之。

《书经衷论》卷二《商书·仲虺之诰》

（清）张英撰

"唯王不迩声色"一段，美王已有之德也。"佑贤辅德"以下，迪王未尽之功也。始则释汤之惭，终则告以保治之道。"简贤附势"，言桀必无容汤之理；"葛伯仇饷"，言民久有待汤之心。古人释惭之道如是而已。至君臣大义，则不敢一言及之，亦所以存千古之大防也。

（归善斋按，另见"唯天生民有欲"）

德懋懋官，功懋懋赏，用人唯己，改过不吝

1. 《尚书注疏》卷七《商书》

（汉）孔氏传，（唐）陆德明音义，（唐）孔颖达疏

德懋懋官，功懋懋赏。用人唯己，改过不吝。

传，勉于德者，则勉之以官；勉于功者，则勉之以赏。用人之言，若自己出，有过则改，无所吝惜，所以能成王业。

音义，懋，音茂。咎，良刃反。王如字。又，于况反。

疏，正义曰，于德能勉力行之者，王则劝勉之以官；于功能勉力为之者，王则劝勉之以赏。用人之言，唯如己之所出，改悔过失，无所悋惜。美汤之行如此。凡庸之主，得人之言，耻非己智，虽知其善不肯遂从。己有愆失，耻于改过。举事虽觉其非，不肯更悔，是惜过不改。故以此美汤也。成汤之为，此行尚为仲虺所称叹。凡人能勉者鲜矣。

2. 《书传》卷七《商书》

（宋）苏轼撰

改过不吝，克宽克仁，彰信兆民。乃葛伯仇饷，初征自葛。东征，西夷怨；南征，北狄怨，曰，奚独后予？攸徂之民室家相庆，曰，徯予后，后来其苏。民之戴商，厥唯旧哉。

用兵如施针石，则病者，唯恐其来之后也。

（归善斋按，另见"唯王不迩声色"）

3. 《尚书全解》卷十四《商书》

（宋）林之奇撰

德懋懋官，功懋懋赏。用人唯己，改过不吝。克宽克仁，彰信兆民。

此言汤之修身行己，见于实效者如此。其取天下，固无利之之心也，而又能官有德，赏有功，与天下同其利也。人之勉于德者，我则勉之以官，与之共天位，治天职也。人之勉于功者，我则勉之以赏，优其禄廪，荣其车服，以旌宠之，不必共天位，治天职也。盖有德者，以官勉之；有功者以赏勉之，各称其实而已矣。武王之崇德报功，亦此意也，非特此也。又能"用人唯己，改过不吝"，而不徇一己之私也。"唯己"与"慎厥终、唯其始"之"唯"同，言用人之言，如自己出也。若所谓善与人同，舍己从人，乐取诸人，以为善也。王氏曰，"用人唯己"，已知可用而后用之如此，则是果于自任，而不从天下之所好恶也。王氏心术之异，大抵如此。"改过不吝"，言己有过则改之，无复吝惜，若所谓"过则无惮改"也。"用人唯己"则善者无不从；"改过不吝"则不善者，无不改。此所以能合并为公，以成其大也。其发而为政，又能宽以居之，仁以行之。盖所谓以不忍人之心，行不忍人之政也。唯汤之德如上所言，兹其所以明信于天下，天下信之，而欲以为君也。孟子曰，"以万乘之国，伐万乘之国。箪食壶浆，以迎王师，岂有他哉，避水火也。如水益深，如火益热，亦运而已矣"。桀之所以失天下之心者，唯其肆为威虐，故"民坠涂炭"，而莫之拯。汤于是时，以宽仁之德，彰信于天下，故天下归之，若大旱之望云霓。然汤之所以能成宽仁之德者，其本则自于清净寡欲，湛然天下举不足以动其心，故能利与人同，以施其不忍人之政。兹其所以彰信于天下也。盖拨乱反正，以成帝王之业者，苟有利之之心，则将夺于物欲，见利而动，惑于声色、货利之私，遂至以私害公，不能推其所有以与天下共其利，刚愎自用，逞其能而莫之改。如此，则所施者，无非虐政。是水之益深，火之益热也、古之人有失之者，项羽是也。汉高祖与项羽当秦之末，俱兴义兵，以除残去虐。较其势，则高祖之不如羽远甚，然而高祖卒得天下，而羽失之者，以高祖之宽仁，而羽则唯肆其暴虐而已。原其高祖之所以宽仁者无他，亦本于此数者之德而已。观其入秦关，珍物无所取，妇女无所幸，封秦宫室府库，还军灞上，则其志已不小矣。而又不爱爵赏，降城即以侯其将，得贿即以分其士，好谋能听，从谏如转圜。唯此数者之德，皆备于己，故其约法三章，悉除去秦法，而秦民皆安堵如故，莫不欲高祖王秦者。而项羽之所为则皆反是，此其成败之势所不同也。以高祖之成帝业者而推之，则知仲虺所以推本成汤，诞膺伐夏救民之意，始于"不迩声色，不殖货利"，"改过不吝"，然后继之以"克宽克仁，彰信兆民"，可谓知所先后矣。

4.《尚书讲义》卷七《商书》

（宋）史浩撰
（归善斋按，见"唯王不迩声色"）

5.《尚书详解》卷十《商书·仲虺之诰》

（宋）夏僎撰
（归善斋按，见"唯王不迩声色"）

6. 《增修东莱书说》卷七《商书·仲虺之诰第二》

(宋) 吕祖谦撰, (宋) 石澜增修
(归善斋按, 见"唯王不迩声色")

7. 《尚书说》卷三《商书·仲虺之诰》

(宋) 黄度撰
(归善斋按, 见"小大战战")

8. 《絜斋家塾书钞》卷五《商书·仲虺之诰》

(宋) 袁燮撰
(归善斋按, 原缺)

9. 《书经集传》卷三《商书·仲虺之诰》

(宋) 蔡沈撰
(归善斋按, 见"唯王不迩声色")

10. 《尚书精义》卷十六《商书·仲虺之诰》

(宋) 黄伦撰
(归善斋按, 见"唯王不迩声色")

11. 《尚书详解》卷十一《商书·仲虺之诰》

(宋) 陈经撰
(归善斋按, 见"唯王不迩声色")

12. 《融堂书解》卷五《商书·仲虺之诰》

(宋) 钱时撰
(归善斋按, 见"唯王不迩声色")

13.《尚书要义》

（宋）魏了翁撰

（归善斋按，原缺）

14.《书集传或问》卷上《仲虺之诰》

（宋）陈大猷撰

或问，"用人唯己"，诸家多说权不纵于人，如何？曰，此说四字文义虽通，然爵人于朝，与众共之，国人曰贤，然后用之。尧之"畴咨"，舜之师锡，用人正不要自人主己出也。若谓不惑于人，则当言任贤勿贰可也。谓之唯出于己，几何而不启人君，自徇之私乎？此章四节，每两句相对，若言用人唯出于己，上下皆不偶。愚之说，乃本于孔氏（孔曰，用人之言，若自己出）。虽"唯"字作"若"字说，不免牵强。然上下文义却俱顺，比诸说差胜。孔氏守训诂甚严，"唯"字本不训"若"又恐经文或误，姑存以待知者。

或谓，改过为用人之过。夫古人所谓改过，"过则勿惮改"岂为用人发乎？此不待辨。孔氏说文理俱长，但以为用人说则偏矣。

或问，成汤圣人也，圣人亦有过乎？曰，圣人固未尝有过，然常怀改过之心，犹尧舜之"舍己从人"是也。兼亦有所谓圣人之过，如舜与周公，以兄弟之爱，而不知管蔡之将叛，象之将杀己，虽出忠厚之意，是亦圣人之过也。程子谓，颜子之不贰过，以为使天假之年，则将至于化而圣矣。孟子谓尧舜性之也，汤武反之也，观反之之意，则其未造于化之时，意其亦有所谓不贰之过欤。吕氏谓，"用人唯己"，如《中庸》所谓取人以身，故改过不可吝，似亦牵强。

15.《尚书详解》卷四《商书·仲虺之诰第二》

（宋）胡士行撰

（归善斋按，见"唯王不迩声色"）

16.《书纂言》

(元)吴澄撰

(归善斋按,无此篇)

17.《书集传纂疏》卷三《朱子订定蔡氏集传·商书·仲虺之诰》

(元)陈栎撰

(归善斋按,见"唯王不迩声色")

18.《读书丛说》卷五《仲虺之诰》

(元)许谦撰

"德懋懋官,功懋懋赏。"懋,勉也。人能勉于德者,则以官勉之;能勉于功者,则以赏勉之。此古注之意。

"用人唯己",谓用人则取人之善,为己之善。是则,有小善者,无不用之,但欲成我之德尔。

19.《书传辑录纂注》卷三《商书·仲虺之诰》

(元)董鼎撰

(归善斋按,见"唯王不迩声色")

20.《尚书句解》卷四《商书·仲虺之诰第二》

(元)朱祖义撰

德懋懋官(人能勉于修德,我则勉励以官),功懋懋赏(人能勉于立功,我则劝勉以赏)。用人唯己(用人之权专于己),改过不吝(过失则改,初不吝惜)。

21.《尚书日记》卷七《商书·仲虺之诰》

(明)王樵撰

(归善斋按,见"唯王不迩声色")

22. 《日讲书经解义》卷四《商书·仲虺之诰》

（清）库勒纳等撰
（归善斋按，见"唯王不迩声色"）

《书义断法》卷三《商书·仲虺之诰》

（元）陈悦道撰
（归善斋按，见"唯王不迩声色"）

《读书管见》卷上《仲虺之诰》

（元）王充耘撰
（归善斋按，见"唯王不迩声色"）

《蔡氏传旁通》卷三《商书·仲虺之诰》

（元）陈师凯撰
懋，茂也。
左氏宣十五年伯宗曰，鄬舒"怙其隽才，而不以茂德"。

克宽克仁，彰信兆民

1. 《尚书注疏》卷七《商书》

（汉）孔氏传，（唐）陆德明音义，（唐）孔颖达疏
克宽克仁，彰信兆民。
传，言汤宽仁之德，明信于天下。

2. 《书传》卷七《商书》

（宋）苏轼撰
（归善斋按，见"德懋懋官"）

3. 《尚书全解》卷十四《商书》

（宋）林之奇撰

（归善斋按，见"德懋懋官"）

4. 《尚书讲义》卷七《商书》

（宋）史浩撰

（归善斋按，见"唯王不迩声色"）

5. 《尚书详解》卷十《商书·仲虺之诰》

（宋）夏僎撰

（归善斋按，见"唯王不迩声色"）

6. 《增修东莱书说》卷七《商书·仲虺之诰第二》

（宋）吕祖谦撰，（宋）石𬭚增修

（归善斋按，见"唯王不迩声色"）

7. 《尚书说》卷三《商书·仲虺之诰》

（宋）黄度撰

（归善斋按，见"小大战战"）

8. 《絜斋家塾书钞》卷五《商书·仲虺之诰》

（宋）袁燮撰

（归善斋按，原缺）

9. 《书经集传》卷三《商书·仲虺之诰》

（宋）蔡沈撰

（归善斋按，见"唯王不迩声色"）

10. 《尚书精义》卷十六《商书·仲虺之诰》

（宋）黄伦撰

（归善斋按，见"唯王不迩声色"）

11. 《尚书详解》卷十一《商书·仲虺之诰》

（宋）陈经撰

（归善斋按，见"唯王不迩声色"）

12. 《融堂书解》卷五《商书·仲虺之诰》

（宋）钱时撰

（归善斋按，见"唯王不迩声色"）

13. 《尚书要义》

（宋）魏了翁撰

（归善斋按，原缺）

14. 《书集传或问》卷上《仲虺之诰》

（宋）陈大猷撰

（归善斋按，未解）

15. 《尚书详解》卷四《商书·仲虺之诰第二》

（宋）胡士行撰

（归善斋按，见"唯王不迩声色"）

16. 《书纂言》

（元）吴澄撰

（归善斋按，无此篇）

17. 《书集传纂疏》卷三《朱子订定蔡氏集传·商书·仲虺之诰》

（元）陈栎撰

（归善斋按，见"唯王不迩声色"）

18. 《读书丛说》卷五《仲虺之诰》

（元）许谦撰

（归善斋按，未解）

19. 《书传辑录纂注》卷三《商书·仲虺之诰》

（元）董鼎撰

（归善斋按，见"唯王不迩声色"）

20. 《尚书句解》卷四《商书·仲虺之诰第二》

（元）朱祖义撰

克宽克仁（能宽容，能仁爱），彰信兆民（此所以能明信于天下，兆民皆愿其为君）。

21. 《尚书日记》卷七《商书·仲虺之诰》

（明）王樵撰

（归善斋按，见"唯王不迩声色"）

22. 《日讲书经解义》卷四《商书·仲虺之诰》

（清）库勒纳等撰

（归善斋按，见"唯王不迩声色"）

《书义断法》卷三《商书·仲虺之诰》

（元）陈悦道撰

（归善斋按，见"唯王不迩声色"）

《读书管见》卷上《仲虺之诰》

（元）王充耘撰

（归善斋按，见"唯王不迩声色"）

乃葛伯仇饷，初征自葛。东征，西夷怨；南征，北狄怨

1.《尚书注疏》卷七《商书》

（汉）孔氏传，（唐）陆德明音义，（唐）孔颖达疏

乃葛伯仇饷，初征自葛。东征，西夷怨；南征，北狄怨。

传，葛伯游行，见农民之饷于田者，杀其人，夺其饷，故谓之仇饷。仇，怨也。汤为是以不祀之罪伐之，从此后遂征无道。西夷北狄，举远以言，则近者着矣。

音义，仇，音求。饷，式亮反。

疏，正义曰，此言"乃"者，却说己过之事。《胤征》云"乃季秋月朔"，其义亦然。《左传》称"怨耦曰仇"，谓彼人有负于我，我心怨之，是名为仇也。饷田之人，不负葛伯，葛伯夺其饷而杀之，是葛伯以饷田之人为己之仇。言非所怨而妄杀，故汤为之报也。《孟子》称"汤使亳众往为之耕"，"有童子以黍肉饷"，葛伯夺而杀之，则葛伯所杀，杀亳人也。传言"葛伯游行，见农人之饷于田者，杀其人而夺其饷，故谓之仇饷"，乃似葛伯自杀己人，与《孟子》违者。汤之征葛，以人之枉死而为之报耳，不为亳人乃报之，非亳人则赦之。故传指言杀饷，不辨死者何人，亳人？葛人？，义无以异，故不复言亳，非是，故违《孟子》。

2.《书传》卷七《商书》

（宋）苏轼撰

（归善斋按，见"德懋懋官"）

3.《尚书全解》卷十四《商书》

（宋）林之奇撰

乃葛伯仇饷，初征自葛。东征，西夷怨；南征，北狄怨，曰，奚独后予？攸徂之民，室家相庆，曰，徯予后，后来其苏。民之戴商，厥唯旧哉。

此又言汤既有宽仁之德，"彰信兆民"矣。于是，言其吊伐之时，为天下之所归向也。汤之征伐，盖始于葛。其略见于仲虺之言，其详见于《孟子》。《孟子》曰："汤居亳，与葛为邻。葛伯放而不祀。汤使人问之曰'何为不祀？'曰'无以供牺牲也'。汤使遗之牛羊，葛伯食之又不以祀。汤又使人问之曰'何为不祀？'曰：'无以供粢盛也'。汤使亳众往为之耕，老弱馈食。葛伯帅其民，要其有酒食黍稻者，夺之。不授者，杀之。有童子以黍肉饷，杀而夺之。《书》曰'葛伯仇饷'，此之谓也。为其杀是童子而征之，四海之内皆曰，非富天下也，为匹夫匹妇复雠也"。汤始征自葛，载十一征，而无敌于天下。东面而征，西夷怨；南面而征，北狄怨，曰"奚为后我"。民之望之，若大旱之望雨也。归，市者弗止，芸者不变。诛其君，吊其民，如时雨降，民大悦。《书》曰，"徯我后，后来无罚"。孟子之时，去古未远，必其载籍之所传者如此，是可执以明仲虺之意。盖汤之于葛其始也，未尝有伐之之意。其祀也，则遗之以牛羊。既不祀也，则使亳众往为之耕。及其杀馈饷之童子，然后不得已而伐之，其伐之也，非以快一时之私，为匹夫匹妇之雠也。汤之伐葛，既为匹夫匹妇之雠，则匹夫匹妇之有雠者，莫不愿其为之复也。故伐葛之后，又有十一征焉，皆所以复匹夫匹妇之雠也。苏氏曰，用兵如药石，则病者唯恐其来之后也。此说善矣。故其十一征也，东面而往征，则西夷怨其来之后；南面而往征，则北狄怨其来之后。曰，均是民也，何为先彼而后我哉？所谓怨者，与"怨慕"之"怨"同。盖望其来，而怨其不至，非实怨之也。言"西夷怨"，"北狄怨"者，孔氏曰，举远以言则近者，著矣。所未伐之国，则怨其来之后。其所往伐者，则其室家相庆，曰，徯予后久矣，我后之来，则自此可以苏息矣。所未至之国，则怨其不至，而曰，奚独后予。所至之国，则庆其来曰，徯予后，后来其苏。民之所以责望于汤者如此其切。而桀之恶，日以滋，至民之陷于水火者日以益多。汤虽顾君臣上下之分，忍而不诛，而民欲脱于死亡者，其迫切之情，皆赴于汤，汤不得而释之矣。昔楚白公之父为郑所杀，白公请伐郑于楚，以报父之雠，子西曰，楚未节也，不然吾不忘也。他日又请，许之。未起师，晋人伐郑，楚救之，与之盟。胜怒曰，郑人在此，雠不远矣，遂厉剑曰，杀子西。其意盖以吾雠也，子西有可报之道，而不为我报，则雠在子西矣。桀为斯民之所雠。斯民之意以谓，唯汤之宽仁，可以救吾垂绝之命于水火之中，故彼征则此怨，此征则彼怨。苟使汤安然，自顾其私，而不肯勉徇大义以救斯民，则民之愁怨，反归于汤矣，故宁使己之有惭德，而不忍失天下之望也"民之戴商"，言民之戴我商家，而望其拯救。初征自葛之时，已欲其为君，以有天下矣。非出于一时之偶然。乘机射利而觊，非所望也。

4.《尚书讲义》卷七《商书》

（宋）史浩撰

（归善斋按，见"唯王不迩声色"）

5.《尚书详解》卷十《商书·仲虺之诰》

（宋）夏僎撰

乃葛伯仇饷，初征自葛。东征，西夷怨；南征，北狄怨，曰，奚独后予。攸徂之民，室家相庆，曰，徯予后，后来其苏。民之戴商，厥唯旧哉。

仲虺上言汤有宽仁之德，足以彰信于民，故此遂言四方远迩，望汤来苏甚切。盖汤有如是之德，民之倒悬，日望汤解，则伐桀之役，亦迫于民望，非得已而不已，不足惭也。盖汤之于葛，其始未尝有伐之之意，其不祀则既遗牛羊，又使亳众往与之耕，是未尝有意于伐也。唯葛伯不道，汤使亳众往与之耕，童子以黍肉饷耕者，葛伯乃杀而夺之，与饷田之人为仇雠，故汤不得已，为匹夫匹妇复雠，而始伐葛伯。是汤之征伐，实自葛始也。然汤之伐葛，亦岂有意。谓自葛而始，迤逦征伐诸国哉，不过欲问葛伯仇饷之罪而已。唯天下之人，苦于夏桀之虐政，日望圣君之来苏，而卒未有一人为天下起兵诛贼者，故一闻汤征自葛，莫不延颈跂踵，望汤之来。故汤于是不得已而征之。其征也，东面往征，则西夷怨其来之后；南面往征，则北狄怨其来之后。其怨之之辞，则曰，均是民也，何为先彼而独后于我乎？孔氏谓西夷、北狄，举远以言，则近者著。此说是也。汤于所未伐之国，则怨其来之后，其所往伐者，则室家相庆曰，徯我后久矣，我后既来，则自此可以苏醒矣。夫汤之征伐于未至之国，则怨其不至，而曰，奚独后予；既至之国，则相庆其来，而曰，后来其苏，则民之戴商其来旧矣。伐桀之役，理有不得不然者，非汤之本心也。然其本心，则事出于天下惭，何足多惭哉。

6.《增修东莱书说》卷七《商书·仲虺之诰第二》

（宋）吕祖谦撰，（宋）石澜增修

乃葛伯仇饷，初征自葛。东征，西夷怨；南征，北狄怨，曰，奚独后予？攸徂之民，室家相庆，曰，徯予后，后来其苏。民之戴商，厥唯旧哉。

"乃葛伯仇饷"，汤之征葛，为民用师之始，故曰为其杀是童子而征之也。自此以往东，西交怨。室家相庆民之戴商，岂一朝一夕之故哉。当是之时，君臣易位，虽天下之大变，然观其征伐之时，唐虞都俞、揖逊、讴歌、朝觐之气象，依然若存。盖尧、舜、禹、汤以道相传，世虽降而道不降。汤之心，犹尧舜之心。不幸当天下之变，大不得已而不可避也。后世用兵师之所至，荆棘生焉，民莫不惊溃奔窜。汤师所至，民皆欣然有喜，何也？盖吊民伐罪，布其宽仁，所至则苏。故其气象不可与后世同日论也。

7.《尚书说》卷三《商书·仲虺之诰》

（宋）黄度撰

乃葛伯仇饷，初征自葛。东征，西夷怨；南征，北狄怨，曰，奚独后予。攸徂之民，室家相庆，曰，徯予后，后来其苏。民之戴商，厥唯旧哉。

是可以君天下矣。

121

8. 《絜斋家塾书钞》卷五《商书·仲虺之诰》

(宋)袁燮撰

(归善斋按,原缺)

9. 《书经集传》卷三《商书·仲虺之诰》

(宋)蔡沈撰

乃葛伯仇饷,初征自葛。东征,西夷怨;南征,北狄怨,曰,奚独后予?攸徂之民,室家相庆,曰,徯予后,后来其苏。民之戴商,厥唯旧哉。

葛,国名,伯爵也。饷,馈也。仇饷,与饷者为仇也。葛伯不祀,汤使问之。曰,无以供粢盛。汤使亳众往耕,老弱馈饷。葛伯杀其童子,汤遂征之,汤征自葛始也。奚,何;徯,待也。苏,复生也。西夷、北狄,言远者如此,则近者可知也。汤师之未加者,则怨望其来,曰,何独后予;其所往伐者,则妻孥相庆,曰,待我后久矣,后来我其复生乎。他国之民,皆以汤为我君,而望其来者如此。天下之爱戴,归往于商者,非一日矣。商业之兴,盖不在于鸣条之役也。

吕氏曰,夏商之际,君臣易位,天下之大变。然观其征伐之时,唐虞都俞、揖逊气象,依然若存。盖尧、舜、禹、汤以道相传,世虽降,而道不降也。

10. 《尚书精义》卷十六《商书·仲虺之诰》

(宋)黄伦撰

乃葛伯仇饷,初征自葛。东征,西夷怨;南征,北狄怨,曰,奚独后予。攸徂之民,室家相庆,曰,徯予后,后来其苏。民之戴商,厥唯旧哉。

无垢曰,怨其来晚,庆其已来,民心如此,此天意也。

张氏曰,民之苦于桀,故如坠涂炭之中,待汤拯之,然后得其苏也。夫草枯鱼冻,得和气乃苏。民之憔悴于虐政,得汤而苏,亦何异?此夫成汤起于七十里,而有天下,则民仰之也,非一朝一夕之故,其所由来久矣。

林氏曰，此又言汤既有宽仁之德，"彰信兆民"矣。于是，言其吊伐之时，为天下之所归向也。汤之征伐，盖始于葛。其略见于仲虺之言，其详见于《孟子》。《孟子》曰，"汤居亳"至"后来无罚"，孟子之时，去古未远，必其载籍之所传者如此，是可以发明仲虺之意。盖汤之于葛，其始也，未尝有伐之之意。其祀也，则遗之以牛羊。既不祀也，则使亳众往为之耕。及其杀馈饷之童子，然后不得已而伐之。其伐之也，非以快一时之私，为匹夫匹妇复雠也。汤之伐葛，既为匹夫匹妇复雠，则匹夫匹妇之有雠者，莫不愿其为之复也。故伐葛之后，又有十一征焉，皆所以复匹夫匹妇之雠也。苏氏曰，用兵如药石，则病者唯恐其来之后也，此说善矣。故其十一征也，东面而往征，则西夷怨其来之后；南面而往征，则北狄怨其来之后，曰，均是民也，何为先彼而后我哉？所谓"怨"者与"怨慕"之"怨"同。盖望其来而怨其不至，非实怨之也。言西夷怨、北狄怨者，孔氏曰，举远以言，则近者著矣。其所未伐之国，则怨其来之后。其所往伐者，则室家相庆，曰，徯予后久矣。我后之来，则自此可以苏息矣。所未至之国，则怨其不至，而曰，徯独后予？其所至之国，则庆其来曰"徯予后，后来其苏"。民之所以责望于汤者如此其切，而桀之恶，日以滋，至民之陷于水火者，日以益多。汤虽顾君臣上下之分，忍而不诛，而民之脱于死亡者，其迫切之情，皆赴于汤，汤不得而释之矣。昔楚白公之父为郑所杀，白公请伐郑于楚，以报父之仇。子西曰，楚未节也，不然吾不忘也。他日又请，许之。未起师，晋人伐郑，楚救之，与之盟。胜怒曰，郑人在此，雠不远矣。遂厉剑曰，杀子西。其意盖以吾雠也，子西有可报之道，而不为我报，则雠在子西矣。桀为斯民之所雠，斯民之意以谓，唯汤之宽仁，可以救吾垂绝之命于水火之中，故彼征则此怨，此征则彼怨。苟使汤安然自顾其私，而不肯勉徇大义，以救斯民，则民之愁怨反归于汤矣。故宁使己之有惭德，而不忍失天下之望也。民之戴商，言民之戴我商家，而望其拯救。盖初征自葛之时，己欲其为君，以有天下矣，非出于一时之偶然。乘机射利而觊，非所望也。

123

11. 《尚书详解》卷十一《商书·仲虺之诰》

（宋）陈经撰

（归善斋按，见"唯王不迩声色"）

12. 《融堂书解》卷五《商书·仲虺之诰》

（宋）钱时撰

（归善斋按，见"唯王不迩声色"）

13. 《尚书要义》

（宋）魏了翁撰

（归善斋按，原缺）

14. 《书集传或问》卷上《仲虺之诰》

（宋）陈大猷撰

（归善斋按，未解）

15. 《尚书详解》卷四《商书·仲虺之诰第二》

（宋）胡士行撰

乃葛伯仇饷（事详见孟子），初征自葛。东征，西夷怨；南征，北狄怨，曰，奚（何）独后予。攸（所）徂（至）之民，室家相庆（贺），曰，徯（望）予后（君汤），后来其苏（解苏更生）。民之戴商，厥唯旧（久）哉。

汤之征诛其君，吊其民，以布其宽仁而已，非若后世兵师所至，荆棘生焉者也。故民喜色相告。于征伐之时，而有唐虞都俞、揖逊、讴歌、朝觐之气象焉。

16. 《书纂言》

（元）吴澄撰

（归善斋按，无此篇）

17.《书集传纂疏》卷三《朱子订定蔡氏集传·商书·仲虺之诰》

（元）陈栎撰

乃葛伯仇饷，初征自葛。东征，西夷怨；南征，北狄怨，曰，奚独后予。攸徂之民，室家相庆，曰，徯予后，后来其苏。民之戴商，厥唯旧哉。

葛，国名，伯爵也。饷，馈也。仇饷，与饷者为仇也。葛伯不祀，汤使问之，曰，无以供粢盛。汤使亳众往耕，老弱馈饷，葛伯杀其童子，汤遂征之，汤征自葛始也。奚，何；徯，待也。苏，复生也。西夷、北狄，言远者如此，则近者可知也。汤师之未加者，则怨望其来，曰，何独后予。其所往伐者，则妻孥相庆，曰，待我后久矣，后来我其复生乎。他国之民，皆以汤为我君，而望其来者如此，天下之爱戴归往于商者，非一日矣。商业之兴，盖不在于鸣条之役也。吕氏曰，夏商之际，君臣易位天下之大变，然观其征伐之时，唐虞都俞、揖逊气象，依然若存。盖尧、舜、禹、汤，以道相传，世虽□而道不□也。

纂疏：

吕氏曰，后世师之所至，荆棘生焉；汤师所至，民皆欣欣。盖吊民伐罪，布其宽仁，如旱余时雨，所至则苏也。

愚谓，民之戴商如此，何惭之有。此以民之归汤者释之，以见汤之应乎人也。

18.《读书丛说》卷五《仲虺之诰》

（元）许谦撰

（归善斋按，未解）

19.《书传辑录纂注》卷三《商书·仲虺之诰》

（元）董鼎撰

乃葛伯仇饷，初征自葛。东征，西夷怨；南征，北狄怨，曰，奚独后予。攸徂之民，室家相庆，曰，徯予后，后来其苏。民之戴商，厥唯旧哉。

　　葛，国名，伯爵也。饷，馈也。仇饷，与饷者为仇也。葛伯不祀，汤使问之，曰，无以供粢盛。汤使亳众往耕，老弱馈饷，葛伯杀其童子，汤遂征之，汤征自葛始也。奚，何；徯，待也。苏，复生也。西夷、北狄，言远者如此，则近者可知也。汤师之未加者，则怨望其来，曰，何独后予。其所往伐者，则妻孥相庆，曰，待我后久矣。后来我其复生乎。他国之民，皆以汤为我君，而望其来者如此，天下之爱，戴归往于商者，非一日矣。商业之兴，盖不在于鸣条之役也。吕氏曰，夏商之际，君臣易位天下之大变，然观其征伐之时，唐虞都俞、揖逊气象，依然若存。盖尧、舜、禹、汤以道相传，世虽降，而道不降也。

纂注：

　　新安陈氏曰，民之戴商如此，何惭之有，此以民之归汤者释之，以见汤之应乎人也。

20.《尚书句解》卷四《商书·仲虺之诰第二》

　　（元）朱祖义撰

　　乃葛伯仇饷（乃有葛国，伯爵，诸侯。不祀，汤使亳众往为之耕，童子以黍肉饷耕者，葛伯乃杀而夺之，与饷田之人为仇雠。饷，式亮反）。初征自葛（故汤初征伐自葛始）。东征，西夷怨（东面往征，则西夷怨其来之后）；南征，北狄怨（南面往征，则北狄怨其来之后）。

21.《尚书日记》卷七《商书·仲虺之诰》

　　（明）王樵撰

　　"乃葛伯仇饷"至"民之戴商，厥唯旧哉"。

　　仇饷事，详《孟子》。盖孟子时，汤征等篇，尚未逸。

　　吕氏曰，后世师之所至，荆棘生焉；汤师所加，民皆欣欣。盖吊民伐罪，布其宽仁，如旱极之时雨，所至则苏也。

　　民之戴商，非一日鸣条之役，以人心愿望之极，盖民犹以为迟也。

22.《日讲书经解义》卷四《商书·仲虺之诰》

（清）库勒纳等撰

乃葛伯仇饷，初征自葛。东征，西夷怨；南征，北狄怨，曰，奚独后予。攸徂之民，室家相庆，曰，徯予后，后来其苏。民之戴商，厥唯旧哉。

此一节书，是言民心之归商，非一日也。仇饷，言与馈饷者为仇。攸徂，谓所往处。徯，待也。苏再生也。仲虺曰，我王之德，能"彰信兆民"者，于何见之。昔者葛伯无道，放废不祀。王使人问之，对曰，无以供粢盛，王乃使亳邑之少壮，往为之耕。老弱馈送饮食，乃葛伯反杀我馈饷之童子，而夺其黍肉，是不以为德，而反以为仇也。王于是不得已，而兴兵伐之。盖初征，实自葛始。是时天下，国君暴乱者多，王即以此仁义之师，而并征无道。其时四方之民，苦于其上之不德，而望我王之救之也。当王师未至，但见东面征讨，则西方之人胥怨望焉；南面征讨，则北方之人胥怨望焉，皆曰，奚为独后我，而不先救之也。望而不至反出怨言，此非实有伤于中，而望王之至必不尔也。及王师既至，则见其民妻孥相庆，曰，吾侪困苦，待我仁君久矣。今我君来，吾侪其死而复生乎。唯其望之深，故感之之切，而喜我王之至者又如此也。民之归商，其来已久，非一朝一夕之故矣。则今日之有天下，亦人心之爱戴，有不容已，而又何惭之有哉？夫唯仁者无敌于天下。汤伐罪吊民，民之悦之，如时雨降。此其所以为仁者之师乎。

《蔡氏传旁通》卷三《商书·仲虺之诰》

（元）陈师凯撰

葛，国名。

在今归德府宁陵县，去亳百里。

《读书管见》卷上《仲虺之诰》

（元）王充耘撰

初征自葛。

汤征自葛，民傒其来。盖苦桀之虐，而欲其拯己于水火之中耳。传引吕氏之言谓，其征伐之际，唐虞都俞、揖逊气象，依然若存。无乃大巧，而不切于事实邪。

《书经衷论》卷二《商书·仲虺之诰》

（清）张英撰
（归善斋按，见"唯王不迩声色"）

《尚书地理今释·商书》

（清）蒋廷锡撰
葛。
《志》陈留郡宁陵县注云，故葛伯国，今葛乡是也。

曰，奚独后予

1.《尚书注疏》卷七《商书》

（汉）孔氏传，（唐）陆德明音义，（唐）孔颖达疏
曰，奚独后予。
传，怨者，辞也。

2.《书传》卷七《商书》

（宋）苏轼撰
（归善斋按，见"德懋懋官"）

3.《尚书全解》卷十四《商书》

（宋）林之奇撰
（归善斋按，见"乃葛伯仇饷"）

4.《尚书讲义》卷七《商书》

（宋）史浩撰
（归善斋按，见"唯王不迩声色"）

5.《尚书详解》卷十《商书·仲虺之诰》

（宋）夏僎撰
（归善斋按，见"乃葛伯仇饷"）

6.《增修东莱书说》卷七《商书·仲虺之诰第二》

（宋）吕祖谦撰，（宋）石澜增修
（归善斋按，见"乃葛伯仇饷"）

7.《尚书说》卷三《商书·仲虺之诰》

（宋）黄度撰
（归善斋按，见"乃葛伯仇饷"）

8.《絜斋家塾书钞》卷五《商书·仲虺之诰》

（宋）袁燮撰
（归善斋按，原缺）

9.《书经集传》卷三《商书·仲虺之诰》

（宋）蔡沈撰
（归善斋按，见"乃葛伯仇饷"）

10.《尚书精义》卷十六《商书·仲虺之诰》

（宋）黄伦撰
（归善斋按，见"乃葛伯仇饷"）

11.《尚书详解》卷十一《商书·仲虺之诰》

（宋）陈经撰

（归善斋按，见"唯王不迩声色"）

12.《融堂书解》卷五《商书·仲虺之诰》

（宋）钱时撰

（归善斋按，见"唯王不迩声色"）

13.《尚书要义》

（宋）魏了翁撰

（归善斋按，原缺）

14.《书集传或问》卷上《仲虺之诰》

（宋）陈大猷撰

（归善斋按，未解）

15.《尚书详解》卷四《商书·仲虺之诰第二》

（宋）胡士行撰

（归善斋按，见"乃葛伯仇饷"）

16.《书纂言》

（元）吴澄撰

（归善斋按，无此篇）

17.《书集传纂疏》卷三《朱子订定蔡氏集传·商书·仲虺之诰》

（元）陈栎撰

（归善斋按，见"乃葛伯仇饷"）

18. 《读书丛说》卷五《仲虺之诰》

(元) 许谦撰

(归善斋按,未解)

19. 《书传辑录纂注》卷三《商书·仲虺之诰》

(元) 董鼎撰

(归善斋按,见"乃葛伯仇饷")

20. 《尚书句解》卷四《商书·仲虺之诰第二》

(元) 朱祖义撰

曰(其怨词曰),奚独后予(何先彼而独后于我)?

21. 《尚书日记》卷七《商书·仲虺之诰》

(明) 王樵撰

(归善斋按,见"乃葛伯仇饷")

22. 《日讲书经解义》卷四《商书·仲虺之诰》

(清) 库勒纳等撰

(归善斋按,见"乃葛伯仇饷")

攸徂之民,室家相庆,曰,徯予后,后来其苏

1. 《尚书注疏》卷七《商书》

(汉) 孔氏传,(唐) 陆德明音义,(唐) 孔颖达疏

攸徂之民,室家相庆:曰徯予后,后来其苏。

传,汤所往之民,皆喜曰,待我君来,其可苏。

音义,徯,胡启反。苏字,亦作稣。

2. 《书传》卷七《商书》

（宋）苏轼撰
（归善斋按，见"德懋懋官"）

3. 《尚书全解》卷十四《商书》

（宋）林之奇撰
（归善斋按，见"乃葛伯仇饷"）

4. 《尚书讲义》卷七《商书》

（宋）史浩撰
（归善斋按，见"唯王不迩声色"）

5. 《尚书详解》卷十《商书·仲虺之诰》

（宋）夏僎撰
（归善斋按，见"乃葛伯仇饷"）

6. 《增修东莱书说》卷七《商书·仲虺之诰第二》

（宋）吕祖谦撰，（宋）石㻞增修
（归善斋按，见"乃葛伯仇饷"）

7. 《尚书说》卷三《商书·仲虺之诰》

（宋）黄度撰
（归善斋按，见"乃葛伯仇饷"）

8. 《絜斋家塾书钞》卷五《商书·仲虺之诰》

（宋）袁燮撰
（归善斋按，原缺）

9. 《书经集传》卷三《商书·仲虺之诰》

（宋）蔡沈撰
（归善斋按,见"乃葛伯仇饷"）

10. 《尚书精义》卷十六《商书·仲虺之诰》

（宋）黄伦撰
（归善斋按,见"乃葛伯仇饷"）

11. 《尚书详解》卷十一《商书·仲虺之诰》

（宋）陈经撰
（归善斋按,见"唯王不迩声色"）

12. 《融堂书解》卷五《商书·仲虺之诰》

（宋）钱时撰
（归善斋按,见"唯王不迩声色"）

13. 《尚书要义》

（宋）魏了翁撰
（归善斋按,原缺）

14. 《书集传或问》卷上《仲虺之诰》

（宋）陈大猷撰
（归善斋按,未解）

15. 《尚书详解》卷四《商书·仲虺之诰第二》

（宋）胡士行撰
（归善斋按,见"乃葛伯仇饷"）

16. 《书纂言》

（元）吴澄撰

（归善斋按，无此篇）

17. 《书集传纂疏》卷三《朱子订定蔡氏集传·商书·仲虺之诰》

（元）陈栎撰

（归善斋按，见"乃葛伯仇饷"）

18. 《读书丛说》卷五《仲虺之诰》

（元）许谦撰

（归善斋按，未解）

19. 《书传辑录纂注》卷三《商书·仲虺之诰》

（元）董鼎撰

（归善斋按，见"乃葛伯仇饷"）

20. 《尚书句解》卷四《商书·仲虺之诰第二》

（元）朱祖义撰

攸徂之民（汤所往之民），室家相庆（室家皆相庆贺），曰（喜而言），徯予后（待我君），后来其苏（我君既来，则自此可苏醒）。

21. 《尚书日记》卷七《商书·仲虺之诰》

（明）王樵撰

（归善斋按，见"乃葛伯仇饷"）

22. 《日讲书经解义》卷四《商书·仲虺之诰》

（清）库勒纳等撰

（归善斋按，见"乃葛伯仇饷"）

民之戴商，厥唯旧哉

1.《尚书注疏》卷七《商书》

（汉）孔氏传，（唐）陆德明音义，（唐）孔颖达疏
息民之戴商，厥唯旧哉。
传，旧谓初征自葛时。

2.《书传》卷七《商书》

（宋）苏轼撰
（归善斋按，见"德懋懋官"）

3.《尚书全解》卷十四《商书》

（宋）林之奇撰
（归善斋按，见"乃葛伯仇饷"）

4.《尚书讲义》卷七《商书》

（宋）史浩撰
（归善斋按，见"唯王不迩声色"）

5.《尚书详解》卷十《商书·仲虺之诰》

（宋）夏僎撰
（归善斋按，见"乃葛伯仇饷"）

6.《增修东莱书说》卷七《商书·仲虺之诰第二》

（宋）吕祖谦撰，（宋）石澜增修
（归善斋按，见"乃葛伯仇饷"）

7. 《尚书说》卷三《商书·仲虺之诰》

（宋）黄度撰
（归善斋按，见"乃葛伯仇饷"）

8. 《絜斋家塾书钞》卷五《商书·仲虺之诰》

（宋）袁燮撰
（归善斋按，原缺）

9. 《书经集传》卷三《商书·仲虺之诰》

（宋）蔡沈撰
（归善斋按，见"乃葛伯仇饷"）

10. 《尚书精义》卷十六《商书·仲虺之诰》

（宋）黄伦撰
（归善斋按，见"乃葛伯仇饷"）

11. 《尚书详解》卷十一《商书·仲虺之诰》

（宋）陈经撰
（归善斋按，见"唯王不迩声色"）

12. 《融堂书解》卷五《商书·仲虺之诰》

（宋）钱时撰
（归善斋按，见"唯王不迩声色"）

13. 《尚书要义》

（宋）魏了翁撰
（归善斋按，原缺）

14. 《书集传或问》卷上《仲虺之诰》

（宋）陈大猷撰
（归善斋按，未解）

15. 《尚书详解》卷四《商书·仲虺之诰第二》

（宋）胡士行撰
（归善斋按，见"乃葛伯仇饷"）

16. 《书纂言》

（元）吴澄撰
（归善斋按，无此篇）

17. 《书集传纂疏》卷三《朱子订定蔡氏集传·商书·仲虺之诰》

（元）陈栎撰
（归善斋按，见"乃葛伯仇饷"）

18. 《读书丛说》卷五《仲虺之诰》

（元）许谦撰
（归善斋按，未解）

19. 《书传辑录纂注》卷三《商书·仲虺之诰》

（元）董鼎撰
（归善斋按，见"乃葛伯仇饷"）

20. 《尚书句解》卷四《商书·仲虺之诰第二》

（元）朱祖义撰
民之戴商（由此观民归戴商家），厥唯旧哉（其来旧哉，非一日也）。

21. 《尚书日记》卷七《商书·仲虺之诰》

（明）王樵撰

（归善斋按，见"乃葛伯仇饷"）

22. 《日讲书经解义》卷四《商书·仲虺之诰》

（清）库勒纳等撰

（归善斋按，见"乃葛伯仇饷"）

佑贤辅德，显忠遂良

1. 《尚书注疏》卷七《商书》

（汉）孔氏传，（唐）陆德明音义，（唐）孔颖达疏

佑贤辅德，显忠遂良。

传，贤则助之，德则辅之，忠则显之，良则进之，明王之道。

疏，传正义曰，《周礼·乡大夫》云，三年则"大比考其德行道艺，而兴贤者"。郑玄云，贤者，谓有德行者。《诗序》云，"忠臣良士，皆是善也"。然则，贤，是德盛之名；德，是资贤之实；忠，是尽心之事；良，是为善之称，俱是可用之人。所从言之异耳。"佑"之与"辅""显"之与"遂"，随便而言之。

2. 《书传》卷七《商书》

（宋）苏轼撰

佑贤辅德，显忠遂良。兼弱攻昧，取乱侮亡。推亡固存，邦乃其昌。善者自遂，恶者自亡。汤岂有心哉，应物而已。

3. 《尚书全解》卷十四《商书》

（宋）林之奇撰

佑贤辅德，显忠遂良。兼弱攻昧，取乱侮亡。推亡固存，邦乃其昌。

盖天下之常理如此，《中庸》曰，"天之生物也，必因其材而笃焉，故栽者培之，倾者覆之"，实天道之自然，不容私意于其间也。"佑贤辅德，显忠遂良"，此言为善者，必为人之所助也。其文则以小大为序，良不如忠，忠不如德，德不如贤，故汤之佑之、辅之、显之、遂之，亦称其德之小大而已。"兼弱攻昧，取乱侮亡"，此言为不善者，必为人之所侵陵也。其文以轻重为序，弱未至于昧，昧未至于乱，乱未至于亡。汤之兼之、攻之、取之、侮之，亦称其不善之轻重而已。此数句，大抵言致人之辅助，与夫侵侮者，皆系夫其人之自取，犹夫天之栽培、倾覆不易之理也。其文势则从便相配，学者观其大意可也，若求之太深，必欲从而为之说。如王氏所谓"佑"者，右也；"辅"者，左也之类，则将不胜其凿矣。执天下之常理，栽培、倾覆之道，不易如此。圣人之于天下，因其常理，以应世接物。有"无道"者，则推而亡之，有"存道"者，则辅而固之。如此，则顺乎天而应乎人。故于是"邦乃其昌"，可以万年子子孙孙永保矣。桀有可亡之道，其亡也，己自取之矣。汤之伐之，亦不过因其将亡，推而亡之而已，果何容心哉。

4. 《尚书讲义》卷七《商书》

（宋）史浩撰

（归善斋按，见"唯王不迩声色"）

5. 《尚书详解》卷十《商书·仲虺之诰》

（宋）夏僎撰

佑贤辅德，显忠遂良。兼弱攻昧，取乱侮亡。推亡固存，邦乃其昌。德日新，万邦唯怀；志自满，九族乃离。

仲虺上既陈说汤之伐夏救民本乎天命，民心之所系属在成汤，有不足惭者，故此又言天下常理，有德则兴，无德则亡，或兴或亡，皆所自取。

今汤兴、桀亡，皆是自取。在汤不足介意也。林少颖谓，"佑贤辅德，显忠遂良"，此言为善者，必为人佑助也。其文以小大为序，良不如忠，忠不如德，德不如贤，故人之佑之、辅之、显之、遂之，亦称其善之小大而已。"兼弱攻昧，取乱侮亡"，此言为不善者，必为人之所侵陵也。其文以轻重为序，弱未至于昧，昧未至于乱，乱未至于亡，故人之兼之、攻之、取之、侮之，亦称其不善之轻重也。此数句，言大抵人获人之辅助，与人之侵侮者，皆系其人之自取，犹天然自然，栽者培之，倾者覆之，未尝容私其于间。其文势从便相配，学者观其大意可也。若求之太深，必欲从而为之说。如王氏所谓"佑"者，右也，"辅"者左也。如此之类，则不胜其凿矣。此说是矣。盖仲虺之意谓，天下常理，有贤德忠良者，则人必辅之、佑之、显之、遂之；有弱昧乱亡者，则人必兼之、攻之、取之、侮之，理之自然。人君唯当因其有可亡之道，则推而亡之。因其有可存之道，则固而存之，皆当乎理之自然，不以私意介乎其间，则邦国必至于昌盛。今纣之暴虐淫乱如此，汤顺常理而放之，是亦推亡之道也，何为念哉，不必惭可也。仲虺既言汤之伐桀，乃顺乎天理，有不足惭，故又戒之曰，"德日新，万邦唯怀；志自，九族乃离"。盖谓前事，诚不足惭，自今已往，唯当日新其德，不有自满之志可也。故德苟日新，而无斁，则万邦皆怀我之德。苟唯有自满之志，则以为德止此，不复自修，则非特不能增益所不能，而已为我有者，亦必隳废。昔之万邦之怀者，亦必变而为九族之离矣，在汤可不戒哉。言其美，则极致万邦怀，其效如此之远；言其失，则极至九族离，其败如此之甚。仲虺言此非有他也，诚恐汤怀惭不已，或萎靡废弛，不复以天下为意，故极言之，使知所畏，知所慕，去其惭，而进其德也，胡益之。又谓，自此以上，所以释汤之惭也，自此以下所以戒之守天下也。仲虺谓汤之得天下，在已往，固已无愧；汤之守天下，在未来，宜戒之，不当有愧也。贤则佑之，则不为不肖之所陵；德则辅之，则不为无德者所染；忠者显之，则忠有所劝；良者遂之，则良有所成。兼弱，则弱有所依；攻昧，则昧有所改；兼者，庇之也。攻者，治之也。取乱，则有乱之恶者，不害于民；侮亡，则有亡之迹者。知戒于恶益之。此意盖谓，仲虺恐汤惭愧不已，有害唯新之政，故前既解其惭，至此则使之旌别诸侯，布宣教令，以施唯新之政也。此说亦通，故特存之。

6.《增修东莱书说》卷七《商书·仲虺之诰第二》

（宋）吕祖谦撰，（宋）石澜增修

佑贤辅德，显忠遂良。兼弱攻昧，取乱侮亡。推亡固存，邦乃其昌。

仲虺作诰，至此毕矣。又欲汤大其初政，以副民望，故因戒以为君之职。侮亡者，"侵侮"之"侮"，有"亡"形，则推绝之；有"存"理则培固之，惩恶扬善，人君当为之职也。是皆行其所无事，因天下所当，为而为之。

7.《尚书说》卷三《商书·仲虺之诰》

（宋）黄度撰

佑贤辅德，显忠遂良。兼弱攻昧，取乱侮亡。推亡固存，邦乃其昌。

上无明天子，方伯为政，诸侯之贤者佑之，有德者辅之，忠者显之，良者遂之，弱者兼之，使有所附属。昧者攻之，乱者取之，亡者侮之。改其社稷，群祀降其宗亲，皆侮道也。凡此大要，不过因其亡而推之，因其存而固之，所谓因其材而笃焉。汤代行天职如此，商邦之所由以昌盛也，十一征规模可见矣。

8.《絜斋家塾书钞》卷五《商书·仲虺之诰》

（宋）袁燮撰

（归善斋按，原缺）

9.《书经集传》卷三《商书·仲虺之诰》

（宋）蔡沈撰

佑贤辅德，显忠遂良。兼弱攻昧，取乱侮亡。推亡固存，邦乃其昌。

前既释汤之惭，此下因以劝勉之也。诸侯之贤德者，佑之、辅之；忠良者，显之、遂之，所以善善也。侮，《说文》曰，"伤"也。诸侯之弱者兼之；昧者攻之，乱者取之，亡者伤之，所以恶恶也。言善则由大以及小，言恶则由小以及大。推亡者，兼攻取侮也；固存者，佑辅显遂也。推彼之所以亡，固我之所以存，邦国乃其昌矣。

10.《尚书精义》卷十六《商书·仲虺之诰》

(宋) 黄伦撰

佑贤辅德，显忠遂良。兼弱攻昧，取乱侮亡。推亡固存，邦乃其昌。

无垢曰，汤有惭德，仲虺致臣子之心，忠爱之义，以安慰之。"佑贤辅德，显忠遂良"，此久存之道也，"兼弱攻昧，取乱侮亡"，此必亡之道也。今汤伐桀，疑犯兼攻取侮之失，然而犹有说者，因天下之心，而吾无所私也。又曰君子独立，小人成群。君子寡助，小人多朋。其主张扶持，全在人主耳。佑辅显遂，此盖欲汤主张扶持，不使小人害之也。

萧氏曰，君不能待臣，则忠者不得尽其心；君恶闻其过，则忠者无所尽其言。是虽有忠臣，沉默而不闻也。故于忠则显之，良者不为恶者也。有以进其志，乃能有成，故于良则遂之。

11.《尚书详解》卷十一《商书·仲虺之诰》

(宋) 陈经撰

佑贤辅德，显忠遂良。兼弱攻昧，取乱侮亡。推亡固存，邦乃其昌。德曰新，万邦唯怀；志自满，九族乃离。

此以下皆所以戒成汤，恐成汤之惭既释，则必有志得意满，无所顾忌之事。故戒之之辞，以谓贤之过人者，德足以长民者，忠于事上而无异志者，良善之在己而不忍为非者，此数者，皆君子之人，虽其材之不同，在人君必当佑之、辅之、显之、遂之，多方以成就之，爱护之，勿使为小人所害可也。至若彼国之弱者，吾则兼而有之；彼国之昧而不明者，吾则攻而击之；乱国则取之，亡国则侮之。弱昧乱亡，虽在彼有可兼、可攻、可取、可侮之状，而圣人兴灭继绝之义，当哀矜而抚恤之，岂宜至此。"推亡固存"，即申上意，谓"兼弱攻昧，取乱侮亡"者，亡之道也，则当推而去之。如武王下车之后，便当归马放牛示天下。弗服，岂宜复事攻取哉？乃若"佑贤辅德，显忠遂良"，此"存"之道也，则当固而守之弗失可也。"推亡固存"，则邦国自昌矣。"德日新，万邦唯怀"，即上文之意，果能"固存"而邦至于昌矣，则德岂不日新一日。"万邦唯怀"，则近可知矣。不然，徒事于兼攻取侮，以逞其志，则为自满，"九族乃离"，则远可知矣。然则成汤可不警哉。

12. 《融堂书解》卷五《商书·仲虺之诰》

（宋）钱时撰

佑贤辅德，显忠遂良。兼弱攻昧，取乱侮亡。推亡固存。邦乃其昌。德日新，万邦唯怀；志自满，九族乃离。王懋昭大德，建中于民。以义制事，以礼制心，垂裕后昆。予闻曰，能自得师者王，谓人莫己若者亡。好问则裕，自用则小。呜呼！慎厥终，唯其始。殖有礼，覆昏暴。钦崇天道，永保天命。

仲虺因汤惭德而作诰，上三节具言桀之罪，汤之德，与夫天之厌夏，而与商。人之所以苦夏而归商，以见吊伐之师，乃是理所当然。汤所不得辞其责者。到此却都不明言，汤不必惭，亦不答其来世口实之语，但极陈存亡之道，规警而讽切之。此乃乘汤方惭之时，不待返国，急急纳忠。此正仲虺作诰之本旨也。自"佑贤辅德"以至篇终。语凡数转，大概只是一节，意无非推明"推亡固存"之道。贤者人佑之，德者人辅之，忠者显扬之，良者伸遂之，此天下之常理也。柔弱而不立者，人兼并之，暗昧而不明者，人攻伐之，乱者人取之，亡者人侮之，此亦理之所必至也。是故弱昧乱亡，皆亡之道。桀之所以亡也。贤德忠良，皆存之道，汤之所以王也。凡"亡"之道，吾推而去之，使无有。凡"存"之道，吾固而守之，使勿失。夫如是，则有佑辅，无兼攻；有显遂，无取侮，而邦国乃始昌明矣。此仲虺承上文夏商之明效，而推极此两端，进戒于汤，终篇衮衮，一反一覆，无非此旨最为深切。

13. 《尚书要义》

（宋）魏了翁撰

（归善斋按，原缺）

14. 《书集传或问》卷上《仲虺之诰》

（宋）陈大猷撰

（归善斋按，未解）

15. 《尚书详解》卷四《商书·仲虺之诰第二》

（宋）胡士行撰

佑贤辅德，显忠遂良。兼（并）弱攻昧，取乱侮亡。推亡固存，邦乃其昌（盛）。

此欲汤大新政，以副民望。惩恶扬善，行其无事也。贤德忠良，则佑辅显遂之，弱昧乱亡，则兼攻取侮之。亡者推之，存者固之，栽培倾覆，皆所自取，造化何心哉。夏云天理如此，则桀之亡，乃皆所自取，而汤之兴何心哉。

16. 《书纂言》

（元）吴澄撰

（归善斋按，无此篇）

17. 《书集传纂疏》卷三《朱子订定蔡氏集传·商书·仲虺之诰》

（元）陈栎撰

佑贤辅德，显忠遂良。兼弱攻昧，取乱侮亡。推亡固存，邦乃其昌。

前既释汤之惭，此下因以劝勉之也。诸侯之贤德者，佑之、辅之；忠良者，显之、遂之，所以善善也。侮，《说文》曰，伤也。诸侯之弱者，兼之；昧者，攻之；乱者，取之；亡者，伤之，所以恶恶也。言善则由大以及小；言恶则由小以及大。推亡者，兼攻取侮也；固存者，佑辅显遂也。推彼之所以亡；固我之所以存，邦国乃其昌矣。

纂疏：

林氏曰，天之生物，必因其材而笃焉，栽者，培之；倾者，覆之，天道之自然也。佑辅显遂，为善者，必为人所助也；兼攻取侮，为不善者，必为人所侵也。圣人因常理以应世，有"亡"之道则推而亡之，倾覆之义也；有"存"之道，则辅而固之，栽培之义也。桀有"亡"道，汤因其将亡而推之，何容心哉。

18. 《读书丛说》卷五《仲虺之诰》

（元）许谦撰

自邦乃其昌以上，释汤惭之辞，德日新以下勉汤之辞。佑贤以下八事，正汤所以得天下之道，唯其贤德忠良者，则佑辅显遂之；弱昧乱亡者，则兼攻取侮之，是其赏罚皆得其当，无非奉天命，顺天道而为之。所谓栽者，培之；倾者，覆之也。兼攻取侮，即十一征而天下无敌之事。"推亡固存"，谓凡可以"亡国"之道，汤皆推而去之；凡可以"存国"之道，汤皆固而守之。此邦国乃如此其昌也。此正赞汤之德，谓其顺天有功于天下，而不必惭之意。

19. 《书传辑录纂注》卷三《商书·仲虺之诰》

（元）董鼎撰

佑贤辅德，显忠遂良。兼弱攻昧，取乱侮亡。推亡固存，邦乃其昌。

前既释汤之惭，此下因以劝勉之也。诸侯之贤德者，佑之、辅之；忠良者，显之、遂之，所以善善也。侮，《说文》曰，伤也。诸侯之弱者，兼之；昧者，攻之；乱者，取之；亡者，伤之，所以恶恶也。言善则由大以及小；言恶则由小以及大。推亡者，兼攻取侮也；固存者，佑辅显遂也。推彼之所以"亡"；固我之所以"存"，邦国乃其昌矣。

纂注：

林氏曰，天之生物，必因其材而笃焉。故栽者，培之；倾者，覆之，天理之自然也。佑辅显遂，为善者，必为人所助也；兼攻取侮，为不善者，必为人所侵也。圣人因其常理，以应世。有"亡"之道，则推而亡之；有"存"之道，则辅而固之。桀有"亡"道，汤因其将亡而推之，果何容心哉？

复斋董氏曰，"推亡固存"一句乃总结上意。

愚按此章传义与前题下说录不同，林董得之。

20.《尚书句解》卷四《商书·仲虺之诰第二》

(元) 朱祖义撰

佑贤辅德（大抵天下常理兴亡皆自取贤者人佑之德者人辅之），显忠遂良（忠者人显之良者人遂之是为善者自取其所推尊）。

21.《尚书日记》卷七《商书·仲虺之诰》

(明) 王樵撰

"佑贤辅德"至"永保天命"。上数节言汤之吊伐出于天命人心之不容己，此下则言君师之责，既在于汤，所以仰承天命，下副人心者，其道尤不易也。人心离合之几，与前面人心相应。天道福善祸淫之可畏，与前面天命相应。以人心天命之无常，此为君之所以难也。盖以今日言，则天与之人归之，诛其君而吊其民，所以顺乎天而应乎人，何惭之有？以自今以后言，则民无常怀在德，而己德苟日新而不已，"万邦唯怀"，况迩者乎？志或一自满，九族且离矣，况远者乎？心离合之几可畏如此。"日新"之道在于"以义制事，以礼制心"，以懋昭其大德，而"建中于民"。其要又在能"自得师"，而"好问"。"若谓人莫己"，"若"而"自用"，则所谓"志自满"者也。"自满"必不能"日新"，不能日新则德业自是隳矣。"九族乃离"而亡也不难矣。仲虺纳规之要在"日新"二字。"慎厥终，唯其始"，终始唯一，时乃日新矣。天无常亲，在礼而已。有礼者，封植之必加，如汤以七十里而受命。昏暴者，覆亡之立至，如桀藉有祖之成业，而丧亡时唯天道不可忽也，不可恃也，故言"钦崇天，道则永保天命"矣。

当时，诸侯固有贤德忠良，以不合于桀而见摈弃者；亦有弱昧乱亡，以阿附于桀而不见讨者。鸣条既放之后，正命德讨罪，一新之初，而人心激劝之候也，故欲其于贤德者，佑之、辅之；忠良者，显之、遂之；弱昧者，兼之、攻之；乱亡者，取之、侮之。弱昧乱亡，乃彼之所以"亡"，兼攻取侮，恶恶虽不同，而同于推其亡也。贤德忠良，乃我之所以"存"，佑辅显遂，善善虽不同，而同于固其存也。如是则人心激劝，莫不勉为忠良贤德之归，邦国不其昌乎？孔氏曰，有"亡"道则推而亡之；

有"存"道，则辅而固之。王者如此，国乃昌盛。陆氏音义，推，土雷反。

欲与万国同其安存者，天子之心也。彼之与乱同事，而自底灭亡者，势不得不诛其君，而吊其民，亡乃彼之自取，故曰推彼之所以"亡"。若安存之道，则我与贤德忠良者所共也，故曰，固我之所以"存"。

德无止法，民无常怀，忧勤惕励，日新一日，德乃光辉，而"万邦人心"系属归仰者，亦常新而不厌。少或自满，则怠荒之心乘之，德将日亏，而九族之离，自此始矣。故王当懋昭王之大德，以建中道于天下。"中"而谓之"建"者，民受天地之"中"以生，是以有动作礼义威仪之，则自大君身上做出来与人看，而使之视以为则也。"建中"之道在于"以义制事，以礼制心"。事有是非可否，一断以义，则事得其宜。心者，视听言动之主也，一于礼而非礼不动，则心得其正。心得其正，乃能制事之宜。事得其宜，则行无不慊于心，所谓内外合德，而"中道"始立也。"垂裕后昆"，指后王言，言礼义之成法，不特与当时做样子，而永与后王做样子，使亦有以"建中于民"也。后伊尹告太甲曰，"若虞机张，往省括于度，则释。钦厥止率，乃祖攸行"。"乃祖攸行"，非即其制事、制心之成法乎？欲太甲以之为据，依若射之省括于度，机无妄发，则汤之垂裕诚大矣。

"能自得师"，孔氏曰，求贤圣而事之，可谓得之。然而能自得之意，尤当深味也，如宣帝为元帝得萧望之，可谓得师矣。而望之之所以为贤，与其所以当尊事服从者，元帝固懵然也，则非可谓能自得师矣。"自"字最重，得师由我而由人乎哉？

真知己之不足，人之有余，故能违心听顺而受其益，不然虽以父母之命临之，无益也。

魏文侯之于卜子夏、田子方，固曰，师之矣。然子夏、子方之所以为贤，文侯知之否乎？吾意其犹夫听古乐尔，则其所好者，特礼贤下士之名，而非其中心之所自得也。

不能而耻问于人，居上而耻问于下，问而不诚，未少有得而止，皆不可谓之"好问"。"好问"，则天下之善，皆其善，故裕。"自用"，则一己之聪明几何，故小。

汤兴王，圣主也，仲虺始而勉以"日新"，戒以"自满"，终而尤以兴丧不常终始之际申戒，可以见圣贤儆畏之心。古大臣"弼直"之道矣。

蔡氏谓，谨终之道，唯于其始图之。窃谓图始之意已该于上文"日新"、"自满"勉戒之中。此条更端叹息，意重"有终"，细玩可矣。"唯"字当训"思"。

"殖有礼，覆昏暴"，时唯天道，桀唯昏暴，故亡；汤唯有礼，故兴。然人心之操舍无常，而天道之祸福相倚，一念之不终，则舍有礼，而入昏暴，亦无难者，故当"钦崇天道"，兢兢业业，益务有礼之修，常虞丧亡之至，则天命可永保矣。

《孟子》言尧舜之道，若汤则闻而知之；汤之道，若伊尹莱朱，则见而知之。说者以为莱朱，即仲虺。"中"之一字，自尧授舜，舜授禹，后再见于此。而其制心、制事二语，实有得于传心之要，上承精一之旨，下启四勿之，实在于此。

汤之盘铭曰，"苟日新，日日新，又日新"。汤以自警，仲虺以申戒，古圣贤之心法，端可识矣。

"不自满假"，舜以称禹；"志自满"，仲虺以戒汤；"功亏一篑"，太保以戒武王。

按，汤岂"自满"者哉，而时则当戒。汤德积累非一日，以至于有万邦。若以其时而言，固盛极而易满之时也。圣人之心，履盛而思戒，功成而不居。不"自满"，所以"日新"，"日新"而不已，所以其德常新。

制心、制事有礼、有义，学者学此而已；隆师好问者，求此而已。

人之精爽，负于血气，其形于五官者，不能皆得其正，故必待礼义以自治，必得明师良友之启迪，然后有以明乎礼义之所在，而制心、制事自得其准则。

问，礼义莫是摄心之规矩否？朱子曰，只是个礼，如颜子"非礼勿视"之类是也。董氏鼎曰，君臣，人伦之大经也。帝王纲纪天下，先谨乎此，而后人得安焉。世故无尽，人欲无涯，不忠之臣何代无之，所以畏缩而不敢肆者，犹以古无是事。前无是，人无以借口尔。苟一为之，则后有潜蓄不轨之心，而嚣然以逞者，其不指以为辞乎？故汤以自惭

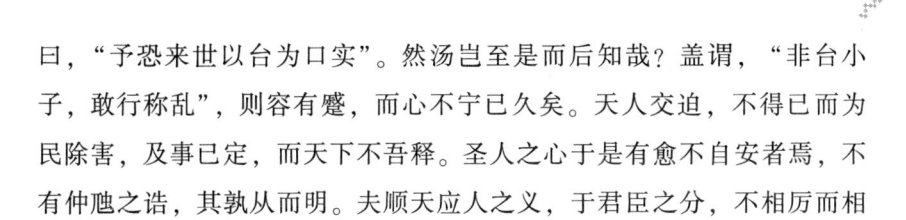

曰，"予恐来世以台为口实"。然汤岂至是而后知哉？盖谓，"非台小子，敢行称乱"，则容有戁，而心不宁已久矣。天人交迫，不得已而为民除害，及事已定，而天下不吾释。圣人之心于是有愈不自安者焉，不有仲虺之诰，其孰从而明。夫顺天应人之义，于君臣之分，不相厉而相维也哉。

朱子尝言，泰伯夷齐之事，天地之常经，太王武王之事，古今之通义。愚按，夫子于易极赞汤武之革命，为顺乎天而应乎人，即仲虺之意。而于平日，则又称泰伯文王为至德，而谓武未尽善，此又成汤之心也。

22.《日讲书经解义》卷四《商书·仲虺之诰》

（清）库勒纳等撰

佑贤辅德，显忠遂良。兼弱攻昧，取乱侮亡。推亡固存，邦乃其昌。

此一节书，是仲虺以君天下之道勖王，而先言怀诸侯之道也。仲虺曰，天命初归之日，正人心望治之时，王得天下无惭也，唯务自尽其为君之道而已。彼诸侯之中，有才德兼备，是谓贤者，则当隆其礼遇，信任而眷佑之，不特增其爵秩已也。有积善行仁，是谓有德者，则当厚其赉予，培植而辅助之，不但安其土田已也。有委身殉国而为忠，则当褒显之，以扬其令名。有奉公守法而为良，则当奖劝之以遂其所志。凡此所以善善也。因诸侯之有善，而吾所以劝善者，当如是也。有柔懦无为而弱者，当兼并之，而治以王官。有昏庸不明而昧者，当攻治之而削其封地。有败坏法纪，是乱者也，当殄灭其国，而取之。有荒淫无度，是亡者也，当戮及其身，而侮之。凡此所以恶恶也。因诸侯之有恶，而吾所以惩恶者，又当如是也。然皆何容心于其间哉？彼弱昧乱亡，本有"亡"之道，吾特因其亡，而推之。贤德忠良，本有"存"之道，吾特因其"存"而固之耳。夫如是"推亡固存"，好恶一出于正，刑赏不涉于私。将见诸侯之善者，益知所劝，而进于善；诸侯之不善者，亦知所惩而不为不善矣，邦国不其昌乎？王但自尽其君天下之道可也。盖"推亡固存"，即天之栽培、倾覆。此圣人之公也。公，非仁者不能，故曰"唯仁者，能好人，能恶人"。

《书经衷论》卷二《商书·仲虺之诰》

（清）张英撰

（归善斋按，见"唯王不迩声色"）

兼弱攻昧，取乱侮亡

1.《尚书注疏》卷七《商书》

（汉）孔氏传，（唐）陆德明音义，（唐）孔颖达疏

兼弱攻昧，取乱侮亡。

传，弱则兼之，暗则攻之，乱则取之，有亡形则侮之，言正义。

疏，传正义曰：力少为弱，不明为昧，政荒为乱，国灭为亡。兼，谓包之；攻，谓击之；取，谓取为己有；侮，谓侮慢其人。弱、昧、乱、亡，俱是彼国衰微之状。兼、攻、取、侮，是此欲吞并之意。弱、昧，是始衰之事。来服则制为己属，不服则以兵攻之。此二者，始欲服其人，未是灭其国。乱，是已乱；亡，谓将亡。二者衰甚已将灭。其国亡形已着，无可忌惮。故陵侮其人。既侮其人，必灭其国。故以侮言之。此是人君之正义。仲虺陈此者，意亦言，桀乱亡，取之不足为愧。下言"推亡"及"覆昏暴"，其意亦在桀也。

2.《书传》卷七《商书》

（宋）苏轼撰

（归善斋按，见"佑贤辅德"）

3.《尚书全解》卷十四《商书》

（宋）林之奇撰

（归善斋按，见"佑贤辅德"）

4.《尚书讲义》卷七《商书》

（宋）史浩撰
（归善斋按，见"唯王不迩声色"）

5.《尚书详解》卷十《商书·仲虺之诰》

（宋）夏僎撰
（归善斋按，见"佑贤辅德"）

6.《增修东莱书说》卷七《商书·仲虺之诰第二》

（宋）吕祖谦撰，（宋）石澜增修
（归善斋按，见"佑贤辅德"）

7.《尚书说》卷三《商书·仲虺之诰》

（宋）黄度撰
（归善斋按，见"佑贤辅德"）

8.《絜斋家塾书钞》卷五《商书·仲虺之诰》

（宋）袁燮撰
（归善斋按，原缺）

9.《书经集传》卷三《商书·仲虺之诰》

（宋）蔡沈撰
（归善斋按，见"佑贤辅德"）

10.《尚书精义》卷十六《商书·仲虺之诰》

（宋）黄伦撰
（归善斋按，见"佑贤辅德"）

11.《尚书详解》卷十一《商书·仲虺之诰》

（宋）陈经撰
（归善斋按，见"佑贤辅德"）

12.《融堂书解》卷五《商书·仲虺之诰》

（宋）钱时撰
（归善斋按，见"佑贤辅德"）

13.《尚书要义》

（宋）魏了翁撰
（归善斋按，原缺）

14.《书集传或问》卷上《仲虺之诰》

（宋）陈大猷撰
（归善斋按，未解）

15.《尚书详解》卷四《商书·仲虺之诰第二》

（宋）胡士行撰
（归善斋按，见"佑贤辅德"）

16.《书纂言》

（元）吴澄撰
（归善斋按，无此篇）

17.《书集传纂疏》卷三《朱子订定蔡氏集传·商书·仲虺之诰》

（元）陈栎撰
（归善斋按，见"佑贤辅德"）

18. 《读书丛说》卷五《仲虺之诰》

（元）许谦撰

（归善斋按，见"佑贤辅德"）

19. 《书传辑录纂注》卷三《商书·仲虺之诰》

（元）董鼎撰

（归善斋按，见"佑贤辅德"）

20. 《尚书句解》卷四《商书·仲虺之诰第二》

（元）朱祖义撰

兼弱攻昧（弱者，人兼之；昧者，人攻之），取乱侮亡（乱者，人取之；亡者，人侮之，是不善，自取其所侵陵）。

21. 《尚书日记》卷七《商书·仲虺之诰》

（明）王樵撰

（归善斋按，见"佑贤辅德"）

22. 《日讲书经解义》卷四《商书·仲虺之诰》

（清）库勒纳等撰

（归善斋按，见"佑贤辅德"）

《尚书考异》卷三《仲虺之诰》

（明）梅鷟撰

兼弱攻昧，取乱侮亡。推亡固存，邦乃其昌。

襄公三十年仲虺之志云，"乱者取之，亡者侮之，推亡固存，国之利也"。引"志"为"诰"，改"国之利"为"邦乃昌"。宣十二年随武子曰，"兼弱攻昧，武之善经也"。"'仲虺有言曰，取乱侮亡'，兼弱也。《汋》曰'于铄王师，遵养时晦'，耆昧也。武曰'无竞唯烈'，抚弱耆昧以务烈所可也"。襄十四年中行献子曰，"仲虺有言曰，亡者侮之，乱者取之，推亡固存之道也"。正义曰，此传取彼之意，而改之辞，匪本文也。

推亡固存，邦乃其昌

1.《尚书注疏》卷七《商书》

（汉）孔氏传，（唐）陆德明音义，（唐）孔颖达疏

推亡固存，邦乃其昌。

传，有亡道，则推而亡之；有存道，则辅而固之。王者如此，国乃昌盛。

音义，推土雷反。

2.《书传》卷七《商书》

（宋）苏轼撰

（归善斋按，见"佑贤辅德"）

3.《尚书全解》卷十四《商书》

（宋）林之奇撰

（归善斋按，见"佑贤辅德"）

4.《尚书讲义》卷七《商书》

（宋）史浩撰

（归善斋按，见"唯王不迩声色"）

5.《尚书详解》卷十《商书·仲虺之诰》

（宋）夏僎撰

（归善斋按，见"佑贤辅德"）

6.《增修东莱书说》卷七《商书·仲虺之诰第二》

（宋）吕祖谦撰，（宋）石澜增修

（归善斋按，见"佑贤辅德"）

7.《尚书说》卷三《商书·仲虺之诰》

（宋）黄度撰

（归善斋按，见"佑贤辅德"）

8.《絜斋家塾书钞》卷五《商书·仲虺之诰》

（宋）袁燮撰

（归善斋按，原缺）

9.《书经集传》卷三《商书·仲虺之诰》

（宋）蔡沈撰

（归善斋按，见"佑贤辅德"）

10.《尚书精义》卷十六《商书·仲虺之诰》

（宋）黄伦撰

（归善斋按，见"佑贤辅德"）

11.《尚书详解》卷十一《商书·仲虺之诰》

（宋）陈经撰

（归善斋按，见"佑贤辅德"）

12.《融堂书解》卷五《商书·仲虺之诰》

（宋）钱时撰

（归善斋按，见"佑贤辅德"）

13. 《尚书要义》

（宋）魏了翁撰

（归善斋按，原缺）

14. 《书集传或问》卷上《仲虺之诰》

（宋）陈大猷撰

或问，王氏说"推亡固存"谓，推彼所以亡之故，固吾之所以存，乃邦之所以昌也，如何？曰，若止说二字，自通。但上文意义不协（林氏"兼弱攻昧，取乱侮亡"其文以轻重为之节，弱未至于昧，昧未至于乱，乱未至于亡，而兼攻取侮，亦称其不善之轻重。愚曰，弱昧乱亡，固可分；兼攻取侮，则不可分矣）。

15. 《尚书详解》卷四《商书·仲虺之诰第二》

（宋）胡士行撰

（归善斋按，见"佑贤辅德"）

16. 《书纂言》

（元）吴澄撰

（归善斋按，无此篇）

17. 《书集传纂疏》卷三《朱子订定蔡氏集传·商书·仲虺之诰》

（元）陈栎撰

（归善斋按，见"佑贤辅德"）

18. 《读书丛说》卷五《仲虺之诰》

（元）许谦撰

（归善斋按，见"佑贤辅德"）

19. 《书传辑录纂注》卷三《商书·仲虺之诰》

（元）董鼎撰

（归善斋按，见"佑贤辅德"）

20. 《尚书句解》卷四《商书·仲虺之诰第二》

（元）朱祖义撰

推亡固存（人君唯能顺理之常，因其有可"亡"之道，则推而亡之；因其有可"存"之道，则固而存之），邦乃其昌（则邦国必昌盛矣）。

21. 《尚书日记》卷七《商书·仲虺之诰》

（明）王樵撰

（归善斋按，见"佑贤辅德"）

22. 《日讲书经解义》卷四《商书·仲虺之诰》

（清）库勒纳等撰

（归善斋按，见"佑贤辅德"）

《读书管见》卷上《仲虺之诰》

（元）王充耘撰

推亡固存。

"推亡固存，邦乃其昌"，言夏有乱亡之形，不可不灭，是乃理势当然，非汤欲图其天下也。此犹是释汤伐夏之惭，非劝勉之也，当以林氏之说为正。

《尚书考异》卷三《仲虺之诰》

（明）梅鷟撰

（归善斋按，见"兼弱攻昧"）

德日新，万邦唯怀；志自满，九族乃离

1.《尚书注疏》卷七《商书》

（汉）孔氏传，（唐）陆德明音义，（唐）孔颖达疏

德日新，万邦唯怀；志自满，九族乃离。

传，日新，不懈怠；自满，志盈溢。

音义，懈，工债反。

疏，正义曰，《系辞》云"日新之谓盛德"，言修德不怠，日日益新德加于人，无远不届。故万邦之众，唯尽归之。志意自满，则陵人，人既被陵，则情必不附，虽九族之亲乃亦离之。万邦，举远以明近也。九族，举亲以明疏也。汉代儒者说九族之义有二。按礼戴及《尚书纬》欧阳说，九族乃异姓有属者。父族四，母族三，妻族二。古《尚书》说，九族从高祖至玄孙，凡九族。《尧典》云，"以亲九族"传云"以睦高祖、玄孙之亲"，则此言"九族"，亦谓高祖、玄孙之亲也。谓"万邦唯怀"，实归之"九族乃离"，实离之。圣贤设言为戒，容辞颇甚。父子之间便以志满相弃，此言"九族"，以为外姓九族有属，文便也。

2.《书传》卷七《商书》

（宋）苏轼撰

德日新，万邦唯怀；志自满，九族乃离。王懋昭大德，建中于民。以义制事，以礼制心。

未尝作事也，事以义起；未尝有心也，心以礼作。

3.《尚书全解》卷十四《商书》

（宋）林之奇撰

德日新，万邦唯怀；志自满，九族乃离。

凡汤伐夏吊民之本意，仲虺反复陈其本末，既以尽矣。于是，极陈为

君艰难安常之道，以致其终戒之意，欲使汤致其无疆之恤，以保其无疆之休也。唐太宗时，突厥颉利可汗请入朝帝，乃谓廷臣曰，突厥之疆，控弦百万，凭陵中夏，用是骄恣以失其民。今日请入朝，非困穷固如是乎？朕纳之且喜且惧。何则，突厥衰则疆境自安矣，故喜。然朕或失道。他日亦将如突厥，能无惧乎？卿等宜不惜苦谏，以辅朕之不逮也。仲虺之意正亦如此。盖桀之所以亡者，唯其果于"自用"故也。汤之所以成王业者，唯其德之日新也。苟其终致其兢兢业业之意，及其一旦为细行所累，寖不克终，则将枵然"自满"，"谓人莫己若"，如此则人心离矣。桀之亡不可不监哉，故谓德苟日新而无斁，则万邦将怀我之德，苟为一有自满之心，则将以为德止于是矣。以德为止于是，而不修，则"用人唯己，改过不吝"之心自替矣。如此则"万邦之怀"变而为九族之离，亦岂难哉？"万邦唯怀"，"九族乃离"，盖所以极言其人君有德，则无所不服；苟无德虽至亲犹叛之，况疏者乎？孟子曰，"多助之至，天下顺之；寡助之至，亲戚畔之"，亦此意也。

4.《尚书讲义》卷七《商书》

（宋）史浩撰

德日新，万邦唯怀；志自满，九族乃离。王懋昭大德，建中于民。以义制事，以礼制心，垂裕后昆。予闻曰，能自得师者王；谓人莫己若者亡。好问则裕，自用则小。呜呼！慎厥终，唯其始。殖有礼，覆昏暴。钦崇天道，永保天命。

汤之盘铭曰："苟日新，日日新，又日新"者，纯亦不已之谓也。仲虺始以是诰王，王乃立言以广其说，至于盘盂之间亦有是焉。从善如流于是为至。兹所以怀万邦也。夫以常人之情，"韦顾既伐，昆吾夏桀"，皆已即罪。由七十里之小而享天下之归，宜乎志满意得，矜夸方盛。汤也，乃有惭德之言，则志自满，固非所虑矣。仲虺于此，犹以九族乃离惧之，可谓切直矣。夫汤之"懋昭大德"，是所谓"允执厥中"也；"建中于民"，是所谓"敷锡厥庶民"也。《中庸》言大德者必受命，大德者必得其位，皆以其能用"中"也。用"中"则王者之能事毕矣。而仲虺方觊其"以义制事，以礼制心"，是以中材之主望汤也。岂仲虺谓其君不能哉？殊不知此为后世设也。使圣人自以为圣，而跌宕于规矩之外，其自为一身，则可。后世庸常之君，何所取法哉？故凡圣人，事以义度，心以礼防者，皆有垂裕之心者然也。矧汤即阼之初，已有恐贻口实之虑，则垂裕之道，固所常怀。仲虺亦因而伸之而已。"予闻"者，仲虺所闻于古而云也。说者乃取汤于伊尹学焉后臣，以为"能自得师"之证，似未广也。夫汤既有为善之心，闻一善言，见一善行，皆吾师也，又何独伊尹哉？"虞舜好问而好察迩言"，取诸人以为善，盖非一人之力也。彼"谓人莫己若"与夫好"自用"者，则固不可以语此矣。且以汤之"允执厥中"，岂不能"慎厥终，唯其始"；能"佑贤辅德，显忠遂良。兼弱攻昧，取乱侮亡"，亦岂不知"钦崇天道"，而顺其"殖有礼，覆昏暴"之意哉？是知仲虺此言，非为汤也，欲使汤为其孙子立万世之法尔，故其终必曰"永保天命"也。其曰"永保"，欲创业垂统，为可继之道，故能传世永久。无若夏桀之矫诬，以失其信也。然则仲虺之于成汤，可不谓社稷之臣乎。

5.《尚书详解》卷十《商书·仲虺之诰》

（宋）夏僎撰

（归善斋按，见"佑贤辅德"）

6.《增修东莱书说》卷七《商书·仲虺之诰第二》

（宋）吕祖谦撰，（宋）石澜增修

德日新，万邦唯怀；志自满，九族乃离德。

"日新"者，圣人之德，常运而不息，则"日新"。使汤以惭忸之念倚于胸中而不化，则于德有所杂，有所杂而止，则不能"日新"矣。盖谓汤此时正当日新其德，以大其初业，安可留惭忸之念，以累日新之功哉？"志自满"与篇意似不相接。一篇之言皆所以振起汤之心，而汤安有自满之意，盖于此，乃见古人精微之至，此书主于解汤之惭，所以历举德业，天命人心之所在。德业之盛，天人之协，则有自满之理，故仲虺自其本原而塞之。汤岂有是论，必至此乃为全备也。

7.《尚书说》卷三《商书·仲虺之诰》

（宋）黄度撰

德日新，万邦唯怀；志自满，九族乃离。

此存亡得丧之机也。

8.《絜斋家塾书钞》卷五《商书·仲虺之诰》

（宋）袁燮撰

（归善斋按，原缺）

9.《书经集传》卷三《商书·仲虺之诰》

（宋）蔡沈撰

德日新，万邦唯怀；志自满，九族乃离。王懋昭大德，建中于民。以义制事，以礼制心，垂裕后昆。予闻曰，能自得师者王；谓人莫己若者亡。好问则裕，自用则小。

"德日新"者，日新其德，而不自已也。"志自满"者，反是。汤之盘铭曰"苟日新，日日新，又日新"，其广曰"新"之义欤。"德日新"，则万邦虽广，而无不怀；"志自满"，则九族虽亲，而亦离。万邦举远以见近也；九族，举亲以见疏也。王其勉明大德，立中道于天下。"中"者，天下之所同有也。然非君建之，则民不能以自中。而礼义者，所以建中者也。义者，心之裁制；礼者，理之节文。"以义制事"，则事得其宜；"以礼制心"，则心得其正。内外合德，而中道立矣。如此非特有以建中，于是而垂诸后世者，亦绰乎有余裕矣。然是道也，必学焉而后至，故又举古人之言，以为隆师好问，则德尊而业广。自贤、自用者反是。谓之"自得师"者，真知己之不足，人之有余，违心听顺，而无拂逆之谓也。《孟子》曰，"汤之于伊尹，学焉而后臣之，故不劳而王"。其汤之所以自得者欤，仲虺言怀诸侯之道，推而至于修德检身，又推而至于"能自得师"。夫自天子至于庶人，未有舍师而能成者。虽生知之圣，亦必有师焉。后世之不如古，非特世道之降，抑亦师道之不明也。仲虺之论，溯流而源，要其极而归诸"能自得师"之一语，其可为帝王之大法也欤。

10. 《尚书精义》卷十六《商书·仲虺之诰》

（宋）黄伦撰

德日新，万邦唯怀，志自满，九族乃离。

无垢曰，夫怀惭在心，则恶念断绝，善路分明。使汤以惭之故，力行善道，以宽之，则"德日新"矣。使汤已得天下，无复顾惮，唯己所欲，则"志自满"矣。"德日新"，则万邦感之，无不怀念；"志自满"，则虽骨肉之亲，亦不亲附之矣。

东莱曰，圣人之德，常运而不息，则日新。然汤苟以惭忸之念，停于胸中而不化，则于德有所杂，杂则止，止则不能日新。盖曰，汤于此正当日新其德，以大其功业，岂可留惭忸之念。

11. 《尚书详解》卷十一《商书·仲虺之诰》

（宋）陈经撰

（归善斋按，见"佑贤辅德"）

12. 《融堂书解》卷五《商书·仲虺之诰》

（宋）钱时撰

（归善斋按，见"佑贤辅德"）

13. 《尚书要义》

（宋）魏了翁撰

（归善斋按，原缺）

14. 《书集传或问》卷上《仲虺之诰》

（宋）陈大猷撰

（归善斋按，未解）

15. 《尚书详解》卷四《商书·仲虺之诰第二》

（宋）胡士行撰

德日新，万邦唯怀；志自满，九族乃离。

汤之盘铭曰，"苟日新，日日新，又日新"。一念少息，不进则退，差毫厘而缪千里，以惭之念，横乎胸中，则于日新之功有害矣。

16. 《书纂言》

（元）吴澄撰

（归善斋按，无此篇）

17. 《书集传纂疏》卷三《朱子订定蔡氏集传·商书·仲虺之诰》

（元）陈栎撰

德日新，万邦唯怀；志自满，九族乃离。王懋昭大德，建中于民。以义制事，以礼制心，垂裕后昆。予闻曰：能自得师者王；谓人莫己若者亡。好问则裕。自用则小。

"德日新"者，日新其德而不自已也。"志自满"者反是。汤之盘铭曰"苟日新，日日新，又日新"，其广日新之义欤。"德日新"，则万邦虽广，而无不怀"志自满"，则九族虽亲，而亦离。万邦举远以见近也；九族举亲以见疏也。王其勉明大德，立中道于天下。"中"者，天下之所同有也，然非君建之，则民不能以自中。而礼义者，所以建中者也。义者，心之裁制；礼者，理之节文。"以义制事"，则事得其宜；"以礼制心"，则心得其正。内外合德而中道立矣。如此，则非特有以建中于民，而垂诸后世者亦绰乎有余裕矣。然是道也，必学焉而后至，故又举古人之言，以为隆师好问，则德尊而业广。自贤、自用者反是。谓之"自得师"者，真知己之不足，人之有余，违心听顺，而无拂逆之谓也。《孟子》曰，"汤之于伊尹，学焉而后臣之，故不劳而王"，其汤之所以自得者欤。仲虺言怀诸侯之道，推而至于修德检身，又推而至于"能自得师"。夫自天子至于庶人，未有舍师而能成者。虽生知之圣，亦必有师焉。后世之不如

163

古，非特世道之□，抑亦师道之不明也。仲虺之论，溯流而源，要其极而归诸"能自得师"之一语，其可为帝王之大法也欤。

纂疏：

问，礼义本诸人心，中人以下，为气禀物欲所拘蔽，须以礼义自治。若汤尚何须"以义制事，以礼制心"？曰，汤、武反之也。是有些子不那底了，但他能恁地，所以为汤，若不恁地，便是"唯圣罔念作狂"。圣人虽说生知安行，便只是常常恁地不已，所以不可及，若有一息不恁地，便也是凡人了。问，舜由仁义行，便是不操而自存否？曰，这都难说，舜只是不似众人恁地著心，自是操。

此是内外交相养之法，事在外，义由内制。心在内，礼由外作。

唐氏曰，圣人德贵于日新，故继以"懋昭大德"，以义，以礼所以日新其德也。

范氏祖禹曰，神宗在东宫，王陶讲"志自满，九族乃离"，神宗言，九族乃离，微子之去是也。

陈氏大猷曰，德不大，则梏于偏，如夷清惠和，各有偏之弊，何以建中。汤德本大，又欲其懋昭之，然后能建中，以范斯民，所谓"皇建其有极"也。"以义制事"，则行于外者，合宜，乃大德之所自行，中之用也。以礼制心，则存于内者，合理，乃大德之所自出，中之本也。礼义之泽，传之无穷，所以垂裕于后嗣也。

愚谓，德与中，皆当兼体用而言，德即人所得于天，以具众理而应万事者也。大德云者，全体大用，无非大也。懋勉以昭明之，则全体呈露，妙用显行矣。由是而建中道之标准，使民之罔"中"者，皆唯我之"中"，则不偏不倚，无过、不及，是"中"体用无不备矣。然礼义，德也，即昭德建中之要也。动而"以义制事"，即义以方外之谓，能义以方外，则此德，应万事之大用以行，而此中，无过不及之用在是矣。静而"以礼制心"，即"敬以直内"之谓，能"敬以直内"，则此德具众理之全体，以立而此中，不偏不倚之体在是矣。所谓垂裕，固礼义之余用也，亦即昭德建中之余用也。非昭德专以"建中于民"，而礼义专以垂裕于后也。

陈氏经曰，"自得师"，如自明自强，不因乎人，尊德乐道，出于中，

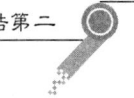

心之自然也。当味"自"字。"谓人莫己若"与"自用则小",承"志自满"而言,以为戒也。

18.《读书丛说》卷五《仲虺之诰》

(元)许谦撰

(归善斋按,未解)

19.《书传辑录纂注》卷三《商书·仲虺之诰》

(元)董鼎撰

德日新,万邦唯怀;志自满九族乃离。王懋昭大德,建中于民。以义制事,以礼制心,垂裕后昆。予闻曰,能自得师者王;谓人莫己若者亡。好问则裕,自用则小。

"德日新"者,日新其德而不自已也。"志自满"者反是。汤之盘铭曰"苟日新,日日新,又日新",其广日新之义欤。"德日新",则万邦虽广,而无不怀;"志自满",则九族虽亲而亦离。万邦举远以见近也;九族举亲以见疏也。王其勉明大德,立中道于天下。"中"者,天下之所同有也,然非君建之,则民不能以自"中"。而礼义者,所以建中者也。义者,心之裁制;礼者,理之节文。"以义制事",则事得其宜;"以礼制心",则心得其正。内外合德,而中道立矣。如此,则非特有以建中于民,而垂诸后世者,亦绰乎有余裕矣。然是道也,必学焉而后至,故又举古人之言,以为隆师好问,则德尊而业广。自贤、自用者反是。谓之"自得师"者,真知己之不足,人之有余,委心听顺,而无拂逆之谓也。《孟子》曰"汤之于伊尹,学焉而后臣之,故不劳而王",其汤之所以自得者欤。仲虺言怀诸侯之道,推而至于"能自得师"。夫自天子至于庶人,未有舍师而能成者。虽生知之圣,亦必有师焉。后世之不如古,非特世道之降,抑亦师道之不明也。仲虺之论,溯流而源。要其极而归诸"自得师"之一语,其可为帝王之大法也欤。

辑录:

问,礼义本诸人心,唯中人以下,为气禀物欲所拘蔽,所以反著求礼义自治。若成汤尚何须"以义制事,以礼制心"?曰,汤武反之也。便也是有些子不那底了，但他能恁地，所以为汤。若不恁地，便是"唯圣罔念作狂"。圣人虽则说是生知安行，便只是常常恁地不已，所以不可及。若有一息不恁地，便也是凡人了。问，若舜由仁义行，便是不操而自存否？曰，这都难说。舜只是不得似众人恁地著心，自是操。贺孙。"以义制事，以礼制心"，此自是内外交相养之法。事在外，义由内制；心在内，礼由外作。铢。问，礼莫是摄心之规矩否？先生曰，只是个心，如颜子"非礼勿视"之类皆是也。又曰，今学者别无事，只是要以心观理，理是心中所有。常存此心，以观众理，只此两事耳。炼。

纂注：

唐氏曰，圣人，德贵于日新，故继以"懋昭大德"。以义、以礼，所以日新其德也。

太史范氏曰，神宗在东宫，王陶讲"志自满，九族乃离"。神宗言，"九族乃离"，微子之去是也。

王氏十朋曰，圣人于事与心，无所事于制，所以然者，使后人有可继之道也。

新安陈氏曰，"德"与"中"皆当兼体用而言。德，即人所得于天，以具众理，而应万事者也。天德云者，全体大用，无非大也。懋勉以昭明之，则全体呈露，妙用显行矣。由是而建中道之标准，使民之罔"中"者，皆唯我之"中"，则不偏不倚，无过、不及，是"中"之体用，亦无不备矣。然礼义，德也，即昭德建中之要也。动而"以义制事"，即义以方外之谓，能以义方外，则此德应万事之大用以行，而此"中"无过不及之用在是矣。静而"以礼制心"，即"敬以直内"之谓，能"敬以直内"，则此德具众理之全体以立，而此"中"不偏不倚之体在是矣。所谓垂裕，固礼义之余用也，亦即昭德建中之余用也，非昭德专以建中于民，而礼义专以垂裕于后也。

陈氏大猷曰，能"自得师"，则天下之善皆归于己，故可以王；"谓人莫己若"，则骄矜侮慢，善日消，恶日长，亡之道也。好问，则众善集，故优裕，自用，则能有限，故狭小。

20. 《尚书句解》卷四《商书·仲虺之诰第二》

（元）朱祖义撰

德日亲（德苟日新而无斁），万邦唯怀（则万邦皆怀慕我德）；志自满（苟有自足之志，以为德止此，而不复修），九族乃离（故虽亲亲，而九族亦离散）。

21. 《尚书日记》卷七《商书·仲虺之诰》

（明）王樵撰

（归善斋按，见"佑贤辅德"）

22. 《日讲书经解义》卷四《商书·仲虺之诰》

（清）库勒纳等撰

德日新，万邦唯怀；志自满，九族乃离。王懋昭大德，建中于民。以义制事，以礼制心，垂裕后昆。予闻曰，能自得师者王，谓人莫己若者亡。好问则裕。自用则小。

此一节书，是仲虺勉汤以修德检身之道也。"懋昭大德"者，黾勉以明其德之意。后昆，后世子孙也。仲虺曰，人主一身为远近亲疏之所系属者，以其有德也。诚使其"德日新"不已自足，维系乎人心，不特近者悦服也，万邦虽远，而亦怀之。若志自满假，不能自新，不但远者携贰也，即九族至亲而亦离之矣。今我王之德，虽足听闻，然何可不自勉哉？必也振奋精神，以勉明其大德，求所为中道者，而建立之，以为民之准。盖德者，我之所得而"中"者，民所同具也。民不能以自"中"，必君建之，民乃有所观法，可使咸归于"中"。而义礼者，又昭德建中之要也。故动则"以义制事"，万几当前，必裁决其可否，而使无过、不及之差；静则"以礼制心"，一念之萌必慎，持其逸豫，而使无偏倚之累，如是，则内外合德，中道立矣，且非特可建中于民也，即垂诸后世。凡子孙之欲制事、制心者，其家法自足相承，而有余裕矣。然是道也，必学焉而后能之也。我尝闻古人之言曰，人君能虚己，下贤求人，臣之可法者，而师事之，则德崇业广，将天下之善，皆归于己，故可以王。若矫矜自恣，谓人皆不如我，将善日益消，而天下之恶，皆归之矣，此亡道也。凡事不耻下问，而心诚好之，则万善咸集，何等优裕；若刚愎自用，则一己之聪明，所见不广，其能几何，故狭小也。仲虺述古人之言，如此王者，以一身而为中外臣民立极，作之君，亦作之师，使非虚己下贤，隆师问道，亦何以为下民之师。然则欲尽君道，以垂法，其崇师道以立本哉。

《书经衷论》卷二《商书·仲虺之诰》

（清）张英撰

"日新"之言，始见于《仲虺之诰》，凡人志气奋发，精神振作，莫不有自新之，一日或隔日而故矣，或转念而故矣，平旦之气，一时之新也。日月之至一日一月之新也，唯圣人彻首彻终，光明洞达，如新拭之镜，绝无纤尘，故曰"日新"。《易》曰："刚健笃实，辉光日新"。其德非"刚健笃实"，其能"自强不息"若此乎？

王懋昭大德，建中于民，以义制事，以礼制心，垂裕后昆

1. 《尚书注疏》卷七《商书》

（汉）孔氏传，（唐）陆德明音义，（唐）孔颖达疏

王懋昭大德，建中于民，以义制事，以礼制心，垂裕后昆。

传，欲王自勉明大德，立大中之道于民，率义奉礼，垂优足之道，示后世。

音义，中如字，本或作忠，非。裕，徐以树反。

2. 《书传》卷七《商书》

（宋）苏轼撰

（归善斋按，另见"德日新"）

垂裕后昆。

裕余也。

3.《尚书全解》卷十四《商书》

(宋)林之奇撰

王懋昭大德,建中于民。以义制事,以礼制心,垂裕后昆。

唯德之修也,贵乎日新而无致,故继之曰"王懋昭大德",言自今以往,王宜勉励以昭明其大德,立大中之道于民。盖民受天地之"中"以生者。人性之所固有也,唯其因物有迁,故陷溺而不知返。圣人先得人心之所同然,还以民心所固有之"中",揭而示之,使之率性而行,得其所同然者,共趋于大公至正之涂。原其所以致此者,则自夫人君昭其大德故也。昭其大德,是乃所以建中于民也。而为王氏之学者,以谓"懋昭大德",所以极高明,所以处己也,"建中于民"所以道,中庸所以用人也。夫高明、中庸,岂可分而为二致邪?王氏之学,所以不可入圣人之道者,盖其为见如此,此实异端驳杂之论也。"以义制事,以礼制心"盖所以"昭大德,建中于民"也。《易》曰:"直其正也,方其义也。君子敬以直内,义以方外。敬、义立,而德不孤",则"不疑其所行也"。"直内"必以敬,故在夫"以礼制心";"方外"必以义,故在夫"以义制事"。唯"敬以直内",故能"义以方外",其实一道也。虽有内外之殊,心、事之别,然敬、义相须,而行不可分为二也。能如此,则德日新,万邦唯怀矣。兹其所以能垂优足之道于后嗣,使子孙永保而无致也。

4.《尚书讲义》卷七《商书》

(宋)史浩撰

(归善斋按,见"德日新")

5.《尚书详解》卷十《商书·仲虺之诰》

(宋)夏僎撰

王懋昭大德,建中于民。以义制事,以礼制心,垂裕后昆。

仲虺既诰汤以日新其德,故此遂言其所以"日新"之道。盖德所以能新者,本乎"中"之建。"中"之所以能建者,本乎德之大。德不大,则知有己，不知有人，安能"建中于民"。"中"不建，则拘于一偏。泥于私曲，安能致日新之功。故仲虺所以必欲成汤勉励，以昭明其德之所谓大者，而建中以示民也。盖受天地之中者，人性之固有也。唯其因物有迁，故陷溺而不知反。圣人先得人心之所同然，将还以其固有之"中"，揭而示之使之率性而行，得其所同然。苟在我者德未至于大，则有所偏倚，去"中"益远矣，何以"建中"哉。是"昭大德"者，乃所以"建中于民"也。王氏乃谓"懋昭大德"，所以极高明，高明所以处己，建中所以道中庸，中庸所以待人。高明、中庸岂可分二致哉。此皆穿凿之过也。然建中虽本乎昭大德，而德之所以能大者，又在乎"以义制事，以礼制心"焉。仲虺所以既言"懋昭大德，建中于民"，而必继以"以义制事，以礼制心"者，盖言欲昭德以建中，又不可废礼义也。《易》曰"君子敬以直内，义以方外，敬义立，而德不孤，直方大，""直内以敬"，故在乎"以礼制心"；方外以义，故在乎"以义制事"，如是合内外之道，而胸中恢恢与天地同其大。"懋昭大德"，岂有妙于此者乎。此"昭大德"，所以又在于礼义也。为人君者，诚能如此，则"德日新"，而"万邦唯怀"矣。宜其所以能垂优足之道于后嗣，使子孙永保而无斁也。故仲虺所以终之曰"垂裕后昆"。曾氏乃谓，先儒多以制事、制心为汤所以自制，是不然。圣人之德，既如是广大，又且"建中于民"，岂复有心与事之未制，规规然将待于制也。"以义制事"者，制民之事以礼；制心者，制民之心，殊不知仲虺此言，为成汤设也，非为民设也。岂可谓制事为制民事，制心为制民心哉？

6.《增修东莱书说》卷七《商书·仲虺之诰第二》

（宋）吕祖谦撰，（宋）石澜增修

王懋昭大德，建中于民。以义制事，以礼制心，垂裕后昆。

王懋昭大德，建中于民，谓汤正宜勉明大德，以立民极，安可留惭忸而不化，以怠其初业乎？"昭大德"即"建中"也。将以"建中"，岂必它求，亦于本原用工耳。制事、制心，大抵不出汤之一身。天下之事不外于心，又赘言事何也。古人立论本末体用悉备，如《易》既言"敬以直内"，又言"义以方外"，本原既厚，则取之不尽，用之不竭，自然流裕于后世子孙。六百年之商，皆出于此。大德，非外有所谓大德，即上"不迩声色"以下，盖再立天地，必举世使之维新可也。

7.《尚书说》卷三《商书·仲虺之诰》

（宋）黄度撰

王懋昭大德，建中于民。以义制事，以礼制心，垂裕后昆。

汤既伐夏，实任君师之职，仲虺以其惭也，故言昔之所已为，又言今之所当为。天下任重，放伐虽蒙其惭不得已也，己德不明，欲民之协中难矣。自昭明德，民被皇极之福。君子创业垂统，为可继也。"以义制事，以礼制心"，使足以遗其子孙，此皆今日之当务也。此《书》皆言桀纵欲故昏，不能乂民。汤无欲，故聪明，民奉之以为主。而终篇，制事、制心实为举要之语，大抵人主之欲为难制也。益戒舜犹曰"罔咈百姓以从己之欲"，汉武帝曰"多欲不可以君国子民"，信哉。

8.《絜斋家塾书钞》卷五《商书·仲虺之诰》

（宋）袁燮撰

（归善斋按，原缺）

9.《书经集传》卷三《商书·仲虺之诰》

（宋）蔡沈撰

（归善斋按，见"德日新"）

10.《尚书精义》卷十六《商书·仲虺之诰》

（宋）黄伦撰

王懋昭大德，建中于民，以义制事，以礼制心，垂裕后昆。

无垢曰，大德，谓广大不自狭之德也。恐其每事如征伐之太过，故戒之以"建中于民"，欲其为可常行之道也；恐其处事尽如征伐，故戒之以"以义制事"；恐其尽变前日"不迩""不殖"之戒，故戒之以"以礼制心"。夫汤之征伐，以济一时之务可也，岂可以"垂裕后昆"乎？"垂裕后昆"，必其造广大之地，为可行之事，必处事以义；理而不任情，必处心以礼。法而不纵欲可也。倘唯一事，有悖于此，开基创业，既已不正，子孙其何所不为哉？又曰，仲虺之戒，所以俟其不惭之后，自足之时也，恐其自足之时，遇事自足而任情；处心自足而纵欲，故汲汲以子孙为言。人之不可保如此也。汤且不可保，而况其它乎。

张氏曰，抗之以高明，则绝物；抑之以卑晦则失已然。则中也者，其天下之本欤。汤之于民，必曰"建中"，盖以此矣。义生于心，以之制事，则事得其宜；礼自外作，以之制心，则心不至纵。治外者，必以内为之主；治内者，必以外为之正。此内外交治之道也。汤之为法于天下，可传于后世，在此道也。

东莱曰，汤当此正宜勉明大德，以立民极，岂可尝留惭忸而不化，以怠其业。且"以义制事，以礼制心"，古人论事精详悉备，正如《易》既言"敬以直内"，又言"义以方外"。制事、制心，亦如此。本原既深，则取之不尽，用之不竭，自然垂裕于后世子孙。

11.《尚书详解》卷十一《商书·仲虺之诰》

（宋）陈经撰

王懋昭大德，建中于民，以义制事，以礼制心，垂裕后昆。予闻曰，能自得师者王，谓人莫己若者亡。好问则裕，自用则小。呜呼！慎厥终，唯其始。殖有礼，覆昏暴。钦崇天道，永保天命。

大德者，乃成汤本然之德。本然之德，本自明矣，更勉而昭之，不使为情欲所昏蔽。以为民极而"建中于民"，盖民取法于君者也。君之德不昭，则民安取"中"哉。须当"以义制事，以礼制心"，则为"中"矣。事各有义，以义制事，则事得其宜；心自有礼，以礼制心，则心得其正。"正以直内，义以方外"是也。圣人固不待制之矣，而亦不可忘制之之心。《孟子》所谓"操则存"之意。礼义以垂法于后世，岂不绰然有余裕哉。盖创业之君，子孙之法也。其始正，则为子孙无穷之福；始一不正，则子孙何赖焉？"予闻曰，能自得师者王"，此古人之言，仲虺举之以为戒。"自得师"者，不由乎人，如自强，如"克自抑畏"之意。盖尊德乐道，出于中心之诚，然而非使之然也，故此必可以为王。"谓人莫己若"，则是矜己以忌人，亡之道也。"好问则裕，自用则小"，盖"自得师"，而所以王者，以其好问于人，乐取人之善，而心自有绰然宽裕之理也。"谓人莫己若"而"亡"者以其自用一己之善，诡诡拒人，而所见者狭小也。"呜呼！慎厥终，唯其始"，当始终一心，不可勤初怠终。"殖有礼，覆昏暴"，人之所以能自封殖者，皆有礼而敬者也。人之所以自取覆亡者，皆其昏暗而暴乱者也。祸福无不自己求，天道如此。为人君者，岂可不钦崇之。能钦，则知所敬；崇则知所尊。尊敬天命，无时而忘，则永保天命，亦无时而失。盖其"永保"者，即其崇钦者也。观仲虺末章之意，剖析如此其严，成汤之圣德，岂有"昏暴""自满"者。然人臣事君，如孝子之于父母，视于无形，听于无声，当其未然而防之，不待其已然而后图之。齐桓以召陵之盟而骄，卫献公入境而颔逆。血气易胜，善心难存。仲虺岂得不为汤虑哉？

12. 《融堂书解》卷五《商书·仲虺之诰》

（宋）钱时撰

（归善斋按，见"佑贤辅德"）

13. 《尚书要义》

（宋）魏了翁撰

（归善斋按，原缺）

14. 《书集传或问》卷上《仲虺之诰》

（宋）陈大猷撰

（归善斋按，未解）

15. 《尚书详解》卷四《商书·仲虺之诰第二》

（宋）胡士行撰

王懋（勉）昭（明）大德，建（立）中于民。以义（事之宜）制（为则）事，以礼制心（理之节），垂裕（优足）后昆（子孙）。

此欲汤以其立一世之极，开万世之极也。"中"，降衷之理，即自得之德，昭之此，而立之彼，以性觉性也。制事，"义以方外"也；制心，敬以直内也。本末并用，俾有典则，诏之子孙，六百年之商，皆自此出。一说以为制民之事、民之心。

16.《书纂言》

（元）吴澄撰

（归善斋按，无此篇）

17.《书集传纂疏》卷三《朱子订定蔡氏集传·商书·仲虺之诰》

（元）陈栎撰

（归善斋按，见"德日新"）

18.《读书丛说》卷五《仲虺之诰》

（元）许谦撰

王懋昭大德，建中于民。以义制事，以礼制心，垂裕后昆。

金先生曰，此承"德日新"之意而言也。"懋昭"即"日新"之推也。"中"者无过不及之正理，举天下事物莫（以下原缺）。

19.《书传辑录纂注》卷三《商书·仲虺之诰》

（元）董鼎撰

（归善斋按，见"德日新"）

20.《尚书句解》卷四《商书·仲虺之诰第二》

（元）朱祖义撰

王懋昭大德（今王当懋勉昭明其盛大之德），建中于民（建立大中之道以示民），以义制事（事各有义、以义制事、事得其宜），以礼制心（心自有礼、以礼制心、心得其正），垂裕后昆（以礼义垂法于后嗣、岂不绰绰然有余裕哉）。

21.《尚书日记》卷七《商书·仲虺之诰》

（明）王樵撰

（归善斋按，见"佑贤辅德"）

22.《日讲书经解义》卷四《商书·仲虺之诰》

（清）库勒纳等撰

（归善斋按，见"德日新"）

《蔡氏传旁通》卷三《商书·仲虺之诰》

（元）陈师凯撰

礼义者，所以"建中"者也。

新安陈氏云，动而"以义制事"，即"义以方外"之谓，能以义方外，则此德应万事之大用以行，而此"中"，无过不及之用在是矣；静而"以礼制心"，即"敬以直内之"，谓□"敬以直内"，则此德具众理之全体以立，而此"中"，不偏不倚之体在是矣。

《读书管见》卷上《仲虺之诰》

（元）王充耘撰

懋德建中。

懋昭大德，建中于民。此是仲虺大纲言之言，当明教化，以立个准则于天下。如亲亲，使人各亲其亲；长长，使人各长其长，如此而已。至于"以义制事，以礼制心"，此说得严密，正是垂法后嗣，不可有毫发过差。盖汤为创业之主，非特天下之所取正，亦后嗣之所取法者也。苟有一毫不中礼度，则后必有甚焉者矣。传者以后二句属上文非是。

《尚书疑义》卷三《商书·仲虺之诰》

（明）马明衡撰

"以义制事"，事之所行无一而非义也；"以礼制心"，心之所存无一而非礼也。只是此心，时时纯乎天理之中，而见诸行政事之间，莫非此理。自然存诸心而言，谓之以礼；自其见诸事而言，谓之以义，一以贯之而已，非制心、制事有两样工夫也。先儒陈氏栎谓"以义制事"，即"义以方外"；"以礼制心"，即"敬以直内"，亦是。

《书经衷论》卷二《商书·仲虺之诰》

（清）张英撰

"以义制，以礼制心"，此圣人"唯精唯一"之心传，所谓"汤武身之"者，此也。两"制"字，正古人陡截用力处，所以为裁度万变，总摄万念之准。欲败度，纵败礼，正与此反，此圣、狂之分路也。

予闻曰，能自得师者王

1. 《尚书注疏》卷七《商书》

（汉）孔氏传，（唐）陆德明音义，（唐）孔颖达疏
予闻曰，能自得师者王。
传，求贤圣而事之。
音义，王，徐于况反，又如字。

2. 《书传》卷七《商书》

（宋）苏轼撰
予闻曰，能自得师者王，谓人莫己若者亡。好问则裕。
裕广也。

3. 《尚书全解》卷十四《商书》

（宋）林之奇撰
予闻曰，能自得师者王，谓人莫己若者亡。好问则裕，自用则小。
此又论"志自满""德日新"之异，以终其义，于是举其所闻之言者曰，"能自得师者王"，谓无所不师也，孔子曰"三人行必有我师焉"，此

"能自得师"也。"能自得师"，则道德之归也，如水之就下矣。此王业之所以成也。"谓人莫己若"，则于己"自用"，诡诡声音颜色，距人于千里之外，人心涣然离矣，亡之道也。所以"能自得师者王"者，以"好问"，则人乐告之以善，故优游而有余暇也；所以"谓人莫己若者亡"者，以"自用"，则狭小，而无所容故也。能"好问"，则"自得师"，又以夫"自用"而"谓人莫己若"者为戒，则"德日新"而"万邦永怀"矣。

4.《尚书讲义》卷七《商书》

（宋）史浩撰

（归善斋按，见"德日新"）

5.《尚书详解》卷十《商书·仲虺之诰》

（宋）夏僎撰

予闻曰，能自得师者王，谓人莫己若者亡。好问则裕，自用则小。呜呼！慎厥终，唯其始。殖有礼，覆昏暴。钦崇天道，永保天命。

仲虺既备言新德之说，故此又举其所闻，以终其义。盖"能自得师者王，谓人莫己若者亡"，此二句盖古人之言，而仲虺耳所闻者，故言"予闻曰"，谓我所闻者如此。盖仲虺上既欲汤"懋昭大德"，又恐成汤行之不力，求之不博，故复以此儆戒之。盖在我者，至足而不自以为足，乃能诚心博求，自得其师，则忠言日闻，虽未必王，而王业之成，基于此也。苟自以为是，而不复资于人，视人无一如己者，如是则诡诡声音颜色，拒人于千里之外，则谗谄面谀之人日至，而危亡之道此其基也，故曰"能自得师者王，谓人莫己若者亡"。仲虺既引此二句戒汤，故又释之曰"好问则裕，自用则小"，盖仲虺上所闻二句，言或"王"或"亡"，相去如此之异，恐人未必信"得师"，必可"王"，"自用"，必可"亡"，故曰"好问则裕"，以"能自得师"则"好问"，"好问"，则所闻所见者远，人皆乐告以善道，故德优裕而有余。德有余，宜其"王"矣。"谓人莫己若者亡"，则"自贤"而愚人胸中狭劣，曾无所容，陵人傲物，是乃取亡之道也。仲虺告汤至此尽矣，故又叹以总括其义。"呜呼"，盖叹辞也。仲虺此言，大抵谓汤之始兴，既能"不迩声色，不殖货利，至于"克宽克仁，彰信兆民"，则始非不善矣，所当"慎"者，唯"在终"而已。故自"佑贤"而下，皆所以戒汤慎终之道。故此言"慎厥终，唯其始"，盖谓今日之事，唯当慎其终，亦如其始可也。故戒汤于此，诚能慎终如始，于有礼者，则封殖之，昏暴者，则覆亡之，天道福善祸淫不过如此。汤能行之，是尊敬天道者也，天命岂不可以"永保"哉。永保则传无穷，施罔极，不但奉若而已也。苏氏谓之惭德，仁人君子莫大之病也。仲虺恐其忧愧不已，以害唯新之政，故思有以广其意也。首言桀得罪于天，天命不可辞；次言桀必害己；终言汤之勋德，足以授天下，乃因极言艰难安危祸福可畏之道，以明今日受夏非己利，乃唯无穷之恤，以深慰汤之心，而解其惭。仲虺之忠爱，可谓至矣。然汤之所惭来世口实之病，仲虺终不敢以为无也。夫君臣之分，放弒之名，虽一时臣子之节，有不能尽况免议万世之后乎，此说得之。

6.《增修东莱书说》卷七《商书·仲虺之诰第二》

（宋）吕祖谦撰，（宋）石𤁋增修

予闻曰，能自得师者王，谓人莫己若者亡，好问则裕，自用则小。

"能自得师者"，"自"字要看后世亦有尊德乐道之君。然人以为有道、有德，则尊之敬之，非所谓"自得师"。"唯自得师"，则真可以王矣，汤之于伊尹是也。"谓人莫己若"，则孤孑特立，傲然处万物之上，乌得而不亡。"好问"，则以天下之善为善，所以裕也。"自用"则己之能有限，所以小也，皆不"自满"之意也。仲虺谆谆于终篇者，人君之志，入"自满"为甚近也。

7.《尚书说》卷三《商书·仲虺之诰》

（宋）黄度撰

予闻曰，能自得师者王，谓人莫己若者亡。好问则裕，自用则小。

此专论伊尹。汤之于伊尹"学焉而后臣"之，故"王"；桀自谓伊尹不若己而舍之，故"亡"。

8. 《絜斋家塾书钞》卷五《商书·仲虺之诰》

（宋）袁燮撰
（归善斋按，原缺）

9. 《书经集传》卷三《商书·仲虺之诰》

（宋）蔡沈撰
（归善斋按，见"德日新"）

10. 《尚书精义》卷十六《商书·仲虺之诰》

（宋）黄伦撰

予闻曰，能自得师者王，谓人莫己若者亡。好问则裕，自用则小。

无垢曰，有惭德，则不自足，故好问。唯好问，则深体物情，每见其有余。自足，则无忌惮，故自用。唯自用，则不恤下情，故每见其褊狭。呜呼！谁知惭德，其用乃如此之大乎？孔子曰，"其言之不怍，则为之也难"。盖人之不怍，则无可救药矣。《孟子》曰"耻之于人，大矣"，"不耻不若人，何若人有"，盖人而无耻，则无复成人矣。怍、耻，即惭德也。仲虺前言所以安慰者，欲其不自沮也；后言所以警戒者，欲其不忘惭德也。抑扬予夺，有禹治水，周公兼夷狄，孔子作春秋之用，非力学者，不足以见仲虺之心。

东莱曰，人以为有道德则敬之，非所谓自得。唯"自得师"，则真可"王"矣。"谓人莫己若"，则孤峭特立，傲然处万物之上焉，得而不亡？"好问"，则天下之善皆己之善，岂有不裕？"自用"，一己之能有限，岂不为小。

11. 《尚书详解》卷十一《商书·仲虺之诰》

（宋）陈经撰
（归善斋按，见"王懋昭大德"）

12.《融堂书解》卷五《商书·仲虺之诰》

（宋）钱时撰
（归善斋按，见"佑贤辅德"）

13.《尚书要义》

（宋）魏了翁撰
（归善斋按，原缺）

14.《书集传或问》卷上《仲虺之诰》

（宋）陈大猷撰

或曰，人君能自得于所师，则天下之善，始为我有，故可以"王"。如颜子之师，夫子心契神会，终日不违，乃"自得师"也。三千之徒，非不皆师圣人，然未能方于颜子之"自得"，则与圣人犹二物，非所谓"自得师"也。"自得师者"，以其得人之得，而为"自得"之"得"也。林氏曰，"能自得师"，谓无所不师也。孔子曰"三人行必有我师焉"，此"能自得师"也。

15.《尚书详解》卷四《商书·仲虺之诰第二》

（宋）胡士行撰

予闻曰，能自得师者王，谓人莫己若（似）者亡。好问则裕（大）。自用则小。

尊德乐道，人主知之者固有之矣。然人以为有道德而尊之，则非"自得"矣。唯自有真见以得师而学焉，然后臣之，则不劳而"王"矣。"好问"，则天下之善皆吾善矣；"谓人莫（己）若"而"自用"则反之。

16.《书纂言》

（元）吴澄撰
（归善斋按，无此篇）

17. 《书集传纂疏》卷三《朱子订定蔡氏集传·商书·仲虺之诰》

（元）陈栎撰

（归善斋按，见"德日新"）

18. 《读书丛说》卷五《仲虺之诰》

（元）许谦撰

（归善斋按，未解）

19. 《书传辑录纂注》卷三《商书·仲虺之诰》

（元）董鼎撰

（归善斋按，见"德日新"）

20. 《尚书句解》卷四《商书·仲虺之诰第二》

（元）朱祖义撰

予闻曰（仲虺谓我闻古人之言曰），能自得师者王（能自强不息，克自抑畏，而得师法者，可以为王）。

21. 《尚书日记》卷七《商书·仲虺之诰》

（明）王樵撰

（归善斋按，见"佑贤辅德"）

22. 《日讲书经解义》卷四《商书·仲虺之诰》

（清）库勒纳等撰

（归善斋按，见"德日新"）

《尚书考异》卷三《仲虺之诰》

（明）梅鷟撰

予闻曰：能自得师者王，谓人莫己若者亡。好问则裕，自用则小。

《荀子·尧问》篇，楚庄王曰"不谷谋事而当，群臣莫能逮，是以忧也。其在中蘬之言也，曰，诸侯自为得师者王，得友者霸，得疑者存，自为谋而莫己若者亡，今以不谷之不肖，而群臣莫吾逮者，国几于亡乎，是以忧也"。今改"诸侯"字为"能"字，改"自为谋而"四字为"谓人"二字，又摘去"得友者霸，得疑者存"二句，其取舍之意，亦有识矣。而于下文即横夺周公之言之者意，以与仲虺，盖不可也。"周公谓伯禽之傅曰，'盖志而子美德乎'？对曰，'其为人宽，好自用以慎。三者其美德也已'。周公曰，'呜呼！以人恶为美德乎？君子如以道德，故其民归道。彼其宽也，出无辨矣，汝又美之。彼其好自用也，是所以寠小也。君子，力如牛不与牛争力；走如马，不与马争走；知如士，不与士争知。彼争者，均者之器也，汝又美之。彼其慎也，是其所以浅也。闻之曰，无越逾不见士。见士问曰，'无乃不察乎？'不问则物少至，少至则浅。彼浅者，贱人之道也，汝又美之。"又"好问"字，见《中庸》。"裕"字，见今文《书》。即"浅"字之反也。杨倞注，中蘬，即仲虺，盖见古文摘取其语而云然也。细玩之恐非一人。

定元年薛宰曰，薛之皇祖奚仲，居薛以为夏车正，奚仲迁于邳。仲虺居薛以为汤左相。

谓人莫己若者亡

1.《尚书注疏》卷七《商书》

（汉）孔氏传，（唐）陆德明音义，（唐）孔颖达疏
谓人莫己若者亡。
传，自多足，人莫之，益亡之道。

2.《书传》卷七《商书》

（宋）苏轼撰
（归善斋按，见"予闻曰，能自得师者王"）

3.《尚书全解》卷十四《商书》

（宋）林之奇撰
（归善斋按，见"予闻曰，能自得师者王"）

4.《尚书讲义》卷七《商书》

（宋）史浩撰
（归善斋按，见"德日新"）

5.《尚书详解》卷十《商书·仲虺之诰》

（宋）夏僎撰
（归善斋按，见"予闻曰，能自得师者王"）

6.《增修东莱书说》卷七《商书·仲虺之诰第二》

（宋）吕祖谦撰，（宋）石澜增修
（归善斋按，见"予闻曰，能自得师者王"）

7.《尚书说》卷三《商书·仲虺之诰》

（宋）黄度撰
（归善斋按，见"予闻曰，能自得师者王"）

8.《絜斋家塾书钞》卷五《商书·仲虺之诰》

（宋）袁燮撰
（归善斋按，原缺）

9.《书经集传》卷三《商书·仲虺之诰》

（宋）蔡沈撰
（归善斋按，见"德日新"）

10. 《尚书精义》卷十六《商书·仲虺之诰》

（宋）黄伦撰

（归善斋按，见"予闻曰，能自得师者王"）

11. 《尚书详解》卷十一《商书·仲虺之诰》

（宋）陈经撰

（归善斋按，见"王懋昭大德"）

12. 《融堂书解》卷五《商书·仲虺之诰》

（宋）钱时撰

（归善斋按，见"佑贤辅德"）

13. 《尚书要义》

（宋）魏了翁撰

（归善斋按，原缺）

14. 《书集传或问》卷上《仲虺之诰》

（宋）陈大猷撰

（归善斋按，未解）

15. 《尚书详解》卷四《商书·仲虺之诰第二》

（宋）胡士行撰

（归善斋按，见"予闻曰，能自得师者王"）

16. 《书纂言》

（元）吴澄撰

（归善斋按，无此篇）

17.《书集传纂疏》卷三《朱子订定蔡氏集传·商书·仲虺之诰》

（元）陈栎撰

（归善斋按，见"德日新"）

18.《读书丛说》卷五《仲虺之诰》

（元）许谦撰

（归善斋按，未解）

19.《书传辑录纂注》卷三《商书·仲虺之诰》

（元）董鼎撰

（归善斋按，见"德日新"）

20.《尚书句解》卷四《商书·仲虺之诰第二》

（元）朱祖义撰

谓人莫己若者亡（矜己以忌人，亡之道也）。

21.《尚书日记》卷七《商书·仲虺之诰》

（明）王樵撰

（归善斋按，见"佑贤辅德"）

22.《日讲书经解义》卷四《商书·仲虺之诰》

（清）库勒纳等撰

（归善斋按，见"德日新"）

好问则裕，自用则小

1.《尚书注疏》卷七《商书》

（汉）孔氏传，（唐）陆德明音义，（唐）孔颖达疏
好问则裕，自用则小。
传，问则有得，所以足；不问专固，所以小。
音义，好，呼报反。

2.《书传》卷七《商书》

（宋）苏轼撰
自用则小。呜呼！慎厥终，唯其始。殖有礼，覆昏暴。钦崇天道，永保天命。

汤之惭德仁人，君子莫大之病也。仲虺恐其忧愧不已，以害维新之政，故思有以广其意者，首言桀得罪于天，天命不可辞；次言桀之必害己；终言汤之勋德足以受天下者。乃因极陈为君艰难，安危祸福可畏之道，以明今者受夏，非以利己，乃为无穷之恤，以慰汤而解其惭。仲虺之忠爱可谓至矣。然而汤之所惭来世口实之病，仲虺终不敢谓无也。夫君臣之分，放弑之名，虽其臣子有不能文，况万世之后乎？
（归善斋按，另见"予闻曰：能自得师者王"）

3.《尚书全解》卷十四《商书》

（宋）林之奇撰
（归善斋按，见"予闻曰，能自得师者王"）

4.《尚书讲义》卷七《商书》

（宋）史浩撰
（归善斋按，见"德日新"）

5.《尚书详解》卷十《商书·仲虺之诰》

（宋）夏僎撰
（归善斋按，见"予闻曰，能自得师者王"）

6.《增修东莱书说》卷七《商书·仲虺之诰第二》

（宋）吕祖谦撰，（宋）石澜增修
（归善斋按，见"予闻曰，能自得师者王"）

7.《尚书说》卷三《商书·仲虺之诰》

（宋）黄度撰
（归善斋按，见"予闻曰，能自得师者王"）

8.《絜斋家塾书钞》卷五《商书·仲虺之诰》

（宋）袁燮撰
（归善斋按，原缺）

9.《书经集传》卷三《商书·仲虺之诰》

（宋）蔡沈撰
（归善斋按，见"德日新"）

10.《尚书精义》卷十六《商书·仲虺之诰》

（宋）黄伦撰
（归善斋按，见"予闻曰，能自得师者王"）

11.《尚书详解》卷十一《商书·仲虺之诰》

（宋）陈经撰
（归善斋按，见"王懋昭大德"）

12. 《融堂书解》卷五《商书·仲虺之诰》

（宋）钱时撰

（归善斋按，见"佑贤辅德"）

13. 《尚书要义》

（宋）魏了翁撰

（归善斋按，原缺）

14. 《书集传或问》卷上《仲虺之诰》

（宋）陈大猷撰

（归善斋按，未解）

15. 《尚书详解》卷四《商书·仲虺之诰第二》

（宋）胡士行撰

（归善斋按，见"予闻曰，能自得师者王"）

16. 《书纂言》

（元）吴澄撰

（归善斋按，无此篇）

17. 《书集传纂疏》卷三《朱子订定蔡氏集传·商书·仲虺之诰》

（元）陈栎撰

（归善斋按，见"德日新"）

18. 《读书丛说》卷五《仲虺之诰》

（元）许谦撰

（归善斋按，未解）

19. 《书传辑录纂注》卷三《商书·仲虺之诰》

（元）董鼎撰

（归善斋按，见"德日新"）

20. 《尚书句解》卷四《商书·仲虺之诰第二》

（元）朱祖义撰

好问则裕（有疑好问，则德优裕有余），自用则小（自用己善，诡诡拒人，所见狭小）。

21. 《尚书日记》卷七《商书·仲虺之诰》

（明）王樵撰

（归善斋按，见"佑贤辅德"）

22. 《日讲书经解义》卷四《商书·仲虺之诰》

（清）库勒纳等撰

（归善斋按，见"德日新"）

呜呼！慎厥终，唯其始

1. 《尚书注疏》卷七《商书》

（汉）孔氏传，（唐）陆德明音义，（唐）孔颖达疏

呜呼！慎厥终，唯其始。

传，靡不有初，鲜克有终，故戒慎终如其始。

音义，鲜，息浅反。

2.《书传》卷七《商书》

(宋) 苏轼撰
(归善斋按,见"好问则裕")

3.《尚书全解》卷十四《商书》

(宋) 林之奇撰

呜呼！慎厥终,惟其始。殖有礼,覆昏暴。钦崇天道,永保天命。

仲虺又叹而总括其义,以汤之始也,既"能不迩声色,不殖货利","克宽克仁,彰信兆民",以成其王业,岂有他哉？唯"慎厥终",亦如其始则尽之矣。"能自得师",以"日新"其德,此慎终如始之道也。既能慎终如始矣,又能于有礼则封殖之,于昏暴则覆亡之,以终其"推亡固存"之义,则民将永受其赐。此盖天之道也。天道如此,而我能"钦崇",则天之所以命我以休命者,可以永保矣。商之宗社,所以传祚数十世,凡历六百年,贤圣之君六七作,其天命之永保者如此,其原,则自夫汤之日新其德。以慎终如始者,则自夫仲虺之谆谆告诫,然则仲虺之相成汤,其功业殆与伊尹相配矣。是所以深嘉而屡叹也。昔贾谊《过秦论》曰,秦以区区之地,致万乘之权,招八州而朝,同列百有余年,然后以六合为家,殽函为宫,一夫作难,而七庙堕,身人手死,为天下笑,何也？仁义不施,而攻守之势异也。其意谓攻之可以尚诈力,而守之必资夫仁义。秦以诈力攻之,而不知以仁义守之,故至于亡。此说不然。夫以诈力而攻之矣,则其所知者诈力而已,岂能复以仁义守之邪？观《仲虺之诰》,其始言汤之"不迩声色,不殖货利",以至于"彰信兆民",以见其所以克夏者,固如此篇终言"德日新,万邦唯怀",以至于"殖有礼,覆昏暴,钦崇天道"以言,其所以守己成之业,以祈天永命者,亦唯如此而已。由是言之,攻守岂有异势哉？

4.《尚书讲义》卷七《商书》

(宋) 史浩撰
(归善斋按,见"德日新")

5.《尚书详解》卷十《商书·仲虺之诰》

（宋）夏僎撰

（归善斋按，见"予闻曰，能自得师者王"）

6.《增修东莱书说》卷七《商书·仲虺之诰第二》

（宋）吕祖谦撰，（宋）时澜增修

呜呼！慎厥终，唯其始。殖有礼，覆昏暴。钦崇天道，永保天命。

有礼则殖，昏暴则覆，天之道也。"慎厥终，唯其始"，盖汤此时，正当谨始于正，始之初，必思所以为厥终之地。"钦崇天道"，"敕天之命"，"唯时唯几"之谓也，"钦"之功夫至矣。又加之，以"崇"加，钦之至也。"永保天命"，能"钦崇"，则能"永保"也。

7.《尚书说》卷三《商书·仲虺之诰》

（宋）黄度撰

呜乎！慎厥终，唯其始。殖有礼，覆昏暴。钦崇天道。永保天命。

有其始矣，克终为难。"殖有礼，覆昏暴"，此理为不可易也。"钦崇""永保"，安敢废诸？苏文忠谓，仲虺诚忠矣，而汤之惭口实之病，仲虺终不敢谓无。放杀之名，虽其臣子不能，盖夫唯汤武未尝求盖也。夫不盖其名是以为仁义之尽，使有其实而欲盖之则私而已矣（归善斋按，原文如此），何以为汤武。

8.《絜斋家塾书钞》卷五《商书·仲虺之诰》

（宋）袁燮撰

（归善斋按，原缺）

9.《书经集传》卷三《商书·仲虺之诰》

（宋）蔡沈撰

呜呼！慎厥终，唯其始。殖有礼，覆昏暴。钦崇天道，永保天命。

上文既劝勉之，于是叹息言，谨其终之道，唯于其始图之始之不谨，而能谨终者，未之有也。伊尹亦言，谨终于始，事虽不同而理则一也。"钦崇"者，敬畏尊奉之意。有礼者，封殖之，昏暴者，覆亡之，天之道也。钦崇乎天道，则"永保其天命"矣。按《仲虺之诰》，其大意有三，先言天立君之意，桀逆天命，而天之命汤者，不可辞；次言汤德足以得民，而民之归汤者，非一日；末言为君艰难之道，人心离合之机。天道福善祸淫之可畏以明。今之受夏，非以利己，乃有无穷之恤，以深慰汤，而释其惭。仲虺之忠爱，可谓至矣。然汤之所惭恐来世以为口实者，仲虺终不敢谓无也。君臣之分，其可畏如此哉。

10.《尚书精义》卷十六《商书·仲虺之诰》

（宋）黄伦撰

呜呼！慎厥终，唯其始。殖有礼，覆昏暴。钦崇天道，永保天命。

无垢曰，礼者，敬而已矣。敬则明，不敬则昏；敬则仁，不敬则暴。有礼自取植立，昏暴自取覆亡，天之道昭然如此。唯以敬德、不敬德为戒。"慎"，是以"钦崇天道"也。如此，则无所不用其敬，而极其至。于戒慎不睹，恐惧不闻，不愧屋漏，不欺暗室，明不歉于天地，幽不负于鬼神，而"天命永保"矣。

张氏曰，殖德所以福善，除恶所以祸淫。福善祸淫，天之道也。唯能"殖有礼，覆昏暴"，所以能"钦崇天道"，唯能"钦崇天道"则天命可以长享矣。故终之以保天命。

荆公曰，礼者，天之经，地之义，治道之极，强国之本也。则人君之所殖，孰大乎此？

陈氏曰，慎厥终，唯其始者，谓有商之治，自今日始，不治亦自今日始。

东莱曰，"钦崇天道"，亦如"敕天之命"，"唯时唯几"。"钦崇"便是"天道"，"天道"便是"钦崇"，正如尊德性。"永保天命"者，永"钦崇"，则永"天命"也。君之"德日新"，则民之德亦日新，此万邦怀也。又曰，有礼则殖，昏暴则，覆天之常也。

林氏曰，仲虺又叹而总括其义，以汤之始也，既能"不迩声色，不殖货利"，"克宽克仁，彰信兆民"，以成其王业，岂有他哉，"唯慎厥终"，亦如其始，则尽之矣。能"自得师"，以日新其德，此慎终始之道也。既能慎终如始矣，又能于有礼则封殖之，于昏暴则覆亡之，以终其推亡固存之义，则民将永受其赐。此盖天之道也。天道如此，而我能"钦崇"，则天之所以命我以休命者，可以"永保"矣。商之宗社，所以传祚数十世，凡历六百年，贤圣之君六七作，其"天命"之永保者如此。其原，则自夫汤之日新其德。汤之日新其德，则自夫仲虺之谆谆告诫。然则仲虺之相成汤，其功业殆与伊尹相配矣。是可以深嘉而屡叹也。若贾谊《过秦论》曰，秦以区区之地，致万乘之权，招八州而朝，同列百有余年，然后以六合为家，殽函为宫。一夫作难而七庙堕，身死人手，为天下笑，何也？仁义不施，而攻守之势异也。其意谓攻之可尚诈力，而守之必资夫仁义。秦以诈力攻之，而不知以仁义守之，故至于亡。此说不然。夫以诈力而攻之矣，则其所知者诈力而已，岂能复以仁义守之耶？观《仲虺之诰》，其始言汤之"不迩声色，不殖货利"，以至于"克宽克仁"，见其所以克夏者，以此。此篇终言"德日新，万邦唯怀"，以至于"殖有礼，覆昏暴，钦崇天道"，言其所以守已成之业，以祈天永命者，亦唯如此而已。由是言之，攻守岂有异势哉？

11. 《尚书详解》卷十一《商书·仲虺之诰》

（宋）陈经撰

（归善斋按，见"王懋昭大德"）

12. 《融堂书解》卷五《商书·仲虺之诰》

（宋）钱时撰

（归善斋按，见"佑贤辅德"）

13. 《尚书要义》

（宋）魏了翁撰

（归善斋按，原缺）

14. 《书集传或问》卷上《仲虺之诰》

（宋）陈大猷撰

或问，张氏说，谨终之道，当先谨始。始之不谨，克终者鲜矣。复引《召诰》若生子，罔不在初生为证，如何？曰，此说于句文甚顺，但成王幼冲即政，召公虑其不能谨始，故以谨始为重。若成汤取天下，德业如此，岂不能谨始者，仲氏虑其恃功业而骄，故欲其谨终如始耳，非方戒其谨始也。夏氏谓汤之始兴，非不善，所谨者唯在于终而已。此说是也。

15. 《尚书详解》卷四《商书·仲虺之诰第二》

（宋）胡士行撰

呜呼！慎厥终，唯其始（于其始而思其终）。殖（封）有礼，覆昏暴。钦崇天道，永保天命。

福善祸淫，天道也。"钦崇"，则能"永保"矣。"钦"而又加以"崇"，敬之至也。此"敕天""时几"之意。

16. 《书纂言》

（元）吴澄撰

（归善斋按，无此篇）

17. 《书集传纂疏》卷三《朱子订定蔡氏集传·商书·仲虺之诰》

（元）陈栎撰

呜呼！慎厥终，唯其始。殖有礼，覆昏暴。钦崇天道，永保天命。

上文既劝勉之，于是叹息言，谨其终之道，唯于其始图之。始之不谨，而能谨终者，未之有也。伊尹亦言，谨终于始，事虽不同，而理则一也。"钦崇"者，敬畏尊奉之意。有礼者，封殖之；昏暴者，覆亡之，天之道也。"钦崇"乎天道，则"永保"其"天命"矣。按，《仲虺之诰》其大意有三，先言天立君之意，桀逆天命，而天之命汤者，不可辞；次言汤德足以得民，而民之归汤者，非一日；末言为君艰难之道，人心离合之机。天道福善祸淫之可畏，以明今之受夏，非以利己，乃有无穷之恤，以深慰汤，而释其惭。仲虺之忠爱可谓至矣。然汤之所惭恐来世以为口实者，仲虺终不敢谓无也。君臣之分，其可畏如此哉。

纂疏：

陈氏大猷曰，仲虺虑君恃功业而骄，故欲其谨终，唯在如其始耳，非方戒其谨始也。

王氏十朋曰，殖礼、覆暴，即上文佑、辅、取、侮之事。

或曰，汤岂昏暴者，亦虞廷以傲虐，戒舜之意。

愚谓，"推亡固存"，与殖礼、覆暴，同一栽培、倾覆之理，特有人、己之分。"推亡固存"，欲汤审此理，以施之人；殖礼、覆暴，欲汤审此理，而谨诸己也。

18. 《读书丛说》卷五《仲虺之诰》

（元）许谦撰

（归善斋按，未解）

19. 《书传辑录纂注》卷三《商书·仲虺之诰》

（元）董鼎撰

呜呼！慎厥终，唯其始。殖有礼，覆昏暴。钦崇天道，永保天命。

上文既劝勉之，于是叹息言，谨其终之道，唯于其始图之。始之不谨，而能谨终者，未之有也。伊尹亦言谨终于始。事虽不同，而理则一也。"钦崇"者，敬畏尊服之意。有礼者，封殖之；昏暴者，覆亡之，天之道也。"钦崇"乎天道，则"永保"其"天命"矣。按，《仲虺之诰》其大意有三，先言天立君之意，桀逆天命，而天之命汤者，不可辞；次言汤德足以得，而民之归汤者，非一日；末言为君艰难之道，人心离合之机。天道福善祸淫之可畏，以明今之受夏，非以利己，乃有无穷之恤，以深慰汤，而释其惭。仲虺之忠爱可谓至矣。然汤之所惭恐来世以为口实者，仲虺终不敢谓无也。君臣之分，其可畏如此哉。

纂注：

王氏十朋曰，殖礼、覆暴，即上文佑、辅、取、侮之事。

新安胡氏曰，有礼、昏暴，盖欲汤之自警也。汤岂昏暴者哉，此亦虞廷以"傲虐"戒舜之意。

愚谓，君臣人伦之大经也。帝王纲纪天下，先谨乎此，而后人得安焉。世故无尽，人欲无涯，不忠之臣，何代无之。所以畏缩，而不敢肆者，犹以古无是事，前无是人，无以借口耳。苟一为之，则后有潜蓄不轨之心，而嚣然以逞者，其不借以为辞乎？故汤以自惭曰"予恐来世以台为口实"。然汤岂至是而后知哉？盖谓"非台小子敢行称乱"，则颜忸怩而心不宁已久矣。天人交迫，但知为民除害，而非以为己利也。及桀已放，夏已亡，而天下之不吾释，然后惭于逐君而代立，圣人之本心，于是愈不自安矣。不有仲氏之诰以明其不得不为之意，与不可妄为之理，则何以暴白成汤之心事，而阴折来者之奸谋。自是而后，昏德不如桀，勇智不如汤，皆未可以借口也。

20.《尚书句解》卷四《商书·仲虺之诰第二》

（元）朱祖义撰

呜呼（仲虺又嗟叹云）！慎厥终（今日唯当谨慎其终），唯其始（亦如其始）。

21.《尚书日记》卷七《商书·仲虺之诰》

（明）王樵撰

（归善斋按，见"佑贤辅德"）

22.《日讲书经解义》卷四《商书·仲虺之诰》

（清）库勒纳等撰

呜呼！慎厥终，唯其始。殖有礼，覆昏暴。钦崇天道，永保天命。

此一节书，是仲虺告汤以谨始善终之道也。仲虺作诰之终又叹息而言曰，天下事善作者，必善其成。善终者，必善其始。未有始之不慎，而能安保其终者也。今以我王始有天下，若欲长享大业，垂之无穷，正宜致谨于受命之初耳。盖福善祸淫，上天不易之道。有礼者，天必笃厚而培植之；昏暴者，天必厌弃而倾覆之。此所以天命靡常，唯德是视也。自今以往，唯愿兢兢业业，敬天之所以福善之道，而以礼自持，畏天之所以祸淫之道。而以暴为戒，则可以长保天之休命，而膺历服于无疆矣，王可不自勉哉。按，仲虺作诰，首言上天立君之意，而末复言天道可畏，天命不可恃。可见人君谨始善终，唯一敬承天意而已。以成汤之圣，宁有昏暴不终而弃天命者。然犹丁宁训告至于如此，此古者君臣儆戒之义，足为万世法也。

《读书管见》卷上《仲虺之诰》

（元）王充耘撰

慎终唯始。

"慎厥终"，当思其始。而谨始之道，无他，唯"殖有礼，覆昏暴"，赏善而伐恶，是是而非非，如是"钦崇天道"，则自然可以"永保天命"而有终矣。不然，则今日固代夏而王矣，少不加谨，安保后日不为人所灭乎？

《尚书考异》卷三《仲虺之诰》

（明）梅鷟撰

慎厥终，唯其始。

《表记》子曰，事君慎始，而敬终。

殖有礼，覆昏暴

1.《尚书注疏》卷七《商书》

（汉）孔氏传，（唐）陆德明音义，（唐）孔颖达疏

殖有礼，覆昏暴。

传，有礼者，封殖之；昏暴者，覆亡之。

音义，复，芳服反。暴，蒲报反，或作虣。

2. 《书传》卷七《商书》

(宋) 苏轼撰

(归善斋按,见"好问则裕")

3. 《尚书全解》卷十四《商书》

(宋) 林之奇撰

(归善斋按,见"慎厥终,唯其始")

4. 《尚书讲义》卷七《商书》

(宋) 史浩撰

(归善斋按,见"德日新")

5. 《尚书详解》卷十《商书·仲虺之诰》

(宋) 夏僎撰

(归善斋按,见"予闻曰,能自得师者王")

6. 《增修东莱书说》卷七《商书·仲虺之诰第二》

(宋) 吕祖谦撰,(宋) 石澜增修

(归善斋按,见"慎厥终,唯其始")

7. 《尚书说》卷三《商书·仲虺之诰》

(宋) 黄度撰

(归善斋按,见"慎厥终,唯其始")

8. 《絜斋家塾书钞》卷五《商书·仲虺之诰》

(宋) 袁燮撰

(归善斋按,原缺)

9.《书经集传》卷三《商书·仲虺之诰》

（宋）蔡沈撰
（归善斋按，见"慎厥终，唯其始"）

10.《尚书精义》卷十六《商书·仲虺之诰》

（宋）黄伦撰
（归善斋按，见"慎厥终，唯其始"）

11.《尚书详解》卷十一《商书·仲虺之诰》

（宋）陈经撰
（归善斋按，见"王懋昭大德"）

12.《融堂书解》卷五《商书·仲虺之诰》

（宋）钱时撰
（归善斋按，见"佑贤辅德"）

13.《尚书要义》

（宋）魏了翁撰
（归善斋按，原缺）

14.《书集传或问》卷上《仲虺之诰》

（宋）陈大猷撰
（归善斋按，未解）

15.《尚书详解》卷四《商书·仲虺之诰第二》

（宋）胡士行撰
（归善斋按，见"慎厥终，唯其始"）

16. 《书纂言》

（元）吴澄撰

（归善斋按，无此篇）

17. 《书集传纂疏》卷三《朱子订定蔡氏集传·商书·仲虺之诰》

（元）陈栎撰

（归善斋按，见"慎厥终，唯其始"）

18. 《读书丛说》卷五《仲虺之诰》

（元）许谦撰

（归善斋按，未解）

19. 《书传辑录纂注》卷三《商书·仲虺之诰》

（元）董鼎撰

（归善斋按，见"慎厥终，唯其始"）

20. 《尚书句解》卷四《商书·仲虺之诰第二》

（元）朱祖义撰

殖有礼（于有礼者，封殖之），覆昏暴（昏暴者，覆亡之）。

21. 《尚书日记》卷七《商书·仲虺之诰》

（明）王樵撰

（归善斋按，见"佑贤辅德"）

22. 《日讲书经解义》卷四《商书·仲虺之诰》

（清）库勒纳等撰

（归善斋按，见"慎厥终，唯其始"）

《尚书考异》卷三《仲虺之诰》

（明）梅鷟撰

殖有礼，覆昏暴。

闵元年，齐仲孙湫曰，鲁不弃周礼，未可动也。君其务宁鲁难而亲之。亲有礼，因重固，间携贰，覆昏乱，霸王之器也。又《晋语》公孙固曰，晋文子殆有礼矣，树于有礼，必有艾。《语》曰，汤降不迟，圣敬曰跻，有礼之谓也。《史记》汤修德，诸侯皆归。汤遂率兵以伐夏桀。桀走鸣条，遂放而死。

钦崇天道，永保天命

1. 《尚书注疏》卷七《商书》

（汉）孔氏传，（唐）陆德明音义，（唐）孔颖达疏

钦崇天道，永保天命。

传，王者如此上事，则敬天安命之道。

2. 《书传》卷七《商书》

（宋）苏轼撰

（归善斋按，见"好问则裕"）

3. 《尚书全解》卷十四《商书》

（宋）林之奇撰

（归善斋按，见"慎厥终，唯其始"）

4. 《尚书讲义》卷七《商书》

（宋）史浩撰

（归善斋按，见"德日新"）

5.《尚书详解》卷十《商书·仲虺之诰》

（宋）夏僎撰
（归善斋按，见"予闻曰，能自得师者王"）

6.《增修东莱书说》卷七《商书·仲虺之诰第二》

（宋）吕祖谦撰，（宋）时澜增修
（归善斋按，见"慎厥终，唯其始"）

7.《尚书说》卷三《商书·仲虺之诰》

（宋）黄度撰
（归善斋按，见"慎厥终，唯其始"）

8.《絜斋家塾书钞》卷五《商书·仲虺之诰》

（宋）袁燮撰
（归善斋按，原缺）

9.《书经集传》卷三《商书·仲虺之诰》

（宋）蔡沈撰
（归善斋按，见"慎厥终，唯其始"）

10.《尚书精义》卷十六《商书·仲虺之诰》

（宋）黄伦撰
（归善斋按，见"慎厥终，唯其始"）

11.《尚书详解》卷十一《商书·仲虺之诰》

（宋）陈经撰
（归善斋按，见"王懋昭大德"）

12. 《融堂书解》卷五《商书·仲虺之诰》

（宋）钱时撰

（归善斋按，见"佑贤辅德"）

13. 《尚书要义》

（宋）魏了翁撰

（归善斋按，原缺）

14. 《书集传或问》卷上《仲虺之诰》

（宋）陈大猷撰

（归善斋按，未解）

15. 《尚书详解》卷四《商书·仲虺之诰第二》

（宋）胡士行撰

（归善斋按，见"慎厥终，唯其始"）

16. 《书纂言》

（元）吴澄撰

（归善斋按，无此篇）

17. 《书集传纂疏》卷三《朱子订定蔡氏集传·商书·仲虺之诰》

（元）陈栎撰

（归善斋按，见"慎厥终，唯其始"）

18. 《读书丛说》卷五《仲虺之诰》

（元）许谦撰

（归善斋按，未解）

19.《书传辑录纂注》卷三《商书·仲虺之诰》

（元）董鼎撰

（归善斋按，见"慎厥终，唯其始"）

20.《尚书句解》卷四《商书·仲虺之诰第二》

（元）朱祖义撰

钦崇天道（天道福善祸淫，汤能钦崇体而行之），永保天命（斯可以长保天之命）。

21.《尚书日记》卷七《商书·仲虺之诰》

（明）王樵撰

（归善斋按，见"佑贤辅德"）

22.《日讲书经解义》卷四《商书·仲虺之诰》

（清）库勒纳等撰

（归善斋按，见"慎厥终，唯其始"）

商书 汤诰第三

《尚书详解》卷十二《商书·汤诰》

（宋）陈经撰

《汤诰》。

此篇大略与前篇《仲虺之诰》相为表里。前一篇乃仲虺释汤之疑；此一篇乃成汤推广仲虺之意，以布告天下，所以释天下诸侯之疑。昔武王克商，迁九鼎于洛邑，义士犹或非之。天下既定，商民不服者几四十年。汤之克夏也，安知天下无有怀疑而未释者，天下有怀疑未释之情，汤不能以一朝居，于是历举天命与桀之当伐，以告之。其末章之意，又言吾之所以有天下者，非假是为乐也，震惧惊惕如不自安然。凡尔有罪，皆予一人之故；予一人有罪，皆听命于天。成汤既以有罪归诸己，则天下之情，庶乎其少安矣。

《尚书句解》卷四

（元）朱祖义撰

《汤诰第三》（此篇成汤胜夏而归至亳邑，四方毕朝新君，故汤诞诰所以伐夏之意，故作此书）。

汤既黜夏命

1.《尚书注疏》卷七《商书》

（汉）孔氏传，（唐）陆德明音义，（唐）孔颖达疏

序，汤既黜夏命。

传，黜，退也，退其王命。

《尚书注疏》卷七《考证》。

《汤诰》序"汤既黜夏命，复归于亳，作《汤诰》"。

臣召南按，伏生今文无《汤诰》，而孔壁古文有之，即此篇"王归自克夏"云云是也。乃《史记·殷本纪》曰，既绌夏命还亳作《汤诰》。维三月，王自至于东郊，告诸侯群后，毋不有功于民，勤力乃事，予乃大罚殛，女毋予怨。曰，古禹、皋陶久劳于外，其有功乎民，民乃有安，东为江，北为济，西为河，南为淮。四渎已修，万民乃有居；后稷降播，农殖百谷。三公咸有功于民，故后有立。昔蚩尤与其大夫作乱百姓，帝乃弗予有状。先王言不可不勉。曰，不道，毋之在国，女毋我怨，以令诸侯。按其辞酷类《尚书》。但今文本阙《汤诰》，古文具存，不知司马迁何处得此逸篇也，附录于此。

2.《书传》卷七《商书》

（宋）苏轼撰

汤既黜夏命，复归于亳，作《汤诰》。

亳，在梁国谷熟县。

3.《尚书全解》卷十五《商书·汤诰》

（宋）林之奇撰

黜，废也。黜夏之命，不使复膺天统也。汤之胜夏也，则黜夏命而废之；武王之胜商也，《武成》之篇不曰"黜商命"及其杀武庚，封微子于

宋，然后曰"武王既黜殷命"者，盖汤之伐桀，桀遂弃国而去，窜于南巢，汤既因而不追，以全君臣之义矣。故于是黜夏之命，而不复为之立后，使居其所之国也。武王牧野之战，前徒倒戈，而纣见杀，既违武王之本意也矣，故封箕子、武庚于殷故都，使嗣其宗庙，因而不改，亦所以存君臣之义也。及武庚作乱，自绝于周，然后黜殷之命。而其立微子代殷后，则居之于宋，不复使居殷之故地也。若此之类，皆圣人之处事，仁之至，义之尽也。亳者，汤之都也。汤之亳，文王之丰镐，皆王业之所基也。故既除桀纣之暴，则不复都夏、商之故地也，而必归于亳与丰镐，本其王业之所自兴故也。孟子曰，"汤以七十里"，"文王以百里"，"七十里"则亳也；"百里"则丰镐也。商周之子孙世世守之，得之则兴，失之则废，非其地之险固，如秦人殽函之都，有金城千里，山河百二之势也。唯其民心之所爱戴者尤深且固，故以为商周根本之地也。汤归于亳，诸侯则皆朝以见新君，不可以无告也，史官录之，故为此篇。

4. 《尚书讲义》卷七《商书·汤诰》

（宋）史浩撰

汤既黜夏命，复归于亳，作《汤诰》。咎单作《明居》。

"既黜夏命"，所谓革命也。复归于亳，有以见成汤过人远甚。彼其子女玉帛非不多且美；宫室台池非不崇且丽，曾此勿有而复归先王之故居，其志可见矣。万方百姓闻成汤之风，见成汤之志，故一言之发天下信之。苟唯得其都邑而自有之，彼万方百姓，岂不皆曰，凡吾君之所以血诚请命者，皆所以自为也。居是时，虽家置一喙以告之，则其听者亦鲜矣。后世之君，故有入关而秋毫无所犯者，岂亦微得成汤归亳之遗意乎。成汤既入夏，民始奠居。咎单，贤臣也，为汤司空，作《明居》之书，所谓度地以居民也。

5. 《尚书详解》卷十一《商书·汤诰》

（宋）夏僎撰

汤既黜夏命，复归于亳，作《汤诰》。

此篇，成汤胜夏而归至于亳邑，四方毕朝新君，故汤诞诰其众以伐夏之意，所以正始也。黜，废也，谓废其命，使不得复承大统也。此盖叙书者，推原汤所以作诰之意，谓既胜夏，黜废其命，而己为天子，复至于新都亳邑，故作《汤诰》，以诞诰万方，故其序所以言"汤既黜夏命，复归于亳，作《汤诰》"。林少颖谓，汤胜夏命而废之。武王胜商，而《武成》不言"黜"，及杀武庚，封微子于宋，然后言黜殷命者，盖汤之伐桀，桀弃而窜于南，汤既因而不追，以全君臣之义，故既胜夏，即黜其命，而不曳为之立后于其所都之国。至武王牧野之战，前徒倒戈，而纣见杀，既违武王本意，故封武庚于殷故都使之承嗣宗庙，因而不改，亦所以存君臣之义。及武庚作乱，自绝于周，然后黜殷命，而立微子于宋，不复居殷都，此说是也。林少颖又谓，此篇与《武成》意同，皆武功既成，布维新之命也。然《武成》本于叙事，故自王来自商至于周，皆先叙其事之曲折，然后告以吊民伐罪之意。其叙事则详，而其所以告诸侯之言则首尾不甚备。此篇既载其所以告诸侯之言，又载其作诰之言，首尾甚备，其叙事则略。体虽不同，而其辞，则皆是始居大位，而告诸侯以正始也，皆可以互见也。此说极然。胡益之不知察，此乃谓汤灭夏告万方，武王灭商不告者，盖伐桀本以亳，众诸侯无会者，故不得不告；武王伐纣，友邦冢君无不会者，以伐商之意，既稔闻矣，何所用诰。此盖弗深察之过也。

6.《增修东莱书说》卷七《商书·汤诰第三》

（宋）吕祖谦撰，（宋）石澜增修

汤既黜夏命，复归于亳，作《汤诰》。王归，自克夏至于亳，诞告万方。王曰：嗟！尔万方有众，明听予一人诰。

《汤诰》一篇，立一代之规，摹新天下之耳目，垂六百年之基业者，皆在焉。即位第一事也，诞告万方，非家至而户晓也，意即位之始，万国之君皆朝于亳，故因而告之。"嗟！尔万邦有众"，吁嗟叹息，悯其劳苦之意也。一篇之义，尽在是矣。

7.《尚书说》卷三《商书·汤诰》

（宋）黄度撰

汤既黜夏命，复归于亳，作《汤诰》。

夏命虽黜,复归于亳,以待诸侯之至。

8.《絜斋家塾书钞》卷五《商书·汤诰》

(宋)袁燮撰

汤既黜夏命,复归于亳,作《汤诰》。

谓之黜夏命,则既革夏命而为商矣。汤于此,遂践天子位可也,而且复归于亳何哉?此可见三代之得天下与后世不同。其所以得天下,盖天下环向而归之,吾无一毫利心焉。使吾退归于亳,而人心皆归,吾不得已而践其位。不然虽终处于亳,吾又何求焉。后世所谓受禅者,皆是诛其君而便居其宫,恐恐然,唯惧天下之不己有也。只"复归于亳"四字,便见是三代得天下处。

9.《书经集传》卷三《商书·汤诰》

(宋)蔡沈撰

(归善斋按,未解)

10.《尚书精义》卷十六《商书·汤诰》

(宋)黄伦撰

汤既黜夏命,复归于亳,作《汤诰》。咎单作《明居》。

无垢曰,汤既归夏,万方皆来朝贺,其中岂有无惭德者。俱北面事人,今一旦归心于一方伯,使逐其君于深僻之地,而推戴人臣以据其位,乃共北面以臣事之,能无惭乎?汤又以仲虺之言慰安诸侯,挽其惭德,共转入于为善之路,所谓与人同过,然后其仁可知也欤。

林氏曰,亳者汤之都也,既除桀之暴,则不复都夏之故地,而必归亳,本其王业之所兴。汤归于亳,诸侯则皆朝以见新君,不可以无告也。又曰,马融曰,咎单为汤司空,作《明居民法》一篇,大意分明无可序者,如伊尹作《咸有一德》,周公作《无逸》,作《立政》之序文。惜乎其亡矣。

11.《尚书详解》卷十二《商书·汤诰》

（宋）陈经撰

汤既黜夏命，复归于亳，作《汤诰》。王归，自克夏至于亳，诞告万方。王曰：嗟！尔万方有众明，听予一人诰。唯皇上帝降衷于下民。若有恒性，克绥厥猷唯后。

汤既退夏之命，复归于亳，是自大坰而归也。汤至大坰，而仲虺作诰以释汤之疑。汤之疑释矣，而天下之疑未释也。自大坰而归亳，此《汤诰》之所由作也。"王归，自克夏至于亳"，天下诸侯莫不来朝，拱手以听汤命，故汤因而诞告及于万方。"王曰：嗟！尔万方有众"者，"劳来之"之辞也。"明听予一人诰"，谓当洗心涤虑，听予一人所以告汝之意，与天下更始也。"唯皇上帝降衷于下民。若有恒性，克绥厥猷唯后"，此言天生民立君之意也。皇天上帝，所以降善于民者，天命之谓性也。与民以善者，天也；保斯民而使之各安其善者，君也。若，顺也，顺其有常性，俾之能安其道，唯君之责焉。民如此，其可爱；君之责如此，其不轻，岂宜肆情纵欲，以居民上者乎？曰衷也，性也，猷也，其实一理也。

12.《融堂书解》卷五《商书·汤诰》

（宋）钱时撰

汤既黜夏命，复归于亳，作《汤诰》。

黜，废黜也。汤既放桀，不复缵承其后，而夏之统绝矣，故曰"黜夏命"所谓革命也。不居夏邑，而返都于亳，明告天下以革命之意，而作是书也，故曰"复归"。史氏止云汤归，自克夏至于亳。夫子序书特曰"汤既黜夏命，复归于亳"，便见得已承大统而与天下更始，其义昭昭矣。

13.《尚书要义》

（宋）魏了翁撰

（归善斋按，原缺）

14. 《书集传或问》卷上《汤诰》

(宋) 陈大猷撰
(归善斋按, 未解)

15. 《尚书详解》卷四《商书·汤诰第三》

(宋) 胡士行撰
汤既黜(废)夏, 命复归于亳, 作《汤诰》。
因四方朝新君而诰之。

16. 《书纂言》

(元) 吴澄撰
(归善斋按, 无此篇)

17. 《书集传纂疏》卷三《朱子订定蔡氏集传·商书·汤诰》

(元) 陈栎撰
(归善斋按, 未解)

18. 《读书丛说》卷五

(元) 许谦撰
(归善斋按, 无此篇)

19. 《书传辑录纂注》卷三《商书·汤诰》

(元) 董鼎撰
(归善斋按, 未解)

20. 《尚书句解》卷四

(元) 朱祖义撰
汤既黜夏命(既胜夏, 而黜废其命)。

21.《尚书日记》卷七《商书·汤诰》

(明) 王樵撰
(归善斋按, 未解)

22.《日讲书经解义》卷四《商书·汤诰》

(清) 库勒纳等撰
(归善斋按, 未解)

复归于亳, 作《汤诰》

1.《尚书注疏》卷七《商书》

(汉) 孔氏传, (唐) 陆德明音义, (唐) 孔颖达疏
复归于亳, 作《汤诰》。
疏, 正义曰, 汤既黜夏王之命, 复归于亳, 以伐桀大义, 诰示天下。史录其事, 作《汤诰》。仲虺在路作诰。此至亳乃作, 故次仲虺之下。

2.《书传》卷七《商书》

(宋) 苏轼撰
(归善斋按, 见"汤既黜夏命")

3.《尚书全解》卷十五《商书·汤诰》

(宋) 林之奇撰
(归善斋按, 见"汤既黜夏命")

4.《尚书讲义》卷七《商书·汤诰》

(宋) 史浩撰
(归善斋按, 见"汤既黜夏命")

5. 《尚书详解》卷十一《商书·汤诰》

（宋）夏僎撰
（归善斋按，见"汤既黜夏命"）

6. 《增修东莱书说》卷七《商书·汤诰第三》

（宋）吕祖谦撰，（宋）石澜增修
（归善斋按，见"汤既黜夏命"）

7. 《尚书说》卷三《商书·汤诰》

（宋）黄度撰
（归善斋按，见"汤既黜夏命"）

8. 《絜斋家塾书钞》卷五《商书·汤诰》

（宋）袁燮撰
汤既黜夏命，复归于亳，作《汤诰》。
（归善斋按，见"汤既黜夏命"）

9. 《书经集传》卷三《商书·汤诰》

（宋）蔡沈撰
（归善斋按，未解）

10. 《尚书精义》卷十六《商书·汤诰》

（宋）黄伦撰
（归善斋按，见"汤既黜夏命"）

11. 《尚书详解》卷十二《商书·汤诰》

（宋）陈经撰
（归善斋按，见"汤既黜夏命"）

12. 《融堂书解》卷五《商书·汤诰》

（宋）钱时撰

（归善斋按，见"汤既黜夏命"）

13. 《尚书要义》

（宋）魏了翁撰

（归善斋按，原缺）

14. 《书集传或问》卷上《汤诰》

（宋）陈大猷撰

（归善斋按，未解）

15. 《尚书详解》卷四《商书·汤诰第三》

（宋）胡士行撰

16. 《书纂言》

（元）吴澄撰

（归善斋按，无此篇）

17. 《书集传纂疏》卷三《朱子订定蔡氏集传·商书·汤诰》

（元）陈栎撰

（归善斋按，未解）

18. 《读书丛说》卷五

（元）许谦撰

（归善斋按，无此篇）

19. 《书传辑录纂注》卷三《商书·汤诰》

(元)董鼎撰
(归善斋按,未解)

20. 《尚书句解》卷四

(元)朱祖义撰
复归于亳(复归于新都亳邑),作《汤诰》 (作《汤诰》以诞告多方)。

21. 《尚书日记》卷七《商书·汤诰》

(明)王樵撰
(归善斋按,未解)

22. 《日讲书经解义》卷四《商书·汤诰》

(清)库勒纳等撰
(归善斋按,未解)

《汤诰》

《尚书注疏》卷七《商书》

(汉)孔氏传,(唐)陆德明音义,(唐)孔颖达疏
《汤诰》。
传,以伐桀大义,告天下。

《尚书全解》卷十五《商书·汤诰》

(宋)林之奇撰
《汤诰》。

此则《周官·士师》所谓"用之于会同"之诰也。古者，天子始受命，奄宅四海，则诸侯皆率其职以奉朝，会于天子之都，所以正始也。如舜禹之受禅，既告祭天地百神，然后"辑五瑞"，"觐四岳群牧，班瑞于群后"；康王既受顾命，出在应门，太保、毕公各率其方之诸侯，皆奉圭兼币致其壤奠，此常礼也。汤、武既从征伐得天下，其反国也，诸侯皆率职来朝，致礼于君，此亦礼之常也。此篇主于记载其所告诸侯之言，而因叙其事，故其所叙为略，然而可以互见也。《武成》曰"王来自商，至于丰。乃偃武修文，归马于华山之阳，放牛于桃林之野，示天下弗服。丁未祀于周庙，邦甸、侯、卫，骏奔走，执豆笾。越三日庚戌，柴望，大告武成。既生魄，庶邦冢君暨百工，受命于周。"武王于是为之称其先世积德累功，与大其所吊民伐罪之意也。其叙事则详，而其所以告诸侯之言，则首尾不甚备者，盖《武成》之篇，主于叙事之故也。至此篇言"王归，自克夏至于亳，诞告万方"而复缀之，以所告诸侯之言，首尾甚备，而其叙事则略，以此篇主于记载其言故也。古者，左史记言，右史记事。记言者，则言详而事略；记事者，则事详而言略，其体自有不同于其间。此二篇，虽记载之体不同，而其辞则皆是始摄大位，而告诸侯以正始也。

《书经集传》卷三《商书·汤诰》

（宋）蔡沈撰

《汤诰》。

汤伐夏归亳，诸侯率职来朝，汤作诰，以与天下更始。今文无，古文有。

《书集传纂疏》卷三《朱子订定蔡氏集传·商书·汤诰》

（元）陈栎撰

《汤诰》。

汤伐夏归亳，诸侯率职来朝，汤作诰，以与天下更始。今文无，古文有。

《书传辑录纂注》卷三《商书·汤诰》

（元）董鼎撰

《汤诰》。

汤伐夏归亳，诸侯率职来朝，汤作诰，以与天下更始。今文无，古文有。

《尚书句解》卷四

（元）朱祖义撰

《汤诰》（竹简标题）。

《日讲书经解义》卷四《商书·汤诰》

（清）库勒纳等撰

《汤诰》。

此一篇书，是成汤伐夏即位之后，告谕天下之言。

《尚书疑义》卷五《汤诰》

（明）马明衡撰

余观汤之诰，三复其义，只是欲天下同归于善而已。其词旨温厚、至诚、恻怛之意，蔼然可见，与武王《武成》之言，觉有不同。又合《仲虺之诰》而观之，君臣之间，所以相告戒者，无非身心兢业之言，与唐虞君臣警戒，未始有异。此圣贤先后一道也。

《书经衷论》卷二《商书·汤诰》

（清）张英撰

《汤诰》。

虞夏言"天"。至"上帝"之称，始见于《汤誓》，曰"予畏上帝"；再见于《汤诰》曰"维皇上帝"；又曰"唯简在上帝之心"。千古言性，实始于此。禹之所谓"和衷"，汤之所谓"降衷"，皆性也。言"天"，尚近于虚；至称为"上帝"，则若实有人尊居于上，有形声可见，有提命可奉者。所谓"顾諟天之明命",亦于此可见矣。"维皇上帝降衷于下民",即"天命"之谓性也。"若有恒性",若者,顺也,即率性之谓道也。"克绥厥猷唯后",绥者,安也即修道之谓教也。《中庸》一书,全旨皆不出于此数语。信乎,为圣人之格言也。

伊尹,耕莘之夫,汤三聘而起,尊之曰"聿求元圣",以布告天下,古人之尊礼其臣者如此。伊尹亦曰"唯尹躬暨汤,咸有一德,克享天心",古人之自任者如此。故曰,伊尹圣之任者也。

成汤作君作师之道,及保邦致治之谟,俱见于《汤诰》一篇,精微宏阔,剀挚敬慎,《商书》严肃,此篇有焉。

王归,自克夏至于亳,诞告万方

1.《尚书注疏》卷七《商书》

(汉)孔氏传,(唐)陆德明音义,(唐)孔颖达疏

王归,自克夏至于亳,诞告万方。

传,诞,大也。以天命大义,告万方之众人。

音义,诞,音但。告,工毒反。

疏,正义曰,汤之伐桀,当有诸侯从之。不从行者,必应多矣。既已克夏,改正名号,还至于亳,海内尽来,犹如《武成》篇所云"庶邦冢君暨百工,受命于周"也。汤于此时,大诰诸侯以伐桀之义,故云"诞告万方"。诞,大,《释诂》文。万者,举盈数。下云"凡我造邦",是告诸侯也。

2.《书传》卷七《商书》

(宋)苏轼撰

王归,自克夏至于亳,诞告万方。

诞,大也。

3.《尚书全解》卷十五《商书》

(宋)林之奇撰

王归,自克夏至于亳,诞告万方。王曰,嗟!尔万方有众,明听予一人诰。

"王归,自克夏至于亳",犹所谓"王来自商,至于丰"。"诞告万方"者,诞告万方诸侯也。经唯言"诞告万方",所以知为诸侯也。盖万方之民,非可以皆至于天子之庭。而以《武成》"庶邦冢君暨百工,受命于周"之文而考之,则知其为万方之诸侯也必矣。呜呼!尔万方有众,明听予一人之诰。《礼》曰,天子自称曰,"予一人";鲁哀公诔仲尼曰,"昊天不吊,不慭遗一老,俾屏予一人以在位";子贡曰,称"予一人",非名也。是知非天子不可以称"予一人"。汤于是践天子之位矣,故对万方有众,称予一人以诰之,使之明听其言。夫《汤誓》之作,在于未克夏之前,而亦称曰,"尔尚辅予一人"者,某尝疑此篇与《泰誓》之篇称"予一人"者,皆是史官记录其书之时,增加润色之辞。学者当以意逆志。

4.《尚书讲义》卷七《商书·汤诰》

(宋)史浩撰

王归,自克夏至于亳,诞告万方。王曰,嗟!尔万方有众,明听予一人诰。唯皇上帝降衷于下民。若有恒性,克绥厥猷唯后。

诞,大也。以万方之众,而视予一人,无异太仓之一稊米,唯予得其大者,可以包万方,故万方唯一人是听也。域中之大,莫大乎道;其次莫大乎天。天法道,道则视之不见,听之不闻,搏之不得,即吾性分之内,所谓喜怒哀乐之未发者是也。天之所以为天,用此道也。故一阴一阳,惨舒生杀,不失其平,而化育行焉。"唯皇上帝"者,"皇"以道言,"上帝"以职言,天之法道者也。"降衷于下民"者,天以是中运于上,人受之于内,故谓之"衷"也。必曰"下民"者,以天之赋授,初无贵贱贫富之殊,秉彝之性,人人无待于外,故虽下民,皆有常性也。"克绥厥猷"者,猷,性之美也,必待我后"克绥"之者,以众人梏亡而失之,圣人则未尝失也。尧荐舜，舜荐禹，而天受之，以其"唯精唯一，允执厥中"之道未尝失故也。今成汤敷畅厥辞，使天下万方，晓然知吾真得是道。凡吾之所以得天下者，出于皇天上帝之所畀付，使吾为汝克绥厥中，以明其所固有，则万方之闻之者，孰不反身，而诚恍然，悟释然，喜归根复命，得其常性之所在，若羁旅之人，忽返故乡，其心悦诚服，盖可知矣。彼必皆曰，天能赋我以中，而使我复于中者，吾君也。又孰敢不听予一人之诰乎？然则，王言之大宜，无大于此矣。抑尝论成汤于伐夏之功，或曰"唯有惭德"，或曰"栗栗危惧"，是未尝敢自有也。至于阐大中之道，明皇天之所以相授受者，乃无谦冲退讬之辞。盖成汤既已知天之所以生我者，凡以为万方有众也，又奚以多逊为哉？

5.《尚书详解》卷十一《商书·汤诰》

（宋）夏僎撰

王归，自克夏至于亳，诞告万方。王曰，嗟！尔万方有众，明听予一人诰。唯皇上帝，降衷于下民。若有恒性，克绥厥猷唯后。

"王归，自克夏至于亳，诞告万方"，此又作书者言汤所以作诰之意也。盖汤既克夏，自彼而归至于所都亳邑，万方诸侯毕朝新服，故汤于是作诰，以诞告之，使知吾之伐夏，非吾之私，乃天意也。自"王曰"以下，即汤作诰之辞也。嗟，叹辞，之叹而后言，重其言也。重其言，所以使万方有众，明听其告而不敢忽也。然汤之作诰，必首言"唯皇上帝降衷于下民。若有恒性，克绥厥猷唯后"者，盖汤言桀之暴虐，失民以亡天下，故必推本乎上天所以立君乂民之意，以见桀之所为不合乎天心，而天绝之也。皇，大也。上帝，天也。言"唯皇上帝"，犹言唯至大之天命，若《召诰》言"皇天上帝"也。衷者，善之本固有者也。陈少南曰，里，里也，藏于里，即所谓喜怒哀乐未发者也。若既发，则见于表矣。盖天之于民，皆降以衷，然不能保其不失其常性，故为之立君者，非徒尊也，将使顺斯民之性，而安其所谓道也。故能顺其性，而安其道，则足以为君矣。不然则违天。违天，则天必绝之矣。汤之言此，盖所以绳桀之罪，见其不能顺常性，而绥厥猷，故不足以为君也。既言"若恒性"，又言"绥厥猷"者，盖率性之谓道，能顺其性，则能安其道。不能顺其性，则悖理伤道，安能"绥厥猷"哉。林少颖谓，详考此篇，所告首尾本末，与仲虺所言相为表里，汤之言此盖发于仲虺者也。故张谏议曰：汤既胜桀，以有天下，而惭德多焉，故仲虺作诰于前，以明天之所以命汤为君者。凡以民之有欲，而俾之义也，故其书但言："民有欲，无主乃乱。唯天生聪明时乂"，汤又自诰于后，以明天之所以命予为君者。凡以民之有道，而俾之绥也。故其书至言"上帝降衷于下民。若有恒性，克绥厥猷唯后"是以二诰之辞相为表里，然后汤之惭德可以已。此说是也。

6.《增修东莱书说》卷七《商书·汤诰第三》

（宋）吕祖谦撰，（宋）石澜增修
（归善斋按，见"汤既黜夏命"）

7.《尚书说》卷三《商书·汤诰》

（宋）黄度撰
王归，自克夏至于亳，诞告万方。
正天子号令。

8.《絜斋家塾书钞》卷五《商书·汤诰》

（宋）袁燮撰
王归，自克夏至于亳，诞告万方。王曰，嗟！尔万方有众，明听予一人诰。唯皇上帝，降衷于下民。若有恒性，克绥厥猷唯后。

"衷"之义与"中"同，皆只是人心。天下之至"中"者，人心也。是"中"也，天得之而为天，人得之而为人，初非是两个。谓之"降衷"，则是在"天"者，降而在民。下民之衷，即上帝之衷也。以此观之，人之性如何不是善？天道降而在人，初不曾分。《孟子》所以谓人皆可以为尧舜，所以谓人之性善，只缘见得这个道理分明。成汤诞告之首发为此，言所以使万方有众，咸知良心善性吾所固有，咸知吾心之衷与上帝一般，其警人也切矣。然民虽有此衷，而所以顺其常性使之安厥道者，则有赖于君。若有常性，其中煞有事。此心荒怠，则不能顺；贤知隐伏，则不能顺。朝廷无善政，良法美意不达于天下，皆莫能顺其常性。要须尽此数者，而后能司牧斯民，使不失其性，人主之职业，于是无亏焉。尧舜三代治天下，皆所以顺天下之常性也。后世人主知其职业者甚寡，不知尊居九重之上，备享四海九州岛之奉，极天下之富贵者，果为何事哉？无非欲以保养天下之性而已矣。故"若有恒性，克绥厥猷"，是乃人主之职业，所谓"亶聪明作元后，元后作民父母"，所谓天生民而立之君，使司牧之勿使失性。人主职事，舍此无有大焉者。成汤诞告万方之言，首及于此，正以人主别无职事也。学者读此数句，当知人主职业在此。

9.《书经集传》卷三《商书·汤诰》

（宋）蔡沈撰

王归，自克夏至于亳，诞告万方。

诞，大也。亳，汤所都，在宋州谷熟县

10.《尚书精义》卷十六《商书·汤诰》

（宋）黄伦撰

王归，自克夏至于亳，诞告万方。王曰，嗟！尔万方有众明，听予一人诰。

无垢曰，君天下，曰天子；朝诸侯，分职授政任功，曰予一人。今诰万方曰"予一人"，是汤以天子自处，而朝诸侯矣。

张氏曰，盖众不能以制众，所以制众者寡，故称"予一人"者，所以对"万方有众"言之也。

11.《尚书详解》卷十二《商书·汤诰》

（宋）陈经撰

（归善斋按，见"汤既黜夏命"）

12.《融堂书解》卷五《商书·汤诰》

（宋）钱时撰

王归，自克夏至于亳，诞告万方。

首曰"王归，自克夏至于亳，诞告万方"，见得胜夏而归，才至亳都，便作此语。

13. 《尚书要义》

（宋）魏了翁撰

（归善斋按，原缺）

14. 《书集传或问》卷上《汤诰》

（宋）陈大猷撰

（归善斋按，未解）

15. 《尚书详解》卷四《商书·汤诰第三》

（宋）胡士行撰

王归，自克（胜）夏至于亳，诞（大）告万方。王曰，嗟！尔万方有众，明听予一人诰。

立一代之规模，新天下之耳目，垂六百年之基业，皆在焉。明听，提警振起，作其更新之意。

16. 《书纂言》

（元）吴澄撰

（归善斋按，无此篇）

17. 《书集传纂疏》卷三《朱子订定蔡氏集传·商书·汤诰》

（元）陈栎撰

王归，自克夏至于亳，诞告万方。

诞，大也。亳，汤所都，在宋州谷熟县。

18. 《读书丛说》卷五

（元）许谦撰

（归善斋按，无此篇）

19. 《书传辑录纂注》卷三《商书·汤诰》

（元）董鼎撰

王归，自克夏至于亳，诞告万方。

诞，大也。亳，汤所都，在宋州谷熟县。

20. 《尚书句解》卷四

（元）朱祖义撰

王归，自克夏（汤既胜夏，自彼而归）至于亳（至亳邑），诞告万方（大告万方诸侯）。

21. 《尚书日记》卷七《商书·汤诰》

（明）王樵撰

王归，自克夏至于亳，诞告万方。

孔氏曰，诞，大也，以天命大义告万方。正义曰，汤之伐桀，当有诸侯从之。不从行者，必应多矣。既已克夏，改正名号，还至于亳，海内尽来，犹如《武成》篇所云"庶邦冢君暨百工，受命于周"也。汤于此时，大诰诸侯以伐桀之义。

按，亳，汤之都。说者不同，郑玄以为河南偃师县；《汉书》音义臣瓒以为沛阴亳县；杜预以为梁国蒙县北有亳城；皇甫谧以为《孟子》称汤居亳，与葛为邻，葛伯不祀，汤使亳众为之耕，葛即今梁国宁陵之葛乡也。若汤居偃师，去宁陵八百余里，岂当使民为之耕乎？亳，即今梁国谷熟县是也。是诸说不同，疏家亦不能断。今以经考之，汤之亳，即盘庚所谓"适于山，用降我凶德"者也，此唯偃师为是。谷熟，非依山之邑，盖因相土尝居商邱，商邱、谷熟俱在梁国，故后人以谷熟为亳，因商邱也。以宁陵为葛，因谷熟也。凡地名相沿，多有不足据者，或指一亭、一城、一乡以为证；或指有古人之墓。亳城，岂必汤都？葛乡，岂必葛国？汤冢、伊尹冢，安知非箕山之上许由冢之类也？

22.《日讲书经解义》卷四《商书·汤诰》

（清）库勒纳等撰

王归，自克夏至于亳，诞告万方。王曰，嗟！尔万方有众，明听予一人诰。唯皇上帝，降衷于下民。若有恒性，克绥厥猷唯后。

此二节书，是叙作诰之由，先言君道所系之重也。上帝谓天；"衷"即"中"字；若，顺也；绥，安也；猷，道也。成汤既克夏而有天下，乃还归于亳都，以退就侯国。此时，诸侯皆率职来朝，则天下已归汤矣。汤乃作诰，以大告谕万方，因与天下臣民更始焉。"王曰！嗟，尔万方之众"，其明听我一人之言。夫民之所恃以生，而使各安于其道者，皆是天生之而后成之也。唯皇上帝当始生万民之初，即予以至正之，则所谓衷也。民受此衷以生，但率循其自然，皆有不可易之常理，谓之恒性。独是气禀不齐，遂有清浊纯杂之异，所以不能皆全其性之固有，而安于其道之常，故天生民而立之君，使司牧之。有政刑以匡其不率；有教化以鼓其自新。夫而后愚蒙可开，知识可牖，则所以变其气禀之异，反其降命之同，唯大君能之也。然则为人君者，有奉天治民之责，其道顾不重哉？盖至善之理出于天，在天为衷，民受之为性，后绥之为猷，其实一也。欲尽人之性，必先自尽其性。万世性学之源，其自成汤一言开之乎？

《蔡氏传旁通》卷三《商书·汤诰》

（元）陈师凯撰

亳，汤所都，在宋州谷熟县。

《寰宇记》云，殷谓之南亳，亦尝都之谷熟，今废。按，注疏云，郑元云，亳，今河南偃师。《汉书》音义臣瓒云，汤居亳，今济阴亳县是也。杜预云，梁国蒙县北有亳城。皇甫谧云，汤居亳与葛为邻，葛即今梁国宁陵之葛乡也。若汤居偃师，去宁陵八百余里，岂当使民为之耕乎？亳，今梁国谷孰县是也。诸说不同，未知孰是？

《尚书考异》卷三《汤诰》

（明）梅鷟撰

王归，自克夏至于亳，诞告万方。

《周书·多方》小序"成王归自奄，在宗周诰庶邦，作《多方》"。又《多方》本篇"王来自奄，至于宗周"。

《尚书地理今释·汤诰》

（清）蒋廷锡撰

亳。

按，《汉志》河南郡偃师县注云，尸乡，殷汤所都。又山阳郡薄县注云，汤所都。皇甫谧曰，《孟子》称汤居亳与葛为邻，葛伯不祀，汤使亳众为之耕，葛即今梁国宁陵之葛乡也。若汤居偃师，去宁陵八百余里，岂当使民为之耕乎？亳，今梁国谷熟县也（后汉改山阳郡亳县为谷熟，属梁国。"亳"与"薄"，义同字异）。皇甫谧主谷熟为汤都，良是，不知偃师亦汤都也。张守节文记正义曰，汤即位都南亳（《元和志》云，宋州谷熟县，殷之所都，谓之南亳），后徙西亳（《通典》云，河南偃师县亦古亳邑。商有三亳，成汤居西亳，此即一也。至盘庚，又自河北徙理于此）。盖汤未伐桀居南亳，后自南亳迁西亳，与葛伯为邻，乃居南亳时事。皇甫谧据此以献疑固矣。谷熟，故城在今河南归德府商邱县东南四十里。尸乡，在今开封府偃师县四十里。

王曰，嗟！尔万方有众，明听予一人诰

1. 《尚书注疏》卷七《商书》

（汉）孔氏传，（唐）陆德明音义，（唐）孔颖达疏

王曰，嗟！尔万方有众，明听予一人诰。

传，天子自称曰"予一人"，古今同义。

2.《书传》卷七《商书》

(宋)苏轼撰

王曰,嗟!尔万方有众,明听予一人诰。唯皇上帝,降衷于下民。若有恒性,克绥厥猷唯后。

衷,诚也。若,顺也。仁义之性,人所咸有,故言天降也。顺其有常之性。其无常者,喜怒哀乐之变,非性也。能安此道,乃君也。

3.《尚书全解》卷十五《商书》

(宋)林之奇撰
(归善斋按,见"王归,自克夏至于亳")

4.《尚书讲义》卷七《商书·汤诰》

(宋)史浩撰
(归善斋按,见"王归,自克夏至于亳")

5.《尚书详解》卷十一《商书·汤诰》

(宋)夏僎撰
(归善斋按,见"王归,自克夏至于亳")

6.《增修东莱书说》卷七《商书·汤诰第三》

(宋)吕祖谦撰,(宋)石澜增修
(归善斋按,见"汤既黜夏命")

7.《尚书说》卷三《商书·汤诰》

(宋)黄度撰

王曰,嗟!尔万方有众,明听予一人诰。唯皇上帝,降衷于下民。若有恒性,克绥厥猷唯后。

衷,古训善性之有也。天降衷于民,使顺有常性。能安其道,则有君焉。故伊尹曰"予将以斯道觉斯民也",非予觉之而谁也?

8. 《絜斋家塾书钞》卷五《商书·汤诰》

（宋）袁燮撰
（归善斋按，见"王归，自克夏至于亳"）

9. 《书经集传》卷三《商书·汤诰》

（宋）蔡沈撰

王曰，嗟！尔万方有众，明听予一人诰。唯皇上帝，降衷于下民。若有恒性，克绥厥猷唯后。

皇，大；衷，中；若顺也。天之降命，而具仁义礼智信之理，无所偏倚，所谓"衷"也。人之禀命，而得仁义礼智信之理，与心俱生，所谓性也。猷，道也。由其理之自然，而有仁义礼智信之行，所谓道也。以"降衷"而言，则无有偏倚，顺其自然固有常性矣；以禀受而言，则不无清浊纯杂之异，故必待君师之职，而后能使之安于其道也。故曰"克绥厥猷唯后"。夫"天生民有欲"，以情言也；"上帝降衷于下民"，以性言也。仲虺即情，以言人之欲；成汤原性，以明人之善。圣贤之论，互相发明。然其意，则皆言君道之系于天下者如此之重也。

10. 《尚书精义》卷十六《商书·汤诰》

（宋）黄伦撰
（归善斋按，见"王归，自克夏至于亳"）

11. 《尚书详解》卷十二《商书·汤诰》

（宋）陈经撰
（归善斋按，见"汤既黜夏命"）

12. 《融堂书解》卷五《商书·汤诰》

（宋）钱时撰

王曰，嗟！尔万方有众明，听予一人诰。唯皇上帝，降衷于下民。若有恒性，克绥厥猷唯后。

民有恒性，民皆可以为善也。圣人视民如一体，只是见得其性相近耳。降衷之义，先师论之备矣。

13.《尚书要义》

（宋）魏了翁撰

（归善斋按，原缺）

14.《书集传或问》卷上《汤诰》

（宋）陈大猷撰

（归善斋按，未解）

15.《尚书详解》卷四《商书·汤诰第三》

（宋）胡士行撰

（归善斋按，见"王归，自克夏至于亳"）

16.《书纂言》

（元）吴澄撰

（归善斋按，无此篇）

17.《书集传纂疏》卷三《朱子订定蔡氏集传·商书·汤诰》

（元）陈栎撰

王曰，嗟！尔万方有众，明听予一人诰。唯皇上帝，降衷于下民。若有恒性，克绥厥猷唯后。

皇，大；衷，中；若，顺也。天之降命，而具仁义礼智信之理，无所偏倚，所谓"衷"也。人之禀命，而得仁义礼智信之理，与心俱生，所谓性也。猷，道也。由其理之自然，而有仁义礼智信之行，所谓道也。以"□衷"而言，则无有偏倚，顺其自然固有常性矣；以禀受而言，则不无清浊纯杂之异，故必待君师之职而后能使之安于其道也。故曰"克绥厥猷唯后"。夫"天生民有欲"，以情言也；"上帝降衷于下民"以性言也。

仲虺即情，以言人之欲；成汤原性，以明人之善。圣贤之论，互相发明。然其意，则皆言君道之系于天下者如此之重也。

纂疏：

"降衷"，孔氏以为降善，无意思，"衷"不是善，只是"中"，与民受天地之"中"一般。

"衷"字，是个无过不及，恰好的道理。天之生物，个个有一精当恰好的道理。此与程子所谓"天然自有之中"，刘子所谓"民受天地之中"相似。有物有则，"则"字却似"衷"字。"衷"只是"中"，今人言"折衷"者，盖以是为准，则而取正也。

《诗》《书》所说，便是有个人在上恁地分，付如"帝乃震怒"之类。然这个"衷"，只是理如此，天下莫尊于理，故以帝名之"降衷"便是个主宰意。

如"唯皇上帝降衷于下民"，天道福善祸淫，却自分明，有个人在里主宰相似。

左氏曰"始、终、衷，皆举之"，又曰"衷甲以见"，看此"衷"字，义本是"衷甲"，以见之义为其在"衷"而当"中"也。然"中"字，大概因无过、不及而立名，如"六艺折衷于夫子"，盖是折两头而取其"中"之义。以"衷"为善，却说得未亲切。

自天而言，谓之"降衷"；自人受此"中"而言，谓之性。如云天所赋为命，人所受为性。命，便是那"降"字。上帝降衷于民，此据天所赋于物而言；"若有恒性"，此据民所受而言。"克绥厥猷唯后"，猷，即道也。道者，性之发用处；能安其道者，唯后也。

孔氏曰，衷，善也。顺人有常之性，能安立其道教，则唯为君之道。

林氏曰，天能降衷于民，不能使民保其常性而勿失，故立之君而付以立教之任。师旷曰天生民而立之君，使司牧之，勿使失性，谓勿使失其所降之衷也。民既有降衷之性，至于顺其固有之性，以安其所谓道者，是乃君之事。

吕氏曰，"上帝降衷"，天命之谓性也；"若有恒性"，率性之谓道也。"克绥厥猷"，修道之谓教也。

真氏曰，成汤此言可谓知君师之职矣。天能与人以至善之性，而不能使之全其性；能使人全其性者，君师之任也。天之降于人者，初无智愚之间；人受于天，清浊纯驳，随其所禀有不同焉，必赖君师顺其有常之性而开导之。性本至善，因而教焉，是之谓顺。使其本恶，而强教以善，是逆之也，非顺也。观"若"之一言，人性之善可知矣。猷，即率性之道也。以体言，曰性；以用言，曰道。顺其性，使安其道，非君不能。何谓安？父安于慈，子安于孝之类。知其当然，而不可易，与其自然而不容已，然后为安。汤有天下之初，即以此自任。厥后"秉彝""受中"之言，相继而发，至于孔孟性善之理益明，而开万世性学之源，则自汤始。又曰，蔡氏说"若有恒性"与诸说异，恐未安。

愚按，六经言性，实始于此。《中庸》言命，性；道，教，其渊源盖出于此。诸家解"若有恒性"一句，俱属下文，以为皆君之事。蔡氏独属之上文，以为人性自然之。天降衷之初，顺其自然，本有此恒性也，特气禀不齐，率性而行之，或不能安于其道耳。"若"字本轻说，克字方重说，天赋人受，顺其自然，本有恒性，此时君不必用力于其间也。至于修道之教，使人各安其道，方有赖于君焉。诸解以"唯后"对"唯皇上帝"，作两股说；蔡氏以帝降、民性、后绥作三股说，岂民本无恒性，必待君顺其恒性，而后方有此性耶？此章蔡说最优，真氏议之过矣。

18.《读书丛说》卷五

（元）许谦撰

（归善斋按，无此篇）

19.《书传辑录纂注》卷三《商书·汤诰》

（元）董鼎撰

王曰，嗟！尔万方有众，明听予一人诰。唯皇上帝，降衷于下民。若有恒性，克绥厥猷唯后。

皇，大；衷，中；若，顺也。天之降命，而其仁义礼智信之理，无所偏倚，所谓"衷"也。人之禀命，而得仁义礼智信之理，与心俱生，所谓性也。猷，道也。由其理之自然，而有仁义礼智信之行，所谓道也。以"降衷"而言，则无有偏倚，顺其自然固有常性矣。以禀受而言，则不无清浊纯杂之异，故必待君师之职，而后能使之安于其道也。故曰"克绥厥猷唯后"。夫"天生民有欲"，以情言也；"上帝降衷于下民"以性言也。仲虺即情，以言人之欲；成汤原性，以明人之善。圣贤之论互相发明。然其意，则皆言君道之系于天下者如此之重也。

辑录：

蔡行父问《书》所谓"降衷"。曰，古之圣贤才说出，便是这般话。成汤当放桀之初，便说"唯皇上帝，降衷于下民。若有恒性，克绥厥猷唯后"，武王伐纣时，便说"唯天地万物父母，唯人万物之灵，亶聪明作元后，元后作民父母"傅说告高宗便说"明王奉若天道，建邦设都，树后王君公，承以大夫师长，不唯逸豫，唯以乱民，唯天聪明，唯圣时宪"，见古圣贤朝夕只见那天在眼前。贺孙。"唯皇上帝，降衷下民"，孔安国以为"降善"，便是无意思。"衷"不是善，只是"中"，与"民受天地之中"一般。泳。问"降衷于下民"云云，先生曰：何故不说"降善"，却说"降衷"，看得"衷"字，是个无过不及，恰好底道理。天之生物，个个有一精当恰好底道理。此与程子所谓"天然自有之中"，刘子所谓"民受天地之中"相似；与诗所谓"秉彝"，张子所谓"万物一原"，又自不同。彝是常道，有物有则。"则"字却似"衷"字。天之生物，必有个当然之则。盖君有君之则，臣有臣之则，耳有耳之则，目有目之则。止于仁君之则也，止于敬臣之则也。视曰明目之则也，听曰聪耳之则也。故民执以为常道也。若说"降衷"便是秉彝，则不可；若说便是"万物一原"亦不可。"万物一原"，自说万物皆出此也。若统论道理，固是一般，然其中名字、位分又自不同。若只一般，圣贤何故说许多名字。若晓得名字，训义之不同，方见其所谓同"衷"只是"中"，令人言折衷者，盖以是为准则，而取正也。《诗》《书》所说，便是有个人在上恁地分付，如"帝乃震怒"之类。然这个亦只是理如此。天下莫尊于理，故以帝名之"降衷"，便是有主宰意。淳。天地自有个无心之复卦一阳生于下，这便是生物之心。如"唯皇上帝降衷于下民"，天道福善祸淫，便自分明有个人在里主宰相似。道夫。陶安国问"降衷"与"受中"之"中"二字义同异。先生曰：左氏云"始、终、衷，皆举之"，又云"衷甲"，以见看此"衷"字义本是"衷甲"，以见之义为其在"衷"而当"中"也。然

"中"字，大概因无过、不及而立名。如"六艺折衷于夫子"，盖是折两头而取其中之义。后人以"衷"为善，却说得未亲切。又曰：此盖指大本之中也。此处《中庸》说得甚明，他日考之自见。自天而言，则谓之"降衷"；自"人受此中"而言，则谓之性。猷，即道也。道者，性之发用处。能安其道者，唯后也。儞。

纂注：

孔氏曰，顺人有常之性，能安立其道教，则唯为君之道。

真氏曰，成汤有天下之初，即以此自任，可谓知君即之职矣。厥后"秉彝""受中"之言，相继而发。至于孔孟，性善之理益明。而开万世性学之原，则自成汤始。

新安陈氏曰，诸家解"若有恒性"一句，皆属下句，以为皆君之事。蔡独属上文，以为人性本然之天。若字轻说，克字方重说。天赋人受，本有恒性，君不必容力于其间也。至于修道之教，使人各安其道，则方有赖于君焉。盖诸解以"唯后"对"唯皇上帝"作两股说，蔡以帝衷、民性、后绥作三股说。观此一段，蔡传非可易及，朱子诚不轻付矣。

20.《尚书句解》卷四

（元）朱祖义撰

王曰（汤言），嗟！尔万方有众（嗟叹，尔万方有众），明听予一人诰（明听我一人诰）。

21.《尚书日记》卷七《商书·汤诰》

（明）王樵撰

王曰，嗟！尔万方有众，明听予一人诰。

孔氏曰，天子自称"予一人"，古今同义。

22.《日讲书经解义》卷四《商书·汤诰》

（清）库勒纳等撰

（归善斋按，见"王归，自克夏至于亳"）

《尚书考异》卷三《汤诰》

（明）梅鷟撰

王曰，嗟！尔万方有众，明听予一人诰。唯皇上帝，降衷于下民。若有恒性克绥，厥猷唯后。

《晋语》梁由靡曰"以君之灵鬼神降衷"；《吴语》夫差曰"今，天降衷于吴"；内传刘子曰"民受天地之中以生"；《左传》"天诱其衷"，《中庸》曰"天命之谓性"。

嗟！尔万方有众，明听予一人诰。

《顾命》"王若曰，庶邦侯、甸、男、卫，唯予一人钊报诰"。

吾读晋人伪《汤诰》而知蔡传之叛夫子，蔑《论语》悖先师也。《尧曰第二十》载成汤请命伐桀之词曰"予小子履，敢用玄牡，敢昭告于皇皇后帝。有罪不敢赦，帝臣不蔽，简在帝心。朕躬有罪，无以万方。万方有罪，罪在朕躬"，如是而已。晋人改之曰"肆台小子，将天命明威，不敢赦"，去《论语》之"履"字者，以汤自名天乙，以明示《论语》之讹也。取"有罪不敢赦"之意，而进之"敢用玄牡"之前，其意将以急承上文，出于不得已，犹之可也。"皇皇后帝"，改作"上天神后"，因上文已有"唯皇上帝"，欲变文耳，似亦出于不得已，犹之可也。若乃离遏其文，增以"请罪有夏"至"以承天休"一段，何横哉？"帝臣不蔽"，对"上帝"之辞也。"尔有善，朕弗敢蔽"，对"众"之辞也。"有罪不敢赦"移置于远，则肆为"罪当朕躬，弗敢自赦"之言。《论语》无此"自赦"之文也。"唯简在上帝之心"一句，增三字。其"尔万方有罪，在予一人。予一人有罪，无以尔万方"，则又颠倒其文矣。凡皆不信夫子，蔑弃《论语》之意也。蔡沈曾不注其异同，考据得失，其意亦将挟古文以令《论语》也。此非叛夫子，蔑《论语》而何？又蔡传"己有罪不敢以自恕"，邹季友曰"朱子《大学或问》'恕'字可施于人，不可施于己"。以"自恕"训"自赦"，似亦未的，此非悖先师而何？又《金縢》一篇朱子作传，文义精密，蔡沈一切反之，载在文集，可考也。当改者，亦当三年无改。今师说是，而必欲改，以逞己说，沈亦忍矣哉。

《尚书考异》卷三《汤诰》

（明）梅鷟撰

（归善斋按，见"栗栗危惧"）

唯皇上帝，降衷于下民

1.《尚书注疏》卷七《商书》

（汉）孔氏传，（唐）陆德明音义，（唐）孔颖达疏

唯皇上帝，降衷于下民。

传，皇，大；上帝，天也。衷，善也。

疏，正义曰，天生烝民，与之五常之性，使有仁义礼智信，是天降善于下民也。天既与善于民，君当顺之，故下传云"顺人有常之性"，则是"为君之道"。

2.《书传》卷七《商书》

（宋）苏轼撰

（归善斋按，见"尔万方有众"）

3.《尚书全解》卷十五《商书》

（宋）林之奇撰

唯皇上帝，降衷于下民。若有恒性，克绥厥猷唯后。

自"唯皇上帝"至于"贲若草木，兆民允殖"，是告众以所为应天、顺人，伐夏吊民之举也。自"俾予一人"至于"尚克时忱，乃亦有终"，是告之以戒慎、恐惧，保邦安民之意也。详考此篇所告，首尾本末，与《仲虺之诰》相为表里。汤之此言，盖发于仲虺者也。《仲虺之诰》，始言天命、人心之不可违；终言慎终如始，"钦崇天道，永保天命"之意。至于汤归于亳，其所以告万方者，终始之意殆不越此，盖仲虺之言所谓起予

者也。故张谏议曰，汤既胜桀，以有天下，而惭德多焉。故仲虺作诰于前，以明夫天之所以命汤为君者，凡以民之有欲，而俾乂之也。是故其书但言民有欲，而非其君以乂之则乱。"唯天生聪明时乂"，汤又自诰于其后，以明天之所以命予为君者，凡以有道而俾绥之也。故其为诰至言"上帝降衷于下民"，若有常性，"克绥厥猷唯后"。夫乂民之欲，以政事也，未足以尽为君之道，唯因民之常性而安，其所谓道则有教存焉，而君道于是乎至矣。是以二诰之辞，相为终始，然后汤之惭德可以已。宜其所诰者，必要其所至也。此言可谓尽之矣。皇，大也。上帝，天也。衷者，善之本于固有者也《诗》曰"天生烝民，有物有则"，"降衷于下民"，即所谓"有物有则"也。唯民之衷，本于上天之所命，则是民之性无有不善矣。然天虽能降衷下民，不能使民保其固有之常性而勿失，故为之君而付之以教命之任。师旷曰"天生民，而立之君，使司牧之勿使失性"，谓之"勿使失性"者，是所谓勿使失其所"降衷"也。民既有"降衷"之性，至于顺其固有之常性，以安其所谓道者，是乃君之任也，故曰若有常性，"克绥厥猷唯后"。既曰若有常性，又曰"克绥厥猷唯后"者，盖率性之谓道。然顺其性，则能安其道矣；不能顺其性，则悖理而伤道，安能"绥厥猷"哉？古先圣王所以为教化之本，未尝不本诸此。尧授舜，舜授禹，三圣人相授之际，而其言曰"天之历数在汝躬，允执厥中，四海困穷，天禄永终"，盖能"允执厥中"，则能若有常性以"绥厥猷"矣。不然则"四海困穷，天禄永终"矣桀纣是也。故汤欲言桀之暴虐其民，以亡天下，则以此言为先者，盖推本乎上天所谓立君以乂民之意，是亦仲虺之意。

4.《尚书讲义》卷七《商书·汤诰》

（宋）史浩撰
（归善斋按，见"王归，自克夏至于亳"）

5.《尚书详解》卷十一《商书·汤诰》

（宋）夏僎撰
（归善斋按，见"王归，自克夏至于亳"）

6. 《增修东莱书说》卷七《商书·汤诰第三》

（宋）吕祖谦撰，（宋）石澜增修

唯皇上帝，降衷于下民。若有恒性，克绥厥猷唯后。

"唯皇上帝，降衷于下民"，天命之谓性也。"若有恒性"，率性之谓道也。"克绥厥猷唯后"，修道之谓教也。天之所赋为命，人之所受为性。子思言"修"，汤言"绥"。修者，裁成之谓；"绥"者，安养之谓。"修"与"绥"，非外有以与之，互相发明，因其所受者以修之、绥之而已。仲虺言"唯天生民有欲，无主乃乱。唯天生聪明时乂"，即此意也。但仲虺于情言之，自末以及本；汤于性言之，自本以及末，理归于一，而圣贤之间亦见矣。

7. 《尚书说》卷三《商书·汤诰》

（宋）黄度撰

（归善斋按，见"尔万方有众"）

8. 《絜斋家塾书钞》卷五《商书·汤诰》

（宋）袁燮撰

（归善斋按，见"王归，自克夏至于亳"）

9. 《书经集传》卷三《商书·汤诰》

（宋）蔡沈撰

（归善斋按，见"尔万方有众"）

10. 《尚书精义》卷十六《商书·汤诰》

（宋）黄伦撰

唯皇上帝，降衷于下民。若有恒性，克绥厥猷唯后。

无垢曰，民受天地之中以生，所谓命也。能者，养之以受福；不能者，败之以取祸。然天地能生之，所以成之者在人主而已矣。天命之谓性；率性之谓道。使一世率性以行，而能各安其道理者，非人主有以造化之，民其能自至于此哉？古之圣王，以身教化之，以学校长育之；以风俗渐染之，使皆不失天地之中，而顺其常性，以归于善孟子所谓性善是也。又有五亩之宅，百亩之田，墙下之桑，使之仰足以事父母，俯足以畜妻子，各安其道，而不流于放僻邪侈之路，岂不盛哉。

张氏曰，人虽有恒性，不能自若，故顺而道之者，君也。不逆其所有，不强其所无，因严而教之敬，因亲而教之爱，此之谓"若有恒性"。能"若有恒性"，然后能"克绥厥猷"。猷者，道也。以作则有就以止则有守无非道也。天道降衷于民，保而安之者，君也。使之利其仁，乐其义，陶陶然归于日新者，此之谓"克绥厥猷"。

东莱曰，"唯皇上帝，降衷于下民"，便是天命之谓性。若有常性，是率性之谓道。"克绥厥猷唯后"，是修道之谓教。天之所赋者，命；人之所受者，性。子思言"修"，此言"绥"。

11.《尚书详解》卷十二《商书·汤诰》

（宋）陈经撰

（归善斋按，见"汤既黜夏命"）

12.《融堂书解》卷五《商书·汤诰》

（宋）钱时撰

（归善斋按，见"尔万方有众"）

13.《尚书要义》

（宋）魏了翁撰

（归善斋按，原缺）

14.《书集传或问》卷上《汤诰》

（宋）陈大猷撰

或问，王氏"衷"训"中"当矣。而孔氏训为"善"何也？曰，唯中故善，偏于刚则暴，偏于柔则儒，是所谓恶也。

15.《尚书详解》卷四《商书·汤诰第三》

（宋）胡士行撰

唯皇上帝，降衷于下民。若（顺）有恒性，克绥厥猷道唯后。

"降衷"，天命之性也；"若性"，率性之道也；绥猷，修道之教也。仲虺"天生聪明时乂"，即此意。但仲虺于情言之，自末及本；汤于性言之，自本及末，理归于一，而圣贤之间亦见矣。

16.《书纂言》

（元）吴澄撰

（归善斋按，无此篇）

17.《书集传纂疏》卷三《朱子订定蔡氏集传·商书·汤诰》

（元）陈栎撰

（归善斋按，见"尔万方有众"）

18.《读书丛说》卷五

（元）许谦撰

（归善斋按，无此篇）

19.《书传辑录纂注》卷三《商书·汤诰》

（元）董鼎撰

（归善斋按，见"尔万方有众"）

20.《尚书句解》卷四

（元）朱祖义撰

唯皇上帝（唯至大之上天），降衷于下民（降生衷善之性于天下之民）。

21.《尚书日记》卷七《商书·汤诰》

(明)王樵撰

"唯皇上帝,降衷于下民"至"克绥厥猷唯后"。

孔氏训"衷"为善。

朱子谓以"衷"为善未亲切,"衷"只是"中"。今人言"折衷"者,盖以是为准则而取正也。天生人物,个个有一副当恰好的道理降与尔。此与程子所谓"天然自有之中";刘子所谓"民受天地之中"相似。《诗》"有物有则","则"字却似"衷"字,止于仁君之则也,止于敬臣之则也。视曰明目之则也;听曰聪耳之则也。又曰,这几个字自古圣贤上下数千年,唤得都一般,毕竟是圣学传授不断,故能如此。

真氏曰,圣贤之言"衷"曰"降衷",命曰降命,才曰降才,深味"降"之一言,真若天之与人交相付受明命,赫然不离心目之间也,可不敬与?

"若有恒性",诸家俱属下文,唯蔡传读属上句,谓顺其降衷之自然,皆有不易之常性也,即民之秉彝之义。民有恒性,则循其性之常,皆道也。凡见于君臣、父子、夫妇、兄弟、朋友之间者,莫不各有常道。但禀受之初,不无清浊纯杂之异,故不能无过、不及之差,于是有不安其常道者,使安其道,非君不能。安其道者,如父安于慈,子安于孝之类。何以非君不能,有政刑以治之,有教化以导之,而后昏蒙可开,强悍可回,人人始安于其道,而不失其恒性,是天下待君以辅天之所不及。见君道之系于天下其重如此。

"唯皇""唯后",二"唯"字相对看,"降衷""恒性",天所能也;绥猷必待乎君师,而非天所能及。归重在君道上,或谓天立君之意则失之矣。衷、性、猷,只是一物,但有原于天,具于心,发于事之别,故异其名。"若有"字,无功夫,以理言之也。

"克绥厥猷",为一篇之纲领。"夏王灭德作威"以下,即绥猷之反。与众请命、辑宁邦家,即任绥猷之责;获戾上下,若不克胜守典、承休,赦诸侯,以同尽其职。而"万方有罪在予一人",即自任以不克绥猷之咎也。

22.《日讲书经解义》卷四《商书·汤诰》

（清）库勒纳等撰
（归善斋按，见"王归，自克夏至于亳"）

《蔡氏传旁通》卷三《商书·汤诰》

（元）陈师凯撰

衷，中。

《朱子语录》云，"唯皇上帝降衷于下民"，孔安国以为降善，便是无意思。"衷"，不是善，只是"中"，与"民受天地之中"一般。又云，看得"衷"字是个无过、不及，恰好底道理。又云，此"衷"字，义本是如左氏所谓"衷甲"，以见之义为其在"衷"而当"中"也。愚按，《说文》云，衷，裹衣。《增韵》云，方寸所蕴也。盖是天以此理，降付于人，人受而具之于心，无少偏倚，本谓之"中"，为其蕴之方寸，若裹衣之在里，故谓之"衷"也，其实则"中"也者，天下之大本也，故蔡氏直以"中"训之。

《尚书疑义》卷五《汤诰》

（明）马明衡撰

"天降衷于下民"，而皆顺其自然之常性，如父之慈，子之孝，兄之友，弟之恭，不待学而能，不待虑而知，所谓恒性也。作之君师，以治教之，而后能循其常性，而安行于父子兄弟之间，所谓"克绥厥猷唯后"也。汤之诰、武王之誓，同是一意，于以见圣人之治天下，真是代天以行事，而为民之主，决少不得，此汤、武所以为应天、顺人也。

《尚书考异》卷三《汤诰》

（明）梅鷟撰
（归善斋按，见"尔万方有众"）

若有恒性，克绥厥猷唯后

1. 《尚书注疏》卷七《商书》

（汉）孔氏传，（唐）陆德明音义，（唐）孔颖达疏

若有恒性，克绥厥猷唯后。

传，顺人有常之性，能安立其道教，则唯为君之道。

《尚书注疏》卷七《考证》

若有恒性。

罗钦顺曰，六经之中，言心，自帝舜始；言性，自成汤始。臣诰按，此句宋儒连上"降衷于下民"读，即《中庸》"天命之谓性"也。孔传则连下"克绥厥猷"读。

2. 《书传》卷七《商书》

（宋）苏轼撰

（归善斋按，见"尔万方有众"）

3. 《尚书全解》卷十五《商书》

（宋）林之奇撰

（归善斋按，见"唯皇上帝"）

4. 《尚书讲义》卷七《商书·汤诰》

（宋）史浩撰

（归善斋按，见"王归，自克夏至于亳"）

5. 《尚书详解》卷十一《商书·汤诰》

（宋）夏僎撰

（归善斋按，见"王归，自克夏至于亳"）

6. 《增修东莱书说》卷七《商书·汤诰第三》

(宋)吕祖谦撰,(宋)石澜增修
(归善斋按,见"唯皇上帝")

7. 《尚书说》卷三《商书·汤诰》

(宋)黄度撰
(归善斋按,见"尔万方有众")

8. 《絜斋家塾书钞》卷五《商书·汤诰》

(宋)袁燮撰
(归善斋按,见"王归,自克夏至于亳")

9. 《书经集传》卷三《商书·汤诰》

(宋)蔡沈撰
(归善斋按,见"尔万方有众")

10. 《尚书精义》卷十六《商书·汤诰》

(宋)黄伦撰
(归善斋按,见"唯皇上帝")

11. 《尚书详解》卷十二《商书·汤诰》

(宋)陈经撰
(归善斋按,见"汤既黜夏命")

12. 《融堂书解》卷五《商书·汤诰》

(宋)钱时撰
(归善斋按,见"尔万方有众")

13.《尚书要义》

(宋)魏了翁撰

(归善斋按,原缺)

14.《书集传或问》卷上《汤诰》

(宋)陈大猷撰

(归善斋按,未解)

15.《尚书详解》卷四《商书·汤诰第三》

(宋)胡士行撰

(归善斋按,见"唯皇上帝")

16.《书纂言》

(元)吴澄撰

(归善斋按,无此篇)

17.《书集传纂疏》卷三《朱子订定蔡氏集传·商书·汤诰》

(元)陈栎撰

(归善斋按,见"尔万方有众")

18.《读书丛说》卷五

(元)许谦撰

(归善斋按,无此篇)

19.《书传辑录纂注》卷三《商书·汤诰》

(元)董鼎撰

(归善斋按,见"尔万方有众")

20. 《尚书句解》卷四

（元）朱祖义撰

若有恒性（顺民所有常善之性），克绥厥猷唯后（使安于其道，无勉强之态者唯在君）。

21. 《尚书日记》卷七《商书·汤诰》

（明）王樵撰

（归善斋按，见"唯皇上帝"）

22. 《日讲书经解义》卷四《商书·汤诰》

（清）库勒纳等撰

（归善斋按，见"王归，自克夏至于亳"）

夏王灭德作威，以敷虐于尔万方百姓

1. 《尚书注疏》卷七《商书》

（汉）孔氏传，（唐）陆德明音义，（唐）孔颖达疏
夏王灭德作威，以敷虐于尔万方百姓。
传，夏桀灭道德做威刑，以布行虐政于天下百官，言残酷。

2. 《书传》卷七《商书》

（宋）苏轼撰
夏王灭德作威，以敷虐于尔万方百姓。尔万方百姓罹其凶害，弗忍荼毒，并告无辜于上下神祇。天道福善祸淫，降灾于夏，以彰厥罪。肆台小子，将天命明威，不敢赦。敢用玄牡，敢昭告于上天神后，请罪有夏。聿求元圣，与之戮力，以与尔有众请命。
请罪者，为桀谢罪；请命者，为民祈福。

3.《尚书全解》卷十五《商书》

（宋）林之奇撰

夏王灭德作威，以敷虐于尔万方百姓。尔万方百姓罹其凶害，弗忍荼毒，并告无辜于上下神祇。

此言桀之罪自绝于天，结怨于民也。夏王灭其己之德，放僻邪侈，丧其良心，不复存，则是在己者。既不能保其中矣，其何以若常性、绥厥猷哉。如此则无不忍之心，而肆为威刑，以敷虐于万方百姓，百姓被其凶害，如荼之苦，如毒之螫，不可堪忍也。言及"万方百姓"者，盖其作虐者广，而怨之者众也。自古无道之君，未有不用刑威以毒民者，若苗作五虐之刑，纣为炮烙之刑，皆所以虐者广，而怨之者众，遂亡其国。桀之虐民，虽不详见于经意，其亦如苗之五刑，纣之炮烙，秦之参夷是也。屈原曰"人穷则反本"，故劳苦倦极，则未尝不呼天；疾疢惨怛，未尝不呼父母。桀之虐政加于民，民既苦于虐政，无所告诉，穷而反本，则唯称冤于天地鬼神，以冀其拯己也，故曰"尔万方百姓罹其凶害，弗忍荼毒，并告无辜于上下神祇"，夫天之爱民也甚矣。东海杀一孝妇，天为之大旱。况万邦百姓，并告无辜于上下神祇，则上下神祇，安得不赫然震怒，而降之祸乎？故继之曰天道福善祸淫，降灾于夏，以彰厥罪。

4.《尚书讲义》卷七《商书》

（宋）史浩撰

夏王灭德作威，以敷虐于尔万方百姓。尔万方百姓，罹其凶害，弗忍荼毒，并告无辜于上下神祇。天道福善祸淫，降灾于夏，以彰厥罪。肆台小子，将天命明威，不敢赦。敢用玄牡，敢昭告于上天神后，请罪有夏。聿求元圣，与之戮力，以与尔有众，请命上天，孚佑下民。罪人黜伏，天命弗僭，贲若草木，兆民允殖。

（归善斋按，原缺）

5.《尚书详解》卷十一《商书·汤诰》

(宋)夏僎撰

夏王灭德作威,以敷虐于尔万方百姓。尔万方百姓,罹其凶害,弗忍荼毒,并告无辜于上下神祇。

汤上既言天之命君,将使之顺民性,而安其道,故此遂言桀之暴虐,非特不能顺其性,而安其道,而乃至荼毒以害万邦之民也。盖夏王灭己之德放僻邪侈丧其良心,则在我者且不能自善,何以若民性,而安其道哉?推原夏王自灭其德,丧其良心,则其胸中无复有不忍人之意,肆为威暴,以布其虐政于万方之百姓。万方百姓罹被其凶害,如荼之苦,如毒之螫,不可堪忍,故并称冤以告于天地神祇,谓我无有辜罪,而乃受此虐害也。屈原曰"人穷则反本",故劳困倦息,则未尝不呼天;病疾惨怛,未尝不呼父母。今桀之民,皆苦于虐政,是宜其并告无辜于天地。所以告者,冀其拯己也。

6.《增修东莱书说》卷七《商书·汤诰第三》

(宋)吕祖谦撰,(宋)石𬭎增修

夏王灭德作威,以敷虐于尔万方百姓。尔万方百姓,罹其凶害,弗忍荼毒,并告无辜于上下神祇。天道福善祸淫,降灾于夏,以彰厥罪。

"夏王灭德作威",德者,性之本有,以私欲而灭之,故曰"灭";威者,性之所无,以私欲而作之,故曰"作"。"以敷虐于尔万方百姓",人君天下之原,其势甚,便作威于上,则其酷虐,顺流敷布于万方百姓,而无一人不罹其凶者。使其转此机,而敷德,其势亦然耳。百姓在下被桀之虐,受而不可避,痛而不敢言。桀若可偃然,而独肆及荼毒之极,弗忍之余,乃能并告无辜于上下神祇,不能自通于君,而能自通于神。天道之常,桀亦不可逭,特反覆手间耳。降灾者,非独灾异,凡天象变于上,人心怨于中,地理乱于下者,皆是也。

7.《尚书说》卷三《商书·汤诰》

(宋)黄度撰

夏王灭德作威,以敷虐于尔万方百姓。尔万方百姓,罹其凶害,弗忍荼毒，并告无辜于上下神祇。

民弗能忍，其心离矣。

8.《絜斋家塾书钞》卷五《商书·汤诰》

（宋）袁燮撰

夏王灭德作威，以敷虐于尔万方百姓。尔万方百姓罹其凶害，弗忍荼毒，并告无辜于上下神祇。天道福善祸淫，降灾于夏，以彰厥罪。肆台小子，将天命明威，不敢赦。敢用玄牡，敢昭告于上天神后，请罪有夏。聿求元圣，与之戮力，以与尔有众请命。上天孚佑下民，罪人黜伏。

（按袁氏此条解永乐大典原缺）

9.《书经集传》卷三《商书·汤诰》

（宋）蔡沈撰

夏王灭德作威，以敷虐于尔万方百姓。尔万方百姓，罹其凶害，弗忍荼毒，并告无辜于上下神祇。天道福善祸淫，降灾于夏，以彰厥罪。

罹，邻知反；荼音徒。言桀无有仁爱，但为杀戮。天下被其凶害，如荼之苦，如毒之螫，不可堪忍，称冤于天地鬼神，以冀其拯己。屈原曰"人穷则反本"，故劳苦倦极，未尝不呼天也。天之道，善者福之；淫者，祸之。桀既淫虐，故天降灾，以明其罪。意当时必有灾异之事，如《周语》所谓"伊洛竭而夏亡"之类。

10.《尚书精义》卷十六《商书·汤诰》

（宋）黄伦撰

夏王灭德作威，以敷虐于尔万方百姓．尔万方百姓，罹其凶害，弗忍荼毒，并告无辜于上下神祇。

无垢曰：桀虽为君，不知使民"若有恒性，克绥厥猷"之道，而自残灭其德，以作凶暴之威，大布虐政于万方，百姓皆失其天地之中，而逆其常然之性，率遏众力，率割夏邑，使民皆不安其生。其凶害之及于人，有如苦菜之荼，蛇虺之毒，不可堪忍。人疾困极，未尝不呼天者，"穷则反本"也。民既不聊生，万口一音，俯仰之间，号呼天地，所谓"并告无辜于上下神祇"也。为人君而使万方之民如此，不亡何待乎？

张氏曰，阳为德，阴为威。威盛而无德以将之非，所以为威也。

东莱曰，德者，人之本有，以私欲而殄灭之，故云"灭"。威者，性之所无，以私欲而强作之，故曰"作"。以敷虐于尔万方百姓。人君者，天下之原，其势甚利。其君既作威，则其酷虐，自然广布于万方，百姓而无一人不罹其恶。

11. 《尚书详解》卷十二《商书·汤诰》

（宋）陈经撰

夏王灭德作威，以敷虐于尔万方百姓。尔万方百姓，罹其凶害，弗忍荼毒，并告无辜于上下神祇。天道福善祸淫，降灾于夏，以彰厥罪。肆台小子，将天命明威，不敢赦。敢用玄牡，敢昭告于上天神后，请罪有夏。聿求元圣，与之戮力，以与尔有众请命。上天孚佑下民，罪人黜服。天命弗僭，贲若草木，兆民允殖。

德本不可灭，威本不可做。灭德作威，纵人欲而亡天理者也。虐者，威之所作也。敷虐于万方百姓，其残酷可知矣。尔百姓罹被凶害，如荼之毒苦，然并告无辜于上下神祇，则其抑郁无所告诉，穷则呼天，其势然也。"天道福善祸淫"，盖其善自有得福之理，淫自有取祸之理。天非屑屑然福之、祸之也。其所感召自然而然。"降灾于夏以彰厥罪"，凡日月有薄蚀，星辰有变动，是皆灾异以谴戒之。"肆台小子，将天命明威"，上天有命其威甚明，汤则将奉之而已，非汤之讨桀，乃天讨之也。其敢赦哉？"敢用玄牡，敢昭告于上天神，请罪有夏"，玄牡者，黑牡。夏尚黑，汤犹用夏之正朔，足见汤非有意于伐夏也。以玄牡昭然告于上天神后，以问罪于桀。观昭告之一言，汤岂阴谋图桀，利于一己，而为是欺天罔人之事哉？以公议明告于天，亦以公议问桀之罪。天地鬼神临之在上，汤安有私心哉？"聿求元圣，与之戮力"，谓得伊尹与之同力。"与尔有众请命"，盖当桀之暴虐，民命皆在死所矣，为有众请命，使之得以更生也。"上天孚佑下民"，孚，信也。佑，助也。罪人退伏远屏，桀之奔于南巢也。至此则天之助民也。益信天命之福善祸淫，无有差僭。贲，饰也。粲然有文，如草木之光华。盖恶既去，则善者获伸，兆民信乎得其生殖矣。

12. 《融堂书解》卷五《商书·汤诰》

（宋）钱时撰

夏王灭德作威，以敷虐于尔万方百姓。尔万方百姓罹其凶害，弗忍荼毒，并告无辜于上下神祇。天道福善祸淫，降灾于夏，以彰厥罪。肆台小子，将天命明威，不敢赦。敢用玄牡，敢昭告于上天神后，请罪有夏。聿求元圣，与之戮力，以与尔有众请命。上天孚佑下民，罪人黜伏。天命弗僭，贲若草木，兆民允殖。俾予一人，辑宁尔邦家。兹朕未知获戾于上下，栗栗危惧，若将陨于深渊。凡我造邦，无从匪彝，无即慆淫。各守尔典，以承天休。尔有善，朕弗敢蔽，罪当朕躬，弗敢自赦，唯简在上帝之心。其尔万方有罪，在予一人。予一人有罪，无以尔万方。呜呼，尚克时忱，乃亦有终。

简，别也，有善、有罪，万方之众群，仰瞩于一人，而实定于一人之心。一人心与上帝相贯通，则上帝之心，即一人之心也。上通帝心，下协民性，方是上下同流。（按，此解只释"尔有善"至"无以尔万方"一节，不应前后皆无训释，疑原本有缺文）

13. 《尚书要义》

（宋）魏了翁撰

（归善斋按，原缺）

14. 《书集传或问》卷上《汤诰》

（宋）陈大猷撰

（归善斋按，未解）

15. 《尚书详解》卷四《商书·汤诰第三》

（宋）胡士行撰

夏王灭德（性）作威（私欲），以敷（布）虐于尔万方百姓。尔万方百姓，罹（被）其凶害，弗忍（堪）荼（荼苦）毒（毒螫），并告无辜（罪）于上（天）下（地）神（天）祇（地）。天道福善祸淫，降灾于夏，以彰厥罪。肆台小子，将（奉）天命明威，不敢赦。敢用玄牡（夏尚黑，牲用玄），敢昭告于上天神后，请（问）罪有夏。聿（遂）求元（大）圣（伊尹），与之戮（尽）力，以与尔有众请命（救民命于涂炭之中）。上天孚（信）佑（助）下民，罪人黜（废）伏（窜藏）。天命弗僭（差），贲（饰）若（然）草木，兆民允（信）殖（物与民皆遂，则天佑汤可见矣）。俾（使）予（我）一人，辑（集）宁（安）尔邦家，兹朕未知获（得）戾（罪）于上下，栗栗（战战）危惧，若将陨（坠）于深渊。

此汤任大责重，所以自警也。

16.《书纂言》

（元）吴澄撰

（归善斋按，无此篇）

17.《书集传纂疏》卷三《朱子订定蔡氏集传·商书·汤诰》

（元）陈栎撰

夏王灭德作威，以敷虐于尔万方百姓。尔万方百姓，罹其凶害，弗忍荼毒，并告无辜于上下神祇，天道福善祸淫，降灾于夏，以彰厥罪。

言桀无有仁爱，但为杀戮。天下被其凶害，如荼之苦如，毒之螫，不可堪忍，称冤于天地鬼神，以冀其拯己。屈原曰"人穷则反本"，故劳苦倦极，未尝不呼天也。天之道，善者福之，淫者祸之。桀既淫虐，故天降灾，以明其罪。意当时必有灾异之事，如《周语》所谓"伊洛竭而夏亡"之类。

纂疏：

福善祸淫，自是道理当如此。问，或有不如此者，何也？曰，"福善祸淫"常理也；不如此，是失其常理，天莫之为而为，天亦何尝有意，只是理自是如此。且如冬寒夏热，此是常理当如此。若冬热夏寒，便是失其常理。近年径山尝六七月雨雪。

18. 《读书丛说》卷五

（元）许谦撰

（归善斋按，无此篇）

19. 《书传辑录纂注》卷三《商书·汤诰》

（元）董鼎撰

夏王灭德作威，以敷虐于尔万方百姓。尔万方百姓，罹其凶害，弗忍荼毒，并告无辜于上下神祇。天道福善祸淫，降灾于夏，以彰厥罪。

言桀无有仁爱，但为杀戮。天下被其凶害，如荼之苦，如毒之螫，不可堪忍，称冤于天地鬼神，以冀其拯己。屈原曰"人穷则反本"，故劳苦倦极，未尝不呼天也。天之道，善者福之，淫者祸之。桀既淫虐，故天降灾，以明其罪。意当时必有灾异之事，如《周语》所谓"伊洛竭而夏亡"之类。

辑录：

问，"天道福善祸淫"，此理定否？曰，如何不定，自是道理当如此。问，或有不如此者，何也？曰，"福善祸淫"，其常理也；不如此，便是失其常理。天莫之为而为，天亦何尝有意，只是理自是如此。且如冬寒夏热，此是常理当如此。若冬热夏寒，便是失其常理。近年径山尝六七月大雪。

20. 《尚书句解》卷四

（元）朱祖义撰

夏王灭德作威（夏桀丧灭己德，造作威恶），以敷虐于尔万方百姓（以布虐政于尔万方百姓）。

21. 《尚书日记》卷七《商书·汤诰》

（明）王樵撰

"夏王灭德作威"至"以彰厥罪"。

言桀自为不道，民不见德，唯戮是闻，如荼之苦，如毒之螫，不能堪忍，言虐之甚也。民并称冤于天地，唯"天道福善祸淫"，乃降灾异于夏，以明其罪。《周语》曰，"伊洛竭而夏亡"，降灾之事恐此类也。天之降灾，有仁爱人君冀其改悟者。桀恶贯盈，无复改悟之望，天降灾，以明其罪示诛绝而已。

22.《日讲书经解义》卷四《商书·汤诰》

(清) 库勒纳等撰

夏王灭德作威，以敷虐于尔万方百姓。尔万方百姓，罹其凶害，弗忍荼毒，并告无辜于上下神祇。天道福善祸淫，降灾于夏，以彰厥罪。

此一节书，是言桀失君道，以见其当伐也。成汤又曰，君之于民，有绥猷之责，如此则当体上天之心，以为心矣。今夏王灭仁爱之德，而徒事杀戮之威，以敷播虐政于尔万方百姓。尔万方百姓被其凶害，如荼之苦口，毒之螫人，不可堪忍，咸称冤于天地鬼神，以望其拯救。夫天之道，善者福之，淫者祸之。此常理也。今夏之淫虐已甚，故天特降灾异，明示其罪而诛绝之，使不得复播虐于尔万方百姓也。夫天以民为心，天人相与，其几甚微，其应甚捷。后世人臣，乃或谓天变不足畏，亦何言耶？

《尚书考异》卷三《汤诰》

(明) 梅鷟撰

夏王灭德作威，以敷虐于尔万方百姓。尔万方百姓，罹其凶害，弗忍荼毒，并告无辜于上下神祇。

《晋语》韩宣子曰，"上下神祇，无不遍谕也"；哀公十七年浑良夫"叫天无辜"。

《史记》，"夏桀不务德，而残伤百姓，百姓不堪"。

《史记》自契至汤八迁，汤始居亳，从先王居，作帝诰，一作帝俈。又葛伯不祀，汤始伐之。

《尚书考异》卷三《汤诰》

(明) 梅鷟撰

夏王灭德作威，以敷虐于尔万方百姓。尔万方百姓，罹其凶害，弗忍荼毒，并告无辜于上下神祇。天道福善祸淫，降灾于夏，以彰厥罪。

　　此一段修节《吕刑》文。彼皆论苗矫以加之桀，"弗用灵"，"灭德"也。"制以刑，唯作五虐之刑，曰法"，"作威"也。"杀戮无辜，爰始淫为劓、刵、椓、黥"，所谓"敷虐于尔万方百姓"也。"虐威庶戮，方告无辜于上"者，所谓"尔万方百姓，罹其凶害，弗忍荼毒，并告无辜于上下神祇"也。又于下文有曰"上帝不蠲，降咎于苗"者，所谓"天道福善祸淫，降灾于夏，以彰厥罪"也。但恐桀之鬼，笑于地下曰，以数苗者数己，何居？苗之鬼，觍于地下曰，己罪终不可渝收，桀连坐，奚忍。君子断之曰，桀之恶固不减于苗，但盗狱辞□中于信，故桀不能如苗之无辞于罚。《牧誓》"俾暴虐于百姓"。《金縢》曰"今，天动威，以彰周公之德"，今则反用之曰"降灾于夏，以彰厥罪"，所谓是可忍也。《多方》曰"诞作民主"，又曰"告尔有方多士"。

尔万方百姓，罹其凶害，弗忍荼毒

1.《尚书注疏》卷七《商书》

（汉）孔氏传，（唐）陆德明音义，（唐）孔颖达疏

尔万方百姓罹其凶害，弗忍荼毒。

传，罹，被；荼毒，苦也。不能堪忍，虐之甚。

音义，罹，力之反，本亦作罗，洛何反。荼，音徒。

疏，正义曰，《释草》云"荼，苦菜"。此菜味苦，故假之以言人苦。毒，谓螫人之虫、蛇、虺之类，实是人之所苦，故并言荼毒，以喻苦也。

2.《书传》卷七《商书》

（宋）苏轼撰

（归善斋按，见"夏王灭德作威"）

3. 《尚书全解》卷十五《商书》

（宋）林之奇撰
（归善斋按，见"夏王灭德作威"）

4. 《尚书讲义》卷七《商书》

（宋）史浩撰
（归善斋按，原缺）

5. 《尚书详解》卷十一《商书·汤诰》

（宋）夏僎撰
（归善斋按，见"夏王灭德作威"）

6. 《增修东莱书说》卷七《商书·汤诰第三》

（宋）吕祖谦撰，（宋）石澜增修
（归善斋按，见"夏王灭德作威"）

7. 《尚书说》卷三《商书·汤诰》

（宋）黄度撰
（归善斋按，见"夏王灭德作威"）

8. 《絜斋家塾书钞》卷五《商书·汤诰》

（宋）袁燮撰
（归善斋按，原缺）

9. 《书经集传》卷三《商书·汤诰》

（宋）蔡沈撰
（归善斋按，见"夏王灭德作威"）

10. 《尚书精义》卷十六《商书·汤诰》

（宋）黄伦撰

（归善斋按，见"夏王灭德作威"）

11. 《尚书详解》卷十二《商书·汤诰》

（宋）陈经撰

（归善斋按，见"夏王灭德作威"）

12. 《融堂书解》卷五《商书·汤诰》

（宋）钱时撰

（归善斋按，见"夏王灭德作威"）

13. 《尚书要义》

（宋）魏了翁撰

（归善斋按，原缺）

14. 《书集传或问》卷上《汤诰》

（宋）陈大猷撰

（归善斋按，未解）

15. 《尚书详解》卷四《商书·汤诰第三》

（宋）胡士行撰

（归善斋按，见"夏王灭德作威"）

16. 《书纂言》

（元）吴澄撰

（归善斋按，无此篇）

17. 《书集传纂疏》卷三《朱子订定蔡氏集传·商书·汤诰》

（元）陈栎撰

（归善斋按，见"夏王灭德作威"）

18. 《读书丛说》卷五

（元）许谦撰

（归善斋按，无此篇）

19. 《书传辑录纂注》卷三《商书·汤诰》

（元）董鼎撰

（归善斋按，见"夏王灭德作威"）

20. 《尚书句解》卷四

（元）朱祖义撰

尔万方百姓罹其凶害（尔等被其凶暴之虐），弗忍荼毒（不能堪忍如荼苦螫毒）。

21. 《尚书日记》卷七《商书·汤诰》

（明）王樵撰

（归善斋按，见"夏王灭德作威"）

22. 《日讲书经解义》卷四《商书·汤诰》

（清）库勒纳等撰

（归善斋按，见"夏王灭德作威"）

《尚书考异》卷三《汤诰》

（明）梅鷟撰

（归善斋按，见"夏王灭德作威"）

并告无辜于上下神祇

1. 《尚书注疏》卷七《商书》

（汉）孔氏传，（唐）陆德明音义，（唐）孔颖达疏
并告无辜于上下神祇。
传，言百姓兆民，并告无罪，称冤诉天地。
音义，冤，纡元反。

2. 《书传》卷七《商书》

（宋）苏轼撰
（归善斋按，见"夏王灭德作威"）

3. 《尚书全解》卷十五《商书》

（宋）林之奇撰
（归善斋按，见"夏王灭德作威"）

4. 《尚书讲义》卷七《商书》

（宋）史浩撰
（按此节讲义原缺）

5. 《尚书详解》卷十一《商书·汤诰》

（宋）夏僎撰
（归善斋按，见"夏王灭德作威"）

6. 《增修东莱书说》卷七《商书·汤诰第三》

（宋）吕祖谦撰，（宋）石澜增修
（归善斋按，见"夏王灭德作威"）

7.《尚书说》卷三《商书·汤诰》

（宋）黄度撰

（归善斋按,见"夏王灭德作威"）

8.《絜斋家塾书钞》卷五《商书·汤诰》

（宋）袁燮撰

（按袁氏此条解永乐大典原缺）

9.《书经集传》卷三《商书·汤诰》

（宋）蔡沈撰

（归善斋按,见"夏王灭德作威"）

10.《尚书精义》卷十六《商书·汤诰》

（宋）黄伦撰

（归善斋按,见"夏王灭德作威"）

11.《尚书详解》卷十二《商书·汤诰》

（宋）陈经撰

（归善斋按,见"夏王灭德作威"）

12.《融堂书解》卷五《商书·汤诰》

（宋）钱时撰

（归善斋按,见"夏王灭德作威"）

13.《尚书要义》

（宋）魏了翁撰

（归善斋按,原缺）

14. 《书集传或问》卷上《汤诰》

（宋）陈大猷撰

（归善斋按，未解）

15. 《尚书详解》卷四《商书·汤诰第三》

（宋）胡士行撰

（归善斋按，见"夏王灭德作威"）

16. 《书纂言》

（元）吴澄撰

（归善斋按，无此篇）

17. 《书集传纂疏》卷三《朱子订定蔡氏集传·商书·汤诰》

（元）陈栎撰

（归善斋按，见"夏王灭德作威"）

18. 《读书丛说》卷五

（元）许谦撰

（归善斋按，无此篇）

19. 《书传辑录纂注》卷三《商书·汤诰》

（元）董鼎撰

（归善斋按，见"夏王灭德作威"）

20. 《尚书句解》卷四

（元）朱祖义撰

并告无辜于上下神祇（并皆称冤，以告无罪于天地神祇）。

21.《尚书日记》卷七《商书·汤诰》

（明）王樵撰

（归善斋按，见"夏王灭德作威"）

22.《日讲书经解义》卷四《商书·汤诰》

（清）库勒纳等撰

（归善斋按，见"夏王灭德作威"）

《蔡氏传旁通》卷三《商书·汤诰》

（元）陈师凯撰

屈原曰"人穷则反本"，故劳苦倦极，未尝不呼天也。

当作"《屈原传》曰"，本太史公辞也。云天者，人之始也；父母者，人之本也。"人穷则反本"，故劳苦倦极，未尝不呼天也；疾痛惨怛，未尝不呼父母也。

《尚书考异》卷三《汤诰》

（明）梅鷟撰

（归善斋按，见"夏王灭德作威"）

天道福善祸淫，降灾于夏，以彰厥罪

1.《尚书注疏》卷七《商书》

（汉）孔氏传，（唐）陆德明音义，（唐）孔颖达疏

天道福善祸淫，降灾于夏，以彰厥罪。

传，政善，天福之；淫过，天祸之。故下灾异，以明桀罪恶，谴悟之，而桀不改。

音义，谴，遣战反。悟，五故反。

2.《书传》卷七《商书》

(宋) 苏轼撰

(归善斋按,见"夏王灭德作威")

3.《尚书全解》卷一五《商书》

(宋) 林之奇撰

天道福善祸淫,降灾于夏,以彰厥罪。肆台小子,将天命明威,不敢赦。敢用玄牡,敢昭告于上天神后,请罪有夏。

此盖言天之常道,于有善者,则福之;淫则祸之。桀既虐民如此,故天于是降其灾异不祥之事,以彰其获罪于天也。董仲舒曰,国家将有失道之败,而天乃先出灾异,以谴告之;不知自省,又出怪异以儆惧之;尚不知变而伤败,乃至天既降灾于夏,以谴告儆惧于桀,而桀不知自省,则是伤败之征,于是乎,成矣。既下其灾异之事,以彰厥罪矣,故我小子,将天所命之威,以致天诛,而不敢赦也,故曰"肆台小子将天命明威,不敢赦"。"将天命"者,所以助夫天之福善也;将天威者,所以助夫天之祸淫也。夫上天之载,无声无臭焉,知其所谓命威而将之也。《孟子》曰"天不言以行与事示之而已矣","天之降灾于夏以彰厥罪",是亦以事示之矣。故汤以是而知天命所在。遂行天讨于桀,以奉天之意,非天谆谆然而命之也。既奉天明威,于是用玄牡,以昭告于上天神后,请罪有夏。玄牡者,黑色之牡也。神后者,后土皇,地祇也。"告于上天神后"者,盖祷于天地神祇,因其民之所告无辜者,以为斯民请加罪于有夏也。正义曰,商尚白牡,用白。今言玄牡,夏尚黑,于时未变夏礼,故不用白也。若先儒说玄牡,往往从此说。某窃谓,此云"玄牡"者,但是一时所用祭告于天地之牲,不须必因其色以求其义。汤用玄牡,则以为未变夏礼,如《鲁颂》曰"白牡骍刚",岂以未变商礼乎?此正所谓相马而辨玄黄者也。先儒往往因此遂有五德更生之说,引此为证,以为出于圣人之经,而所以改易服色,为帝王之急务。若苏内翰之明达,犹以此为信其说,以谓禹治水得天下,故从水而尚黑;商人以兵得天下,故从金而尚白。周文有流火之祥,故从火而尚赤。其凿甚矣。苏公尝有言曰邪说之移人,虽豪杰之士有不能免此,正目睫之论也。

4. 《尚书讲义》卷七《商书》

（宋）史浩撰

（归善斋按，原缺）

5. 《尚书详解》卷十一《商书·汤诰》

（宋）夏僎撰

天道福善祸淫，降灾于夏，以彰厥罪。肆台小子，将天命明威，不敢赦。敢用玄牡，敢昭告于上天神后，请罪有夏。聿求元圣，与之戮力，以与尔有众请命。

汤既言桀暴虐如此，汝万方并告无辜于天地，故此遂言天降罚于夏之意也。盖天之恒道，于有善者，则福之；于淫乱者，则祸之。桀既虐民如此，故天于是降其灾异不祥之事，以彰显有夏之罪。唯天之降罚于夏者，其寓事彰显如此，故汤遂谓我小子，于是奉将上天所命之明威，讨桀之罪，不敢肆赦。盖谓今日之事，乃奉天威以诛有罪，非私意也。夫上天之载，无声无臭，何以知明威而将之？《孟子》曰"天不言以行与事示之而已"，今天降灾于夏，是亦事示之而已，故汤所以因是知天命所在，遂行讨桀也。汤既知天命所在，然又未敢自专，于是又用玄牡，以昭告于上天神后，请加罪于有夏。上天，盖天帝也；神后，盖后土皇，地祇也。玄牡，乃黑色之牲也。必言牡者，盖牲必用牡，不用牝也。正义谓商人尚白，牲用白。今言玄牡，夏人尚黑，于时未变夏礼，故不用白。林少颖谓不然，此玄牡但是一时所用祭告天地之牲，不因色以求义，如谓汤用玄，未变夏礼，则《鲁颂》言"白牡骍刚"，岂亦未变商礼乎。此说是也。汤既用玄牡告天地，请加罪于有夏矣。故于是遂求元圣之人，与之勉力。为此，众民请命于天。盖民苦桀之虐政，命不可保。汤伐桀，而拯民于涂炭，则民始有生全之望，是汤告天伐桀者，乃为民请命也。元圣，即伊尹也。盖汤之伐桀，实伊尹之助。《孟子》曰，"思天下之民，匹夫匹妇，有不被尧舜之泽者，若己推而纳之沟中"。故就汤而说之，以伐夏救民，是汤伐夏救民之谋，实出于伊尹，故《汤誓》言"伊尹相汤伐桀"，此言"聿求元圣"，皆推本其谋之所自出也。

6. 《增修东莱书说》卷七《商书·汤诰第三》

（宋）吕祖谦撰，（宋）时澜增修
（归善斋按，见"夏王灭德作威"）

7. 《尚书说》卷三《商书·汤诰》

（宋）黄度撰

天道福善祸淫，降灾于夏，以彰厥罪。肆台小子，将天命明威不敢赦。

降灾彰其罪，犹不悛，汤遂伐之。

8. 《絜斋家塾书钞》卷五《商书·汤诰》

（宋）袁燮撰
（归善斋按，原缺）

9. 《书经集传》卷三《商书·汤诰》

（宋）蔡沈撰
（归善斋按，见"夏王灭德作威"）

10. 《尚书精义》卷十六《商书·汤诰》

（宋）黄伦撰

天道福善祸淫，降灾于夏，以彰厥罪。肆台小子，将天命明威，不敢赦。

无垢曰，善即福也，淫即祸也，此天道之自然者。夏王灭德作威，敷虐万方，此即恶之最淫者。善有感召，恶亦有感召。粪秽自招蛆蝇；梧桐自招鸾凤。非有驱而主之祸者，淫之所招。淫萌于心，祸见于外，外之可恶如此，则吾心中之所蕴蓄，盖可见矣。细察人事，以卜吾心，万不失一。是"降灾于夏"者，所以彰"灭德作威"，"敷虐万方"之罪也。天生一桀，又生一汤，是桀之作淫，天固生汤以待之也。使桀改过，天命归桀，汤不失为忠臣；使桀不悛，天命归汤。汤将天命明威，亦岂敢以私赦桀恶乎？然则何以知天命明威之在我乎？天出灾异以警桀，民心戴商而不回，此天命之所在也。

张氏曰，善者福之所集，淫者祸之所加，天之道也。天道在于"福善祸淫"，故"降灾于夏，以彰厥罪"，则祸淫可知矣。祸福无形，灾祥有迹。自天而言之，则谓之祸福；自人而言之，则谓之灾祥。于天言"祸淫"，于夏言"降灾"，此其别也。又曰，明者，言天之彰有德，甚明也；威者，言天之讨有罪，可畏也。命有德，讨有罪莫，非天命将之者，在人而已。

伊川曰，或问"福善祸淫"如何？曰，此自然之理。善则有福，淫则有祸。又曰天道如何，曰只是理。理便是天道也。且必说皇天震怒，终不是有人在上震怒，只是理如此。又问今人善恶之报如何？曰，幸不幸也。

东莱曰，方天下被桀之虐，耸然畏惧，若泰山之压，其势不可支。威虐之极，百姓共怒，以怨于桀一人，而告于上下。神祇降灾于夏，而桀至此亦不可逭天之罚。

11.《尚书详解》卷十二《商书·汤诰》

（宋）陈经撰

（归善斋按，见"夏王灭德作威"）

12.《融堂书解》卷五《商书·汤诰》

（宋）钱时撰

（归善斋按，见"夏王灭德作威"）

13.《尚书要义》

（宋）魏了翁撰

（归善斋按，原缺）

14.《书集传或问》卷上《汤诰》

（宋）陈大猷撰

或问，蔡氏谓"降灾，意当时必有灾异，如《周语》所谓'伊洛竭而夏亡'之类，如何？曰，言灾咎，则灾异在其中。言灾异，则包括有遗矣"。

15. 《尚书详解》卷四《商书·汤诰第三》

（宋）胡士行撰

（归善斋按，见"夏王灭德作威"）

16. 《书纂言》

（元）吴澄撰

（归善斋按，无此篇）

17. 《书集传纂疏》卷三《朱子订定蔡氏集传·商书·汤诰》

（元）陈栎撰

（归善斋按，见"夏王灭德作威"）

18. 《读书丛说》卷五

（元）许谦撰

（归善斋按，无此篇）

19. 《书传辑录纂注》卷三《商书·汤诰》

（元）董鼎撰

（归善斋按，见"夏王灭德作威"）

20. 《尚书句解》卷四

（元）朱祖义撰

天道福善祸淫（天之常道，善则福，淫则祸），降灾于夏（故天降下灾异于桀），以彰厥罪（以彰显其罪）。

21. 《尚书日记》卷七《商书·汤诰》

（明）王樵撰

（归善斋按，见"夏王灭德作威"）

22.《日讲书经解义》卷四《商书·汤诰》

（清）库勒纳等撰

（归善斋按，见"夏王灭德作威"）

《尚书考异》卷三《汤诰》

（明）梅鷟撰

天道福善祸淫。

凡我造邦，无从匪彝，无即慆淫。各守尔典，以承天休。

《周语》单子曰"先王之令有之曰，天道赏善而罚淫，故凡我造国，无从匪彝，无即慆淫。各守尔典，以承天休"。今亦离间其文，又改"赏善"为"福善"，"罚淫"为"祸淫"以易文可据而改之也，置之于前，然后增以"降灾于夏"。至若"将陨于深渊"一段，乃复接"凡我造邦"云云。"邦"字，《周语》作"国"，以《论语》之文间于《国语》之文，复以《国语》之文间于《论语》之文，何若断绝本书之文，以成其臆志？既改避其言，又改避其意，使人不可蹑其踪殊，不知自智者，烛之付之一哂耳。且单子称先王之令有之，而不言《书》云，则取之入于汤之诰，吾亦所不敢信也。又曰，从单子引先王之令言，则匪彝、慆淫，所谓淫也。"各守尔典"，则不"从匪彝"，"即慆淫"，所谓善也，故以承上天赏善之休。若从晋人离间其文之义，则以有夏为淫，义俱不贯矣。智者宜审之。

（归善斋按，另见"栗栗危惧"）

肆台小子，将天命明威，不敢赦

1.《尚书注疏》卷七《商书》

（汉）孔氏传，（唐）陆德明音义，（唐）孔颖达疏

肆台小子，将天命明威，不敢赦。

传，行天威，谓诛之。

音义，台，音怡。

2.《书传》卷七《商书》

（宋）苏轼撰

（归善斋按，见"夏王灭德作威"）

3.《尚书全解》卷十五《商书》

（宋）林之奇撰

（归善斋按，见"天道福善祸淫"）

4.《尚书讲义》卷七《商书》

（宋）史浩撰

（归善斋按，原缺）

5.《尚书详解》卷十一《商书·汤诰》

（宋）夏僎撰

（归善斋按，见"天道福善祸淫"）

6.《增修东莱书说》卷七《商书·汤诰第三》

（宋）吕祖谦撰，（宋）石澜增修

肆台小子，将天命明威，不敢赦。敢用玄牡，敢昭告于上天神后，请罪有夏。聿求元圣，与之戮力，以与尔有众请命。

将天命明威，命出于天，将之而已，威亦天威明之而已。"天命明威"，万方百姓并告无辜之怒也。"不敢赦"，深见汤不得已之心，如有所督迫不可得而已者。"敢用玄牡，敢昭告于上天神后"，若后世乱臣贼子，藉汤为口实者，以此心观之，方见大不相似。汤无一毫私意，对越天地鬼神而为之也。夏牲用玄，汤用夏牲，汤何心哉？深味昭告上帝之时，则汤之心可见矣。"请罪有夏"，问罪桀也。"聿求元圣"，伊尹也。"以与尔有众请命"，民坠涂炭，死无日矣。请其命而续之于将绝，以此见汤之伐桀，全不为己，都是为民也。大抵圣贤之心，与万民之心如一，则公心也。公者，天之心也。汤之时民心既然，而伊尹又与之同心，则天心可见矣。

7.《尚书说》卷三《商书·汤诰》

（宋）黄度撰

（归善斋按，见"天道福善祸淫"）

8.《絜斋家塾书钞》卷五《商书·汤诰》

（宋）袁燮撰

（归善斋按，原缺）

9.《书经集传》卷三《商书·汤诰》

（宋）蔡沈撰

肆台小子，将天命明威，不敢赦。敢用玄牡，敢昭告于上天神后，请罪有夏。聿求元圣，与之戮力，以与尔有众请命。

戮，当作勠。肆，故也，故我小子奉将天命明威，不敢赦桀之罪也。玄牡，夏尚黑未变其礼也。神后，后土也。聿，遂也。元圣，伊尹也。

10.《尚书精义》卷十六《商书·汤诰》

（宋）黄伦撰

（归善斋按，见"天道福善祸淫"）

11.《尚书详解》卷十二《商书·汤诰》

（宋）陈经撰

（归善斋按，见"夏王灭德作威"）

12.《融堂书解》卷五《商书·汤诰》

（宋）钱时撰

（归善斋按，见"夏王灭德作威"）

13.《尚书要义》

（宋）魏了翁撰

（归善斋按，原缺）

14.《书集传或问》卷上《汤诰》

（宋）陈大猷撰

（归善斋按，未解）

15.《尚书详解》卷四《商书·汤诰第三》

（宋）胡士行撰

（归善斋按，见"夏王灭德作威"）

16.《书纂言》

（元）吴澄撰

（归善斋按，无此篇）

17.《书集传纂疏》卷三《朱子订定蔡氏集传·商书·汤诰》

（元）陈栎撰

肆台小子，将天命明威，弗敢赦。敢用玄牡，敢昭告于上天神后，请罪有夏。聿求元圣，与之勠力，以与尔有众请命。

肆，故也，故我小子，奉将天命明威，不敢赦桀之罪也。玄牡，夏尚黑，未变其礼也，神后，后土也。聿，遂也。元圣，伊尹也。

18.《读书丛说》卷五

（元）许谦撰

（归善斋按，无此篇）

19.《书传辑录纂注》卷三《商书·汤诰》

（元）董鼎撰

肆台小子,将天命明威,不敢赦。敢用玄牡,敢昭告于上天神后,请罪有夏。聿求元圣,与之戮力,以与尔有众请命。

肆,故也,故我小子,奉将天命明威,不敢赦桀之罪也。玄牡,夏尚黑,未变其礼也。神后,后土也。聿,遂也。元圣,伊尹也。

20.《尚书句解》卷四

（元）朱祖义撰

肆台小子（故我小子）,将天命明威（奉将天所命之明威）,不敢赦（讨桀罪,不敢赦）。

21.《尚书日记》卷七《商书·汤诰》

（明）王樵撰

"肆台小子,将天命明威"至"以与尔有众请命"。"天命明威",承"上"降灾于夏,以彰厥罪"而言。《檀弓》云"殷人尚白,牲用白",今云"玄牡",夏尚黑,未变其礼也。神后,后土也。"请罪",请夏桀当问之罪于天也。"请命",请有众更生之命于天也。伐罪救民,汤不敢专,而一听于天也。

伊尹思天下之民匹夫匹妇,有不预被尧舜之泽,若已推而纳之沟中,故成汤"聿求","与之戮力",以与万姓请命也。"戮"当作"勠",古通用。又力周反,《说文》并力也。

22.《日讲书经解义》卷四《商书·汤诰》

（清）库勒纳等撰

肆台小子,将天命明威,不敢赦。敢用玄牡,敢昭告于上天神后,请罪有夏。聿求元圣,与之戮力,以与尔有众请命。

此一节书,言己之奉天伐罪,以救民也。元圣,谓伊尹。戮力,并力也。成汤又曰,夏王虐害其民,天既降灾,以彰厥罪,此乃天命明威之所在也，故我小子奉将天命之显然可畏者，不敢赦有夏之罪，而必伐之。然征伐大事，我又何敢自专，而不请命于天，遂用元牡之牲，敢昭告于皇天后土，以请夏桀当问之罪。又恐予一人不克有济，聿求有智有勇之大圣人，与之协力同心，共诛无道，以与尔万方百姓，请更生之命于天焉。则伐夏之举，正所以祗奉天威而为民立命也，乌容已哉。汤为天吏，每事必请命于天，而又必求天民先觉之元圣，学焉后臣，而后收戮力之效，然则师臣，宁可少乎？

敢用玄牡，敢昭告于上天神后，请罪有夏

1.《尚书注疏》卷七《商书》

（汉）孔氏传，（唐）陆德明音义，（唐）孔颖达疏

敢用玄牡，敢昭告于上天神后，请罪有夏。

传，明告天，问桀百姓有何罪，而加虐乎？

音义，牡，茂后反。

疏，正义曰，《檀弓》云，殷人尚白，牲用白，今云玄牡。夏家尚黑于时未变，夏礼故不用白也。故安国注《论语》"敢用玄牡"之文云"殷家尚白，未变夏礼"，故云玄牡，是其义也。郑玄说，天神有六。周家，冬至祭皇天大帝于圜丘，牲用苍；夏至祭灵威仰于南郊，则牲用骍。孔注《孝经》，圜丘与郊共为一事，则孔之所说，无六天之事。《论语·尧曰》之篇所言"敢用玄牡"，即此事是也。孔注《论语》，以为《尧曰》之章有二帝三王之事，录者采合以成章。检《大禹谟》及此篇与《泰誓》《武成》，则《尧曰》之章，其文略矣。郑玄解《论语》云，用玄牡者，为舜命禹事。于时，总告五方之帝，莫适用，用皇天大帝之牲。其意与孔异。

2.《书传》卷七《商书》

（宋）苏轼撰

（归善斋按，见"夏王灭德作威"）

3. 《尚书全解》卷十五《商书》

（宋）林之奇撰

（归善斋按，见"天道福善祸淫"）

4. 《尚书讲义》卷七《商书》

（宋）史浩撰

（按此节讲义原缺）

5. 《尚书详解》卷十一《商书·汤诰》

（宋）夏僎撰

（归善斋按，见"天道福善祸淫"）

6. 《增修东莱书说》卷七《商书·汤诰第三》

（宋）吕祖谦撰，（宋）石澜增修

（归善斋按，见"肆台小子"）

7. 《尚书说》卷三《商书·汤诰》

（宋）黄度撰

敢用玄牡，敢昭告于上天神后，请罪有夏。聿求元圣，与之勠力，以与尔有众请命。

出师类祭，行王事也。聿，述，述古事也。元，大；圣，伊尹。黄帝、尧、舜以来，传记所传，皆有圣师圣人，义礼之会也。告于天无愧辞，谋于圣人而协，桀之罪为当讨矣。

8. 《絜斋家塾书钞》卷五《商书·汤诰》

（宋）袁燮撰

（归善斋按，原缺）

9. 《书经集传》卷三《商书·汤诰》

（宋）蔡沈撰

（归善斋按，见"肆台小子"）

10. 《尚书精义》卷十六《商书·汤诰》

（宋）黄伦撰

敢用玄牡，敢昭告于上天神后，请罪有夏。聿求元圣，与之戮力，以与尔有众请命。

无垢曰，汤之玄牡告天请夏之罪，与元圣戮力请民之命，岂行阴谋，而私一己哉？

张氏曰，伊尹以先觉先知之才，自任以天下之重，是其所以为元圣也。汤之伐桀，必赖伊尹以为之相，故曰"聿求元圣，与之戮力"。

11. 《尚书详解》卷十二《商书·汤诰》

（宋）陈经撰

（归善斋按，见"夏王灭德作威"）

12. 《融堂书解》卷五《商书·汤诰》

（宋）钱时撰

（归善斋按，见"夏王灭德作威"）

13. 《尚书要义》

（宋）魏了翁撰

（归善斋按，原缺）

14. 《书集传或问》卷上《汤诰》

（宋）陈大猷撰

或问，玄牡，唐孔氏谓夏尚黑，殷尚白，于时未改夏礼，故用玄牡。诸儒多从之，如何？曰，林氏谓一时用牲，不必因色求义，如《鲁颂》

曰"白牡骍刚"岂以未变殷礼乎？此说自有理。但以为偶用玄牡，则不如陈说。且周人尚赤，故取于骍且角矣。而祭天则用苍璧，牲币如其器之色，因天事天正，可以为明证。陈氏乃以为周礼而别引"禹锡玄圭"为证，则近于泛，故以意改之，而欲没其说也。曰，林氏以上天为天帝，神后，为后土皇地祇，何如？曰，若以《武成》言"告于皇天后土"，则林说为善。奏告天地，亦是理所当然。但玄牡说，陈氏止云告天，故未敢独用林。然《舜典》"肆类上帝"，说者谓言天，则地祇可知。岂祭告上帝，而以后土配，而牲则独从重，而用天色欤？故并存以待知者。

15.《尚书详解》卷四《商书·汤诰第三》

（宋）胡士行撰

（归善斋按，见"夏王灭德作威"）

16.《书纂言》

（元）吴澄撰

（归善斋按，无此篇）

17.《书集传纂疏》卷三《朱子订定蔡氏集传·商书·汤诰》

（元）陈栎撰

（归善斋按，见"肆台小子"）

18.《读书丛说》卷五

（元）许谦撰

（归善斋按，无此篇）

19.《书传辑录纂注》卷三《商书·汤诰》

（元）董鼎撰

（归善斋按，见"肆台小子"）

20.《尚书句解》卷四

（元）朱祖义撰

敢用玄牡（用黑色元牡牛），敢昭告于上天神后（敢以是告于上帝神后。神后，地祇也），请罪有夏（请加罪于有夏）。

21.《尚书日记》卷七《商书·汤诰》

（明）王樵撰

（归善斋按，见"肆台小子"）

22.《日讲书经解义》卷四《商书·汤诰》

（清）库勒纳等撰

（归善斋按，见"肆台小子"）

《尚书考异》卷三《汤诰》

（明）梅鷟撰

敢昭告于上天神后，请罪有夏。聿求元圣，与之戮力，以与尔有众请命。

《淮南子·氾论》训上高皇帝云"以与百姓请命于皇天"，《汉书》贾捐之曰"赖汉初兴，为百姓请命"。

汤曰"予有言，人视水见形，视民知治否"，伊尹曰"明哉，言能听道乃进，君国子民为善，皆在王官，勉哉勉哉"。汤曰"汝不能敬命，予大罚殛之，无有攸赦"。又伊尹云云"汝鸠汝房"，既继夏命，作《汤诰》。

聿求元圣，与之戮力，以与尔有众请命

1.《尚书注疏》卷七《商书》

（汉）孔氏传，（唐）陆德明音义，（唐）孔颖达疏

聿求元圣，与之戮力，以与尔有众请命。

传，聿，遂也。大圣陈力，谓伊尹。放桀，除民之秽，是请命。

音义，聿，允橘反，述也。勠，旧音六，又力雕反。《说文》力周反。《史记》音力消反。秽于废反。

疏，传正义曰：聿，训"述"也。述前所以申遂，故聿为遂也。勠力，犹勉力也。《论语》云陈力就列汤臣大贤，唯有伊尹故知大圣陈力谓伊尹也。伊尹贤人而谓之圣者，相对则圣极而贤次散文，则贤圣相通。舜谓禹曰，唯汝贤是圣得谓之贤，则贤亦可言圣。郑玄"周礼"注云，圣通而先识也，解先识则为圣名，故伊尹可为圣也。《孟子》云"伯夷，圣人之清者也；伊尹，圣人之任者也；柳下惠，圣人之和者也；孔子，圣人之时者也。"是谓伊尹为圣人者也。桀为残虐人不自保，故伐桀除人之秽，是为请命。

2. 《书传》卷七《商书》

（宋）苏轼撰

（归善斋按，见"夏王灭德作威"）

3. 《尚书全解》卷十五《商书》

（宋）林之奇撰

聿求元圣，与之勠力，以与尔有众请命。

既用玄牡，以告上天神后，请罪有夏，犹惧其不济也，于是遂求元圣，与之尽力，以为尔有众请命于天。盖汤之伐桀，实资伊尹之功也。《孟子》曰"伊尹思天下之民匹夫匹妇，有不被其泽者，若己推而纳诸沟中"，其自任以天下之重也如此。故就汤而说之，以伐夏救民也。是汤之伐夏救民之谋，盖出于伊尹也，故《汤誓》曰"伊尹相汤伐桀，升自陑，遂与桀战于鸣条之野"，盖推本其谋之所自出也，故其告万方也；亦推本而言之曰"聿求元圣，与之勠力"。元圣，即伊尹也。

4. 《尚书讲义》卷七《商书》

（宋）史浩撰

（按此节讲义原缺）

5.《尚书详解》卷十一《商书·汤诰》

（宋）夏僎撰

（归善斋按，见"天道福善祸淫"）

6.《增修东莱书说》卷七《商书·汤诰第三》

（宋）吕祖谦撰，（宋）石澜增修

（归善斋按，见"肆台小子"）

7.《尚书说》卷三《商书·汤诰》

（宋）黄度撰

（归善斋按，见"敢用玄牡"）

8.《絜斋家塾书钞》卷五《商书·汤诰》

（宋）袁燮撰

（归善斋按，原缺）

9.《书经集传》卷三《商书·汤诰》

（宋）蔡沈撰

（归善斋按，见"肆台小子"）

10.《尚书精义》卷十六《商书·汤诰》

（宋）黄伦撰

（归善斋按，见"敢用玄牡"）

11.《尚书详解》卷十二《商书·汤诰》

（宋）陈经撰

（归善斋按，见"夏王灭德作威"）

12. 《融堂书解》卷五《商书·汤诰》

(宋)钱时撰
(归善斋按,见"夏王灭德作威")

13. 《尚书要义》

(宋)魏了翁撰
(归善斋按,原缺)

14. 《书集传或问》卷上《汤诰》

(宋)陈大猷撰
(归善斋按,未解)

15. 《尚书详解》卷四《商书·汤诰第三》

(宋)胡士行撰
(归善斋按,见"夏王灭德作威")

16. 《书纂言》

(元)吴澄撰
(归善斋按,无此篇)

17. 《书集传纂疏》卷三《朱子订定蔡氏集传·商书·汤诰》

(元)陈栎撰
(归善斋按,见"肆台小子")

18. 《读书丛说》卷五

(元)许谦撰
(归善斋按,无此篇)

19. 《书传辑录纂注》卷三《商书·汤诰》

（元）董鼎撰

（归善斋按，见"肆台小子"）

20. 《尚书句解》卷四

（元）朱祖义撰

聿求元圣（于是遂求大圣如伊尹），与之戮力（与之勉力），以与尔有众请命（以与尔有生之众，告天伐桀，乞生命）。

21. 《尚书日记》卷七《商书·汤诰》

（明）王樵撰

（归善斋按，见"肆台小子"）

22. 《日讲书经解义》卷四《商书·汤诰》

（清）库勒纳等撰

（归善斋按，见"肆台小子"）

《尚书考异》卷三《汤诰》

（明）梅鷟撰

聿求元圣，与之戮力。

《孟子》曰"伊尹，圣之任者也"，汉高祖曰"臣与将军戮力而攻秦"。

嗟！尔万方有众，明听予一人诰。"有众"二字，见《盘庚》。《汤誓》称朕，今因既克夏，以天子之称自称。

（归善斋按，另见"敢用玄牡"）

上天孚佑下民，罪人黜伏

1. 《尚书注疏》卷七《商书》

（汉）孔氏传，（唐）陆德明音义，（唐）孔颖达疏

上天孚佑下民，罪人黜伏。

传，孚，信也。天信佑助下民，桀知其罪，退伏远屏。

2. 《书传》卷七《商书》

（宋）苏轼撰

上天孚佑下民，罪人黜服。天命弗僭，贲若草木，兆民允殖。

僭，不信也，言天命有信，视民所与则殖之，所不与则蹶之，若草木然。民所殖则生，不殖则死贲饰也。其理明甚炳然，如丹青也。

3. 《尚书全解》卷十五《商书》

（宋）林之奇撰

上天孚佑下民，罪人黜伏。天命弗僭，贲若草木，兆民允殖。

汤既与伊尹尽力，以为万方有众请命于天矣，于是上天孚信其请，眷佑下民，故鸣条之战，桀知其罪，退伏远屏，窜逐于南巢也。汤以桀为罪人；武王以纣为独夫，盖其得罪于天人，则不复有人君之道故也。既"上天孚佑"成汤与伊尹之请，而"罪人黜伏"，以此见天之"福善祸淫"，其应如响，无所僭差也。"贲若草木，兆民允殖"，孔氏曰，贲，饰也，言天下恶除，焕然咸饰，若草木同华，民信乐生。其说迂回隐晦，不若王氏苏氏之说为善。王氏曰，草木者，天之所生，民之所殖也，非天所生，则民不能殖。非民所殖，则天不能成汤之受命也。天与之，人立之，故曰"天命弗僭，贲若草木，兆民允殖"。观民之所立，则知天之所与矣。苏氏曰，天命有信，视民所与，则殖之；所不与，则蹶之，若草木然。民所殖则生，不殖则死。此二说皆善。盖谓我之所以受命者，本因民之所殖

也。然王氏不解"贲"字之义。薛氏增广其说,谓"贲若"者,方兴而未就也。苏氏曰,贲,饰也,其理甚明,炳若丹青。此二说皆凿。某尝思此二句。其言"若草木,兆民允殖",则文义足矣。虽不加"贲"字亦无害也。加"贲"字则其说穿凿而难通。"贲"字当读为"譬"字,"譬若草木"也。然变易经文以就己意,某尝尤之矣。尤而效之不敢为也,当缺之。

4.《尚书讲义》卷七《商书》

(宋)史浩撰

(归善斋按,原缺)

5.《尚书详解》卷十一《商书·汤诰》

(宋)夏僎撰

上天孚佑下民,罪人黜伏。天命弗僭,贲若草木,兆民允殖。俾予一人,辑宁尔邦家。兹朕未知获戾于上下,栗栗危惧,若将陨于深渊。

汤上既言我与伊尹戮力为尔众民请命于天,故此遂言我请命于天,而上天果然信而有佑助下民之意,故鸣条之战,桀知其罪,遂退伏远屏,窜于南巢,故曰"罪人黜伏"。林少颖谓,汤以桀为罪人,武王以纣为独夫,盖言其得罪于天,人则不复有人君之道也。汤既言上天信有助民之意,而罪人夏桀今已黜伏,故造物之"福善祸淫",报应如响,无有僭差,贲然显著,如草木然。民欲殖者,则天殖之;不欲殖者,则不殖。盖汤者,民所欲殖;而桀者,民所不欲殖者也。汉孔氏乃谓,贲,饰也,言天下恶除,焕然咸饰,若草木同华,民信乐生,其说迂回难晓。不如苏氏谓,天命视民所与,则殖之;所不与,则蹶之,若草木然。民所殖则生,不殖则死也。汤既言天命固如此,然又未敢以必可信,故又言"俾予一人,辑宁尔邦家。兹朕未知获戾于上下"者,盖谓天虽可信,我亦岂敢恃哉,故虽曰使我一人,安辑尔万方有众之邦家,然我未知其不能不得罪于天与夫民也,故曰"兹朕未知获戾于上下"。唯汤恐得罪于上下,故惴惴然,内怀危惧,若将陨坠于深渊之中,言虽得天下,而心常以获戾天民为忧,不敢以位为乐也。林少颖谓,汤既伐桀,恐来世为口实,则当其始履天下之尊，而朝诸侯，宁无惭乎？故其"栗栗危惧"，乃出于中心之诚然者。而汉孔氏乃谓谦以来众心，王氏则谓，汤始伐桀，不恤众言，告以必往无所疑；天下既定，乃"栗栗危惧"者，盖有为之初，众人危疑，果断所以济功；无事之后，众人豫怠，儆诚所以居业。使汤于事未济，则期以果断济功；事已济，则期以儆戒居业。果如是，汤之栗栗危惧，皆非出于中心之自然。况汤虽伐罪救民，然驱民于锋镝，岂得全无恐惧之意，及无事而后惧哉。如以为有事之时不可以惧，则武王《泰誓》言"夙夜祗惧"，则有事之时已惧矣。故知汤之危惧，非至是而后有也。自兴师于亳，已惧不克济矣。至于既践天子位，则尤不遑宁处也。

6.《增修东莱书说》卷七《商书·汤诰第三》

（宋）吕祖谦撰，（宋）石澜增修

上天孚佑下民，罪人黜伏。天命弗僭，贲若草木，兆民允殖。

"上天孚佑下民"，圣人知天于未命之先，众人知天于已验之后。"孚佑"者，见圣人知天于先而至此，果不失所期也。"罪人黜伏"，桀已窜伏于南巢也。天命安有僭差，贲然如草木。贲者，灿然有文，其理甚明，若草木，栽者培之；倾者，覆之，咸其自取也。"兆民允殖"，民本有生殖之理，于此而信。

7.《尚书说》卷三《商书·汤诰》

（宋）黄度撰

上天孚佑下民，罪人黜伏。天命弗僭，贲若草木，兆民允殖。

天佑下民，信矣。桀于是退黜屏伏，去夏归商，岂有差忒，天下更新，焕然贲饰，如草木之华，精神气象为不同矣，兆民信能生殖。

8.《絜斋家塾书钞》卷五《商书·汤诰》

（宋）袁燮撰

（归善斋按，原缺）

9. 《书经集传》卷三《商书·汤诰》

(宋）蔡沈撰

上天孚佑下民，罪人黜伏。天命弗僭，贲若草木，兆民允殖。

孚、允，皆信也。僭，差也。贲，文之著也。殖，生也。上天信佑下民，故夏桀窜亡而屈服。天命无所僭差，灿然若草木之敷荣，兆民信乎其生殖矣。

10. 《尚书精义》卷十六《商书·汤诰》

(宋）黄伦撰

上天孚佑下民，罪人黜伏。天命弗僭，贲若草木，兆民允殖。

无垢曰，天之于民爱之如子，有抚绥之者，则以为后；有残虐之者，则谓之雠。桀贵为天子，富有天下。其尊高之称，在史谓之帝，在经谓之王。今以虐民之故，一旦斥遂谓之罪人，不复有帝王之称矣。桀谓之罪人，纣谓之一夫。吁！可畏哉。欲得天者，当得民；欲得民者，当布仁政，使天下之民悦乐，而无憔悴不满之心者。此天与之也，其可忽哉？

薛氏曰，天命有信，视民所与，则殖之；所不与，则蹶之，若草木然，民所殖亦生，不殖亦死。

张氏曰，草木者，天生之，人殖之。非天所生，则民不能殖，盖人非天不能因，故也。非民所殖，则天不能成，盖天非人不能成，故也。汤之兴也，天与之，民立之。

东莱曰，圣人知天于未见之先，众人知天于已见之后。孚佑下民，盖圣人知天于先而至此，果不失期也。

11. 《尚书详解》卷十二《商书·汤诰》

(宋）陈经撰

(归善斋按，见"夏王灭德作威"）

12.《融堂书解》卷五《商书·汤诰》

（宋）钱时撰
（归善斋按，见"夏王灭德作威"）

13.《尚书要义》

（宋）魏了翁撰
（归善斋按，原缺）

14.《书集传或问》卷上《汤诰》

（宋）陈大猷撰
（归善斋按，未解）

15.《尚书详解》卷四《商书·汤诰第三》

（宋）胡士行撰
（归善斋按，见"夏王灭德作威"）

16.《书纂言》

（元）吴澄撰
（归善斋按，无此篇）

17.《书集传纂疏》卷三《朱子订定蔡氏集传·商书·汤诰》

（元）陈栎撰
上天孚佑下民，罪人黜伏。天命弗僭，贲若草木，兆民允殖。
孚、允，皆信也。僭，差也。贲，文之著也。殖，生也。上天信佑下民，故夏桀窜亡而屈服。天命无所僭差，灿然若草木之敷荣，兆民信乎其生殖矣。
纂疏：
愚谓"天命弗僭，贲若草木"，如语"譬诸草木，区以别矣"之意。

"兆民允殖"与"罪人黜伏"相应。"罪人黜伏",则兆民信生殖可见。天命之弗僭差,如草木之灿然栽培、倾覆,皆其自取耳。

18.《读书丛说》卷五

(元)许谦撰

(归善斋按,无此篇)

19.《书传辑录纂注》卷三《商书·汤诰》

(元)董鼎撰

上天孚佑下民,罪人黜伏。天命弗僭,贲若草木,兆民允殖。

孚、允,皆信也。僭,差也。贲,文之著也。殖,生也。上天信佑下民,故夏桀窜亡而屈服。天命无所僭差,灿然若草木之敷荣,兆民信乎其生殖矣。

辑录:

"贲若",言草木之美;"允殖"言兆民信安其生。罪人既黜伏,天命既弗差,故草木华美,百姓丰殖,谓人、物皆遂。《东斋集传》。"贲若草木,兆民允殖",诸家说多不同,未知当如何看?曰,连上句天命不僭,明白易见,故人得遂其生也。偭。

20.《尚书句解》卷四

(元)朱祖义撰

上天孚佑下民(上天果然信而佑助下民),罪人黜伏(桀知其为有罪之人退伏远屏窜于南巢)。

21.《尚书日记》卷七《商书·汤诰》

(明)王樵撰

"上天孚佑下民"至"兆民允殖"。"孚佑","孚"字,因上"请罪""请命"二"请"字而言。"请"者,听于天而不敢必之辞。上天信果佑爱下民,故夏桀窜亡而黜伏,则"请罪"者得矣。夫夏王有罪而既伏其辜,万姓无辜而卒蒙其佑,上天"福善祸淫"之命,果无僭差。害民者去，而憔悴之民皆有生意，"贲若草木"焉，兆民信乎其殖矣。殖，生长也。"殖"曰"允殖"，昔未可知，而今喜其得之之辞也，应"请命"而言。

"贲若草木"，朱子旧说似非文意，当从蔡传，以此句属下句为意。昔也，民困于虐政，如草木之憔悴。今憔悴者苏，枯槁者复，如草木之敷荣也。贲，文貌。

22.《日讲书经解义》卷四《商书·汤诰》

（清）库勒纳等撰

上天孚佑下民，罪人黜伏。天命弗僭，贲若草木，兆民允殖。

此一节书，言已请命于天，而天果孚佑之也。孚、允，皆信也。僭，差也。贲，文之著也。殖，生也。成汤又曰，我既请夏桀之罪，与尔众人之命于天。天果垂怜无辜，佑尔百姓，故使罪人窜亡屈服于南巢之地。上天"祸淫"之命毫不僭差；民之向被其荼毒者，皆有生意，灿然若草木之敷荣，兆民自此信乎其能去虐害之苦，而各遂其生养之愿。天之佑尔下民，不其信与天以生物为心，未有不爱下民者，人君以天之心为心，则顺天而应人矣。

天命弗僭，贲若草木，兆民允殖

1.《尚书注疏》卷七《商书》

（汉）孔氏传，（唐）陆德明音义，（唐）孔颖达疏

天命弗僭，贲若草木，兆民允殖。

传，僭，差；贲，饰也。言福善祸淫之道不差，天下恶除，焕然咸饰，若草木同华，民信乐生。

音义，僭，子念反，忒也，刘创林反。贲，彼义反，徐扶云反，饰也。焕，呼乱反。乐，音洛。

疏，正义曰，桀以大罪身，既黜伏，是天之福善祸淫之命，信而不僭差也。既除大恶，天下焕然修饰，若草木同生华，兆民信乐生也。昔日不

保性命，今日乐生活矣。僭，差，不齐之意，故传以僭为差。贲，饰，《易序》卦文也。

2.《书传》卷七《商书》

（宋）苏轼撰

（归善斋按，见"上天孚佑下民"）

3.《尚书全解》卷十五《商书》

（宋）林之奇撰

（归善斋按，见"上天孚佑下民"）

4.《尚书讲义》卷七《商书》

（宋）史浩撰

（按此节讲义原缺）

5.《尚书详解》卷十一《商书·汤诰》

（宋）夏僎撰

（归善斋按，见"上天孚佑下民"）

6.《增修东莱书说》卷七《商书·汤诰第三》

（宋）吕祖谦撰，（宋）石澜增修

（归善斋按，见"上天孚佑下民"）

7.《尚书说》卷三《商书·汤诰》

（宋）黄度撰

（归善斋按，见"上天孚佑下民"）

8.《絜斋家塾书钞》卷五《商书·汤诰》

（宋）袁燮撰

天命弗僭，贲若草木，兆民允殖。俾予一人，辑宁尔邦家。

天命弗僭差，显然如草木焉。草木之栽者，天从而培之；其倾者，天从而覆之。人、事为本，天命特因人、事，如何尔独以草木言者，其理显然可见，故谓之"贲"。贲者，昭然分明之谓也。既以草木形容天命，又以兆民形容草木，唯天惠民，唯辟奉天，人主无职事；能安民者，是乃人主之职事也。人主能封殖兆民，犹草木之栽者也，天命亦予之。不能封殖兆民，犹草木之倾者也，天命虽欲予之而不可得。桀不能封殖兆民，所以天覆亡之。汤能封殖兆民，所以天眷佑之。天、民之理贯通，知民则知天矣、曰"俾予一人，辑宁尔邦家"，观"俾"之一字，则知成汤能封殖兆民，是以天使之"辑宁尔邦家"也。

9.《书经集传》卷三《商书·汤诰》

（宋）蔡沈撰
（归善斋按，见"上天孚佑下民"）

10.《尚书精义》卷十六《商书·汤诰》

（宋）黄伦撰
（归善斋按，见"上天孚佑下民"）

11.《尚书详解》卷十二《商书·汤诰》

（宋）陈经撰
（归善斋按，见"夏王灭德作威"）

12.《融堂书解》卷五《商书·汤诰》

（宋）钱时撰
（归善斋按，见"夏王灭德作威"）

13.《尚书要义》

（宋）魏了翁撰
（归善斋按，原缺）

14.《书集传或问》卷上《汤诰》

（宋）陈大猷撰

或问，晦庵说"贲若草木，兆民允殖"如何（晦庵曰，"贲若"，言草木之美；"允殖"，言兆民信安其生。罪人既黜伏，天命既弗差，故草木华美，百姓丰殖，谓人、物皆遂）？曰，此说于此二句极顺，但"天命弗僭"一句，未免与上文重叠，取下文又不相串，不若夏氏之说，上下文意俱顺。虽曰暴殄天物，终不成草木皆不遂发生；罪人黜伏，而草木华美，又似不近情理也。曰此说犹所谓山川改观之意耳。曰，谓山川改观则可，谓草木亦美则不然；曰《诗》所谓"柞棫斯拔，松栢斯兑"，非欤。曰《诗》美周，家积累久，物生咸遂尔，与此又不同。乱世固是草木失性，亦有野，无青草之说，然汤伐桀，方还至亳，岂能使贲若华盛乎？夏说本于苏，而其文尤明顺，故止载夏说，他多类此。

15.《尚书详解》卷四《商书·汤诰第三》

（宋）胡士行撰
（归善斋按，见"夏王灭德作威"）

16.《书纂言》

（元）吴澄撰
（归善斋按，无此篇）

17.《书集传纂疏》卷三《朱子订定蔡氏集传·商书·汤诰》

（元）陈栎撰
（归善斋按，见"上天孚佑下民"）

18.《读书丛说》卷五

（元）许谦撰
（归善斋按，无此篇）

19. 《书传辑录纂注》卷三《商书·汤诰》

（元）董鼎撰

（归善斋按，见"上天孚佑下民"）

20. 《尚书句解》卷四

（元）朱祖义撰

天命弗僭（天命福善祸淫，无有僭差），贲若草木（贲饰光华，如草木，天且生殖之如此），兆民允殖（则天下兆民，信上天生殖之矣）。

21. 《尚书日记》卷七《商书·汤诰》

（明）王樵撰

（归善斋按，见"上天孚佑下民"）

22. 《日讲书经解义》卷四《商书·汤诰》

（清）库勒纳等撰

（归善斋按，见"上天孚佑下民"）

《读书管见》卷上《汤诰》

（元）王充耘撰

贲若草木，兆民允殖。

此二句，当作一连说。夫害民者去，而憔悴之民皆有生意，贲然如草木之荣茂，而可观矣。若说天如草木，不成义理。

《书义断法》卷三《商书·汤诰》

（元）陈悦道撰

天命非僭，贲若草木，兆民允殖。

天理流行，付与万物，昭然若草木之光华，皆天理也；信然使兆民之生殖，亦天理也。《汤诰》万邦晓之以天命之理，而验之于民、物之间。"福善祸淫"之天，绝无毫发之僭差，譬诸草木区以别矣。岂有世运之终否，而匹夫匹妇不得遂其生哉？古今天理，善则得之，不善则失之。得众，则得国；失众，则失国。以汤之兴、夏之亡观之，于以见天命之昭昭，其自今以往，休养生息，兆民以治、以生，亦信乎，其无可疑者也。

俾予一人，辑宁尔邦家

1.《尚书注疏》卷七《商书》

（汉）孔氏传，（唐）陆德明音义，（唐）孔颖达疏

俾予一人，辑宁尔邦家。

传，言天使我辑安汝国家。国，诸侯；家，卿大夫。

音义，俾，必尔反，徐甫婢反，使也。辑，音集，又七人反。

2.《书传》卷七《商书》

（宋）苏轼撰

俾予一人，辑宁尔邦家。兹朕未知获戾于上下，栗栗危惧，若将陨于深渊。

此亦惭德之言也。

3.《尚书全解》卷十五《商书》

（宋）林之奇撰

俾予一人，辑宁尔邦家。兹朕未知获戾于上下，栗栗危惧，若将陨于深渊。

此则言其虽应天、顺人，拯斯民于涂炭之中，然而自负其称兵犯上之惭，仰愧俯怍，而不敢自宁也。天生民，而立之君。盖以其"降衷于民"，而斯民不能以自保，故使之若有常性，以绥厥猷，则其任可谓重矣。桀以不能若其性，绥其猷，故人怨于下，天怒于上。汤因天、人之怨怒，以诛伐之，至于"罪人黜伏"矣。则夫所以若民之常性，以绥其猷者，其任遂归于汤矣。故惧其德之弗克负荷，而怀不自安之意，若将无以容其

身者，故以谓天既降罪于桀，而使我一人，"辑安尔邦家"，我亦岂能自保其不获戾于上下，言上则惧其得罪于天，下则惧其得罪于民也。唯其未知获罪于上下，故惴惴然怀危惧，若将陨坠于深渊之中，言其既得践天子位，而其心则以获戾于天、人为忧，而不以位为乐也。盖古者，圣人虽甚盛德，未尝敢忘自儆之意，战战兢兢，如临深渊，如履薄冰，皆出于其中心之诚然。唯其恐惧修省如此，兹其所以为全德也，汤之伐桀，其虑所终，稽所敝，犹惧来世之乱臣贼子以为口实，则其当时，始履天下之籍而朝诸侯，宁无惭乎？故其"栗栗危惧"者，自然之理也。而汉孔氏曰，谦以来众心。唐孔氏亦以谓汤之伐桀，上应天心，下符人事，本无罪，而云未知得罪与否者，谦以来众心也。其意盖以汤本无祇惧之意，特其即位之初，托为此言，以冀众悦耳。如此则圣人之所为，与夫王莽，遭翟义兵起，抱孺子，朝群臣，告祷郊庙者，无以异也。王氏又曰，汤始伐桀，商人皆咎汤不恤我众。然汤升自陑，告必往，至于孥戮示众，无所疑难也。及夫天下已定，乃曰"栗栗危惧，若将陨于深渊"，盖有为之初，众人危疑，则果断之，以济功；无事之后，众人豫怠，儆诫所以居业。其异于众人也远矣，此其所以为汤也。若夫事未济，则从而惧；事已济则喜而怠，则是众人也，岂足以制众人哉？王氏此说徒以其为新法之地而已。学者遂信之以成汤之意果如是，岂不误欤？子路问于孔子曰"子行三军，则谁与"？子曰"暴虎冯河，死而无悔者，吾不与也。必也临事而惧，好谋而成者"。汤虽伐罪吊民，然驱驰于锋镝之下，岂得恝然全无恐惧之意，及无事而后惧哉？以为有事之时不可以惧，则武王于《泰誓》曰"予小子夙夜祇惧"，是不应惧而后惧矣。子之所慎斋、战、疾，圣人之于事，无所不慎，而犹所慎于此三者。今谓有事则不当惧，岂非邪说，簧鼓惑人主之听，以逞其私乎？禹曰"予临兆，懔乎若朽索之御六马"，岂计夫有事之与无事乎？故汤之"惴惴危惧"非至是而后有也。自其兴师于亳之时，已惧其不克济矣。而至于践天位，临兆民，则尤不遑宁者也。

4.《尚书讲义》卷七《商书》

（宋）史浩撰

俾予一人，辑宁尔邦家。兹朕未知获戾于上下，栗栗危惧，若将陨于深渊。凡我造邦，无从匪彝，无即慆淫。各守尔典，以承天休。尔有善，朕弗敢蔽，罪当朕躬，弗敢自赦，唯简在上帝之心。其尔万方有罪，在予一人。予一人有罪，无以尔万方。呜呼，尚克时忱，乃亦有终。

"俾"之为言，使也。上天神后，使予一人，辑睦安宁尔邦家。然犹未卜天意、人心果如何。若获戾于上下，"栗栗危惧"，如将陨于深渊。汤之心，果何乐哉？以此知汤本无意于天下，不得已而受之尔。若以常人论之，以诸侯而得天下，宜乎志满意得，骄矜自大，何畏乎天下不服。而汤乃惴惴然，若无所容其身。呜呼！而谓汤有意于自陑之战，真厚诬哉。汤之本心，既已昭著，于是乃戒诸侯，凡我造邦之诸侯，同成此事，无从匪彝，无一非法也。无即慆淫，无傲慢骄淫也。各守尔之典常，以承天之美意而已，固无改作也。尔有善，我不蔽，当章明暴白之；至有罪，则朕不汝扬，朕自当之，不敢自赦，以此自处。知我者其天乎，故曰"唯简在上帝之心"，如是则万方诸侯敢不虔恭而听命乎？既已戒诸侯矣，又告万方曰其尔万方有罪，罪在朕躬予一人，"有罪无以尔万方"，夫万方皆自作之孽，而汤招之在己。至己有罪，则不以累万方。传曰"江海所以为百谷，王者以其善下之也"，又曰"禹、汤罪己，其兴也勃焉"，此之谓也。呜呼者，叹辞也。"尚克时忱"者，信也，信我此言，我乃能图厥终，不然则未保其往也，此汤之谦德也。夫我之德，天既信之，人既信之，而尚忧其不信，岂不过计也。观《汤诰》一篇，知汤真怀惭德，惧天下之不我信，诚心恻怛，勤勤告谕，唯恐一人疑其迹也。然则，汤果何心而为此哉？事危势迫，天命所归，人心所予，不得已而当之尔。《易》曰，"汤、武革命，顺乎天而应乎人。"夫"应"者，应之而已；"顺"者，顺之而已，何容心哉？若谓汤、武有一毫包藏冀得天下之心，则是诬汤、武也。其临戎誓众之言，伊尹、太公为之不可以为实也。是故顺乎天而应乎人，先圣人，独归汤、武，以汤、武无心而得之云尔。呜呼！学者知应、顺之道，出于无心，迫于不得已，然后可以白汤、武之心于万世之下也。

5. 《尚书详解》卷十一《商书·汤诰》

（宋）夏僎撰

（归善斋按，见"上天孚佑下民"）

6. 《增修东莱书说》卷七《商书·汤诰第三》

（宋）吕祖谦撰，（宋）石澜增修

俾予一人，辑宁尔邦家。兹朕未知获戾于上下，栗栗危惧，若将陨于深渊。

"俾予一人，辑宁尔邦家"，汤初以民心天命所在，不得不伐桀，今罪既讨矣，当有圣人出而治之，乃使"予一人，辑宁尔邦家"，用见汤之伐桀，出于不得已。而既伐之后，以天下为大歉然，而不敢当也。"兹朕未知获戾于上下"，不知今已获戾于上下乎，未获戾于上下乎？辑宁之责在己，则桀之戾，将移于己。"栗栗危惧，若将陨于深渊"，此汤之敬百圣相传为君之心也。未尝获戾，若己获戾者，可见圣人之心矣。

7. 《尚书说》卷三《商书·汤诰》

（宋）黄度撰

俾予一人，辑宁尔邦家。兹朕未知获戾于上下，栗栗危惧，若将陨于深渊。

天使予辑宁尔君公卿大夫，而未知所以自免于戾，故惧。孔子曰治天下者，不敢失于小国之臣，而况于公侯伯子男乎？

8. 《絜斋家塾书钞》卷五《商书·汤诰》

（宋）袁燮撰

（归善斋按，见"天命弗僭"）

9. 《书经集传》卷三《商书·汤诰》

（宋）蔡沈撰

俾予一人，辑宁尔邦家。兹朕未知获戾于上下，栗栗危惧，若将陨于深渊。

辑，和；戾，罪；陨，坠也。天使我"辑宁尔邦家"，其付予之重，恐不足以当之，未知已得罪于天地与否，惊恐忧畏，若将坠于深渊。盖责越重，则忧越大也。

10.《尚书精义》卷十六《商书·汤诰》

（宋）黄伦撰

俾予一人，辑宁尔邦家。兹朕未知获戾于上下，栗栗危惧，若将陨于深渊。

无垢曰，桀在上，则天下责望于桀。桀为无道，积失民心，以至于亡。今桀既去，乃汤在上，天下移责望桀之心于汤矣。汤自顾放君之罪，已布于天下矣。使汤能副天心、民心，则汤庶几可以免祸。使汤偃然以英雄自任，上忽天，下忽民，民心将复思夏之贤君，则事又未可知也。此皆言汤惭德之发见也。"栗栗危惧，若将陨于深渊"，非饰辞也，汤之心诚是如此。

11.《尚书详解》卷十二《商书·汤诰》

（宋）陈经撰

俾予一人，辑宁尔邦家。兹朕未知获戾于上下，栗栗危惧，若将陨于深渊。凡我造邦，无从匪彝，无即慆淫。各守尔典，以承天休。尔有善，朕弗敢蔽。罪当朕躬，弗敢自赦。唯简在上帝之心。其尔万方有罪，在予一人。予一人有罪，无以尔万方。呜呼！尚克时忱，乃亦有终。

汤奉天命伐桀矣，天下之大，乃使我一人为之，予何以当之哉？何以见天使汤辑宁宁家，即民心之归可以验之。兹朕未知已得罪于上下神祇乎，未得罪于上下神祇乎？"栗栗危惧"，"栗栗"者，危心也，如将陨坠于深渊之中，此可见成汤之敬心，不以天下为乐，而以天下为忧，常恐不能胜其任也。凡我造邦之诸侯，非常之事，不可从；慆慢淫过之事，不可就，所谓制节谨度，满而不溢是也。"各守尔典，以承天休"，典者，常行之理也，非于"尔典"之外，有所谓天休。凡尔心无所愧怍，心广而体胖，作德而日休者，天休也。尔有善，则朕当懋官、懋赏，以旌尔善，而不敢隐蔽。朕有罪，则不敢以自恕，当听命于天。唯天有所简择焉。其尔万方有罪，则皆我之过。何者？圣人以天下为一体，天下之过，皆君之过。君仁莫不仁，有不善而非君之过哉。予一人有罪，则非尔万方之事，成汤何其责己甚重，而责人之甚轻；责己甚厚，而责人甚恕也，岂非"与人不求备，检身若不及"者乎。以责人之心而责己，则是向也。伐夏之惭，皆以身任之，诸侯无与焉。则自今以往，尚何怀疑不安之有？"呜呼！尚克时忱，乃亦有终"，尔万方诸侯，庶几以我言为信，则当保其终。

　　读此章者，当深考圣人用心与常人异。天下始定，岂无怀疑不安之情。汤欲去其不附己者，则严为之刑罚兵威，天下谁敢不唯汤之从，方且温言告戒之，唯恐其不己信其忠厚和易之心亦可想见，又况常人之情功成之后志得意满圣人处方且"栗栗危惧"。呜呼！此开基之本，而创业垂统之大法也。后世子孙视之祖甲之"不敢侮鳏寡"，中宗之"不敢荒宁"，岂非有得于"危惧"之心哉？齐桓伯业方成，而涛涂见执；魏武始得荆州，而遽忽张松。虽以汉高之豁达大度，且曰臣之业，孰与仲多，其骄容德色，已形见于父子兄弟之际。人心之相，如此其相远也。

12.《融堂书解》卷五《商书·汤诰》

（宋）钱时撰
（归善斋按，见"夏王灭德作威"）

13.《尚书要义》

（宋）魏了翁撰
（归善斋按，原缺）

14.《书集传或问》卷上《汤诰》

（宋）陈大猷撰
（归善斋按，未解）

15. 《尚书详解》卷四《商书·汤诰第三》

（宋）胡士行撰

（归善斋按，见"夏王灭德作威"）

16. 《书纂言》

（元）吴澄撰

（归善斋按，无此篇）

17. 《书集传纂疏》卷三《朱子订定蔡氏集传·商书·汤诰》

（元）陈栎撰

俾予一人，辑宁尔邦家。兹朕未知获戾于上下，栗栗危惧，若将陨于深渊。

辑，和；戾，罪；陨，坠也。天使我"辑宁尔邦家"，其付予之重，恐不足以当之，未知已得罪于天地与否，惊恐忧畏，若将坠于深渊。盖责越重，则忧越大也。

18. 《读书丛说》卷五

（元）许谦撰

（归善斋按，无此篇）

19. 《书传辑录纂注》卷三《商书·汤诰》

（元）董鼎撰

俾予一人，辑宁尔邦家兹朕未知获戾于上下，栗栗危惧，若将陨于深渊。

辑，和；戾，罪；陨，坠也。天使我"辑宁尔邦家"，其付予之重，恐不足以当之，未知已得罪于天地与否，惊恐忧畏，若将坠于深渊。盖责越重，则忧越大也。

20. 《尚书句解》卷四

（元）朱祖义撰

俾予一人（今使我一人），辑宁尔邦家（绥辑安宁尔邦家之众）。

21. 《尚书日记》卷七《商书·汤诰》

（明）王樵撰

"俾予一人，辑宁尔邦家"至"若将陨于深渊"。夏德昏乱，尔邦家涣散而不辑，摇动而不宁。今罪人既黜，天"俾予一人，辑宁尔邦家"，深唯付予之重，必能上顺天理，下悉民情，无一事之缪，无一物之戾，然后足以当之，而恐非寡昧之所及也，未知己得罪于天地与否？"栗栗危惧，若将陨于深渊"，此汤自严畏，以期诸侯同心奉职之意。

22. 《日讲书经解义》卷四《商书·汤诰》

（清）库勒纳等撰

俾予一人，辑宁尔邦家。兹朕未知获戾于上下，栗栗危惧，若将陨于深渊。

此一节书，言己受上天付托之重，唯恐不能胜也。俾，使也。辑，和也。戾，犹言罪；陨，坠也。成汤又曰，天既亡无道之桀，不可令兆民无主，乃举绥猷之责，委畀于我一人之身，使辑和安定尔邦家之众。上天付托之重如此，顾我凉德，虑不足以当之，常恐得罪于天地，而有不自知之处。用是"栗栗危惧"，若下临不测之险，将坠于深渊者。然盖我之责越重，而忧越大也，敢不敬哉？古先圣王深知为君之难，故无日而不戒惧。汤之圣，敬日跻，诚帝王心学之要也。

兹朕未知获戾于上下

1. 《尚书注疏》卷七《商书》

（汉）孔氏传，（唐）陆德明音义，（唐）孔颖达疏

兹朕未知获戾于上下。

传，此伐桀未知得罪于天地，谦以求众心。

音义，戾力计反。

疏，传正义曰：经言"兹"者，谓此伐桀也。顾氏云，"未知得罪于天地"，言伐桀之事，未知得罪于天地以否。汤之伐桀上应天心，下符人事，本实无罪，而云未知得罪以否者，谦以求众心。

2.《书传》卷七《商书》

（宋）苏轼撰

（归善斋按，见"俾予一人，辑宁尔邦家"）

3.《尚书全解》卷十五《商书》

（宋）林之奇撰

（归善斋按，见"俾予一人，辑宁尔邦家"）

4.《尚书讲义》卷七《商书》

（宋）史浩撰

（归善斋按，见"俾予一人，辑宁尔邦家"）

5.《尚书详解》卷十一《商书·汤诰》

（宋）夏僎撰

（归善斋按，见"上天孚佑下民"）

6.《增修东莱书说》卷七《商书·汤诰第三》

（宋）吕祖谦撰，（宋）石澜增修

（归善斋按，见"俾予一人，辑宁尔邦家"）

7.《尚书说》卷三《商书·汤诰》

（宋）黄度撰

（归善斋按，见"俾予一人，辑宁尔邦家"）

8. 《絜斋家塾书钞》卷五《商书·汤诰》

（宋）袁燮撰

兹朕未知获戾于上下，栗栗危惧，若将陨于深渊。

今日之举，虽因乎天命、人心，然亦未知获戾乎上下乎否乎？方且"栗栗危惧"，何敢自以为是。此可以观圣人之心。

9. 《书经集传》卷三《商书·汤诰》

（宋）蔡沈撰
(归善斋按，见"俾予一人，辑宁尔邦家")

10. 《尚书精义》卷十六《商书·汤诰》

（宋）黄伦撰
(归善斋按，见"俾予一人，辑宁尔邦家")

11. 《尚书详解》卷十二《商书·汤诰》

（宋）陈经撰
(归善斋按，见"俾予一人，辑宁尔邦家")

12. 《融堂书解》卷五《商书·汤诰》

（宋）钱时撰
(归善斋按，见"夏王灭德作威")

13. 《尚书要义》

（宋）魏了翁撰
(归善斋按，原缺)

14. 《书集传或问》卷上《汤诰》

（宋）陈大猷撰
(归善斋按，未解)

15.《尚书详解》卷四《商书·汤诰第三》

（宋）胡士行撰

(归善斋按，见"夏王灭德作威")

16.《书纂言》

（元）吴澄撰

(归善斋按，无此篇)

17.《书集传纂疏》卷三《朱子订定蔡氏集传·商书·汤诰》

（元）陈栎撰

(归善斋按，见"俾予一人，辑宁尔邦家")

18.《读书丛说》卷五

（元）许谦撰

(归善斋按，无此篇)

19.《书传辑录纂注》卷三《商书·汤诰》

（元）董鼎撰

(归善斋按，见"俾予一人，辑宁尔邦家")

20.《尚书句解》卷四

（元）朱祖义撰

兹朕未知获戾于上下（此我未知得罪于天地神祇否）。

21.《尚书日记》卷七《商书·汤诰》

（明）王樵撰

(归善斋按，见"俾予一人，辑宁尔邦家")

22. 《日讲书经解义》卷四《商书·汤诰》

（清）库勒纳等撰
（归善斋按，见"俾予一人，辑宁尔邦家"）

栗栗危惧，若将陨于深渊

1. 《尚书注疏》卷七《商书》

（汉）孔氏传，（唐）陆德明音义，（唐）孔颖达疏
栗栗危惧，若将陨于深渊。
传，栗栗危心若坠深渊危惧之甚。
音义，栗，音栗。陨，于敏反。

2. 《书传》卷七《商书》

（宋）苏轼撰
（归善斋按，见"俾予一人，辑宁尔邦家"）

3. 《尚书全解》卷十五《商书》

（宋）林之奇撰
（归善斋按，见"俾予一人，辑宁尔邦家"）

4. 《尚书讲义》卷七《商书》

（宋）史浩撰
（归善斋按，见"俾予一人，辑宁尔邦家"）

5. 《尚书详解》卷十一《商书·汤诰》

（宋）夏僎撰
（归善斋按，见"上天孚佑下民"）

6. 《增修东莱书说》卷七《商书·汤诰第三》

（宋）吕祖谦撰，（宋）石澜增修
（归善斋按，见"俾予一人，辑宁尔邦家"）

7. 《尚书说》卷三《商书·汤诰》

（宋）黄度撰
（归善斋按，见"俾予一人，辑宁尔邦家"）

8. 《絜斋家塾书钞》卷五《商书·汤诰》

（宋）袁燮撰
（归善斋按，见"兹朕未知获戾于上下"）

9. 《书经集传》卷三《商书·汤诰》

（宋）蔡沈撰
（归善斋按，见"俾予一人，辑宁尔邦家"）

10. 《尚书精义》卷十六《商书·汤诰》

（宋）黄伦撰
（归善斋按，见"俾予一人，辑宁尔邦家"）

11. 《尚书详解》卷十二《商书·汤诰》

（宋）陈经撰
（归善斋按，见"俾予一人，辑宁尔邦家"）

12. 《融堂书解》卷五《商书·汤诰》

（宋）钱时撰
（归善斋按，见"夏王灭德作威"）

13. 《尚书要义》

（宋）魏了翁撰

（归善斋按，原缺）

14. 《书集传或问》卷上《汤诰》

（宋）陈大猷撰

（归善斋按，未解）

15. 《尚书详解》卷四《商书·汤诰第三》

（宋）胡士行撰

（归善斋按，见"夏王灭德作威"）

16. 《书纂言》

（元）吴澄撰

（归善斋按，无此篇）

17. 《书集传纂疏》卷三《朱子订定蔡氏集传·商书·汤诰》

（元）陈栎撰

（归善斋按，见"俾予一人，辑宁尔邦家"）

18. 《读书丛说》卷五

（元）许谦撰

（归善斋按，无此篇）

19. 《书传辑录纂注》卷三《商书·汤诰》

（元）董鼎撰

（归善斋按，见"俾予一人，辑宁尔邦家"）

20.《尚书句解》卷四

(元) 朱祖义撰

栗栗危惧(我所以栗栗然忧危恐惧),若将陨于深渊(如将陨坠于深渊中)。

21.《尚书日记》卷七《商书·汤诰》

(明) 王樵撰

(归善斋按,见"俾予一人,辑宁尔邦家")

22.《日讲书经解义》卷四《商书·汤诰》

(清) 库勒纳等撰

(归善斋按,见"俾予一人,辑宁尔邦家")

《尚书考异》卷三《汤诰》

(明) 梅鷟撰

陨于深渊。

万方有众。

降灾于夏邑。

《左传》芋尹盖对吴人之言。

盘庚曰"有众咸造",又曰"绥爰有众",微子"天毒降灾荒殷邦"。《多士》"弗吊昊天,大降丧于殷,我有周佑命,将天明威致王罚"。

凡我造邦,无从匪彝,无即慆淫

1.《尚书注疏》卷七《商书》

(汉) 孔氏传,(唐) 陆德明音义,(唐) 孔颖达疏

凡我造邦,无从匪彝,无即慆淫。

传,戒诸侯与之更始。彝,常;慆,慢也。无从匪常,无就慢过,禁之。

音义,彝,徐音夷。慆,他刀反。

2.《书传》卷七《商书》

(宋)苏轼撰

凡我造邦,无从匪彝,无即慆淫。

彝,常也。慆,慢也。戒诸侯之言。

3.《尚书全解》卷十五《商书》

(宋)林之奇撰

凡我造邦,无从匪彝,无即慆淫。各守尔典,以承天休。

唯其临兆民之危惧如此,故明告所为造邦与之更始之意,使之晓然,知上之德意志虑也。谓凡我之立此邦家,唯欲使尔万邦,无从匪彝,无事慢游,各守汝之典常,以共承天之休美,如此而已。盖"无从匪彝,无即慆淫",则能得其常性,以安其道,而保夫天之"降衷"矣,故能承天之休也。桀之所亡者,唯不能是故也。秦人自商鞅以来,以严刑峻法,督责天下,弃灰于道者诛,步过六尺者不赦,刑人相望于道,斯民愁叹,不保朝夕。故汉高帝入关,即召诸县豪杰,曰:"父老苦秦苛法久矣。诽谤者族。偶语者弃市。吾与诸侯约,先入关者王之。吾当王关中,与父老约法三章,杀人者死,伤人及盗抵罪,余悉除去秦法。吏民皆按堵如故。凡吾所以来,为父兄除害,非有所侵暴,毋恐。且吾所以军霸上,待诸侯至而定要束耳。"某尝谓高祖此言,可与《汤誓》之书并传于不朽,盖其用意一也。桀之所以结怨于民者,唯其"灭德作威,以敷虐于尔万方百姓",俾之"罹其凶害,弗忍荼毒"尔。故汤既得天下,则谓我之造邦,非复有严刑峻法如桀之世也。汝万方有众。但能"无从匪彝,无即慆淫",则能"各守尔典,以承天休"矣。此正高祖约法三章之意。《孝经》曰:"示之以好恶,而民知禁",此之谓也。

4.《尚书讲义》卷七《商书》

（宋）史浩撰

（归善斋按，见"俾予一人，辑宁尔邦家"）

5.《尚书详解》卷十一《商书·汤诰》

（宋）夏僎撰

凡我造邦，无从匪彝，无即慆淫。各守尔典，以承天休。尔有善，朕弗敢蔽。罪当朕躬，弗敢自赦。唯简在上帝之心。其尔万方有罪，在予一人。予一人有罪，无以尔万方。呜呼！尚克时忱，乃亦有终。

汤上既言以履大宝，"栗栗危惧"如此，故此遂告我所为造邦之诸侯，与之更始，使其晓然知上之德意也。谓我今日始新造尔众邦，诚欲尔众，"无从匪彝，无即慆淫"，"从"，如"唯酖乐之从"同，盖无从非常法者；"即"，如"康功田功"之"即"，盖慢游而至于过者，亦不可就也。唯欲尔众各守常法，"以承天休"而已。盖诸侯之职，能制节谨度，则满而不溢，则可以长守富也。长守富贵，岂非所谓"承天休"乎？汤既戒诸侯，使去匪彝慆淫之失，而守常典，"以承天休"，故又言，尔诚能如我所言，力而行之，至于有善可称，则我当度德定位，量能授官，与共天位，与治天职，弗敢掩尔善矣。尔有善，我既不敢蔽；若我自有罪，罪在我身，我亦不敢自赦。其简别而在察者，又在乎上帝之心。汤言此，盖人有善恶，人君固赏罚之，汝不可谓人君有不善，无人可奈何者，虽无人可奈何，而上有天焉，我岂可不畏哉。汤既言人君，有不善天必诛之，故此又言人君，所以有罪，非必人君一身，自有可指之罪。苟尔万方有罪，则罪亦在我身。盖天之立君，欲其若恒性，而绥厥猷，苟万方有罪，则是人君若之、绥之者不至，故其罪在人君。若夫人君自不能尽君道，而上得罪于天，则其罪又在一人，自当不及尔万方矣。汤此言，又所以深明为君之尤难也。汤既言为君之难如此，故又嗟叹而言曰，尔万方有众，尚庶几以我此言为可信。而"无从匪彝，无即慆慆。各守尔典，以承天休"，则非特我国家社稷可保其有终，而汝亦可以终享其安荣之福也，故终之曰"尚克时忱，乃亦有终"。

6.《增修东莱书说》卷七《商书·汤诰第三》

（宋）吕祖谦撰，（宋）石𤁕增修

凡我造邦，无从匪彝，无即慆淫。各守尔典，以承天休。

凡我造邦之人，"无从匪彝，无即慆淫。各守尔典，以承天休"，非号令有邦之君也。观其辞气，深欲鉴前事之可畏，而体今日之心。一"从匪彝"，"即慆淫"，则不能守尔典矣。人之心不适邪，则适正；不为善，则为恶。苟心无所"即"，无所"从"，则必有所守，而天之休在尔典之中矣。何者？此心恬愉安泰，其为休美可知。凡福禄之钟祥瑞之来，皆其发见者也。

7.《尚书说》卷三《商书·汤诰》

（宋）黄度撰

凡我造邦，无从匪彝，无即慆淫。各守尔典，以承天休。

于是为商诸侯，故称"造邦"。彝，常；慆，慢。《周官·冢宰》"掌建邦之六典，以佐王治邦国"。

8.《絜斋家塾书钞》卷五《商书·汤诰》

（宋）袁燮撰

凡我造邦，无从匪彝，无即慆淫，各守尔典，以承天休。

谓之"凡我造邦"，则非独自谓也。天下诸侯昔夏，而今商，则造邦自此始矣。邦家新造，其可"从匪彝"而"即慆淫"乎？匪彝者，不常也；慆淫者，淫荒淫虐之类是也。其道可以万世常行者，谓之"典"。所谓"各守尔典"，不必外求，"无从匪彝，无即慆淫"，即所谓"典"也。且如"匪彝"是不常，既是不常，可谓之"典"乎？荒淫肆虐，可谓之典乎？若能不从匪彝，不即慆淫，所谓万世常行之道，又岂外是。何者？不善者去，则善者自存。既无过失，则所谓天然，好者固无恙也。故人欲为善，不必外求。无许多不好处，有这许多好处，即是善。无偏无党，无党无偏，即王道荡荡平平也。"无从匪彝，无即慆淫"，即所谓"典"也，外此，尚何求所谓"典"者哉？能"各守尔典"，便能承天休。欲知此理分明，但以此心体之，方其有常之时，此心为如何；方其不常之时，此心又如何。有常之时，则其心安，其体泰，仰无愧，俯无怍，所谓"坦荡荡"者是也，天休有加于此者乎；不常之时，其心则不安，其体则不泰，仰有愧于天，俯有怍于人，所谓"长戚戚"者是也，天休安在哉？却不但是得其位，得其禄，得其名，得其寿，方谓之天休。天休，固不外此，但亦先尽此心之休，天方能与之休也。所谓栽者培之，倾者覆之，即此理尔。"无从匪彝，无即慆淫"，这便是"典"。"各守尔典"这便是天休。

9.《书经集传》卷三《商书·汤诰》

（宋）蔡沈撰

凡我造邦，无从匪彝，无即慆淫。各守尔典，以承天休。

夏命已黜，汤命维新，侯邦虽旧，悉与更始，故曰"造邦"，彝，法；即，就；慆，慢也。"匪彝"，指法度言；"慆淫"，指逸乐言。典，常也。各守其典常之道，以承天之休命也。

10.《尚书精义》卷十六《商书·汤诰》

（宋）黄伦撰

凡我造邦，无从匪彝，无即慆淫。各守尔典，以承天休。

无垢曰，此成汤惭德之发见也。见桀放逐，事至于此，无可奈何。汤虽欲复奉桀为君不可得也。徒怅念不善之不可为耳，故戒诸侯以"无从匪彝"。"匪彝"者，不法之事也。又戒以"无即慆淫"。"慆淫"者，逸欲之事也。桀为不法，为逸欲，以自快耳。不谓昔为天子，今为罪人；昔者以天下为家，今者以南巢为避祸之所。呜呼！伤哉。不法、逸欲之不可为如此，唯各守法度，以承天之美耳。倪或不然，事未可知也。

11.《尚书详解》卷十二《商书·汤诰》

（宋）陈经撰

（归善斋按，见"俾予一人，辑宁尔邦家"）

12.《融堂书解》卷五《商书·汤诰》

（宋）钱时撰

（归善斋按，见"夏王灭德作威"）

13.《尚书要义》

（宋）魏了翁撰

（归善斋按，原缺）

14.《书集传或问》卷上《汤诰》

（宋）陈大猷撰

（归善斋按，未解）

15.《尚书详解》卷四《商书·汤诰第三》

（宋）胡士行撰

凡我造（立）邦（侯），无从匪（非）彝（常），无即（就）慆（乐）淫。各守尔典（常），以承天休。尔有善，朕弗敢蔽。罪当朕躬，弗敢自赦。唯简（别）在上帝之心。其尔万方有罪，在予一人；予一人有罪，无以尔万方。

汤自责如此，诸侯敢自恕乎。

16.《书纂言》

（元）吴澄撰

（归善斋按，无此篇）

17.《书集传纂疏》卷三《朱子订定蔡氏集传·商书·汤诰》

（元）陈栎撰

凡我造邦，无从匪彝，无即慆淫。各守尔典，以承天休。

夏命已黜，汤命维新，侯邦虽旧，悉与更始，故曰"造邦"。彝，法；即，就；慆，慢也。"匪彝"，指法度言；"慆淫"，指逸乐言。典，常也。各守其典常之道，以承天之休命也。

18. 《读书丛说》卷五

（元）许谦撰

（归善斋按，无此篇）

19. 《书传辑录纂注》卷三《商书·汤诰》

（元）董鼎撰

凡我造邦，无从匪彝，无即慆淫。各守尔典，以承天休。

夏命已黜，汤命唯新，侯邦虽旧，悉与更始，故曰"造邦"。彝，法；即，就；慆，慢也。"匪彝"，指法度言；"慆淫"指逸乐言。典，常也。各守其典常之道，以承天之休命也。

20. 《尚书句解》卷四

（元）朱祖义撰

凡我造邦（凡我今日始新造尔众邦之诸侯），无从匪彝（无从非常法者），无即慆淫（无就慆淫而至于过慆绤）。

21. 《尚书日记》卷七《商书·汤诰》

（明）王樵撰

"凡我造邦"至"以承天休"。

皆旧邦也，而曰"造邦"，明商命维新，与之更始也。诰告无他，唯以"匪彝""慆淫"为戒者，盖"从"非度而就逸乐，以一人肆于民上，而罔念其职之所在，是大桀小桀也。故欲诸侯以为痛切之戒。各守尔典常之道，以承天之休。韦、顾、昆吾之属，唯废其典常，以与夏桀同底灭亡，而不得承天之休。尔诸侯，则既见之矣。

天子有天子之典，所谓率典，"缵禹旧服"者是也。诸侯有诸侯之典，凡守法度，勤政事，安养斯民，夹辅王室之类，皆是也。

22. 《日讲书经解义》卷四《商书·汤诰》

（清）库勒纳等撰

凡我造邦，无从匪彝，无即慆淫。各守尔典，以承天休。

此一节书，是欲群臣交相助勉，以共承天休也。造邦，新造之国。侯邦唯旧，商命唯新，悉与更始，故曰"造邦"。"匪彝"，谓非法也。"慆淫"，逸乐之意。即，就也。典，常也。成汤戒谕诸侯曰，今当革命之初，凡我有邦，悉宜更始。盖受此绥猷之责者，唯予一人，而交相尽力，共底于辑宁之美者，则唯尔有邦是赖也。自今伊始，无或肆志而从于非法，无或纵欲而即于慆淫，其各谨尔侯度，修其职业，恪守典常之道，以共承天之休命可也。盖此时，诸侯不恤民而助桀者，如韦、顾、昆吾之类，汤皆已剪灭，犹恐诸侯有染旧邦污俗者，故戒之如此。而汤之兢兢业业，守典以承天休，又不待言矣。

《读书管见》卷上《汤诰》

（元）王充耘撰

凡我造邦。

凡我造邦，无从匪彝，无即慆淫。各守尔典，以承天休。此四句正是诞告万方之要语，前二句是禁止之，后二句是开导之。

《尚书考异》卷三《汤诰》

（明）梅鷟撰

凡我造邦，无从匪彝，无即慆淫。各守尔典，以承天休。

《周语》单子曰，先王之令有之曰"天道赏善而罚淫，故凡我造国"无云云"天休"。

（归善斋按，另见"天道福善祸淫"）

各守尔典，以承天休

1. 《尚书注疏》卷七《商书》

（汉）孔氏传，（唐）陆德明音义，（唐）孔颖达疏

各守尔典，以承天休。

传，守其常法，承天美道。

2.《书传》卷七《商书》

（宋）苏轼撰

各守尔典，以承天休。尔有善，朕弗敢蔽。罪当朕躬，弗敢自赦。唯简在上帝之心。

言上帝当简察其善恶。

3.《尚书全解》卷十五《商书》

（宋）林之奇撰

（归善斋按，见"凡我造邦"）

4.《尚书讲义》卷七《商书》

（宋）史浩撰

（归善斋按，见"俾予一人，辑宁尔邦家"）

5.《尚书详解》卷十一《商书·汤诰》

（宋）夏僎撰

（归善斋按，见"凡我造邦"）

6.《增修东莱书说》卷七《商书·汤诰第三》

（宋）吕祖谦撰，（宋）石澜增修

（归善斋按，见"凡我造邦"）

7.《尚书说》卷三《商书·汤诰》

（宋）黄度撰

（归善斋按，见"凡我造邦"）

8.《絜斋家塾书钞》卷五《商书·汤诰》

（宋）袁燮撰
（归善斋按，见"凡我造邦"）

9.《书经集传》卷三《商书·汤诰》

（宋）蔡沈撰
（归善斋按，见"凡我造邦"）

10.《尚书精义》卷十六《商书·汤诰》

（宋）黄伦撰
（归善斋按，见"凡我造邦"）

11.《尚书详解》卷十二《商书·汤诰》

（宋）陈经撰
（归善斋按，见"俾予一人，辑宁尔邦家"）

12.《融堂书解》卷五《商书·汤诰》

（宋）钱时撰
（归善斋按，见"夏王灭德作威"）

13.《尚书要义》

（宋）魏了翁撰
（归善斋按，原缺）

14.《书集传或问》卷上《汤诰》

（宋）陈大猷撰
（归善斋按，未解）

15. 《尚书详解》卷四《商书·汤诰第三》

（宋）胡士行撰

（归善斋按，见"凡我造邦"）

16. 《书纂言》

（元）吴澄撰

（归善斋按，无此篇）

17. 《书集传纂疏》卷三《朱子订定蔡氏集传·商书·汤诰》

（元）陈栎撰

（归善斋按，见"凡我造邦"）

18. 《读书丛说》卷五

（元）许谦撰

（归善斋按，无此篇）

19. 《书传辑录纂注》卷三《商书·汤诰》

（元）董鼎撰

（归善斋按，见"凡我造邦"）

20. 《尚书句解》卷四

（元）朱祖义撰

各守尔典（各守尔常法），以承天休（以受上天休福）。

21. 《尚书日记》卷七《商书·汤诰》

（明）王樵撰

（归善斋按，见"凡我造邦"）

22.《日讲书经解义》卷四《商书·汤诰》

（清）库勒纳等撰
（归善斋按，见"凡我造邦"）

《读书管见》卷上《汤诰》

（元）王充耘撰
（归善斋按，见"凡我造邦"）

《尚书考异》卷三《汤诰》

（明）梅鷟撰
（归善斋按，见"凡我造邦"）

尔有善，朕弗敢蔽；罪当朕躬，弗敢自赦，唯简在上帝之心

1.《尚书注疏》卷七《商书》

（汉）孔氏传，（唐）陆德明音义，（唐）孔颖达疏

尔有善，朕弗敢蔽；罪当朕躬，弗敢自赦，唯简在上帝之心。

传，所以不蔽善人，不赦己罪，以其简在天心故也。

疏，正义曰，郑玄注《论语》云"简阅在天心"，言天简阅其善恶也。

2.《书传》卷七《商书》

（宋）苏轼撰
（归善斋按，见"各守尔典"）

3.《尚书全解》卷十五《商书》

（宋）林之奇撰

尔有善，朕弗敢蔽。罪当朕躬，弗敢自赦。唯简在上帝之心。

言汝苟能"无从匪彝，无即慆淫。各守尔典，以承天休"，是有其善矣，故当度德定位，量材授职，与尔共天位，治天职，食天禄，弗敢掩蔽尔之善也。《周书》曰"夏迪简在王庭，有服在百僚"，是汤之于夏，苟有善者，无不用之。"罪当朕躬"，言我之躬，苟有罪亦不敢自赦。其所以然者，以天之"惠迪吉，从逆凶"，无所僭差，善不可得而蔽；予之有罪，亦不可得而赦之也。

4.《尚书讲义》卷七《商书》

（宋）史浩撰

（归善斋按，见"俾予一人，辑宁尔邦家"）

5.《尚书详解》卷十一《商书·汤诰》

（宋）夏僎撰

（归善斋按，见"凡我造邦"）

6.《增修东莱书说》卷七《商书·汤诰第三》

（宋）吕祖谦撰，（宋）石澜增修

尔有善，朕弗敢蔽。罪当朕躬，弗敢自赦。唯简在上帝之心。其尔万方有罪，在予一人；予一人有罪，无以尔万方。

天道善则福之，人君居中，或有所蔽，则天之福不得及于善。故为君者，致天之命于民，而勿蔽足矣。而朕躬有罪，亦岂敢拂天之意而自赦。一简在上帝之心而已，以此见汤合人、己为一区，而归于天，"有天下而不与焉"之意。民以善言，躬以罪言，人、己之道也。其"尔万方有罪，在予一人；予一人有罪，无以尔万方"者，虽曰简于天心而已不与，至于为君之责，则不可不自任非，引咎归己也。人君天下之源，理固如此尔。自前而观，所谓乐天知命，故不忧；自后而观，则又居其忧之大者，君仁

莫不仁，君义莫不义，万邦有罪，其谁之罪邪？

7.《尚书说》卷三《商书·汤诰》

（宋）黄度撰

尔有善，朕弗敢蔽。罪当朕躬，弗敢自赦。唯简在上帝之心。

伐夏，天下之公义也。此义未尝废，诚使尔诸侯有如舜禹之盛德，吾且荐之于天。使吾不可以任天下之重，释位去之，何敢遏天命哉。然则尧、舜、汤、武之道，广大公平，禅让、征伐，所遭不同，皆未尝以天下为私也。

8.《絜斋家塾书钞》卷五《商书·汤诰》

（宋）袁燮撰

尔有善，朕弗敢蔽。罪当朕躬，弗敢自赦。唯简在上帝之心。其尔万方有罪，在予一人；予一人有罪，无以尔万方。呜呼！尚克时忱，乃亦有终。

《论语·尧曰》一篇，将尧、舜、禹、汤、文、武，至精至要处叙在前面数语，此是二帝三王精微蕴奥，叙之于《尧曰》篇以为《论语》之终。其记尧、舜、禹，不过"执中"一语；成汤则取其"朕躬有罪，无以尔万方；万方有罪，罪在朕躬"数句；武王亦取其"百姓有过，在予一人"之言，此盖是二帝三王心地事。今试涵咏讽诵，因其遗言，以求圣人之心。他人有罪，则以为我实致之，所以责人之轻如此；予一人有罪，则不敢以咎人，所以自责之重如此，其心为何如哉。天下事，未有不在我者，"爱人不亲反其仁；治人不治反其知；礼人不答反其敬，行有不得者，皆反求诸己"。"小人怨汝、詈汝"，则"皇自敬德，厥愆，曰朕之愆"。"万方有罪"，皆上无以感化之，故而，岂可不自责乎？曰"尔有善，朕弗敢蔽；罪当朕躬，不敢自赦"，此告诸侯也。下言"万方"，则合天下而告之，其意则一尔。"唯简在上帝之心"，听天心之所择也。吾之所言皆理之不可易者，汝能"时忱"则于此有终。夫成汤方革夏为商，天下诸侯皆于此新造邦，天下民庶皆于此更始，苟能信成汤之言，岂唯今日有始而已，于是乎，可以有终也。

读此一篇书，需当合《仲虺之诰》看，方成汤之有惭德也，深悔前日之举，以为非是，岂敢出来承当。仲虺深知此心之不可一日有，所以归至大坰，中涂作书，称赞成汤盛德，以为此乃天命、人心之所在，非吾一人之私意也。于是成汤之惭方始释然，方敢出来承当此事，方敢自以前日之举为当然，故作书诞告"万方"，历言夏桀之无道，以为天命弗僭差，我能封殖兆民，所以上天俾我一人"辑宁尔邦家"。今日之心，非前日有惭德之心矣。若非仲虺能解释其惭疑，汤方自悔其不当为，而岂敢明告天下，以吾之所当为乎？然仲虺当时作书，虽所以解其惭，而亦不忘于告戒曰"志自满九族乃离"，曰"谓人莫己若者亡"，曰"自用则小"，直是警之以危亡之言。谓吾君若以为"人莫己若"，则宗庙社稷，必至绝灭。其严厉切直如此，所以成汤诞告"万方"，虽出来承当此事，而方且以为"兹朕未知获戾于上下，栗栗危惧，若将陨于深渊"，其心如此，是"自满"乎？是谓"人莫己若"者乎？是"自用"乎？此可以识圣人心术之精微矣。若诞告万方之后，而泰然自足，自以为是，便是"满假"，更非圣人之心。玩味"兹朕未知获戾于上下，栗栗危惧"之言，想象成汤之心为何如哉。仲虺称赞成汤盛德之后，戒其"自用""自满"成汤诞告万方之后，有"栗栗危惧"之言，二书本末实相表里。读此二书，既可以见古王佐格心之业，又可以见古哲王存心之道。

9.《书经集传》卷三《商书·汤诰》

（宋）蔡沈撰

尔有善，朕弗敢蔽；罪当朕躬，弗敢自赦。唯简在上帝之心。其尔万方有罪，在予一人；予一人有罪，无以尔万方。

简，阅也。人有善，不敢以不达；己有罪，不敢以自恕。简阅一听于天。然天以天下付之我，则民之有罪，实君所为；君之有罪，非民所致，非特圣人厚于责己，而薄于责人，是乃理之所在，君道当然也。

10.《尚书精义》卷十六《商书·汤诰》

（宋）黄伦撰

尔有善，朕弗敢蔽；罪当朕躬，弗敢自赦。唯简在上帝之心。

无垢曰，若尔有善，我弗敢蔽，唯行加地进律之赏，使其善暴白于天下，胥训胥效，俾万国咸乐于为善耳。此惭德之言也。若伐桀之罪，有不合天意，当在我躬，我亦岂敢自恕，唯屏息待命，以听上帝择之、察之耳，此亦惭德之言也。

东莱曰，天之心，有善则福之，人君在中间，或蔽塞之，则天之福不得及于善，故凡为君者，致天之命于民，而弗蔽足矣。而己之有罪，亦岂敢咈天之意而自赦欤？

11.《尚书详解》卷十二《商书·汤诰》

（宋）陈经撰

（归善斋按，见"俾予一人，辑宁尔邦家"）

12.《融堂书解》卷五《商书·汤诰》

（宋）钱时撰

（归善斋按，见"夏王灭德作威"）

13.《尚书要义》

（宋）魏了翁撰

（归善斋按，原缺）

14.《书集传或问》卷上《汤诰》

（宋）陈大猷撰

或问，王氏谓，善者，常性也；不善，非常性也。不几于善恶溷乎？曰，程子谓，有义理之性，有血气之性。血气之性，有善，有不善；义理之性，无不善。常性，义理之性也；非常性，则血气之性也。水性本清，铁气本刚，而或浊或软者，亦不可谓非二物之性。然谓水性浊，铁性软，则不可。盖谓清与刚者，其常性；浊与软者，非其常性也。至于浊者，澄则清；软者，炼则刚，则学者有变化气质之功焉，一而四者，又不能不异矣。

15. 《尚书详解》卷四《商书·汤诰第三》

（宋）胡士行撰

（归善斋按，见"凡我造邦"）

16. 《书纂言》

（元）吴澄撰

（归善斋按，无此篇）

17. 《书集传纂疏》卷三《朱子订定蔡氏集传·商书·汤诰》

（元）陈栎撰

尔有善，朕弗敢蔽；罪当朕躬；弗敢自赦。唯简在上帝之心。其尔万方有罪，在予一人；予一人有罪，无以尔万方。

简，阅也。人有善，不敢以不达；己有罪，不敢以自恕，简阅一听于天。然天以天下付之我，则民之有罪，实君所为；君之有罪，非民所致，非特圣人厚于责己而薄于责人，是乃理之所在，君道当然也。

纂疏：

问，简，阅也。曰，善与罪，天皆知之，如天检点数过相似。尔之有善也，在帝心；我之有恶也，在帝心。

林氏曰，"罪在朕躬"，非必己身有可指之罪也。盖天"降衷"于民，而以"克绥厥猷"，付之一人。为君者，必使天下之人，皆不失其"降衷"之性，以安"厥猷"，方无负于天之所付。若民有罪，是为君者教之不至，所以自弃于愚不肖之地而莫能返，非民之罪，乃君之罪，所以曰"罪在朕躬"也。民有罪，则君致之；君有罪，乃君自取。夫以一人，身临四海，而天下人之罪，皆归其身，必使天下人皆无罪，然后为能尽君之职，而无负于天之所付。论至此，则获戾上下，亦岂难哉？此所以"危惧"，若将殒也。《汤诰》一书，多兢业之意。。

愚谓此一节，所以缴结篇首降衷、有性、绥猷之言，林氏说得之深味，所言成汤可谓知君师之职矣。

18.《读书丛说》卷五

（元）许谦撰

（归善斋按，无此篇）

19.《书传辑录纂注》卷三《商书·汤诰》

（元）董鼎撰

尔有善，朕弗敢蔽；罪当朕躬，弗敢自赦。唯简在上帝之心。其尔万方有罪，在予一人；予一人有罪，无以尔万方。

简，阅也。人有善，不敢以不达；己有罪，不敢以自恕。简阅一听于天，然天以天下付之我，则民之有罪，实君所为；君之有罪，非民所致，非特圣人厚于责己而薄于责人，是乃理之所在，君道当然也。

辑录：

杨尹叔问，简在帝心注，简，阅也，如何？曰，善与罪，天皆知之，如天检点数过相似。尔之有善也，在帝心；我之有恶也，在帝心。寓。

纂注：

林氏曰，所谓罪在朕躬，非必己身有可指之罪，然后为罪也。盖天"降衷"于民，而以"克绥厥猷"者付之一人。为君者，必使天下之人，皆不失其"降衷"之性，以安"厥猷"，方无负于天之所付。若民有罪，是为君者教之不至，所以自弃于愚不肖之地而莫能返，非民之罪，乃君之罪也，所以曰"罪在朕躬"也。民有罪，则君致之；君有罪，乃其自取。夫以一人之身，临莅四海，而天下人之罪，皆归其身，必使天下之人皆无罪，然后为能尽君之职，而无负于天之所任。论至此，则获戾于上下，亦岂难哉？此所以"危惧"，若将陨也。《汤诰》一书，多兢业之意。

新安陈氏曰，此所以缴结篇首降衷、有性、绥猷之言，深味之，成汤可谓知君师之职矣。

20.《尚书句解》卷四

（元）朱祖义撰

尔有善（尔有善可称），朕弗敢蔽（朕当懋官、懋赏以旌尔善，不敢隐蔽）。罪当朕躬（罪当在朕一身），不敢自赦（不敢自恕）。唯简在上帝之心（言简别，又在乎上天之心）。

21.《尚书日记》卷七《商书·汤诰》

（明）王樵撰

"尔有善，朕弗敢蔽"至"无以尔万方"。

"尔有善"，所当举也，朕弗敢蔽；"罪当朕躬"，是负天下；"弗敢自赦"，是皆"简在上帝之心"。简，阅也。《说文》"阅具数于门中"也，谓自门出者，一一而数之，如大阅简车徒，亦历选数之之意。简在帝心，谓有善、有罪，皆阅在于帝心也。

蔡氏曰，民有罪，实君所为；君有罪，非民所致，非特圣人厚于责己，薄于责人，实乃理之所在，君道当然也。

林氏曰，所谓"罪在朕躬"非必己身有可指之罪，然后为罪也。盖天"降衷"于民，而以"克绥厥猷"付之一人，必使天下之人，无不得其性，各安于其道，而后无负于天之所付。若民有罪，是为君者教之不至，养之无素，而处之或失其宜也，非民之罪，乃君之罪也。夫以一人临四海，而天下人之罪，皆一人之责，必使天下之人皆无罪，然后为能尽君之职而无负。论至此，则获戾于上下，亦岂难哉？此汤之所以惧也。

"朕弗敢蔽"，《论语》作"帝臣不蔽"，说者曰，言天下贤人，皆上帝之臣，己不敢蔽，简在帝心，唯帝所命。据《论语》，则为初伐桀而请命告词；据此经，则既克夏而告诸侯之词，则其意亦不同矣。

《东汉书·陈蕃传》曰"昔禹巡狩苍梧，见市杀人，下车而哭之曰，万方有罪，在予一人"，《外纪》曰"禹见罪人，下车问而泣之。左右曰，罪人不顺道，君王何为痛之？禹曰，尧舜之人，皆以尧舜之心为心；寡人为君，百姓各自以其心为心，是以痛之"。按二书所载，必古来所传，可以深见圣人之心，足与《汤诰》相发，非可漫观者。

22.《日讲书经解义》卷四《商书·汤诰》

（清）库勒纳等撰

尔有善，朕弗敢蔽；罪当朕躬，弗敢自赦。唯简在上帝之心。其尔万方有罪，在予一人；予一人有罪，无以尔万方。

此一节书，见汤之责己重，而畏天之深也。简，阅也。成汤又谕诸侯曰，"福善祸淫"，上天不易之理。尔若能守典、承休，是尔有善，我何敢隐蔽而不彰。若获戾上下，罪在朕躬，我何敢因循而自恕。盖善与罪，一一简在上帝之心。天虽高，而听则卑，或善或恶，报应昭然，断无或爽信乎。为君臣者，当各尽其道也。然天既命我为万方之主，则我之责为尤重，必使天下之民，皆不失其"降衷"之性，以安其猷，方克尽其为君之职。若"尔万方有罪"，是我一人不能尽绥猷、辑宁之道，而使斯民陷于不善，我之罪不可得而辞。若我一人所为不善，是我有负付托之重，而获罪于天，于尔万方何与哉？天为民立君，望之极深，汤厚自刻责要，亦唯体天之心，尽君之道而已。

《蔡氏传旁通》卷三《商书·汤诰》

（元）陈师凯撰

简阅一听于天。

《朱子语录》云，善与罪，天皆知之，如天点检数过相似。尔之有善也，在帝心；我之有恶也，在帝心。

其尔万方有罪，在予一人

1.《尚书注疏》卷七《商书》

（汉）孔氏传，（唐）陆德明音义，（唐）孔颖达疏

其尔万方有罪，在予一人。

传，自责化不至。

2.《书传》卷七《商书》

（宋）苏轼撰

其尔万方有罪，在予一人；予一人有罪，无以尔万方。呜呼！尚克时

忧，乃亦有终。

庶几能信此也。

3.《尚书全解》卷十五《商书》

（宋）林之奇撰

其尔万方有罪，在予一人；予一人有罪，无以尔万方。

所以谓"罪在朕躬"，非必是在己一身有可指之罪，然后可罪也。盖天之"降衷于下民"，而以夫若常性绥厥猷者，付之于一人，故为君者，必使天下之人，皆不失其"降衷"之常性，以安"厥猷"，然后无负于上天之抚字。民之有罪，是为君者教之不至，所以自弃于愚不肖之地而莫能反，非民之罪也，乃君之罪也。此其所以"罪当朕躬"也。盖民有罪，君当之耳，故继曰"罪当朕躬，弗敢自赦"，而又言其所以当朕躬之罪，而曰"其尔万方有罪，在予一人；予一人有罪，无以尔万方"。言民有罪，则是君有以致之；君有罪，则是君之自取也民何与焉。夫以一人之身，临莅四海之广，而天下之人，匹夫匹妇之有罪戾者，皆归之于其身。失匹夫匹妇之意，则上负上天之所寄托，以逆夫上帝之心，而危败祸乱继之矣。故斯民之欲无罪者，唯自修饬于一身则可矣；而君之欲免于罪戾，必使举天下之人皆无罪，然后为能尽君之职，而无负于上天之所任。论至于此，则其获戾于上下，亦其难哉？兹其所以"栗栗危惧，若将陨于深渊"也。

4.《尚书讲义》卷七《商书》

（宋）史浩撰

（归善斋按，见"俾予一人，辑宁尔邦家"）

5.《尚书详解》卷十一《商书·汤诰》

（宋）夏僎撰

（归善斋按，见"凡我造邦"）

6.《增修东莱书说》卷七《商书·汤诰第三》

(宋)吕祖谦撰,(宋)时澜增修
(归善斋按,见"尔有善")

7.《尚书说》卷三《商书·汤诰》

(宋)黄度撰

其尔万方有罪,在予一人;予一人有罪,无以尔万方。

汤既伐夏,而其民犹不能迁善远罪,犹不可与入尧舜之道,绥猷之言,不其病诸。

8.《絜斋家塾书钞》卷五《商书·汤诰》

(宋)袁燮撰
(归善斋按,见"尔有善")

9.《书经集传》卷三《商书·汤诰》

(宋)蔡沈撰
(归善斋按,见"尔有善")

10.《尚书精义》卷十六《商书·汤诰》

(宋)黄伦撰

其尔万方有罪,在予一人;予一人有罪,无以尔万方。

无垢曰,敛天下之罪,以归于一身,汤方且俯仰进退之间,忧惶兢惧之,不暇其敢少肆乎?

王氏曰,此非谦而过厚之辞,乃诚然矣。天下有罪,岂非天子不能治化故然乎?天子有罪,万方何与焉。

11.《尚书详解》卷十二《商书·汤诰》

(宋)陈经撰
(归善斋按,见"俾予一人,辑宁尔邦家")

12. 《融堂书解》卷五《商书·汤诰》

（宋）钱时撰

（归善斋按，见"夏王灭德作威"）

13. 《尚书要义》

（宋）魏了翁撰

（归善斋按，原缺）

14. 《书集传或问》卷上《汤诰》

（宋）陈大猷撰

（归善斋按，未解）

15. 《尚书详解》卷四《商书·汤诰第三》

（宋）胡士行撰

（归善斋按，见"凡我造邦"）

16. 《书纂言》

（元）吴澄撰

（归善斋按，无此篇）

17. 《书集传纂疏》卷三《朱子订定蔡氏集传·商书·汤诰》

（元）陈栎撰

（归善斋按，见"尔有善"）

18. 《读书丛说》卷五

（元）许谦撰

（归善斋按，无此篇）

19. 《书传辑录纂注》卷三《商书·汤诰》

（元）董鼎撰

（归善斋按，见"尔有善"）

20. 《尚书句解》卷四

（元）朱祖义撰

其尔万方有罪，在予一人（在我一人不能率尔众归善）。

21. 《尚书日记》卷七《商书·汤诰》

（明）王樵撰

（归善斋按，见"尔有善"）

22. 《日讲书经解义》卷四《商书·汤诰》

（清）库勒纳等撰

（归善斋按，见"尔有善"）

《读书管见》卷上《汤诰》

（元）王充耘撰

万方有罪，在予一人。

"万方有罪，在予一人"，盖使天下皆化于善，而不陷罪恶，方是人君能"克绥厥猷"也。林氏之说为长。

《尚书考异》卷三《汤诰》

（明）梅鷟撰

其尔万方有罪，在予一人；予一人有罪，无以尔万方。

《周语》内史过曰"其在《汤誓》，余一人有罪，无以万夫；万夫有罪，在余一人"，韦昭注，《汤誓》，《商书》伐桀之誓也，今《汤誓》无此言，则已散亡矣。

今按《论语》，"朕躬有罪，无以万方；万方有罪，罪在朕躬"。

《书经衷论》卷二《商书·汤诰》

(清)张英撰

成汤既克夏至于商,此时天下大定矣,而汤发为诰诫之言,以与天下更始者,"栗栗危惧",上援天命,下结人心,中引己过,遑遑乎,如将或失之。其言曰"其尔万方有罪,在予一人;予一人有罪,无以尔万方"。呜呼!何其辞之戚哉。武王克商之后,遂无此等气象矣,卒至四方多事,殷顽不靖。而后发为《大诰》《多士》《多方》之言,较古人更费词矣。君子以此观商、周之治乱焉。

予一人有罪,无以尔万方

1.《尚书注疏》卷七《商书》

(汉)孔氏传,(唐)陆德明音义,(唐)孔颖达疏

予一人有罪,无以尔万方。

传,无用尔万方,言非所及。

2.《书传》卷七《商书》

(宋)苏轼撰

(归善斋按,见"其尔万方有罪")

3.《尚书全解》卷十五《商书》

(宋)林之奇撰

(归善斋按,见"其尔万方有罪")

4.《尚书讲义》卷七《商书》

(宋)史浩撰

(归善斋按,见"俾予一人,辑宁尔邦家")

5. 《尚书详解》卷十一《商书·汤诰》

（宋）夏僎撰

（归善斋按,见"凡我造邦"）

6. 《增修东莱书说》卷七《商书·汤诰第三》

（宋）吕祖谦撰,（宋）石澜增修

（归善斋按,见"尔有善"）

7. 《尚书说》卷三《商书·汤诰》

（宋）黄度撰

（归善斋按,见"其尔万方有罪"）

8. 《絜斋家塾书钞》卷五《商书·汤诰》

（宋）袁燮撰

（归善斋按,见"尔有善"）

9. 《书经集传》卷三《商书·汤诰》

（宋）蔡沈撰

（归善斋按,见"尔有善"）

10. 《尚书精义》卷十六《商书·汤诰》

（宋）黄伦撰

（归善斋按,见"其尔万方有罪"）

11. 《尚书详解》卷十二《商书·汤诰》

（宋）陈经撰

（归善斋按,见"俾予一人,辑宁尔邦家"）

12.《融堂书解》卷五《商书·汤诰》

（宋）钱时撰

（归善斋按，见"夏王灭德作威"）

13.《尚书要义》

（宋）魏了翁撰

（归善斋按，原缺）

14.《书集传或问》卷上《汤诰》

（宋）陈大猷撰

（归善斋按，未解）

15.《尚书详解》卷四《商书·汤诰第三》

（宋）胡士行撰

（归善斋按，见"凡我造邦"）

16.《书纂言》

（元）吴澄撰

（归善斋按，无此篇）

17.《书集传纂疏》卷三《朱子订定蔡氏集传·商书·汤诰》

（元）陈栎撰

（归善斋按，见"尔有善"）

18.《读书丛说》卷五

（元）许谦撰

（归善斋按，无此篇）

19.《书传辑录纂注》卷三《商书·汤诰》

（元）董鼎撰

（归善斋按，见"尔有善"）

20.《尚书句解》卷四

（元）朱祖义撰

予一人有罪，无以尔万方（我罪乃自取，非尔万方之事）。

21.《尚书日记》卷七《商书·汤诰》

（明）王樵撰

（归善斋按，见"尔有善"）

22.《日讲书经解义》卷四《商书·汤诰》

（清）库勒纳等撰

（归善斋按，见"尔有善"）

《尚书考异》卷三《汤诰》

（明）梅鷟撰

（归善斋按，见"其尔万方有罪"）

《书经衷论》卷二《商书·汤诰》

（清）张英撰

（归善斋按，见"其尔万方有罪"）

呜呼！尚克时忱，乃亦有终

1.《尚书注疏》卷七《商书》

（汉）孔氏传，（唐）陆德明音义，（唐）孔颖达疏

呜呼！尚克时忱，乃亦有终。

传,忱,诚也。庶几能是诚道,乃亦有终世之美。

音义,忱,市林反。

2.《书传》卷七《商书》

(宋) 苏轼撰

(归善斋按,见"其尔万方有罪")

3.《尚书全解》卷十五《商书》

(宋) 林之奇撰

呜呼!尚克时忱,乃亦有终。

汤之所以诰多方,而其兢兢业业之意尽于此矣。于是嗟叹其难,而总结之曰,尔邦有众,能信此言,则我之社稷,庶几能"祈天永命",以有终也。曰"乃亦有终"者,不能自必之辞也。昔定公问于孔子曰"一言而可以兴邦,有诸?"孔子曰"言不可以若是其几也。人之言曰'为君难,为臣不易',如知为君之难也,不几乎一言而兴邦乎?"盖有天下者,欲绵社稷无疆之休,唯在知夫为君之难,而兢兢业业,不忘戒惧,常若危亡之在于朝夕者,故国家至于永保。如或以为君为易,则将偃然自肆,不复以危亡为念,而自以为泰山之安,此其所以败亡乘之,而不自知也。汤之诰万邦,以谓"罪当朕躬,弗敢自赦。其尔万方有罪,在予一人;予一人有罪,无以尔万方",其真知为君之难如此。于是,栗栗然危惧,"若将陨于深渊"。商之社稷所以传祚六百年,贤圣之君六七作,其源盖出于此,后之有天下者,尚监兹哉。

4.《尚书讲义》卷七《商书》

(宋) 史浩撰

(归善斋按,见"俾予一人,辑宁尔邦家")

5.《尚书详解》卷十一《商书·汤诰》

(宋) 夏僎撰

(归善斋按,见"凡我造邦")

6. 《增修东莱书说》卷七《商书·汤诰第三》

(宋)吕祖谦撰,(宋)石澜增修

呜呼！尚克时忱,乃亦有终。

"呜呼！尚克时忱,乃亦有终",再三嗟叹,庶几唯此是信,乃亦可以有其终。汤之诰,皆圣人之格言,万国岂有不信者,汤于此,若下之未信,而望其信焉。此善导、善诱之意,辞语温醇笃厚,使人慕念无极,如《易》所谓"泽上有地,临君子以教思无穷"也。

7. 《尚书说》卷三《商书·汤诰》

(宋)黄度撰

呜呼！尚克时忱,乃亦有终。

(归善斋按,未解)

8. 《絜斋家塾书钞》卷五《商书·汤诰》

(宋)袁燮撰

(归善斋按,见"尔有善")

9. 《书经集传》卷三《商书·汤诰》

(宋)蔡沈撰

呜呼！尚克时忱,乃亦有终。

忱,时壬反。忱,信也。叹息言,庶几能于是而忱信焉,乃亦有终也。吴氏曰,此兼人、己而言。

10. 《尚书精义》卷十六《商书·汤诰》

(宋)黄伦撰

呜呼！尚克时忱,乃亦有终。

无垢曰,忱者,信也,言之不足,故嗟叹之意,以谓警惧之心,言之不尽也。使万方庶几能信我是言,则可以长保社稷,倘唯不信,其可恃乎？颠覆宗社,一身窜逐如桀者,亦可以为戒矣。

11. 《尚书详解》卷十二《商书·汤诰》

(宋)陈经撰

(归善斋按,见"俾予一人,辑宁尔邦家")

12. 《融堂书解》卷五《商书·汤诰》

(宋)钱时撰

(归善斋按,见"夏王灭德作威")

13. 《尚书要义》

(宋)魏了翁撰

(归善斋按,原缺)

14. 《书集传或问》卷上《汤诰》

(宋)陈大猷撰

或问,夏氏曰"乃亦有终",非特王国社稷可保其有终尔,诸侯亦可终享安荣之福,如何?曰,此虽说得"乃"字分明,亦恐伤巧。

15. 《尚书详解》卷四《商书·汤诰第三》

(宋)胡士行撰

呜呼!尚(庶)克时忱(诚),乃亦有终(善终)。
君臣警省如此,则善始,可占终。

16. 《书纂言》

(元)吴澄撰

(归善斋按,无此篇)

17. 《书集传纂疏》卷三《朱子订定蔡氏集传·商书·汤诰》

（元）陈栎撰

呜呼！尚克时忱，乃亦有终。

忱，信也。叹息言，庶几能于是而忱信焉，乃亦有终也。吴氏曰：此兼人、已而言。

纂疏：

愚谓，汤又叹息言，尚能相与，于是尽诚，方亦可以有终。否则未保其所终也。曰"尚"，曰"乃"，亦皆不敢必之辞。盖兢业不敢忽之意，不特汤自谓当如此，欲诸侯皆如此也。此篇见汤明命性之理，知君师之道，监夏之所以亡，而凛凛于今之所以兴，且戒诸侯以相与，尽守邦图终之道，真帝王之格言，圣学之渊源也。《论语》摘其要语，自"予小子履"至"罪在朕躬"凡十句，但略于书耳。

18. 《读书丛说》卷五

（元）许谦撰

（归善斋按，无此篇）

19. 《书传辑录纂注》卷三《商书·汤诰》

（元）董鼎撰

呜呼！尚克时忱，乃亦有终。

忱，信也。叹息言，庶几能于是而忱信焉，乃亦有终也。吴氏曰，此兼人已而言。

纂注：

新安胡氏曰，叹息言，尚克相与，于是尽其忱诚，则乃亦有终焉，否则未保其所终也。曰"尚"，曰"亦"，皆不敢必之辞。盖兢兢不忽之意，实兼人、已而言，不特汤自谓当如此，亦欲万方诸侯，皆勉于此也。新安陈氏曰，此篇见成汤明命性之理，知君师之道，监夏之所以亡，而凛凛于今之所以兴，且戒诸侯以相与，尽守邦国终之道，真帝王之格言，圣学之渊源也。《论语》摘其要语，曰"予小子履，敢用玄牡，敢昭告于皇皇后帝，有罪不敢赦，帝臣不蔽，简在帝心。朕躬有罪，无以万方。万方有罪，罪在朕躬"，但《书》详而《语》略耳。

20.《尚书句解》卷四

（元）朱祖义撰

呜呼（汤又嗟叹言）！尚克时忱（尔万方有众，庶几能唯我此言是信），乃亦有终（非特我国家可保有终，汝亦可终享安荣之福）。

21.《尚书日记》卷七《商书·汤诰》

（明）王樵撰

呜呼！尚克时忱，乃亦有终。

与尔维新，则既咸有其始矣，未可保其终也。尚克于是而忱信焉，乃亦有终，尔时是也，指上文所言也。天子诸侯，各有其职，而实尽之为难，故勉以时忱，而期以有终也。"忱"如"王忱不艰"之"忱"，欲其笃信而果践之也。"时忱"而曰"尚"，"克有终"而曰"乃"，亦皆难之，而庶几其必能之意。

罗文庄公曰，六经之中，言心，自帝舜始；言性，自成汤始。舜之四言，未尝及性，而性固在其中矣。至汤始明言之，曰"唯皇上帝，降衷于下民，若有恒性，克绥厥猷唯后"。孔子言之加详，曰"一阴一阳之谓道，继之者善也，成之者性也。仁者见之谓之仁，智者见之谓之智。百姓日用而不知，故君子之道鲜矣"。子思述之，则曰"天命之谓性；率性之谓道"。孟子阐之则曰"性善"。凡古圣贤言性，不过如此，自诰子而下，初无灼然之见，及宋程、张、朱子者出，始别白而言之，孰为天命之性，孰为气质之性。其说于是乎大备。然一性而两名，虽曰二之，则不是；而一之又不能也。

愚尝悟寐求之，窃以性命之妙，无出"理一分殊"四字。盖人、物之生，受气之初，其理唯一；成形之后，其分则殊。其分之殊，莫非自然之理。其理之"一"，常在"分殊"之中，此所以为性命之妙也。语其一，故人皆可以为尧、舜；语其殊，故上智与下愚不移。圣人复起，其必有取于吾言矣。

22.《日讲书经解义》卷四《商书·汤诰》

（清）库勒纳等撰

呜呼！尚克时忱，乃亦有终。

此一节书，见成汤始终兢业之心也。时，是也，指上三节所言为君、为臣之理。忱者，恳恻力行之意。成汤作诰之终，复叹息而戒诸侯曰，天下事固创始之不易，而善终之尤难。君之与臣，各有当尽之职，不徒知之，而在能行之。今予一人，与尔有邦诸侯，庶几能于是而忱信焉。为君者，尽其受命之责，而辑宁既至，则可免获戾之忧；为臣者，勉其佐命之功，而守典既修，则益永天休之至，其亦可以有终矣。否则为祸为福，唯天所命，又安能保其所终哉？成汤灼知性命之理，深识君师之职，既凛兴亡之故，而畏天命之难，湛此复谨始终之图，以见人事之难尽，诚圣学之渊源，帝王之家法也。一篇之中，无非兢业之意旨深哉。

咎单作《明居》

1.《尚书注疏》卷七《商书》

（汉）孔氏传，（唐）陆德明音义，（唐）孔颖达疏

序，咎单作《明居》。

传，咎单，臣名，主土地之官，作《明居民法》一篇，亡。

音义，咎，其九反。单，音善，卷末同。

疏，正义曰，百篇之序，此类有四。伊尹作《咸有一德》、周公作《无逸》、作《立政》与此篇，直言其所作之人，不言其作者之意，盖以经文分明，故略之。马融云，咎单为汤司空，传言主土地之官，盖亦为司空也。

2.《书传》卷七《商书》

（宋）苏轼撰

咎单作《明居》。

一篇亡。

3.《尚书全解》卷十五《商书》

（宋）林之奇撰

咎单作《明居》。

（归善斋按，未解）

4.《尚书讲义》卷七《商书·汤诰》

（宋）史浩撰

（归善斋按，见"汤既黜夏命"）

5.《尚书详解》卷十一《商书·汤诰》

（宋）夏僎撰

咎单作《明居》。

此又《明居》之序也。经亡，无所附。其本篇正次于《汤诰》之下。故孔氏以附于此篇之末。咎单，必臣名也，谓《明居》之篇，乃咎单所作也。正义百篇之序，此类有四，周公作《无逸》，伊尹作《咸有一德》，周公作《立政》与此篇，直言所作之人，不言所作之意，以经文分明，故略之。此说是也。但汉孔氏乃以意度此篇谓咎单作《明居》者，咎单，臣名，主土地之官，作书明居民之法，故其书曰《明居》，此亦因字而求义，经亡而意度之也，未敢以为然矣。

6.《增修东莱书说》卷七《商书·汤诰第三》

（宋）吕祖谦撰，（宋）石澜增修

咎单作《明居》。

（归善斋按，未解）

7. 《尚书说》卷三《商书·汤诰》

（宋）黄度撰

咎单作《明居》。

咎单，臣名。《明居》书亡。

8. 《絜斋家塾书钞》卷五《商书·汤诰》

（宋）袁燮撰

（归善斋按，未解）

9. 《书经集传》卷三《商书·汤诰》

（宋）蔡沈撰

（归善斋按，未解）

10. 《尚书精义》卷十六《商书·汤诰》

（宋）黄伦撰

（归善斋按，见"汤既黜夏命"）

11. 《尚书详解》卷十二《商书·汤诰》

（宋）陈经撰

咎单作《明居》。

先儒以咎单为汤司徒，作《明居》民法一篇，其书已亡。

12. 《融堂书解》卷五《商书·汤诰》

（宋）钱时撰

咎单作《明居》。

先儒谓咎单为汤司空，作《明居》一篇，明居民之法也，不知何所据。《书》自明白无可叙者，故直书曰"咎单作《明居》"，与伊尹作《咸有一德》之类同。

13.《尚书要义》

（宋）魏了翁撰

（归善斋按，原缺）

14.《书集传或问》卷上《汤诰》

（宋）陈大猷撰

（归善斋按，未解）

15.《尚书详解》卷四《商书·汤诰第三》

（宋）胡士行撰

咎单（臣名）作《明居》（明居民之法，一书亡）。

16.《书纂言》

（元）吴澄撰

（归善斋按，无此篇）

17.《书集传纂疏》卷三《朱子订定蔡氏集传·商书·汤诰》

（元）陈栎撰

（归善斋按，未解）

18.《读书丛说》卷五

（元）许谦撰

（归善斋按，无此篇）

19.《书传辑录纂注》卷三《商书·汤诰》

（元）董鼎撰

（归善斋按，未解）

20.《尚书句解》卷四

（元）朱祖义撰

咎单作《明居》（咎单，臣名，作《明居》之书亡。此篇正次《汤诰》之下。百篇之序此类有四，周公作《无逸》，伊尹作《咸有一德》，周公作《立政》，皆直言所作之人，不言所作之意，以经文分明，故略之。汉孔氏以意度此篇，谓咎单主土地之官，作书明居民之法，此亦因字以求文也，故存之。单，（音）善）。

21.《尚书日记》卷七《商书·汤诰》

（明）王樵撰
（归善斋按，未解）

22.《日讲书经解义》卷四《商书·汤诰》

（清）库勒纳等撰
（归善斋按，未解）

周书　金縢第八

《尚书句解》卷七

（元）朱祖义撰

金縢第八（武王有疾，周公作册书以告太王、王季、文王欲以身代武王之死。既事之后，史官乃以其书藏于金縢匮中。至武王没后，周公当国，三监流言，成王以风雷之变，启金縢之匮，因见所祷之策。史官以其出于金縢匮中，故其书谓之《金縢》。縢，缄也。盖藏书于匮，其匮以金縢之若，金锁籥之类，故曰《金縢》）。

武王有疾，周公作《金縢》

1.《尚书注疏》卷十二《周书》

（汉）孔氏传，（唐）陆德明音义，（唐）孔颖达疏

序，武王有疾，周公作《金縢》

传，为请命之书，藏之于匮，缄之以金，不欲人开之。

音义，武王有疾，马本作"有疾不豫"。縢，徒登反。缄，工咸反。

疏，正义曰，武王有疾，周公作□书告神，请代武王死。事毕纳书于金縢之匮，遂作《金縢》。凡序言"作"者，谓作此篇也。按经，周公□

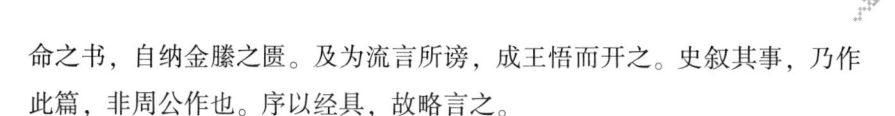

命之书，自纳金縢之匮。及为流言所谤，成王悟而开之。史叙其事，乃作此篇，非周公作也。序以经具，故略言之。

传，正义曰，经云"金縢之匮"，则金縢是匮之名也。《诗》述韔弓之事云"竹闭绲縢"，毛传云：绲，绳；縢，约也。此传言"缄之以金"，则训"縢"为"缄"。王、郑皆云，縢，束也。又郑《丧大记》注云：齐人谓棺束为缄。《家语》称"周庙之内有金人，三缄其口"，则"縢"是"束缚"之义。"藏之于匮，缄之以金"，若今钉□之，不欲人开也。郑云，凡藏秘书，藏之于匮，必以金缄其表，是秘密之书，皆藏于匮，非周公始造此匮，独藏此书也。

《尚书注疏》卷十二《考证》

《金縢》序"周公作《金縢》"。疏"史叙其事，乃作此篇，非周公作也。"臣召南按，孔疏此条，直纠小序之失，语足翼经。

2. 《书传》卷十一《周书》

（宋）苏轼撰

武王有疾，周公作《金縢》。《金縢》之书，缘周公而作，非周公作也。周公作金縢策书。

3. 《尚书全解》卷二十六《周书》

（宋）林之奇撰

武王有疾，周公作《金縢》。既克商二年，王有疾弗豫。二公曰：我其为王穆卜。周公曰：未可以戚我先王。公乃自以为功。为三坛同墠。为坛于南方，北面周公立焉。植璧秉珪，乃告大王、王季、文王。史乃册祝曰：唯尔元孙某遘厉虐疾。若尔三王，是有丕子之责于天，以旦代某之身。予仁若考，能多才多艺，能事鬼神。乃元孙，不若旦多才多艺，不能事鬼神，乃命于帝庭，敷佑四方。用能定尔子孙于下地。四方之民罔不祗畏。呜呼！无坠天之降宝命，我先王亦永有依归。今我即命于元龟。尔之许我，我其以璧与珪归俟尔命尔不许我我乃屏璧与珪乃卜三龟，一习吉，启籥见书，乃并是吉。公曰：体！王其罔害。予小子新命于三王，唯永终是图。兹攸，俟能念予一人。公归，乃纳册于金縢之匮中。王翼日乃瘳。

武王既克商而有天下，法度未尽得其条理。商民之附于周者，犹未固也。而武王遽有疾焉。周公恐其不可救药，则成王将以幼孙嗣位，己以冢宰摄政，能无危乎？故作册书，以告于太王、王季、文王请以其身代武王之死，而藏其书于金縢之中。史叙其事而作此篇也。此篇首载周公筑坛以代死于三王。既卜而吉，则武王遂瘳。又载武王即逝，而群叔流言。周公虽避于东都，而成王犹有疑之之心。及其感风雷之变，而启金縢之书，然后知周公之心，果忠于王室。迎之于东以归。则此篇主于记事，而作出于史官之手。而其序乃曰"周公作金縢"，与夫"周公作《无逸》""周公作《立政》"之言，曾无少异者。盖书序之体，固有某篇虽非某人之所作，而所载之本末，皆其人之事迹、语言，则虽谓其人作之可也。如《太甲》三篇，首载太甲不惠于阿衡，伊尹作书以启迪之，而王罔念闻，乃放之于桐宫。及其丧制既阕，克终允德，乃奉之以归于亳，又作书以坚其意，既而又申诰之。其历时也，不为不久。而尹所以丁宁告戒之意，亦不一而足。史官记载其始末无所遗，以作此三篇，而其序亦曰：伊尹作《太甲》三篇，正与此同。某尝观书序之作，其体不一，往往杂出于众人之手者，谓此也。

　　既克商二年者，即伐纣之明年也。王有疾而弗豫，则其病革矣。周公所谓"遘厉虐疾"是也。王之疾既革，二公所以欲质之龟册，而决其吉凶。曰穆卜者，敬也。以君父之疾而卜之神灵，非致其敬，安能有所感哉？二公者，太公、召公也。太公、召公欲卜以决武王之吉凶。而当是时也，周公已有请命代死之志。周公之所以代武王之死，岂挟诈而为，谓足以要天下之誉哉？盖其深思远虑，惧夫武王既丧，则周之社稷，盖岌岌矣而已，亦无所逃其祸也。故宁使身之不保，犹愈于社稷之危也。是出于中心之诚，而为此祷于神明之请。虽其同时而为三公，如太公、召公亦不使之知，故讬辞以告之曰：未可以戚我先王。汉孔氏曰，戚，近也。未可以死近我先王，其意以谓死则与先王相近，若生则人神道隔是为远矣。其说迂曲，不如郑康成以"戚"为"忧"其训为长。康成虽以"戚"为"忧"而又以周公既内知武王有九龄之命，又有文王曰"吾与尔三之期"，今必瘳不以此终，故止二公之卜，云未可以忧怖我先王。信如此言，则是周公自知必不至于代王以死，而挟诈为之矣。不如潘博士说曰，孔子答孟武伯问孝曰"父母唯其疾之忧,盖子有疾必贻父母之忧",故为王穆卜则戚我先王必矣。此说是也。

周公既以未可戚我先王之辞,而却二公之言卜,故自以请命之功为己任,而设为坛墠之礼也。坛封土也,墠除地也。为三坛同墠,盖将以告于三王,故大除地为墠。而于除地之中,为三坛也。《礼》,天子立七庙、一坛、一墠。曰考庙,曰王考庙,曰皇考庙,曰显考庙,曰祖考庙,皆月祭之。远庙为祧,有二祧,享尝乃止。去祧为坛,去坛为墠。墠坛有祷焉。祭之无祷乃止。周公祷武王之疾于坛墠,礼也。然不于去祧之坛墠,而设为三坛同墠,以祷太王、王季、文王者,此盖礼之变也。既云公乃自以为功,则是周公不为武王祷,而为身祷也。为身而祷则于国之庙祧坛墠无所与焉。《礼》,士大夫去国为坛,位向国而哭者,为无庙也。宗子在他国,庶子无爵而居者,望墓为坛以祭者,为不可以入庙也。古之有事于祖考,当夫无庙与夫不可以入庙,则为坛以祭。周公坛墠以告于三王,亦若是也。使其为武王而祷,则太王、王季、文王盖有庙焉,而坛墠非所宜设也。既有三坛矣,乃于三坛之南设一坛也,将告于三王,故其坛北面,而周公立其上也。

周公立坛之上,则植璧秉珪,告于太王、王季、文王之神,以请代武王之死。汉孔氏曰,璧以敬神。植,置也。置于三王之坐,周公秉桓圭以为贽。按下文曰"尔之许我,我其以璧与珪归俟尔命。尔不许我,我乃屏璧与珪",则圭璧似皆以祈神,非周公执桓圭以为贽也。使其执圭以为贽,则其"归俟尔命"不当言"屏璧与圭"。《云汉》之诗曰,圭璧既卒宁莫我听。《周礼·典瑞》曰,四圭有邸,以祀天旅上帝。两圭有邸,以祀地旅四望。祼圭有瓒,以肆先王,以祼宾客,圭璧以祀日月星辰,则古者祷祠兼用圭璧,周公之告于三王也。则史为竹简书其祝辞,执而读之其辞,则下文是也。

元孙,谓武王也。某者,谓武王名也。周公之祷也,盖用武王名。及史官记载,则讳其名而代以"某"字。《左氏传》申繻曰,周人以讳事神,名终将讳之。名之讳也,盖始于周。自周以前不讳名也。故武丁、太甲、盘庚,皆以名其篇若其号谥。然至周,始以号谥易其名而讳之。然唯斥其名,则有所讳,若此篇,不曰"元孙发",而曰"元孙某";不曰

"以旦代发之身",而曰"以旦代某之身"也。至于其他文字用"发"字,则无所讳。若《噫嘻》"春夏祈谷于上帝"之诗,而曰"骏发尔私",盖不讳"发"字也。至于末世,然后其讳寖广,故有以国废名,以官废职,以山川废主,以器币废礼之说,非古之制也。

　　武王既遇危疠暴虐之重疾,是将沦于死矣。苟尔三王有丕子之责于天,必欲偿其责,而使武王之不可以复生,则不如以旦代其身也。自太王、王季而言之,曰元孙;自文王而言之,则曰丕子,其实一也。元,长也;丕,大也,皆谓武王,以长子继世而有天下也。周公所以欲以其身代武王之死者,盖以其仁若考,而又能多才多艺,可以事鬼神;而武之多才多艺,以事鬼神,则不若己也。是元孙之死,不若旦之死也。元孙虽不若旦之多才多艺以事鬼神,而其受命于帝庭,以有天下;敷布其德,以佑助四方之民。用能定尔三王之子孙于下土,或为天子或为诸侯,使四方之民莫不敬而畏之,则是旦之生,不若元孙之生。此所以欲以旦代某之身也。予仁若考,先儒谓仁能顺父,以"若"训"顺",不如薛氏之说为长。薛氏曰,若,如也。与"不若旦"之"若"同义。盖唯其仁如父,故可以事鬼神也。周公既自谓其仁若考,又自谓其多才多艺可以事鬼神,而谓武王之多才多艺以事鬼神,则不若旦者,正犹武帝之称汲黯曰:使黯任职居官,亡以瘉人。至其辅少主守成,虽自谓贲育不能夺也。然虽拙于任职居官,而能辅少主守成,故可以托六尺之孤。武王虽短于多才多艺事鬼神,而能敷佑四方,故可以王天下,如之何遘厉虐疾,而遂至于不可救哉?此所以欲以身代之也。虽然亦非短于多才多艺不能事鬼神也,但周公方为武王而祷,欲以身代其死,则其辞不得不尔也。

　　呜呼者,又嗟叹而言之也,言武王既可以敷佑四方,以奠国家九鼎之业,盖其已膺上天之命矣。今尔三王,当有以辅之,无使其天之降宝命于此而废坠也。宝命不坠,则武王享其大禄,以为社稷宗庙之主,而三王之神灵,亦将格矣。周公既言武王之才艺不可以事鬼神于幽冥之间,唯可以上膺皇天之命,以定我国家之子孙;下抚四方之民,以成太平之功,其死也,则将坠天之降宝命,其生也,则先王亦有所依归。其利害明白灼然可见矣。

　　夫三王在天之灵,虽幽明殊涂,而其心岂异于人哉。然而不可言语接

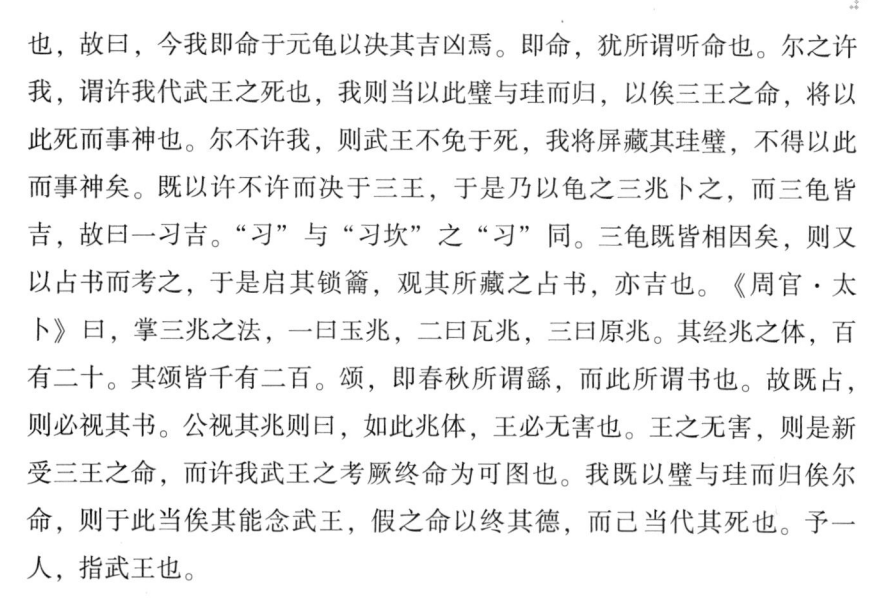

也，故曰，今我即命于元龟以决其吉凶焉。即命，犹所谓听命也。尔之许我，谓许我代武王之死也，我则当以此璧与珪而归，以俟三王之命，将以此死而事神也。尔不许我，则武王不免于死，我将屏藏其珪璧，不得以此而事神矣。既以许不许而决于三王，于是乃以龟之三兆卜之，而三龟皆吉，故曰一习吉。"习"与"习坎"之"习"同。三龟既皆相因矣，则又以占书而考之，于是启其锁籥，观其所藏之占书，亦吉也。《周官·太卜》曰，掌三兆之法，一曰玉兆，二曰瓦兆，三曰原兆。其经兆之体，百有二十。其颂皆千有二百。颂，即春秋所谓繇，而此所谓书也。故既占，则必视其书。公视其兆则曰，如此兆体，王必无害也。王之无害，则是新受三王之命，而许我武王之考厥终命为可图也。我既以璧与珪而归俟尔命，则于此当俟其能念武王，假之命以终其德，而己当代其死也。予一人，指武王也。

公于是自埠坛之所而归。祝史乃纳其祷死之册于金縢之匮。縢，缄也。藏册书之匮，以金缄之，欲人之不发也。周公请代武王之死，其心忠矣。然必缄而藏其书者，非是周公欲藏此书，以为他日之观也。盖古者，卜龟既，毕必纳其册书于匮，从而缄之，异日将有大卜，则复启焉，不然则否，此故事也。周公卜于三王，启籥见书者，始启金縢之匮也。公既归，则祝史以故事，纳其册于匮中，缄而藏之尔。按《周官·占人》，凡卜筮则系币以比其命。郑康成曰，既卜筮，史必书其命龟之事及兆于册，系其礼神之币而合藏焉。《书》曰，王与大夫尽弁以启金縢之书，乃得周公所自以为功代武王之说，是命龟书，此言深得金縢之旨。盖其册书以故事而藏之，非特为金縢以藏其册也。公自埠坛归之明日，而武王遂已瘳矣。夫请代武王之死者，周公之本心也。王瘳而周公不死，此则天也，非人之所能为也。盖天之于人，虽若茫昧不可测知，而其祸福之应，如影之随形，响之应声，未有动于此，而不应于彼者。高宗恭默思道，而梦帝赉之良弼；周公代武王之死，三龟习吉而王翼日乃瘳，皆其至诚，洞达神明，故其应也如此之速，应非自外也。夫死生鬼神之际，圣人之所难言也。《礼记·檀弓》孔子曰，之生而致死之不仁，而不可为也；之死而致生之不知，而不可为也。是故竹不成用，瓦不成味（味当作沬），木不成斲。琴瑟张而不平，笙竽备而不和。有钟磬而无簨虡。盖古人之所以事死者，务所以神明之而不以为断，然必有所居处动作于幽冥之间，与其平日之事无以异也。今周公之所以祷于三王者，夷考其辞，则是鬼神之居于地下，亦如其未死之前，不几于巫觋里巷之见乎哉。在《易·系》曰"原始反终"，故知死生之说。精气为物，游魂为变。是故知鬼神之情状。此盖圣人之分也。圣人之德，贯天地，通神明，能尽人之情于昭昭之际，则有以尽鬼神之情于冥冥之间，是以其辞委曲详尽如此，而不为过。其或未能事人而欲事鬼，未知生而欲知死者，则不足以当乎此矣。是说也，某于《盘庚》尝论之矣。

4.《尚书讲义》卷十三

（宋）史浩撰

武王有疾，周公作《金縢》。

金縢者，苍箓册书之匮。凡灾祥之兴，于是考焉。祝，史之辞，于是藏焉。以金缄封，历代宝之，故曰金縢。周公尝以册纳于匮中尔，史氏乃直谓周公作《金縢》，岂《金縢》因周公而显，故以是名篇乎？

5.《尚书详解》卷十八

（宋）夏僎撰

武王有疾，周公作《金縢》。

武王既克商而有天下，法度未尽得其条理。商民之附周者，犹未固也，而武王遽有疾焉。周公恐其不救，而成王以幼冲嗣位，已以冢宰听政，则天下必危，故作册书以告于太王、王季、文王，欲以身代武王之死。既告之后，史官乃以其书藏于金縢匮中。至武王殁后，周公当国，三监流言，周公居东，天有风雷之变，王以天变之故，启金縢之匮以观休咎之书。盖国家有大册命，与凡卜筮之书皆藏其中，每遇大事则启而视知。今有风雷大变，故王启匮观书，因见所祷之册，有代武王之说，王始信周公有大功于王室，而二叔之言不足信，故此书始出于时史官，以其出于金縢之匮，故其书谓之《金縢》。縢是缄也，盖藏书于匮，其外以金縢之，若金锁籥之类，故谓之金縢。林少颖谓此篇皆载周公筑坛卜代武王之死，末又载武王既崩，群叔流言与周公居东及天变见于上，

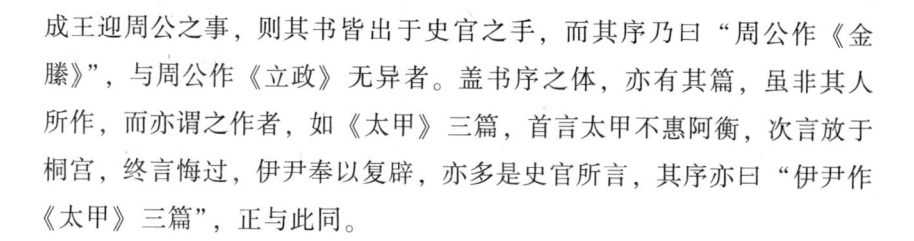

成王迎周公之事，则其书皆出于史官之手，而其序乃曰"周公作《金縢》"，与周公作《立政》无异者。盖书序之体，亦有其篇，虽非其人所作，而亦谓之作者，如《太甲》三篇，首言太甲不惠阿衡，次言放于桐宫，终言悔过，伊尹奉以复辟，亦多是史官所言，其序亦曰"伊尹作《太甲》三篇"，正与此同。

6.《增修东莱书说》卷十八《周书》

（宋）吕祖谦撰，（宋）石澜增修

武王有疾，周公作《金縢》。既克商二年，王有疾弗豫。二公曰：我其为王穆卜。周公曰：未可以戚我先王。公乃自以为功，为三坛同墠，为坛于南方，北面周公立焉。植璧秉珪，乃告太王、王季、文王。史乃册祝曰：唯尔元孙某，遘厉虐疾。若尔三王，是有丕子之责于天，以旦代某之身。予仁若考，能多材多艺，能事鬼神。乃元孙不若旦多才多艺，不能事鬼神。

天命所在，寿夭短长，皆有定数。武王之疾，周公圣人也，岂不知天命，而欲以身代其死，谓周公出于一时忠爱，不暇顾理者，非也。于此可以见天命一原之理。盖维天之命，于穆不已，莫之为而为；周公之圣，诚意不已，亦莫之为而为，故其道，并行而不相悖。二公之欲卜，周公曰未可以戚我先王，周公岂欺二公而自卜，以为己功乎？以周公为亲贤，唯周公当任此事。揆之臣子之义，不然谓死生人之所难，唯周公能处此，而二公不能，与本文亦不协也。书文甚明，学者不察耳。周公之卜，但公家自举之礼，二公之欲卜，将动朝廷之典，如王与大夫尽弁之类也。观公"乃自以为功"与"为三坛同墠"则可知矣。太王、王季、文王去武王未远，当在昭穆之数，则祷在宗庙，何必为坛墠。去祧为坛，去坛为墠。周公所以特为坛墠者，则知不敢祷于宗庙，而自祷也。如二公之请，则动朝廷之礼，祷之宗庙惊动上下，而武王之病革矣。以先王之心体之，岂不戚乎。

珪璧者，所以礼神；册祝者，今祝版之类。周公诚意尽寓于此。元孙某，武王也。周公对神当称其名，此书作于成王之时，周人以讳事神，故避其名也。常人节宣卫养，不得其道，故疾皆自致。圣人道德充足，血气和平，节宣卫养，皆适其宜，偶与天地之戾气相遇，而成其虐害之疾耳。丕子，元子也。武王为天之元子，受天之命，而建基业，平定天下，固武王之责也。然三王先受命而武王终之。武王之命不延，则不能终三王之业，是亦三王之责不尽也。然则武王之责，乃三王之责，故欲以身代武王之身。周公自思其它，皆与武王同。唯材之与艺，恐犹多于武王，可以代其死而事鬼神。予仁若考者，与圣人同也，求其实多者，唯材艺耳，此公之实言。

7.《尚书说》卷四《周书》

（宋）黄度撰

武王有疾，周公作《金縢》。

《周官·占人》，凡卜筮既事，则系币以比其命，岁终则计其占之中否。郑康成曰，既卜筮，史必书其命龟之事及兆于策，系其礼神之币而藏焉。《书》曰"王与大夫尽弁，开金縢之书，乃得周公所自以为功代武王之说"，是命龟书。按《金縢》册祝三王，非命龟也。命龟宜自有辞。縢，缄也，藏之于匮，缄之以金，即籥也。此书唯册祝之辞，是周公作史，因叙载前从事以为书，名之曰《金縢》。序称周公作《金縢》者，谓册祝之辞也。

8.《絜斋家塾书钞》卷十

（宋）袁燮撰

武王有疾周公作金縢。

（归善斋按，原缺）

9.《书经集传》卷四

（宋）蔡沈撰

（归善斋按，未解）

10.《尚书精义》卷三十一

（宋）黄伦撰

武王有疾，周公作《金縢》。

无垢曰，武王有疾，周公有代死之册在金縢之匮，今录而成篇。金縢之册非周公而谁作乎？至于成王信流言，以金縢之书而悔；上天动雷电，以金縢之书而知。故史官因叙其事，以见金縢之作，以明周公之心也。使武王无病，则金縢之书不作；使上天不怒，则金縢之书不开。然则，因流言，因天威，乃见周公金縢之书，所以孔子判之曰"武王有疾，周公作《金縢》也"。

又曰，圣人存心不求人知，而求天知。成王信流言，疑周公，周公虽死不自明也。夫不自明而周公死岂不陷成王为有过之主哉？曰吾之心取信于天耳。使吾心无愧于天，则成王必悟，傥成王不悟而周公死，是周公之心终有愧于天，而天不为之动也。其何怨天尤人之有乎？

周氏曰，周公作《金縢》，其训诸后世之为臣者，忠于其上，虽其命有可易焉，信乎。曰，周公之教人备矣。昔武王老，成王幼，管、蔡不可教。周公身任天下之重也。身任天下之重，万世我赖，变不谋宁，乱不谋定，恶足为周公哉？卫道也周，虑患也深，防患未然，其唯《金縢》乎。微是周室其变矣。

苏子才曰，按《金縢》乃周公策命之书，自纳金縢之匮，及为流言所谤，成王悟而开之，史叙其事，乃作此篇，非周公作也。

11.《尚书详解》卷二十六《周书》

（宋）陈经撰

武王有疾，周公作《金縢》。

《金縢》为请命之书。藏之于匮，缄之以金，不欲人开之也。占书皆论天道，不及人事。故先王秘而藏之，不以示人。周公发匮而取其占书，并藏其册于匮，是为占卜故事，非有意而藏之也。此书非周公所作，而谓之周公作《金縢》者，其册文乃周公所作故也。孔子特以二句叙此书者，以见《金縢》之作也，起于武王之有疾；金縢之启也，在于成王之疑周公。周公终始之心,皆于金縢而有考焉,故曰"武王有疾,周公作《金縢》"。

12.《融堂书解》卷十一

(宋)钱时撰

《金縢》。

武王有疾,周公作《金縢》。

縢,缄也。金縢,即缲也。古者占书藏之匮中,籥以金縢,国有大事,疑即卜而启之。武王有疾卜而启籥,看占书。周公乃并纳祝册于金縢匮中,及成王因天变启金縢欲卜之,而得周公代武王之册,此乃金縢一事之始末,并叙此于后,是书虽续于史氏之手,而金縢之作实周公也。故叙曰"武王有疾,周公作《金縢》。不然则克商二年,至周公东归,相去十有余岁,此书当在作《嘉禾》之后矣,曷为次之《大诰》之先,而孔子断之曰周公作乎?

13.《尚书要义》卷十二

(宋)魏了翁撰

(归善斋按,原缺)

14.《书集传或问》卷下

(宋)陈大猷撰

(归善斋按,未解)

15.《尚书详解》卷七《周书》

(宋)胡士行撰

武王有疾,周公作《金縢》。

既克商二年,王有疾弗豫(和乐)。二公(太公召公)曰:我其为(与)王穆(敬)卜(吉凶)。周公曰:未可以(使武王)戚(死近)我先王。公乃自以为功(己事),为三坛(封土坐北面南,以礼太王、王季、文王)同墠(除也坐),为坛于南方(南向北),北面周公立焉。植璧(植三

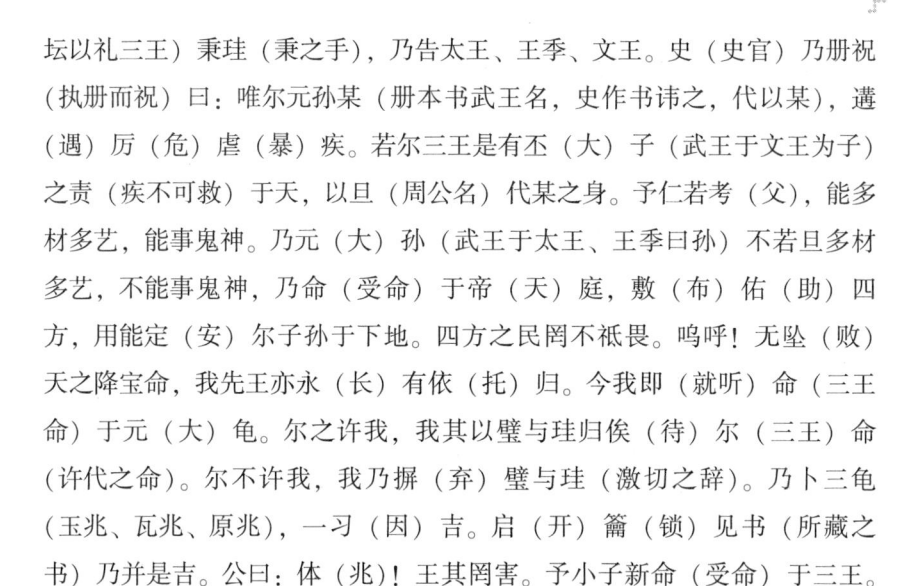

坛以礼三王）秉珪（秉之手），乃告太王、王季、文王。史（史官）乃册祝（执册而祝）曰：唯尔元孙某（册本书武王名，史作书讳之，代以某），遘（遇）厉（危）虐（暴）疾。若尔三王是有丕（大）子（武王于文王为子）之责（疾不可救）于天，以旦（周公名）代某之身。予仁若考（父），能多材多艺，能事鬼神。乃元（大）孙（武王于太王、王季曰孙）不若旦多材多艺，不能事鬼神，乃命（受命）于帝（天）庭，敷（布）佑（助）四方，用能定（安）尔子孙于下地。四方之民罔不祗畏。呜呼！无坠（败）天之降宝命，我先王亦永（长）有依（托）归。今我即（就听）命（三王命）于元（大）龟。尔之许我，我其以璧与珪俟（待）尔（三王）命（许代之命）。尔不许我，我乃摒（弃）璧与珪（激切之辞）。乃卜三龟（玉兆、瓦兆、原兆），一习（因）吉。启（开）籥（锁）见书（所藏之书）乃并是吉。公曰：体（兆）！王其罔害。予小子新命（受命）于三王。唯永（王长年）终（终周王业）是图（谋）兹（三王）攸，俟能念予一人（使武王疾瘳）。公归，乃纳（藏）册（册祝）于金（黄金）縢（缄縢）之匮中。王翼（次）日乃瘳（疾愈）。

寿夭定数，死何可代。或谓周公忠爱所迫，不暇顾理，非也。公之心，天也。天莫之为而为，公之诚意亦莫之为而为。于此，可以见天命一原之理矣。

16.《书纂言》卷四上《周书》

（元）吴澄撰
（归善斋按，未解）

17.《书集传纂疏》卷四下《朱子订定蔡氏集传·周书》

（元）陈栎撰
（归善斋按，未解）

18.《读书丛说》卷六

（元）许谦撰
（归善斋按，未解）

19.《书传辑录纂注》卷四《周书》

（元）董鼎撰

（归善斋按，未解）

20.《尚书句解》卷七

（元）朱祖义撰

武王有疾（武王有疾病），周公作《金縢》（金縢之书）。

21.《尚书日记》卷十

（明）王樵撰

（归善斋按，未解）

22.《日讲书经解义》卷七

（归善斋按，未解）

《尚书考异》卷五

（明）梅鷟撰

《金縢序》。

王、郑皆云，縢，束也。郑又云，凡藏秘书藏之于匮，必以金缄其表，是秘密之书，皆藏于匮，非周公始造此匮，独藏此书也。

武王有疾不豫。

马本如此。伪古文无"不豫"二字。

《金縢》

《尚书注疏》卷十二《周书》

（汉）孔氏传，（唐）陆德明音义，（唐）孔颖达疏

《金縢》。

传,遂以所藏为篇名。

疏,正义曰,发首至"王季、文王",史叙将告神之事也。"史乃□祝"至"屏璧与珪",告神之辞也。自"乃卜"至"乃瘳言卜吉",告王差之事也。自"武王既丧"已下,叙周公被流言,东征还反之事也。此篇叙事多而言语少,若使周公不遭流言,则请命之事遂无人知。为成王开书,周公得反,史官美大其事,故叙之,以为此篇。

《尚书详解》卷十八

(宋)夏僎撰

《金縢》。既克商二年,王有疾弗豫,二公曰:我其为王穆卜。周公曰:未可以戚我先王。公乃自以为功,为三坛同墠。为坛于南方,北面周公立焉。植璧秉珪,乃告太王、王季、文王。史乃册祝曰,唯尔元孙某,遘厉虐疾。若尔三王,是有丕子之责于天,以旦代某之身。予仁若考,能多材多艺,能事鬼神。乃元孙不若旦多才多艺,不能事鬼神,乃命于帝庭,敷佑四方。用能定尔子孙于下地,四方之民罔不祗畏。呜呼!无坠天之降宝命,我先王亦永有依归。今我即命于元龟,尔之许我,我其以璧与珪归俟尔命。尔不许我,我乃屏璧与珪。乃卜三龟,一习吉,启籥见书乃并是吉。公曰,体!王其罔害。予小子新命于三王,唯永终是图。兹攸,俟能念予一人。公归,乃纳册于金縢之匮中。王翼日乃瘳。

此"金縢"二字,旧竹简所标之题也。既克商二年,即伐纣之明年也。武王以伐纣之明年有疾而弗和乐。太公、召公之意,以武王之安否系天下之安危,将为王敬卜于鬼神,以观吉凶,故曰"穆卜"。穆者,敬也。是时周公已有请命代死之意,未欲使二公知己之欲代,故托辞而阻之曰"未可以戚我先王"。汉孔氏以"戚"为"近",则"戚"有亲近之义,故以训"近"。其意则谓,武王若死,则与先王相近。若生,则人神道隔,是为远矣。其说迂回。郑氏以"戚"为"忧",以谓周公内知文王有九龄之命,及文王"有吾与尔三之期",武王必不以此终,故止二公之卜,云"未可以戚我先王。"信如此言,则是周公自知武王必不死,己之请祷,必不至于代死。今日之言,几于挟诈而为之矣。故不如潘博士谓孔子答武伯问孝曰"父母唯其疾之忧,盖子有疾,必贻父母之忧",故周公谓二公若穆卜，则是以武王之疾，忧我先王也。

周公既以此言却二公使勿卜，故自以请命之功为己任，必谓之自以为功者。功，事也，谓自为己之事也。盖三坛同墠，坛封土为之，墠除也。盖将告太王、王季、文王，故为三坛。而三坛则同墠一地而为之，盖所除一地共筑三坛也。林少颖谓，天子立七庙，远庙为祧，去祧为坛，去坛为墠。周公祷武王之疾于坛墠，礼也。然不祷去祧之坛墠，而设三坛同墠者，此礼之变也。盖此书言公乃自以为功，则是周公不为武王祷，为身祷也。为身而祷，则于国之坛墠无所与。《礼》，大夫士去国逾境为坛，位向国而哭。是古者有事于祖考，则入于庙。当无庙与不可以入庙，则为坛以祭。周公以坛墠告先王，亦若是也。此说有理。周公既为三坛，以礼三王，乃于三坛之南，更设一坛，而坛面则向北，以三坛坐北面，南三王在上，故周公自作此坛，北面向之而立，将告己意于三王也。

于是，植璧秉珪以礼三王。盖圭璧，皆所以礼神。《云汉》之诗曰"圭璧既卒"，《周礼·典瑞》曰，四圭以祀天，两圭以祀地，祼圭以祀先王，圭璧以祀日月，则古者，礼神兼用圭璧矣，故曰"植璧秉圭"。盖璧则植之于坛，圭则秉之于手，必如孔氏谓璧则置于三王之坐，而公自执桓圭也。盖此圭乃礼神之圭，如四圭、两圭之类，非桓圭故也。既"植璧秉珪"，于是遂告周公欲代之意于三王。所谓告者，即史以册所祝之辞是也。自此以上，史官载周公祷三王之所自也。然则，谓之史乃册祝者，盖古者视史之官，将告于神，必书其告之之辞于柬册，然后读之。盖谓史乃执册书而祝之也。所祝者，即下文是也。

元孙，谓武王也。某，亦谓武王也。盖周公祷于三王，必称武王名，今史载其书，故讳而代以"某"字，盖讳名自周始。周之前，则不讳，如武丁、盘庚之类，皆名之而不讳也。周公作册之辞，首言，唯尔三王之长孙某，遇危厉暴虐之重疾，将沦于死。苟尔三王有丕子之责于天。丕，大也。谓武王以长子继世，有天下，故谓之丕子。周公之意，盖谓尔三王有责于上天，必须长子死以偿其责，则请以旦代武王之身也。前言元孙，此言丕子，盖自太王、王季而言之，则曰"元孙"；自文王言之，则曰"丕子"，其实一也。周公既言己当代武王之死，于是遂言武王所以不当死，与己之可死之意。谓我之仁德如我考文王，又多才力，又多技艺，可以事鬼神，故可以死而事先王。若武王，则不如我之多才力，多技艺，不能事鬼神，故不可以死，而事先王。唯其不可以事鬼神，故受命于天帝之庭，以有天下，使敷佑四方。敷，如"敷纳"之"敷"，谓敷布而纳之。则纳之者非一人也，敷布而佑之，则佑之者非一方也。盖敷佑四方，犹遍助四方之民也。天既使之布以佑助四方之民，故能定尔三王之子孙于下地，或为天子或为诸侯，而四方之民莫不敬而畏之。是武王不可以死，而可以为天子定四方也。周公言此，盖深言己能事鬼神，决可以死，武王不能事鬼神，而能为天子，故不可以死。虽三王有责于天，而己决当代之也。然武王实非短于才艺，不能事鬼神，但周公方为武王祷，欲以身代其死，故其辞不得不尔也。林少颖谓，周公代武王之死，岂挟诈伪，欲要天下之誉哉，盖深思远虑，惧夫武王既丧，则周之社稷，盖岌岌矣。虽己苟生，无所措其身，故宁己死而庶几社稷之不危，是以出于诚心，而为此祷也。

周公既言武王不可死，而可以为天子，故又嗟叹而言之曰"无坠天之降宝命"，盖武王之有天下，实天以宝命畀之。若果以克商之明年而死，则纪纲未立，民心未固，周之为周，必未可知。天之宝命必不能保其不坠陨。故嗟叹重言之者，深知利害所系之大也。武王果不死，宝命果不坠，则社稷宗庙有主，而三王之神灵可以永远有所依托，有所归宿。周公言及于此，则其情之迫也可见矣。三王虽死，得不为之动心乎？故周公遂言"今我即命于元龟"。元龟，大龟；即，就也，就龟听命也。盖三王既死，不可以言语接，故周公于是就龟以听命。谓尔三王，若许我以代武王之死，则我当以此璧与珪而归。俟尔三王之命，谓得三王有令代死之命，即死而以此事鬼神也。尔三王苟不许我代武王之死，则屏去其璧珪，自后不复事三王矣。此盖周公激切之辞，非谓武王苟死，则周公果不事三王也。祝史既告周公之辞毕，于是乃以龟之三兆卜之，而三龟之兆皆吉，故曰一习吉。"习"与"习坎"之"习"同。坎，险也。因险设险谓之"习坎"，则"习"之训"因"也，谓三龟皆相因而吉也。三龟既相因而吉，于是启其锁籥，观其所藏卜筮之书而卜，筮之书亦皆是吉兆，故曰乃并是吉。《周官》，太卜掌三兆之法，一曰玉兆，二曰瓦兆，三曰原兆。其经兆之体百有二十，其颂皆千有二百。《周礼》所谓三兆，即此。所谓三龟，盖每兆自有一龟也。《周礼》所谓颂，即此所谓"书"，春秋所谓"繇"，亦此书也。

卜之既吉，视其卜书又吉，故周公于是言曰"体！王其罔害"，盖谓视此兆体，王必无害不至于死。我小子新受命于三王，谓即龟受三王之命，已许武王不死，使之为永远终久是谋。盖谓不死而能为周家长远之计也。我今于此，当有所待，故曰"兹攸俟"，盖谓周公初祷于三王时，谓尔三王若许我以死，而武王得生，我则以璧以珪归俟尔命。今卜既吉，而武王必可瘳，则周公请代之说，三王已从之矣，故欲于此，俟其代死之命也。然王卒瘳而周公卒不死者，盖请代王死，周公之本心；王瘳而公不死，则天也，非人之所能为也。周公既欲于此待死命，则又曰我必死矣，三王必能念我一人，武王假之以年矣，故曰念"予一人"。

公于是自坛墠之所而归，祝史乃纳其祷死之册于黄金所缄縢之匮中。盖祝史，依故事，凡大卜之后，所祝之册必纳于此，非周公私意也。林少颖，谓周公请代武王之死，其心忠矣。然必缄而藏此书者，非欲藏之为异日之观也。盖古者，卜龟既毕，必纳其书于匮，从而缄之。异日将有大卜，则复启焉。不然则否。此故事也。周公卜于三王，启籥见书，则是既启金縢之匮矣，故既归，祝史则以故事，纳其册于匮中，复缄之尔，非周公私意。王翼日乃瘳，盖谓纳册之明日，而王之疾乃瘳也。

《书经集传》卷四

（宋）蔡沈撰

《金縢》。

縢，徒登反。武王有疾，周公以王室未安，殷民未服，根本易摇，故请命三王，欲以身代武王之死。史录其册祝之文，并叙其事之始末，合为一篇，以其藏于金縢之匮，编书者因以《金縢》名篇。今文古文皆有。唐孔氏曰，发首至王季、文王，史叙将告神之事也。史乃册祝至屏璧与珪，记告神之辞也。自乃卜至乃瘳，记卜吉及王病瘳之事也。自武王既丧已下，记周公流言、居东及成王迎归之事也。

《尚书详解》卷二十六《周书》

（宋）陈经撰

《金縢》。

此篇所载，非一时之事，乃作书者叙述周公之始终。自"既克商二年"而下，"乃告太王、王季、文王"，言将告神之事也。"史乃册祝"以至"秉璧与珪"，告神之辞也。自"乃卜"至"王翼日乃瘳"，言卜吉而武王愈也。自"武王既丧"而下至"王亦未敢诮公"，言周公被流言、东征之事也。自"秋大熟"而下至"岁大熟"，言成王之疑、成王之信，而天皆有以应之也。此篇叙事甚多，皆所以言周公之忠诚，处事之变而非事之常也。读之者，当合《豳风·伐柯》《狼跋》《破斧》等诗同看。当武王之疾，而以身代死，此岂常事哉。当武王之丧，远则四国流言，近则王不知，此岂常事哉。自人情观之，当成王疑周公之时，引前日金縢之事，以自明，其谁以为不宜。又不然，则引身而退，避嫌疑，匿名迹，而谁不以为当。周公于此，不唯不肯引金縢之事以自解，且又征讨四国，犯天下之嫌疑。周公之所以如此者，盖其心在于为公，而不为私。在于为国家，而不在于为一己。故虽处进退危疑之地，人情反侧之时，而"公孙硕肤，赤舄几几"，从容暇豫，不失其所以圣焉。水流而不盈，行险而不失其性，唯刚中者能之。君子于此，有以见周公始终乎？周家无往而非诚也。虽然，周公岂祈乎人之知也哉？死生固有常理，而精诚之至者，可以易死而为生。成王之疑信，无与乎天威也，而精诚之至者，能使天大反风于瞬息之顷。世儒以天人为二理，而不知圣人之学，可以转移造化，日与天相接。其谓之天人二理者，以己之伪，而遂不信古人之有是事也。观金縢之书，则当知周公所以与天为一。

《尚书要义》卷十二

（宋）魏了翁撰

（归善斋按，原缺）

《书纂言》卷四上《周书》

（元）吴澄撰

《金縢》。

蔡氏曰，武王有疾，周公以王室未安，殷民未服，根本易摇，故请命三王，欲以身代武王之死。其册文藏于金縢之匮。编书者序其事之始末，因以《金縢》名篇。孔疏曰，发首至"王季、文王"，叙将告神；"史乃册"至"屏璧与珪"，记告神之辞；"乃卜"至"乃瘳"，记卜吉及王病瘳之事；"武王既丧"以下，记周公流言居东及成王迎归之事也。

《书集传纂疏》卷四下《朱子订定蔡氏集传·周书》

（元）陈栎撰

《金縢》。

武王有疾，周公以王室未安，殷民未服，根本易摇，故请命三王，欲以身代武王之死。史录其册祝之文，并叙其事之始末，合为一篇，以其藏于金縢之匮，编书者因以《金縢》名篇，今文古文皆有。唐孔氏曰，发首至"王季、文王"，史叙将告神之事也。"史乃册祝"至"屏璧与珪"，记告神之辞也。自"乃卜"至"乃瘳"，记卜吉及王病瘳之事也。自"武王既丧"已下，记周公流言居东及成王迎归之事也。

纂疏：

《金縢》之作，在周公东征归后，以其记武王时事，且备东征本末，故叙之于此。郑氏曰，藏书匮缄縢以金，凡藏秘书皆然。

《书传辑录纂注》卷四《周书》

（元）董鼎撰

《金縢》。

武王有疾，周公以王室未安，殷民未服，根本易摇，故请命三王，欲以身代武王之死，史录其册祝之文，并叙其事之始末，合为一篇，以其藏于金縢之匮，编书者因以《金縢》名篇，今文古文皆有。唐孔氏曰，发

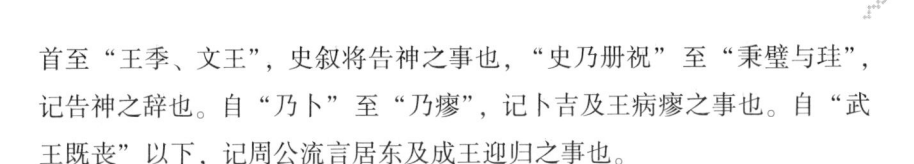

首至"王季、文王",史叙将告神之事也,"史乃册祝"至"秉璧与珪",记告神之辞也。自"乃卜"至"乃瘳",记卜吉及王病瘳之事也。自"武王既丧"以下,记周公流言居东及成王迎归之事也。

辑录:

《金縢》之作,在周公东征而归之后,以其记武王时事,且备东征本末。故叙之于此文集。

纂注:

孔氏曰,书藏于匮,缄之以金,不欲人开。

郑氏曰,凡藏秘书皆然,非始周公。

王氏曰休曰,縢,缄也,以金缄封,若今锁然。

《尚书句解》卷七

(元)朱祖义撰

《金縢》(旧简所标)。

《尚书日记》卷十

(明)王樵撰

《金縢》。

正义曰,成王得周公□命之书,史叙其事,乃作此篇,非周公作也。郑云,凡藏秘书藏之于匮,必以金缄其表,然则,非周公始造此匮,独藏此书也。

《日讲书经解义》卷七

《金縢》。

周武王初定天下,遘虐厉之疾。周公恐人心易摇,欲以身代,作册书告神,卜之于龟,以其书纳金縢之匮中,及遭谤居东,成王感风雷之变将卜,启匮见公请代之书,悟天变所由起,遂亲迎公以归。史臣叙其始末,因取金縢名篇。

《书蔡氏传旁通》卷四下

(元) 陈师凯撰

藏于金縢之匮。

王曰休曰，縢，缄也，以金缄封，若金锁然。郑氏曰，凡藏秘书皆然，非始周公。

《尚书疑义》卷五

(明) 马明衡撰

《金縢》。

《金縢》之书大有难晓。周公代武王之死，此事终有可疑。而又言其"多材多艺，能事鬼神"，自是鬼话。后世相传，皆以为周公至诚恻怛，欲输危急。余反之于心，终有所未安也。又以册书纳之金縢之中，王他日启而得之，似若预为己地者。又二公亦且不知，至问诸史与百执事，则皆曰信，又云"勿敢言"。周公至诚恳恻之事，不系宣泄机密利害，又何不敢言之有，即非周公命之不言，而史与百执事之不言，亦又何故乎？且圣人举事，自是光明俊伟，为武王而请所宜请也，则周公自明白为之，何至深密，必使人皆不知，而唯己独知，以为异者。今观其间诸史与百执事，其当时之人，亦云众矣，周公何尝欲深密，令无人知以为异耶。乃云不敢言，虽二公亦怪问，然后得之，何耶？凡此，皆反之于心，有未安者，故未敢苟信。今皆以为圣人之事，夫子所定之书，反复委曲，以求其解。不知夫子当时所定，果如是否？然《武成》之书，孟子亦疑之。在孟子之时，亦未经秦火，岂非夫子之所定耶？余姑缺之，以俟知者。

《尚书埤传》卷十一

(清) 朱鹤龄撰

《金縢》。

孔疏，此书多用序事体。若使周公不遭流言，则请命之举遂无人知。史为此篇，盖美大其事。

《书经衷论》卷三《周书》

（清）张英撰

《金縢》。

《周书》中，唯《金縢》《洛诰》《顾命》三篇，首尾皆史臣之文。《金縢》又前后数年之事，而合为一篇者。

《金縢》前段言周公祷于三王，请以身代，而武王果瘳。后段言周公居东，成王未能明周公之心而，致风雷之异。两事皆极神奇，合为一书，以见圣人之心，无时不与天地相通也。盖尝论之天下，唯至诚，可以格鬼神；唯滞结，足以致灾异。以周公之忠诚，而犹不能见白于兄弟之间，明言于君臣之际。天下有滞结焉如是者乎。古以一愚夫妇之冤，而犹足致三年之旱，六月之霜者。况大圣人乎？由后风雷之警，以启金縢之书，而遂有反风禾起之异，则前此周公植璧秉珪之时，精诚上格其为鬼神所孚依，又可知矣。故两事合为一书，正以前后相验也。

既克商二年，王有疾，弗豫

1. 《尚书注疏》卷十二《周书》

（汉）孔氏传，（唐）陆德明音义，（唐）孔颖达疏

既克商二年，王有疾，弗豫。

传，伐纣明年，武王有疾，不悦豫。

音义，豫本又作忬。

疏，正义曰，既克商二年，即伐纣之明年也。王有疾病，不悦豫。

传，正义曰，武王以文王受命十三年伐纣，既杀纣，即当称元年，克纣称元年，知此二年是伐纣之明年也。王肃亦云：克殷明年顾命，云"王有疾不怿"，怿，悦也。故不豫，为不悦豫也。何休因此为例云，天子曰不豫，诸侯曰负兹，大夫曰犬马，士曰负薪。

2.《书传》卷十一《周书》

(宋)苏轼撰

尔既克商二年,王有疾,弗豫。

犹言不怿也。

3.《尚书全解》卷二十六《周书》

(宋)林之奇撰

(归善斋按,见"武王有疾")

4.《尚书讲义》卷十三

(宋)史浩撰

既克商二年,王有疾弗豫。二公曰:我其为王穆卜。周公曰:未可以戚我先王。公乃自以为功,为三坛同墠。为坛于南方,北面周公立焉。植璧秉珪,乃告大王、王季、文王。史乃册祝曰:唯尔元孙某,遘厉虐疾。若尔三王,是有丕子之责于天,以旦代某之身。予仁若考,能多材多艺,能事鬼神。乃元孙不若旦多才多艺,不能事鬼神,乃命于帝庭,敷佑四方。用能定尔子孙于下地,四方之民罔不祗畏。呜呼!无坠天之降宝命,我先王亦永有依归。今我即命于元龟,尔之许我,我其以璧与珪归俟尔命。尔不许我,我乃屏璧与珪。乃卜三龟,一习吉。启籥见书,乃并是吉。公曰:体!王其罔害。予小子新命于三王,唯永终是图。兹攸,俟能念予一人。公归,乃纳册于金縢之匮中。王翼日乃瘳。

武王克商未久,而遽有疾弗豫。弗豫,弗悦也。居是时,商民未尽服,周德未尽敷。群臣惴惴危疑,唯恐王室之不竞也,又况大臣太公、周公、召公能不痛心乎?太公、召公欲为王穆卜。穆,敬也,是敬祷于祖庙也。周公曰"未可以戚我先王"者,若曰,未足以感动也。周公是时,已起忘身殉国之心矣。既不敢率二公,亦不敢告二公,第以身任武王之疾,必欲其有瘳,吾有死而已。其曰"自以为功",独以此为己任也。为"三坛同墠"者,野外之祭也,意必其在无人之境为是举也。盖古者,无庙则为坛墠以祭。三王有庙,周公不于庙祭之,而为是坛墠,此深不欲人之知也。孔子有疾，子路请祷，爱师之心，与周公爱君之心同也，孔子知之，未若周公乞以身代而不使人知也。然则周公爱君可谓切至矣。三坛同墠，所以告太王、王季、文王，而自为坛，于北面立焉。植璧秉珪，拱俟祖考之来格。史乃册祝曰"唯尔元孙某"，"某"者，代武王名也，或曰史不敢名，以《书》考之，有道曾孙周王发，亦史所记，史固未尝讳也。意者，成王启书时，传示群臣，不敢名其父，故以某代之也。厉虐者，危殆之疾也。丕者，大也。若三王在天之灵，必责丕子之来则，请以旦代之。予仁如考。考，祖考也。"能多材多艺，能事鬼神，是周公自献其身，以为武王不如我多材多艺，能事鬼神也，乃命于帝庭，敷佑四方。用能定尔子孙于下地，四方之民罔不祗畏"者，武王已受天命，既佑下民于四方，又定本支于百世，一身之任，可谓重矣，安可遽绝乎？言至于此，旦之一身不足惜矣，倪三王使武王无坠天之降宝命，则我祖考亦永有依归。虔恪之心唯恐三王之不受此身也。

"今我即命于元龟"者，周公俟命，既无形声之相接，复欲卜之，以知祖考之从违也。则又告之曰"尔之许我，我其以璧与珪归俟尔命。尔不许我，我乃屏璧与珪"，屏，弃也，将弃珪璧，而不事鬼神矣，其迫切之辞，如家人父子有激怒祖考之意。周公岂尝试为之，而侥幸其苟免者哉？祖考宁不动心乎？至是，卜三王之龟皆吉，是已许周公矣。启籥者，启金縢之籥而取其占验之书，合兹吉兆也。

公曰，视此卦体，王其无害。"予小子新命于三王，唯永终是图"，是言三王示此吉兆也。兹我所以望三王念我武王之明验也。"公归，乃纳册于金縢之匮中，武王翼日乃瘳"，周公之心喜可知也。想夫周公自时厥后，常念死期之必至，其所以不死者，天假之年以遗成王也。使天不留周公，以遗成王，安得迁商顽民，使之格化乎？又安得制礼作乐以示将来乎？又安得持盈守成，神祇祖考皆安乐之乎？又安得定鼎郏鄏，卜世三十，卜年七百乎？故曰周公不死，天特留以遗成王也。孔子曰"文王既没，文不在兹乎"，周公之不死，盖此意也。而庄周乃曰"圣人不死，大盗不止"，谬矣。

5. 《尚书详解》卷十八

（宋）夏僎撰
（归善斋按，见"《金縢》"）

6. 《增修东莱书说》卷十八《周书》

（宋）吕祖谦撰，（宋）石澜增修
（归善斋按，见"武王有疾"）

7. 《尚书说》卷四《周书》

（宋）黄度撰

既克商二年，王有疾弗豫。二公曰：我其为王穆卜。周公曰：未可以戚我先王。

二公，太师太公，太保召公。穆，敬；戚，忧也。二公欲卜王休咎。周公以为未可以忧我先王。卜之不吉，则先王忧矣。《记》曰，事亡如事存。周、召皆邑名，在今凤翔天兴县。

8. 《絜斋家塾书钞》卷十

（宋）袁燮撰

既克商二年，王有疾弗豫。二公曰：我其为王穆卜。周公曰：未可以戚我先王。公乃自以为功，为三坛同墠，为坛于南方，北面周公立焉。植璧秉珪，乃告太王、王季、文王。史乃册祝曰：唯尔元孙某，遘厉虐疾。若尔三王，是有丕子之责于天，以旦代某之身。予仁若考，能多才多艺，能事鬼神。乃元孙不若旦多材多艺，不能事鬼神，乃命于帝庭，敷佑四方，用能定尔子孙于下地。四方之民罔不祗畏。呜呼！无坠天之降宝命，我先王亦永有依归。

武王既克商二年，天下甫定，人心犹未安，根本犹未固，而虐疾如此，不幸而崩，则王业殆哉。此周公所以不胜其忧，思以身代其死也。二公之心与周公之心不同，故唯欲穆卜之。夫武王之不可死，二公固见之明矣。然唯欲穆卜，则不过见其吉凶，岂能转移此事。周公之心，直是笃

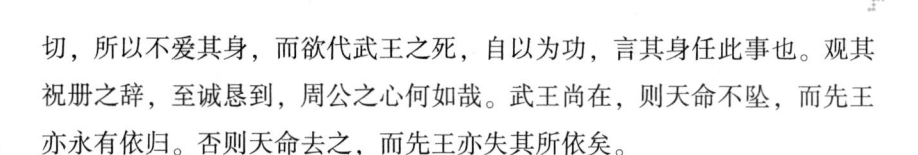

切，所以不爱其身，而欲代武王之死，自以为功，言其身任此事也。观其祝册之辞，至诚恳到，周公之心何如哉。武王尚在，则天命不坠，而先王亦永有依归。否则天命去之，而先王亦失其所依矣。

9.《书经集传》卷四

（宋）蔡沈撰

既克商二年，王有疾弗豫。

记年见其克商之未久也。弗豫，不悦豫也。

10.《尚书精义》卷三十一

（宋）黄伦撰

既克商二年，王有疾弗豫。二公曰：我其为王穆卜。周公曰：未可以戚我先王公。乃自以为功，为三坛同墠，为坛于南方，北面周公立焉。植璧秉珪，乃告大王、王季、文王。

无垢曰，克商明年，武王有疾而弗豫。弗豫，犹不怿也。盖疾既甚，则情思昏愦，支体疲怠，气息微弱，安有悦豫之心哉？病至于弗豫，则疾势危矣。臣子之心亦安得不忧哉？夫武王年八十三伐纣，八十四即位，是弗豫之年，已八十四矣。年亦老矣，而疾至于弗豫，死为必然，而生亦侥倖矣。此召公、太公所以欲敬而求诸龟卜也。卜而吉固可庆也，卜而不吉则将为立子计尔。周公以谓若卜而不吉，非周家之福也。故以"未可以忧我先王"之辞，拒二公。若夫代死之事，吾位居冢宰，亲则兄弟，当自任之，不可以委二公也。功，事也，自以为己功者，自以代死为己事也，非以诈辞拒二公，而自取其功也。学者观圣贤，当以圣贤之心为心。筑土曰坛，除地曰墠，先除地以祛秽浊，后立坛以尊神明，为三坛于墠中，故曰"为三坛同墠"也。三坛之外，又为一坛于三坛之南，所以北面三坛，而周公立于此坛也。植璧于神坐，而秉珪于掌握，告太王、王季、文王以代死之事焉。

杨氏曰，或曰"二公曰：我其为王穆卜。周公曰：未可以戚我先王"，其为臣子一也，在他人则拒之，在己则为之。仲尼书之曰，公乃自以为功，得非过之也。于此见周公之大也。噫！苟非"公乃自以为功"

之一句，则周公之心安显哉？尝试论之，武王之崩，克商已五年矣，尚有武庚、三监叛于内，奄及淮夷叛于外，而况克商之二年。而王有疾，则天下之心未尽固矣。宗庙社稷未为无虑矣。于时，周公自以安国定社稷为己事，岂非大哉？

张氏曰，昔孔子有疾，子路请祷子。曰"丘之祷久矣"，示其无事于祷也。然则，武王之疾，周公必欲祷之者，岂固异哉？孔子之不祷，为己故也。周公之必祷，为君亲也。为己而祷，是不知命也。为君亲而不祷，是不知义也。无义、无命，岂周公、孔子之所为哉？此其所以不同也。虽然命出于天，其死生寿夭之数，固非人之所能为，而欲以身代武王之死，则周公岂不知天，而苟为之哉？盖其爱君亲之心，出于至诚，固足以感通于神明，自非深知死生之故，鬼神之情，将曷足以及此。

11.《尚书详解》卷二十六《周书》

（宋）陈经撰

既克商二年，王有疾弗豫。二公曰：我其为王穆卜。周公曰：未可以戚我先王公，乃自以为功，为三坛同墠，为坛于南方，北面周公立焉。植璧秉珪，乃告太王、王季、文王。

克商之明年，王有疾而弗悦，言疾之危笃也。二公，召公、太公也。怆惶失措，谋所以为王敬卜其生死。周公之意，则以为武王方克商，商家臣子尚有未安之志，忽有不测之变，成王方幼冲，则宗庙社稷之计，将如之何？未可以忧我先王，知武王之疾将死，不能无忧。周公为此辞者，所以拒二公，而欲以请命代死为己之事也。然则，拒二公穆卜之谋，而以请命为己之事，则无乃攘人之功以为己有乎？不然，则请命之事，周公无乃谓己可以当之。而二公未可以当之乎？周公之意，盖不如此。以为二公之卜，乃朝廷之常礼。既有常礼，则在朝必与闻焉，卜而吉可也；不吉则人情危疑。大位奸之窥也，危病邪之伺也。不若周公私己自为之，勿使人与之。观其雷电之变，"王与大夫尽弁以启金縢之书，乃得周公所自以为功代武王之说。二公及王，乃问诸史与百执事。对曰：信。噫！公命我勿敢言"，则见周公之卜，当时如二公者，皆不之知。唯祝史者知之。筑土为坛，筑地为墠。唯周公自以为功，而他人不知，故不祷之宗庙，而为之坛埠，为三坛而同于一埠。三坛，三王之神位也。又为一坛于南方，而北面所以对三坛之神位。而周公自立其上焉。璧所以礼神。植璧者，置之于神位之前也。圭所以自执，秉圭者，周公执之。乃告太王、王季、文王，欲仗三王，以请命于天，代武王之死也。

12.《融堂书解》卷十一

（宋）钱时撰

既克商二年，王有疾弗豫。二公曰：我其为王穆卜。周公曰：未可以戚我先王公。乃自以为功，为三坛同埠，为坛于南方，北面周公立焉。植璧秉圭，乃告太王、王季、文王。史乃册祝曰：唯尔元孙某，遘厉虐疾。若尔三王，是有丕子之责于天，以旦代某之身。予仁若，考能多才多艺，能事鬼神。乃元孙不若旦多材多艺，不能事鬼神，乃命于帝庭，敷佑四方，用能定尔子孙于下地。四方之民，罔不祗畏。呜呼！无坠天之降宝命，我先王亦永有依归。今我即命于元龟。尔之许我，我其以璧与珪归俟尔命。尔不许我，我乃屏璧与珪。乃卜三龟，一习吉，启籥见书乃并是吉。公曰：体！王其罔害。予小子新命于三王，唯永终是图。兹攸，俟能念予一人。公归，乃纳册于金縢之匮中。王翼日乃瘳。

乍看"不若旦多材多艺，不能事鬼神之语"，似可疑。然周公必非妄语，以欺先王者。武王、周公皆圣人也。圣人之德，初不计材艺之多寡。孔子曰"君子多乎哉？不多也"，德不在才艺故也。周公以多才艺自居，而以君人之大德归诸武王，如下文所陈，则周公岂自夸多者哉？取能事鬼神以代武王之死耳。周公之对三王，一一皆实语也。愚观祝辞至此，因考武王已八十余岁，周公岂不知死生有命，且以身代死之事，前此所未闻，何其为辞恳到激切如此。纵武王死，宝命如何便坠，先王如何便无所依归也。是盖有说武王九十三岁而后崩，成王方十三则，是时成王之已生与否，固未可知耳。管叔、蔡叔，周公亲兄弟也，岂不熟识其为人。商民之未易化服，亦周公所深知也。武王尚在，四方知所敬畏，以待嗣子之壮，则庶几其可保。国本未立，遽以疾终，群小相挺，环视而起，则周之事势何如哉。又十余年后武王方死，犹未免三监及淮夷叛，则周公此日代死之请，岂得已也。

13. 《尚书要义》卷十二

（宋）魏了翁撰

（归善斋按，原缺）

14. 《书集传或问》卷下

（宋）陈大猷撰

（归善斋按，未解）

15. 《尚书详解》卷七《周书》

（宋）胡士行撰

（归善斋按，见"武王有疾"）

16. 《书纂言》卷四上《周书》

（元）吴澄撰

既克商二年，王有疾弗豫。

克商以后之二年，言克商未久也，有疾，初得疾；弗悦豫，则疾笃也。

17. 《书集传纂疏》卷四下《朱子订定蔡氏集传·周书》

（元）陈栎撰

既克商二年，王有疾弗豫。

记年，见其克商之未久也，弗豫，不悦豫也。

纂疏：

苏氏曰，弗豫，犹言不怿。陈梅叟曰，成王时生才五年。

18. 《读书丛说》卷六

（元）许谦撰

（归善斋按，未解）

19.《书传辑录纂注》卷四《周书》

（元）董鼎撰

既克商二年，王有疾弗豫。

记年见其克商之未久也。弗豫，不悦豫也。

纂注：

苏氏曰，弗豫，犹言不怿。陈氏梅叟曰，是时，成王生才五年。

20.《尚书句解》卷七

（元）朱祖义撰

既克商二年（既克商之二年），王有疾弗豫（武王有疾病，不悦豫）。

21.《尚书日记》卷十

（明）王樵撰

"既克商二年"至"乃告太王、王季、文王"。

古者，国有大事卜，则公卿、百执事皆在，敬共相听于卜筮，故名穆卜。穆卜者，佥卜之名。周公不欲穆卜，故自以为功，而密祷于天也。二公之卜，须动朝廷之礼，如王与大夫尽弁之类。周公因二公之言，而有悟于心，以为必须卜，则无烦二公，此乃我之事耳。盖公以王之懿亲，气息连于祖考，为天下，为兄，迫切丐贶于在天之灵，自信其诚之有感必通。所谓"以旦代某之身"，非周公谁宜任之，非周公谁敢言之？此周公所以自任为己之事也。

临川吴氏曰，古礼，凡于远祖之无庙者，及宗子去其宗庙而在他国者，及支子虽在本国而于礼不得入庙者，或有祷告，必须墠地为坛，以栖祖考之神。周公文子为臣，故不敢告于庙，而为坛以告也。

筑土曰坛，除地曰墠。植，古"置"字，置璧于三王之坐，以礼神。秉珪，周公自执桓珪也。

22.《日讲书经解义》卷七

既克商二年，王有疾弗豫。二公曰：我其为王穆卜。周公曰：未可以戚我先王。

此三节书，是史臣将叙周公之告神，而先述其始事也。豫，悦也。穆，敬也。戚，忧也。史臣曰：武王克商方及二年，适遘疾，心弗悦豫。当是时，王室未尽安，人心未尽固，太公、召公深忧之，同辞曰：王之一身所系于天下甚重，今不幸被疾。为臣子者，岂能自安。此或出自天意，唯龟卜可以传之。我二人其为王致敬共卜，决其安否，以观天意。周公闻此言，止之曰：祖父之心，常以子孙疢疾为忧。今为王穆卜必有事乎宗庙，恐我先王因此遂怀忧虑。二公未可以戚我先王也。盖周公爱兄之切，体国之忠，欲自尽恳款于祖父之前，以二公但卜安否，则诚意或有未尽；用朝廷卜筮之礼祷乎宗庙，则上下喧腾，人心摇动，故托辞却之。古大臣之处变，用心有如此。

此一节书，是叙周公告神之终事也。金縢，以金缄之也。翼日，明日。瘳，愈也。史臣曰，周公请祷毕事而归，太史，乃以祝词之册纳于金縢之匮中。盖卜筮之物不敢轻□而金缄其匮，以藏之武王于公，归之明日疾。果愈，与龟卜相应此三王在天保护之力，而公以身请代之，诚有以孚之也。可见幽明之理，有感斯应然。唯大圣人精诚之至乃能如此。

《尚书考异》卷五

（明）梅鷟撰

王有疾弗豫。

豫，本又作"忬"。

二公曰，我其为王穆卜。周公曰：未可以戚我先王

1. 《尚书注疏》卷十二《周书》

（汉）孔氏传，（唐）陆德明音义，（唐）孔颖达疏

二公曰，我其为王穆卜。周公曰，未可以戚我先王。

传，穆，敬；戚，近也。召公、太公言，王疾当敬卜吉凶。周公言，未可以死近我先王相顺之辞。

音义，为，于伪反。戚，千历反。

疏，召公与太公，二公同辞而言曰：我其为王敬卜吉凶，问王疾病瘳否。周公曰，王今有疾，未可以死近我先王，故当须卜也。

传，正义曰，《释训》云，穆，敬也。戚是亲近之义，故为近也。武王时，三公，唯周召与太公耳，知二公是召公、太公也。言王疾恐死，当敬卜吉凶。周公言，武王既定天下，当成就周道，未可以死近我先王。死，则神与先王相近，故言近先王。若生，则人神道隔，是为远也。二公恐王死，欲为之卜。周公言"王未可以死"是相顺之辞也。郑云，戚，忧也。周公既内知武王有九龄之命，又有文王曰"吾与尔三之期"，今必瘳不以此终，故止二公之卜。云未可以忧怖我先王。如郑此言，周公知王不死，先王岂不知乎，而虑先王忧也。

2.《书传》卷十一《周书》

（宋）苏轼撰

二公曰，我其为王穆卜。

太公、召公也。穆，敬也。

周公曰，未可以戚我先王。

二公欲卜于庙。周公曰，王疾无害，未可以忧我先王。周公欲自以身祷，故以此言拒二公。

3.《尚书全解》卷二十六《周书》

（宋）林之奇撰

（归善斋按，见"武王有疾"）

4.《尚书讲义》卷十三

（宋）史浩撰

（归善斋按，见"既克商二年"）

5.《尚书详解》卷十八

（宋）夏僎撰
（归善斋按，见"《金縢》"）

6.《增修东莱书说》卷十八《周书》

（宋）吕祖谦撰，（宋）石澜增修
（归善斋按，见"武王有疾"）

7.《尚书说》卷四《周书》

（宋）黄度撰
（归善斋按，见"既克商二年"）

8.《絜斋家塾书钞》卷十

（宋）袁燮撰
（归善斋按，见"既克商二年"）

9.《书经集传》卷四

（宋）蔡沈撰

二公曰：我其为王穆卜。

二公，太公、召公也。李氏曰，穆者，敬而有和意。穆卜，犹言共卜也。愚谓，古者国有大事卜，则公卿百执事皆在，诚一而和同，以听卜筮，故名其卜曰穆卜。下文成王因风雷之变，王与大夫尽弁，启金縢之书以卜者是也。先儒专以穆为敬，而于所谓其勿穆卜，则义不通矣。

周公曰：未可以戚我先王。

戚，忧恼之意，未可以武王之疾，而忧恼我先王也，盖却二公之卜。

10.《尚书精义》卷三十一

（宋）黄伦撰
（归善斋按，见"既克商二年"）

11. 《尚书详解》卷二十六《周书》

（宋）陈经撰

（归善斋按，见"既克商二年"）

12. 《融堂书解》卷十一

（宋）钱时撰

（归善斋按，见"既克商二年"）

13. 《尚书要义》卷十二

（宋）魏了翁撰

（归善斋按，原缺）

14. 《书集传或问》卷下

（宋）陈大猷撰

（归善斋按，未解）

15. 《尚书详解》卷七《周书》

（宋）胡士行撰

（归善斋按，见"武王有疾"）

16. 《书纂言》卷四上《周书》

（元）吴澄撰

二公曰：我其为王穆卜。

二公，太公、召公也。穆，敬也。古者，国有大事卜，则公卿百执事咸在，肃敬以听命于神，故曰穆卜。

周公曰：未可以戚我先王。

叶氏曰，戚者，休之反也。二公以武王疾，为先王不佑而遗之戚，如《云汉》之诗言"父母先祖，胡宁忍予"者，故周公以为未可因武王之疾，而遽戚我先王也。

17.《书集传纂疏》卷四下《朱子订定蔡氏集传·周书》

(元)陈栎撰

二公曰,我其为王穆卜。

二公,太公、召公也。李氏曰,穆者,敬而有和意。穆卜,犹言共卜也。愚谓,古者,国有大事卜,则公卿百执事皆在,诚一而和同,以听卜筮,故名其卜曰"穆卜"。下文成王因风雷之变,王与大夫尽弁,启金縢之书以卜者,是也。先儒专以"穆"为"敬"而于所谓"其勿穆卜",则义不通矣。

纂疏:

陈氏大猷曰,穆,敬和而有深远之意。愚按,共卜之训恐未当,证以昭穆有幽阴深远之意。

周公曰,未可以戚我先王。

戚忧恼之意未可以武王之疾,而忧恼我先王也。盖却二公之卜。

18.《读书丛说》卷六

(元)许谦撰

(归善斋按,未解)

19.《书传辑录纂注》卷四《周书》

(元)董鼎撰

二公曰:我其为王穆卜。

二公,太公、召公也。李氏曰,穆者,敬而有和意。穆卜,犹言"共卜"也。愚谓,古者,国有大事卜,则公卿百执事皆在,诚一而和同,以听卜筮,故名其卜曰"穆卜",下文成王因风雷之变,王与大夫尽弁,启金縢之书以卜者是也。先儒专以"穆"为"敬",而于所谓"其勿穆卜",则义不通矣。

纂注:

新安陈氏曰,蔡传非孔注专以穆为敬,是矣;而共卜亦未然也,以"昭穆"之"穆"证之,有幽阴深远之意。

周公曰：未可以戚我先王。

戚，忧恼之意，未可以武王之疾，而忧恼我先王也。盖却二公之卜。

20.《尚书句解》卷七

（元）朱祖义撰

二公曰（太公召公也），我其为王穆卜（我其为武王敬卜于鬼神以观吉凶）。周公曰，未可以戚我先王（言未可以龟卜祝之鬼神，用忧戚我先王）。

21.《尚书日记》卷十

（明）王樵撰

（归善斋按，见"既克商二年"）

22.《日讲书经解义》卷七

（归善斋按，见"既克商二年"）

《尚书稗疏》卷四上《周书》

（清）王夫之撰

穆卜。

《金縢》一篇，其可疑者不一。唯朱子亦云有非人情者。情所不协，必理所不出也，而今为胪辨之如右方。武王遘疾厉虐，世子幼，则君国之忧，周公所恤，亦二公所同也。二公曰"我其为王穆卜"，亦臣子情义之各致，周公何用辞二公，而自以为功。此其可疑者一也。如蔡氏所云，二公卜，则必祷于庙廷，上下宣腾而人心摇动。乃周公之卜，为坛为墠，诸史百执在列，则在廷之人无不知者。使卜于廷，而廷臣知之，百姓尚未必知也。今曰"公归乃纳册"，则此坛墠，必在国门之外。除墠筑坛，驰驱戒道，其为宣腾摇动，岂不甚哉。且武王之疾既笃，辍朝召医，谁不知者，乃徒以一卜为疑，将谁掩乎？此其可疑者二也。且使欲闷之以安人心耶，二公之贤，非不足与语者，此意亦何妨明告之，乃曰"未可以戚我先王"，舍其忧国之诚，不以尽布腹心，而所云"未可戚先王"者，迨夫

"屏璧与珪"之言出，而为"戚"滋甚，则当其陈词之际，何以践"不戚"之言，上欺先王，而下欺同心同德之友，公亦何事，为此诈谖，以自昧其夙昔乎？此其可疑者三也。《礼》，去祖为坛，去坛为墠，以奉已祧之远祖，有祷则祭，无祷则止，亲疏之杀所自别也。今文王考也，王季显考也，太王祖考也，以庙食之亲，不告于庙而祷于坛，是之亲而致疏之矣。岂周公以野祭胁先王，而徼其必听乎？于礼为忒，于情为逆。此其可疑者四也。事先之礼，以西向为尊，盖无往而不然。南阳也，北阴也。人鬼以幽为尚，其异于天神者也。今三坛南面，而周公北面，乱阴阳，渎人神。此其可疑者五也。礼之有昭穆，以别父子之嫌也。今以圭璧有事于先王，虽在造次，伦不可乱，则太王西向，王季昭，文王穆。亦其一定而不可易者。乃三坛同墠，父子祖孙并列于南面，草野倨侮，而神固不安。此其可疑者六也。卜筮之礼，以邦事作龟之八命。其八曰瘳，有恒命也。卜非祈，祈非卜。祈则请命于天神、地祇、人鬼。而卜则于龟之灵。今使周公而卜焉，则所命者龟也，其词曰"假尔泰龟有常"，或曰"无有近悔"而已。三王非主乎龟者，则亦何用告之，而况于用玉，使周公而祈焉，以祖则宜用造礼；以三王同事，则宜用桧礼。观其陈词，以责三王则宜用说礼，未闻有且祈且卜之礼也。且祈且卜，渎神无经。舍所宜命之泰龟，而问之不预吉凶之人鬼，卜亦何由告之。此其可疑者七也。人鬼之玉，天子用圭瓒，公侯用璋瓒。至于诸公所执之桓圭，则以宗觐会同于王也。今云秉圭，其为圭瓒乎？为桓圭乎？使如孔氏所云桓圭，则是以赞人者事鬼，而不智也。倘其为圭瓒也，则僭天子而不仁也。若夫璧者，所以祀日月星辰者也。秦人沉璧于河，盖周衰礼坏之所为，且亦以告山川而不以奉祖考。植之三王之坛，尤为非物。且造桧之礼，牲币也。攻说则但币也。若卜则玉币，牲醴皆所不用。缘卜者，以迓幽明，几介之爽。于无方无体之神，莫适主而无所，可致则亦以质告而已矣。今牲币不将，而用玉，为祈为卜，无之而可。此其可疑者八也。大祝，掌六祝之辞，六曰筴祝。筴祝，远罪疾者也。今欲为王远疾，故用册祝。册，亦筴也。而筴祝之辞，大祝所掌，非史之所司。如以卜也，则大祝视墨而已。命龟者，卜人也。以卜则不使卜人为命，以祈则不使大祝为辞，而以属之史，何耶？且武王之世，太史，则史佚也，是与太公、召公同心以辅王室者也。周公何所忌于二公而欺之，何所昵于史佚而与密谋，且丁宁之，而使共欺二公乎？此其可疑者九也。卜筮之休咎，系币以比其命者，占人之职。岁终则计其占之中否。杜子春谓以帛书，其占系之于龟；郑氏谓书其命龟之事及兆，则金縢之书，当掌之占人。公乃以属之史，而乱其官守，岂史为公之私人可相讬，以给二公乎？此其可疑者十也。诸史百执之对曰"公命我勿敢言"，孔氏谓周公使我勿道，蔡氏断"公命"为句，意以公无事于秘密，而非王莽之诡秘所得讬。其说于理为近。但非公有命，而有司亦何为其不敢言耶？或公虽未嘱有司以共秘，而有司之见公弗言，因以不敢言，则公之始止二公穆卜者，既以安动摇之人心，则既得吉卜体，王无害矣，自应昌言于廷，以慰忧疑。岂公所云"予小子新命于三王"云云者，犹且附耳密语百执诸史，而唯恐二公之或闻者，又为何心。将以前者"未可戚先王"之语言犹在耳，而狙诈以不使二公分忧国之功者，翻云覆雨，无颜以复告之二公乎？则又小人技穷而怙过之奸状。公以忠孝大节，天日可质之心，抑何苦而为此藏头露尾之态耶。且金縢既启之后，彼二公者能不愈疑公之阴险，而相待以薄哉。此其可疑者十一也。王执书以泣曰"昔公勤劳王家。唯予冲人弗及知"，夫公之大勋纯忠，效于王家者，岂但金縢之数语。区区一"身代"之词，情至者能为之，不待公也。成王即早涉不慧，待言而后悟，而《鸱鸮》一诗哀鸣淋漓，较此箓词，感怆百倍，乃昧于彼而欲消者，胡为信于此而遂泣也。此其可疑者十二也。蔡氏曰周公之卜，二公未必不知，册祝之文，二公盖不知也，"身代"之语亦偶然情至，不得已之极思耳。公不讳卜，则此区区之言，抑何足隐哉。且使二公早无疑于公，则虽素所未知，自可一见而信，何事问之诸史百执，而唯恐其为谖如其疑也，则前云"未可戚先王"，而背二公以私卜者，为诈已穷，保非并卖此诸史百执，而故为是书者乎？且懿亲元老之肝胆不保，区区史执之一言，其安知非受赂而党奸乎？疑大臣而察于有司，疑君子而问之小人，此庸主奸相之以败亡其国者，而二公何为其然。况为流言者曰"公将不利于孺子"，非谓不忠于武王也，则此册词可以信公之忠于武王，而不可以信公之忠于孺子，即以管蔡之恶，亦且成于武王既崩之后，则前日"身代"之言，不足以为后日解。胡为乎金縢未启之前，鬼车满载；金縢一启之后，阴曀咸消？将公生平至德元功，曾不如此儿女陈情之一册乎？此其可疑者十三也。群疑所聚，有心有目者所共知，其得存于既删之余者，盖孔子以节取之，而为著居东作诗，雷雨反风之实，以见公忠而见谤之苦衷，与周初王室多故之迹。其出自史臣，文胜之传闻者亦以连章而无以施其芟割，则存乎后人之善论也。孟子于《武成》取二三口而不信其余，曰"尽信《书》，则不如无《书》"，可为读《金縢》者之一法。

《尚书埤传》卷十一

（清）朱鹤龄撰

穆卜。

按，穆字训"敬"，训"美"，训"厚"，训"清"。孔传云敬卜吉凶，正是本义。蔡氏引李氏说，释为"和"，又转为"共"，去之远矣。新安陈氏以为"昭穆"之"穆"，取其幽阴深远，亦牵合。

公乃自以为功

1. 《尚书注疏》卷十二《周书》

（汉）孔氏传，（唐）陆德明音义，（唐）孔颖达疏

公乃自以为功。

传，周公乃自以请命为己事。

疏，周公既为此言，公乃自以请命之事为己事。

传，正义曰，"功"训"事"也。周公虽许二公之卜，仍恐王疾不瘳不复，与二公谋之，乃自以请命为己之事，独请代武王死也。所以"周公自请为己事"者，周公位居冢宰，地则近亲，脱或卜之不善，不可使外人知悉，亦不可苟让，故自以为功也。请命，请之于天。

2. 《书传》卷十一《周书》

（宋）苏轼撰

公乃自以为功。

功,事也。

3. 《尚书全解》卷二十六《周书》

(宋) 林之奇撰
(归善斋按,见"武王有疾")

4. 《尚书讲义》卷十三

(宋) 史浩撰
(归善斋按,见"既克商二年")

5. 《尚书详解》卷十八

(宋) 夏僎撰
(归善斋按,见"《金縢》")

6. 《增修东莱书说》卷十八《周书》

(宋) 吕祖谦撰,(宋) 石澜增修
(归善斋按,见"武王有疾")

7. 《尚书说》卷四《周书》

(宋) 黄度撰

公乃自以为功,为三坛同墠,为坛于南方,北面周公立焉。植璧秉圭,乃告太王、王季、文王。

功,事。孔氏曰:周公自以请命为己事,因三王请于天是也。继志述事,武王、周公同此心也。周道未成而武王有危疾,周公不得不自以为功也。植,置。璧,礼神,置于三王之坐。秉,执。

8. 《絜斋家塾书钞》卷十

(宋) 袁燮撰
(归善斋按,见"既克商二年")

9.《书经集传》卷四

（宋）蔡沈撰

公乃自以为功，为三坛同墠，为坛于南方，北面周公立焉。植璧秉珪，乃告太王王季、文王。

墠，上演，时战二反。功，事也。筑土曰坛，除地曰墠。三坛三王之位，皆南向。三坛之南，别为一坛，北向，周公所立之地也。植，置也。珪璧所以礼神。《诗》言"圭璧既卒"，《周礼》"祼圭以祀先王"，周公却二公之卜，而乃自以为功者，盖二公不过卜武王之安否尔。而周公爱兄之切。危国之至，忠诚恳恳于祖父之前。如下文所云者，有不得尽焉。此其所以自以为功也。又二公穆卜，则必祷于宗庙，用朝廷卜筮之礼，如此则上下喧腾，而人心摇动。故周公不于宗庙，而特为坛墠以自祷也。

10.《尚书精义》卷三十一

（宋）黄伦撰
（归善斋按，见"既克商二年"）

11.《尚书详解》卷二十六《周书》

（宋）陈经撰
（归善斋按，见"既克商二年"）

12.《融堂书解》卷十一

（宋）钱时撰
（归善斋按，见"既克商二年"）

13.《尚书要义》卷十二

（宋）魏了翁撰
（归善斋按，原缺）

14. 《书集传或问》卷下

（宋）陈大猷撰

（归善斋按，未解）

15. 《尚书详解》卷七《周书》

（宋）胡士行撰

（归善斋按，见"武王有疾"）

16. 《书纂言》卷四上《周书》

（元）吴澄撰

公乃自以为功，为三坛同墠，为坛于南方，北面周公立焉。植璧秉珪乃告太王、王季、文王。

功，事也。自以为功，谓以身自任其事。筑土曰坛，除地曰墠。同除地一所，而筑三坛，设三王之位，皆南向；三坛之南，别为一坛，北向，周公所立之地也。古礼，凡于远祖之无庙者，及宗子去其宗庙，而在他国者，及支子虽在本国，而于礼不得入庙者，或有祷告，必须墠地为坛，以栖祖考之神。周公之为子，为臣，故不敢告于庙，而为坛以告也。璧、珪所以礼神，植谓置之于坛；秉谓执之以手。二公为王穆卜，不过欲占其病之安否，何如非能转凶为吉也。周公以介弟之亲，任家宰之重，爱兄忧国，其情切至，为宗社计；其虑深远，有非二公所得与者，故却二公之卜，而自任其事也。

17. 《书集传纂疏》卷四下《朱子订定蔡氏集传·周书》

（元）陈栎撰

公乃自以为功，为三坛同墠，为坛于南方，北面周公立焉。植璧秉珪，乃告太王、王季、文王。

功，事也。筑土曰坛，除地曰墠。三坛，三王之位，皆南向。三坛之南，别为一坛，北向周公所立之地也。植，置也，圭璧所以礼神。《诗》言"圭璧既卒"，《周礼》"裸圭以祀先王"。周公却二公之卜，而乃自以为功者，盖二公不过卜武王之安否耳，而周公爱兄之切，危国之至，忠诚恳恳于祖父之前，如下文所云者，有不得尽焉。此其所以自以为功也。又二公穆卜，则必祷于宗庙，用朝廷卜筮之礼，如此则上下喧腾，而人心摇动，故周公不于宗庙，而特为坛墠，以自祷也。

纂疏：

孔氏曰，公自以请命为己事。郑氏曰，植，古"置"字，置璧于三王之坛，以礼神。秉珪，公自执桓圭也。

林氏曰，古者有事祖考，当夫无庙与不得入庙，则为坛以祭祀，支子不得祭祖，故周公不敢入庙，而为坛也。

或曰，金縢之祷不知命乎，伊川曰，周公诚心欲代其兄，岂问命邪？

18.《读书丛说》卷六

（元）许谦撰

（归善斋按，未解）

19.《书传辑录纂注》卷四《周书》

（元）董鼎撰

公乃自以为功，为三坛同墠，为坛于南方，北面周公立焉。植璧秉珪，乃告太王、王季、文王。

功，事也。筑土曰坛，除地曰墠。三坛，三王之位，皆南向。三坛之南，别为一坛，北向，周公所立之地也。植，置也。圭璧，所以礼神。《诗》言"圭璧既卒"，《周礼》"祼圭以祀先王"。周公却二公之卜，而"乃自以为功"者，盖二公不过卜武王之安否耳，而周公爱兄之切，危国之至，忠诚恳恳于祖父之前，如下文所云者，有不得尽焉。此其所以自以为功也。又二公穆卜，则必祷于宗庙，用朝廷卜筮之礼，如此则上下喧腾，而人心摇动，故周公不于宗庙，而特为坛墠，以自祷也。

纂注：

复斋董氏曰，古者，有事祖考，当夫无庙与不得入庙，则为坛以祭。《礼》，支子不得祭祖，故周公不敢入庙，而为坛也。

林氏曰，植璧于坛，秉圭于手。

陈氏经曰，夫子曰"丘之祷久矣"。子之不祷为己也，周公之祷为君亲也。为己而祷，是不知命；为君亲，而不祷是不知义。

或曰《金縢》之祷不知命乎？伊川曰，周公诚心欲代其兄岂问命邪。

20.《尚书句解》卷七

（元）朱祖义撰

公乃自以为功（周公乃自以请命为己事）。

21.《尚书日记》卷十

（明）王樵撰

（归善斋按，见"既克商二年"）

22.《日讲书经解义》卷七

公乃自以为功，为三坛同墠，为坛于南方，北面，周公立焉。植璧秉珪，乃告大王、王季、文王。

此一节书，是纪周公筑坛请命三王之事也。功，事也。筑土曰坛，除地曰墠。植，置也。秉，持也。史臣曰：周公既却二公之请，乃以祷王之事为己事，而请命三王。于是筑土为三坛，除地为一墠，以宅三王之神位。于三坛之南，别为一坛，向北为位，以为己对神之所。植璧于坛，秉珪于手，以为礼神之具。乃陈迫切之词，以告太王、王季、文王焉。其专告三王者。盖太王肇基王迹，王季其勤王家，文王克成厥勋，而武王能缵三王之绪，今遘危疾，三王在天之灵，必深念而默佑之，故独于此请祷而图安也。周公之卜与二公同，而以身请代之事，与二公异。内既得自尽其忠诚，而外又不至惊动国人。其用意至矣。

《尚书疏衍》卷四

（明）陈第撰

公乃自以为功。

愚读《金縢》，而知天人之交相动也。克商未久，武王遘疾，周公虑盛业之不终，求以身代。卜而并吉，翼日王瘳，人动天也。诸叔流言，公避居东，罪人既得，成王读《鸱鸮》之诗而犹未悟，风雷交变，发金縢之册，以白周公所以事先王之心，天动人也。诚无弗格，精无弗通。匹夫匹妇，亦常有之，不足疑矣。然册祝之词曰"唯尔元孙某，遘厉虐疾。若尔三王，是有丕子之责于天，以旦代某之身"，"乃命于帝庭，敷佑四方，用能定尔子孙于下地。四方之民罔不祇畏。呜呼！无坠天之降宝命，我先王亦永有依归"，古今驯雅，孰过于是。乃有"多材多艺，能事鬼神"之语，近于谑。又有"尔不许我，我乃屏璧与珪"之语，近于谩恐，非周公之旧，陑于煨烬，不可得而考矣。取其极论天人之际，区区术数，曷用哉，曷用哉。

为三坛同墠

1. 《尚书注疏》卷十二《周书》

（汉）孔氏传，（唐）陆德明音义，（唐）孔颖达疏

为三坛同墠。

传，因大王、王季、文王请命于天，故为三坛。坛，筑土；墠，除地。大除地，于中为三坛。

音义，坛，徒丹反，筑土也，马云土堂。墠，音善。

疏，除地为墠，墠内筑坛，为三坛同墠。

传，正义曰，而"告三王"者，以三王精神已在天矣。故因太王、王季、文王以请命于天。三王每王一坛，故为三坛。坛是筑土，墠是除地，大除其地，于中为三坛。

2. 《书传》卷十一《周书》

（宋）苏轼撰

为三坛同墠。

筑土曰坛，除地曰墠。

3.《尚书全解》卷二十六《周书》

（宋）林之奇撰
（归善斋按，见"武王有疾"）

4.《尚书讲义》卷十三

（宋）史浩撰
（归善斋按，见"既克商二年"）

5.《尚书详解》卷十八

（宋）夏僎撰
（归善斋按，见"《金縢》"）

6.《增修东莱书说》卷十八《周书》

（宋）吕祖谦撰，（宋）时澜增修
（归善斋按，见"武王有疾"）

7.《尚书说》卷四《周书》

（宋）黄度撰
（归善斋按，见"公乃自以为功"）

8.《絜斋家塾书钞》卷十

（宋）袁燮撰
（归善斋按，见"既克商二年"）

9.《书经集传》卷四

（宋）蔡沈撰
（归善斋按，见"公乃自以为功"）

10. 《尚书精义》卷三十一

（宋）黄伦撰

(归善斋按，见"既克商二年")

11. 《尚书详解》卷二十六《周书》

（宋）陈经撰

(归善斋按，见"既克商二年")

12. 《融堂书解》卷十一

（宋）钱时撰

(归善斋按，见"既克商二年")

13. 《尚书要义》卷十二

（宋）魏了翁撰

(归善斋按，原缺)

14. 《书集传或问》卷下

（宋）陈大猷撰

(归善斋按，未解)

15. 《尚书详解》卷七《周书》

（宋）胡士行撰

(归善斋按，见"武王有疾")

16. 《书纂言》卷四上《周书》

（元）吴澄撰

(归善斋按，见"公乃自以为功")

17. 《书集传纂疏》卷四下《朱子订定蔡氏集传·周书》

（元）陈栎撰

（归善斋按，见"公乃自以为功"）

18. 《读书丛说》卷六

（元）许谦撰

（归善斋按，未解）

19. 《书传辑录纂注》卷四《周书》

（元）董鼎撰

（归善斋按，见"公乃自以为功"）

20. 《尚书句解》卷七

（元）朱祖义撰

为三坛同墠（筑土为坛，除地为墠。为三坛坐北面。南以礼缺。王同墠一地而为之）。

21. 《尚书日记》卷十

（明）王樵撰

（归善斋按，见"既克商二年"）

22. 《日讲书经解义》卷七

（归善斋按，见"公乃自以为功"）

《书蔡氏传旁通》卷四下

（元）陈师凯撰

筑土曰坛，除地曰墠。

筑土，封土也；除地，平地也。郑元云，时为坛墠于丰，坛墠之处犹存焉。

《尚书埤传》卷十一

(清) 朱鹤龄撰

三坛同墠

吴澄曰,古礼,凡于远祖之无庙者及宗子去其宗庙而在他国者。与支子虽在本国而于礼,不得入庙者或有祷告,必须墠地为坛。以栖祖考之神周公支子为臣,故不敢告于庙而为墠以告也。

为坛于南方,北面,周公立焉

1.《尚书注疏》卷十二《周书》

(汉) 孔氏传, (唐) 陆德明音义, (唐) 孔颖达疏

为坛于南方,北面,周公立焉。

传,立坛上,对三王。

疏,又为一坛于南方,北面周公立坛上焉。

传,正义曰,周公为坛于南方,亦当在此墠内,但其处小别,故下别言之周公北面,则三坛南面可知。但不知以何方为上耳?郑玄云,时为坛,墠于丰坛,墠之处犹存焉。礼,授坐不立,授立不坐,欲其高下均也。神位在坛,故周公立坛上,对三王也。

2.《书传》卷十一《周书》

(宋) 苏轼撰

为坛于南方北面周公立焉。植璧秉圭,乃告太王、王季、文王。

植,置也。秉,执圭。

3.《尚书全解》卷二十六《周书》

(宋) 林之奇撰

(归善斋按,见"武王有疾")

4.《尚书讲义》卷十三

（宋）史浩撰
（归善斋按,见"既克商二年"）

5.《尚书详解》卷十八

（宋）夏僎撰
（归善斋按,见"《金縢》"）

6.《增修东莱书说》卷十八《周书》

（宋）吕祖谦撰,（宋）石澜增修
（归善斋按,见"武王有疾"）

7.《尚书说》卷四《周书》

（宋）黄度撰
（归善斋按,见"公乃自以为功"）

8.《絜斋家塾书钞》卷十

（宋）袁燮撰
（归善斋按,见"既克商二年"）

9.《书经集传》卷四

（宋）蔡沈撰
（归善斋按,见"公乃自以为功"）

10.《尚书精义》卷三十一

（宋）黄伦撰
（归善斋按,见"既克商二年"）

11. 《尚书详解》卷二十六《周书》

（宋）陈经撰

（归善斋按，见"既克商二年"）

12. 《融堂书解》卷十一

（宋）钱时撰

（归善斋按，见"既克商二年"）

13. 《尚书要义》卷十二

（宋）魏了翁撰

（归善斋按，原缺）

14. 《书集传或问》卷下

（宋）陈大猷撰

（归善斋按，未解）

15. 《尚书详解》卷七《周书》

（宋）胡士行撰

（归善斋按，见"武王有疾"）

16. 《书纂言》卷四上《周书》

（元）吴澄撰

（归善斋按，见"公乃自以为功"）

17. 《书集传纂疏》卷四下《朱子订定蔡氏集传·周书》

（元）陈栎撰

（归善斋按，见"公乃自以为功"）

18.《读书丛说》卷六

（元）许谦撰

（归善斋按，未解）

19.《书传辑录纂注》卷四《周书》

（元）董鼎撰

（归善斋按，见"公乃自以为功"）

20.《尚书句解》卷七

（元）朱祖义撰

为坛于南方，北面（又为一坛于南方北面），周公立焉（公向三王而立）。

21.《尚书日记》卷十

（明）王樵撰

（归善斋按，见"既克商二年"）

22.《日讲书经解义》卷七

（归善斋按，见"公乃自以为功"）

植璧秉珪，乃告太王、王季、文王

1.《尚书注疏》卷十二《周书》

（汉）孔氏传，（唐）陆德明音义，（唐）孔颖达疏

植璧秉珪，乃告大王、王季、文王。

传，璧以礼神；植，置也，置于三王之坐。周公秉桓珪以为贽。告，谓祝辞。

音义，植，时织反，徐音置。贽，音至。祝，如字，或之又反，下同。

疏，置璧于三王之坐，公自执珪，乃告大王、王季、文王，告此三王之神也。

传，正义曰，《周礼·大宗伯》云"以苍璧礼天"。《诗》说祷旱云"圭璧既卒"，是璧以礼神，不知其何色也。郑云，"植"古"置"字，故为置也，言置璧于三王之坐也。《周礼》云"公执桓圭"，知周公秉桓圭，又置以为贽也。告谓祝辞，下文是其辞也。

《尚书注疏》卷十二《考证》

"植璧秉珪"传"璧以礼神"，疏"又置以为贽也"。林之奇曰，按下文曰"屏璧与珪"，则圭璧似皆以祈神，非执桓圭以为贽也。

2.《书传》卷十一《周书》

（宋）苏轼撰

（归善斋按，见"为坛于南方"）

3.《尚书全解》卷二十六《周书》

（宋）林之奇撰

（归善斋按，见"武王有疾"）

4.《尚书讲义》卷十三

（宋）史浩撰

（归善斋按，见"既克商二年"）

5.《尚书详解》卷十八

（宋）夏僎撰

（归善斋按，见"《金縢》"）

6.《增修东莱书说》卷十八《周书》

（宋）吕祖谦撰，（宋）石澜增修

（归善斋按，见"武王有疾"）

7.《尚书说》卷四《周书》

（宋）黄度撰

（归善斋按，见"公乃自以为功"）

8.《絜斋家塾书钞》卷十

（宋）袁燮撰

（归善斋按，见"既克商二年"）

9.《书经集传》卷四

（宋）蔡沈撰

（归善斋按，见"公乃自以为功"）

10.《尚书精义》卷三十一

（宋）黄伦撰

（归善斋按，见"既克商二年"）

11.《尚书详解》卷二十六《周书》

（宋）陈经撰

（归善斋按，见"既克商二年"）

12.《融堂书解》卷十一

（宋）钱时撰

（归善斋按，见"既克商二年"）

13.《尚书要义》卷十二

（宋）魏了翁撰

（归善斋按，原缺）

14. 《书集传或问》卷下

(宋）陈大猷撰

(归善斋按，未解)

15. 《尚书详解》卷七《周书》

(宋）胡士行撰

(归善斋按，见"武王有疾")

16. 《书纂言》卷四上《周书》

(元）吴澄撰

(归善斋按，见"公乃自以为功")

17. 《书集传纂疏》卷四下《朱子订定蔡氏集传·周书》

(元）陈栎撰

(归善斋按，见"公乃自以为功")

18. 《读书丛说》卷六

(元）许谦撰

(归善斋按，未解)

19. 《书传辑录纂注》卷四《周书》

(元）董鼎撰

(归善斋按，见"公乃自以为功")

20. 《尚书句解》卷七

(元）朱祖义撰

植璧秉珪（置璧于坛执圭于手以礼神），乃告太王、王季、文王（告三王，欲其请命于天，许其代武王死）。

21.《尚书日记》卷十

(明) 王樵撰

(归善斋按,见"既克商二年")

22.《日讲书经解义》卷七

(归善斋按,见"公乃自以为功")

《书蔡氏传旁通》卷四下

(元) 陈师凯撰

诗言"圭璧既卒"。

《云汉》之辞,既卒,既尽用也。

《周礼》"祼圭以祀先王先公"。

《冬官·玉人》云,祼圭,尺有二寸,有瓒,以祀庙。瓒如盘,其柄为圭也。林氏云,植璧于坛,秉圭于手。愚按,祼圭有瓒,非所秉者。所秉于手者,乃桓圭、信圭、躬圭耳。当如《云汉》总为礼神之玉,若为所秉于手者,则非祼圭也。故孔注以为周公秉桓圭以为贽。蔡氏虽以为祼圭,而遂不容解秉字。要之,周公当时亦无酌酒降神之事,当依古注为是。

《尚书考异》卷五

(明) 梅鷟撰

植璧秉圭。

晋人传云,植,置也。孔颖达曰,郑云,植,古"置"字,故云"置"也。

史乃册祝曰,唯尔元孙某,遘厉虐疾

1.《尚书注疏》卷十二《周书》

(汉) 孔氏传,(唐) 陆德明音义,(唐) 孔颖达疏

史乃册祝曰:唯尔元孙某,遘厉虐疾。

传，史为册书祝辞也。元孙，武王某名臣，讳君，故曰"某"。厉，危；虐，暴也。

音义，遘，工豆反，遇也。

疏，正义曰，史乃为□书，执以祝之曰，唯尔元孙某。某，即发也。遘得危暴重疾，今恐其死。

传，正义曰，告神之言书之于□，祝是读书告神之名，故云，史为策书。祝，辞，史读此□书，以祝告神也。武王是大王之曾孙也，尊统于上，继之于祖，谓元孙是长孙也。某者，武王之名，本告神云元孙发，臣讳君，故曰某也。《易》乾卦云"夕惕若厉"，厉，为危也。"虐"训为"暴"，言性命危而疾。暴，重也。《泰誓》《牧誓》皆不讳发，而此独讳之，孔唯言臣讳君，不解讳之意。郑玄云，讳之者，由成王读之也，意虽不明，当谓成王开匮得书，王自读之，至此字，口改为某，史官录为此篇，因遂成王所读，故讳之。上篇《泰誓》《牧誓》王自称者，令入史，制为此典，故不须讳之。

《尚书注疏》卷十二《考证》

"唯尔元孙某"疏"本告神云，元孙发，臣讳君，故曰某也"。林之奇曰，周公之祷，盖用武王名及史官记载，则讳其名而代以某字。桓六年《左传》申繻曰"周人以讳事神名之"，讳始于周也。又曰，自太王、王季而言之曰"元孙"；自文王而言之曰"丕子"，其实一也。

2.《书传》卷十一《周书》

（宋）苏轼撰

史乃册祝。

史，太史也。册，祝册也。告神祝辞，书之册以告。

曰，唯尔元孙某，遘厉虐疾，若尔三王是有丕予之责于天，以旦代某之身。

某，发也。丕，壮大也。言尔三王，天必欲取其一壮大子孙者，则旦亦丕子也，可以代之。

3. 《尚书全解》卷二十六《周书》

（宋）林之奇撰

（归善斋按，见"武王有疾"）

4. 《尚书讲义》卷十三

（宋）史浩撰

（归善斋按，见"既克商二年"）

5. 《尚书详解》卷十八

（宋）夏僎撰

（归善斋按，见"《金縢》"）

6. 《增修东莱书说》卷十八《周书》

（宋）吕祖谦撰，（宋）石澜增修

（归善斋按，见"武王有疾"）

7. 《尚书说》卷四《周书》

（宋）黄度撰

史乃册祝曰，唯尔元孙某，遘厉虐疾。若尔三王，是有丕子之责于天，以旦代某之身。予仁若考，能多才多艺，能事鬼神。乃元孙不若旦多材多艺，不能事鬼神，乃命于帝庭，敷佑四方。用能定尔子孙于下地。四方之民罔不祗畏。呜呼！无坠天之降宝命，我先王亦永有依归。今我即命于元龟。尔之许我，我其以璧与珪归俟尔命。尔不许我，我乃屏璧与珪。

史以册书祝辞，奉而读之，故谓之"史乃册祝"。此辞，周公自作。元孙武王。某，武王名。祝辞，本称名。周人以讳事神，做书时，武王已没，故讳其名，称某遘遇厉危。丕，大。大子之责，言天将取其长大之子，则以旦代。若，顺。予仁顺父，能多材多艺，能事鬼神。乃元孙，虽仁顺父，而不能多才多艺，不能事鬼神。此皆纪实之言。王业未定，可无周公，不可无武王。此当时轻重之势也。唯尔三王，命于帝庭，使敷佑四方,定尔子孙于下地,则四方之民,无不敬畏。武王既丧,商人遂叛,无所敬畏也。天尝降宝命,我有周受之,苟勿坠落,武王康宁,则我先王亦长有归矣。其许不许不可知也,故就命于龟,归俟尔命。谓许代而武王瘳,神响其礼,璧当埋之,如祭祀之礼。周公死珪遂以敛。不许则屏璧与珪,神弗答为当仁也,尔不许我,不敢取必于鬼神也。

8.《絜斋家塾书钞》卷十

(宋)袁燮撰

(归善斋按,见"既克商二年")

9.《书经集传》卷四

(宋)蔡沈撰

史乃册祝曰,唯尔元孙某,遘厉虐疾。若尔三王,是有丕子之责于天,以旦代某之身。

遘,居候反。史,太史也。册祝,如今祝版之类。元孙某,武王也。遘,遇;厉,恶;虐,暴也。丕子,元子也。旦,周公名也。言武王遇恶暴之疾。若尔三王,是有元子之责于天,盖武王为天元子,三王当任其保护之责于天,不可令其死也。如欲其死,则请以旦代武王之身。"于天"之下,疑有缺文。旧说谓,天责取武王者,非是。详下文"予仁若考,能事鬼神"等语,皆主祖父人鬼为言,至于"乃命帝庭","无坠天之降宝命",则言天命。武王如此之大,而三王不可坠天之宝命,文意可见。又按,死生有命,周公乃欲以身代武王之死,或者疑之。盖方是时,天下未安,王业未固,使武王死,则宗社倾危,生民涂炭,变故有不可胜言者。周公忠诚切至,欲代其死,以输危急。其精神感动,故卒得命于三王。今世之匹夫匹妇,一念诚孝犹足以感格鬼神,显有应验,而况于周公之元圣乎?是固不可谓无此理也。

10.《尚书精义》卷三十一

(宋)黄伦撰

史乃册祝曰,唯尔元孙某,遘厉虐疾。若尔三王,是有丕子之责于天，以旦代某之身。予仁若考，能多才多艺，能事鬼神。乃元孙，不若旦多才多艺，不能事鬼神，乃命于帝庭，敷佑四方，用能定尔子孙于下地。四方之民，罔不祇畏。呜呼！无坠天之降宝命，我先王亦永有依归。今我即命于元龟。尔之许我，我其以璧与珪归俟尔命。尔不许我，我乃屏璧与珪。

无垢曰，祝，辞。曰，若尔三王，有丕子之责于天，则以旦代发之身。"责"犹"取责于人"之"责"。言天必欲周一丕子之死，三王不得而已也。今我有一□，可以免武王之死，塞上天之责。其策如何，以旦代发之身是也。事鬼神之道，当诚实，不当有隐情。《诗》称周公曰"公孙硕肤"，以言周公有大美而逊退也。今对三王自称我仁孝，能顺曾祖考、皇祖考、皇考，又称我多才能，多技艺，能事鬼神，安在其能逊退哉？无乃有骄吝之心乎？曰不然，盖逊退乃周公之本心，而自称乃穷迫不得已之辞也。事鬼神之际，当以诚实，不当有隐情，此周公所以自称才德而不疑也，不如是不足以动天地，感鬼神矣。人各有能，有不能。事鬼神者，周公之能；佑四方者，武王之能。周公之意，以谓天必欲周家一子之死，当取能事鬼神者，不当取佑四方者。取周公以事鬼神，留武王以佑四方，岂不为当乎？下地，对上天而言也。四方之民，知武王在上，皆祇敬畏，服不敢起奸邪之心，盖天下方定，民心易摇，使武王于是死，则子子孙孙基业未可知也。何以言之？大位，奸之窥也；危病，邪之伺也。四方奸心，将有不可知者矣。其何敢保其祇畏乎？且武王一死，三监及淮夷，乃挟武庚以叛，则周公之说，可谓先见事几矣。天之降宝命，谓天使武王得天下也。武王在，则宝命长存；宝命长存，则宗庙严奉三王血食有所矣。武王死，则奸邪将起，宝命殒坠；宝命殒坠，则宗庙以隳废矣。三王其何所依归乎？许我则兆见其吉，是武王生而周公得死所也，我将以此璧此珪，归家以待三王之命，晏然而就死焉。不许则兆见其凶，是必欲王之死，而不许周公之代也。璧珪所以事鬼神，既不许周公代武王之死，是周公不可以事鬼神也。故屏璧与珪而无所事焉。

东坡曰，死生有可相代之理，世多疑之。予观近世，匹夫匹妇为其父母，发一至诚之心，以动天地感鬼神多矣。况周公乎？且周公之祷，非独弟为兄，臣为君也，乃为天下，为先王祷也，上帝听而从之，无足议者。

世之所以疑者，以己之多伪，而疑圣人之不情也。

郑氏曰，君父疾病方困，忠臣孝子，不忍嘿尔视其嘘唏而就死，中心恻然，欲为请命。周公达于此理，著在《尚书》，若君父之病，不为请命，岂忠孝之至也。然则命有定分，非可代死。周公为此者，自申臣子之心，非谓死实可代。自古不废，亦有其人但不见尔，未必周公独为之。

吕氏曰，天命所在，寿夭长短，自有定数。当武王疾时，周公圣人，岂不知天命所在，而欲以身代武王之死，谓公出于一时忠爱之故，不暇顾其正理，亦不然于此当知天命一原之理。

11.《尚书详解》卷二十六《周书》

（宋）陈经撰

史乃册祝曰，唯尔元孙某，遘厉虐疾。若尔三王，是有丕子之责于天，以旦代某之身。予仁若考，能多才多艺，能事鬼神。乃元孙不若旦多材多艺，不能事鬼神，乃命于帝庭，敷佑四方，用能定尔子孙于下地。四方之民，罔不祗畏。呜呼！无坠天之降宝命，我先王亦永有依归。今我即命于元龟。尔之许我，我其以璧与珪归俟尔命。尔不许我，我乃屏璧与珪。

此乃史为册书，以祝神之辞也。元孙，即武王也。唯尔元孙某，即武王名也。先儒以成王读《金縢》之册，至"发"字而称"某"，故史因记之。周人以讳事神，于此可见。遘，遇也。厉，危也。虐，暴也。元孙武王，适遇危暴之疾。"若尔三王，是有太子之责于天"，言天意必欲取责于武王，使周家之长子必死，尔三王在天之灵，当请于天，以旦代武王之死。死生寿夭，自有常理，而周公以为可代，盖其至诚可以感天故也。"予仁若考"，周公自言我之仁，能顺曾祖考、皇考、王考，指三王也。又多材多艺，可以事鬼神。乃元孙武王，其多才多艺不若我周公，又不能事鬼神，则武王之所能者，独能敷佑四方。尔元孙受命于天庭，俾之敷布德教，以乂四方，用能安定尔三王之孙子于下地。上天对下地而言。四方之民，无不畏而敬之，言周公之死，可以事鬼神；武王不可死，留之以安天下也。"呜呼！无坠天之降宝命，我先王亦永有依归"，天既降宝命于武王矣，今而遽死，然则天之宝命自此坠，而先王之宗庙，将不得血食矣。盖武王既死,则武庚必有变,商将复兴,故周公之祷,乃为祖宗,为生民,为天下而祷,非为武王之身而祷也。武王不死,则宝命不坠,而先王亦有所依矣。今我就受三王之命,于元龟卜者,所以谋鬼神也。尔之许我卜而吉,武王之疾有瘳,则我其以事神之璧与自执之珪归而待命,言周公死而武王生也。尔不许我卜而不吉,武王之疾不瘳,我乃屏藏其璧与珪,是我之无德不能代武王之死,不可以事鬼神也。此周公精诚之至,以死生之说,与鬼神确谋,议其从违可否也。

12. 《融堂书解》卷十一

（宋）钱时撰

（归善斋按,见"既克商二年"）

13. 《尚书要义》卷十二

（宋）魏了翁撰

（归善斋按,原缺）

14. 《书集传或问》卷下

（宋）陈大猷撰

或问,孙氏谓,尔汝之称,在常人为不敢,而周公称之,见父子之间用情也。曰,按,经传告神之辞,多尔汝。《武成》告天地山川曰"唯尔有神,尚克相予",《诗》祈谷于上帝曰"既昭假尔",《礼记》筮辞曰"假尔泰筮有常",下至《离骚》九章化神,多言余。今世祝文亦多言尔神。盖自古而然。或者与神相亲之意邪。若曰父子用情,然子之事,父曷尝称尔汝乎?

15. 《尚书详解》卷七《周书》

（宋）胡士行撰

（归善斋按,见"武王有疾"）

16.《书纂言》卷四上《周书》

（元）吴澄撰

史乃册祝曰，唯尔元孙某，遘厉虐疾。若尔三王是有丕子之责于天，以旦代某之身。予仁若考，能多才多艺，能事鬼神。乃元孙不若旦多才多艺，不能事鬼神，乃命于帝庭，敷佑四方，用能定尔子孙于下地。四方之民，罔不祗畏。呜呼！无坠天之降宝命，我先王亦永有依归。今我即命于元龟。尔之许我，我其以璧与珪归俟尔命。尔不许我，我乃屏璧与珪。

史，掌治文书册，作册以书告神之辞也。祝，掌接鬼神。祝曰者，祝述册书之辞，以告也。元孙，长孙；某，武王名；遘，遇也。厉恶，虐害。丕子，太子也。责，犹"责其侍子"之"责"。旦，周公名。武王为文王之丕子，若尔三王之灵在天，责其来服事左右，愿以身代之。材，才智；艺，技能。周公谓，我之仁德如父，又多才艺，从三王在天，则能供给服役于鬼神。武王之德，虽亦能，然而才艺不如我之多，纵死而从三王于天，亦不能供给服役于鬼神，但当留下地做民主，乃受命于天帝之庭，广佑四方之民，而君之矣。用能定尔三王之子孙，皆有分土在于下地；四方之民，无不敬畏武王之威德。然天命方新，人心初服，未久未固，未可遽死也。武王一身，宗社所系。三王爱念保护，毋令其死，而坠失天所已降之命，则我先王之祀，亦永有所赖以存也。宝命，即帝庭之命也。谓之宝者，贵重之也。即，就也。命，三王之命也。元龟，大龟也。就受三王之命于元龟，谓决之于卜也。卜之吉，是三王之许我；卜之不吉，是三王之不许我也。许我则王疾瘳，而已代死，得从三王在天，事鬼神，故以此璧与珪归家，而俟三王许我之命。屏，藏也。不许我，则王疾弗瘳，而已不死，不得从三王在天，事鬼神，而此璧与珪，无所用，故藏之也。按，周公告三王，称"尔"称"我"，无异人子之侍侧以语其亲，可见终身慕父母，不死其亲之实，孝爱忠诚之至也。又按，武王丧于克商七八年之后，天下大势已定，犹有武庚之叛，周室几危。设使丧于克商甫二年之时，则祸变又将若何？周公盖睹事势之必至于此，所以欲代武王之死也。或曰死生有命，而周公欲代死，理有之乎？曰有匹夫匹妇，发一诚心，可动天地，况圣人至诚至公，心与天一志壹，则动气固有改移造化之理。若理之所无，则周公岂为之哉？

17.《书集传纂疏》卷四下《朱子订定蔡氏集传·周书》

（元）陈栎撰

史乃册祝曰，唯尔元孙某，遘厉虐疾。若尔三王，是有丕子之责于天，以旦代某之身。

史，太史也。册祝，如今祝版之类。元孙某，武王也。遘，遇；厉，恶；虐，暴也。丕子，元子也。旦，周公名也。言武王遇恶暴之疾。"若尔三王是有元子之责于天"，盖武王为天元子，三王当任其保护之责于天，不可令其死也，如欲其死，则请以旦代武王之身。"于天"之下疑有阙文。旧说谓，天责取武王者，非是，详下文"予仁若考，能事鬼神"等语，皆主祖父人鬼为言，至于"乃命帝庭"，"无坠天之降宝命"，则言天命。武王如此之大，而三王不可坠天之宝命，文意可见。又按，死生有命，周公乃欲以身代武王之死，或者疑之。盖方是时，天下未安，王业未固，使武王死，则宗社倾危，生民涂炭，变故有不可胜言者。周公忠诚切至，欲代其死，以纾危急，其精神感动，故卒得命于三王。今世之匹夫匹妇，一念诚孝，犹足以感格鬼神，显有应验，而况于周公之元圣乎？是固不可谓无此理也。

18.《读书丛说》卷六

（元）许谦撰

（归善斋按，未解）

19.《书传辑录纂注》卷四《周书》

（元）董鼎撰

史乃册祝曰：唯尔元孙某，遘厉虐疾。若尔三王是有丕子之责于天，以旦代某之身。

史，太史也，册祝，如今祝版之类。元孙某，武王也。遘，遇；厉，恶；虐，暴也。丕子，元子也。旦，周公名也。言武王遇恶暴之疾，若尔三王是有元子之责于天，盖武王为天元子，三王当任其保护之责于天，不可令其死也。如欲其死，则请以旦代武王之身。"于天"之下疑有阙文。旧说谓天责取武王者，非是。详下文"予仁若考，能事鬼神"等语，皆主祖父人鬼为言。至于"乃命帝庭"，"无坠天之降宝命"，则言天命。武王如此之大，而三王不可坠天之宝命，文意可见。又按，死生有命，周公乃欲以身代武王之死，或者疑之。盖方是时，天下未安，王业未固，使武王死，则宗社倾危，生民涂炭，变故有不可胜言者。周公忠诚切至，欲代其死，以输危急。其精神感动，故卒得命于三王。今世之匹夫匹妇一念诚孝，犹足以感格鬼神，显有应验，而况于周公之元圣乎？是固不可谓无此理也。

纂注：

新安陈氏曰，蔡氏谓任保护之责于天，未然。唯不用师说，所以疑"于天"之下有阙文。

20.《尚书句解》卷七

（元）朱祖义撰

史乃册祝曰（祝史之官执公所为册书），唯尔元孙某（缺示三王之长孙某成王读金縢之册至发字云某史因记之）遘厉虐疾（遇危厉暴虐之重疾）。

21.《尚书日记》卷十

（明）王樵撰

"史乃册祝曰，唯尔元孙某"至"我乃屏璧与珪"。

此告神之辞也。元孙某，正义曰，本告神云"元孙发"。《泰誓》《牧誓》皆不讳"发"，此独讳之者，由成王读之也。谓成王开匮得书，读至此字，□改为某，史官因之。按此讳名为"某"之始。

遘厉虐疾，吕氏曰，常人疾多自致。圣人无致疾之道，偶与天之厉气相值，故云。"丕子"，元子也。武王为天元子，三王有保护之责于天，不可令其死，请以旦代之。旦能仁顺祖考，多才艺，可役使，能事鬼神。乃元孙不若旦多才艺，不能事鬼神，是元孙之死，不若旦之死。而元孙任大责重，乃受命于上帝之庭，布佑四方，用能定尔子孙于下地，使四方之民无不祗畏，是其生则所系于天下者尚，有无穷之事，未可以死，故叹息言，三王当无坠失天之降宝命。庶我先王之宗祀，亦永有所赖以存也。宝命，即帝庭之命也。天下初定，民心易摇。而武王死，则事未可知，是宝命之坠不坠，系武王之身存不存也。武王一身，下则子孙黎民所赖以安定，上则先王庙祀所赖以依归。三王若不任其保护之责，而使天降之宝命一失，则不唯下地之子孙不定，而先王亦失其所依归矣。感动三王，最在此数语。三王纯孝也，纵曰无意于尔子孙，其能无意于先王乎？元孙不若旦，非周公自夸而贬武王，盖欲代其死，不得不然。言武王不救，则天命坠、宗社亡，非过为危言，理势实然也。后来王崩在定商八年后，三监之变尚如此，况克商二年乎？先王、三王之祖考，后稷之属也。先王建邦启土，称先王可见。

或曰《金縢》之祷不知命乎？程子曰，周公诚心欲代其兄，岂问命邪？苏氏曰，周公之祷，非独弟为兄，臣为君也，乃为天下，为先王祷也，上帝听而从之，无足疑者。世所以疑者，以己之多伪，而疑圣人之不情也。项氏曰，《金縢》之书本无可疑，而说者多疑之，盖谓死无可代之，理殊不知此特后世之人自不能行而行之者，又不出于诚，是以不能动天尔。桑林之祷，六事自责，是汤以身代百姓也。《云汉》之诗"宁俾我遯"，是宣王以身代百姓也，而上天皆为之变动。自古匹夫以一念之诚，上动天意者，何可胜数。况武王之兴，天所眷佑；周公之圣，天所赋与，因天感天，其有不动者乎？

孔氏曰，许，谓疾瘳待命当以事神；不许，谓不愈也。屏，藏也。言不得事神。蔡氏曰，俟命，俟武王之安也。

22.《日讲书经解义》卷七

史乃册祝曰：唯尔元孙某，遘厉虐疾。若尔三王是有丕子之责于天，以旦代某之身。

此一节及以下三节书，皆周公告神之词也。史，太史之官。册，竹版。元孙某，谓武王也。丕子，元子也。史臣曰，周公告三王之神，命太史书祝词于册。若曰唯尔太王、王季、文王之元孙某，遇恶厉暴虐之疾，势甚危笃。然元孙代天子民，乃天之元子也。若尔三王，是有保护元子之责于天，不可令其遽死。倘果不可救，则请以旦代某之身，以曲全其生。

盖元子倘有不测，则宗社倾危，人心摇动，变故有不可胜言者。三王在天之灵，岂得不廑其虑乎？

《尚书考异》卷五

（明）梅鷟撰

唯尔元孙某。

晋人传云，元孙，武王也。某名，臣讳君，故曰"某"。孔颖达曰，《泰誓》《牧誓》皆不讳"发"，而此独讳之。孔唯言臣讳，不解讳之意。郑玄云讳之者，由成王读之也，意虽不明，当谓成王开匮得书，王自读之，至此字□改为某，史官录为此篇，因遂成王所读，故讳之。《牧誓》王自称者，令人史，制为此典，故不须讳之。

《尚书埤传》卷十一

（清）朱鹤龄撰

元孙某。丕子之责于天。

顾炎武曰，周人以讳事神，《泰誓》之言"今予发"，《武成》之言"周王发"，生则不讳也。《金縢》之言"元孙某"，追录于武王既崩之后，则讳之矣。故《礼》"卒哭乃讳"。

朱子曰，晁以道说"丕子之责"，如史传中"责其侍子"之"责"。盖云上帝责三王之侍子。侍子，指武王也。上帝责其来服事左右，故周公乞代其死。死生有命，周公岂不知之。然天者，制命者，也故欲因三王请代焉。此等举动，非周公精诚格天，不能为，亦不可为。后世乃为王莽借口，周公岂及料哉。

若尔三王是有丕子之责于天，以旦代某之身

1. 《尚书注疏》卷十二《周书》

（汉）孔氏传，（唐）陆德明音义，（唐）孔颖达疏

若尔三王是有丕子之责于天，以旦代某之身。

传,大子之责,谓疾不可救于天,则当以旦代之。死生有命,不可请代。圣人叙臣子之心,以垂世教。

音义,丕,普悲反,马同,徐,甫眉反,郑音不。

疏,若尔三王,是有大子之责于天,谓负天大子责,必须一子死者,请以旦代发之身,令旦死而发生。

传,正义曰,责,读如《左传》"施舍己责"之责。责,谓负人物也。大子之责于天,言负天一大子,谓必须死疾,不可救于天,必须一子死。则当以旦代之死。生有命不可请代,今请代者,圣人叙臣子之心,以垂世教耳,非谓可代得也。郑玄弟子赵商问玄曰,若武王未终疾,固当瘳信命之终。虽请不得,自古以来何患不为?玄答曰,君父疾病方困,忠臣孝子不忍默尔视其嘘唏归其命于天,中心恻然,欲为之请命。周公达于此礼,著在《尚书》。若君父之病,不为请命,岂忠孝之志也。然则命有定分,非可代死。周公为此者,自申臣子之心,非谓死实可代。自古不废,亦有其人但不见尔,未必周公独为之。郑玄云,"丕"读曰"不",爱子孙曰"子"。元孙遇疾,若汝不救,是将有不爱子孙之过,为天所责,欲使为之请命也,与孔读异。

《尚书注疏》卷十二《考证》

"是有丕子之责于天","丕子",《史记》作"负子"。

2. 《书传》卷十一《周书》

(宋)苏轼撰

(归善斋按,见"史乃册祝")

3. 《尚书全解》卷二十六《周书》

(宋)林之奇撰

(归善斋按,见"武王有疾")

4. 《尚书讲义》卷十三

(宋)史浩撰

(归善斋按,见"既克商二年")

5.《尚书详解》卷十八

（宋）夏僎撰

（归善斋按，见"《金縢》"）

6.《增修东莱书说》卷十八《周书》

（宋）吕祖谦撰，（宋）石澜增修

（归善斋按，见"武王有疾"）

7.《尚书说》卷四《周书》

（宋）黄度撰

（归善斋按，见"史乃册祝"）

8.《絜斋家塾书钞》卷十

（宋）袁燮撰

（归善斋按，见"既克商二年"）

9.《书经集传》卷四

（宋）蔡沈撰

（归善斋按，见"史乃册祝"）

10.《尚书精义》卷三十一

（宋）黄伦撰

（归善斋按，见"史乃册祝"）

11.《尚书详解》卷二十六《周书》

（宋）陈经撰

（归善斋按，见"史乃册祝"）

12. 《融堂书解》卷十一

（宋）钱时撰

（归善斋按，见"既克商二年"）

13. 《尚书要义》卷十二

（宋）魏了翁撰

（归善斋按，原缺）

14. 《书集传或问》卷下

（宋）陈大猷撰

（归善斋按，见"史乃册祝"）

15. 《尚书详解》卷七《周书》

（宋）胡士行撰

（归善斋按，见"武王有疾"）

16. 《书纂言》卷四上《周书》

（元）吴澄撰

（归善斋按，见"史乃册祝"）

17. 《书集传纂疏》卷四下《朱子订定蔡氏集传·周书》

（元）陈栎撰

（归善斋按，见"史乃册祝"）

18. 《读书丛说》卷六

（元）许谦撰

《金縢》。

三王有丕子之责于天，金先生从朱子说，如"责其侍（缺）"之

"责"，谓天责取武王于三王也。蔡氏疑前既言天责取，之后却言无坠天之宝命，似乎相反，故作三王当任保护之责，而"于天"之下有阙文。然详文意，其重乃在定尔子孙及先王永有依归两句，其意盖曰，元孙遇危暴之疾，盖将必死，若是三王蒙天责取武王，则以旦代之。盖予仁顺于祖考，又能事鬼神也鬼神，即天，不必指三王也。武王"乃"者，受命于帝，遂能定尔子孙，而抚有天下。今三王幸勿坠天元降之命，以佑武王，则先王有依，而子孙永定。盖谓前后虽皆天命，而前命所系者重，三王宜佑之，而以我应天之后命也。

19. 《书传辑录纂注》卷四《周书》

（元）董鼎撰

（归善斋按，见"史乃册祝"）

20. 《尚书句解》卷七

（元）朱祖义撰

若尔三王是有丕子之责于天（如尔三王有责于天必须长子死以偿其责），以旦代某之身（则请以旦代武王身）。

21. 《尚书日记》卷十

（明）王樵撰

（归善斋按，见"史乃册祝"）

22. 《日讲书经解义》卷七

（归善斋按，见"史乃册祝"）

《书蔡氏传旁通》卷四下

（元）陈师凯撰

若尔三王是有丕子之责于天。

盖武王为天元子，三王当任其保护之责于天，不可令其死也。"于天"之下疑有缺文。旧说谓天责取武王者，非是。

新安陈氏曰，蔡氏谓任保护之责于天，未然。唯不用《师说》，所以疑"于天"之下有缺文。《朱子语录》云，此一段先儒都解错了，只有晁以道说得好。他解"丕子之责"，如史传中"责其侍子"之责。盖云上帝责三王之侍子。侍子，指武王也。上帝责其来服事左右。故周公乞代其死，言三王若有侍子之责于天，则不如以我代之，我多材多艺，能事上帝。武王不若旦多才多艺，不能事鬼神，不如且留他在世上，定你之子孙与四方之民。文意如此。

《尚书埤传》卷十一

（清）朱鹤龄撰

（归善斋按，见"史乃册祝"）

《书经衷论》卷三《周书》

（清）张英撰

气聚则生，气散则死。恶有死而可以他人代之者。如果有鬼神操生死之权，可以求而免，可以求而代，则凡为人之子、若臣，孰不当为君父请命，虽至于耄耋，而可以无死，乃古今如此等事又不多觏，何也？如谓圣人爱亲之心无已，亦但如是以求之而已，其应与否不可得而必也，武王亦适然而愈，未必鬼神之许周公也。然则，或有或不有之事，圣人亦行之乎？愚窃谓，生死，数也。《孟子》曰"夭寿不贰，修身以俟之"，《易》曰"日昃之离，不鼓缶而歌，则大耋之嗟，凶"，此言人老耋，而以寿终，虽孝子顺孙，不可得而留也。又见有愚夫愚妇，刲股割肝，呼天抢地，而间可以延其父母数岁之命者。圣人虽不以立训乖世，亦不可谓其事之全无也。武王克商方二年，此天下何等时乎，故周公迫切诚恳，愿以身代，此固与寻常祷祠不同，而亦与寻常之考终不同。愚夫愚妇犹可以感格鬼神，况圣人之至诚迫切乎？朱子曰，圣人为之，亦须有此理，亦初不一笔抹杀也。

予仁若考，能多材多艺，能事鬼神

1.《尚书注疏》卷十二《周书》

（汉）孔氏传，（唐）陆德明音义，（唐）孔颖达疏

予仁若考，能多材多艺，能事鬼神。

传，我周公仁能顺父，又多才多艺，能事鬼神，言可以代武王之意。

疏，又告神以代之状。我仁能顺父，又且多才力，多技艺，又能善事鬼神。

传，正义曰：告神称予，知周公自称我也。考。是父也。故仁能顺父。上云元孙，对祖生称。此言顺父，从亲为。始祖为"王考"，曾祖为"皇考"，"考""父"可以通之。传举亲而言父耳。既能顺父，又多才多艺，能事鬼神，言己可以代武王之意。上言丕子之责于天，则是天欲取武王，非父祖取之。此言己能顺父祖，善事鬼神者，假令天意取之，其神必共父祖同处，言己是父祖所欲，欲令请之于天也。

2.《书传》卷十一《周书》

（宋）苏轼撰

予仁若考，能多才多艺，能事鬼神。乃元孙不若旦多才多艺，不能事鬼神，乃命于帝庭，敷佑四方。用能定尔子孙于下地。四方之民罔不祗畏。呜呼！无坠天之降宝命，我先王亦永有依归。

我仁孝能顺父祖，且多才多艺，于事鬼神为宜。乃元孙才艺不若旦，而有人君德度，留以王天下为宜。死生有可相代之理，世多疑之。予观近世，匹夫匹妇为其父母，发一至诚之心，以动天地鬼神者多矣，况周公乎。且周公之祷，非独弟为兄，臣为君也，乃为天下，为先王祷也。上帝听而从之，无足疑者。世之所以疑者，以己之多伪，而疑圣人之不情也。

3. 《尚书全解》卷二十六《周书》

（宋）林之奇撰

（归善斋按，见"武王有疾"）

4. 《尚书讲义》卷十三

（宋）史浩撰

（归善斋按，见"既克商二年"）

5. 《尚书详解》卷十八

（宋）夏僎撰

（归善斋按，见"《金縢》"）

6. 《增修东莱书说》卷十八《周书》

（宋）吕祖谦撰，（宋）石澜增修

（归善斋按，见"武王有疾"）

7. 《尚书说》卷四《周书》

（宋）黄度撰

（归善斋按，见"史乃册祝"）

8. 《絜斋家塾书钞》卷十

（宋）袁燮撰

（归善斋按，见"既克商二年"）

9. 《书经集传》卷四

（宋）蔡沈撰

予仁若考，能多才多艺能事鬼神。乃元孙不若旦多才多艺不能事鬼神。

周公言我仁顺祖考，多才干多艺能，可任役使，能事鬼神。武王不如旦多才多艺，不任役使，不能事鬼神。才艺，但指服事役使而言。

10.《尚书精义》卷三十一

（宋）黄伦撰

（归善斋按，见"史乃册祝"）

11.《尚书详解》卷二十六《周书》

（宋）陈经撰

（归善斋按，见"史乃册祝"）

12.《融堂书解》卷十一

（宋）钱时撰

（归善斋按，见"既克商二年"）

13.《尚书要义》卷十二

（宋）魏了翁撰

（归善斋按，原缺）

14.《书集传或问》卷下

（宋）陈大猷撰

（归善斋按，未解）

15.《尚书详解》卷七《周书》

（宋）胡士行撰

（归善斋按，见"武王有疾"）

16.《书纂言》卷四上《周书》

（元）吴澄撰

（归善斋按，见"史乃册祝"）

17.《书集传纂疏》卷四下《朱子订定蔡氏集传·周书》

（元）陈栎撰

予仁若考，能多才多艺，能事鬼神。乃元孙不若旦多才多艺，不能事鬼神，乃命于帝庭，敷佑四方，用能定尔子孙于下地，四方之民罔不祗畏。呜呼！无坠天之降宝命，我先王亦永有依归。

周公言我仁顺祖考，多才干，多艺能，可任役使，能事鬼神。武王不如旦多才多艺，不任役使，不能事鬼神。材艺，但指服事役使而言。言武王乃受命于上帝之庭，布文德，以佑助四方，用能定尔子孙于下地，使四方之民无不敬畏。其任大，其责重，未可以死。故又叹息申言，三王不可坠失天降之宝命，庶先王之祀，亦永有所赖以存也。宝命即帝庭之命也，谓之宝者，重其事也。

18.《读书丛说》卷六

（元）许谦撰

（归善斋按，见"若尔三王是有丕子之责于天"）

19.《书传辑录纂注》卷四《周书》

（元）董鼎撰

予仁若考，能多材多艺，能事鬼神。乃元孙不若旦多才多艺，不能事鬼神。

周公言，我仁顺祖考，多才干，多艺能可任役使，能事鬼神。武王不如旦多才多艺，不任役使，不能事鬼神。才艺，但指服事役使而言。

纂注：

新安陈氏曰，谓己仁于父，元孙不如旦。

20.《尚书句解》卷七

（元）朱祖义撰

予仁若考（我之仁德如我父文王），能多才多艺（能多材力多伎艺），能事鬼神（是则能事先王）。

21. 《尚书日记》卷十

（明）王樵撰

（归善斋按，见"史乃册祝"）

22. 《日讲书经解义》卷七

予仁若考，能多才多艺，能事鬼神。乃元孙不若旦多才多艺，不能事鬼神

仁，爱也。若，顺也。考，谓祖考。祝词曰，予之所以欲代元孙之死者，非无故也。予承顺祖考，尽其仁爱，且多才干艺能，可任役使，以事鬼神。乃元孙不如旦才艺之多，堪任鬼神役使，然则在天之灵，欲得一人服事左右，旦实胜其任，何必用元孙也哉。

乃命于帝庭，敷佑四方。用能定尔子孙于下地。四方之民罔不祗畏。呜呼！无坠天之降宝命，我先王亦永有依归。

帝，谓上帝也。敷，布也。佑，助也。下地犹言天下。祝词曰，元孙乃受命于上帝之庭，敷布德教，以佑助四方，用能根本深厚，安定尔三王之子孙于下地，使本支百世常为君师。四方之民罔不奉承而敬畏之。是其任大责重。当时后世咸所依赖，岂可使之遽有不讳乎。由是思之，我三王当保护元孙，使王业巩固，以上承天意，无坠失天所降之宝命。庶先王后稷以来之宗祀，亦永有所凭借，以绵远无穷也。盖其忧深虑迫，故又太息申言之如此。

《书蔡氏传旁通》卷四下

（元）陈师凯撰

周公忠诚切至，欲代其死以输危急。

林氏曰，旦多才艺，元孙之死，不若旦之死。元孙能畏服四方，则旦之生，不若元孙之生。

乃元孙不若旦多才多艺，不能事鬼神，乃命于帝庭，敷佑四方

1.《尚书注疏》卷十二《周书》

（汉）孔氏传，（唐）陆德明音义，（唐）孔颖达疏

乃元孙不若旦多材多艺，不能事鬼神，乃命于帝庭，敷佑四方。

传，汝元孙受命于天庭，为天子，布其德教以佑助四方，言不可以死。

疏，汝元孙不如旦多才多艺，又不能事鬼神，言取发不如取旦也。然人各有能，发虽不能事鬼神，则有人君之用，乃受命于天帝之庭，能布其德教，以佑助四方之民。

传，正义曰，以王者存亡，大运在天，有德于民，天之所与，是受命天庭也。以人况天，故言在庭，非王实至天庭受天命也。既受天命以为天子，布其德教，以佑助四方之民，当于天心。有功于民，言不可以死也。

2.《书传》卷十一《周书》

（宋）苏轼撰
（归善斋按，见"予仁若考能"）

3.《尚书全解》卷二十六《周书》

（宋）林之奇撰
（归善斋按，见"武王有疾"）

4.《尚书讲义》卷十三

（宋）史浩撰
（归善斋按，见"既克商二年"）

5.《尚书详解》卷十八

（宋）夏僎撰

（归善斋按，见"《金縢》"）

6.《增修东莱书说》卷十八《周书》

（宋）吕祖谦撰，（宋）石澜增修

乃命于帝庭，敷佑四方。用能定尔子孙于下地。四方之民罔不祗畏。

此武王之职也，武王既受命于帝庭，而能敷佑四方，又能定尔子孙于下地，至于四方之民罔不祗畏，可不延其命，使终其职乎？下地，指当世而言。自天视之，则为下也。周公之祷，不言武王，但言子孙及四方之民。存，吾顺事，没，吾宁也。武王命之长短，顺受其正，何祷之有？祷者，非武王畏死，亦非周公畏武王之死。武王一身乃周家社稷、人民所系，此为天下万世人民祷也。

7.《尚书说》卷四《周书》

（宋）黄度撰

（归善斋按，见"史乃册祝"）

8.《絜斋家塾书钞》卷十

（宋）袁燮撰

（归善斋按，见"既克商二年"）

9.《书经集传》卷四

（宋）蔡沈撰

乃命于帝庭，敷佑四方，用能定尔子孙于下地。四方之民罔不祗畏。呜呼！无坠天之降宝命，我先王亦永有依归。

言武王乃受命于上帝之庭，布文德以佑助四方，用能定尔子孙于下地，使四方之民无不敬畏。其任大，其责重，未可以死。故又叹息，申言三王不可坠失天降之宝命。庶先王之祀，亦永有所赖以存也。宝命，即帝庭之命也，谓之宝者，重其事也。

10. 《尚书精义》卷三十一

（宋）黄伦撰

（归善斋按，见"史乃册祝"）

11. 《尚书详解》卷二十六《周书》

（宋）陈经撰

（归善斋按，见"史乃册祝"）

12. 《融堂书解》卷十一

（宋）钱时撰

（归善斋按，见"既克商二年"）

13. 《尚书要义》卷十二

（宋）魏了翁撰

（归善斋按，原缺）

14. 《书集传或问》卷下

（宋）陈大猷撰

（归善斋按，未解）

15. 《尚书详解》卷七《周书》

（宋）胡士行撰

（归善斋按，见"武王有疾"）

16. 《书纂言》卷四上《周书》

（元）吴澄撰

（归善斋按，见"史乃册祝"）

17.《书集传纂疏》卷四下《朱子订定蔡氏集传·周书》

（元）陈栎撰

（归善斋按,见"予仁若考"）

18.《读书丛说》卷六

（元）许谦撰

（归善斋按,见"若尔三王是有丕子之责于天"）

19.《书传辑录纂注》卷四《周书》

（元）董鼎撰

乃命于帝庭,敷佑四方,用能定尔子孙于下地,四方之民罔不祗畏。呜呼！无坠天之降宝命,我先王亦永有依归。

言武王乃受命于上帝之庭,布文德,以佑助四方,用能定尔子孙于下地,使四方之民无不敬畏。其任大,其责重,未可以死,故又叹息申言,三王不可坠失天降之宝命,庶先王之祀亦永有所赖以存也。宝命,即帝庭之命也。谓之宝者,重其事也。

纂注：

新安陈氏曰,敷,广；佑,助四方。

20.《尚书句解》卷七

（元）朱祖义撰

乃元孙不若旦多才多艺,不能事鬼神（乃长缺　死不能事鬼神）,乃命于帝庭（乃可受命于天帝之庭,以有天下）,敷佑四方（言能布德教以佑助四方之民）。

21.《尚书日记》卷十

（明）王樵撰

（归善斋按,见"史乃册祝"）

22.《日讲书经解义》卷七

(归善斋按,见"予仁若考")

用能定尔子孙于下地,四方之民罔不祗畏

1.《尚书注疏》卷十二《周书》

(汉)孔氏传,(唐)陆德明音义,(唐)孔颖达疏

用能定尔子孙于下地,四方之民罔不祗畏。

传,言武王用受命帝庭之故,能定先人子孙于天下,四方之民无不敬畏。

疏,用能安定汝三王子孙在于下地,四方之民无不敬而畏之。以此之故,不可使死。

2.《书传》卷十一《周书》

(宋)苏轼撰
(归善斋按,见"予仁若考能")

3.《尚书全解》卷二十六《周书》

(宋)林之奇撰
(归善斋按,见"武王有疾")

4.《尚书讲义》卷十三

(宋)史浩撰
(归善斋按,见"既克商二年")

5.《尚书详解》卷十八

(宋)夏僎撰

(归善斋按,见"《金縢》")

6.《增修东莱书说》卷十八《周书》

(宋)吕祖谦撰,(宋)石澜增修

(归善斋按,见"乃元孙不若旦多材多艺")

7.《尚书说》卷四《周书》

(宋)黄度撰

(归善斋按,见"史乃册祝")

8.《絜斋家塾书钞》卷十

(宋)袁燮撰

(归善斋按,见"既克商二年")

9.《书经集传》卷四

(宋)蔡沈撰

(归善斋按,见"乃元孙不若旦多材多艺")

10.《尚书精义》卷三十一

(宋)黄伦撰

(归善斋按,见"史乃册祝")

11.《尚书详解》卷二十六《周书》

(宋)陈经撰

(归善斋按,见"史乃册祝")

12.《融堂书解》卷十一

（宋）钱时撰
（归善斋按，见"既克商二年"）

13.《尚书要义》卷十二

（宋）魏了翁撰
（归善斋按，原缺）

14.《书集传或问》卷下

（宋）陈大猷撰
（归善斋按，未解）

15.《尚书详解》卷七《周书》

（宋）胡士行撰
（归善斋按，见"武王有疾"）

16.《书纂言》卷四上《周书》

（元）吴澄撰
（归善斋按，见"史乃册祝"）

17.《书集传纂疏》卷四下《朱子订定蔡氏集传·周书》

（元）陈栎撰
（归善斋按，见"予仁若考"）

18.《读书丛说》卷六

（元）许谦撰
（归善斋按，见"若尔三王是有丕子之责于天"）

19.《书传辑录纂注》卷四《周书》

（元）董鼎撰
（归善斋按，见"乃元孙不若旦多材多艺"）

20.《尚书句解》卷七

（元）朱祖义撰

用能定尔子孙于下地（用能安定尔三王之子孙于下地为天子）。四方之民罔不祇畏（下民无不敬而畏之）。

21.《尚书日记》卷十

（明）王樵撰
（归善斋按，见"史乃册祝"）

22.《日讲书经解义》卷七

（归善斋按，见"予仁若考"）

呜呼！无坠天之降宝命，我先王亦永有依归

1.《尚书注疏》卷十二《周书》

（汉）孔氏传，（唐）陆德明音义，（唐）孔颖达疏
呜呼！无坠天之降宝命，我先王亦永有依归。
传，叹惜武王，言不救则坠天之宝命，救之则先王长有依归。
疏，呜呼！发之可惜如此，神明当救助之，无得陨坠天之所下宝命。天下宝命，谓使为天子。若武王死，是陨坠之也。若不坠命，则我先王亦永有依归，为宗庙之主，神得归之。

2. 《书传》卷十一《周书》

(宋)苏轼撰

(归善斋按,见"予仁若考能")

3. 《尚书全解》卷二十六《周书》

(宋)林之奇撰

(归善斋按,见"武王有疾")

4. 《尚书讲义》卷十三

(宋)史浩撰

(归善斋按,见"既克商二年")

5. 《尚书详解》卷十八

(宋)夏僎撰

(归善斋按,见"《金縢》")

6. 《增修东莱书说》卷十八《周书》

(宋)吕祖谦撰,(宋)石㵾增修

呜呼,无坠天之降宝命,我先王亦永有依归。今我即命于元龟,尔之许我,我其以璧与珪归俟尔命;尔不许我,我乃屏璧与珪。

非与三王为要约也。周公诚意之至,自及于此。尔之许我,则以璧与珪归待尔之命;尔不许我,则屏璧与珪,谓不复事神也。盖武王丧,则周之基业必坠,虽欲事神不可得也。

7. 《尚书说》卷四《周书》

(宋)黄度撰

(归善斋按,见"史乃册祝")

8.《絜斋家塾书钞》卷十

（宋）袁燮撰

(归善斋按，见"既克商二年")

9.《书经集传》卷四

（宋）蔡沈撰

(归善斋按，见"乃元孙不若旦多材多艺")

10.《尚书精义》卷三十一

（宋）黄伦撰

(归善斋按，见"史乃册祝")

11.《尚书详解》卷二十六《周书》

（宋）陈经撰

(归善斋按，见"史乃册祝")

12.《融堂书解》卷十一

（宋）钱时撰

(归善斋按，见"既克商二年")

13.《尚书要义》卷十二

（宋）魏了翁撰

(归善斋按，原缺)

14.《书集传或问》卷下

（宋）陈大猷撰

(归善斋按，未解)

15. 《尚书详解》卷七《周书》

（宋）胡士行撰
（归善斋按，见"武王有疾"）

16. 《书纂言》卷四上《周书》

（元）吴澄撰
（归善斋按，见"史乃册祝"）

17. 《书集传纂疏》卷四下《朱子订定蔡氏集传·周书》

（元）陈栎撰
（归善斋按，见"予仁若考"）

18. 《读书丛说》卷六

（元）许谦撰
（归善斋按，见"若尔三王是有丕子之责于天"）

19. 《书传辑录纂注》卷四《周书》

（元）董鼎撰
（归善斋按，见"乃元孙不若旦多材多艺"）

20. 《尚书句解》卷七

（元）朱祖义撰

呜呼（嗟叹）！无坠天之降宝命（武王不死，则不陨坠上天所降有天下之宝命），我先王亦永有依归（则宗庙血食，而我三王神灵，亦可永远有依托归宿）。

21. 《尚书日记》卷十

（明）王樵撰
（归善斋按，见"史乃册祝"）

22.《日讲书经解义》卷七

（归善斋按，见"予仁若考"）

今我即命于元龟

1.《尚书注疏》卷十二《周书》

（汉）孔氏传，（唐）陆德明音义，（唐）孔颖达疏

今我即命于元龟。

传，就受三王之命于大龟，卜知吉凶。

疏，我与三王人神道隔，许我以否不可知。今我就受三王之命于彼大龟，卜其吉凶。吉则许我，凶则为不许我。

2.《书传》卷十一《周书》

（宋）苏轼撰

今我即命于元龟。尔之许我，我其以璧与珪归俟尔命。尔不许我，我乃屏璧与珪。乃卜三龟，一习吉。启籥见书，乃并是吉。公曰，体！王其罔害。

予小子新命于三王，唯永终是图。

龟之兆吉凶也，详矣。故许不许，皆听命于龟。已而视龟之体，知王之罔害。已亦莫之代也。故曰，予受命于三王，王之寿考长终可图也。

3.《尚书全解》卷二十六《周书》

（宋）林之奇撰

（归善斋按，见"武王有疾"）

4.《尚书讲义》卷十三

（宋）史浩撰
(归善斋按，见"既克商二年")

5.《尚书详解》卷十八

（宋）夏僎撰
(归善斋按，见"《金縢》")

5.《尚书详解》卷十八

（宋）夏僎撰
(归善斋按，见"《金縢》")

6.《增修东莱书说》卷十八《周书》

（宋）吕祖谦撰，（宋）石澜增修
(归善斋按，见"呜呼，无坠天之降宝命")

7.《尚书说》卷四《周书》

（宋）黄度撰
(归善斋按，见"史乃册祝")

8.《絜斋家塾书钞》卷十

（宋）袁燮撰

今我即命于元龟。尔之许我，我其以璧与珪归俟尔命。尔不许我，我乃屏璧与珪屏璧与珪。

言其不复事鬼神也。武王苟丧，社稷宗庙存亡皆未可知，而又何能事鬼神乎？

9.《书经集传》卷四

(宋)蔡沈撰

今我即命于元龟。尔之许我,我其以璧与珪归俟尔命。尔不许我,我乃屏璧与珪。

即,就也。归俟尔命,俟武王之安也。屏,藏也。屏璧与珪,言不得事神也。盖武王丧,则周之基业必坠,虽欲事神不可得也。其称尔、称我,无异人子之在膝下,以语其亲者。此亦终身慕父母,与不死其亲之意,以见公之达孝也。

10.《尚书精义》卷三十一

(宋)黄伦撰

(归善斋按,见"史乃册祝")

11.《尚书详解》卷二十六《周书》

(宋)陈经撰

(归善斋按,见"史乃册祝")

12.《融堂书解》卷十一

(宋)钱时撰

(归善斋按,见"既克商二年")

13.《尚书要义》卷十二

(宋)魏了翁撰

(归善斋按,原缺)

14.《书集传或问》卷下

(宋)陈大猷撰

(归善斋按,未解)

15.《尚书详解》卷七《周书》

（宋）胡士行撰

（归善斋按，见"武王有疾"）

16.《书纂言》卷四上《周书》

（元）吴澄撰

（归善斋按，见"史乃册祝"）

17.《书集传纂疏》卷四下《朱子订定蔡氏集传·周书》

（元）陈栎撰

今我即命于元龟。尔之许我，我其以璧与珪归俟尔命。尔不许我，我乃屏璧与珪。

即，就也。"归俟尔命"，俟武王之安也。屏，藏也。"屏璧与珪"，言不得事神也。盖武王丧，则周之基业必坠，虽欲事神不可得也。其称"尔"、称"我"，无异人子之在膝下以语其亲者，此亦终身慕父母，与不死其亲之意，以见公之达孝也。

纂疏：

乃立坛墠一节，分明是对鬼神说。"有丕子之责于天"，先儒都解错了。只有晁以道说得好。他解"丕子之责"，如史传中责其侍子之责。盖云上帝责三王之侍子。侍子，指武王也。上帝责其来服事左右，故周公乞代其死，言三王若有侍子之责于天，则不如以我代之，我多才艺，能事鬼神。武王不若我，不能事鬼神，且留他在世上，定你之子孙与四方之民。伊川却疑公不应自说多材艺，他止要代武王之死耳。

以身代武王，此为周公诚意笃切，以庶几其万一。问代武王死亦有此理否？曰，圣人为之，亦须有此理。周公之意云，设若三王欲得其子服事于彼，则我多才艺，可备使令，且留武王以镇天下也。

林氏曰，册祝，如今祝版，自"唯尔元孙某"至"屏璧与珪"，即册上所书祝辞全文。本用武王名，史代以"某"，周人以讳事神，讳名始于周。自太王、王季言，则曰"元孙"；自文王言，则曰丕子。元，长；

丕，大也，皆指武王。

张氏曰，武王若死，事未可知。大位者奸之窥；危病者邪之伺。异时三监之叛，周公之先见微矣。

愚谓元孙不若旦，非公自夸而贬武王，盖欲代其死，故如此言。命于元龟，如云"令龟"。"归俟尔命"，待死。而璧珪所以事神也，夫死生有命，乃以死为可代，世多疑之。当此时，王业未固，使武王死，变故不可胜言。后来王崩于定商八年后，三监、武庚之变尚尔，况方克商二年乎？公忠诚恳切，欲代兄死，以纾危急。盖以武王一身，宗社生民之身，公之祷，非独弟为兄，臣为君，乃为先王祷，为天下祷，为万世社稷祷也。至圣至诚，卒感通于先王，而转移乎造化。乌可谓无此理哉？蔡氏谓任保护之责于天，故疑于天之下有缺文，若依语录，用晁说，则二句文意焕然矣。"仁若考"，谓仁顺祖考，则不若旦，却如伊训谓己仁如父，元孙材艺不如旦，文理甚明。以"敷"为"布文德"，亦恐无文德意，何不只云"敷，广；佑，助"乎？

18.《读书丛说》卷六

（元）许谦撰

（归善斋按，未解）

19.《书传辑录纂注》卷四《周书》

（元）董鼎撰

今我即命于元龟。尔之许我，我其以璧与珪归俟尔命。尔不许我，我乃屏璧与珪。

即，就也。"归俟尔命"，俟武王之安也。屏，藏也。藏璧与圭，言不得事神也。盖武王丧，则周之基业必坠，虽欲事神不可得也。其称"尔"、称"我"，无异人子之在膝下以语其亲者，此亦终身慕父母，与不死其亲之意，以见公之达孝也。

辑录：

乃立坛墠一节，分明是对鬼。"若尔三王有丕子之责于天，以旦代某之身"，此一段，先儒都解错了。只有晁以道说得好。他解"丕子之责",如史传中"责其侍子"之"责"。盖云上帝责三王之侍子。侍子,指武王也。上帝责其来服事左右,故周公乞代其死,云"以旦代某之身。予仁若考,能多材多艺,能事鬼神","乃元孙不若旦多才多艺,不能事鬼神,用能定尔子孙于下地,四方之民罔不祗畏",言三王若有侍子之责于天,则不如以我代之,我多才多艺,能事上帝。武王不若我多才多艺,不能事鬼神,不如且留他在世上,定你之子孙与四方之民。文意如此。伊川却疑周公不应自说多才多艺,不是如此。他只是要代武王之死尔。

周公以身代武王之说,只缘人看错了。此乃周公诚意笃切,以庶几其万一。丕子之责于天,只是以武王受事天之责任,如今人说话他要个人来服事,周公便说是他不能服事天,不似我多才多艺,自能服事天。贺孙问,周公代武王死亦有此理否?曰,圣人为之,亦须有此理。赐。

纂注:

林氏曰,自"唯尔元孙某"至"我乃秉璧与珪",即册上所书祝辞。全文本用武王名。记载代以"某"字,周人以讳事神,讳名始于周也。自太王王季言,则曰元孙;自文王言,则曰丕子。

张氏曰,武王若死,事未可知。大位者,奸之窥;危病者,邪之伺。异时三监之叛,周公之先见微矣。

林氏曰,旦多才艺,元孙之死,不若旦之死。元孙能畏服四方,则旦之生不若元孙之生。

新安陈氏曰,元孙不若旦,非公自夸而贬武王,盖欲代其死,不得不然。言武王不救,则天命坠,宗社亡,非过为危言,理势实然也。后来王崩在定商八年后,三监之变尚如此,况克商二年乎?周公忠诚恳切,欲代王死,以输危急。盖以武王一身,宗社生民之身,周公之祷,非独弟为兄,臣为君,乃为先王祷,为天下祷,为万世社稷生灵祷也。

20.《尚书句解》卷七

(元)朱祖义撰

今我即命于元龟(今我就受三王之命于大龟之卜)。

21. 《尚书日记》卷十

（明）王樵撰

（归善斋按，见"史乃册祝"）

22. 《日讲书经解义》卷七

今我即命于元龟。尔之许我，我其以璧与珪归俟尔命。尔不许我，我乃屏璧与珪。

即，就也。尔，谓三王也。屏，藏也。祝词曰，我以身请代元孙，未审尔三王之命何如？今我就元龟之吉凶卜尔命之许否。龟若得吉，是尔许我任保护之责，致元孙之安。我其以所植秉之璧珪，归俟尔保安之命。尔若不许我，而龟告其凶，则周业必坠，宗祀难保，虽欲以璧珪事神，亦不可得。我乃屏而藏之矣。尔三王不念下地之子孙，独不念先王之宗祀乎。总观周公请命三王之词，忠诚恳款，非特臣为君，弟为兄祷也，乃为先王祷，为天下祷，为百世生灵祷耳。所以感动三王而转移造化，皆其一念之昭格也与。

尔之许我，我其以璧与珪归俟尔命

1. 《尚书注疏》卷十二《周书》

（汉）孔氏传，（唐）陆德明音义，（唐）孔颖达疏

尔之许我，我其以璧与珪归俟尔命。

传，许，谓疾瘳待命，当以事神。

音义，瘳，敕留反。下同。

疏，尔之许我，使卜得吉兆，旦死而发生，我其以璧与珪归家，待汝神命，我死当以珪璧事神。

2. 《书传》卷十一《周书》

（宋）苏轼撰

（归善斋按，见"今我即命于元龟"）

3. 《尚书全解》卷二十六《周书》

（宋）林之奇撰

（归善斋按，见"武王有疾"）

4. 《尚书讲义》卷十三

（宋）史浩撰

（归善斋按，见"既克商二年"）

5. 《尚书详解》卷十八

（宋）夏僎撰

（归善斋按，见"《金縢》"）

6. 《增修东莱书说》卷十八《周书》

（宋）吕祖谦撰，（宋）石𣵠增修

（归善斋按，见"呜呼，无坠天之降宝命"）

7. 《尚书说》卷四《周书》

（宋）黄度撰

（归善斋按，见"史乃册祝"）

8. 《絜斋家塾书钞》卷十

（宋）袁燮撰

（归善斋按，见"今我即命于元龟"）

9.《书经集传》卷四

（宋）蔡沈撰
（归善斋按，见"今我即命于元龟"）

10.《尚书精义》卷三十一

（宋）黄伦撰
（归善斋按，见"史乃册祝"）

11.《尚书详解》卷二十六《周书》

（宋）陈经撰
（归善斋按，见"史乃册祝"）

12.《融堂书解》卷十二

（宋）钱时撰
（归善斋按，见"既克商二年"）

13.《尚书要义》卷十二

（宋）魏了翁撰
（归善斋按，原缺）

14.《书集传或问》卷下

（宋）陈大猷撰
（归善斋按，未解）

15.《尚书详解》卷七《周书》

（宋）胡士行撰
（归善斋按，见"武王有疾"）

16. 《书纂言》卷四上《周书》

(元)吴澄撰

(归善斋按,见"史乃册祝")

17. 《书集传纂疏》卷四下《朱子订定蔡氏集传·周书》

(元)陈栎撰

(归善斋按,见"今我即命于元龟")

18. 《读书丛说》卷六

(元)许谦撰

(归善斋按,未解)

19. 《书传辑录纂注》卷四《周书》

(元)董鼎撰

(归善斋按,见"今我即命于元龟")

20. 《尚书句解》卷七

(元)朱祖义撰

尔之许我(尔三王若许我代武王死),我其以璧与珪(我则以璧与珪)归俟尔命(归家俟尔三王肯令代死之命)。

21. 《尚书日记》卷十

(明)王樵撰

(归善斋按,见"史乃册祝")

22. 《日讲书经解义》卷七

(归善斋按,见"今我即命于元龟")

尔不许我，我乃屏璧与珪

1.《尚书注疏》卷十二《周书》

（汉）孔氏传，（唐）陆德明音义，（唐）孔颖达疏

尔不许我，我乃屏璧与珪。

传，不许，谓不愈也。屏，藏也，言不得事神。

疏，尔不许我，使卜兆不吉，发死而且生，我乃屏去璧之与珪，言不得事神，当藏珪璧也。

2.《书传》卷十一《周书》

（宋）苏轼撰

（归善斋按，见"今我即命于元龟"）

3.《尚书全解》卷二十六《周书》

（宋）林之奇撰

（归善斋按，见"武王有疾"）

4.《尚书讲义》卷十三

（宋）史浩撰

（归善斋按，见"既克商二年"）

5.《尚书详解》卷十八

（宋）夏僎撰

（归善斋按，见"《金縢》"）

6.《增修东莱书说》卷十八《周书》

（宋）吕祖谦撰，（宋）石澜增修

（归善斋按，见"呜呼，无坠天之降宝命"）

7. 《尚书说》卷四《周书》

（宋）黄度撰

(归善斋按，见"史乃册祝")

8. 《絜斋家塾书钞》卷十

（宋）袁燮撰

(归善斋按，见"今我即命于元龟")

9. 《书经集传》卷四

（宋）蔡沈撰

(归善斋按，见"今我即命于元龟")

10. 《尚书精义》卷三十一

（宋）黄伦撰

(归善斋按，见"史乃册祝")

11. 《尚书详解》卷二十六《周书》

（宋）陈经撰

(归善斋按，见"史乃册祝")

12. 《融堂书解》卷十一

（宋）钱时撰

(归善斋按，见"既克商二年")

13. 《尚书要义》卷十二

（宋）魏了翁撰

(归善斋按，原缺)

14.《书集传或问》卷下

(宋) 陈大猷撰
(归善斋按,未解)

15.《尚书详解》卷七《周书》

(宋) 胡士行撰
(归善斋按,见"武王有疾")

16.《书纂言》卷四上《周书》

(元) 吴澄撰
(归善斋按,见"史乃册祝")

17.《书集传纂疏》卷四下《朱子订定蔡氏集传·周书》

(元) 陈栎撰
(归善斋按,见"今我即命于元龟")

18.《读书丛说》卷六

(元) 许谦撰
(归善斋按,未解)

19.《书传辑录纂注》卷四《周书》

(元) 董鼎撰
(归善斋按,见"今我即命于元龟")

20.《尚书句解》卷七

(元) 朱祖义撰

尔不许我(尔三王苟不许我代武王死),我乃屏璧与珪(屏去珪璧,不复事三王矣。屏,上)。

21. 《尚书日记》卷十

(明) 王樵撰

(归善斋按,见"史乃册祝")

22. 《日讲书经解义》卷七

(归善斋按,见"今我即命于元龟")

乃卜三龟,一习吉

1. 《尚书注疏》卷十二《周书》

(汉) 孔氏传,(唐) 陆德明音义,(唐) 孔颖达疏

乃卜三龟,一习吉。

传,习,因也。以三王之龟卜,一相因而吉。

疏,正义曰,祝告已毕,即于坛所,乃卜其吉凶。用三王之龟卜,一皆相因而吉。

传,正义曰,习,则袭也。袭是重衣之名,因前而重之,故以习为因也。虽三龟并卜,卜有先后。后者因前,故云因也。《周礼》太卜掌三兆之法:一曰玉兆,二曰瓦兆,三曰原兆。三兆各别,必三代法也。《洪范》卜筮之法,三人占则从二人之言,是必三代之法并用之矣,故知三龟,三王之龟。龟形无异代之别,但卜法既别,各用一龟,谓之三王之龟耳。每龟一人占之。其后君与大夫等总占三代之龟。定其吉凶,未见占书,已知吉者。卜有大体,见兆之吉凶,粗观可识,故知吉也。

2. 《书传》卷十一《周书》

(宋) 苏轼撰

(归善斋按,见"今我即命于元龟")

3. 《尚书全解》卷二十六《周书》

(宋) 林之奇撰
(归善斋按，见"武王有疾")

4. 《尚书讲义》卷十三

(宋) 史浩撰
(归善斋按，见"既克商二年")

5. 《尚书详解》卷十八

(宋) 夏僎撰
(归善斋按，见"《金縢》")

6. 《增修东莱书说》卷十八《周书》

(宋) 吕祖谦撰，(宋) 石澜增修
乃卜三龟，一习吉。启籥见书，乃并是吉。
非三卜也，三王之前皆有一龟卜之，皆吉。龟三而吉一，故曰一习吉。卜不习吉，与此不同。及见其书，亦并是吉并者，大同之谓也。

7. 《尚书说》卷四《周书》

(宋) 黄度撰
乃卜三龟，一习吉。启籥见书，乃并是吉。
习，因也。三龟一习相因而吉。又启籥见占书，乃并是吉。必以书证之，惧其亿也。言启籥见书，则凡占书，皆缄藏之，不敢亵也。

8. 《絜斋家塾书钞》卷十

(宋) 袁燮撰
乃卜三龟，一习吉。启籥见书，乃并是吉。公曰，体！王其罔害。予小子新命于三王，唯永终是图。兹攸，俟能念予一人。公归，乃纳册于金縢之匮中。王翼日乃瘳。

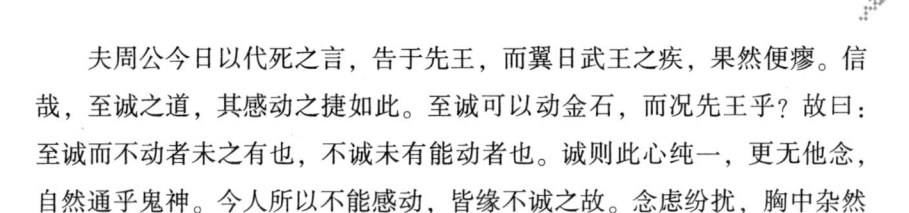

夫周公今日以代死之言，告于先王，而翼日武王之疾，果然便瘳。信哉，至诚之道，其感动之捷如此。至诚可以动金石，而况先王乎？故曰：至诚而不动者未之有也，不诚未有能动者也。诚则此心纯一，更无他念，自然通乎鬼神。今人所以不能感动，皆缘不诚之故。念虑纷扰，胸中杂然其能感动乎。

9.《书经集传》卷四

（宋）蔡沈撰

乃卜三龟一习吉，启籥见书乃并是吉。

籥与龠通。卜筮，必立三人以相参考。三龟者三人所卜之龟也。习，重也。谓三龟之兆一同，开籥见卜兆之书，乃并是吉。

10.《尚书精义》卷三十一

（宋）黄伦撰

乃卜三龟，一习吉。启籥见书，乃并是吉。公曰，体！王其罔害。予小子新命于三王，唯永终是图。兹攸，俟能念予一人。公归，乃纳册于金滕之匮中。王翼日乃瘳。

无垢曰，是三龟非三王各设一龟，以卜吉凶也，乃用三代兆法，以卜之。故谓之三龟也。一习吉者，习，因也。先卜夏兆，夏之兆法，既以为吉；次卜商兆，商之兆法因之，又以为吉；次卜周兆，周之兆法因之，亦以为吉。三兆虽不同，而一皆因，为吉，则武王之不死无疑矣。《周官·占人》凡卜筮，君占体，大夫占色，史占墨，卜人占坼。郑康成解云，体，兆象也；色，兆气也；墨，兆广也；坼，兆衅也。未见占书时，大夫与卜人已见兆之为吉矣。及取占书证之，又见其为吉。然后，周公取兆以观之，兆即体也，乃占兆之大象，知王必安而无害矣。新命于三王，谓新得吉卜之命于三王也。若此，则武王不死而可创立规模，为子孙长久之计矣。兹攸俟，所谓归俟尔命也，能念予一人，谓三王果能以武王为念，使武王安也。然则，三王能念予一人，则天下安；不能念予一人，则天下未可知也。公归，归俟三王之命，乃纳册于金滕之匮，是祝册之明日，武王即获平安也。

11. 《尚书详解》卷二十六《周书》

（宋）陈经撰

乃卜三龟，一习吉。启籥见书，乃并是吉。公曰，体！王其罔害。予小子新命于三王，唯永终是图。兹攸，俟能念予一人。公归，乃纳册于金縢之匮中。王翼日乃瘳。

周公既以册文告神毕，于是卜以三龟，即《周官》三兆之法，"七、稽疑，三人占"是也。"卜三龟而一习吉"，习，因也，言三者相因而吉。此特见其兆之吉，而未见其书也，又开籥见金縢卜筮之书，而书亦吉焉，故曰"乃并是吉"。"公曰，体"，《周官·占人》凡占筮：君占体。据此，占兆之体，王其无害，疾必瘳也。"予小子"，周公自称也。"新受命于三王"，言其得吉卜也。"唯永终是图"，武王既不死，则天下可安，而将图永久之计矣。兹所以待其三王，能念我武王，言俟其疾愈也。"公归"，自坛墠而归。纳册于金縢匮中，以为周家卜筮之故事。王翼日乃瘳。观此章，见周公圣德，与鬼神合，其吉凶先天，而天弗违者，如此诚之至也。寿夭吉凶，皆在己而不在天。故凡委之天道，不修人事者，皆不足以语此。

12. 《融堂书解》卷十一

（宋）钱时撰
（归善斋按，见"既克商二年"）

13. 《尚书要义》卷十二

（宋）魏了翁撰
（归善斋按，原缺）

14. 《书集传或问》卷下

（宋）陈大猷撰
（归善斋按，未解）

15. 《尚书详解》卷七《周书》

（宋）胡士行撰

（归善斋按，见"武王有疾"）

16. 《书纂言》卷四上《周书》

（元）吴澄撰

乃卜三龟，一习吉，启籥见书，乃并是吉。公曰，体！王其罔害。予小子新命于三王，唯永终是图。兹攸，俟能念予一人。

卜筮必立三人以相参考。《洪范》所谓"立时人作卜筮三人"是也。三龟者，三人所卜之龟；"一"犹"齐"也。习，重也。并，并也，谓三龟之兆齐相继而吉，及启籥见兆书，而其占果并吉。体，兆之体。《周官》，君占体，大夫占色，史占墨，卜人占坼。公言视卜兆之体，王之疾其可无害。予小子，周公自谓。予一人，谓武王也。公视卜知王疾必瘳，而己亦不代死，故言我新受命于三王，唯当永久克终是图。三王既不令我代死，则今此所俟三王之命，但俟其能爱念武王，而使其疾之瘳矣。

17. 《书集传纂疏》卷四下《朱子订定蔡氏集传·周书》

（元）陈栎撰

乃卜三龟，一习吉。启籥见书，乃并是吉。

卜筮必立三人，以相参考。三龟者，三人所卜之龟也，习，重也，谓三龟之兆一同，开籥见卜筮之书，乃并是吉。

纂疏：

或曰，三王前各一龟卜之。林氏曰，习，与"习坎"之"习"同。舜亦曰"卜不习吉"。

18. 《读书丛说》卷六

（元）许谦撰

（归善斋按，未解）

19. 《书传辑录纂注》卷四《周书》

（元）董鼎撰

乃卜三龟，一习吉，启籥见书乃并是吉。

卜筮，必立三人，以相参考。三龟者，三人所卜之龟也。习，重也，谓三龟之兆一同，开籥见卜兆之书，乃并是吉。

20. 《尚书句解》卷七

（元）朱祖义撰

乃卜三龟，一习吉（祝史宣册书毕，乃以龟之三兆卜之三者，一同相因而吉）。

21. 《尚书日记》卷十

（明）王樵撰

"乃卜（句）。三龟一习吉"至"翼日乃瘳"。

孔氏曰，习，因也。三龟一，相因而吉。

正义曰，虽三龟并卜，兆有先后，后者因前，故云因也。又曰，观兆已知其吉，犹尚未见占书。占书在于匮，启匮以籥，见其占书，乃并是吉。未见占书已知是吉者，卜有大体，见兆之吉凶，粗观可识，故知吉也。籥、鑰通，即今锁也。公视兆曰：兆体如此。王其无害。因卜兆而知三王之许我，故言新受命于三王。唯永终是图，是图即定尔子孙于下地是也。周公为周室谋者在此。武王无害，公自谓得永终之。兹归，唯俟三王之能念我一人使之安而已。一人，武王也。

问周公既祷三王，而藏其文于金縢之匮中，岂逆知成王之信流言，将以语之乎？程子曰，以近世观焉，祝册既用，则或焚之或埋之。岂周公之时，未有焚埋之礼也，而欲敬其事，故若此乎？

古者有大事卜筮，史必书其命龟之事及兆于册，系其礼神之币而合藏焉。是则金縢之匮，周家藏卜书之常器，而终事纳册，亦周家占人之常职，非周公始为之也。前乎此，周公卜而启籥见书；后乎此，成王欲卜而启金縢，皆此匮也。

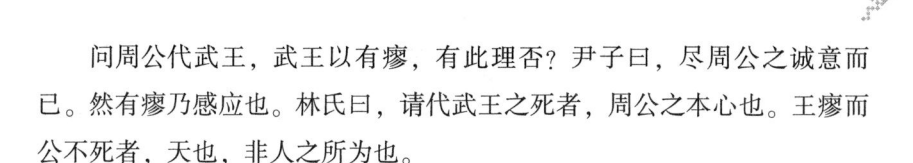

问周公代武王，武王以有瘳，有此理否？尹子曰，尽周公之诚意而已。然有瘳乃感应也。林氏曰，请代武王之死者，周公之本心也。王瘳而公不死者，天也，非人之所为也。

朱子曰，"既克商二年"至"王翼日乃瘳"，此叙周公请命之事。

22.《日讲书经解义》卷七

乃卜三龟，一习吉。启籥见书，乃并是吉。公曰：体！王其罔害。予小子新命于三王，唯永终是图。兹攸，俟能念予一人。

此二节书，是言周公请命元龟，深喜得三王保安之占也。三龟，三人齐卜也。习，重也。籥，管籥。体，兆之体也。一人，谓武王也。史臣曰，周公既祝告于三王，乃命三人，各卜其龟，以参考吉凶，而三人之龟兆，莫不皆以吉告。至以管籥启视金匮之占书，书辞之吉，与龟兆同，则保佑元孙三王，已默许之，而见乎龟矣。周公既得吉卜，乃曰，我观卜兆之体，王疾其无所害。我小子新受命于三王，唯以久后子孙为计，而许我以保佑元孙矣。我今唯俟我三王，能念予元孙一人而使之安也。盖周公诚孝之心，得遂所请，故其辞之喜慰若此。

《读书管见》卷下

(元) 王充耘撰

乃卜三龟。

卜三龟而一习吉者，习，重也，两龟之兆吉耳。启籥见书，然后知彼一龟，亦并是吉也。

《尚书埤传》卷十一

(清) 朱鹤龄撰

三龟。启籥见书。

按，三龟当以《周礼》大卜三兆之法为据。三兆者，一曰玉兆，二曰瓦兆，三曰原兆也。朱子曰，或云三王前各一龟卜之。

邹季友曰，籥与鑰通，即今锁也。马氏注云，籥者藏卜兆书之管。按郑玄《易纬》注，齐鲁之间，名门户及藏物之管曰"籥"。《周礼》

管键,《左传》北门之管,亦皆训"籥",如"黄钟之籥,容千二百黍",即黄钟之律,管长九寸者也。锁形如管籥,空中以受键,故或名管,或名籥。又"籥"字从竹,以形如竹管也。"钥"字从金,以金为之也。盖籥是锁筒,键是锁须,揿锁中,以搏键者,即今锁匙也。《礼记·月令》注误以"籥"为搏键器,故《周礼》疏及《礼记》疏皆承其误。今详辨于此。

占兆之书,即《左传》繇(音宙)辞,《周礼》所云"其颂皆千有二百"也,"并是吉"言兆、颂、符同为大吉也。

启籥见书,乃并是吉

1.《尚书注疏》卷十二《周书》

(汉)孔氏传,(唐)陆德明音义,(唐)孔颖达疏

启籥见书,乃并是吉。

传,三兆既同吉,开籥见占兆书,乃亦并是吉。

音义,籥,于若反,徐以略反。马云,藏卜兆书管。并,必政反。

疏,正义曰,观兆已知其吉,犹尚未见占书。占书在于藏内,启藏以籥,见其占书,亦与兆体,乃并是吉。

传,正义曰,郑玄云,籥,开藏之管也。开兆书藏之室以管,乃复见三龟占书,亦合于是吉。王肃亦云,籥,开藏占兆书管也。然则,占兆别在于藏。《大卜》"三兆"之下云,其经兆之体,皆百有二十,其颂皆千有二百。占兆之书,则彼"颂"是也。略观三兆,既已同吉,开藏以籥见彼占兆之书,乃亦并是吉,言其兆颂符同为大吉也。

2.《书传》卷十一《周书》

(宋)苏轼撰

(归善斋按,见"今我即命于元龟")

3.《尚书全解》卷二十六《周书》

（宋）林之奇撰

（归善斋按，见"武王有疾"）

4.《尚书讲义》卷十三

（宋）史浩撰

（归善斋按，见"既克商二年"）

5.《尚书详解》卷十八

（宋）夏僎撰

（归善斋按，见"《金縢》"）

6.《增修东莱书说》卷十八《周书》

（宋）吕祖谦撰，（宋）石澜增修

（归善斋按，见"乃卜三龟"）

7.《尚书说》卷四《周书》

（宋）黄度撰

（归善斋按，见"乃卜三龟"）

8.《絜斋家塾书钞》卷十

（宋）袁燮撰

（归善斋按，见"乃卜三龟"）

9.《书经集传》卷四

（宋）蔡沈撰

（归善斋按，见"乃卜三龟"）

10.《尚书精义》卷三十一

（宋）黄伦撰

（归善斋按，见"乃卜三龟"）

11.《尚书详解》卷二十六《周书》

（宋）陈经撰

（归善斋按，见"乃卜三龟"）

12.《融堂书解》卷十一

（宋）钱时撰

（归善斋按，见"既克商二年"）

13.《尚书要义》卷十二

（宋）魏了翁撰

（归善斋按，原缺）

14.《书集传或问》卷下

（宋）陈大猷撰

（归善斋按，未解）

15.《尚书详解》卷七《周书》

（宋）胡士行撰

（归善斋按，见"武王有疾"）

16.《书纂言》卷四上《周书》

（元）吴澄撰

（归善斋按，见"乃卜三龟"）

17. 《书集传纂疏》卷四下《朱子订定蔡氏集传·周书》

（元）陈栎撰

（归善斋按，见"乃卜三龟"）

18. 《读书丛说》卷六

（元）许谦撰

（归善斋按，未解）

19. 《书传辑录纂注》卷四《周书》

（元）董鼎撰

（归善斋按，见"乃卜三龟"）

20. 《尚书句解》卷七

（元）朱祖义撰

启籥见书（于是开启锁籥观所藏卜筮书），乃并是吉（乃并是吉兆）。

21. 《尚书日记》卷十

（明）王樵撰

（归善斋按，见"乃卜三龟"）

22. 《日讲书经解义》卷七

（归善斋按，见"乃卜三龟"）

《书蔡氏传旁通》卷四下

（元）陈师凯撰

习，重也，谓三龟之兆一同，开籥见卜兆之书，乃并是吉。

蔡氏及古注，皆不明指"是"字为何物，所并者何兆。愚窃谓，以三龟卜之，见两兆皆吉，故云"一习吉"。及启籥见书，乃云并此兆亦吉也。

《读书管见》卷下

（元）王充耘撰

（归善斋按，见"乃卜三龟"）

《尚书埤传》卷十一

（清）朱鹤龄撰

（归善斋按，见"乃卜三龟"）

公曰，体！王其罔害

1. 《尚书注疏》卷十二《周书》

（汉）孔氏传，（唐）陆德明音义，（唐）孔颖达疏

公曰，体！王其罔害。

传，公视兆曰，如此兆体，王其无害。言必愈。

疏，正义曰，公视兆曰，观此兆体，王身其无患害也。我小子新受命于三王，谓卜得吉也。

传，正义曰，如此兆体，指卜之所得兆也。《周礼》占人云，凡卜筮，君占体，大夫占色，史占墨，卜人占坼。郑玄云，体，兆象也。色，兆气也。墨，兆广也。坼，兆璺也。尊者视兆象而已。卑者，以次详其余也。周公卜，武王占之曰体，王其无害。郑意此言体者，即彼君占体也。但周公令卜，汲汲欲王之愈，必当亲视灼龟，躬省兆繇，不唯占体而已。但郑以君占体与此文同，故引以为证耳。

2. 《书传》卷十一《周书》

（宋）苏轼撰

（归善斋按，见"今我即命于元龟"）

3. 《尚书全解》卷二十六《周书》

（宋）林之奇撰
（归善斋按，见"武王有疾"）

4. 《尚书讲义》卷十三

（宋）史浩撰
（归善斋按，见"既克商二年"）

5. 《尚书详解》卷十八

（宋）夏僎撰
（归善斋按，见"《金縢》"）

6. 《增修东莱书说》卷十八《周书》

（宋）吕祖谦撰，（宋）石澜增修

公曰，体！王其罔害。予小子新命于三王，唯永终是图。兹攸，俟能念予一人。公归，乃纳册于金縢之匮中。王翼日乃瘳。

公曰，观此体，王其罔害，命可延矣。我小子新受命于三王，言再得，永其年以图终其业。兹可待武王之疾瘳，能念予一人矣。纳册于匮中，国家之常典。古者，敬神，凡卜筮之物，皆不敢口。既毕，则藏之，非周公特藏之，留为后来自解之计也。

7. 《尚书说》卷四《周书》

（宋）黄度撰

公曰，体！王其罔害。予小子新命于三王，唯永终是图。兹攸，俟能念予一人。

占人君，占体；大夫占色，史占墨，卜人占坼。体，兆象也。周公言，观龟兆象，王为罔害。予新承命于三王，唯长终是图，则周公亦不死矣。予一人，予，天子也。此所当待其能念于天子武王，言疾当瘳也。周公本请代武王。武王瘳，而周公不死。龟固亦有所诏告。鲁文公十八年，齐侯疾卜，楚丘曰"齐侯不及期，君亦不闻，令龟有咎"。占人占，皆如是。

8.《絜斋家塾书钞》卷十

（宋）袁燮撰

（归善斋按，见"乃卜三龟"）

9.《书经集传》卷四

（宋）蔡沈撰

公曰，体！王其罔害。予小子新命于三王，唯永终是图。兹攸，俟能念予一人。

体，兆之体也，言视其卜兆之吉，王疾其无所害。我新受三王之命，而永终是图矣。兹攸俟者，即上文所谓"归俟"也。一人，武王也。言三王能念我武王，使之安也。详此，言新命于三王，不言新命于天，以见果非谓天责取武王也。

10.《尚书精义》卷三十一

（宋）黄伦撰

（归善斋按，见"乃卜三龟"）

11.《尚书详解》卷二十六《周书》

（宋）陈经撰

（归善斋按，见"乃卜三龟"）

12.《融堂书解》卷十一

（宋）钱时撰

（归善斋按，见"既克商二年"）

13. 《尚书要义》卷十二

（宋）魏了翁撰

（归善斋按，原缺）

14. 《书集传或问》卷下

（宋）陈大猷撰

（归善斋按，未解）

15. 《尚书详解》卷七《周书》

（宋）胡士行撰

（归善斋按，见"武王有疾"）

16. 《书纂言》卷四上《周书》

（元）吴澄撰

（归善斋按，见"乃卜三龟"）

17. 《书集传纂疏》卷四下《朱子订定蔡氏集传·周书》

（元）陈栎撰

公曰，体！王其罔害。予小子新命于三王，唯永终是图。兹攸，俟能念予一人。

体，兆之体也，言视其卜兆之吉，王疾其无所害，我新受三王之命，而永终是图矣。兹攸俟者，即上文所谓"归俟"也。一人，武王也。言三王能念我武王，使之安也。详此，言新命于三王，不言新命于天，以见果非谓天责取武王也。

纂疏：

谢氏曰，体，与"尔卜尔筮，体无咎言"之"体"同。《周礼·占人》云，凡卜，君占体，大夫占色，史占墨，卜人占坼。然证以《诗》语，若看兆体，上下可通言之。愚按，"兹攸俟"上下疑有缺误。

18.《读书丛说》卷六

（元）许谦撰

（归善斋按，未解）

19.《书传辑录纂注》卷四《周书》

（元）董鼎撰

公曰，体！王其罔害。予小子新命于三王，唯永终是图。兹攸，俟能念予一人。

体，兆之体也，言视其卜兆之吉，王疾其无所害。我新受三王之命，而永终是图矣。"兹攸俟"者，即上文所谓"归俟"也。一人，武王也。言三王能念我武王使之安也。详此，言新命于三王，不言新命于天，以见果非谓天责取武王也。

纂注：

薛氏曰，体，与《诗》"尔卜尔筮，体无咎言"之"体"同。《周礼·占人》云，凡卜，君占体，大夫占色，史占墨，卜人占坼。然证以《诗》之语，则卜看兆体，亦可通上下言之。

20.《尚书句解》卷七

（元）朱祖义撰

公曰（言公），体（视此兆体）！王其罔害（王必无害不至于死）。

21.《尚书日记》卷十

（明）王樵撰

（归善斋按，见"乃卜三龟"）

22.《日讲书经解义》卷七

（归善斋按，见"乃卜三龟"）

《书蔡氏传旁通》卷四下

（元）陈师凯撰

体，兆之体也。

薛氏曰，"体"与《诗》"尔卜尔筮，体无咎言"之"体"同。《周礼·占人》云，凡卜，君占体，大夫占色，史占墨，卜人占坼。然证以《诗》之语，则卜看兆体，亦可通上下言之。

《尚书埤传》卷十一

（清）朱鹤龄撰

公曰，体！

《周礼·太卜》三兆之法，其经兆之体皆百有二十，又《占人》云，凡卜筮，君占体，大夫占色，史占墨，卜人占坼。郑玄注，体，兆之象也；色，兆之气也；墨，兆之广也；坼，兆之璺（音"问"）也。

予小子新命于三王，唯永终是图

1. 《尚书注疏》卷十二《周书》

（汉）孔氏传，（唐）陆德明音义，（唐）孔颖达疏

予小子新命于三王，唯永终是图。

传，周公言我小子新受三王之命，武王唯长终是谋周之道。

疏，正义曰，我武王当唯长终，是谋周之道，此卜吉之。

2. 《书传》卷十一《周书》

（宋）苏轼撰

（归善斋按，见"今我即命于元龟"）

3.《尚书全解》卷二十六《周书》

（宋）林之奇撰

（归善斋按，见"武王有疾"）

4.《尚书讲义》卷十三

（宋）史浩撰

（归善斋按，见"既克商二年"）

5.《尚书详解》卷十八

（宋）夏僎撰

（归善斋按，见"《金縢》"）

6.《增修东莱书说》卷十八《周书》

（宋）吕祖谦撰，（宋）石澜增修

（归善斋按，见"公曰，体，王其罔害"）

7.《尚书说》卷四《周书》

（宋）黄度撰

（归善斋按，见"公曰，体，王其罔害"）

8.《絜斋家塾书钞》卷十

（宋）袁燮撰

（归善斋按，见"乃卜三龟"）

9.《书经集传》卷四

（宋）蔡沈撰

（归善斋按，见"公曰，体！王其罔害"）

10.《尚书精义》卷三十一

(宋)黄伦撰
(归善斋按,见"乃卜三龟")

11.《尚书详解》卷二十六《周书》

(宋)陈经撰
(归善斋按,见"乃卜三龟")

12.《融堂书解》卷十一

(宋)钱时撰
(归善斋按,见"既克商二年")

13.《尚书要义》卷十二

(宋)魏了翁撰
(归善斋按,原缺)

14.《书集传或问》卷下

(宋)陈大猷撰
(归善斋按,未解)

15.《尚书详解》卷七《周书》

(宋)胡士行撰
(归善斋按,见"武王有疾")

16.《书纂言》卷四上《周书》

(元)吴澄撰
(归善斋按,见"乃卜三龟")

17.《书集传纂疏》卷四下《朱子订定蔡氏集传·周书》

(元)陈栎撰
(归善斋按,见"公曰,体!王其罔害")

18.《读书丛说》卷六

(元)许谦撰
(归善斋按,未解)

19.《书传辑录纂注》卷四《周书》

(元)董鼎撰
(归善斋按,见"公曰,体!王其罔害")

20.《尚书句解》卷七

(元)朱祖义撰
予小子新命于三王(我小子因卜而新受命于三王),唯永终是图(已许武王不死,可为周家永远终久是图)。

21.《尚书日记》卷十

(明)王樵撰
(归善斋按,见"乃卜三龟")

22.《日讲书经解义》卷七

(归善斋按,见"乃卜三龟")

《读书管见》卷下

(元)王充耘撰
予小子新命于三王。
"新",亦当作"亲",言亲祷于三王也。命,非"受命"之"命",乃"命告"之谓也。

兹攸，俟能念予一人

1. 《尚书注疏》卷十二《周书》

（汉）孔氏传，（唐）陆德明音义，（唐）孔颖达疏

兹攸，俟能念予一人。

传，言武王愈，此所以待能念我天子事成周道。

疏，正义曰，愈者，上天所以须待武王，能念我一人天子之事，成其周道故也。

传，正义曰，"兹攸，俟能念予一人"者，此原三王之意也。言"武王得愈"者，此谓卜吉。武王之愈，言天与三王一一须待武王，能念我天子，事成周道。若死，则不复得念天子之事，周道必不成也。《礼》，天子自称曰"予一人"，故以一人言天子也。

2. 《书传》卷十一《周书》

（宋）苏轼撰

兹攸俟能念予一人。一人者，指武王也。武王临天下未久，人之念其德者尚浅，周公忧其崩而或叛之，故欲以身代。既见三龟之吉，知王之未崩，天假之年，以绍其德，故曰，此可以待天下之能念王也。

3. 《尚书全解》卷二十六《周书》

（宋）林之奇撰

（归善斋按，见"武王有疾"）

4. 《尚书讲义》卷十三

（宋）史浩撰

（归善斋按，见"既克商二年"）

5.《尚书详解》卷十八

（宋）夏僎撰

（归善斋按，见"《金縢》"）

6.《增修东莱书说》卷十八《周书》

（宋）吕祖谦撰，（宋）石澜增修
（归善斋按，见"公曰，体！王其罔害"）

7.《尚书说》卷四《周书》

（宋）黄度撰
（归善斋按，见"公曰，体！王其罔害"）

8.《絜斋家塾书钞》卷十

（宋）袁燮撰
（归善斋按，见"乃卜三龟"）

9.《书经集传》卷四

（宋）蔡沈撰
（归善斋按，见"公曰，体！王其罔害"）

10.《尚书精义》卷三十一

（宋）黄伦撰
（归善斋按，见"乃卜三龟"）

11.《尚书详解》卷二十六《周书》

（宋）陈经撰
（归善斋按，见"乃卜三龟"）

12.《融堂书解》卷十一

（宋）钱时撰
（归善斋按,见"既克商二年"）

13.《尚书要义》卷十二

（宋）魏了翁撰
（归善斋按,原缺）

14.《书集传或问》卷下

（宋）陈大猷撰
（归善斋按,未解）

15.《尚书详解》卷七《周书》

（宋）胡士行撰
（归善斋按,见"武王有疾"）

16.《书纂言》卷四上《周书》

（元）吴澄撰
（归善斋按,见"乃卜三龟"）

17.《书集传纂疏》卷四下《朱子订定蔡氏集传·周书》

（元）陈栎撰
（归善斋按,见"公曰,体！王其罔害"）

18.《读书丛说》卷六

（元）许谦撰
（归善斋按,未解）

19. 《书传辑录纂注》卷四《周书》

（元）董鼎撰
（归善斋按，见"公曰，体！王其罔害"）

20. 《尚书句解》卷七

（元）朱祖义撰
兹攸，俟（于此，当有所待其死命）能念予一人（我死，三王必能念我一人，武王假之以年）。

21. 《尚书日记》卷十

（明）王樵撰
（归善斋按，见"乃卜三龟"）

22. 《日讲书经解义》卷七

（归善斋按，见"乃卜三龟"）

公归，乃纳册于金縢之匮中，王翼日乃瘳

1. 《尚书注疏》卷十二《周书》

（汉）孔氏传，（唐）陆德明音义，（唐）孔颖达疏
公归，乃纳册于金縢之匮中，王翼日乃瘳。
传，从坛归。翼，明；瘳，差也。
音义，差，初卖反。
疏，正义曰，公自坛归，乃纳□于金縢之匮中。王明日乃病瘳。
传，正义曰，坛所即卜，故从坛归也。翼，明，《释言文》。"瘳"训"差"，亦为愈，病除之名也。藏此书者，此既告神，即是国家旧事，其书不可捐弃，又不可示诸世人，故藏于金縢之匮耳。

2. 《书传》卷十一《周书》

（宋）苏轼撰

公归，乃纳册于金縢之匮中。

縢，缄也，以金缄之，欲人之不发也。

王翼日乃瘳。武王既丧，管叔及其群弟乃流言于国。

管叔鲜，武王弟也。群弟，蔡叔度，霍叔处之流也。武王崩，成王幼。周公专国政，故群叔疑而流言也。

3. 《尚书全解》卷二十六《周书》

（宋）林之奇撰

（归善斋按，见"武王有疾"）

4. 《尚书讲义》卷十三

（宋）史浩撰

（归善斋按，见"既克商二年"）

5. 《尚书详解》卷十八

（宋）夏僎撰

（归善斋按，见"《金縢》"）

6. 《增修东莱书说》卷十八《周书》

（宋）吕祖谦撰，（宋）石澜增修

（归善斋按，见"公曰，体！王其罔害"）

7. 《尚书说》卷四《周书》

（宋）黄度撰

公归，乃纳册于金縢之匮中。王翼日乃瘳。

此册固当与系币同藏。王翼日瘳，昭答如响，精神之格，自作元命，非圣人孰能之哉。

8.《絜斋家塾书钞》卷十

（宋）袁燮撰

（归善斋按，见"乃卜三龟"）

9.《书经集传》卷四

（宋）蔡沈撰

公归，乃纳册于金縢之匮中，王翼日乃瘳。

册，祝册也。匮，藏卜书之匮。金縢，以金缄之也。翼日，公归之明日也。瘳，愈也。按金縢之匮，乃周家藏卜筮书之物。每卜，则以告神之辞书于册，既卜，则纳册于匮而藏之。前后卜皆如此。故前周公乃卜三龟，一习吉。启籥见书者，启此匮也。后成王遇风雷之变欲卜，启金縢者，亦启此匮也。盖卜筮之物，先王不敢囗，故金縢其匮而藏之，非周公始为此匮藏此册祝，为后来自解计也。

10.《尚书精义》卷三十一

（宋）黄伦撰

（归善斋按，见"乃卜三龟"）

11.《尚书详解》卷二十六《周书》

（宋）陈经撰

（归善斋按，见"乃卜三龟"）

12.《融堂书解》卷十一

（宋）钱时撰

（归善斋按，见"既克商二年"）

13.《尚书要义》卷十二

（宋）魏了翁撰

（归善斋按，原缺）

14. 《书集传或问》卷下

（宋）陈大猷撰

（归善斋按，未解）

15. 《尚书详解》卷七《周书》

（宋）胡士行撰

（归善斋按，见"武王有疾"）

16. 《书纂言》卷四上《周书》

（元）吴澄撰

公归，乃纳册于金縢之匮中。王翼日乃瘳。

公归，周公归其私家也。册，即史所作之册。縢，缄也。匮，藏物之器，金縢之匮，藏卜书之匮，以金缄之也。翼日，公归之明日。瘳，愈也。言公既卜而归，卜人乃以周公请命之册纳于匮中，与卜书并藏也。

蔡氏曰，金縢之匮，藏卜筮书，每卜则以告神之辞，书于册。既卜则纳册于匮而藏之。前后卜皆如此。

王氏曰，卜筮既毕，而不敢亵，必纳其册书于匮。异时将卜，则复启焉。乃国家故事，非特为此匮藏其册，为后来自解之计也。

愚谓，匮，所以藏卜书，卜则启匮，此常事也。唯周公此时之卜，有与常时不同者，以先有册书告三王，而后卜也。故既卜之后，其册书因得同藏于卜书之匮。若常时之卜，则史述卜主之命，告卜人，盖不书于册，既卜亦无册可藏也。故前此二公欲卜武王之疾，后此成王欲卜风雷之变，皆不闻有册。王氏、蔡氏之说未当。而谓非周公藏其册为后来自解之计，则是。此第一章。

17. 《书集传纂疏》卷四下《朱子订定蔡氏集传·周书》

（元）陈栎撰

公归，乃纳册于金縢之匮中。王翼日乃瘳。

册，祝册也。匮，藏卜书之匮。金縢，以金缄之也。翼日，公归之明日也。瘳，愈也。按，金縢之匮，乃周家藏卜筮书之物。每卜则以告神之辞书于册，既卜，则纳册于匮而藏之。前后卜皆如此。故前周公"乃卜三龟，一习吉。启籥见书"者启此匮也。后成王遇风雷之变，欲卜启金縢者，亦启此匮也。盖卜筮之物，先王不敢亵，故金縢其匮而藏之，非周公始为此匮藏此册祝，为后来自解计也。

纂疏：

林氏曰，请代武王死，周公之本心也。王瘳而公不死者，天也，非人之所能为也。

18.《读书丛说》卷六

（元）许谦撰

（归善斋按，未解）

19.《书传辑录纂注》卷四《周书》

（元）董鼎撰

公归乃纳册于金縢之匮中。王翼日乃瘳。

册，祝册也。匮，藏卜书之匮；金縢，以金缄之也。翼日，公归之明日也。瘳，愈也。按，金縢之匮，乃周家藏卜筮书之物，每卜则以告神之辞，书于册；既卜，则纳册于匮而藏之。前后卜皆如此。故前周公"乃卜三龟，一习吉，启籥见书"者，启此匮也。后成王遇风雷之变欲卜，启金縢者，亦启此匮也。盖卜筮之物，先王不敢□，故金縢其匮而藏之，非周公始为此匮，藏此册祝，为后来自解计也。

辑录：

"既克商二年"止"王翼日乃瘳"，此叙周公请命之事。《文集》。

纂注：

林氏曰，请代武王之死者，周公之本心也，王瘳而公不死者，天也，非人之所能为也。

20.《尚书句解》卷七

(元)朱祖义撰

公归(公自坛墠之所而归),乃纳册于金縢之匮中(祝史乃纳祷死之册于黄金所縢之匮中)。王翼日乃瘳(武王于纳册之明日疾乃瘳愈)。

21.《尚书日记》卷十

(明)王樵撰

(归善斋按,见"乃卜三龟")

22.《日讲书经解义》卷七

公归,乃纳册于金縢之匮中。王翼日乃瘳。

此一节书,是叙周公告神之终事也。金縢,以金缄之也。翼日,明日。瘳,愈也。史臣曰,周公请祷毕事而归,太史乃以祝词之册,纳于金縢之匮中。盖卜筮之物,不敢轻□,而金缄其匮以藏之。武王于公归之明日,疾果愈与。龟卜相应。此三王在天保护之力,而公以身请代之诚,有以孚之也。可见幽明之理,有感斯应。然唯大圣人精诚之至,乃能如此。

《书蔡氏传旁通》卷四下

(元)陈师凯撰

翼日,公归之明日也。瘳,愈也。

林氏曰,请代武王之死者,周公之本心也。王瘳而公不死者,天也,非人之所能为也。

《尚书埤传》卷十一

(清)朱鹤龄撰

金縢之匮中。

邹季友曰,《蔡传》以金缄之。按,金,谓锁也,即所云"籥"也。王、郑注云,縢,束也。《诗》"绳縢"注,绳,纯也。縢,约也。又"绿縢"注,縢,绳也。《广雅》亦云,縢,绳也。盖藏书之匮,金以约之，縢以缄之。二者兼用，故谓之金縢，所以致其固也。金不可为縢，縢无取于金。孔传云"缄之以金"，而《蔡传》因之，义殊未安也。前启籥见书，乃视卜兆吉凶之书。此金縢之匮，乃藏。国有大事穆卜，祝册之书，占人掌之，但籥而已。卜册之书藏在宗庙之中，既金而又縢，启之，则必王与大夫皆弁也。

武王既丧，管叔及其群弟乃流言于国

1.《尚书注疏》卷十二《周书》

(汉) 孔氏传，(唐) 陆德明音义，(唐) 孔颖达疏

武王既丧，管叔及其群弟，乃流言于国。

传，武王死，周公摄政。其弟管叔及蔡叔、霍叔乃放言于国，以诬周公以惑成王。

疏，正义曰，公于成王之世，为管、蔡所诬。王开金縢之书，方始明公本意，卒得成就周道，天下太平。史官美大其事，述为此篇。故追言请命于前，乃说流言于后，自此以下，说周公身事。武王既丧，成王幼弱。周公摄王之政，专决万几。管叔及其群弟蔡叔、霍叔乃流放其言于国中。

传，正义曰，武王既死，成王幼弱，故周公摄政。摄政者，虽以成王为主，政令自公出，不复关成王也。《蔡仲之命》云，群叔流言，乃致辟管叔于商，囚蔡叔于郭，邻降霍叔于庶人，则知群弟是蔡叔、霍叔也。《周语》云"兽三为群"，则满三乃称"群"。蔡、霍二人而言"群"者，并管，故称"群"也。传既言周公摄政，乃云其弟管叔，盖以管叔为周公之弟。《孟子》曰，周公弟也，管叔兄也。《史记》亦以管叔为周公之兄。孔似不用《孟子》之说或可，孔以其弟谓武王之弟，与《史记》亦不违也。"流言"者，宣布其言，使人闻知若水流。然，"流"即"放"也，乃放言于国，以诬周公，以惑成王。"王亦未敢诮公"，是王心惑也。

《尚书注疏》卷十二《考证》

"管叔及其群弟"传"周公摄政。其弟管叔及蔡叔、霍叔乃放言于

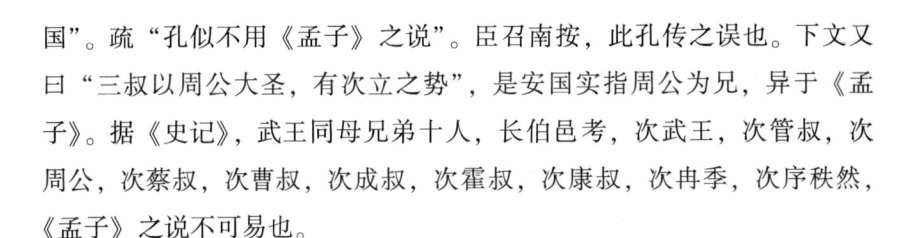

国"。疏"孔似不用《孟子》之说"。臣召南按，此孔传之误也。下文又曰"三叔以周公大圣，有次立之势"，是安国实指周公为兄，异于《孟子》。据《史记》，武王同母兄弟十人，长伯邑考，次武王，次管叔，次周公，次蔡叔，次曹叔，次成叔，次霍叔，次康叔，次冉季，次序秩然，《孟子》之说不可易也。

2.《书传》卷十一《周书》

（宋）苏轼撰

（归善斋按，见"公归"）

3.《尚书全解》卷二十六《周书》

（宋）林之奇撰

武王既丧，管叔及其群弟乃流言于国，曰，公将不利于孺子。周公乃告二公曰，我之弗辟，我无以告我先王。周公居东二年，则罪人斯得。于后，公乃为诗以贻王，名之曰《鸱鸮》。王亦未敢诮公。秋，大熟未获，天大雷电以风，禾尽偃，大木斯拔，邦人大恐。王与大夫尽弁，以启金縢之书，乃得周公所自以为功，代武王之说。二公及王，乃问诸史与百执事。对曰：信，噫！公命我勿敢言。王执书以泣曰：其勿穆卜。昔公勤劳王家，唯予冲人弗及知。今，天动威以彰周公之德。唯朕小子其新逆，我国家礼亦宜之。王出郊，天乃雨，反风。禾则尽起。二公命邦人，凡大木所偃，尽起而筑之，岁则大熟。

周公既祷于三王，请以其身代武王之死，其至诚，洞达神明。龟既习吉，而王之疾顿愈。自此以上，皆史官叙述其请死而藏其书于金縢之始末，为已备矣。夫周公之心，以社稷宗庙之安危自任，乃为己而祷，其诚心所发，出于悃愊，岂蕲人之知己哉。故夫祝史与夫百执事之人，亲睹祝册灼龟之事者，则戒之使勿泄，而召公、太公虽与之比肩事主，以秉国之钧，又亦匿之而不与之言，自非成王因风雷之变将卜，以视其休祥，而得金縢之书，则周公之心，孰得而知之哉。故自此而下，又叙其摄政而遭变，仗大义以灭亲。虽兄弟之大伦有所不顾，其诚心所感，而风雷为之变。成王之疑自此释矣。然后金縢之事，显然著见于天下后世。故虽自周公居东二年以下，其事迹皆在大诰之后，然而实与周公请死之事相为终始，故于此载之。如《左传》之所载因陈完奔齐，而言成子之得政；因北宫文子之入聘，而言郑之得人。杜元凯所谓得终言之者，此篇亦然也。

武王同母弟十人，长曰伯邑考，次曰武王，次曰管叔鲜，次曰周公旦，次曰蔡叔度，次曰霍叔处。武王克商，大建亲贤，以藩屏王室。周公以圣德，留辅相朝廷，而管叔、蔡叔就封于外，相纣之子武庚以治商遗民。武王既丧，周公以成王幼冲，遂摄政当国。管叔乃与其弟蔡叔、霍叔使群不逞之人，流传其言于天下，曰：周公将为孺子之不利，夺其位而自有之。孺子指成王也。当是时，成王之年才十余岁，则可以孺子言之也。而《文王世子》之篇乃曰，"武王九十三乃终"，则成王生时，武王盖年八十余矣。《左传》又曰，"邢、晋、应、韩，武之穆也"，此数国者，皆武王之子，成王之弟，岂武王八十已后，顿生此数国邪，此理必不然矣。夫君薨，百官总已以听冢宰三年，古之人皆然也。周公以冢宰摄政，而乃有流言之变者，盖商人尊尊，兄死则弟及。武王崩，成王幼冲，周公以圣德闻于天下。自商礼言之，周公当立也。今立成王而周公相之，为殷人者，固不能释然而无疑矣。管叔之次，于周公为兄，周公为相于朝，管叔固已有不平之气，故当其摄政，则唱群弟以流言于国曰：公将不利于孺子，遂挟武庚以叛，而殷人靡然从之者，唯其疑故也。盖自武王有疾，而周公之忧固已及此矣。周公祷于三王也，不以为武王祷，而为己祷焉，彼诚以为武王丧，殷人未附于周，己以冢宰摄政，处可疑之势，天下有变，则必将有以予为口实者，而成王之幼冲，其明未足以有察。周之社稷盖岌岌然矣，故为是而祷也。汉孔氏曰，二叔以周公大圣，有欲立之势，遂生流言，诚哉是言也。当周公之东征，二公皆尝居周公之位，贰朝廷之号令矣。如下文曰"二公及王乃问诸史与百执事"，又曰"二公命邦人，凡大木所偃，尽起而筑之"，则二公之权柄，盖不减于周公，而流言不及之者，盖其所处者，非可疑之势故也。

夫武王之崩，周家之得天下未久也，而殷之余孽与周之雠亲相扇而起，周之存亡，盖未可知。而当时也，周公实专朝廷之权，其责不归之周公，将谁尸之乎？故周公告二公曰，我不以法而治此叛党，则将无以告我先王。故其兄弟之亲，有所不敢避也。"我无以告我先王"，亦穆公所谓

"先君若问与夷，其将何辞以对"也。周公既以此言告二公，于是遂率兵而东征。其居东至于二年，然后武庚、三叔咸服其辜，故曰罪人斯得也。周公以殷人之叛，恐其祸之延于天下，遽起而征之。而其得罪人至二年之久，则其东征也，虽曰为社稷宗庙之计，而重饬天伦，则诚有黾勉不得已之意焉。武王之伐纣，周公之诛管、蔡其心一也。盖纣，君也，武王以臣而伐之；管叔兄也，周公以弟而讨之。虽其终也，不得不伐，而皆有彷徨不忍之心。此圣人忠厚也。当成王幼冲，履至尊之势，周公以叔父之尊，秉其政事，其德之远著天下之所畏服。自常人言之，诚以为使周公而有私心，一二年而天下可移矣。故管叔因其可疑之迹，而造此无根之言。成王之明未足以察其情伪，安得而不疑哉。周公不俟成王之觉悟，遽往而征之，盖机不可失，一日纵敌数世之患也。故虽遭流言之谤，而益以其身任天下之重，曾不自沮而为身之谋也。夫人谓己有夺宗之谋，己恶其谤，而亲以兵诛之，则近乎挟私忿以快其志矣。自非深知周公者，谁无疑之之心。是使成王益疑矣。成王益疑，故周公居东而未还，作为《鸱鸮》之诗以遗王。其诗曰"鸱鸮，鸱鸮，既取我子，无毁我室。恩斯勤斯，鬻子之闵斯"，言鸟有巢，呼鸱鸮而告之曰，汝既取我子矣，无毁我之居室，我之于子非不爱也，宁亡其子，而不可以亡其室，以见其惜巢之甚也。是以公之东征，其心唯思王室之不安，亦如鸟之惜巢也。其下章皆言其作室之艰难，以喻周室积累之勤，故不得避小嫌以自全。观《鸱鸮》之诗，周公之言非不反覆明白，而成王犹疑之，暧昧而不决，故有陷公之志然未敢发也。其所以有陷公之志者，盖以成王犹未肯以《鸱鸮》而信周公之志。果如是也。

辟，法也。郑氏以"辟"为避，其说以谓群叔流言，周公避居东都，及遭风雷之变，启金縢之书，迎公来反，及摄政方始东征。信如此说，则此篇自岁则大熟以上，其事皆在《大诰》之前矣。成王疑之，周公出避，其说亦不可至于罪人斯得。其说不行，故又从而为之说曰，周公居东都，其党属亦皆奔亡，至明年乃为成王所得而诛之。公作《鸱鸮》之诗救其臣属，请勿夺其官位土地。夫周公之党有何罪，而谓之罪人，足见其说之陋。《欧阳》诗本义已破其说矣。

周公虽作《鸱鸮》之诗，成王犹未肯以其言而信其心。然则周公之心，非金縢则不可得而见。而金縢之书，自二公以下，皆所不知。自非天诱其衷，则成王之疑将何时而释乎？成王之疑不释，则国之存亡未可知也。然而周之文武，膺上天之休命，其社稷无疆之传，盖未艾也。周公之德，既足以当上天之意，此所以有雷风之变，以显周公之德，而剖成王之疑也。当是时也，秋岁虽大熟，百谷未成，未可刈获而天忽雷雹大作又继之以风其禾尽偃于田亩之中虽大木皆拔焉。以天变之来，周人大惧，王不胜其忧也，于是，与诸大夫尽服其皮弁，以启金縢之书。盖将启缄而卜是风雷之为何祥也。启缄之际，犹未卜也，而得往昔周公请代武王之死所纳之册于金縢之匮中，盖因卜而得其书，是偶而得之矣，非天诱其衷而何？

诸史与百执事，皆昔之从周公以卜者。今王将卜焉，故复为卜而俱至，使其非为卜而俱至，则不应皆在也。二公皆至，既睹其事而不知其由也，故从而问之。诸史与百执事，同辞而对曰：信乎！公之有是事也。又嗟叹，以告王曰，昔公命我勿得泄其言。今王既有问，不敢不以实对之。昔者，周公虽作《鸱鸮》之诗以贻王，而王犹未知周公之心，既得此言然后知周公之心，其所以忠于王室者至矣。盖祷鬼神于幽隐，人所不可测知之，际而其言亦若此，此其所以悟也。故王执书以泣曰"其勿穆卜"，盖我之启书也，以卜风雷之祥，今见周公之志若是，是天以此而警予矣，故可以勿复卜之矣。以其得书而止卜，乃知其为卜而启缄，非为周公而启也。盖周公之藏书于金縢也，徒以是事不得不藏，非预知天时有风雷之变，而嗣王之必将启缄以卜之也。成王之启书于金縢也，亦以其将卜之，不得不启，非素知公有请死之册，将取而观之也。启缄而遂知周公之心，此岂人力之所能为哉？言二公及王乃问诸史与百执事，则是二公先以此发问，而王遂继之也。意曰，周公之心，二公非不知之，第以成王尚疑，非空言之所能释，既得此书则可解之矣，故倡王而问之。昔汉高帝尝疑萧何受贾人金，王卫尉对曰，相国守关中，关中摇足，则关西非陛下有也。相国不以此时为利，乃利贾人之金乎？文帝尝疑周勃反，薄昭曰，绛侯绾皇帝玺，将兵于北军，不以此时反，今居一小邑，顾欲反邪？其事遂皆得释。夫萧何、周勃挟不世之功，而居可疑之地，非空言所能游说也，非得夫昔之所不为，以证于其所行，举重以明轻，则何以解高帝、文帝之惑哉？盖晓人者，当如是也。二公既得金縢之书，遂知周公之疑可以解，故倡王而问之意者，亦出于此。彼周公尚欲以其身代父之死，况肯夺其嗣子之位乎？

王既使勿卜矣，于是遂言曰，昔公竭其勤劳于王家，至欲以身代先君之死，其至诚于社稷也如此。而我以幼冲之资，乃不及知是我之罪也。此成王自反之言也。《伐柯》《九罭》之诗，周大夫刺朝廷之不知。今为此言，则既已知之矣。其所以知之者，则以上天动雷电之威，以显周公之圣德也，周公始以成之疑，犹居于东未还，故成王既叹其忠，则谓今小子其当自新，而逆之以归，我国家所以褒崇之礼，又当得其宜也。唯以逆公为我国家之礼所宜，故于是还公于东都，比其至也，则郊劳而亲逆之，故曰王出郊。先儒以郊为玉币谢天，误矣。成王既出郊，于是天为之反风起禾，以见周公之宜还，而明成王之得礼也。天乃降雨以止风，风止则禾起。

二公乃命邦人，凡禾之为木所仆，而不能自立者，则为之起而筑之，加人功焉。此岁之所以大熟也。汉孔氏曰"木有偃拔起而立之"，"筑"为筑"木"，非也。筑者，筑禾也。汉董仲舒论天人相与之际，甚可畏也。国家将有失道之败，天乃先出灾异以谴告之，不知自省，又出怪异以警惧之，尚不知变而伤败。乃至使成王不能自新，以逆周公，则其灾岂止于雷风而已哉。其始也，疑周公，天大雷电以风；其终也，逆周公，则天乃雨反风。天人之际，可畏如此。然非周公之忠，载于《金縢》，则不能因天变以悟成王，非天有雷风之变，则不能警成王，以逆周公。故曰，天不人不因，人不天不成也。夫祷于三王，欲以身代武王之死，周公为之不疑。至于子路请祷夫子之疾，而夫子不许者，盖父有疾，子祷焉；君有疾，臣祷焉；师有疾，弟子祷焉，此皆出于至诚恻怛不忍之心，而非有为为之也。子路以其意自祷可也，宣言之，而请于夫子，则不可也。胡不观之周公乎？前命二公曰"未可以戚我先王"，下则命诸史与执事勿敢言。自非天有雷风之变，成王因启金縢之书而得其说，则周公请命之事，终无以见于天下后世。然则，周公之祷也，岂欲人之知邪？子路未祷而先请于夫子，亦异乎周公矣。

4.《尚书讲义》卷十三

(宋)史浩撰

武王既丧，管叔及其群弟乃流言于国曰：公将不利于孺子。周公乃告二公曰，我之弗辟，我无以告我先王。周公居东二年，则罪人斯得。于后，公乃为诗以贻王，名之曰《鸱鸮》。王亦未敢诮公秋大熟未获天大雷电以风禾尽偃大木斯拔，邦人大恐。王与大夫，尽弁以启金縢之书，乃得周公所自以为功代武王之说。二公及王乃问诸史与百执事，对曰，信。噫！公命我勿敢言。王执书以泣曰：其勿穆卜。昔公勤劳王家，唯予冲人弗及知。今，天动威以彰周公之德，唯朕小子其亲迎，我国家礼亦宜之。王出郊，天乃雨反风，禾则尽起。二公命邦人，凡大木所偃尽起而筑之。岁则大熟。

此章非典、谟、训、诰、誓、命之文，皆史辞也。方成王在幼，管、蔡群叔，肆为流言。流者，肆也。以为周公将不利于孺子。成王不能察，亦以为疑。周公当冢宰之任，所谓有伊尹之志则可，庸俗之人乌得不疑？周公自信此心无一毫顾忌，乃告二公曰"我之弗辟"。所以不行刑辟，负三王之付托者，以未知流言之所自也。居东二年，乃得罪人之实，向使三监及淮夷不叛，亦不知罪人之所在，以此知周公信任知道，初不以流言为忤也，然而犹不行刑辟者，有兄弟天伦之爱，不忍置之罪地也。贻王之诗谓之《鸱鸮》，曰"既取我子，无毁我室"，其意若曰，子既叛国，宁废其子，勿毁我王室。权其轻重，三监当诛矣。王虽得诗，其疑未解，然亦未敢诮公。尚怀犹豫。周公居是时，所谓远则四国流言，近则王不知也。周大夫虽知之，其如王不知何。周公之心上与天通，天实知之，是故动威以彰周公之德。盖非启籥取其占验之书，则不得见周公之册也。然则感悟成王，又岂人之所能为乎？尽弁者，不敢慢也。盖周家之典礼所当然也。至于致问诸史与百执事，则太公召公之心也。二公诚知王之疑周公为非是，然而无策以回成王之心。至是可以伸其志矣。而诸史百执事皆有愀然叹嗟之声，不谋同词曰，公命我勿敢言。其言出于无心，成王安得不幡然悔悟，而知己之非乎？其泣赞之词曰"其勿穆卜"。启籥见书，成王已知天为周公动威，不必卜也。夫偃禾拔木，谓之时数适然亦可也。唯出郊迎

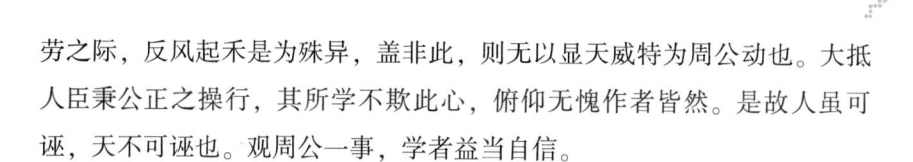

劳之际，反风起禾是为殊异，盖非此，则无以显天威特为周公动也。大抵人臣秉公正之操行，其所学不欺此心，俯仰无愧作者皆然。是故人虽可诬，天不可诬也。观周公一事，学者益当自信。

5.《尚书详解》卷十八

（宋）夏僎撰

武王既丧，管叔及其群弟乃流言于国曰，公将不利于孺子。周公乃告二公曰，我之弗辟，我无以告我先王。周公居东二年，则罪人斯得。于后，公乃为诗以贻王，名之曰《鸱鸮》。王亦未敢诮公。秋，大熟未获，天大雷电以风，禾尽偃，大木斯拔，邦人大恐。王与大夫，尽弁以启《金縢》之书，乃得周公所自以为功代武王之说。二公及王，乃问诸史与百执事。对曰，信。噫！公命我勿敢言。王执书以泣曰，其勿穆卜。昔公勤劳王家，唯予冲人弗及知。今，天动威，以彰周公之德，唯朕小子其新逆，我国家礼亦宜之。王出郊，天乃雨反风，禾则尽起。二公命邦人，凡大木所偃，尽起而筑之。岁则大熟。

周公请代武王之死，其册藏之金縢之匮，虽同僚如太公、召公且不及知。一时祝史与执事于坛埠之下，知其说，而公又命史勿言，则其事甚密矣。苟非武王既死，三叔流言诬周公，周公居东，天大雷风，王以故事启匮观休咎之书，则其事亦无自显于天下后世，故作书者，前既叙周公请祷之辞与所祝之册，及卜吉、王瘳之事，故此遂言此书所以发露之意。盖武王自周公请祷之后，其疾则瘳。既瘳之四年乃死。古者，君薨，百官总己以听于冢宰三年。嗣王则亮阴不预事。武王同母弟十人，长伯邑考，次武王，次管叔，次周公，次蔡叔、霍叔。武王大封同姓，管、蔡、霍皆就封于外，唯周公以德留相朝廷。故武王既死，周公乃冢宰摄政当国，管叔以其为兄，不得位冢宰，而周公乃以弟居己上，故与群弟蔡、霍二叔，使群不逞之人，宣播其言于国中，谓周公将因武王之死，成王尚幼，己摄大政，遂夺其位，为不利于成王。谓之流言，盖谓自彼播其言而流入于国中若流水然，故曰流言。所谓国，即镐京也。成王此时尚幼，故称孺子。孺，稚也，犹言稚子，即幼小也。林少颖推广二孔之意，谓周公以冢宰摄政，而有流言之变者，盖商人尊亲，兄死则弟立。及武王崩，成王幼冲，周公以圣德闻于天下，自商礼言之，则周公当立。今立成王而周公相之，商人固不能无疑。况管叔于周公为兄，周公昔为相于朝，管叔已有不平之气，今又摄政，宜其唱群弟以流言，挟武庚以叛周，而周人、殷人靡然从之。此亦有理。

周公既居可疑之势，而群叔流言适又如此，则成王实不能无疑于周公。故周公于是不顾兄弟之亲，而欲以法治此叛党，故告二公曰"我之弗辟，我无以告我先王"。辟，法也。盖管叔为此流言，陷害周公，将使成王疑周公而去之，而彼遂得以潜结成王之知，而阴窃其国柄，如此则周之为周未可知矣。周之为周既未可知，则先王所以望周公者，周公将何以报称，故周公不顾兄弟，而法诛之者，盖以存周也。周存，则可以告我先王；周亡，则周公异日何以见先王于地下，故言"我之弗辟，我无以告我先王"者，亦犹宋穆公所谓"先君若问与夷，其将何辞以对也"。周公既以此言告之二公，于是遂率兵东征。其居东至于二年，然后武庚、三叔咸伏其辜，故曰"罪人斯得"。而郑氏乃以前"辟"为"避"，谓周公遭流言，出避居东都，及王遭天变启金縢之书，迎公来反，然后摄政，方始东征。信如此说，则此篇自"岁则大熟"已上，其事皆在《大诰》之前矣。况周公既出避，则至于"罪人斯得"，其说不行，乃又为之说，谓周公出避于东都，其党属亦皆奔亡。至明年，乃为成王所得而诛之，故谓之"罪人斯得"，而又以公为诗以贻王者，乃救其属臣，使勿夺其官邑。夫周公之党，岂可谓之罪人，则其说之陋，自可不待攻而破矣。林少颖谓，周公以殷人叛，恐其祸蔓延于天下，遽起而征，而其得罪人乃至二年之久，则其东征也，虽曰为社稷而重伤天伦，则诚有不得已之意。武王伐纣，周公诛管、蔡其事一也。盖纣君也，武王以臣而伐之；管叔兄也，周公以弟而诛之。虽其终也，不得不伐，而皆有彷徨不忍之心。此圣人忠厚之至也。此意极当。

周公居东二年，虽以兵诛管、蔡而罪人斯得，而成王疑公之心，则犹未释，故遂作《鸱鸮》之诗以贻王，以明己勤劳王室之意。其诗曰，鸱鸮鸱鸮，既取我子，无毁我室。恩斯勤斯，鬻子之闵斯。此意谓鸟有巢，呼鸱鸮而告之曰，汝既取我子矣，不可毁我之居室。我于子非不爱之，宁亡子而不可亡室者，惜巢之甚也。其意谓己之东征，唯思王室之不安，亦

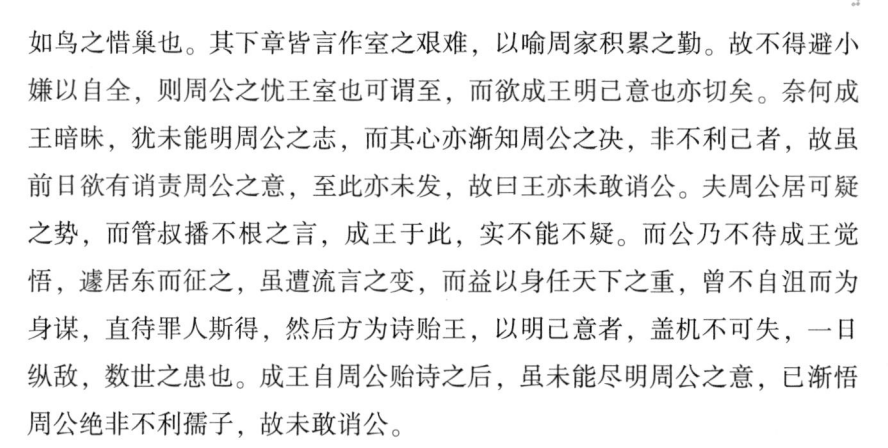

如鸟之惜巢也。其下章皆言作室之艰难，以喻周家积累之勤。故不得避小嫌以自全，则周公之忧王室也可谓至，而欲成王明己意也亦切矣。奈何成王暗昧，犹未能明周公之志，而其心亦渐知周公之决，非不利己者，故虽前日欲有消责周公之意，至此亦未发，故曰王亦未敢诮公。夫周公居可疑之势，而管叔播不根之言，成王于此，实不能不疑。而公乃不待成王觉悟，遽居东而征之，虽遭流言之变，而益以身任天下之重，曾不自沮而为身谋，直待罪人斯得，然后方为诗贻王，以明己意者，盖机不可失，一日纵敌，数世之患也。成王自周公贻诗之后，虽未能尽明周公之意，已渐悟周公绝非不利孺子，故未敢诮公。

而是岁之秋，百谷大熟，未曾刈获，天忽雷电大作，又继以风。其禾尽为风所偃仆于田亩中，虽大木亦皆拔焉。周邦之人睹其大变，皆大恐惧。王不胜其忧，于是大夫尽服皮弁之服。皮弁，白布衣，素襀裳，承天变，故质其服也。以启《金縢》之书，盖将启缄取卜筮之书，将命龟以卜吉凶，乃国家遭变之常。然是时启缄之际，则犹未卜，乃得周公往者所自以为己任欲代武王之死之说于金縢之匮中，盖因欲卜而偶得其书，非有意取而观之也，此周公之忠诚，上动于天，而王乃不知，故天之动威，乃欲王因变启匮，遂以显其代命之事，以破成王之疑也。

太公、召公时亦与王同在启匮之所。故当时周公之请祷所用诸祝史之官与百执事于坛墠之下之人，盖国家有卜筮，此诸人必预执事，周公昔卜于三王，此诸人既在，今日将卜天变，故此诸人亦随王在启匮之所。王与二公乃因而问之，此诸人乃同辞而应之曰：信，有是事。又继之曰"噫"，不平之声也。盖流言之变，举朝虽不知，此诸人实知周公此事绝非负国家者，但周公有命使不得妄言，故不敢言耳，然其心常不平其事。故因王问而发为不平之叹，且言公有命，故不敢妄言耳。唐孔氏谓二公与王若同问，则当言王及二公，今言二公及王，则是二公先问，尝广其意。盖二公虽不知周公请死之事，亦知周公决非不利孺子者，但众言淆乱未可遽以言语。下至此，偶见此书，益知周公之忠诚，且可以为辞，故喜于其心，首发其问，而王乃继二公而问，故言二公及王也。

王既见此书，乃始知周公之忠于国家，虽死且欲以身代之。既请之后，又秘其书，不容人见，虽一时执事者，又戒使勿言，则心决非沽誉要名，乃实切切于国家者，故于是大悟，执其书以泣曰：我始启匮，将以卜天之大变，今不须敬卜也。启匮而得此书，乃天动其威怒，使发此缄，因其书以彰周公之德也。故言其勿穆卜。昔公勤劳王室如此之至，但我幼冲人不及知此事耳。今日风雷之变，乃将以此变，使我启缄而卜，因得此书，以彰周公之德也。唯我小子今当改过自新，迎公以归。况我国家于褒崇贤者之礼，亦宜如此。

于是出郊者将以郊迎周公也。先儒以为郊而谢天，误矣。王既出郊，于是天乃降雨反风。反风，谓若先东风，今则为西风之类。向者所偃之禾，皆为反风所飘，尽起而不复偃，是天以王能明周公之心，故以反风显之也。先儒谓天人之际甚可畏，信乎其可畏哉。二公于是命邦人，凡大木所偃之禾，皆尽扶起而筑之使殖。是岁乃果大熟。先儒以此起而筑之为起木而筑，然观上文言禾尽偃，下文言岁则大熟，则此大木所偃，乃谓禾尽偃，今反风既尽起之矣。其为大木所偃而不能起者，则命邦人扶起而筑之，故岁乃大熟，故知此当是起偃禾，非起木也。况大木既拔，则难以起，而筑亦未必生，故当为禾也。

6.《增修东莱书说》卷十八《周书》

（宋）吕祖谦撰，（宋）时澜增修

武王既丧，管叔及其群弟乃流言于国曰：公将不利于孺子。周公乃告二公曰：我之弗辟，我无以告我先王。周公居东二年，则罪人斯得。于后，公乃为诗以贻王，名之曰《鸱鸮》，王亦未敢诮公。

此已后，史官记周公之始末，合其流言之，本为一篇。管、蔡及群弟流言于国，非周公待之不至，由其资禀卑下，以小人之心量圣人，实有所不谕也。四凶在尧朝，不闻其恶。至舜时乃露。管、蔡在武王时不闻其变，至周公时乃动，盖其资禀卑下，遇事则发。"我之弗辟，我无以告我先王"，见周公之不得已也。舜之待象，周公之待管、蔡，其事虽异，其心则一。何者，象欲害舜，不过舜之一身耳。当成王之幼，安危之机，正决于此，事关社稷，岂得不诛。故舜之不藏怒宿怨，与周公用辟，一也。周公居东二年，方是时，内而王幼，外而四国倡乱，周公何所恃，而敢出征至于二年之久，见周之十乱，尚有如二公可以委付内事，如周公之在左右也。古者，罗列贤士，尊敬旧德，正为此时也。况成王童蒙，流言方播，其心未免疑惑，苟无二公，则未必不信谗而咎周公，公安得二年安然而居东。盖二公其间调护之力也。后世秉权之臣，安敢顷刻而去君侧，举足左右，事变反覆，曾不旋踵。其故何哉？周公之权，至于摄政，可谓重矣。一旦东征之出，略无迟疑。居东二年，君与同列，无间可开，至公之心，权势之际，本无适莫，而流言之变犹不免，所居之难，盖如此也。至于作《鸱鸮》以贻王，而王亦未敢诮公，所谓未敢者，即改悔之根本也。观《豳风》之诗曰：周大夫刺朝廷之不知，谓之朝廷，则非特成王不知，二公亦不知矣。二公非不知周公也，成王方在未敢之时，可以此，可以彼。使二公一旦迫之，从则幸；不从则不可继矣。大抵人君，苟有未敢之意，且当培养使厚，待其一旦翻然自悔悟可也。周大夫之刺，亦不为过。成王未知周公，则二公岂得为知周公哉？成王知，则二公始为知周公矣。此君臣一体之义。

7.《尚书说》卷四《周书》

（宋）黄度撰

武王既丧，管叔及其群弟乃流言于国曰，公将不利于孺子。周公乃告二公曰：我之弗辟，我无以告我先王。

书传皆言成王七岁即位，故皇甫谧曰，武王克商后六年崩，是为克商二年武王有疾，成王始三岁，又四年武王崩。成王七岁矣。成王能信管叔之言，疑周公，七岁恐未能然。又周公东征二年，罪人斯得。周公遗成王诗，成王得金縢之口，遂迎周公，亦始九岁耳，恐亦未必能然。《荀子》曰"成王冠成人，周公归反藉焉"。周公摄政七年，成王始冠，则即位时十四岁矣。孔氏传，成王二十岁成人，周公归政是也。管叔周公兄；群弟，蔡叔、霍叔。霍叔，名处。管，今郑州管城县，属豫。蔡，今蔡州上蔡县，属荆。霍，今晋州霍邑县，属冀，皆殷畿地。伊尹曰"予弗狎于弗顺"，周公曰"我之弗辟，则无以告我先王"，皆以身体国者也。虽君疑于上，国人惑于下，而王业安危，间不容发，一身之计，岂足易其重哉。是故行吾忠而已。辟，法也。致辟管叔是也。《史记》"周公告二公，我之所以弗避而摄行政"，非。或又谓，周公闻流言，避遁居东二年，成王既悟而后伐三监，尤非。《大诰》黜殷救焚之势，而暇迁延，为身谋乎？周公与国同存亡，尽心力为之，所谓握蛇骑虎，不知其难者。《诗》曰："上帝临汝，无二尔心"。若有一毫顾忌之意，则为贰，犹不足以动人，而况能格天乎？论圣人行事，而以后世利害杂之，则言何由当无以告我先王。太王、王季、文王森然常在其上也。鬼神知周公之心矣。

8.《絜斋家塾书钞》卷十

（宋）袁燮撰

武王既丧，管叔及其群弟乃流言于国曰：公将不利于孺子。周公乃告二公曰：我之弗辟，我无以告我先王。周公居东二年，则罪人斯得。于后，公乃为诗以贻王，名之曰《鸱鸮》王亦未敢诮公。秋，大熟未获，天大雷电以风，禾尽偃，大木斯拔，邦人大恐。王与大夫尽弁以启金縢之书，乃得周公所自以为功代武王之说。二公及王乃问诸史与百执事。对曰，信。噫！公命我勿敢言。王执书以泣，曰，其勿穆卜。昔公勤劳王家，唯予冲人弗及知。今，天动威，以彰周公之德。唯朕小子其新逆，我国家礼亦宜之。王出郊，天乃雨，反风，禾则尽起。二公命邦人，凡大木所偃，尽起而筑之，岁则大熟。

辟，法也。流言四出，宗庙社稷，又将不可保。故周公东征，诛管、蔡而天下始安。《东山》之诗是也。或以"辟"为"避"不知周公之诛管、蔡，义所当诛也。周公何心哉，乃致辟管叔于商可见矣。夫宰相而敢久于在外，其中有人故也。后世唯诸葛孔明，累岁出师，亦以有费祎、董允之徒。其国多贤者，故尔王亦未敢诮公。盖周公之形迹，似可疑；管叔之流言，似可信。其心不能无疑。然又见周公之忠，所以虽疑而未敢诮公也。

方成王疑周公，则天大雷电以风，禾尽偃，大木斯拔。及成王之疑一旦消释，则天乃雨反风，禾尽起。学者观此，可以见天人一致之理，直是明白，直是切近。人多说天道远，观此事，天道果远乎？近乎？人主一念虑之间，而其报应有反掌之易，以是知天即人也，人即天也。天大雷电以风，何自而来哉？成王之心也。天乃雨反风，又何自而至哉，亦成王之心也。《洪范·咎徵》以为"蒙，恒风若"。方成王疑周公，此心昏蒙，故

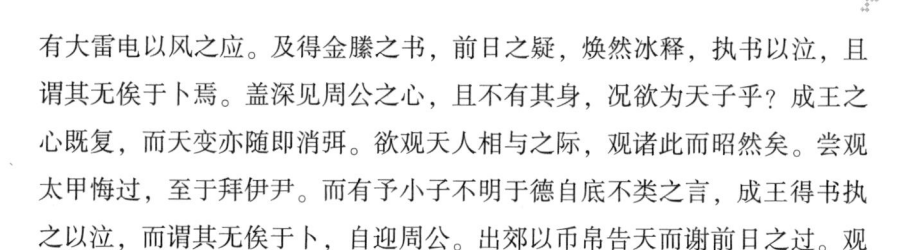

有大雷电以风之应。及得金縢之书，前日之疑，焕然冰释，执书以泣，且谓其无俟于卜焉。盖深见周公之心，且不有其身，况欲为天子乎？成王之心既复，而天变亦随即消弭。欲观天人相与之际，观诸此而昭然矣。尝观太甲悔过，至于拜伊尹。而有予小子不明于德自底不类之言，成王得书执之以泣，而谓其无俟于卜，自迎周公。出郊以币帛告天而谢前日之过。观其辞气，恳恻至于如此若二君者，可谓此心之复者矣。

9.《书经集传》卷四

(宋) 蔡沈撰

武王既丧，管叔及其群弟乃流言于国，曰，公将不利于孺子。

管叔，名鲜，武王弟，周公兄也。群弟蔡叔度，霍叔处也。流言无根之言，如水之流，自彼而至此也。孺子，成王也。商人兄死弟立者多。武王崩，成王幼，周公摄政。商人固已疑之，又管叔于周公为兄，尤所觊觎。故武庚、管、蔡流言于国，以危惧成王，而动摇周公也。史氏言管叔及其群弟，而不及武庚者，所以深着三叔之罪也。

10.《尚书精义》卷三十二

(宋) 黄伦撰

武王既丧，管叔及其群弟乃流言于国曰，公将不利于孺子。周公乃告二公曰，我之弗辟，我无以告我先王。周公居东二年，则罪人斯得。于后，公乃为诗以贻王，名之曰《鸱鸮》，王亦未敢诮公。

无垢曰，管叔，周公之兄；蔡叔、霍叔，周公之弟。天下之至亲者，莫如吾兄弟也。周公大圣，宜兄弟之知其心矣。今乃流无实之言，以害周公，岂人之情也哉？曰周公权太重也，成王幼弱，周公专制天下，剖断万机。虽名曰臣，其实行君之事，其迹似可疑也。则流言之起，不为无名矣。周公平昔用心，兄弟宜知之矣。曰不然，唯圣知圣，唯贤知贤。心志既差，识趣绝异。凡情俗态，安能知圣贤之所存乎？为兄弟而不知，以其心不同也，而又何怪乎？此亦圣贤之不幸者也。公将不利于孺子，此所谓流言也。呜呼！何待周公之薄哉？曰此以凡俗见周公，不以周公见周公也。指成王为孺子，则天子幼弱可知矣。夫杀管叔，降霍叔，囚蔡叔，乃先王之心也。使周公怀一毫私意，以害兄弟，其何以见先王乎？所以告太公、召公，我傥以私意不致辟于三叔，我将何以告我先王乎？以此知周公之心，乃先王之心；先王之心，乃天下之心；而天下之心，乃天心也。居东二年，乃始能杀管叔，囚蔡叔，降霍叔，亦可谓强大矣。东征时，虽告成王，成王不能不惑于流言，而以周公为可疑。既有疑心，则成王安敢不从周公之请。乃若其心，盖以三叔为忠臣，而以周公为篡贼也，周公既诛三叔，则成王疑愈深。周公所以作《鸱鸮》之诗，以遗成王。成王盖莫之悟也。其心方欲责问周公征诛之罪，特以兵在公手，未敢显然形于语言耳。

吕氏曰，武王既丧亡，后事非是一时。但史臣欲把周公始终合为一篇，管蔡及群弟流言于国，非是周公待他不至，自是他质资卑下，以小人之心，量圣人。且四凶在尧朝，至舜时乃露其恶态。四凶元不是好人，至舜之时，罪不可掩耳。管、蔡之在武王时，不闻其变；至周公时，乃如此。其质资卑下，遇事则发。"我之弗辟，我无以告我先王"，见周公之不得已处。此见舜之待象，与周公之待管、蔡，其事虽异，而其心则一。何者？象之欲害舜，不过是舜之一身。当周公时，成王幼，安危之机，正决于此，宜诛之。

11.《尚书详解》卷二十六《周书》

(宋) 陈经撰

武王既丧，管叔及其群弟乃流言于国，曰，公将不利于孺子。周公乃告二公曰，我之弗辟，我无以告我先王。周公居东二年，则罪人斯得，于后公乃为诗以贻王，名之曰《鸱鸮》。王亦未敢诮公。

此书非一时之事，作书者叙述周公之始终，故并而言之。当武王之丧也，成王幼弱，周公居摄，权在周公。以兄弟之至情，且有疑忌之心。管叔，兄也；霍叔、蔡叔，弟也。管叔及群弟，当时周公使之监殷，周公谓之"三监"，至此则反与商人谋叛周，流放其言于国，以谓周公将不利于孺子，必夺成王之位。盖圣人之事，虽贤人有所不能知；贤人之事，众人有所不能知。管叔流言于国，正以周公圣人之事，凡人所不能知，且又周公之所为，不合乎管蔡之意故也。以贤人且不能知，而况于凡人去圣人不知其几千万，而谓之足以知周公也哉？四凶之于舜，叔孙、武叔之于仲尼，大率皆此类也。"周公乃告二公曰，我之勿辟，我无以告我先王"，二公，即太公、召公也。周公谋之于太公、召公，以谓我若不能用法于此管、蔡，则其心有愧于先王矣。先王之心，无他，亦唯至公无私而已。我若以兄弟之故，曲赦其罪，则是私意也，非先王意也。然则，兄弟手足，懿亲，纵使曲在管、蔡，周公独无亲爱之心乎？何为遽伤同气之义，至于如此。无乃与舜之待象者有异乎？象日以杀舜为事，舜为天子，封之有痹；而周公于管、蔡则诛之，何也？曰此舜与周公所以为同其心也，皆所以为亲爱也。象之所杀者，特舜之一身而已。而、管蔡流言叛周，则其害及于天下。周公以大义，以王法诛管、蔡，而非周公诛之也。在舜，则为至仁；在周公，则为至义。故曰舜与周公其心一也。"周公居东二年，则罪人斯得"，即《诗·东山》周公东征也。三年而归，劳归士。《诗》曰"三年"，并初去之年而数之。《书》曰"二年"，特指在东二年而言之。"罪人斯得"，二年之后始得管叔之罪，即致辟管叔于商，囚蔡叔，降霍叔也。文王之征伐也，岂敢定居，一月三捷，如此其速。至周公之伐管、蔡则二年之久，罪人始得，何也？盖其征之甚急，而取之甚缓也。挟武庚、淮夷以叛，人情为之不安，故周公东征也，义不反顾，则甚急矣，然而未尝急于攻战。"哀我人斯，亦孔之将"，则恐其劳民；"制彼裳衣，勿事行枚"，则不严于兵革，所以取之如此其缓也。与文王伐孔炽之虏，则又异矣。"于后公乃为诗以贻王，名之曰《鸱鸮》"，王亦未敢诮公，周公既得罪人矣，宜归未敢归，恐成王之疑未解，于是久留东山，乃为诗以与王，名曰《鸱鸮》，言三叔不可不诛之意。"鸱鸮鸱鸮，既取我子，无毁我室。恩斯勤斯，鬻子之闵斯"，言王室创造艰难如此，爱吾民，其恩其勤如此，岂容管、蔡遂毁坏之哉？"王亦未敢诮公"，以见成王至此犹疑周公未解，但欲诮责公而未敢尔。谓之未敢者，以权在周公，而有所畏。唯其疑公，是以畏公。呜呼！周公所以为忠圣如此，管、蔡四国流言于其下，而人主疑畏于其上。自人情处，此其奚以堪。此圣人处事之变，人道之不幸也。

12. 《融堂书解》卷十一

（宋）钱时撰

武王既丧，管叔及其群弟乃流言于国曰：公将不利于孺子。周公乃告二公曰：我之弗辟，我无以告我先王。周公居东二年，则罪人斯得。于后，公乃为诗以贻王，名之曰《鸱鸮》，王亦未敢诮公。秋，大熟未获，天大雷电以风，禾尽偃，大木斯拔，邦人大恐。王与大夫，尽弁以启金縢之书，乃得周公所自以为功代武王之说。二公及王，乃问诸史与百执事。对曰：信。噫！公命我勿敢言。王执书以泣曰：其勿穆卜。昔公勤劳王家，唯予冲人弗及知。今，天动威，以彰周公之德。唯朕小子其新逆，我国家礼亦宜之。王出郊，天乃雨反风，禾则尽起。二公命邦人，凡大木所偃，尽起而筑之。岁则大熟。

辟者，法也，将刑之也。或疑管、蔡之徒一流言，以中己，遂起诛伐之念，周公亦若少恩矣。曰，不然，管、蔡之徒，包藏祸心，挟外寇，以危宗社，"不利孺子"，乃其作乱之辞。有周之业，周公实身任之。法者，先王之法也。天下者，先王之天下也。我乃坐视其变，弗用法以讨叛，是将何辞以告我先王也。然则，公之东征也，非为流言而征也。流言而四国叛，为成王而征也，为有周宗社而征也。（按此下有缺文）。周公之德，我小子其重新自东迎之，以归乎。此一"新"字，有久疑未释，焕然一新之意。周公终始一心，何新？何故？此乃成王心事，故有此语。

13. 《尚书要义》卷十二

（宋）魏了翁撰

（归善斋按，原缺）

14. 《书集传或问》卷下

（宋）陈大猷撰

或问，"我之弗辟"，马、郑皆音"避"，陈少南、吕才叔推其说，以为周公遭谤，故居东都，以避之至二年，成王方知流言为管、蔡之罪，故言罪人斯得。金縢既启之后，成王迎周公以归。管、蔡惧而与殷叛，故周公再往东征耳？曰，《豳风》诸诗，其言与《金縢》所书皆昭然相合。《大诰》叙言武王崩，三监及淮夷叛，周公相成王，将黜殷作《大诰》。《金縢》言"武王既丧，管叔及群弟流言"，则流言与叛，皆在武王始崩之际，不得分为两节明矣，亦非养寇三年而后始征也。少南、才叔之意不过谓成王方疑周公，周公不应自往征，以重成王之疑，故为此说耳，不知周公为东伯。东诸侯之不轨，东伯之职自得专征。成王幼未亲政，凡事皆听于师傅。公居中调护成王，中心虽不能无疑，亦未敢明沮周公之行，兼成王谅暗于国家之事，皆不知一唯冢宰是任，在周公固可专其事矣。四国之变，征之少缓，则蔓延莫遏，周公岂敢顾一己之小嫌，忘宗社之大计邪。迨夫三监伏辜遂，居东守东伯之职，以俟朝命而不敢遽归，此则公之避远权势，以待成王之悟也。以经证经，正不必如二氏之迁就牵合。

吕氏曰，《豳》诗皆言周大夫刺朝廷之不知，则非。独成王不知周公，二公亦不知矣？盖二公非不知，但成王方在未敢诮公之时，使二公一旦迫之，成王从则幸，不从则不可继矣，故但涵养其意，使之一旦自悟。周大夫之刺，亦不为过，盖成王未知周公，则二公岂得为知周公哉？成王知，则二公始为知周公矣。此君臣一体之义也。

林氏曰，周公作《鸱鸮》之诗，成王犹未信于心。然则，周公之心，非金縢不得而见，而《金縢》之书，自二公而下皆不知，非天诱其衷，则成王之疑，何时而释乎。成王之疑不释，则国之存亡未可知。然文武膺上天之休命，其社稷无疆之传，盖未艾也。周公之德，既足以当天意。此所以有风雷之变，以显周公之德，而剖成王之疑。夫周公之藏是书，以故事而藏之，而非将以为异日自解之计。成王之启是书，以故事欲卜而启之，而非逆知前日周公之举，是皆出于莫之为而为也，谓之非天可乎？

15.《尚书详解》卷七《周书》

（宋）胡士行撰

武王既丧（疾瘳后四年死）管叔及其群弟（武王母弟十人。长伯邑考，次武王，次管叔，次周公，次蔡叔、霍叔。周公以冢宰摄政，管叔以己为兄，而周公以弟居己上，与蔡、霍挟武庚以叛）乃流（播）言于国曰：公将不利于孺子（成王幼冲）。周公乃告二公曰：我之弗辟（法诛管、蔡），我无以告我先王（不诛管、蔡则周室危何以见先王于地下）。周公居东（东征武庚）二年（不忍速），则罪人（二叔、武庚）斯得（伏辜）。于后，公乃为诗以贻（与）王，名之曰《鸱鸮》（见诗《豳风》）。王（虽未尽悟）亦未敢诮（让责）公。秋，大熟未获（刈），天大雷电以风，禾尽偃（倒），大木斯拔，邦人大恐。王与大夫尽弁（质服以应天），以启金縢之书（请命），乃得周公所自以为功代武王之说。二公及（暨）王乃问诸史（祝史）与百执事（昔从周公请命者）。对曰，信。噫！公命我勿敢言。王执书以泣曰：其勿（不必）穆卜。昔公勤劳王家。唯予冲（幼）人弗及知。今，天动威，以彰（显）周公之德。唯朕小子其新逆（迎），我国家礼亦宜（当）之。王出郊（将迎周公），天乃雨反（回）风，禾则尽起。二公命邦人，凡大木所偃（拔），尽起而筑之。岁则大熟。

天人之际，间不容发其验至切也。

16.《书纂言》卷四上《周书》

(元) 吴澄撰

武王既丧，管叔及其群弟乃流言于国曰，公将不利于孺子。

武王之疾既瘳，数年之后乃丧。管叔，名鲜，武王弟，周公兄也。群弟，蔡叔度也，非长弟。故曰"群弟"，犹《仪礼》非长子者曰"众子"也。流言，如水流自彼至此也。国，周国也。其言发自纣都，而传至周国也。孺子，成王也。"公将不利于孺子"，谓欲夺其位也。盖商有天下六百年，贤圣之君，六七作，德泽之入人者深。纣为无道，诸侯离心，而雍、梁、荆、豫、徐、扬六州归周，冀、兖、青三州犹属商。及武王克商，封帝乙元子微子启于宋，以奉汤祀，分纣故都为三，以母弟三人为三监。纣都之北为邶，封管叔；南，为墉，封蔡叔；东，为卫，封康叔。纣子武庚，居殷墟，有司厚给其廪禄而已，盖未尝与之土地人民也。然，殷民怀商不忘。武王崩，成王幼，周公摄政。武庚煽惑管叔，以谓兄亡弟及，管叔当立。今周公弟也，而居内，将为天子。管叔兄也，而居外，不过为诸侯。管叔及弟蔡叔，唱为流言，以惑王而间公，将西向奔丧，以军师从而图不轨。周既有衅，武庚俟管蔡二叔去国之后，收其遗民叛周而复商。南有徐戎、淮夷等国，亦相挺而起。所谓管叔监殷以殷叛者，其事情之实，盖如此，而前史所载失其传也。

17.《书集传纂疏》卷四下《朱子订定蔡氏集传·周书》

（元）陈栎撰

武王既丧，管叔及其群弟乃流言于国，曰，公将不利于孺子。

管叔，名鲜，武王弟，周公兄也。群弟，蔡叔度、霍叔处也。流言，无根之言，如水之流，自彼而至此也。孺子，成王也。商人兄死弟立者多。武王崩成王幼，周公摄政，商人固已疑之，又管叔于周公为兄，尤所觊觎，故武庚、管、蔡流言于国，以危惧成王，而动摇周公也。史氏言管叔及其群弟，而不及武庚者，所以深著三叔之罪也。

纂疏：

此以下记周公成王时事。群弟流言，即《大诰》所谓三监及淮夷叛也。意其称兵举事，必以诛周公为辞，若王敦之于刘隗、刁协尔。

18.《读书丛说》卷六

（元）许谦撰

（归善斋按，未解）

19.《书传辑录纂注》卷四《周书》

（元）董鼎撰

武王既丧，管叔及其群弟乃流言于国曰，公将不利于孺子。

管叔，名鲜，武王弟，周公兄也。群弟，蔡叔度、霍叔处也。流言无根之言，如水之流，自彼而至此也。孺子，成王也。商人兄死弟立者多，武王崩，成王幼，周公摄政，商人固已疑之。又管叔于周公为兄，尤所觊觎。故武庚、管、蔡流言于国，以危惧成王，而动摇周公也。史氏言管叔及其群弟，而不及武庚者，所以深著三叔之罪也。

辑录：

"武王既丧"以下，记周公成王时事，"管叔及其群弟"止"不利于孺子"，此即《大诰》所谓三监及淮夷叛也。意其称兵举事，必以诛周公为辞，若王敦之于刘隗、刁协尔。《诗》序所谓，周公遭变，陈后稷先公风化之所由，而作《七月》之诗，以陈王业，风谕成王者，盖此时也。《文集》。

20. 《尚书句解》卷七

（元）朱祖义撰

武王既丧（疾瘳后四年武王死丧去），管叔及其群弟（武王同母弟十人，长伯邑考，次武王，次管叔，次周公，次蔡叔，霍叔。管叔以其为兄，不得位冢宰，而周公以弟居己上，故与群弟蔡叔霍叔）乃流言于国（乃宣播其言，流入镐京国中，若流水然）。

21. 《尚书日记》卷十

（明）王樵撰

"武王既丧"至"不利于孺子"。

朱子曰，此以下记周公、成王时事。

《经世纪年》，武王己巳岁即位，至十三年辛巳克商，壬午有疾，而瘳又三年，乙酉冬十一月崩，年九十三。成王方十三岁。《竹书纪年》，武王年五十四。金氏曰，按《文王世子》篇，文王谓武王曰"我百，尔九十，吾与尔三焉"。文王九十七乃终；武王九十三而终。夫年之短长，命也。父岂能与其子。且如其言，则文王十五而生武王，前此已生伯邑考矣。武王八十一而生成王，后此又生唐叔虞焉。当依《竹书纪年》。按记之言，诚如金氏所辩。但《中庸》云"武王末受命"，《无逸》云"文王受命唯中身，享国五十年"，而武王，其长子，则武王受命之年亦非蚤矣。《竹书》之言，亦未足信也。

武王克商，立纣子武庚奉汤祀，而使管、蔡、霍叔监其国。三监在其国，阴造不利之言，使播之于周，故曰"流言"。

22. 《日讲书经解义》卷七

武王既丧，管叔及其群弟，乃流言于国曰：公将不利于孺子。周公乃告二公曰，我之弗辟，我无以告我先王。

此二节书，是记周公遭流言之变，避居之始事也。管叔名鲜，武王弟，周公兄也。群弟，蔡叔度、霍叔处也。流言，传布之言。孺子，成王也。二公谓太公、召公"辟"，退避也。史臣曰，武王疾瘳之后又四年而崩，时成王幼，周公辅相之负扆，而行天子之事。管叔乃周公之兄，监殷于外，觊觎大位，乃与群弟蔡叔度、霍叔处造无根之言，流布国中，曰公将谋篡而不利于孺子，将以危惧成王而动摇周公也。周公心不自安，乃告太公、召公曰，主少国疑，流言方起我，若安处朝廷，不自退避，以致君臣嫌隙，中外惊疑而变生意外，于人臣之义有所未尽，则无以告我先王于地下矣。然则我即欲不避，岂可得哉。按周公受托孤之重，奸人造谤，则当明告于王，正其罪而诛之。何乃先自引退，汲汲远避嫌疑。若为一身之计者，盖大臣处艰难之会，心事未白，若径情直行，未免中奸徒之计，而祸且不测，故不得不静以俟之，待奸谋之自败。其必告太公、召公者，以二公在朝左辅右弼，可以启沃幼冲，镇定疑贰。周公虽去，而有所寄托，管叔不得肆其奸。此忠臣爱国。去位不忘君之微意也。

《书蔡氏传旁通》卷四下

（元）陈师凯撰

流言，无根之言如水之流，自彼而至此也。

《诗》疏云，流，谓水流，造作虚言，使人传之如水之流然。

《尚书埤传》卷十一

（清）朱鹤龄撰

武王既丧。

邹季友曰，按《经世纪年》，武王己巳岁即位，至十三年辛巳克商，壬午有疾而瘳，又三年乙酉冬十一月崩，年九十三，成王方十三岁（《礼记疏》王肃以《家语》之文，武王崩，成王年十三。郑康成用卫宏之说，武王崩时，成王年十岁，与王肃异也）。

愚按，皇甫谧云，武王定位年岁在乙酉六年，庚寅崩，与《经世纪年》不合，未详孰的。又按《礼记》云，文王九十七而崩，武王九十三而崩。《大戴礼》又云，文王十五岁而生武王。今考武王即位十三年，而伐纣又六年崩，则上去文王崩年，凡十九岁，不得谓十五岁而生武王也。况伯邑考为武王兄，俱太姒子，是必文王十四岁娶太姒，生伯邑考，然后次年生武王也。《左传》云，国君十四而冠，不闻十四而婚。《记》《礼》者之言，岂可尽信乎？

何楷曰，小戴载，文王九十七乃终，武王九十三而终。以《无逸》考之，"文王受命唯中身，厥享国五十年"，与小戴九十七终语合。唯武王之年，《汲冢竹书》云武王嗣位十七年，陟年五十四，与小戴大悬绝。果如《竹书》所云，则武王嗣位年止三十七，伐纣时甫及艾耳，《中庸》何以言末受命耶。若如小戴九十三终之说，则武王八十七而伐纣，以八十之年娶邑姜为元妃，与之生成王，又生叔虞，且《左传》云邢、晋、应、韩，武之穆也。序应、韩于晋之下，年必又幼于叔虞矣，何八十以前未闻举一子，八十以后乃累累而生若是耶？考《汲冢周书》"度殷"解云，王克殷，告叔旦曰，唯天不享于殷，发之未生，于今六十年。《史记》亦采用其语。据此文，武王四十七嗣位，六十克殷为天子，六年而崩，是得年六十有六也。计文王享年九十七，则是五十一岁生武王。武王崩时，成王年十三，则是五十二岁生成王也，此似可信。姑笔之，俟学者考焉。

《尚书地理今释》

（清）蒋廷锡撰

管，管国。今河南开封府郑州。《括地志》云，郑州，管城县外城，古管国城也，周武王弟叔所封。

曰，公将不利于孺子

1.《尚书注疏》卷十二《周书》

（汉）孔氏传，（唐）陆德明音义，（唐）孔颖达疏

曰，公将不利于孺子。

传，三叔以周公大圣有次立之势，遂生流言。孺，稚也。稚子，成王。

疏，正义曰，曰"公将不利于孺子"，言欲篡王位，为不利。

传，正义曰，郑玄云，流公将不利于孺子之言于京师。于时管、蔡在东，盖遣人流传此言于民间也。殷法多兄亡弟立，三叔以周公大圣，又是武王之弟，有次立之势，今复秉国之权，恐其因即篡夺，遂生流言，不识大圣之度，谓其实有异心，非是故诬之也。

2.《书传》卷十一《周书》

（宋）苏轼撰

曰，公将不利于孺子。

成王也。

3.《尚书全解》卷二十六《周书》

（宋）林之奇撰

（归善斋按，见"武王既丧"）

4.《尚书讲义》卷十三

（宋）史浩撰

（归善斋按，见"武王既丧"）

5.《尚书详解》卷十八

（宋）夏僎撰

（归善斋按，见"武王既丧"）

6.《增修东莱书说》卷十八《周书》

（宋）吕祖谦撰，（宋）石澜增修

（归善斋按，见"武王既丧"）

7. 《尚书说》卷四《周书》

（宋）黄度撰

（归善斋按，见"武王既丧"）

8. 《絜斋家塾书钞》卷十

（宋）袁燮撰

（归善斋按，见"武王既丧"）

9. 《书经集传》卷四

（宋）蔡沈撰

（归善斋按，见"武王既丧"）

10. 《尚书精义》卷三十二

（宋）黄伦撰

（归善斋按，见"武王既丧"）

11. 《尚书详解》卷二十六《周书》

（宋）陈经撰

（归善斋按，见"武王既丧"）

12. 《融堂书解》卷十一

（宋）钱时撰

（归善斋按，见"武王既丧"）

13. 《尚书要义》卷十二

（宋）魏了翁撰

（归善斋按，原缺）

14. 《书集传或问》卷下

（宋）陈大猷撰
（归善斋按，见"武王既丧"）

15. 《尚书详解》卷七《周书》

（宋）胡士行撰
（归善斋按，见"武王既丧"）

16. 《书纂言》卷四上《周书》

（元）吴澄撰
（归善斋按，见"武王既丧"）

17. 《书集传纂疏》卷四下《朱子订定蔡氏集传·周书》

（元）陈栎撰
（归善斋按，见"武王既丧"）

18. 《读书丛说》卷六

（元）许谦撰
（归善斋按，未解）

19. 《书传辑录纂注》卷四《周书》

（元）董鼎撰
（归善斋按，见"武王既丧"）

20. 《尚书句解》卷七

（元）朱祖义撰
曰，公将不利于孺子（言周公将不利便于稚子，必夺成王之位）。

21.《尚书日记》卷十

（明）王樵撰

（归善斋按，见"武王既丧"）

22.《日讲书经解义》卷七

（归善斋按，见"武王既丧"）

《书蔡氏传旁通》卷四下

（元）陈师凯撰

孺子，成王也。

按《稽古录》，武王克商七年而崩，子成王诵立。成王年十三，周公为冢宰，摄行天子事。据此，则武王克商二年病时，成王仅八岁，故不知卜事。至此十三岁而即位，闻流言，周公居东二年，则成王已十五岁，所谓五尺童子也，故称孺子、冲子。自成王即位至周公复辟时，凡七年而成王二十岁，所谓六尺之孤也。

周公乃告二公曰，我之弗辟，我无以告我先王

1.《尚书注疏》卷十二《周书》

（汉）孔氏传，（唐）陆德明音义，（唐）孔颖达疏

周公乃告二公曰，我之弗辟，我无以告我先王。

传，辟，法也。告召公、太公，言我不以法法三叔，则我无以成周道，告我先王。

疏，正义曰，周公乃告二公曰，我之不以法法此三叔，则我无以成就周道告我先王。

传，正义曰：但启商共叛，为罪重耳。辟，法也，《释诂》文。

《尚书注疏》卷十二《考证》

"我之弗辟，我无以告我先王"传"辟，法也。告召公、太公，言我不以法法三叔，则我无以成周道，告我先王。"音义，"辟，马、郑音避，谓避居东都。"臣召南按，"周公居东"，此条为千古疑案。由经文"我之弗辟"，"辟"字孔读作"刑辟"之"辟"，故以"居东"为东征。郑读作"避地"之"避"，故以"居东"为避谤，以《诗·豳风》证之，毛传小序说与孔同，而郑笺独异。宋儒以孔传为是者，林之奇以郑笺为是者，项安世至朱子，则初取孔传，以为《诗传》。晚年又驳孔传，而从郑笺。蔡氏传则朱子晚年说也。从孔传则"辟"训"法"，即后《蔡仲之命》有"致辟管叔"之明文。从郑笺则古"辟"字作"□"，本是"避"字。二说互异，不能强合。独怪孔颖达于《诗》疏曲鬯，郑笺于《书》疏不能。力主孔传，即"辟"之训"法"，只以"《释诂》文三字解之何哉？又按《史记》作"我之所以弗辟而摄行政"，此则又一说也。

2. 《书传》卷十一《周书》

（宋）苏轼撰

周公乃告二公曰，我之弗辟，我无以告我先王。

辟，诛也。管叔之当诛者，挟殷以叛也。

3. 《尚书全解》卷二十六《周书》

（宋）林之奇撰
（归善斋按，见"武王既丧"）

4. 《尚书讲义》卷十三

（宋）史浩撰
（归善斋按，见"武王既丧"）

5. 《尚书详解》卷十八

（宋）夏僎撰
（归善斋按，见"武王既丧"）

6.《增修东莱书说》卷十八《周书》

（宋）吕祖谦撰，（宋）石澜增修
（归善斋按，见"武王既丧"）

7.《尚书说》卷四《周书》

（宋）黄度撰
（归善斋按，见"武王既丧"）

8.《絜斋家塾书钞》卷十

（宋）袁燮撰
（归善斋按，见"武王既丧"）

9.《书经集传》卷四

（宋）蔡沈撰

周公乃告二公曰，我之弗辟，我无以告我先王。

"辟"读为"避"。郑氏《诗》传言，周公以管、蔡流言，辟居东都是也。汉孔氏以为"致辟于管叔"之"辟"，谓诛杀之也。夫三叔流言，以公将不利于成王。周公岂容遽兴兵以诛之邪。且是时王方疑公，公将请王而诛之邪，将自诛之也？请之固未必从，不请自诛之亦非所以为周公矣。我之弗辟，我无以告我先王，言我不辟则于义有所不尽，无以告先王于地下也。公岂自为身计哉，亦尽其忠诚而已矣。

10.《尚书精义》卷三十二

（宋）黄伦撰
（归善斋按，见"武王既丧"）

11.《尚书详解》卷二十六《周书》

（宋）陈经撰
（归善斋按，见"武王既丧"）

12.《融堂书解》卷十一

（宋）钱时撰
（归善斋按，见"武王既丧"）

13.《尚书要义》卷十二

（宋）魏了翁撰
（归善斋按，原缺）

14.《书集传或问》卷下

（宋）陈大猷撰
（归善斋按，见"武王既丧"）

15.《尚书详解》卷七《周书》

（宋）胡士行撰
（归善斋按，见"武王既丧"）

16.《书纂言》卷四上《周书》

（元）吴澄撰

周公乃告二公曰，我之弗辟，我无以告我先王。

辟，法也，周公自责言，今此召谤致乱，是我之所为不法也，王室将危，我何告我先王乎？亟能弭变，安王室乃可。于是大诰诸侯，东征叛人。

17.《书集传纂疏》卷四下《朱子订定蔡氏集传·周书》

（元）陈栎撰

周公乃告二公曰，我之弗辟，我无以告我先王

辟，读为"避"。郑氏《诗》传言，周公以管、蔡流言，辟居东都是也。汉孔氏以为"致辟于管叔"之"辟"，谓诛杀之也。夫三叔流言，以公将不利于成王，周公岂容遽兴兵以诛之邪？且是时，王方疑公，公将请

王而诛之邪？将自诛之也？请之固未必从，不请自诛之亦非所以为周公矣。"我之弗辟我无以告我先王"，言我不避，则于义有所不尽，无以告先王于地下也。公岂自为身计哉。亦尽其忠诚而已矣。

纂疏：

孔氏曰，辟，法也。不以法法三叔，则无以告先王。

吕氏曰，舜之封象，所以为至仁；周公以法法三叔，所以为大义。

张氏行成曰，仁人之于兄弟，有怨于身则不宿，获罪于天下则必诛。

18.《读书丛说》卷六

（元）许谦撰

（归善斋按，未解）

19.《书传辑录纂注》卷四《周书》

（元）董鼎撰

周公乃告二公曰，我之弗辟，我无以告我先王。

辟，读为"避"，郑氏《诗》传言，周公以管蔡流言，辟居东都是也。汉孔氏以为"致辟于管叔"之"辟"，谓"诛杀之"也。夫三叔流言，以公将不利于成王，周公岂容遽兴兵以诛之邪？且是时，王方疑公，公将请王而诛之邪？将自诛之邪？请之固未必从，不请自诛之，亦非所以为周公矣。"我之弗辟，我无以告我先王"，言我不避，则于义有所不尽，无以告先王于地下也。公岂自为身计哉，亦尽其忠诚而已矣。

辑录：

"周公乃告二公曰"止"告我先王"，作《大诰》，遂东征。《文集》。

纂注：

孔氏曰，辟，法也。告召公太公，言我不以法法三叔，则我无以成周道，告我先王。

吕氏曰，舜封象于有庳，所以为至仁，周公以法法三叔，所以为大义。事异而心则一也。

张氏行成曰，仁人之于兄弟也，有怨于心则不宿；获罪于天下则必诛。

20.《尚书句解》卷七

（元）朱祖义撰

周公乃告二公曰（周公乃告太公、召公），我之弗辟（言我若不能用法诛管、蔡。辟，音辟），我无以告我先王（则我心愧无以告先王）。

21.《尚书日记》卷十

（明）王樵撰

"周公乃告二公曰：我之弗辟"至"王亦未敢诮公"

金氏曰：古文《尚书》"辟"字作"□"。古文凡"君辟""刑辟"之"辟"皆作"□"，唯此作"□"。此必孔壁书，本是"避字"也。辟谐声，从辵从井，皆"避"之义。

《越绝书》，管叔、蔡叔不知周公而谗之成王。周公乃辞位，出巡狩于边。郑康成曰，周公遭流言之难，避之而居东都（注凡三出）。又曰，成王得金縢之书，亲迎周公，周公归摄政，三监及淮夷叛，周公乃东伐之。

孔氏曰，辟，法也。

董铢问，此"辟"字与《蔡仲之命》"致辟"之辟同，安得以"辟"为"避"，且使周公委政而去二年之久，不幸成王终不悟，而小人得以乘间而入，则周家之祸可胜言哉？周公是时，不知何以告我先王也。朱子曰，"辟"字当从古注说。又《与蔡沈帖》曰"弗辟"之说，只从郑氏为是。向得董叔重书，亦辩此条。一时信笔答之，谓当从古注说，后来思之不然，是时三叔方流言于国，周公处兄弟骨肉之间，岂应以片言遽兴师以诛之。圣人气象大不如此。又成王方疑周公，周公固不应不请而自诛之。若请于王王亦未必见从，则当时事势亦未必然。

项氏曰，孔氏谓"辟"者，行法也，居东则东征也，信。然则，周公诛谤以灭口，岂所以自明于天下哉？郑氏谓"辟"读为"避"，居东则避之也，予尝反复本文，则郑说为是。盖周室初基，中外未定，流言乘间而作，成王疑于上，国人疑于下。周公苟不避之，祸乱忽发，家国倾危，将无以见先王于地下矣。周公之与二公，盖一体也，故密与二公谋之，使二公居中镇抚国事，而身自东出避之，因以宁辑东夏，但不居中，则不利之谤自息，而乱无从生矣。故周公居东二年，外变不起而内论亦明。向者倡为流言，谋作祸乱之人，遂得主名，内外之人，始知其为管叔之罪也。众论既明于下，则渐可开晓成王之惑。周公于是自作《鸱鸮》之诗，极道家国之艰难，心迹劳悴以冀王之察己也。王虽未能洞然遂信周公之忠，然亦未敢决然，遂以周公为非者，盖由左右诸大夫国人之论，皆已明白，无有一言以助成王之疑者。故成王之心虽欲非之，亦无所据而发也。

金氏曰，周公之避，所以必告二公而后行者，以成王尚幼，朝廷之事不可以无所属也，所以周公居外，而朝廷不乱，以有二公在焉尔。朱子后《与蔡沈书》当为定论。

按，《伐柯》《九罭》《狼跋》三诗，皆周公居东之诗也。《狼跋》诗曰"狼跋其胡，载疐其尾，公孙硕肤，赤舄几几"，言公遭流言之变，而其安重自得如此。盖周公居东待罪，而不失其常度，故诗言如此。使居东为东征，则又何《狼跋》之云"硕肤"之"孙"乎？

金氏曰，《鸱鸮》之诗，其情危，其辞急。盖有以忧武庚之必叛，王室之必摇也。夫昔也，武庚以周公权任间三叔（朱子曰，武庚当时意必日夕说诱三叔，以为周公弟也，而居中专政；管叔兄也，而在外监殷。故管叔遂生不肖之心），而今也，奄君又以周公见疑，嗾武庚（《书大传》曰，管、蔡流言，奄君薄姑谓禄父曰，周公见疑矣，请举事），则蹢躅之变，势所必至，故周公汲汲为王言之，为鸟言以自喻。或以喻先王也。曰"鸱鸮鸱鸮，既取我子"，谓其已诱管、蔡，毋毁我室，谓勿更摇动我周家。"恩斯勤斯，鬻子之闵斯"，伤管、蔡也。二章言，先王创业之备固也。今此下民或敢侮予。微管蔡之内叛，武庚之外连，则固未易侮也。三章言，先王之勤劳也。四章言，王室之孤危，外患之必至，其辞不得不急也。既而成王悟，周公归，而管、蔡、武庚卒叛。盖其参谋造祸，非一日矣。管、蔡之惑滋甚，至是而复畏罪，则挟武庚以叛。武庚之谋既深，至是而复乘机，则挟管、蔡以叛也。

按《鸱鸮》，四章盖极道武庚之情。武庚之情既明，则成王之疑自释。《大诰》曰"殷小腆诞敢纪其绪"，曰"予复！反鄙我周邦"，此武庚之情。而此诗所谓"毁我室"与"侮予"者，皆谓此也。武庚虽包藏此心，而王室未有衅，则亦安从而发哉？不幸而三监者入其机械之中，为所扇惑。诗之所谓"既取我子"者，指此也。

三监为武庚所取，欲动摇周室，而不间周公则不可动。于是流言曰，公将不利于孺子，此其谋欲使周室先自生衅，而后起而图之也，而成王果不能无疑。周公于是而不退去，以待王心之察。不唯非大臣自处之义，其不反实奸人之口乎？于是告二公，以当去之义而避位以去之。周公自处之义，则项氏所谓既不居中则不利之谤自息者，最为得之。乃若国事之重，则有二公在焉。固不嫌于无所托，而轻委之以去也。既去而周公亦不汲汲于自明，及居东二年，而罪人之主名，王自得之，盖奸人虽能为幻于一时，而徐之，未有不情见计露者也。周公于是究其本，谋之所自而直，以武庚之情陈之于王，王可悟矣。然而武庚之叛未形也，故未能决然遂以公为是，而亦未敢诮公为非。周公陈武庚之情，而一己之心迹不足复言。乃若武庚之志，欲纪亡殷之绪，复其旧物，而覆我周室，其祸不在周公之身而已也。王虽或已知周公之无他，而或未足以及此，故周公曰"予羽谯谯，予尾翛翛，予室翘翘，风雨所飘摇，予维音哓哓"，言忧在王室而已，之鸣不得不急也，武庚若起王室安危，有未可知者。此感喻王之深也。

《鸱鸮》诗，今在《东山》之前，是贻诗在前，而东征在后，又其明证也。虽朱子之解亦未得诗意，盖缘尚仍孔氏说，未及追改，亦以为武庚、管、蔡既诛之后之诗也。使武庚、管、蔡既诛之后，成王尚未知周公之意，则王心之蔽深矣，岂区区之诗所能回？岂自述其勤劳所能感动哉？周公之东征也，邦君御事，有艰大之疑，周公尚且谆谆化诱，使其心了然无疑，而后"诞以尔东征"。况于流言之初，讨罪大事，不出王意而遽可动乎？以《大诰》考之，东征出于王命也明甚。东征出于王命，则在迎归之后，岂不又明甚哉？此与微子抱祭器归周等事，皆关圣贤大节。而传记异辞，不无害教，故悉辩之。

22.《日讲书经解义》卷七

（归善斋按，见"武王既丧"）

《书蔡氏传旁通》卷四下

（元）陈师凯撰

辟，读为"避"。郑氏《诗传》言，周公以管、蔡流言，辟居东都是也。

见《七月》诗序下。《诗》疏云，居东者，出处东国，待罪以需王之察己，是说避居之意也。周公避居东都，史传更无其事。古者，避、辟（扶亦反）、譬、僻，皆作"辟"字，而借声为义。郑读"辟"为"避"故为此说。朱子《与蔡仲默书》云，"弗辟"之说，只从郑氏为是。向董叔重得书亦辨此一条，一时信笔答之，谓当从古注说。后来思之不然。是时，三叔方流言于国，周公处兄弟骨肉之间，岂应以片言半语，便遽然兴师以诛之。圣人气象大不如此。又成王方疑周公，周公固不应不请而自诛之。若请于王，王亦未必见从，则当时事势亦未必然。虽曰圣人之心，公平正大，区区嫌疑，似不必避。但舜避尧之子于南河之南；禹避舜之子于阳城，自是合如此。若居尧之宫，逼尧之子即为篡矣。又谓成王疑周公，故周公居东，不幸成王终不悟，不知周公如何处。愚谓，周公亦唯尽其忠诚而已。

《读书管见》卷下

（元）王充耘撰

我之弗辟。

我之弗辟，当从古注。周公以身任社稷，管、蔡谋危宗社，得罪于天下，在所必诛。周公安得顾私恩而出避于国之东乎？是时成王幼冲，政自公出，故曰小子同未在位，周公安可一日去左右，而乃居东二年，不知国事将付之谁邪，且所谓流言者，必管、蔡与武庚同为叛逆，以此声周公之罪，而出师耳。故周公不得不往征之。而史谓之流言者，特以其诬妄不实而妄加公罪，乃无根之言耳，岂但如今人造为讹言，作为匿名文书之类乎？周公居东不知谁为？挨究造言之人，迟迟两年而后得实乎？且史于"居东二年，罪人斯得"之下，即继之以"于后，公乃为鸱鸮之诗以贻王"，而后及风雷之变，传者谓，因天变迎公归，而后管、蔡叛，乃命周公东征。然《鸱鸮》之诗，已有"既取我子，无毁我室"之言，则彼时管、蔡已为武庚所累而伏诛矣。岂有至此然后叛之理。要之，汤武以臣伐君，周公以弟诛兄，皆断以大义，所谓公天下以为心者，固不可以寻常君臣、兄弟论也。

《尚书考异》卷五

（明）梅鷟撰

我之弗辟。

马、郑音"避"，谓避居东都。晋人传云，辟，法也，以法法三叔也。

《尚书疑义》卷五

（明）马明衡撰

"我之弗辟"。"辟"字，蔡音"避"，以为周公遭流言，成王疑之，故避居东都，以俟成王之察。古注作"法"字说，谓致辟三叔。先儒亦多从之。愚窃以为避居之说，只可以语后世之为臣者，岂可以语周公。周公所当之任，在后世不可同日语。周公焉得逡巡而避之，以俟察耶。当时管叔已叛，淮夷、徐奄之属，皆已附禄父而起，非但流言而已也。使非周公制叛，则叛者必制周公矣。周公又可空手避居以坐待其毙耶？故致辟之说，在周公自不可已。先儒谓，岂应以片言半语，便兴师以征之，圣人气象不如是。此皆悬想气象之言也。或曰成王既疑，安所请命。周公将自诛之耶？且身既在外，权已去矣。王疑不悟，谗间日深，如后世之事，身尚不保，又欲从容察其罪人而辟之耶？曰圣人聪明睿智，岂有作事若是之愚。夫使权柄一失，不保其身，则周家之业必坠，圣人岂无所见，于是而漫然以为之耶？盖当是时，成王尚幼，陈氏梅叟谓，武王有疾之年，是克商之二年，成王生才五年，比武王之丧，则成王方十岁耳。《通鉴纂要》以为成王即位时十三岁。此皆不可刻画，大约言孺子，则是幼稚，未成人之称。成王当时尚亦未能省事，而国家政柄全是周公主持，二公辅之。周公以人臣而代行天子之事。伊尹之任商，周公之任周，皆非后世人臣之所得比。由此言之，周之基业，非得周公，何能定乎？故成王后来赐鲁以天子礼乐，盖亦念此矣。管、蔡流言，正以其迹之近似，亦易使人信。圣人之作用，人亦岂能尽知。况又有殷民之遗，有武庚为之主，又有王室至亲为之响道。此间不容发之时，天下安危之所由分，而天下之柄又既在于己，周公安得崇虚避之名，而辞其责耶？世皆言成王重疑周公，成王方在冲年未省事，岂遽能知疑周公者。考之于经，前后亦不见成王大疑周公之意。如《归禾》《佳禾》书序之言，尤足以见成王之未尝疑也。唯为二叔所惑者，或未能知周公忠诚之心。二公岂不知耶？在朝之多士，岂不知耶？以圣人盛德，其孚于人，亦非一日矣。故周公得以居东，而所谓诛管、蔡者，又安有不得请命者哉？又安有大权一失不保其身者哉？然则，诛管、蔡者，即居东之时。《诗·东山》"自我不见，于今三年"者，盖罪人斯得之后，又一年耳。朱子谓，杀武庚，致辟管叔于商，囚蔡叔于郭邻，降霍叔为庶人，命微子启代殷后，皆此时事。又云"周公乃告二公曰"至"告我先王"，作《大诰》，遂东征，得其实矣。若云成王既迎周公归之后，方更命周公诛管、蔡，则是周公二次往东山矣。夫周公唯其主少国疑，大难将起，故不得已，权其轻重，而诛管、蔡。若成王既长，君臣既皆相洽，流言外侮，何足忌，而独不能委曲处置，容一至亲耶。故诛管、蔡之事，绝非迎归之后。此不可不明辩。又云，成王重疑周公，若周公无所自容者，愚敢以为，皆非也。曰"于后周公作诗以贻王"，岂非亦因其疑而欲开其惑耶？曰周公居东既久，成王渐长亲政，既未知周公之勤劳王家，岂能无间隔之意。故周公作诗以贻，亦因王知识渐长，使歌咏而自得之。但成王天资亦高，容易开悟。又以周公盛德，二公赞翼，即非雷风之变，亦必迎周公矣。故周公东征，后来事体皆已了然胸中，非幸而成者。其曰尽其忠诚，成败利钝不能逆睹者，又不可以言周公矣。曰如子之说，以成王尚幼，未疑周公，故周公得以遂其东征之举，若成王既长，亦遭流言之变而重疑之，不知周公何以处之。曰事亦难以逆料，但圣人至诚动物，若成王既长，自知周公矣。万一昏愚之甚如纣者，然后微子、箕子之徒，始为不得已之计耳。然至此极者甚少。圣人力量，自是感格不同。

"我无以告我先王"者，谓我若不辟罪人而得之，则恐终为摇惑，致危王室，先王其谓我何？蔡说恐未见下落意思。然居东二年之久，乃得罪人，以圣人之兵，岂不能即克之耶，迟回至于二年，则其初岂有诛之之意，中间无限委曲，开谕化诲之不悛，故卒不得已而诛之耳。于是尤见圣

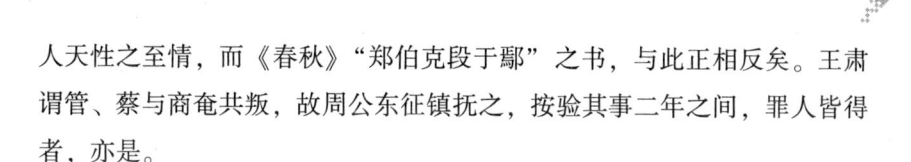

人天性之至情，而《春秋》"郑伯克段于鄢"之书，与此正相反矣。王肃谓管、蔡与商奄共叛，故周公东征镇抚之，按验其事二年之间，罪人皆得者，亦是。

《书经衷论》卷三《周书》

(清) 张英撰

"周公乃告二公曰，我之弗辟，我无以告我先王"，孔子以为"致辟于管叔"之"辟"，"居东二年"为东征。朱子亦曰，《金縢》之作在周公东征而归之后。其注《鸱鸮》之诗亦曰，周公东征二年，乃得管叔、武庚而诛之，而成王犹未知周公之意也，公乃作诗以贻王。注《东山》之诗则亦曰，感风雷之变始悟而迎公，于是周公东征已三年矣。则朱子以居东二年为东征明矣。既以居东为东征，则所谓"我之弗辟"，其为伸大义，诛管、蔡也又明矣。蔡注乃谓居东为居国之东，而其后别有东征三年。夫当王室新造之时，群叔流言之日，正国家安危所系，周公可以避嫌而逊处于外乎。观"二公曰，我其为王穆卜。周公曰：未可以戚我先王。公乃自以为功"如此等事，周公直是至诚恻怛，亦不以小嫌自避者。天下"避嫌"二字，贤者不为，而谓周公为之乎？平居不为，而况当迫急时为之乎？"罪人斯得"，明是武庚、管、蔡之既诛，非可云始知流言之为管蔡也。朱子亦曰，王室至亲，与诸侯连衡背叛，当国大臣，岂有坐视不救之理。帅师征之乃是正义，不待可与权者而后能也。若马、郑以为东行避谤，乃鄙生腐儒不达世务之说，可不辨而自明。愚终以孔安国及朱子之言为当也。

周公居东二年，则罪人斯得

1. 《尚书注疏》卷十二《周书》

(汉) 孔氏传，(唐) 陆德明音义，(唐) 孔颖达疏

周公居东二年，则罪人斯得。

传，周公既告二公，遂东征之，二年之中，罪人此得。

疏，正义曰，既言此，遂东征之。周公居东二年，则罪人于此皆得，谓获三叔及诸叛逆者。

传正义曰，周公东征，《诗·东山》之篇歌此事也。序云"东征"，知居东者，遂东往征也。虽征而不战，故言居东也。《东山》诗曰"自我不见于今三年"，又云"三年而归"。此言"二年"者，诗言初去及来，凡经三年。此直数居东之年，除其去年，故二年也。罪人既多，必前后得之，故云"二年之中罪人此得"，唯言居东不知居在何处。王肃云，东，洛邑也。管、蔡与商奄共叛，故东征镇抚之。按验其事，二年之间罪人皆得。

《尚书注疏》卷十二《考证》

"周公居东二年"传"周公既告二公，遂东征之"。疏"《诗·东山》之篇歌此事也"。臣召南按，以居东为东征，则作《大诰》，诛武庚，罪三监，皆在此时。《破斧》之诗"周公东征，四国是皇"，歌此事也，王犹未察。公作《鸱鸮》之诗，及王感风雷之变，而迎公归时，则已三年矣。《我徂东山》之诗，公所以劳归士也。然则，"居东"，即东居旧殷征战之地；"罪人斯得"，即武庚、管叔授首。孔疏何乃引王肃说，谓东是洛邑哉？何乃谓"东征镇抚""按验其事"哉？孔疏所云，是仍以郑笺解孔传矣。

2. 《书传》卷十一《周书》

（宋）苏轼撰

周公居东二年，则罪人斯得。

二年而后，克明管、蔡，亦得众也。

3. 《尚书全解》卷二十六《周书》

（宋）林之奇撰

（归善斋按，见"武王既丧"）

4.《尚书讲义》卷十三

（宋）史浩撰
（归善斋按,见"武王既丧"）

5.《尚书详解》卷十八

（宋）夏僎撰
（归善斋按,见"武王既丧"）

6.《增修东莱书说》卷十八《周书》

（宋）吕祖谦撰,（宋）石澜增修
（归善斋按,见"武王既丧"）

7.《尚书说》卷四《周书》

（宋）黄度撰

周公居东二年,则罪人斯得。

流言方作,周公何以遽东伐。曰兄弟至亲,各据形胜,外连新亡之国,控引蛮夷。其势甚张,其事甚急,周公不得不连出。成王虽疑,付之二公,安集西国,召伯行其职,故周公可以速出,无内顾之忧。周公何以必自将分陕。周公主东方,周公固当自将也。《大诰》,周公为将,行东伯之职也。江汉,召穆公为将,行西伯之职也。古人为国事,皆豫立周官司马,无一事不先具。虽兵行仓卒,有司各以其职行而已。罪人斯得,黜殷、杀管、囚蔡、伐奄也。周师既出,人心遂定,无侵蚀蔓延之势。其跋扈者,独此四国耳。《破斧》曰"周公东征,四国是皇",不数霍,霍迎降。《多士》"昔朕来自奄",盖尝伐奄也。虽然二年而后得之,则亦为甚难矣。

8.《絜斋家塾书钞》卷十

（宋）袁燮撰
（归善斋按,见"武王既丧"）

9.《书经集传》卷四

(宋)蔡沈撰

周公居东二年,则罪人斯得。

居东,居国之东也。郑氏谓避居东都,未知何据。孔氏以居东为东征。非也。方流言之起,成王未知罪人为谁,二年之后王始知流言之为管、蔡。斯得者迟之之辞也。

10.《尚书精义》卷三十二

(宋)黄伦撰

(归善斋按,见"武王既丧")

11.《尚书详解》卷二十六《周书》

(宋)陈经撰

(归善斋按,见"武王既丧")

12.《融堂书解》卷十一

(宋)钱时撰

(归善斋按,见"武王既丧")

13.《尚书要义》卷十二

(宋)魏了翁撰

(归善斋按,原缺)

14.《书集传或问》卷下

(宋)陈大猷撰

(归善斋按,见"武王既丧")

15.《尚书详解》卷七《周书》

（宋）胡士行撰

（归善斋按，见"武王既丧"）

16.《书纂言》卷四上《周书》

（元）吴澄撰

周公居东二年，则罪人斯得。

居东，谓出征而居东方也。二年，出征之第二年也。罪人，谓叛人武庚。得，谓捕获也。武庚伏诛，而管叔亦死，殷乱遂平。

林氏曰，自周公居东以下，其事迹皆在大诰之后，然实与周公请死之事相为始终，故于此并载之。

17.《书集传纂疏》卷四下《朱子订定蔡氏集传·周书》

（元）陈栎撰

周公居东二年，则罪人斯得。

居东，居国之东也。郑氏谓避居东都，未知何据。孔氏以居东为东征，非也。方流言之起，成王未知罪人为谁。二年之后王始知流言之为管、蔡。"斯得"者，迟之之辞也。

纂疏：

周公东征，不必言用权。自是王室至亲，与诸侯连衡背叛，当国大臣，岂有坐视之理。征之乃是正义，不待可与权者而后能。马、郑以为东行避谤，乃鄙生腐儒，不达时务之说。陈少南于经旨，多疏略，不足据以为说。来教所谓周公之志，非为身谋，为先王谋也，以身任天下之重也。此语极佳。答徐元聘。

"罪人斯得"，此处须着个极广大无物，我底心胸看方得，若有一毫私吝自爱，惜避嫌疑之心，则与圣人做处天地悬隔矣。万一成王终不悟，周公更待罪几年不知，如何收杀。答何叔京。

铢问"弗辟"，马、郑音"避"，谓管、蔡流言，王既疑周公，公乃避居东都二年，以待成王之察，及王遭风雷，启书迎公来返，乃摄政始东征。"罪人斯得",王得流言之罪人也。陈少南、吴才老从之,而诋诛辟之说。诛,窃谓周公诛管、蔡,与伊尹放太甲,皆圣人之变。唯二公至诚,无愧正大明白,故行之不疑,未可以浅俗之心窥之。此"辟"字,与"致辟"之"辟"同,安得以为"避",使周公委政而去二年之久。不幸王终不悟,小人得乘间而入,祸可胜言哉?公是时,不知何以告我先王也。观公告二公曰"我之弗辟"至"先王",其言正大明白,至诚恻怛,则区区嫌疑,有所不必避,唯有此心无愧,而先王可告也。自洁其身,而为匹夫之谅,公岂为之哉?答曰,"辟"字,当从古注说。

与蔡沈帖曰,"弗辟",只从郑氏为是。向董叔重书,亦辨此条,一时答之,谓当从古注,后来思之不然,时三叔方流言,周公处兄弟骨肉之间,岂应以片言半语,便遽然兴师以诛之。圣人气象大不如此。又王方疑公,公固不应不请而自诛之。若请于王,王亦未必从,虽曰圣人之心,公平正大,区区嫌疑,似不必避,但舜避尧子,禹避舜子,自是合如此。或又谓成王疑公,故公居东,不幸王终不悟不知公,又如何处?愚谓,公亦唯尽其忠诚而已矣。

唐孔氏曰,居东不言在何处,王肃云"东,洛邑"也。《诗》言三年,谓初去及来,凡经三年也;《书》云二年,直数居东之年,除其"去"年也。

张氏曰,罪人之得,在二年,而周公之归在三年初,不相仿。

吕氏曰,是时,内则少主疑惑,外则四国倡乱,公何恃而敢出征二年?盖十乱,尚有如二公者为太师太保而在内,可以委付,调护镇定于其间故也。后世权臣,安敢轻去君侧,举足左右,变不旋踵矣。

18.《读书丛说》卷六

(元)许谦撰

(归善斋按,未解)

19.《书传辑录纂注》卷四《周书》

(元)董鼎撰

周公居东二年,则罪人斯得。

居东，居国之东也。郑氏谓避居东都，未知何据。孔氏以居东为东征，非也。方流言之起，成王未知罪人为谁，二年之后，王始知流言之为管、蔡。"斯得"者，迟之之辞也。

辑录：

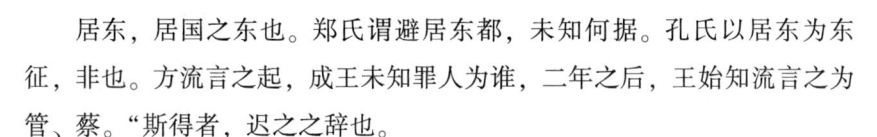

"周公居东二年，则罪人斯得"，杀武庚，致辟管叔于商，囚蔡叔于郭邻，降霍叔于庶人，命微子启代殷，后作《微子之命》，皆此时事。《文集》。

周公东征，不必言用权，自是王室至亲，与诸侯连衡背叛，当国大臣，岂有坐视不救之理，帅师征之，乃是正义，不待可与权者，而后能也。若马、郑以为东行避谤，乃鄙生腐儒不达时务之说，可不辨而自明。陈少南于经旨多疏略不通，点捡处极多，不足据以为说。来教所谓周公之志，非为身谋也，为先王谋也，非为先王谋也，以身任天下之重也。此语极佳。答徐元聘。

罪人斯得，前书已具报矣，不知看得如何，此处须着个极广大无物，我底心胸看方得，若有一毫私吝自爱惜避嫌疑之心，则与圣人做处，天地悬隔矣。万一成王终不悟，周公更待罪几年，不知如何收杀。答何叔京。

问罪人斯得，或以为管、蔡，或以为周公官属，如何？先生曰，非也。管蔡既流言，成王疑之，未知罪人之为谁也。及周公居东二年，成王因风雷之变，启金縢，而悟乃知罪在管、蔡也。若曰所谓罪人者，今得之矣。

又问所谓居东二年，即东征否？先生曰，成王方疑，周公岂得便东征乎？二年待罪也，东征三年，非二年也。《传家录》有一段云云。答徐元聘。与后《答仲默帖同》。

铢问，《金縢》"我之弗辟，我无以告我先王"，马、郑皆音"辟"，为"避"。其意盖谓，管、蔡流言，成王既疑周公，公乃避居东都二年之久，以待成王之察，及成王遭风雷之变，启金縢之书，迎公来返，返乃摄政，方始东征。所谓"罪人斯得"者，成王得其流言之罪人也。陈少南、吴才老从之，而诋先儒诛辟之说。铢窃谓，周公之诛管、蔡，与伊尹之放太甲，皆圣人之变。唯二公至诚，无愧正大明白，故行之不疑，未可以浅俗之心窥之也。此"辟"字与《蔡仲之命》所谓"致辟"之"辟"同。

安得以"辟"为"避",且使周公委政而去二年之久,不幸成王终不悟,而小人得以乘间而入,则周家之祸可胜言哉?周公是时不知何以告我先王也。观公之告二公曰"我之弗辟,我无以告我先王",其言正大明白,至诚恻怛,则区区嫌疑,有所不敢避矣?唯有此心无愧,而先王可告也。自洁其身,而为匹夫之谅,周公岂为之哉?先生答曰,"辟"字当从古注说。

弗辟之说,只从郑氏为是。向董叔重得书,亦辨此条,一时信笔答,之谓当从古注说。后来思之不然,是时三叔方流言于国,周公处兄弟骨肉之间,岂应以片言半语,便遽然兴师以诛之。圣人气象大不如此。又成王方疑周公,周公固不应不请而自诛之。若请之于王,王亦未必见从,则当时事势亦未必然。虽曰圣人之心公平正大,区区嫌疑,似不必避,但舜避尧之子于南河之南;禹避舜之子于阳城,自是合如此。若居尧之宫,逼尧之子,即为篡矣。或又谓成王疑周公,故周公居东,不幸成王终不悟,不知周公又如何处。愚谓,周公亦唯尽其忠诚而已矣。《胡氏家录》有一段论此,极有意味。《与蔡仲默帖》。

纂注:

唐孔氏曰,唯言居东,不言居东在何处。王肃云"东,洛邑也"。又曰,传言三年者,谓初去及来,凡经三年也。《书》云二年者,直数居东之年,除其"去"年也。

张氏曰,罪人之得在二年,而周公之归在三年初,不相妨。

吕氏曰,方是时,内而少主疑惑,外而四国倡乱。周公何恃而敢出征三年之久。盖十乱,尚有如二公者,为太师太保而在内,可以委付内事,调护镇定于其间故也。后世权臣,安敢轻去君侧,举足左右,变不旋踵矣。

碧梧马氏曰,居东二年,罪人斯得,即是东征,而后得罪人也。若是中间白闲坐了二年,何以得罪人。蔡氏曲成郑说,为语迂回。合《诗》书比而观之,定从孔氏刑辟之说,其庶矣乎?

武夷熊氏曰,或曰所谓流言,不过群叔播为中伤之言。所谓"我之弗辟",音"避","居东二年",乃是周公避之而居东。所谓"罪人斯得",则周公居东之后,王始知流言之为管、蔡也。于后,管叔怀流言之罪,挟武庚以畔,而后诛之耳,岂有兄弟之间,方听道涂之言,而遽欲致辟之乎?曰

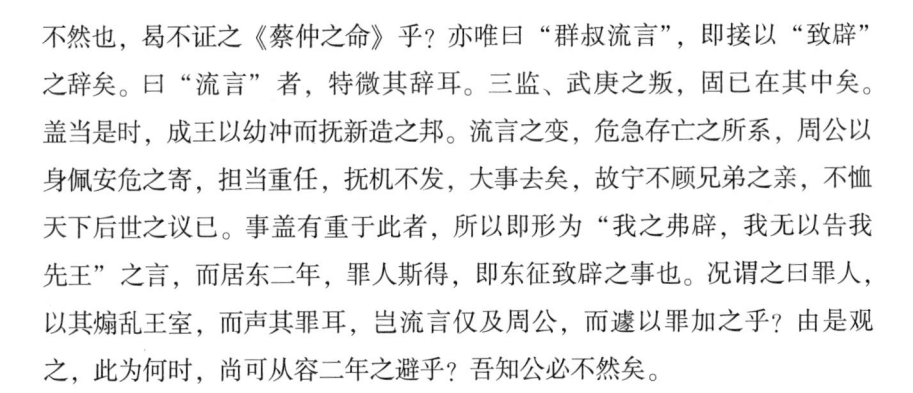

不然也，曷不证之《蔡仲之命》乎？亦唯曰"群叔流言"，即接以"致辟"之辞矣。曰"流言"者，特微其辞耳。三监、武庚之叛，固已在其中矣。盖当是时，成王以幼冲而抚新造之邦。流言之变，危急存亡之所系，周公以身佩安危之寄，担当重任，抚机不发，大事去矣，故宁不顾兄弟之亲，不恤天下后世之议已。事盖有重于此者，所以即形为"我之弗辟，我无以告我先王"之言，而居东二年，罪人斯得，即东征致辟之事也。况谓之曰罪人，以其煽乱王室，而声其罪耳，岂流言仅及周公，而遽以罪加之乎？由是观之，此为何时，尚可从容二年之避乎？吾知公必不然矣。

20.《尚书句解》卷七

（元）朱祖义撰

周公居东二年（周公于是居东征伐至于二年），则罪人斯得（则罪之三叔，斯为成王所得而诛之）。

21.《尚书日记》卷十

（明）王樵撰

（归善斋按，见"周公乃告二公曰"）

22.《日讲书经解义》卷七

周公居东二年，则罪人斯得。于后公乃为诗以贻王，名之曰《鸱鸮》。王亦未敢诮公。

此二节书，是言周公身虽在外，心仍不忘在王室也。东，谓东都。罪人，谓管、蔡也。贻，与也。《鸱鸮》，诗之篇名。诮，让也。史臣曰，方流言之起，成王未知罪人为谁，未免有疑于周公。及公退避东都二年之久，乃知造谤出于管、蔡其谋危社稷之罪状，始昭著而不可掩。周公于主疑渐释之后，乃作诗以贻王，名其篇曰《鸱鸮》皆为鸟言以自比。首章以鸱鸮之毁巢取子，比武庚之败管、蔡及王室。二章以鸟之未雨绸缪，比己之思患预防。三章以鸟之手口劳瘁，比己之勤劳王家。末章以鸟之尽瘁为巢，而遭风雨，比己之欲安王室，而遭流言之祸。其情忠愤，其词切至。成王亦受之而不敢诮让。盖疑虽未尽释，而悔心已萌矣。窃尝思之，周公惓惓告王，非急求自白，实欲启王一念之悟耳。从来天下之治乱，只在君心之明暗。君心一有间隔，则虽堂陛之前，筵簟之侧，视必不见，听必不闻，况千万里之外乎。故曰，治天下必先自去壅蔽始。

《尚书疑义》卷五

（明）马明衡撰

（归善斋按，见"周公乃告二公曰"）

《尚书稗疏》卷四上《周书》

（清）王夫之撰

居东。

居者，闲处而无所作之谓。经言"居东"，则其非讨殷可知。故《金縢》系《大诰》之前。以此知古注谓"我之弗辟"为"致辟"者，不如马、郑言"辟"之当也。特所云东者，未目言何地。唯郑康成以为东都。东都者，雒也，地正值宗周之东，而时未营雒，不得言都，故但曰"东"，在《诗》则曰《东山》。东山者，山之东也。丰镐与雒，在太华之西，一在熊耳之西。虽地分雍、豫，而山相枑比。雒虽平壤，而北有虎牢，南有嵩少，则亦山中也。周公之于此，而居雒者东，盖周公之国邑也。伯禽之封于鲁，以侯服，嗣周公为小宗者也。周公之封于周君陈，继之而传于周公孔、周公阅者，以别子为大宗者也。其先，食邑在岐之周原，而克商以后，与召公分陕，周公东，而召公西，各有国邑，以主其方之诸侯，则周公故邑于雒东。至此以避谤，故罢相而即于陕东，则赤舃衮衣，自行其治陕之事于其邑。内不摄政而外亦未尝用兵也。或雒本周公之封，其后以至于王而营为东都，周公县内之封又他徙焉，虽无可具考，而康成之言亦必有所受之矣。《诗》称"笾豆有践"则在国而行飨祀之礼。其曰"我公则东，人固以为君"，以此知居东之为致政归国避谤，而非致辟（音，璧）也亦明矣。

《尚书埤传》卷十一

（清）朱鹤龄撰

居东二年。

汪睿曰，朱子《诗传·鸱鸮》篇从汉孔氏说，"弗辟"之"辟"音"辟"，谓诛杀之也。郑氏谓，周公以管、蔡流言，辟居东都二年，然后罪人斯得。既曰"居东"，则非东征可知矣。意者公虽退居避位，必尚多侍卫护从之人，及成王感风雷之变而迎之，然后奉命东征，率友邦御事偕往，从前居东护士，未尝易也。观《大诰》一篇，参以《豳风》数诗可见矣。夫以周公之神圣才艺，将王师讨有罪，必不久淹岁月。《东山》诗所谓三年者，居东二年，东征又一年也。王出郊迎公，公必轻身奔赴。军士居东者，或未偕行，虽行亦不得并留，受命东征，军士随往。武庚既诛，归劳东征之士，则三年矣。故曰"自我不见，于今三年"。唯公退让而避居东都，故再言"公孙硕肤"，以赞美之。假令公遭流言之变，是非之实未明，辄假王命，以兴师旅，将孰知而孰信从之乎？朱子晚年亦从郑说，于《答仲默书》可考也（按《蔡传》谓居东二年，东征又三年，汪说亦有理，但谓周公东征止一年，则不然。当时商、奄四国相与以叛，在今河北、山东之地。《多士》所云"昔朕来自奄"，"大降尔四国民命"，《孟子》所云周公"伐奄三年讨其君"，即东征之事也。公之东征，未必皆用兵攻战，特经略东方三年，而后归耳）。

《蔡传》居国之东，不详其地。郑康成以为避居东都。愚谓此说是也。周公出居，非徒避谤远嫌，亦欲身处要地，为训兵剪除之计。武王克商，迁九鼎于雒邑，已有营洛之志。三涂岳鄙之间，地据中原，河山险固。公之出也，官属侍卫，必依旧自随，移镇其地。隐然系天下之重，使挺乱之徒相顾而不敢窃发，非畏恐谢事，如后世大臣引咎，角巾归第者比也。况武庚、三叔连衡举事，渡河而南，即是巩洛。巩洛一有变，则华山桃林以东，反者四起，周事尚可为哉。故公居东都，所以收地险，靖人心，阴为镇抚王室之深谋也。应武庚者，徐、奄、淮、夷皆在东方，而巩洛以南，宴然无恐，实公为之控扼。所以二年之久，武庚虽声势甚盛，未尝发一矢西向也。武庚兵出，吾知公必有以待之，使东都无公，则势亦岌岌矣。然方是时，内则少主怀疑，外则四国倡乱，二年之间，公得以从容坐镇者，亦恃有二公为师保，同心调护于内也。后世权臣，安敢轻去君侧，出则祸不旋踵矣。此又论周公者所当知也。近人茅坤谓，居东是返而居鲁，如汉时大臣罢免归国，殊不知徐、奄与鲁接壤。公归鲁，而徐、奄煽乱如故，恐事理所不宜有。且鲁去丰镐甚远，何以系属天下之人心哉？

于后，公乃为诗以贻王，名之曰《鸱鸮》，王亦未敢诮公

1.《尚书注疏》卷十二《周书》

（汉）孔氏传，（唐）陆德明音义，（唐）孔颖达疏

于后，公乃为诗以贻王，名之曰《鸱鸮》，王亦未敢诮公。

传，成王信流言而疑周公，故周公既诛三监，而作诗解所以宜诛之意，以遗王，王犹未悟，故欲让公而未敢。

音义，贻，羊支反。名，如字，徐亡政反。鸱，尺夷反。鸮，于骄反。诮在笑反。遗，唯季反。

疏，正义曰，罪人既得讫，成王犹尚疑公，公于此既得罪人之后，为诗遗王，名之曰《鸱鸮》。《鸱鸮》言三叔不可不诛之意。王心虽疑，亦未敢责诮公，言王意欲责而未敢也。

传，正义曰，成王信流言，而疑周公。管、蔡既诛，王疑益甚，故周公既诛三监，而作诗解所以宜诛之意。其诗云"鸱鸮，鸱鸮，既取我子，无毁我室"。毛传云，无能毁我室者，攻坚之故也，宁亡二子，不可以毁我周室，言宜诛之意也。《释言》云，贻，遗也。以诗遗王，王犹未悟，故欲让公而未敢。政在周公，故畏威未敢也。郑玄以为，武王崩，周公为冢宰，三年服终，将欲摄政，管、蔡流言，即避居东都。成王多杀公之属党。公作《鸱鸮》之诗，救其属臣，请勿夺其官位土地。及遭风雷之异，启金縢之书，迎公来反，反乃居摄。后方始东征管、蔡。解此一篇及《鸱

鸮》之诗皆与孔异。

《尚书注疏》卷十二《考证》

"于后，公乃为诗以贻王"疏"郑玄以为，武王崩，周公为冢宰。三年服终，将欲摄政。管、蔡流言，即避居东都。"臣召南按，康成笺诗，于周公避居东都说，异毛传。《邶鄘卫谱》《豳谱》再三言之，必有所据。但其解《鸱鸮》之诗，则确然知其非也。谓居东后成王杀其属党，乃作诗贻王以救之，是以《鸱鸮》目其君，而以子目其官僚也。寻常之人悖谬不至于此，况圣人乎。孔疏于《诗》既不能纠其违，于《书》又援引其说，昧于裁矣。

2. 《书传》卷十一《周书》

（宋）苏轼撰

于后，公乃为诗以贻王，名之曰《鸱鸮》。

豳诗。鸱鸮，恶鸟也，破巢取卵，以比管、蔡之害王室及成王也。

王亦未敢诮公。

未敢诮明其心之疑也。

3. 《尚书全解》卷二十六《周书》

（宋）林之奇撰

（归善斋按，见"武王既丧"）

4. 《尚书讲义》卷十三

（宋）史浩撰

（归善斋按，见"武王既丧"）

5. 《尚书详解》卷十八

（宋）夏僎撰

（归善斋按，见"武王既丧"）

6. 《增修东莱书说》卷十八《周书》

(宋) 吕祖谦撰,(宋) 石澜增修
(归善斋按,见"武王既丧")

7. 《尚书说》卷四《周书》

(宋) 黄度撰

于后,公乃为诗以贻王,名之曰《鸱鸮》王亦未敢诮公。

于后,罪人既得之后也。管、蔡、武庚已诛,周公当归周,而成王之疑未解,周公为不能已矣。殷命虽黜,而周道未成,周公方将有为于其国,而君臣之情不通,则安可以行吾志。此《鸱鸮》之所为作也。诮,让也。几欲诮矣,疑其小哉?管、蔡谓周公将不利于孺子,非假托此语也。凡人之见,只如此。管、蔡方为此言,以为爱主。成王亦方信斯言,以为爱己。而周公遽诛之,则岂能不深疑。不特《鸱鸮》之诗,《破斧》《伐柯》,讥刺继作,而犹未悟。周公亦穷矣。睽孤极,而群疑亡,非天相周,何以有此。《史记》作"未敢训公"与"弗辟而摄行政",皆后世改就其意。

8. 《絜斋家塾书钞》卷十

(宋) 袁燮撰
(归善斋按,见"武王既丧")

9. 《书经集传》卷四

(宋) 蔡沈撰

于后,公乃为诗以贻王,名之曰《鸱鸮》王亦未敢诮公。

鸱鸮,恶鸟也,以其破巢取卵,比武庚之败管、蔡及王室也。诮,让也,上文言罪人斯得,则是时成王之疑十已去其四五矣。

10. 《尚书精义》卷三十二

(宋) 黄伦撰
(归善斋按,见"武王既丧")

11.《尚书详解》卷二十六《周书》

（宋）陈经撰
（归善斋按，见"武王既丧"）

12.《融堂书解》卷十一

（宋）钱时撰
（归善斋按，见"武王既丧"）

13.《尚书要义》卷十二

（宋）魏了翁撰
（归善斋按，原缺）

14.《书集传或问》卷下

（宋）陈大猷撰
（归善斋按，见"武王既丧"）

15.《尚书详解》卷七《周书》

（宋）胡士行撰
（归善斋按，见"武王既丧"）

16.《书纂言》卷四上《周书》

（元）吴澄撰

于后，公乃为诗以贻王，名之曰《鸱鸮》，王亦未敢诮公。

于后，谓罪人斯得之后。贻，遗也。《鸱鸮》诗见今《豳风》。以言责人，曰诮。管叔流言，谓周公将为不利，公不俟王疑之释，而自往征之。盖国家安危，重于一身。圣人之心至公无我，岂若小丈夫然，避小嫌而妨大计乎？以王室至亲，兼东方诸侯伯，而仇雠之人，煽惑我兄弟，离间我君臣，以倾覆我国家，祸变艰大，事机迫急，拯溺救焚，唯恐不及。

征之其可少缓乎？逮叛乱既平，周公居东不归，作《鸱鸮》之诗以贻王，极言周家创造王业之难，而有倾覆之者，其情哀恸，庶几成王之悟，而王疑终于未释，但亦未敢诮公而已。

17.《书集传纂疏》卷四下《朱子订定蔡氏集传·周书》

（元）陈栎撰

于后，公乃为诗以贻王，名之曰《鸱鸮》。王亦未敢诮公。

鸱鸮，恶鸟也，以其破巢取卵，比武庚之败管、蔡及王室也。诮，让也。上文言"罪人斯得"，则是时，成王之疑十，已去其四五矣。

纂疏：

吕氏曰，王诮公而未敢。未敢，即悔过之根本也。

愚按，"我之弗辟"，朱子初主孔注甚力，后改从郑说。特与九峰言之，固宜其用师说而不敢违也。然深思广证之，从孔注甚正大，从郑说实迂晦。以经证经，《蔡仲之命》曰"群叔流言，乃致辟管叔于商"，"致辟"接"流言"下，与此之"弗辟"接"流言于国"下，一也。在彼可以"致辟"为"刑辟"，在此何不可乎？如曰"乃辟""罔攸辟""尔唯勿辟"，只一"辟"字，便是施刑，何待"致"字而后明。我不致辟于彼，则无以告先王，辞甚明白。使云我若不避之，如何接得我无以告我先王。不审避之，将何以告先王乎？有"辟"字在上，则居东，便是屯驻以东征矣。作《鸱鸮》诗云"既取我子"，便是谓武庚既败我管、蔡矣。"三年而归"，便是成王因风雷之变，迎公以归也，首尾关涉三年，谓二年、三年皆可。如人居亲丧三年，实不过再期大祥，岂必整三十六月方为三年乎？朱子《与蔡帖》引避尧舜子为证，与此大不同，惜当时无再条此等意，以质之文公者耳。

碧梧马氏曰，经云"公居东二年，则罪人斯得"，是东征而后得罪人也。若是闲坐，何以得罪人。蔡氏知其未通，以为得流言，所自此强为说耳。经直云"罪人斯得"，初无他委曲，今欲曲成郑说，乃为此迂回之语。或谓《伐柯》诸篇，言"公归"，公归不避，何以言归。程氏曰，《伐柯》乃既得罪人，后公迟迟未归，大夫以朝廷不知，所以还公之道，而作是诗也。合诗书比而观之,定从孔氏刑辟之说,其庶几乎?

18.《读书丛说》卷六

(元)许谦撰

(归善斋按,未解)

19.《书传辑录纂注》卷四《周书》

(元)董鼎撰

于后,公乃为诗以贻王,名之曰《鸱鸮》。王亦未敢诮公。

鸱鸮,恶鸟也,以其破巢取卵,比武庚之败管、蔡及王室也。诮,让也。上文言"罪人斯得",则是时成王之疑,十已去其四五矣。

辑录:

"于后,公乃为诗"止"诮公",公既灭武庚、管、蔡,而成王之疑未释,故公不欲遽归,留居东方,而周大夫为作《破斧》《伐柯》《九罭》《狼跋》之诗。《文集》

管、蔡流言,使成王疑周公,周公虽已灭之,然成王之疑未释,则乱未弭也,故周公作《鸱鸮》之诗以遗王,而告以王业艰难,不忍毁坏之意,所以为救乱也。管、蔡流言,以谤周公而公征之,不知者以为公之为是,以救其身而已,故为此诗者,为之发明其心如此。学者于此玩味,而有得焉则正大,而天地之情可见矣。并《诗传》。

纂注:

吕氏曰,王欲诮公而未敢,所谓未敢,则悔过之根本也。

新安陈氏曰,"我之弗辟",朱子初主孔注甚力,后来改从郑说,且特与九峰言之固宜。九峰用师说而不敢违也。然深思而广证之,从孔注甚正大,从郑说实迂晦。"辟",即"致辟",如曰"乃辟",曰"罔攸辟",曰"尔唯勿辟",只"辟"之一字,便是施刑于彼,何待"致"字而后明。我不以刑辟罪之,则无以告先王,辞甚明白。若云我若不避之,如何接得我无以告我先王。不审避之,将何以告先王乎?有"辟"字在上,则居东即是屯驻以东征矣。作《鸱鸮》诗,所谓"既取我子",便是武庚既败我管、蔡矣。"三年而归"，便是因风雷之变，成王迎之以归也。首尾关涉三年。朱子《与蔡帖》引避尧舜之子为证，与此大不同。谨疏于此，以俟通经君子察之。

20.《尚书句解》卷七

（元）朱祖义撰

于后，公乃为诗以贻王（其后公乃作诗以贻成王），名之曰《鸱鸮》（诗名《鸱鸮》，其中有"无毁我室"之辞谓己之东征，唯思王室不安，亦如鸟之惜巢）。王亦未敢诮公（王见之亦未敢诮责周公）。

21.《尚书日记》卷十

（明）王樵撰

（归善斋按，见"周公乃告二公曰"）

22.《日讲书经解义》卷七

（归善斋按，见"周公居东二年"）

《书蔡氏传旁通》卷四下

（元）陈师凯撰

鸱鸮，恶鸟也，以其破巢取卵，比武庚之败管、蔡及王室也。

严氏《诗缉》云，鸱鸮，恶声之鸷鸟，喜破鸟巢而食其子。讬为鸟之爱其巢者，呼鸱鸮而告之曰，汝先已取我子食之矣，无更毁我巢也，喻为恶者既陷管、蔡于罪矣，无更谋危王室也。恩爱勤劳，鬻养此子，诚可伤悯，今既取之其毒甚矣，况又毁我巢乎。程子曰，鸱鸮，谓为恶者；子喻管、蔡；室，喻王室。吕氏曰，殷民流言中伤周公，谋危王室，故周公曰管、蔡亲也，尔既以恶污染，使陷于罪，是害我兄弟矣，又欲谋危王室，则不可也。

诮，让也。

让，责也。吕氏曰，王欲诮公而未敢，所谓未敢，则悔过之根本也。

《尚书埤传》卷十一

（清）朱鹤龄撰

鸱鸮。

金履祥曰，《鸱鸮》之诗，其情危，其辞迫。盖忧武庚之必叛也。武庚以周公权任，间三叔；奄君又以周公见疑，嗾武庚（《书大传》曰，管、蔡流言，奄君薄姑谓禄父曰，周公见疑矣，请举事），则蹢躅之变，势所必至。故周公汲汲为王陈之。鸱鸮比武庚；我子比管蔡；我室比王室。恩勤鬻闵，伤管、蔡也。二章言王业之备固，下民敢侮，微武庚煽乱，则固未易侮也。三章言先王之勤劳。四章言王室孤危，外患必至。其词不得不迫。既而成王悟，周公归，管、蔡畏罪，卒从武庚叛，盖其参谋造祸，非一日矣。王樵曰，《鸱鸮》诗，今在《东山》之前，是贻诗在前，东征在后甚明（予有辨，详《毛诗通义》）。

《书经衷论》卷三《周书》

（清）张英撰

读《鸱鸮》之诗，其言，取子毁室者，何若是之迫也。据蔡注，则以为此时武庚未叛，逮风雷告变之后，周公返国，管蔡惧罪而后叛，周公始东征之。武庚、管、蔡既未叛，则诗中所云取子毁室者，何所谓也。细读"罪人斯得"，确是诛管、蔡、武庚后语，难云知罪之在二叔也。

秋，大熟未获，天大雷电以风

1. 《尚书注疏》卷十二《周书》

（汉）孔氏传，（唐）陆德明音义，（唐）孔颖达疏

秋，大熟未获，天大雷电以风。

传,二年秋也,蒙恒风若雷以威之,故有风雷之异。

音义,获,户郭反。

疏,正义曰,为诗遗王之后,其秋大熟未及收获,天大雷电,又随之以风。

传,正义曰,上文居东二年,未有别年之事,知即是二年秋也。嫌别年,故辨之。《洪范》咎征云"蒙,恒风若",以成王蒙暗,故常风顺之。风是暗征,而有雷者,以威怒之,故以示天之威怒,有雷风之异。

2. 《书传》卷十一《周书》

(宋)苏轼撰

秋,大熟,未获,天大雷电以风。禾尽偃,大木斯拔。邦人大恐。王与大夫尽弁以启金縢之书。皮弁也,意当时占国休咎之书,皆藏金縢,故周公纳册于此,而成王遇灾而惧,亦启此书也。

3. 《尚书全解》卷二十六《周书》

(宋)林之奇撰

(归善斋按,见"武王既丧")

4. 《尚书讲义》卷十三

(宋)史浩撰

(归善斋按,见"武王既丧")

5. 《尚书详解》卷十八

(宋)夏僎撰

(归善斋按,见"武王既丧")

6. 《增修东莱书说》卷十八《周书》

(宋)吕祖谦撰,(宋)石澜增修

秋,大熟未获,天大雷电以风,禾尽偃,大木斯拔,邦人大恐。王与大夫尽弁以启金縢之书,乃得周公所自以为功代武王之说。二公及王乃问诸史与百执事。对曰，信。噫！公命我勿敢言。王执书以泣曰，其勿穆卜。

天人之际，间不容发，成王之心，方将悔悟，天即变动。王与大夫尽弁，将卜以求天变，故开金縢之匮，偶见周公代武王之说，且周公之卜，成王固不知，二公何为不知，或以为二公固知之，欲因卜使成王开此书，以为公自解之计，姑问诸史与百执事，是以诈心逆圣人也。当时，周公既使二公不必与，二公即不复与。不唯不敢问周公，亦不敢问百执事。公命勿敢言，见周公诚意感人之深至此，而犹不言，是孰使之然哉。

7.《尚书说》卷四《周书》

（宋）黄度撰

秋，大熟未获，天大雷电以风，禾尽偃，大木斯拔，邦人大恐。王与大夫尽弁，以启《金縢》之书，乃得周公所自以为功代武王之说。

启《金縢》之书，将以卜天变，而得周公所藏□。

8.《絜斋家塾书钞》卷十

（宋）袁燮撰

（归善斋按，见"武王既丧"）

9.《书经集传》卷四

（宋）蔡沈撰

秋，大熟未获，天大雷电以风，禾尽偃，大木斯拔，邦人大恐。王与大夫尽弁，以启金縢之书，乃得周公所自以为功代武王之说。

获，胡郭反。弁，皮变反。王与大夫尽弁以发金縢之书，将卜天变，而偶得周公册祝请命之说也。孔氏谓二公倡王启之者，非是。按秋大熟，系于二年之后，则成王迎周公之归，盖二年秋也。《东山》之诗言"自我不见，于今三年"，则居东之非东征明矣。盖周公居东二年，成王因风雷之变既亲迎以归。三叔怀流言之罪，遂胁武庚以叛。成王命周公征之。其东征往反，首尾又自三年也。

10.《尚书精义》卷三十二

（宋）黄伦撰

秋，大熟未获，天大雷电以风，禾尽偃，大木斯拔，邦人大恐。王与大夫尽弁，以启金縢之书，乃得周公所自以为功代武王之说。二公及王，乃问诸史与百执事。对曰，信。噫！公命我勿敢言。王执书以泣，曰，其勿穆卜。昔公勤劳王家。唯予冲人弗及知。今，天动威，以彰周公之德。唯朕小子其新逆，我国家礼亦宜之。王出郊，天乃雨反风，禾则尽起。二公命邦人，凡大木所偃，尽起而筑之。岁则大熟。

无垢曰，夫雷风之异，何自而来哉？自成王心中来也。心疑忠圣，凝结成象，故为雷，为电，为风，以变常也。如周公忠圣，成王信之，任之，政事一听之，此常也。成王有常心，则为天清，为地宁，为和气，为太平，安得有雷风之异？成王信小人之言，疑周公欲为篡贼，此心之变常者也。成王变常，则为雷，为电，为风以见灾异矣。夫禾，民藉以为命。大木根蟠，本固未易摇动也。今禾偃木拔，尚使人惊骇。况如周公，天下恃以为命，其忠圣，岂可一日而摇动哉。王见天变，怛焉恐惧，故皮弁素服，以见纯实之意。且启金縢求占验之书，乃得周公代武王之册。呜呼！成王本无心求此书，周公本无心留此书为后日计，然而谗谤由此而明，盛德由此而著。然后知天人之理，全在无心处耳。使成王有心求此书，则无风雷之变；使周公有心留此书，则是奸人伪士，为身谋巧计，岂足以致风雷之变哉？故君子当尽其所以为臣子之道。天人之理，昭昭然不可诬也。太公、召公未见此书，自知周公忠诚矣。然，当成王疑贰之际，欲开释辩明乎，则恐成王疑其为党也；欲置而不问乎，又岂仁人君子之用心哉。困心衡虑，欲因事乘机发明久矣。特未有其会耳。今忽见此书，其事济矣。犹恐成王未悟也，乃倡率成王，使问诸史与百执事。先言二公，后言成王，只此史官明著二公倡率之意也。诸史，谓当时告三王时，作册文者；百执事，谓当时告三王时，奔走给事者。当周公代死时，本无一毫顾虑为后日心，特欲武王安，为天下计耳。其事秘密，当时为史者，百执事者，亦皆一时忠信、确实之人，不如是，周公不使与此事也。既而周公戒之，此事当秘密不可宣露于人，则此史官与此百执事者，奉此勿敢言之说，周旋于此，罔敢失坠。故虽见周公被谗，终不敢宣露，以明周公之忠诚。盖其意以谓周公生死，乃臣子常事，而宣泄所戒，乃为不可倚信之人。不可倚信，亦何以为人哉？故宁视周公之死，而不忍宣泄其言也。噫者，不平有恨之声也。其不平有恨，谓何？谓周公命我勿敢言，而我言之，是负周公也。周公既诛管、蔡，未敢遽归，以待成王之悔悟也。既而风雷之变在上，禾木之灾在下，金縢之书显其忠，诸史百执事证其说。成王乃知听流言之过，而求自新之路矣。自新当有其实。衮衣绣裳，以逆周公。且曰我国家待贤之礼，宜如此，非过也。夫成王向以流言而暗，今以风雷而明。过而不改是谓过矣。过而能改，天下仰之。成王亦未可轻也。以衮绣迎周公，以玉币谢天谴。出郊，所以谢谴也。谁谓天道远哉？向也，雷电以风；今也，雨而反风。向也，禾尽偃；今也，禾尽起。大风反风，尽偃尽起，特在成王疑与不疑之间耳。疑则变异如此，不疑则为瑞如此。然后知天止吾心而已矣，无求诸高高苍苍之间也。是以人主当先治其心。

伊川曰，成王者，是中才之主也。如天大雷电以风，而启金縢之书。成王无事而启金縢之书者何耶？盖二公之道如此，欲成王悟周公耳。或谓祝史何为藏之？曰，或焚或埋，后之制也。盖上古，未有焚埋之制。欲重其事，故藏之金縢，以久其传耳。曰，然则武王有疾弗豫，而周公乃册祝请代武王，可谓知命乎？曰，周公诚心，只欲代其亲，何暇知命。

临川曰，然则，大雷电以风，与乃反风，而史书之何也？曰周公之所以得迎者，以雷电风之变也；其既迎之也，则变复，而岁大熟。人莫不以迎周公为是，而当天意也。则史可以勿书乎？孔子以鬼神为难明，而《记》曰，疑事无质。吾以天之变为周公也，则是质之也。以天之变为成王也，则是亦质之也。故善为史者，是可书也，而不可以质之也。

张氏曰，夫天人之理，其致一也。故民之所欲，则天之所欲，是天之聪明因民而已。且周公之居东也，西人欲其归，则曰"公归不复，于汝信宿"；东人惜其去，则曰"无以我公归兮，无使我心悲兮"。夫周公之得人者如此，则其得天者可知矣。

11.《尚书详解》卷二十六《周书》

(宋) 陈经撰

秋，大熟未获。天大雷电以风，禾尽偃，大木斯拔，邦人大恐。王与大夫尽弁以启金縢之书，乃得周公所自以为功代武王之说。二公及王乃问诸史与百执事。对曰，信。噫！公命我勿敢言。王执书以泣，曰：其勿穆卜。昔公勤劳王家。唯予冲人勿及知。今，天动威，以彰周公之德。唯朕小子其新逆，我国家礼亦宜之。王出郊，天乃雨，反风，禾则尽起。二公命邦人，凡大木所偃，尽起而筑之。岁则大熟。

此章皆述天所以彰周公之德。是秋，大熟而未收敛也。天乃雷电以风，其威动可畏如此，禾皆为风所僵仆，而木之大者皆为风所折，此天变之非常也，故邦人为之大恐。王与大夫尽为皮弁之服，盖应天以质素故也。启金縢，以观占书，视其休祥如何，谋所以应天变，乃得周公前日所自以为功以身代武王之死册书具存。召公太公及王，遍问诸史与百执事。诸史，乃前日从周公册祝者；百执事乃前日从周公奔走从事者。夫以周公遭变至此，诸史、百执事皆知周公前日代武王之死矣，至此何为不出一言以申雪周公之冤耶？召公、太公虽不知代武王之说，其与周公同列久矣，岂不知周公所为尽忠于国家，亦无一言以申雪周公之冤，何耶？诸史百执事不可言也，二公而不言，二公亦有负于周公矣。曰不然，二公之心，知周公之心久矣，不待启金縢之书也。所以不言者，正以成王之疑方深，而非口舌所能争，必待成王之自信，然后可。苟非成王之自信，徒有以强其必信，则二公与周公同功一体之人也，得无有朋党之嫌，而重成王之疑欤。况事久论定，成王未有久而不信者，今日因金縢之启，成王之疑欲解矣。不言王及二公，而曰"二公及王"，则见二公于此时，知王心欲解，故首倡王，以遍问诸史与百执事，庶几诸史与百执事能陈周公当日之事，以解成王之疑，则成王至此始自信矣。诸史与百执事皆对曰，信，实有此事也。噫者！恨辞也。周公当时命我勿敢言矣，而我今言之，岂不失信，以负周公乎？此所以叹恨不满之意矣。夫以周公遭谤如此，诸史与百执事，宁视周公之死，而不敢漏当时所以丁宁之言，则在朝祝史之微，奔走之贱，其重然诺，守信义不可移夺如此。"王执书以泣曰，其勿穆卜。昔公勤劳王家。唯予冲人不及知",执金縢之书而泣曰：其勿敬卜矣。言无可疑矣，言天之威，祇为周公设也。周公前日勤劳王家如此，而我幼冲未之知，故天所以动威，而彰周公之德。夫天之与人，其势虽远，而感应之理，未尝不昭昭。世之有忠臣孝子，贞夫顺妇，所为苟合理，则天不旋踵应之。东海枉杀孝妇，天为亢旱三年。岂有周公之圣如此，而为逸言所伤。若天威之不动，是无天理也。"唯朕小子"，成王自称也。自今以往，当改过自新，遣使以迎周公于东。逆，迎也。此盖始疑终信。遇雨之吉，群疑已亡之时，我国家褒崇有德之礼，亦宜行之。所谓"笾豆有践，衮衣绣裳"皆以宠周公而迎之以归也。王出郊，所以谢天也。天乃雨下，而反其前日之风。向者所偃之禾，皆尽起矣。向者大木为风所拔者，二公又命邦人起而筑之。是岁大熟。以风反风，特在疑信之间，《洪范》五事庶征，当不诬矣。

12. 《融堂书解》卷十一

（宋）钱时撰

（归善斋按，见"武王既丧"）

13. 《尚书要义》卷十二

（宋）魏了翁撰

（归善斋按，原缺）

14. 《书集传或问》卷下

（宋）陈大猷撰

（归善斋按，见"武王既丧"）

15. 《尚书详解》卷七《周书》

（宋）胡士行撰

（归善斋按，见"武王既丧"）

16.《书纂言》卷四上《周书》

(元)吴澄撰

秋,大熟未获,天大雷电以风,禾尽偃,大木斯拔。邦人大恐。王与大夫尽弁以启金縢之书,乃得周公所自以为功代武王之说。二公及王乃问诸史与百执事。对曰,信。噫!公命我勿敢言。王执书以泣,曰,其勿穆卜。昔公勤劳王家,唯予冲人弗及知。今,天动威,以彰周公之德。唯朕小子其亲逆,我国家礼亦宜之。王出郊,天乃雨,反风,禾则尽起。二公命邦人,凡大木所偃,尽起而筑之。岁则大熟。

东征之二年,罪人斯得,而周公尚留居东都。此其三年之秋也。大雷电以风,天之怒而谕也。弁皮,弁常服,玄冠端,畏天威,敬鬼神。故王与大夫尽改服皮弁素积,启金縢所藏卜书以卜,而于其匮中,见周公请命之册。诸史百执事,供给卜筮之人,昔日从周公以卜者。今王将卜,故为卜而俱至。二公及王,得周公代死之说,遂以问之,则为信有此事。噫,心不平之声,又慨叹而谓,公常有命令,勿与人言,故我勿敢言尔。盖请命代死,出于一时迫切之诚,变礼也,非常道也,故不令宣泄。成王初意欲卜天变之为何,既得此说,始知昔日周公如此用心,以勤劳于王家。王自悔年幼不及知,不免为流言所惑。夫周公肯以身代兄死,其肯夺兄子之位乎?以公之忠圣,而被谤蒙疑,至今在外。公无负于王,王有负于公矣。天动威谴告,以彰显周公忠圣之德王,因此感悟,知天变为公,故曰"其勿穆卜"。王疑既释,亟欲去归,谓我当亲迎,而国家所以待公之礼,亦当宜称。公自东归将至,王出郊以迎,而天乃雨,阴阳和也。反偃禾之风,而禾之偃者尽起,天意回也。感应之速如此。凡大木为风所拔者,既颠仆于地矣。风所偃者,根未拔而干欹斜,则合众力,支拽之,起其干,令不偃,又筑其根,令坚固也。前言"秋大熟",后言"岁则大熟",其辞相始终,以见未获而禾偃,既偃而复起,虽遭风灾而不害也。亲迎,俗本"亲"作"新",今从马氏本。

此第二章。

17.《书集传纂疏》卷四下《朱子订定蔡氏集传·周书》

(元) 陈栎撰

秋,大熟未获,天大雷电以风,禾尽偃,大木斯拔,邦人大恐。王与大夫尽弁以启金縢之书,乃得周公所自以为功代武王之说。

王与大夫尽弁以发金縢之书,将卜天变,而偶得周公册祝请命之说也。孔氏谓"二公倡王启之"者,非是。按秋大熟,系于二年之后,则成王迎周公之归,盖二年秋也。《东山》之诗,言自我不见于今三年,则居东之非东征明矣。盖"周公居东二年",成王因风雷之变,既亲迎以归,三叔怀流言之罪,遂胁武庚以叛,成王命周公征之,其东征往反首尾,又自三年也。

18.《读书丛说》卷六

(元) 许谦撰

(归善斋按,未解)

19.《书传辑录纂注》卷四《周书》

(元) 董鼎撰

秋,大熟未获,天大雷电以风,禾尽偃,大木斯拔,邦人大恐。王与大夫尽弁以启金縢之书,乃得周公所自以为功代武王之说。

王与大夫尽弁以发金縢之书,将卜天变,而偶得周公册祝请命之说也。孔氏谓二公倡王启之者,非是。按,秋大熟,系于二年之后,则成王迎周公之归,盖二年秋也。《东山》之诗言"自我不见,于今三年",则居东之非东征明矣。盖周公居东二年,成王因风雷之变,既亲迎以归。三叔怀流言之罪,遂胁武庚以叛,成王命周公征之。其东征往反,首尾又自三年也。

20.《尚书句解》卷七

(元) 朱祖义撰

秋,大熟(是岁之秋百谷大熟)未获(未曾刈获),天大雷电以风

（天忽雷电大作又继以风）。

21.《尚书日记》卷十

（明）王樵撰

"秋，大熟未获"至"岁则大熟"。

蔡氏曰，秋大熟，系于二年之后，则成王迎周公归，盖二年秋也。《东山》之诗言"自我不见，于今三年"，则居东之非东征明矣。朱子曰，东征三年，非二年也。

蔡氏曰，王与大夫尽弁以发金縢之书，将卜天变，而偶得周公册祝请命之说。孔氏谓二公倡王启之者，非是。周公卜武王之疾，二公未必不知之。周公册祝之文，二公盖不知也。史及百执事，即前日卜武王疾之人也。二公及王问之，皆谓信有是事，已而叹息，言此实公命，而我勿敢言尔。孔氏谓周公使之勿言者，非是。

"王执书以泣曰：其勿穆卜"。孔氏曰，本欲敬卜吉凶，今，天意可知，故止之。按，成王于是大发悟，虽因得书，而其机又在《鸱鸮》之诗，史氏记贻诗于先，盖见此也。

蔡氏曰，按郑氏《诗传》，成王既得金縢之书，亲迎周公。郑氏学出于伏生，而此篇伏生所传，当以亲为正。"亲"误作"新"，正犹《大学》"新"误作"亲"也。国外曰郊，王出郊者，自往迎公，即上文所谓"亲迎"者也。天乃反风，感应如此之速《洪范》庶征，孰谓其不可信哉？又按武王疾瘳四年而崩，群叔流言，周公居东二年，罪人既得，成王迎周公以归，凡六年事也。编书者附于《金縢》之末，以见请命事之首末，《金縢》书之显晦也。

前云"天大雷电以风，禾尽偃"，后云"天乃雨反风，禾则尽起"，盖为风所偃者，既反风则禾尽起，其为大木所偃者不能自起，故命邦人尽起而筑之。起而筑之，以禾言，而木在其中。

按《金縢》一篇，周公之事首尾明著。凡居摄践阼，及诛管、蔡之讹传，皆可以不辩而明。以旦代某之身，一为周家大业，一亦为成王之幼也。至诚感天，王翼日疾瘳，又四年而崩，成王才年十三尔。武庚、三监，犹且有变，使武王遂丧于克商二年之后，则意外之变，何如哉？

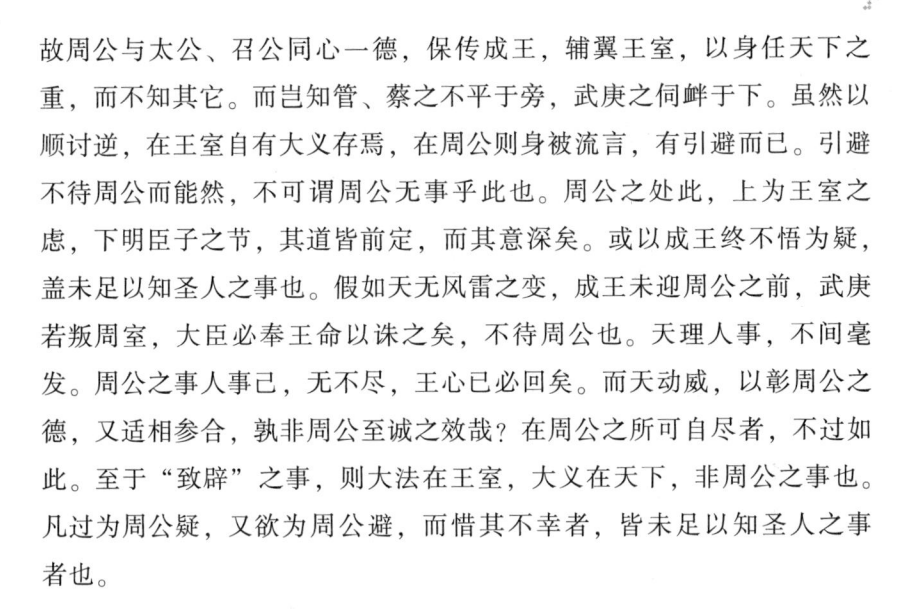

故周公与太公、召公同心一德，保傅成王，辅翼王室，以身任天下之重，而不知其它。而岂知管、蔡之不平于旁，武庚之伺衅于下。虽然以顺讨逆，在王室自有大义存焉，在周公则身被流言，有引避而已。引避不待周公而能然，不可谓周公无事乎此也。周公之处此，上为王室之虑，下明臣子之节，其道皆前定，而其意深矣。或以成王终不悟为疑，盖未足以知圣人之事也。假如天无风雷之变，成王未迎周公之前，武庚若叛周室，大臣必奉王命以诛之矣，不待周公也。天理人事，不间毫发。周公之事人事已，无不尽，王心已必回矣。而天动威，以彰周公之德，又适相参合，孰非周公至诚之效哉？在周公之所可自尽者，不过如此。至于"致辟"之事，则大法在王室，大义在天下，非周公之事也。凡过为周公疑，又欲为周公避，而惜其不幸者，皆未足以知圣人之事者也。

22.《日讲书经解义》卷七

秋，大熟未获，天大雷电以风，禾尽偃，大木斯拔，邦人大恐。王与大夫尽弁以启金縢之书，乃得周公所自以为功代武王之说。二公及王乃问诸史与百执事。对曰，信。噫！公命我勿敢言。

此二节书，是叙成王得周公请命祝册之由也。丰登曰熟；刈收曰获。偃，仆也。弁，皮弁冠也。诸史、百执事，掌卜筮之官。信，诚然。噫，叹词。史臣曰，周公居东二年之秋，田禾大熟，尚未收获，天忽大雷电，而加以烈风。禾尽仆倒，大树亦皆拔起，邦国之人虩虩震恐。王与大夫尽服皮弁，开金縢之匮，将取册书，以卜天变，偶得周公册祝自以为功请代武王之说。太公、召公及成王，乃问当时卜筮诸史及执事之人，周公果有是事否？众人皆对曰，信然。已而叹息言，此实周公之词命，而我当册祝之日，恐人心动摇，虽知之而不敢泄露也。此可见公之忠诚，能上格天心，而未孚于其君，故天出灾异，以昭雪之。上帝之所以保佑忠良，启悟人主者，亦至矣。

禾尽偃，大木斯拔，邦人大恐

1. 《尚书注疏》卷十二《周书》

（汉）孔氏传，（唐）陆德明音义，（唐）孔颖达疏

禾尽偃，大木斯拔，邦人大恐。

传，风灾所及，邦人皆大恐。

音义，拔，皮八反。

疏，正义曰，禾尽偃仆，大木于此而拔。风灾所及，邦人大恐。

传，正义曰，言邦人则风灾，唯在周邦，不及宽远，故云风灾所及。邦人皆大恐，言独畿内恐也。

2. 《书传》卷十一《周书》

（宋）苏轼撰

（归善斋按，见"秋，大熟未获"）

3. 《尚书全解》卷二十六《周书》

（宋）林之奇撰

（归善斋按，见"武王既丧"）

4. 《尚书讲义》卷十三

（宋）史浩撰

（归善斋按，见"武王既丧"）

5. 《尚书详解》卷十八

（宋）夏僎撰

（归善斋按，见"武王既丧"）

6. 《增修东莱书说》卷十八《周书》

（宋）吕祖谦撰，（宋）石澜增修
（归善斋按，见"秋，大熟未获"）

7. 《尚书说》卷四《周书》

（宋）黄度撰
（归善斋按，见"秋，大熟未获"）

8. 《絜斋家塾书钞》卷十

（宋）袁燮撰
（归善斋按，见"武王既丧"）

9. 《书经集传》卷四

（宋）蔡沈撰
（归善斋按，见"秋，大熟未获"）

10. 《尚书精义》卷三十二

（宋）黄伦撰
（归善斋按，见"秋，大熟未获"）

11. 《尚书详解》卷二十六《周书》

（宋）陈经撰
（归善斋按，见"秋，大熟未获"）

12. 《融堂书解》卷十一

（宋）钱时撰
（归善斋按，见"武王既丧"）

13. 《尚书要义》卷十二

（宋）魏了翁撰

（归善斋按，原缺）

14. 《书集传或问》卷下

（宋）陈大猷撰

（归善斋按，见"武王既丧"）

15. 《尚书详解》卷七《周书》

（宋）胡士行撰

（归善斋按，见"武王既丧"）

16. 《书纂言》卷四上《周书》

（元）吴澄撰

（归善斋按，见"秋，大熟未获"）

17. 《书集传纂疏》卷四下《朱子订定蔡氏集传·周书》

（元）陈栎撰

（归善斋按，见"秋，大熟未获"）

18. 《读书丛说》卷六

（元）许谦撰

（归善斋按，未解）

19. 《书传辑录纂注》卷四《周书》

（元）董鼎撰

（归善斋按，见"秋，大熟未获"）

20.《尚书句解》卷七

（元）朱祖义撰

禾尽偃（禾尽为风偃仆于田亩中），大木斯拔（以致大木亦为所拔），邦人大恐（周邦之人观此天变大恐惧）。

21.《尚书日记》卷十

（明）王樵撰
（归善斋按，见"秋，大熟未获"）

22.《日讲书经解义》卷七

（归善斋按，见"秋，大熟未获"）

王与大夫尽弁以启金縢之书

1.《尚书注疏》卷十二《周书》

（汉）孔氏传，（唐）陆德明音义，（唐）孔颖达疏
王与大夫尽弁以启金縢之书。
传，皮弁质服以应天。
音义，弁，皮彦反，徐扶变反。应，"应对"之应。
疏，正义曰，王见此变，与大夫尽皮弁，以开金縢之书，按省故事，求变异所由。
传，正义曰，皮弁象古，故为质服。祭天尚质，故服以应天也。《周礼·司服》云"王祀昊天上帝，则服大裘而冕"。无旒乃是冕之质者，是事天宜质服，故服之以应天变也。《周礼》，视朝则皮弁服。皮弁，是视朝服。每日常服而言质者，皮弁，白布衣，素积裳，故为"质"也。郑玄以为爵弁。必爵弁者，承天变降服，亦如国家失道焉。

2.《书传》卷十一《周书》

（宋）苏轼撰

（归善斋按，见"秋，大熟未获"）

3.《尚书全解》卷二十六《周书》

（宋）林之奇撰

（归善斋按，见"武王既丧"）

4.《尚书讲义》卷十三

（宋）史浩撰

（归善斋按，见"武王既丧"）

5.《尚书详解》卷十八

（宋）夏僎撰

（归善斋按，见"武王既丧"）

6.《增修东莱书说》卷十八《周书》

（宋）吕祖谦撰，（宋）石澜增修

（归善斋按，见"秋，大熟未获"）

7.《尚书说》卷四《周书》

（宋）黄度撰

（归善斋按，见"秋，大熟未获"）

8.《絜斋家塾书钞》卷十

（宋）袁燮撰

（归善斋按，见"武王既丧"）

9.《书经集传》卷四

（宋）蔡沈撰
（归善斋按，见"秋，大熟未获"）

10.《尚书精义》卷三十二

（宋）黄伦撰
（归善斋按，见"秋，大熟未获"）

11.《尚书详解》卷二十六《周书》

（宋）陈经撰
（归善斋按，见"秋，大熟未获"）

12.《融堂书解》卷十一

（宋）钱时撰
（归善斋按，见"武王既丧"）

13.《尚书要义》卷十二

（宋）魏了翁撰
（归善斋按，原缺）

14.《书集传或问》卷下

（宋）陈大猷撰
（归善斋按，见"武王既丧"）

15.《尚书详解》卷七《周书》

（宋）胡士行撰
（归善斋按，见"武王既丧"）

16. 《书纂言》卷四上《周书》

（元）吴澄撰

（归善斋按，见"秋，大熟未获"）

17. 《书集传纂疏》卷四下《朱子订定蔡氏集传·周书》

（元）陈栎撰

（归善斋按，见"秋，大熟未获"）

18. 《读书丛说》卷六

（元）许谦撰

（归善斋按，未解）

19. 《书传辑录纂注》卷四《周书》

（元）董鼎撰

（归善斋按，见"秋，大熟未获"）

20. 《尚书句解》卷七

（元）朱祖义撰

王与大夫尽弁（成王与大夫尽服皮弁，以质素应天之变）以启金縢之书（将启匮取卜筮之书。命龟以卜休咎，未卜之间）。

21. 《尚书日记》卷十

（明）王樵撰

（归善斋按，见"秋，大熟未获"）

22. 《日讲书经解义》卷七

（归善斋按，见"秋，大熟未获"）

《尚书埤传》卷十一

（清）朱鹤龄撰

王与大夫尽弁以启金縢之书。

孔传，皮弁，素服以应天。疏云，《周礼》，视朝则皮弁。服皮弁，每日常服，而云"质"者，皮弁，白布衣，素积裳，故为"质"也。郑玄以为爵弁。必爵弁者，承天变降服。愚按，周公既得卜而后启籥见书，以观卜兆，二公未卜乃先发金縢之书，于此可疑。故疏云，金縢之书有先王灾变故事，倡王启之，求消伏之术。此本郑康成说，当存之。

《尚书埤传》卷十一

（清）朱鹤龄撰

公命。

注疏"公命我"为句，蔡点更之甚当。

乃得周公所自以为功代武王之说

1. 《尚书注疏》卷十二《周书》

（汉）孔氏传，（唐）陆德明音义，（唐）孔颖达疏

乃得周公所自以为功，代武王之说。

传，所藏请命册书本。

音义，说，如字，徐音始锐反。

疏，正义曰，乃得周公所自以为功，请代武王之说。

2. 《书传》卷十一《周书》

（宋）苏轼撰

乃得周公所自以为功代武王之说。二公及王乃问诸史与百执事。对曰，信。噫！公命我勿敢言。王执书以泣曰，其勿穆卜。昔公勤劳王家，

唯予冲人弗及知。今，天动威以彰周公之德，唯朕小子其新逆。

自新且使人逆公。公时尚在东也。

3.《尚书全解》卷二十六《周书》

（宋）林之奇撰

（归善斋按，见"武王既丧"）

4.《尚书讲义》卷十三

（宋）史浩撰

（归善斋按，见"武王既丧"）

5.《尚书详解》卷十八

（宋）夏僎撰

（归善斋按，见"武王既丧"）

6.《增修东莱书说》卷十八《周书》

（宋）吕祖谦撰，（宋）石𬭁增修

（归善斋按，见"秋，大熟未获"）

7.《尚书说》卷四《周书》

（宋）黄度撰

（归善斋按，见"秋，大熟未获"）

8.《絜斋家塾书钞》卷十

（宋）袁燮撰

（归善斋按，见"武王既丧"）

9.《书经集传》卷四

（宋）蔡沈撰

（归善斋按，见"秋，大熟未获"）

10. 《尚书精义》卷三十二

（宋）黄伦撰
（归善斋按，见"秋，大熟未获"）

11. 《尚书详解》卷二十六《周书》

（宋）陈经撰
（归善斋按，见"秋，大熟未获"）

12. 《融堂书解》卷十一

（宋）钱时撰
（归善斋按，见"武王既丧"）

13. 《尚书要义》卷十二

（宋）魏了翁撰
（归善斋按，原缺）

14. 《书集传或问》卷下

（宋）陈大猷撰
（归善斋按，见"武王既丧"）

15. 《尚书详解》卷七《周书》

（宋）胡士行撰
（归善斋按，见"武王既丧"）

16. 《书纂言》卷四上《周书》

（元）吴澄撰
（归善斋按，见"秋，大熟未获"）

17.《书集传纂疏》卷四下《朱子订定蔡氏集传·周书》

（元）陈栎撰

（归善斋按，见"秋，大熟未获"）

18.《读书丛说》卷六

（元）许谦撰

（归善斋按，未解）

19.《书传辑录纂注》卷四《周书》

（元）董鼎撰

（归善斋按，见"秋，大熟未获"）

20.《尚书句解》卷七

（元）朱祖义撰

乃得周公所自以为功（乃得周公往者所自以请命为己事）代武王之说（欲代武王之死之说于金縢匮中）。

21.《尚书日记》卷十

（明）王樵撰

（归善斋按，见"秋，大熟未获"）

22.《日讲书经解义》卷七

（归善斋按，见"秋，大熟未获"）

二公及王乃问诸史与百执事

1.《尚书注疏》卷十二《周书》

（汉）孔氏传，（唐）陆德明音义，（唐）孔颖达疏

二公及王乃问诸史与百执事。

传,二公倡王启之,故先见。书史、百执事皆从周公请命。

音义,倡,昌亮反。从,才用反,又如字。

疏,正义曰,二公及王问本从公之人,史与百执事,问审然以否。

传,正义曰,二公与王,若同而问,当言王及二公。今言二公及王,则是二公先问,知二公倡王启之,故先见书。郑云,开金縢之书者,省察变异所由故事也。以金縢匮内有先王故事,疑其遭遇灾变,必有消伏之术,故倡王启之。史为公造□书,而百执事给使令,皆从周公请命者。

《尚书注疏》卷十二《考证》

二公及王。顾炎武曰,主少,国疑,周公又出居外,而上下安宁无腹心之患者,二公之力也。《荀子》曰,"二公仁智且不蔽,故能持周公,而名利福禄与周公齐。"

2.《书传》卷十一《周书》

(宋)苏轼撰

(归善斋按,未解)

3.《尚书全解》卷二十六《周书》

(宋)林之奇撰

(归善斋按,见"武王既丧")

4.《尚书讲义》卷十三

(宋)史浩撰

(归善斋按,见"武王既丧")

5.《尚书详解》卷十八

(宋)夏僎撰

(归善斋按,见"武王既丧")

6. 《增修东莱书说》卷十八《周书》

（宋）吕祖谦撰，（宋）石澜增修
（归善斋按，见"秋，大熟未获"）

7. 《尚书说》卷四《周书》

（宋）黄度撰

二公及王乃问诸史与百执事。对曰，信。噫！公命我勿敢言。

二公知周公为武王祷，而不知其为请代。能阴相成王，不诮周公，而终不敢使成王迎周公。君疑如此，不待其自悟，而欲以口舌争，事转乖矣。周公之忠，终当有以感动成王者，雷风之变，固非意料之所及也。史与百执，受周公之命，至此犹弗言，古人忠信为可见。

8. 《絜斋家塾书钞》卷十

（宋）袁燮撰
（归善斋按，见"武王既丧"）

9. 《书经集传》卷四

（宋）蔡沈撰

二公及王乃问诸史与百执事。对曰，信。噫！公命（句）我勿敢言。

周公卜武王之疾，二公未必不知之。周公册祝之文，二公盖不知也。诸史百执事，盖卜筮执事之人，成王使卜天变者，即前日周公使卜武王疾之人也。二公及成王，得周公自以为功之说，因以问之故，皆谓信有此事，已而叹息，言此实周公之命，而我勿敢言尔。孔氏谓周公使之勿道者，非是。

10. 《尚书精义》卷三十二

（宋）黄伦撰
（归善斋按，见"秋，大熟未获"）

11. 《尚书详解》卷二十六《周书》

(宋)陈经撰
(归善斋按,见"秋,大熟未获")

12. 《融堂书解》卷十一

(宋)钱时撰
(归善斋按,见"武王既丧")

13. 《尚书要义》卷十二

(宋)魏了翁撰
(归善斋按,原缺)

14. 《书集传或问》卷下

(宋)陈大猷撰
(归善斋按,见"武王既丧")

15. 《尚书详解》卷七《周书》

(宋)胡士行撰
(归善斋按,见"武王既丧")

16. 《书纂言》卷四上《周书》

(元)吴澄撰
(归善斋按,见"秋,大熟未获")

17. 《书集传纂疏》卷四下《朱子订定蔡氏集传·周书》

(元)陈栎撰
二公及王乃问诸史与百执事。对曰:信。噫!公命(句)我勿敢言。
周公卜武王之疾,二公未必不知之。周公册祝之文,二公盖不知也。诸史百执事,盖卜筮执事之人,成王使卜天变者,即前日周公使卜武王疾之人也。二公及成王，得周公自以为功之说，因以问之故，皆谓信有此事。已而叹息言，此实周公之命，而我勿敢言尔。孔氏谓周公使之勿道者，非是。

纂疏：

愚谓，强分"公命"为句，于"勿"字，竟说不通。

18.《读书丛说》卷六

(元) 许谦撰

(归善斋按，未解)

19.《书传辑录纂注》卷四《周书》

(元) 董鼎撰

二公及王乃问诸史与百执事。对曰，信。噫！公命（句）我勿敢言。

周公卜武王之疾，二公未必不知之。周公册祝之文，二公盖不知也。诸史百执事，盖卜筮执事之人，成王使卜天变者，即前日周公使卜武王疾之人也。二公及成王，得周公自以为功之说，因以问之，故皆谓信有此事。已而叹息言，此实周公之命，而我勿敢言尔。孔氏谓周公使之勿道者，非是。

辑录：

"秋，大熟"止"我勿敢言"，金縢所藏代武王之说。《文集》。

纂注：

葵初王氏曰，如蔡点，当云我莫敢言耳。《说文》，勿，莫也。

20.《尚书句解》卷七

(元) 朱祖义撰

二公及王（太公召公及成王），乃问诸史（乃问前日诸史从周公册祝者）与百执事（与前日百执事从周公奔走服事者）。

21. 《尚书日记》卷十

(明) 王樵撰
(归善斋按,见"秋,大熟未获")

22. 《日讲书经解义》卷七

(归善斋按,见"秋,大熟未获")

对曰,信,噫!公命我勿敢言

1. 《尚书注疏》卷十二《周书》

(汉) 孔氏传,(唐) 陆德明音义,(唐) 孔颖达疏
对曰,信,噫!公命我勿敢言。
传,史百执事言,信有此事。周公使我勿道,今言之,则负周公。噫,恨辞。
音义,噫,于其反,马本作"懿",犹"亿"也。
疏,正义曰,对曰"信",言有此事也,乃为不平之声"噫,公命我勿敢言"。
传,正义曰,周公使我勿道此事者,公以臣子之情,忠心欲代王死,非是规求名誉,不用使人知之。且武王瘳而周公不死,恐人以公为诈,故令知者勿言。今被问而言之,是违负周公也。噫者,心不平之声,故为恨辞。

2. 《书传》卷十一《周书》

(宋) 苏轼撰
(归善斋按,未解)

3. 《尚书全解》卷二十六《周书》

(宋)林之奇撰

(归善斋按,见"武王既丧")

4. 《尚书讲义》卷十三

(宋)史浩撰

(归善斋按,见"武王既丧")

5. 《尚书详解》卷十八

(宋)夏僎撰

(归善斋按,见"武王既丧")

6. 《增修东莱书说》卷十八《周书》

(宋)吕祖谦撰,(宋)石㵁增修

(归善斋按,见"秋,大熟未获")

7. 《尚书说》卷四《周书》

(宋)黄度撰

(归善斋按,见"二公及王乃问诸史与百执事")

8. 《絜斋家塾书钞》卷十

(宋)袁燮撰

(归善斋按,见"武王既丧")

9. 《书经集传》卷四

(宋)蔡沈撰

(归善斋按,见"二公及王乃问诸史与百执事")

10. 《尚书精义》卷三十二

（宋）黄伦撰
（归善斋按，见"秋，大熟未获"）

11. 《尚书详解》卷二十六《周书》

（宋）陈经撰
（归善斋按，见"秋，大熟未获"）

12. 《融堂书解》卷十一

（宋）钱时撰
（归善斋按，见"武王既丧"）

13. 《尚书要义》卷十二

（宋）魏了翁撰
（归善斋按，原缺）

14. 《书集传或问》卷下

（宋）陈大猷撰
（归善斋按，见"武王既丧"）

15. 《尚书详解》卷七《周书》

（宋）胡士行撰
（归善斋按，见"武王既丧"）

16. 《书纂言》卷四上《周书》

（元）吴澄撰
（归善斋按，见"秋，大熟未获"）

17.《书集传纂疏》卷四下《朱子订定蔡氏集传·周书》

（元）陈栎撰

（归善斋按，见"二公及王乃问诸史与百执事"）

18.《读书丛说》卷六

（元）许谦撰

（归善斋按，未解）

19.《书传辑录纂注》卷四《周书》

（元）董鼎撰

（归善斋按，见"二公及王乃问诸史与百执事"）

20.《尚书句解》卷七

（元）朱祖义撰

对曰，信（同辞应曰信有是事）。噫（恨辞）！公命我勿敢言（周公当时命我勿敢言矣，而我言之岂不失信以负周公乎？此所以有叹恨不满之辞）。

21.《尚书日记》卷十

（明）王樵撰

（归善斋按，见"秋，大熟未获"）

22.《日讲书经解义》卷七

（归善斋按，见"秋，大熟未获"）

《尚书考异》卷五

（明）梅鷟撰

对曰，信。噫！

"噫"。马本作"懿"，犹"亿"也。

王执书以泣，曰，其勿穆卜

1. 《尚书注疏》卷十二《周书》

（汉）孔氏传，（唐）陆德明音义，（唐）孔颖达疏

王执书以泣，曰，其勿穆卜。

传，本欲敬卜吉凶，今，天意可知，故止之。

疏，正义曰，王执书以泣，曰，其勿敬卜吉凶，言天之意已可知也。

2. 《书传》卷十一《周书》

（宋）苏轼撰

（归善斋按，未解）

3. 《尚书全解》卷二十六《周书》

（宋）林之奇撰

（归善斋按，见"武王既丧"）

4. 《尚书讲义》卷十三

（宋）史浩撰

（归善斋按，见"武王既丧"）

5. 《尚书详解》卷十八

（宋）夏僎撰

（归善斋按，见"武王既丧"）

6. 《增修东莱书说》卷十八《周书》

（宋）吕祖谦撰，（宋）石澜增修

（归善斋按，见"秋，大熟未获"）

7. 《尚书说》卷四《周书》

(宋) 黄度撰

王执书以泣,曰,其勿穆卜。昔公勤劳王家,唯予冲人弗及知。今,天动威,以彰周公之德,唯朕小子其新逆,我国家礼亦宜之。

成王得书而知天意所在,故不复卜,而遂迎周公。执书以泣,不唯悟,且保不变。《小毖》曰"予其惩,而毖后患,莫予荓蜂,自求辛螫。肇允彼桃虫,拚飞维鸟,未堪家多难,予又集于蓼",是何惩创之若是哉。《太甲》曰"既往背师保之训",成王曰"唯予冲人弗及知",皆疑亡意悟,一悟而不复变之言也。然则,周公身安,而后国家可保,犹不足言。至所谓一正君而国定,岂常人之所能致哉。新逆,舍旧之谓也,东征凯还,衮衣绣裳以复其位,于我国家礼亦宜之。方疑而东征,必迎而后还国,诚有安危之机焉,非周公之忠,其殆难居乎?精诚之积,天为之动。故尝谓舜之焚廪浚井,文王之拘羑里,周公之居东,不独免难,而皆能成其志。唯臣子之道自尽焉耳。夫事不于跋胡疐尾,观之,固不足以见圣人。至其所以得遂其意,岂有他道哉。是故"无坠天之降宝命,我先王亦永有依归"与"我之弗辟则无以告我先王",同一心也。"武王翼日乃瘳"与"风雷之变"同一诚也。

8. 《絜斋家塾书钞》卷十

(宋) 袁燮撰

(归善斋按,见"武王既丧")

9. 《书经集传》卷四

(宋) 蔡沈撰

王执书以泣,曰,其勿穆卜。昔公勤劳王家,唯予冲人弗及知。今,天动威以彰周公之德。唯朕小子其新迎,我国家礼亦宜之。

新,当作"亲"。成王启金縢之书欲卜天变,既得公册祝之文,遂感悟,执书以泣,言不必更卜。昔周公勤劳王室,我幼不及知。今,天动威以明周公之德,我小子其亲迎公以归,于国家礼亦宜也。按郑氏《诗传》，成王既得金縢之书，亲迎周公。郑氏学出于伏生，而此篇则伏生所传，当以亲为正。"亲"误作"新"，正犹《大学》"新"误作"亲"也。

10.《尚书精义》卷三十二

（宋）黄伦撰

（归善斋按，见"秋，大熟未获"）

11.《尚书详解》卷二十六《周书》

（宋）陈经撰

（归善斋按，见"秋，大熟未获"）

12.《融堂书解》卷十一

（宋）钱时撰

（归善斋按，见"武王既丧"）

13.《尚书要义》卷十二

（宋）魏了翁撰

（归善斋按，原缺）

14.《书集传或问》卷下

（宋）陈大猷撰

（归善斋按，见"武王既丧"）

15.《尚书详解》卷七《周书》

（宋）胡士行撰

（归善斋按，见"武王既丧"）

16.《书纂言》卷四上《周书》

（元）吴澄撰

（归善斋按，见"秋，大熟未获"）

17.《书集传纂疏》卷四下《朱子订定蔡氏集传·周书》

(元)陈栎撰

王执书以泣,曰,其勿穆卜。昔公勤劳王家。唯予冲人弗及知。今,天动威,以彰周公之德。唯朕小子其新逆,我国家礼亦宜之。

新,当作"亲"。成王启金縢之书,欲卜天变,既得公册祝之文,遂感悟,执书以泣,言不必更卜。昔周公勤劳王室,我幼不及知。今,天动威,以明周公之德。我小子其亲迎公以归,于国家礼亦宜也。按,郑氏《诗传》,成王既得金縢之书,亲迎周公。郑氏学出于伏生,而此篇则伏生所传,当以"亲"为正。"亲"误作"新",正犹《大学》"新"误作"亲"也。

纂疏:

马融本,"新逆"作"亲迎"。

18.《读书丛说》卷六

(元)许谦撰

(归善斋按,未解)

19.《书传辑录纂注》卷四《周书》

(元)董鼎撰

王执书以泣,曰,其勿穆卜。昔公勤劳王家,唯予冲人弗及知。今,天动威,以彰周公之德,唯朕小子其新迎。我国家礼亦宜之。

新,当作"亲"。成王启金縢之书,欲卜天变,既得公册祝之文,遂感悟,执书以泣,言不必更卜。昔周公勤劳王室,我幼不及知。今,天动威,以明周公之德,我小子其亲迎公以归。于国家礼亦宜也。按郑氏《诗传》,成王既得金縢之书,亲迎周公。郑氏学出于伏生,而此篇则伏生所传,当以亲为正。"亲"误作"新",正犹《大学》"新"误作"亲"也。

纂注

马融本"新迎"作"亲逆"。

20. 《尚书句解》卷七

（元）朱祖义撰

王执书以泣（王大悟执册书以泣），曰，其勿穆卜（言今不需敬卜，我已知过）。

21. 《尚书日记》卷十

（明）王樵撰

（归善斋按，见"秋，大熟未获"）

22. 《日讲书经解义》卷七

王执书以泣，曰，其勿穆卜。昔公勤劳王家。唯予冲人弗及知。今，天动威，以彰周公之德，唯朕小子其新逆，我国家礼亦宜之。

此一节书，是言成王见祝册，而感悟周公之忠也。冲，幼也。新逆，亲迎也。史臣曰，成王闻诸史、百执事之言，乃执周公请命之册书，涕泣告群臣曰，今观公书，可知天变之所由，我君臣不必更穆卜矣。昔公事皇考时，尽忠竭力。平日则左右夹辅，有忧则请代忘身。其勤劳王家如此。予年幼冲不及悉知，致使横罹谗谤，退居东都。今，天动风雷之威，以昭公勤劳之德。唯朕小子，敢不顺承天意，出郊亲迎，以复其位。于我国家崇德报功之礼，固宜如是也。盖至是，而周公之心始明，成王之疑始释，周之社稷危而复安，皆在于此。人君一念之悔悟，关系岂浅鲜哉？

昔公勤劳王家，唯予冲人弗及知

1. 《尚书注疏》卷十二《周书》

（汉）孔氏传，（唐）陆德明音义，（唐）孔颖达疏

昔公勤劳王家，唯予冲人弗及知。

传，言己童幼，不及知周公昔日忠勤。

音义,冲,直忠反。

疏,正义曰,昔公勤劳王家,唯我幼童之人,不及见知。

2.《书传》卷十一《周书》

(宋)苏轼撰

(归善斋按,未解)

3.《尚书全解》卷二十六《周书》

(宋)林之奇撰

(归善斋按,见"武王既丧")

4.《尚书讲义》卷十三

(宋)史浩撰

(归善斋按,见"武王既丧")

5.《尚书详解》卷十八

(宋)夏僎撰

(归善斋按,见"武王既丧")

6.《增修东莱书说》卷十八《周书》

(宋)吕祖谦撰,(宋)石澜增修

昔公勤劳王家,唯予冲人弗及知。今,天动威以彰周公之德。唯朕小子其新逆,我国家礼亦宜之。

成王自悔之辞也。当周公之作诗,成王非不朝夕观省,犹不能无疑,此则幡然而悔,何也公。诗虽切,乃公之言;天意昭示,则王之自悟也。我小子当洗濯自新以逆周公,亦非加厚国家之礼,所当然耳。

7.《尚书说》卷四《周书》

(宋)黄度撰

(归善斋按,见"王执书以泣")

8. 《絜斋家塾书钞》卷十

（宋）袁燮撰
（归善斋按，见"武王既丧"）

9. 《书经集传》卷四

（宋）蔡沈撰
（归善斋按，见"王执书以泣"）

10. 《尚书精义》卷三十二

（宋）黄伦撰
（归善斋按，见"秋，大熟未获"）

11. 《尚书详解》卷二十六《周书》

（宋）陈经撰
（归善斋按，见"秋，大熟未获"）

12. 《融堂书解》卷十一

（宋）钱时撰
（归善斋按，见"武王既丧"）

13. 《尚书要义》卷十二

（宋）魏了翁撰
（归善斋按，原缺）

14. 《书集传或问》卷下

（宋）陈大猷撰
（归善斋按，见"武王既丧"）

15.《尚书详解》卷七《周书》

（宋）胡士行撰

（归善斋按，见"武王既丧"）

16.《书纂言》卷四上《周书》

（元）吴澄撰

（归善斋按，见"秋，大熟未获"）

17.《书集传纂疏》卷四下《朱子订定蔡氏集传·周书》

（元）陈栎撰

（归善斋按，见"王执书以泣"）

18.《读书丛说》卷六

（元）许谦撰

（归善斋按，未解）

19.《书传辑录纂注》卷四《周书》

（元）董鼎撰

（归善斋按，见"王执书以泣"）

20.《尚书句解》卷七

（元）朱祖义撰

昔公勤劳王家（昔周公勤劳王室如此其至），唯予冲人弗及知（唯我幼冲人不及知此事）。

21.《尚书日记》卷十

（明）王樵撰

（归善斋按，见"秋，大熟未获"）

22. 《日讲书经解义》卷七

(归善斋按,见"王执书以泣")

今,天动威,以彰周公之德

1. 《尚书注疏》卷十二《周书》

(汉)孔氏传,(唐)陆德明音义,(唐)孔颖达疏
今,天动威,以彰周公之德。
传,发雷风之威以明周公之圣德。
疏,正义曰,今,天动雷电之威,以彰明周公之德。

2. 《书传》卷十一《周书》

(宋)苏轼撰
(归善斋按,未解)

3. 《尚书全解》卷二十六《周书》

(宋)林之奇撰
(归善斋按,见"武王既丧")

4. 《尚书讲义》卷十三

(宋)史浩撰
(归善斋按,见"武王既丧")

5. 《尚书详解》卷十八

(宋)夏僎撰
(归善斋按,见"武王既丧")

6. 《增修东莱书说》卷十八《周书》

（宋）吕祖谦撰，（宋）石澜增修
（归善斋按，见"昔公勤劳王家"）

7. 《尚书说》卷四《周书》

（宋）黄度撰
（归善斋按，见"王执书以泣"）

8. 《絜斋家塾书钞》卷十

（宋）袁燮撰
（归善斋按，见"武王既丧"）

9. 《书经集传》卷四

（宋）蔡沈撰
（归善斋按，见"王执书以泣"）

10. 《尚书精义》卷三十二

（宋）黄伦撰
（归善斋按，见"秋，大熟未获"）

11. 《尚书详解》卷二十六《周书》

（宋）陈经撰
（归善斋按，见"秋，大熟未获"）

12. 《融堂书解》卷十一

（宋）钱时撰
（归善斋按，见"武王既丧"）

13. 《尚书要义》卷十二

（宋）魏了翁撰

（归善斋按，原缺）

14. 《书集传或问》卷下

（宋）陈大猷撰

（归善斋按，见"武王既丧"）

15. 《尚书详解》卷七《周书》

（宋）胡士行撰

（归善斋按，见"武王既丧"）

16. 《书纂言》卷四上《周书》

（元）吴澄撰

（归善斋按，见"秋，大熟未获"）

17. 《书集传纂疏》卷四下《朱子订定蔡氏集传·周书》

（元）陈栎撰

（归善斋按，见"王执书以泣"）

18. 《读书丛说》卷六

（元）许谦撰

（归善斋按，未解）

19. 《书传辑录纂注》卷四《周书》

（元）董鼎撰

（归善斋按，见"王执书以泣"）

20. 《尚书句解》卷七

(元) 朱祖义撰

今,天动威(今,天动风雷之威,使我启缄而卜因得此书),以彰周公之德(彰显周公之德)。

21. 《尚书日记》卷十

(明) 王樵撰

(归善斋按,见"秋,大熟未获")

22. 《日讲书经解义》卷七

(归善斋按,见"王执书以泣")

唯朕小子其新逆,我国家礼亦宜之

1. 《尚书注疏》卷十二《周书》

(汉) 孔氏传,(唐) 陆德明音义,(唐) 孔颖达疏

唯朕小子其新逆,我国家礼亦宜之。

传,周公以成王未悟,故留东未还。改过自新,遣使者迎之,亦国家礼有德之宜。

音义,新逆,马本作亲迎。使,所吏反。

疏,正义曰,唯朕小子其改过自新,遣人往迎之。我国家褒崇有德之礼,亦宜行之。

传,正义曰,公之东征止为伐罪。罪人既得,公即当还。以成王未悟,恐与公不和,故留东未还,待王之察己也。新迎者,改过自新,遣使者迎之。《诗·九罭》之篇,是迎之事也。亦国家礼有德之宜,言尊崇有德,宜用厚礼。《诗》称"衮衣""笾豆",是国家礼也。

2. 《书传》卷十一《周书》

（宋）苏轼撰

我国家礼亦宜之。王出郊。

郊诰谢罪也。

（归善斋按，另见"乃得周公所自以为功代武王之说"）

3. 《尚书全解》卷二十六《周书》

（宋）林之奇撰
（归善斋按，见"武王既丧"）

4. 《尚书讲义》卷十三

（宋）史浩撰
（归善斋按，见"武王既丧"）

5. 《尚书详解》卷十八

（宋）夏僎撰
（归善斋按，见"武王既丧"）

6. 《增修东莱书说》卷十八《周书》

（宋）吕祖谦撰，（宋）石澜增修
（归善斋按，见"昔公勤劳王家"）

7. 《尚书说》卷四《周书》

（宋）黄度撰
（归善斋按，见"王执书以泣"）

8. 《絜斋家塾书钞》卷十

（宋）袁燮撰
（归善斋按，见"武王既丧"）

9.《书经集传》卷四

（宋）蔡沈撰

（归善斋按，见"王执书以泣"）

10.《尚书精义》卷三十二

（宋）黄伦撰

（归善斋按，见"秋，大熟未获"）

11.《尚书详解》卷二十六《周书》

（宋）陈经撰

（归善斋按，见"秋，大熟未获"）

12.《融堂书解》卷十一

（宋）钱时撰

（归善斋按，见"武王既丧"）

13.《尚书要义》卷十二

（宋）魏了翁撰

（归善斋按，原缺）

14.《书集传或问》卷下

（宋）陈大猷撰

（归善斋按，见"武王既丧"）

15.《尚书详解》卷七《周书》

（宋）胡士行撰

（归善斋按，见"武王既丧"）

16. 《书纂言》卷四上《周书》

（元）吴澄撰

（归善斋按，见"秋，大熟未获"）

17. 《书集传纂疏》卷四下《朱子订定蔡氏集传·周书》

（元）陈栎撰

（归善斋按，见"王执书以泣"）

18. 《读书丛说》卷六

（元）许谦撰

（归善斋按，未解）

19. 《书传辑录纂注》卷四《周书》

（元）董鼎撰

（归善斋按，见"王执书以泣"）

20. 《尚书句解》卷七

（元）朱祖义撰

唯朕小子其新逆（我小子今改过自新，迎公以归）。我国家礼亦宜之（国家褒崇贤者之礼亦宜如此）。

21. 《尚书日记》卷十

（明）王樵撰

（归善斋按，见"秋，大熟未获"）

22. 《日讲书经解义》卷七

（归善斋按，见"王执书以泣"）

《书蔡氏传旁通》卷四下

（元）陈师凯撰

"新"当作"亲"。

按陆氏释文云，"新逆"，马本作"亲逆"。

《尚书考异》卷五

（明）梅鷟撰

唯朕小子其亲迎。

马本如此。晋人作"新迎"。

王出郊，天乃雨，反风，禾则尽起

1. 《尚书注疏》卷十二《周书》

（汉）孔氏传，（唐）陆德明音义，（唐）孔颖达疏

王出郊，天乃雨，反风，禾则尽起。

传，郊以玉币谢天，天即反风起禾，明郊之是。

疏，正义曰，王于是出郊，而祭以谢天。天乃雨，反风，禾则尽起。

传，正义曰，祭天于南郊，故谓之郊。郊是祭天之处也。王出郊者，出城至郊，为坛告天也。《周礼·大宗伯》云"以苍璧礼天，牲币如其器之色"，是祭天有玉有币。今言郊者，以玉币祭天，告天以谢过也。王谢天，天即反风起禾，明王郊之是也。郑玄引《易传》云，阳感天不旋日。阳谓天子也。天子行善以感天，不回旋经日，故郊之是，得反风也。

《尚书注疏》卷十二《考证》

"王出郊，天乃雨。"王应麟曰，《金縢》之异说有二焉。《鲁世家》曰，周公卒后，秋未获，暴风雷雨，禾尽偃，大木尽拔。周国大恐。成王与大夫朝服以开金縢书。《梅福传》云，昔成王以诸侯礼葬周公，而皇天动威，雷

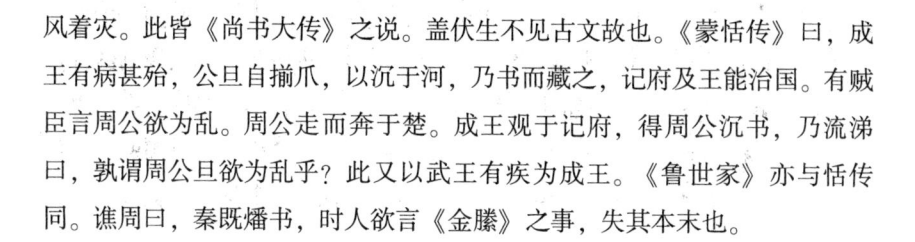

风着灾。此皆《尚书大传》之说。盖伏生不见古文故也。《蒙恬传》曰,成王有病甚殆,公旦自揃爪,以沉于河,乃书而藏之,记府及王能治国。有贼臣言周公欲为乱。周公走而奔于楚。成王观于记府,得周公沉书,乃流涕曰,孰谓周公旦欲为乱乎?此又以武王有疾为成王。《鲁世家》亦与恬传同。谯周曰,秦既燔书,时人欲言《金縢》之事,失其本末也。

2.《书传》卷十一《周书》

(宋)苏轼撰

(归善斋按,另见"唯朕小子其新逆")

天乃雨,反风。

雨降风回,天意得而灾乃解。

禾则尽起。二公命邦人,凡大木所偃,尽起而筑之。岁则大熟。大木既拔,筑之而复生,此岂人力之所及哉。予以是知天人之不相远。凡灾异,可以推知其所自,五行传未易尽废也。

3.《尚书全解》卷二十六《周书》

(宋)林之奇撰

(归善斋按,见"武王既丧")

4.《尚书讲义》卷十三

(宋)史浩撰

(归善斋按,见"武王既丧")

5.《尚书详解》卷十八

(宋)夏僎撰

(归善斋按,见"武王既丧")

6.《增修东莱书说》卷十八《周书》

(宋)吕祖谦撰,(宋)石𣽊增修

王出郊,天乃雨,反风,禾则尽起。二公命邦人,凡大木所偃,尽起而筑之，岁则大熟。

见天人之验至切也。

7.《尚书说》卷四《周书》

（宋）黄度撰

王出郊，天乃雨，反风，禾则尽起。二公命邦人，凡大木所偃，尽起而筑之。岁则大熟。

风反禾起，固为鲜见，而大木所偃，起而筑之，则岁亦熟，其事更稀有。"唐叔得禾，异亩同颖"，亦适在此时。周公之归，诚有天意。自秋天熟以下，当在微子代殷后。置此者，终周公请代事，且志其所以感化成王者。

8.《絜斋家塾书钞》卷十

（宋）袁燮撰

（归善斋按，见"武王既丧"）

9.《书经集传》卷四

（宋）蔡沈撰

王出郊，天乃雨，反风，禾则尽起。二公命邦人，凡大木所偃，尽起而筑之。岁则大熟。

国外曰郊，王出郊者，成王自往迎公。即上文所谓亲迎者也。天乃反风，感应如此之速。《洪范》"庶徵"，孰谓其不可信哉。又按，武王疾瘳四年而崩，群叔流言，周公居东二年，罪人既得，成王迎周公以归，凡六年事也。编书者附于《金縢》之末，以见请命事之首末，《金縢》书之显晦也。

10.《尚书精义》卷三十二

（宋）黄伦撰

（归善斋按，见"秋，大熟未获"）

11. 《尚书详解》卷二十六《周书》

（宋）陈经撰

（归善斋按，见"秋，大熟未获"）

12. 《融堂书解》卷十一

（宋）钱时撰

（归善斋按，见"武王既丧"）

13. 《尚书要义》卷十二

（宋）魏了翁撰

（归善斋按，原缺）

14. 《书集传或问》卷下

（宋）陈大猷撰

（归善斋按，未解）

15. 《尚书详解》卷七《周书》

（宋）胡士行撰

（归善斋按，见"武王既丧"）

16. 《书纂言》卷四上《周书》

（元）吴澄撰

（归善斋按，见"秋，大熟未获"）

17. 《书集传纂疏》卷四下《朱子订定蔡氏集传·周书》

（元）陈栎撰

王出郊，天乃雨，反风，禾则尽起。二公命邦人，凡大木所偃，尽起而筑之。岁则大熟。

国外曰郊。"王出郊"者，成王自往迎公，即上文所谓"亲逆"者也。天乃反风，感应如此之速，《洪范》庶征，孰谓其不可信哉？又按武王疾瘳四年而崩，群叔流言，周公居东二年，罪人既得，成王迎周公以归，凡六年事也。编书者，附于《金縢》之末，以见请命事之首末，《金縢》书之显晦也。

纂疏：

《书》中可疑诸篇，若一齐不信，恐倒了六经。如《金縢》亦有非人情者。雨反风，禾尽起也，是咤异。林氏曰，公尚欲以身代兄之死，况肯夺兄子之位乎？此成王所以感悟也。出郊，公至，郊迎之耳。孔氏以为郊天，误矣。又谓木有偃拔，起而立之，亦非。凡禾为木所仆，可起者筑之，加人力焉。筑者，筑禾也。

愚谓，王未知公，天为之雷风偃禾；既知公天为之，反风起禾，感应速如影响，天不在君心外也。

林氏曰，自公居东而下，事迹皆在《大诰》后，然实与公请死之事相终始，故并载于此。

董氏鼎曰，帝王之兴，自有天命，必至于极而后见。武王崩，成王幼，天下之重，悬于周公。公负谤而不遑自安，王得诗而尚犹未悟，文武之业，危如一发，非天，其孰警悟而扶持之？故天之动威，不特以彰周公之德，实以表见三监之罪，而显相文武之业也。如汉高困于项籍，而大风为之扬沙；光武窘于王郎，而河冰为之自合，庸非天乎？

18.《读书丛说》卷六

（元）许谦撰

（归善斋按，未解）

19.《书传辑录纂注》卷四《周书》

（元）董鼎撰

王出郊，天乃雨，反风，禾则尽起。二公命邦人，凡大木所偃，尽起而筑之。岁则大熟。

国外曰郊。王出郊者，成王自往迎公，即上文所谓"亲逆"者也。天乃反风，感应如此之速。《洪范》庶征，孰谓其不可信哉？又按武王疾瘳，四年而崩；群叔流言，周公居东二年，罪人既得。成王迎周公以归，凡六年事也。编书者附于《金縢》之末，以见请命事之首末，《金縢》书之显晦也。

辑录：

"王执书"止"岁则大熟"，《归禾》《嘉禾》之书，皆此后作。周公自是归，大夫美之，而作《东山》之诗也。《文集》。

成王方疑周公，二公何不为周公辨明，若天不雷电以风，二公终不进说矣。当是时，成王欲消周公而未敢，盖周公东征，其势亦难消也。此成王虽深疑之，而未敢消之也。若成王终不悟，周公须有所处矣。《书》中可疑诸篇，若一齐不信，恐倒了六经。如《金縢》亦有非人情者。雨反风，禾尽起也，是咤异。成王又如何恰限去启金縢之书，然当周公纳□于匮中，岂但二公知之。贺孙。

纂注：

林氏曰，公尚欲以身代兄之死，况肯夺兄子之位乎？此成王所以感悟也。出郊者，及公至，则郊劳而亲迎之也。孔氏以为郊天，误矣。又谓木有偃拔起而立之，亦非。凡禾为木所仆，而不能自立者，则为之起而筑之，加人力焉。筑者筑禾也。

新安陈氏曰，成王未知周公，则天为之雷风偃禾；既知周公，则天为之反风起禾，感应之速，如应响。然天岂在君心外邪。

林氏曰，自"周公居东"而下，其事迹皆在《大诰》之后，然实与周公请死之事，相为终始，故于此并载之。

愚谓，帝王之兴，自有天命，必至于极而后见。武王崩，成王幼，天下之重，悬于周公。公负谤而不遑自安。王得诗而尚犹未悟。文武之业，危如一发，非天，其孰能警悟而扶持之。故天之动威，不特以彰周公之德，实以表见三监之罪，而显相文武之业也。如汉高困于项籍，而大风为之扬沙；光武窘于王郎，而河冰为之自合，庸非天乎？

20.《尚书句解》卷七

（元）朱祖义撰

王出郊（王出郊迎周公），天乃雨，反风（天乃降雨反回风势），禾则尽起（禾尽起不复偃）。

21.《尚书日记》卷十

（明）王樵撰

（归善斋按，见"秋，大熟未获"）

22.《日讲书经解义》卷七

王出郊，天乃雨，反风，禾则尽起。二公命邦人，凡大木所偃，尽起而筑之，岁则大熟。

此一节书，是言成王迎公归朝，而天转灾为祥也。国外曰郊。筑，起而更加培植也。史臣曰，成王既因天变感悟，乃自往迎公于郊外。天即雨而反风。凡禾之仆者，尽起而更生。太公召公又命邦人，尽起大木所偃之处，筑之使根本坚固。于是岁收大稔有丰年之庆焉。夫周公蒙谤，天即动威，以彰之。成王知悔，天即大熟，以应之天人相与之际，捷于影响如此。合观《金縢》一篇，可见为臣之道，莫大于忠；为君之道，莫大于明。然非成王之明，始虽迷，而终能悟，即有周公之忠，亦无由而自白，则君明尤为致治之急与。

《尚书稗疏》卷四上《周书》

（清）王夫之撰

天乃雨，反风。

反风禾起，朱子以为怪异，盖风能偃禾，不能起禾其故然也。《金縢》之文虽多难信，然不应如此无理之尤。盖前云"秋，大熟未获，大雷电以风，禾尽偃"者，其时则周之秋大熟者，稼之善而要未成实也。若其成实而可获，则偃不害获，不必起矣。雷电以风，不雨而徒风也。风而不雨，雷电空作，则黍稷之稼燥而偃也。偃则实不可以成，故邦人为之大恐。今之"乃雨反风"者，风反而后雨降也。云"乃雨"则前之不雨可知。是则前之风为旱风，而今之风为夹雨之风。反风以得雨，则禾以润其燥而起立矣。禾起而后实以成也，故曰"岁乃大熟"也。然则，前之言"大熟"，逆亿其可以熟而未熟也。后之云"大熟"者，乃果熟也。未获者，未可获也，稼而未稿也。禾之偃，风偃之也。其起，雨起之也。不然，则安得有从泉壤而出之风，以起既仆之禾哉。《金縢》文理多互相纠缪，读者以意迎之可耳。

二公命邦人，凡大木所偃，尽起而筑之，岁则大熟

1.《尚书注疏》卷十二《周书》

（汉）孔氏传，（唐）陆德明音义，（唐）孔颖达疏

二公命邦人，凡大木所偃，尽起而筑之，岁则大熟。

传，木有偃，拔起而立之，筑有其根。禾木无亏，百谷丰熟。周公之德，此已上《大诰》，后因武王丧，并见之。

音义，筑，音竹，本亦作筑，谓筑其根。马云，筑，拾也。见，贤遍反。

疏，正义曰，二公命邦人，凡大木所偃仆者，尽扶起而筑之。"禾木无亏，岁则大熟"，言周公之所感致若此也。

传，正义曰，上文禾偃木拔，拔必亦偃，故云木有偃拔，起而立之，筑有其根。禾木无亏，百谷丰熟。郑、王皆云，筑，拾也。禾为大木所偃者，起其木，拾下禾，无所亡失。意太曲碎，当非经旨。案序将东征，作《大诰》。此上"居东二年"以来，皆是《大诰》后事，而编于《大诰》之前者，因武王丧并见之。

2.《书传》卷十一《周书》

（宋）苏轼撰

（归善斋按，见"王出郊"）

3.《尚书全解》卷二十六《周书》

（宋）林之奇撰

（归善斋按，见"武王既丧"）

4.《尚书讲义》卷十三

（宋）史浩撰
（归善斋按，见"武王既丧"）

5.《尚书详解》卷十八

（宋）夏僎撰
（归善斋按，见"武王既丧"）

6.《增修东莱书说》卷十八《周书》

（宋）吕祖谦撰，（宋）石澜增修
（归善斋按，见"王出郊"）

7.《尚书说》卷四《周书》

（宋）黄度撰
（归善斋按，见"王出郊"）

8.《絜斋家塾书钞》卷十

（宋）袁燮撰
（归善斋按，见"武王既丧"）

9.《书经集传》卷四

（宋）蔡沈撰
（归善斋按，见"王出郊"）

10.《尚书精义》卷三十二

（宋）黄伦撰
（归善斋按，见"秋，大熟未获"）

11. 《尚书详解》卷二十六《周书》

（宋）陈经撰

（归善斋按，见"秋，大熟未获"）

12. 《融堂书解》卷十一

（宋）钱时撰

（归善斋按，见"武王既丧"）

13. 《尚书要义》卷十二

（宋）魏了翁撰

（归善斋按，原缺）

14. 《书集传或问》卷下

（宋）陈大猷撰

（归善斋按，未解）

15. 《尚书详解》卷七《周书》

（宋）胡士行撰

（归善斋按，见"武王既丧"）

16. 《书纂言》卷四上《周书》

（元）吴澄撰

（归善斋按，见"秋，大熟未获"）

17. 《书集传纂疏》卷四下《朱子订定蔡氏集传·周书》

（元）陈栎撰

（归善斋按，见"王出郊"）

18. 《读书丛说》卷六

（元）许谦撰

（归善斋按，未解）

19. 《书传辑录纂注》卷四《周书》

（元）董鼎撰

（归善斋按，见"王出郊"）

20. 《尚书句解》卷七

（元）朱祖义撰

二公命邦人（太公、召公乃命国人），凡大木所偃（禾为大木所偃仆者），尽起而筑之（尽扶起禾筑之使殖），岁则大熟（是年禾大丰熟）。

21. 《尚书日记》卷十

（明）王樵撰

（归善斋按，见"秋，大熟未获"）

22. 《日讲书经解义》卷七

（归善斋按，见"王出郊"）

《尚书考异》卷五

（明）梅鷟撰

尽起而筑之。

本亦作"筑"，谓筑其根。马云，筑，拾也。郑、王皆云"拾"也。颖达曰，禾为大木所揠，起其木，拾下禾，无所亡失。

《尚书大传》卷三

（清）孙之騄辑

金縢传。

成王之幼，云在襁褓。褓，缚儿被也（《诗疏》引《大传》）。

《古尚书》说，武王崩时，成王年十二，后二年管、蔡作乱，周公东辟之。"王与大夫尽弁，以开金縢之书"时，成王年十四（《公羊疏》）。

王命周公践阼，朱草畅生。

王者德下究地之厚，则朱草生。

德光地序，则朱草生（《选注》引《尚书大传》）。

王者德及皇天，则祥风起。

周公辅幼主不矜功，则蓂荚生。

郑玄曰，矜夸也。

成王问周公，舜何人也？曰其政好生而恶杀。

古之王者，必立大学、小学，使王子、公卿大夫元士之适子，十有五年始入小学，见小节焉，践小义焉。二十始入大学，见大节焉，践大义焉。故入小学，知父母之道，长幼之序；入大学，知君臣之仪，上下之位。小胥取小学之贤者，登之天子，天子以为左右。

郑玄曰，小学在公宫之左，大学在郊。天子当为太子。周公居摄践阼而治，元世子法于伯禽，使之左右，所以养成王也（元，《记》为亢）。

伯禽与康叔朝于成王，见于周公。三见而三笞，康叔有骇色，谓伯禽曰，有商子者，贤人也与子见之。乃见商子而问焉。商子曰，南山之阳，有木焉，名曰桥。二子往视之，见桥实高高然而上。反以告商子。商子曰，桥者，父道也。南山之阴，有木焉，名曰梓，二子复往观焉，见梓实晋晋而循，反以告商子。商子曰，梓者，子道也。二子明日见周公，入门而趋，登堂而跪，拂其首，劳而食之。曰，汝安见君子乎？二子以实对公曰：君子哉，商子也（《文选注》《艺文类聚》）

成王问周公曰，舜之冠何如焉？周公曰，古之人有冒皮而勾领。然凤皇巢其树，麒麟聚其域也（《北堂书抄》引《大传》）。

古人衣上有冒而句领者（《荀子》注引《尚书大传》）。

郑玄曰，言在德，不在服也。古人，三皇时也。冒，覆顶也。句领，绕颈也。《礼》正服方领。

天子太子年十八，曰孟侯。孟侯者，于四方诸侯来朝，迎于郊，问其所不知也，问人民之所好恶，土地所生，山川所有无，及父在时，皆知之（《仪礼疏》《诗正义》《礼行人疏》俱引《书传略说》。《天中记》引《大传》）。

郑玄曰，孟，迎也。十八，向入太学为成人，博问庶事。《玉海》曰，孟侯者，四方诸侯来朝，迎于郊或可，远郊劳，使世子为之。是以《孝经注》亦云，世子郊迎。郊迎，即郊劳也。虽据夏法，周亦然。

管叔、蔡叔监禄父。武王死，成王幼，周公盛养成王，使召公奭为傅，周公身居位，听天下为政。管叔疑周公，而流言于国曰，公将不利于王。奄君蒲姑（一作薄姑）谓禄父曰，武王既死矣，成王尚幼矣。周公见疑矣。此百世之一时也，请举事。然后禄父及三监叛，奄君导之。禄父遂与三监叛。

周公疾，曰，吾死必葬于成周，示天下臣于成王也。周公死，天乃雷雨以风禾尽偃，大木斯拔，国恐。王与大夫开金縢之书，执书以泣，曰，周公勤劳王家，予幼人弗及知。乃不葬于成周而葬之于毕，示天下不敢臣（师古引《尚书大传》）。

一本，周公薨，成王欲葬之于成周。天乃雷电以风，禾即尽偃，大木斯拔，周人大恐。王乃葬周公于毕，示不敢臣也。

郑玄曰，昔周公葬不如礼，天乃动威。《尚书五行传》云，周公死，成王不图大礼，故天大雷雨，禾偃大木拔，及成王悟金縢之□，改周公之葬，尊以王礼，申命鲁郊，而天立复风雨，禾稼尽起。

周书　大诰第九

《尚书详解》卷二十七《周书·大诰》

(宋）陈经撰

《大诰》。

观此篇，乃见圣人当人情不安之时，虽违众以自用，而亦不能不顺乎众人之心。当商人之叛也，兄弟至亲，犹且流言。成王不信于其上，而邦君御事复以为艰大于其下。周公身处危疑之地，而复专兵权以讨流言之人，是众人举无以为可，而周公独以为可者，特以武王艰难创造大业未易，而奸人得以逞其邪谋，扶颠持危，势不容已，在周公安得不违众而自用哉？虽然苟无以顺乎众人之心，而遂逞己意于必遂，安知疑周公者，止于管蔡商奄而已哉？一方不安而天下皆为之不安；一人致嫌则众人皆为之嫌。疑则商家之事去，周公难与图功功，虽成而亦难居者矣。此周公所以不得不委曲烦重，披其心腹，言之以先王创业之难，决其今日不可不为之志，庶几群情毕孚，反侧者定，而后元恶可得而灭矣。此书虽称"王若曰"，实周公托王命，以令天下也。成王方疑周公，则东征之举，绝不出于成王之意。在他，则谓之挟天子以令诸侯；在周公，则谓之奉王命，以讨叛事。有顺逆，其情异也。

《尚书句解》卷七《周书·大诰第九》

(元）朱祖义撰

《大诰第九》（武王既崩，周公以冢宰居摄，百官总己以听冢宰。管叔以周公之兄，不平其事，乃与蔡、霍二叔，倡为流言，谓公将不利于孺子，乃挟武庚以叛王室，而淮夷亦继以叛。周公于是自往东征，将黜绝有商之命，先以其征伐之意大诰于天下，故其书谓之《大诰》）。

武王崩，三监及淮夷叛

1.《尚书注疏》卷十二《周书》

（汉）孔氏传，（唐）陆德明音义，（唐）孔颖达疏

序，武王崩，三监及淮夷叛。

传，三监管蔡、商、淮夷、徐、奄之属皆叛周。

音义，监，古衔反，视也。

疏，正义曰，武王既崩，管叔、蔡叔与纣子武庚三人，监殷民者，又及淮夷共叛。

传，正义曰，知三监是管、蔡、商者，以序上下相顾为文。此言三监及淮夷叛，总举诸叛之人也。下云成王既黜殷命，杀武庚，命微子启代殷后。又言成王既伐管叔、蔡叔，以殷余民封康叔。此序言三监叛，将征之。下篇之序，历言伐得三人，足知下文管叔、蔡叔、武庚，即此三监之谓，知三监是管、蔡、商也。《汉书·地理志》云，周既灭殷，分其畿内为三国。《诗·风》邶、鄘、卫是也。邶，以封纣子武庚；鄘，管叔尹之；卫，蔡叔尹之，以监殷民，谓之三监。先儒多同此说。唯郑玄以三监为管、蔡、霍，独为异耳。谓之"监"者，当以殷之畿内，被纣化日久，未可以建诸侯，且使三人监此殷民，未是封建之也。三人虽有其分，互相监领，不必独主一方也。《史记·卫世家》云，武王克殷，封纣子武庚为诸侯，奉其先祀，为武庚未集，恐有侧心，乃令其弟管叔、蔡叔傅相之。是言辅相武庚，共监殷人，故称"监"也。序唯言淮夷叛，传言淮夷、徐、奄之属共叛周者，以下序文云，成王东伐淮夷，遂践奄，作《成王政》。又云，成王既黜殷命，灭淮夷，作《周官》。又云，鲁侯伯禽，宅曲阜，徐夷并兴，作《费誓》。彼三序者，一时之事，皆在周公归政之后

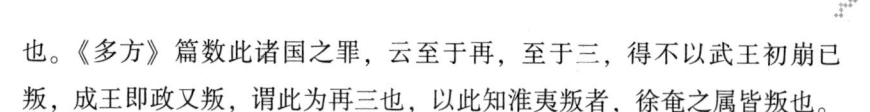

也。《多方》篇数此诸国之罪，云至于再，至于三，得不以武王初崩已叛，成王即政又叛，谓此为再三也，以此知淮夷叛者，徐奄之属皆叛也。

《尚书注疏》卷十二《考证》

《大诰》序"三监及淮夷叛"传"三监，管、蔡、商"疏，唯郑以三监为管、蔡、霍，独为异耳。

臣召南按，孔传解三监，非也。康成说，是设三监，所以监武庚也，若并数武庚，尚监谁哉？孔颖达于《诗》邶、鄘、卫谱畅，言三监是管、蔡、霍，引伏生《书传》及《蔡仲之命》以明其说。又引孙毓曰，三监当有霍叔，郑义为长。惜不移以疏此序也。

2.《书传》卷十一《周书·大诰》

（宋）苏轼撰

武王崩，三监及淮夷叛。周公相成王，将黜殷，作《大诰》。

三监，管、蔡、武庚；淮夷，徐、奄之属也。

3.《尚书全解》卷二十七《周书·大诰》

（宋）林之奇撰

武王崩，三监及淮夷叛。周公相成王，将黜殷作《大诰》。

汉孔氏曰，三监，管、蔡、商。商盖指武庚也。《汉·地理志》云，周灭殷，分其畿内为三国，《诗·风》邶、鄘、卫是也。邶，以封纣子武庚；鄘，管叔尹之；卫，蔡叔尹之，以监殷民，谓之"三监"。孔氏之说正与此同然。按，《孟子》曰"周公使管叔监殷。管叔以殷叛"谓之"监殷"，则以武庚乃商纣之元子，恐其痛社稷之陨灭，时伺我家国之便，以逞其志也，故使管叔监之。若以武庚预"三监"之数，则武庚果何所监哉？故知三监从郑康成之说，谓管、蔡、霍也。《蔡仲之命》曰"唯周公位冢宰，正百官。群叔流言，乃致辟管叔于商；囚蔡叔于郭邻，以车七乘；降霍叔于庶人，三年不齿"，以此观之，则康成之说信矣。夫武王之封武庚，而乃使三叔监之，是乃有疑之之心矣。疑之而遂封之者，盖武王之不得已也。汤之伐桀，桀舍其社稷，窜于南巢。汤于是置之而不问，而夏之都邑无复桀之子孙，故于《汤诰》之序曰"汤既黜夏命"也。武王之伐纣也，其心亦无以异于汤之于桀，非有杀之之意也。不幸而纣之前徒倒戈，自相屠灭，并及于纣。此岂其本心哉。故不得已而封其子于故都旧地，以示天下。及武庚既叛，而自绝于周，于是始有黜殷命之志焉。故此篇曰"周公相成王，将黜殷"也，以周之所以建"三监"，以监武庚者，实出于武王之不得已，而亦不敢保武庚之必不叛也。武王使三叔监，而三叔当王室之大变，乃挟殷以叛，淮土之夷，亦与之同恶相济，以逞其志，故周公于是相成王，将灭殷之后，而伐之也。言"三监及淮夷叛"，盖谓其挟殷以叛也，故继之曰"周公相成王将黜殷"，非殷预"三监"之数也。周家之基业肇兴于邠岐，集勋于丰镐，化行于江汉之域，故西南夷最先服；而东夷之服也，为最后。庸、蜀、羌、髳、微、卢、彭、濮人与于牧野之战，及既克商，而通道九夷、八蛮，则"西旅底贡厥獒"，是服于周者，皆西夷与南夷。彼东方之夷，既周家声教之所未及，则其助于武庚之乱者，盖其势然也。方东夷之狼子野心，未能慕义，以奉周家之命，而适有武庚之变焉，安得不相挻，以为肱髀之势。淮夷，汉孔氏曰，徐奄之属。然按《闷宫》之诗曰"保有凫绎，遂荒徐宅，至于海邦，淮夷蛮貊"，春秋昭四年书"楚子、蔡侯、陈侯、郑伯、许男、徐子、滕子、顿子、胡子、沈子、小邾子、宋世子佐、淮夷会于申"，既有徐又有淮夷，则淮夷与徐当各为种落，不可以合而为一也。《逸书》之序于"成王政将蒲姑"，但言"践奄"，而《周官》之序乃言"灭淮夷"，则"奄"似是"淮夷"之一种。此言"淮夷叛"，而《多士》则曰"昔朕来自奄"，则"淮夷"之为"奄"可见矣。

4.《尚书讲义》卷十三《周书·大诰》

(宋)史浩撰

武王崩，三监及淮夷叛。周公相成王，将黜殷，作《大诰》。

三监，管、蔡、霍三叔也。《王制》曰，"天子使其大夫为三监，监于方伯之，国三人"。武王既受命，以大义立纣之子武庚为诸侯，收商民之心也，又惧其未服而有叛心，乃以三叔监之。三叔周之懿亲也，今与淮奄为叛，罪不容诛矣。故史氏并言"三监及淮夷"，斥三叔与夷狄同类也。夫叛者，武庚也。今序不言武庚而直曰"三监及淮夷"者，盖以武

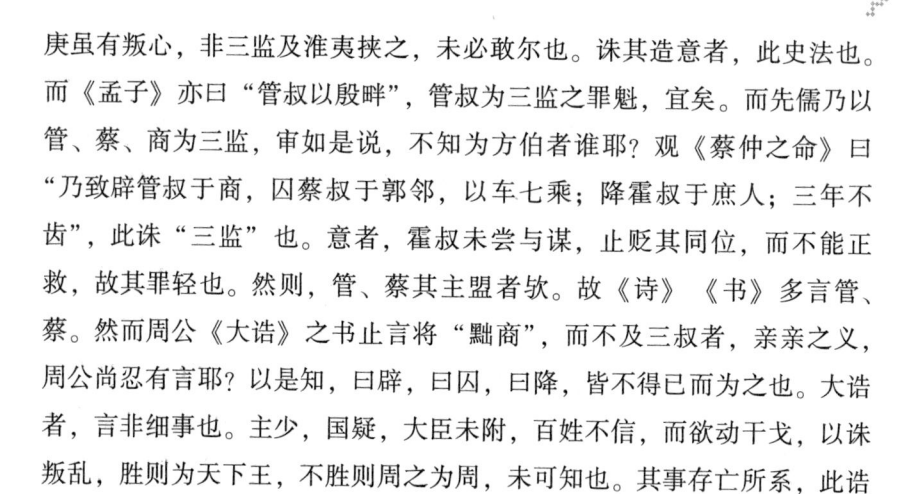

庚虽有叛心，非三监及淮夷挟之，未必敢尔也。诛其造意者，此史法也。而《孟子》亦曰"管叔以殷畔"，管叔为三监之罪魁，宜矣。而先儒乃以管、蔡、商为三监，审如是说，不知为方伯者谁耶？观《蔡仲之命》曰"乃致辟管叔于商，囚蔡叔于郭邻，以车七乘；降霍叔于庶人；三年不齿"，此诛"三监"也。意者，霍叔未尝与谋，止贬其同位，而不能正救，故其罪轻也。然则，管、蔡其主盟者欤。故《诗》《书》多言管、蔡。然而周公《大诰》之书止言将"黜商"，而不及三叔者，亲亲之义，周公尚忍有言耶？以是知，曰辟，曰囚，曰降，皆不得已而为之也。大诰者，言非细事也。主少，国疑，大臣未附，百姓不信，而欲动干戈，以诛叛乱，胜则为天下王，不胜则周之为周，未可知也。其事存亡所系，此诰诸侯，得不谓之大诰乎？

5. 《尚书详解》卷十八《周书·大诰》

（宋）夏僎撰

武王崩，三监及淮夷叛。周公相成王，将黜殷，作《大诰》。

汉孔氏以"三监"为管、蔡、商，其意管叔、蔡叔、武庚共监商民。唐孔氏遂按《地理志》谓周既灭商，分其畿内为三国，《诗》邶、鄘、卫是也。邶，以封纣子武庚；鄘，管叔尹之；卫，蔡叔尹之，以监殷民，谓之"三监"。然按《孟子》言，周公使管叔监殷，则监者，乃监武庚治殷民。盖以武庚纣之元子，恐其痛社稷陨灭，时伺国家之便，以逞其志，故以管叔监之。故《王制》言"天子使大夫为三监，监于方伯之国，国三人"，则是武庚为诸侯，天子别有三大夫为监，故谓之"三监"，不当以武庚预其数也。然则所谓"三监"者，当依郑康成谓管、蔡、霍者是也。《蔡仲之命》言"周公位冢宰，正百官。群叔流言，乃致辟管叔于商；囚蔡叔于郭邻，以车七乘；除霍叔于庶人，三年不齿"。以此观之，则康成说信矣。此书之作，盖武王既崩，周公以冢宰居摄，百官总已以听于冢宰，如古"亮阴"之礼。而管叔居外，不平其事，乃与蔡、霍二叔唱为流言，谓将不利于孺子，乃挟武庚以叛王室。武庚既反，而淮夷亦继以反。周公于是以成王之相，自往东征，将以黜绝有商之命，先以其将伐之意，大诰于天下。故其书谓之《大诰》，则此名篇之意，因篇内"大诰尔多方"之句，以标之耳，非有他意。正如大会孟津以誓师，故其书为《泰誓》意同此也。汉孔氏乃谓，陈大道以告天下，故名书为《大诰》且谓其首言"猷"，猷者，道也。是皆求之太过者也。此书之作，乃周公欲东伐时所作，即《金縢》周公告二公曰"我之弗辟，我无以告我先王"，此时所作也。所谓"相成王黜殷"者，非谓周公相成王，同往东征，如伊尹相汤伐桀也。特三监反时，周公时为成王，相奉命而往，非相成王以往也。林少颖谓，武王封武庚，而使三叔监之，是有疑之之心也。疑之而遂封之者，武王之不得已也。汤之伐桀，桀舍其社稷，窜于南巢，汤于是置而不问，而夏之都邑，无复夏之子孙，故于《汤诰》之序即曰"汤既黜夏命"。武王之伐纣也，其心无以异于汤之于桀，非有杀之之意，不幸而纣之前徒倒戈，自相屠灭，并及于纣，不得已而封其子于故都。及武庚之叛，自绝于周，于是始有黜殷命之志。故此篇之序，所以言"周公相成王将黜殷"。此说大有理。此序言"淮夷"。而《逸书》之序又言"成王践奄"，淮夷是总一国，奄其属也，盖徐奄之地，与淮夷相接故也。

6.《增修东莱书说》卷十九《周书·大诰第九》

（宋）吕祖谦撰，（宋）石澜增修

武王崩，三监及淮夷叛。周公相成王，将黜殷，作《大诰》。

武王灭殷而存其后，故立武庚禄父于卫，使管叔、蔡叔、霍叔监之，谓之"三监"。武王崩，成王幼，周公摄政。"三监"挟武庚及淮夷同叛，于是将黜殷命，遂作《大诰》。不言武庚。乃言"三监及淮夷叛"者，盖武庚之叛，生于"三监"之谋，欲间周公。孔子灼见其情，春秋一字之贬也。"周公相成王，将黜殷，作大诰"者，武王初崩，成王幼小，周公居可畏之地。内而三监有不利孺子之言，外而武庚挟灭商之怨，摇动王室安危存亡之机在此。周公大诰万方，明谕厥旨，以行天讨，此《大诰》所以作也。舜杀鲧，用禹，不闻禹有叛舜之意。至武王杀纣立武庚未几，乃叛周者，舜固天讨，武王亦天讨也。此无他，禹能知天，武庚不知天耳，亦世变风移，不如古也。欲见圣人忠厚之心，反复一篇可见。

7.《尚书说》卷五《周书·大诰》

（宋）黄度撰

武王崩，三监及淮夷叛。周公相成王，将黜殷，作《大诰》。

古说"三监"管、蔡、殷，非也。盖以"监"为诸侯各监一国，故亦以殷为监，非也。《王制》"又以天子使大夫为三监，监于方伯之国，国三人"，亦非也。使大夫监诸侯，秦汉间事，非三代令典。《周官》建州牧，牧州伯。一州，一伯最长，立其监为卒正、连帅、属长，位皆居牧下而称"监"，言有所监临也，设其参，谓大国三卿，命于天子者也。诸侯之卿，命于天子，谓之天子之守，尊王命也，岂以监其国哉。然则，管、蔡、霍为"三监"，监殷者，谓为属、正、连帅，使监殷民也。《大诰》专为黜殷而作，序谓事起"三监"，指"三监"为叛首，而武庚遂因以叛，殷固为当黜也。汤伐夏，遂黜夏命；武王伐殷不黜殷命，因其国立武庚，武庚叛，乃黜殷命何也？曰，汤黜夏命，固以为天下之公也。天下不幸，而复有放伐之事，不可以为典常，故武王玄武庚继殷后，其意以为天遂废之，虽其国犹在，不能病天下。天将兴之，则虽周，亦当退听以俟天命之所授，是亦为天下之公也。天卒归周，未尝改命。武庚为亡国后，而弗克畏天，惆忿妄作，盖尝受周封爵而臣周矣，今乃叛之，而招天下以为乱，是岂得复存哉。天命去就之际，常人不能识，而又其叛连"三监"，故人益以东征为难耳。或曰武庚于周为雠，得间称兵，无乃亦可乎？曰非也。凡杀人而不义，虽国君不得行于匹夫，故其雠，当复其杀之。而义者，虽匹夫不得雠，雠之则死。武王行天讨，为天下诛残贼而可雠乎？武庚，能从父于死，则可；既受周封爵而叛周，则不可，凡此天下之通义也。黜殷，当由天子行之。故序称"周公相成王，将黜殷"，与"伊尹相汤伐桀"同辞。

8.《絜斋家塾书钞》卷十《周书·大诰》

（宋）袁燮撰

武王崩，三监及淮夷叛。周公相成王，将黜殷，作《大诰》。

三监，管叔、蔡叔、霍叔也。武王诛纣，立武庚于朝歌，而使三人者监之。《王制》所谓"天子使其大夫为三监，监于方伯之国，国三人"是也。武王崩，三监挟武庚、淮夷以叛，不言武庚，倡为乱首者，三监也。观《金縢》所言管叔及其群弟，乃流言于国，曰，"公将不利于孺子"，可见其所以叛者，乃疑周公也。然监武庚者既叛，则武庚固不言可知矣。下文"将黜殷"一句可见。向者武王虽杀纣，然立武庚以续商后，殷命犹未绝焉。至此而其命始绝矣。观此一书，则周公前日所以欲代武王之死如此苦切者，其意愈更分明。夫武王有疾既瘳之后，在位当不下数年。而武王甫崩，三监便叛。况当克商二年，若不幸而不救，周家之社稷宗庙存亡未可知也。周公安得而不苦切。唯其苦切之至，所以能通乎神明。夫伐三监如此等事，皆是非常之事。处非常之事，天下之至难也。读此一篇，便当观古人所以处天下之大变者。大抵君子之于天下，无适无莫义之与比。周公之于兄弟，其亲爱至矣，然至于叛乱以危社稷，则义又在国家。盖义无定形，如权衡然，只观其轻重。三监之叛，国家之义为重，而兄弟之义为轻。此周公所以决然为之，不疑而行也。若夫太宗之杀建成，则又不与此同，何者？三监之叛罪莫大焉，建成非有大罪，太宗乌得而杀。夫天下固宜为太宗所有，使建成能如吴太伯、东海王疆，则可以保全太宗无此失矣。太宗不可与周公并论也。大抵圣人任天下之重，只观道理如何。道理所当为，则为之，天下谤议皆所不恤。观周公七年摄政，何事不慎，及群叔流言便出征伐，更不顾天下之议己，更不自有其身，如此方是宰相大臣，方可以立天下之大事，方见圣人之心。若如后世宰相大臣，畏首畏尾，蓄缩顾忌，而不敢为，固可以免天下之疑矣，然国家何赖焉？

9.《书经集传》卷四《周书·大诰》

（宋）蔡沈撰

（归善斋按，未解）

10.《尚书精义》卷三十二《周书·大诰》

（宋）黄伦撰

武王崩，三监及淮夷叛。周公相成王，将黜殷，作《大诰》。

无垢曰，周既灭殷，分其畿内为三国。《诗·风》邶、墉、卫是也。邶以封纣子武庚；墉，管叔尹之；卫，蔡叔尹之，以监殷民，谓之"三监"。盖谓管、蔡辅武庚以监此殷民也，不谓管、蔡因武王崩，乃与武庚同叛，而又挟以徐、奄，兵革四起，周公之心以为，害在武庚耳，使杀武庚绝其本根，则管、蔡、徐、奄不攻自破矣。此周公相成王，所以当此机会，专以"黜殷"为心也。孔子识此心，故圣笔独标之曰"周公相成王，将黜殷"，而不及管、蔡也。

吕氏曰，武王既已灭商，不忍商无其后，故立武庚禄父于卫；又恐其叛，故使管、蔡、霍叔监其国，故谓之"三监"。及武王崩，周公摄政，为三叔者，却挟连武庚及淮夷以叛。然此序不言武庚叛，乃言三监叛者，盖此叛生于三监之谋，欲害周公。孔子圣人灼见其情，故笔之于序，独言"三监及淮夷叛"，其一字之贬，有春秋诛赏之法。"周公相成王，将黜殷，作《大诰》"者，盖武王初崩，成王幼小，周公居可畏之地，内而三监有不利孺子之言，外而武庚挟商之怨扇摇，周室安危存亡之机在此。周公大诰万方，明谕厥旨，方行天诛，《大诰》所以作也。

11.《尚书详解》卷二十七《周书·大诰》

（宋）陈经撰

武王崩，三监及淮夷叛。周公相成王，将黜殷，作《大诰》。

读《泰誓》《牧誓》而知武王所以取商之易；读《大诰》之书，而知周家所以安商之难。汤固尝放桀矣，而汤没之后，不闻其有叛者。武王伐纣，事与汤同，而武王崩之后，事变若此其异，则其风俗之薄，亦已甚矣。武王胜商之后，立纣子武庚禄父以存商祀，又以邶、墉、卫封三叔，俾之监商，所谓仁之至，义之尽。谁谓身没之后，兄弟至亲，乃与武庚忘前日之恩，而为反叛之谋乎？或曰以武王、周公之圣，岂不能逆知三监、武庚之必叛，而奚为封之。殊不知圣人本无"逆诈""亿不信"之心。以汉高祖犹知吴王濞之反；以张九龄犹知禄山之必叛，安有武王、周公而不足以料三监、武庚之心哉。特以商之宗祀，不忍其遽绝；而兄弟至亲，亦难以叛逆预期之也。序此书者，不曰武庚叛，而曰"三监及淮夷叛"则是倡是谋者，起于三监也。不曰成王将黜商，而曰"周公相成王"，是伐商之谋,皆周公为之,而非成王意也。流言扇摇,周公恐天下为乱者众,故不可不先有以开谕之,而《大诰》所由作也。

12.《融堂书解》卷十一《周书·大诰》

(宋) 钱时撰

《大诰》。

武王崩,三监及淮夷叛。周公相成王,将黜殷,作《大诰》。

《书》称"殷小腆诞敢纪其叙",而孔子叙书独言"三监及淮夷叛"而不言武庚,所以明造谋者非武庚,"三监"实为之耳。东征者,周公也。成王未尝往也。序曰"相成王,将黜殷",所以明征东之役,虽决策于周公,实相成王以举事,为成王讨叛也,非周公自为讨也。然前书"三监及淮夷叛",而后止书"将黜殷"者,盖殷乃作乱之根,有武庚在,故群盗挟之以起,以动商众。此皆断自圣心,春秋之笔也。汤既胜夏,即"黜夏命",盖桀在南巢,不复别立。武王伐商,而纣死,遂立武庚为殷后,故至此为叛,方黜之。此书乃周公奉王命,大诰多邦以黜殷之,故因名篇。

13.《尚书要义》

(宋) 魏了翁撰

(归善斋按,原缺)

14.《书集传或问》卷下《大诰》

(宋) 陈大猷撰

或问,三监之叛,其执辞非以恶周正,将以攻周公也。人欲攻己,己恶其事,而亲统师以征之,何以释人之疑,且周公何不以东征委太公,而己则居朝廷以为内镇邪?曰,夫诚贯天地,固无顾于小嫌,而二公在朝,已足以为内助。故亲往伐而不敢以艰难遗他人。况自陕以东,周公主之,则征东诸侯,固周公之职分也。苏氏《晁错论》曰,天下无故而发大难之端,吾发之吾能收之,然后免难于天下。事至,而循循焉欲去之,使它人任其责,则天下之祸,必集于我。晁错尽忠为汉,谋弱诸侯。诸侯并

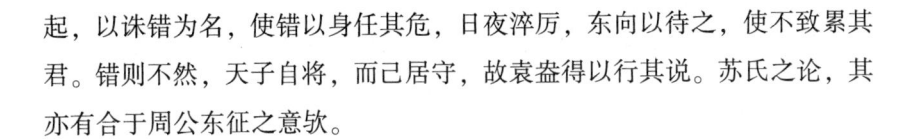

起，以诛错为名，使错以身任其危，日夜淬厉，东向以待之，使不致累其君。错则不然，天子自将，而己居守，故袁盎得以行其说。苏氏之论，其亦有合于周公东征之意欤。

15.《尚书详解》卷七《周书·大诰第九》

（宋）胡士行撰

武王崩，三监（孔云，周分商畿内为三国。邶封武庚，墉封管叔，卫封蔡叔。郑云，管、蔡、霍三叔监殷）及淮夷（徐、奄之属）叛。周公相成王，将黜（绝）殷，作《大诰》。

《大诰》。

王若曰，猷大诰尔多邦，越尔御事。

周公摄政以王命告。

16.《书纂言》卷四上《周书·大诰》

（元）吴澄撰

（归善斋按，未解）

17.《书集传纂疏》卷四下《朱子订定蔡氏集传·周书·大诰》

（元）陈栎撰

（归善斋按，未解）

18.《读书丛说》卷六《大诰》

（元）许谦撰

（归善斋按，未解）

19.《书传辑录纂注》卷四《周书·大诰》

（元）董鼎撰

（归善斋按，未解）

20.《尚书句解》卷七《周书·大诰第九》

（元）朱祖义撰

武王崩，三监及淮夷叛（管、蔡、霍为三监，监武庚治殷民，乃挟武庚及淮夷叛）。

21.《尚书日记》卷十《周书·大诰》

（明）王樵撰
（归善斋按，未解）

22.《日讲书经解义》卷七《周书·大诰》

（清）库勒纳等撰
（归善斋按，未解）

《尚书考异》卷五《大诰》

（明）梅鷟撰

三监及淮夷叛。

郑云，三监，管、蔡、霍也。晋人传云管、蔡、商，盖见《大诰》。

一篇专为"殷小腆"而诰，故收之如此，非晋人之伪传而何？然郑之说自有孟子监殷可证，伪传非是。

周公相成王，将黜殷，作《大诰》

1.《尚书注疏》卷十二《周书》

（汉）孔氏传，（唐）陆德明音义，（唐）孔颖达疏

周公相成王，将黜殷，作《大诰》。

传，相，谓摄政；黜，绝也。将以诛叛者之义，大诰天下。

音义，相，息亮反，注同。

疏，周公相成王，摄王政，将欲东征，黜退殷君武庚之命，以诛叛之义大诰天下。史叙其事作《大诰》。

传，正义曰，《君奭》序云，召公为保周公为师，相成王为左右。于时，成王为天子，自知政事，二公为臣辅助之。此言相成王者，有异于彼，故辨之。相，谓摄政。摄政者，教由公出，不复关白成王耳，仍以成王为主，故称成王。郑玄云，黜，贬退也。"黜"实退名，但此"黜"乃杀其身，绝其爵，故以"黜"为"绝"也。周公此行，普伐诸叛，独言黜殷命者，定四年《左传》云，管、蔡启商，惎间王室，则此叛武庚为主，且顾《微子》之序，故特言黜殷命也，以诛叛者之义，大诰天下。经皆是也。

疏，正义曰，周公虽摄王政，其号令大事，则假成王为辞。

2. 《书传》卷十一《周书·大诰》

（宋）苏轼撰

（归善斋按，见"武王崩"）

3. 《尚书全解》卷二十七《周书·大诰》

（宋）林之奇撰

（归善斋按，见"武王崩"）

4. 《尚书讲义》卷十三《周书·大诰》

（宋）史浩撰

（归善斋按，见"武王崩"）

5. 《尚书详解》卷十八《周书·大诰》

（宋）夏僎撰

（归善斋按，见"武王崩"）

6. 《增修东莱书说》卷十九《周书·大诰第九》

（宋）吕祖谦撰，（宋）石澜增修

（归善斋按，见"武王崩"）

7. 《尚书说》卷五《周书·大诰》

(宋) 黄度撰
(归善斋按,见"武王崩")

8. 《絜斋家塾书钞》卷十《周书·大诰》

(宋) 袁燮撰
(归善斋按,见"武王崩")

9. 《书经集传》卷四《周书·大诰》

(宋) 蔡沈撰
(归善斋按,未解)

10. 《尚书精义》卷三十二《周书·大诰》

(宋) 黄伦撰
(归善斋按,见"武王崩")

11. 《尚书详解》卷二十七《周书·大诰》

(宋) 陈经撰
(归善斋按,见"武王崩")

12. 《融堂书解》卷十一《周书·大诰》

(宋) 钱时撰
(归善斋按,见"武王崩")

13. 《尚书要义》

(宋) 魏了翁撰
(归善斋按,原缺)

14. 《书集传或问》卷下《大诰》

（宋）陈大猷撰

（归善斋按，见"武王崩"）

15. 《尚书详解》卷七《周书·大诰第九》

（宋）胡士行撰

（归善斋按，见"武王崩"）

16. 《书纂言》卷四上《周书·大诰》

（元）吴澄撰

（归善斋按，未解）

17. 《书集传纂疏》卷四下《朱子订定蔡氏集传·周书·大诰》

（元）陈栎撰

（归善斋按，未解）

18. 《读书丛说》卷六《大诰》

（元）许谦撰

（归善斋按，未解）

19. 《书传辑录纂注》卷四《周书·大诰》

（元）董鼎撰

（归善斋按，未解）

20. 《尚书句解》卷七《周书·大诰第九》

（元）朱祖义撰

周公相成王（周公为成王之相）将黜殷作大诰（遂作大诰之）

21. 《尚书日记》卷十《周书·大诰》

（明）王樵撰

（归善斋按，未解）

22. 《日讲书经解义》卷七《周书·大诰》

（清）库勒纳等撰

（归善斋按，未解）

《大诰》

《尚书注疏》卷十二《周书》

（汉）孔氏传，（唐）陆德明音义，（唐）孔颖达疏

《大诰》。

传，陈大道，以诰天下，遂以名篇。

音义，诰，本亦作"靠"。

疏，正义曰，此陈伐叛之义，以大诰天下。而兵凶战危，非众所欲，故言繁重。其自殷勤，多止而更端，故数言"王曰"，大意皆是陈说武庚之罪，自言己之不能，言己当继父祖之功，须去叛逆之贼。人心既从，卜之又吉，往伐无有不克，劝人勉力用心。此时，武王初崩，属有此乱。周公以臣代君，天下未察其志。亲弟犹尚致惑，何况疏贱者乎？周公虑其有向背之意，故殷勤告之。陈寿云，皋陶之谟，略而雅；周公之诰，烦而悉。何则，皋陶与舜禹共谈，周公与群下矢誓也。其意或亦然乎。但《君奭》《康诰》乃与召公、康叔语也。其辞亦甚委悉，抑亦当时设言，自好烦复也。管、蔡导武庚为乱，此篇略于管、蔡者，犹难以伐弟为言，故专说武庚罪耳。

《尚书全解》卷二十七《周书》

(宋)林之奇撰

《大诰》。

此篇乃管叔及其群弟倡为无根之言，挟殷之余孽，以紊王室。周公将与天下共诛之，而外之邦君与夫内之御事，徇目前之安，惮于劳苦，不肯为之协谋，同心讨乎僭叛。周公历陈其所以征之之意，盖奉上天命而继宁考之功，虽欲已之，而有不可已者。其言丁宁反复，将以晓其未悟之情。此《大诰》之所以作也。篇名以《大诰》者，汉孔氏曰，"陈大道，以诰天下，遂以名篇"，孔氏徒见篇首有"猷，大诰尔多邦"之言，以"猷"训"道"，故以"大"为"陈大道"也。使"猷"之一字，果如孔氏之训以为"道"，然经先言"猷"而后曰"大诰尔多邦"，又安以大为陈大道乎，又况"猷"之一字，实非训"道"也。然则以《大诰》名篇者，盖以篇中有"猷，大诰尔多邦"之言，故摄取此二字以为简编之别耳。其曰"诰"者，犹《汤诰》所谓"诞告"，盘庚所谓"历告"也。《泰誓》之篇，有"大会于孟津"之言，而其书则誓体也，故谓之《泰誓》。此篇取于"大诰尔多邦"之言，故谓之《大诰》非有他义也。薛氏曰，以新造之周而三监叛，则其事大矣，应天、顺人，以征奸慝，而宁区夏，则其义大矣。命之曰《大诰》，其意盖出于此。其失又甚于孔氏矣。

《尚书详解》卷十八《周书·大诰》

(宋)夏僎撰

《大诰》。

王若曰，猷，大诰尔多邦，越尔御事，弗吊，天降割于我家不少，延洪唯我幼冲人，嗣无疆大历服，弗造哲，迪民康。矧曰其有能格知天命。已！予唯小子，若涉渊水，予唯往求朕攸济。敷贲敷前人受命，兹不忘大功。

此《大诰》二字，竹简旧所标之题也。当管、蔡挟武庚以叛之时，周公实以冢宰摄政，天下之事皆决于周公，则夫合邦君御事于朝，而告之以"黜殷"之意者，周公之任也。然政虽总于周公，而周公上有天子号令，虽由己出，必称王命以告之。此《大诰》，虽周公之言，所以必言"王若曰"也。所谓"王若曰"，犹言王之意如此言也。此篇言"王若曰，猷，大诰尔多邦"，《微子之命》言"王若曰，猷，殷王元子"，《多士》言"猷，告尔多士"，《多方》言"王若曰，猷，告尔四国"。孔氏以"猷"训"道"，谓以道告之。徐须江则谓，商墟之民染纣之恶，沦肌浃髓，又重以三监之变，去道远矣。故四篇皆称"猷"，此皆曲为之说。唯林少颖谓"猷"者发语之辞也。《尧典》曰"咨！汝羲暨和"，《舜典》曰"咨！十有二牧"，《甘誓》曰"嗟！六事之人"《胤征》曰"嗟！予汝众"。曰咨，曰嗟，皆发语之辞也。盖"咨"之字，至夏变为"嗟"。"猷"字，正与"咨""嗟"同。窃意至周，或变为"猷"矣。按《尔雅》"猷"训最不一，或曰谋，或曰言，或曰已，或曰可，或曰图，岂但训"道"而已。此所以知其为发语之辞也。但不敢指为何训耳。此说甚然。盖周公将告多邦，于是先发语言"猷"，我大诰尔多邦之君及尔众治事之臣。"弗吊"当作"相吊"之"吊"，其训为"恤"。先儒于此篇，与《多士》《君奭》言"弗吊"，乃作"的"字，其训为"至"，谓"周道不至"。要之，"恤"训者，其义为长。按《春秋》左氏成七年伐郯，季文子曰"夷狄入伐，而莫之或恤，无吊者也"，"王子朝告诸侯曰，天不吊周"，则"吊"之为"恤"明矣。周公之告，盖谓我不为天之所吊恤，今，天降下凶害于我周家。谓武王遽丧，不少延其命也。先儒以不少为绝句，以延其洪属下，自为一句。其曰"不少"者谓三监及淮夷并作，故谓降害不少；"延洪"，则谓其害甚延长洪大。然据此意，乃是方说武王之死，成王以幼冲继立，恐弗能济。未及三监淮夷作难之事，故知此不少延当是说武王定天下之后，未能久享，遽然而死，不得少延其命，故谓之不少延。武王遽死而不少延，于是大自思唯我以幼冲之资，继嗣无疆之大历、大服。幼，谓年幼小。冲，童也，谓体尚未充也，嗣大历，谓自后稷至今日，历年之久，而己乃嗣之，是嗣大历也。嗣大服，谓自后稷至今日，其事非小而己嗣之是嗣大服也。既继大历服，则当有明哲之德，以尽为君之道。今乃知识未达，尚不能造于知人之哲，分别邪正，以迪人于安康，则人事且不能知，况曰其能至于知天之命乎？成王既自言人事尚不能尽，况能知天，故遂言"已！予唯小子，若涉渊水"。"已"者，语辞，

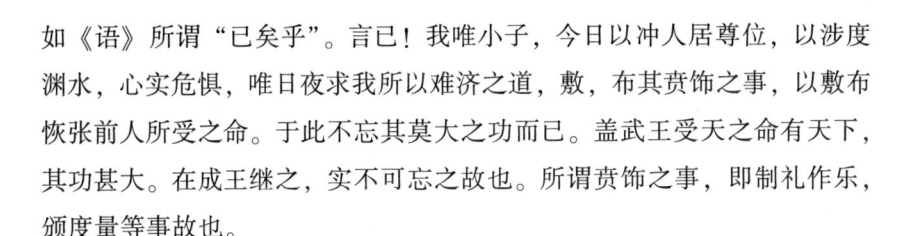

如《语》所谓"已矣乎"。言已！我唯小子，今日以冲人居尊位，以涉度渊水，心实危惧，唯日夜求我所以难济之道，敷，布其贲饰之事，以敷布恢张前人所受之命。于此不忘其莫大之功而已。盖武王受天之命有天下，其功甚大。在成王继之，实不可忘之故也。所谓贲饰之事，即制礼作乐，颁度量等事故也。

《书经集传》卷四《周书·大诰》

（宋）蔡沈撰

《大诰》。

武王克殷，以殷余民封受子武庚，命三叔监殷。武王崩，成王立，周公相之，三叔流言公将不利于孺子，周公避位居东。后成王悟，迎周公归。三叔惧，遂与武庚叛。成王命周公东征以讨之，大诰天下。《书》言武庚而不言管叔者，为亲者讳也。篇首有"大诰"二字，编书者因以名篇。今文古文皆有。

按此篇诰语，多主卜言，如曰"宁王遗我大宝龟"，曰"朕卜并吉"，曰"予得吉卜"，曰"王害不违卜"，曰"宁王唯卜用"，曰"矧亦唯卜用"，曰"予曷其极卜"，曰"矧今卜并吉"。至于篇终，又曰"卜陈唯若兹"。意邦君御事有曰艰大不可征，欲王违卜，故周公以讨叛卜吉之义，与天命人事之不可违者，反复诰谕之也。

《书纂言》卷四上《周书·大诰》

（元）吴澄撰

《大诰》。

诰辞有《大诰》二字，取以名篇。武王克商诛纣，其子武庚曷尝一日忘周哉？顾周未有隙可乘，又在已无土地人民之资耳。会武王崩，成王幼，周公摄政，管叔不平，此可乘之隙也。武庚说管叔声周公之罪，举兵西向，其心岂为管叔计，直欲伺管、蔡二叔去商，则己得收遗民，据故都，以复商也。管、蔡庸愚，武庚狡黠；管叔身行叛事，而实为武庚所陷。武庚身造叛谋，而先借管叔以发，祸机可畏。折之于方萌，则易；遏之于已炽，则难，所以不得不速出师也。此诰盖作于武王崩之年。他书载武王崩在十二月。若果尔，东征亦当不出是月也。成王元年殷乱平，二年周公归，三年伐奄迁殷民，七年营洛。

《书集传纂疏》卷四下《朱子订定蔡氏集传·周书·大诰》

（元）陈栎撰

《大诰》。

武王克殷，以殷余民封受子武庚，命三叔监殷。武王崩，成王立，周公相之。三叔流言，公将不利于孺子。周公避位居东。后成王悟，迎周公归，三叔惧，遂与武庚叛。成王命周公东征以讨之，大诰天下。《书》言武庚，而不言管叔者，为亲者讳也。篇首有"大诰"二字，编书者因以名篇。今文古文皆有。

按此篇诰语，多主卜言，如曰"宁王遗我大宝龟"，曰"朕卜并吉"，曰"予得吉卜"，曰"王害不违卜"，曰"宁王唯卜用"，曰"矧亦唯卜用"，曰"予曷其极卜"，曰"矧今卜并吉"。至于篇终，又曰"卜陈唯若兹"。意邦君御事有曰艰大不可征，欲王违卜，故周公以讨叛卜吉之义，与天命人事之不可违者，反复诰谕之也。

纂疏：

《大诰》一篇不可晓，据周公在当时，外则有武庚、管、蔡之叛，内则有成王之疑。周室方且岌岌。然他作此书，绝不是悖礼苟且为之，必欲以此耸动天下也。而今《大诰》大意不过说周家辛苦做得这基业在此，我后人不可不有以成就之而已。其后人却专归在卜上，其意思缓而不切，殊不可晓也。当初纣暴虐，天下胥怨无不欲诛之。及武王既奉天下之心以诛纣，于是天下之怨皆解，而归德于周矣。然商之遗民及与纣同事之臣，一旦见故主遭戮，宗社为墟，宁不动心，兹固畔心所由生也。盖始于苦纣之暴而欲其亡，及纣既死，则怨已解而人心复有所不忍，亦事势人情之必然者。又况商之流风善政，毕竟尚有在人心者，顽民感商恩意之深，此其所以叛也。后来，乐毅伐齐，亦是如此。

陈氏大猷曰，武王以公义封武庚，而不虞其怨；以亲爱用三叔，而不料其反仁人之过也。使舍武庚，立微子，三监虽欲叛而不从；舍三叔任他人，武庚虽欲反而不敢。

陈氏经曰，使三叔监殷，不如舜之封象，使吏治其国之意。读《泰》《牧誓》而知武王取商之易；读《大诰》诸篇而知周家安商之难。

愚按，传避位之说，盖以照应《金縢》。

《书传辑录纂注》卷四《周书·大诰》

（元）董鼎撰

《大诰》。

武王克殷，以殷余民封受子武庚，命三叔监殷。武王崩，成王立，周公相之。三叔流言，公将不利于孺子。周公避位居东，后成王悟，迎周公归。三叔惧，遂与武庚叛。成王命周公东征以讨之，大诰天下。《书》言武庚而不言管叔者，为亲者讳也。篇首有《大诰》二字，编书者因以名篇。今文古文皆有。

按此篇诰语，多主卜言，如曰"宁王遗我大宝龟"曰"朕卜并吉"，曰"予得吉卜"，曰"王害不违卜"，曰"宁王唯卜用"，曰"矧亦唯卜用"，曰"予曷其极卜"，曰"矧今卜并吉"。至于篇终，又曰"卜陈唯若兹"。意邦君御事有曰艰大不可征，欲王违卜，故周公以讨叛卜吉之义，与天命人事之不可违者，反复诰谕之也。

辑录：

《大诰》一篇不可晓。据周公在当时，外则有武庚、管、蔡之叛；内则有成王之疑。周室方且岌岌。然他作此书，决不是悖礼苟且为之，必欲以此耸动天下也。而今《大诰》大意，不过说周家辛苦做得这基业在此，我后人不可不有以成就之而已。其后又却专归在卜上，其意思缓而不切，殊不可晓。广。

因言武王既克纣，武庚三监及商民叛，曰，当初纣之暴虐，天下之人胥怨无不欲诛之，及武王既奉天下之心以诛纣，于是天下之怨皆解，而归德于周矣。然商之遗民及与纣同事之臣，一旦见故主遭人戮，宗社为墟，宁不动心。兹固叛心之所由生也。盖始于苦纣之暴，而欲其亡，固人之心，及纣既死，则怨已解，而人心复有所不忍，亦事势人情之必然者。又况商之流风善政，毕竟尚有在人心者。及其顽民感商恩意之深，此其所以叛也。后来乐毅伐齐，亦是如此。僴。

纂注：

陈氏大猷曰，武王以公义封武庚，而不虞其怨；以亲爱用三叔，而不料其反仁人之过也。使舍武庚而立微子，三监虽欲叛而不从；舍三叔而任他人，武庚虽欲反而不敢。

陈氏经曰，使三叔监殷，不如舜之封象，不得有为于其国，使吏治其国之意。

《尚书句解》卷七《周书·大诰第九》

（元）朱祖义撰

大诰（书竹简所标）。

《尚书日记》卷十《周书·大诰》

（明）王樵撰

《大诰》。

成王既迎周公归，三监、武庚遂叛，成王命周公讨之，大诰天下。

吕氏曰，叛者，三监、武庚尔，何必大诰多方。盖天下初定，人情未安，三监煽乱，恐牵引不止于此，故《大诰》谕之。人心有定，则变无由生也。

真氏曰，圣贤举事，必先谕告多方者，所以昭大公，而一众志，非但防乱而已也。

金氏曰，三监、武庚之叛、同于叛而不同于情。武庚之叛，意在于复商；三监之叛，意在于得周也。至于奄之叛，意不过于助商；而淮夷之叛，则外乘应商之声，内撼周公之子，其意又在于得鲁。是以相挺而起。以秦汉之势言之，殆所谓山东大抵皆反者也。故邦君御事以事势之艰大，欲违卜自守。《大诰》一篇，不及其他，唯释其艰大之疑，与其违卜之说。自"肆予冲人"以下，释其艰大也；"予唯小子"以下，释其"违卜"也。"尔唯旧人"以下，释其艰大也；"予曷其极卜"以下，释其"违卜"也。若夫事理，则不在言矣。抑篇中，曰"殷小腆"，曰"殷逋播臣"，于"三监"，则略而不详，何也？不忍言也。不忍言，则亲亲也。

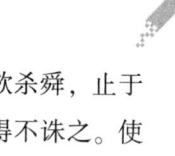

其卒诛之，何也？亲亲，恩也；诛之，天下之大义也。象之欲杀舜，止于乱家，故舜得以全之；管叔之间周公，欲以乱国，故成王不得不诛之。使管叔而可以无诛，则天下后世之为王懿亲者，皆可以乱天下而无死也。故"黜殷"，天下之公义；诛管、蔡，亦天下之公义也。苟天下之公义，圣人不得而私，亦不得而避也。呼！是亦成王、周公之不幸而已矣。

《日讲书经解义》卷七《周书·大诰》

（清）库勒纳等撰

《大诰》。

武王克商，封纣子武庚于殷故都，以奉汤祀，命三叔监之。及周公辅成王，三叔流言，周公避位。后成王感悟，迎公归国。三叔惧，遂以武庚叛。周公奉命东征。一时臣下尚有言不当伐殷者，周公复传成王之言，大诰天下，因以名篇。

《书蔡氏传旁通》卷四下《周书·大诰》

（元）陈师凯撰

三叔惧，遂与武庚叛。

东斋陈氏曰，武王以公义封武庚，而不虞其怨；以亲爱用三叔；而不料其反仁人之过也。使舍武庚而立微子，三监虽欲叛而不从；舍三叔而任他人，武庚虽欲反而不敢。

《朱子语录》云，当初纣之暴虐，天下之人胥怨，无不欲诛之。及武王既奉天下之心以诛纣，于是天下之怨皆解，而归德于周矣。然商之遗民及与纣同事之臣，一旦见故主遭人戮，宗社为墟，宁不动心。兹固叛心之所由生也。盖始于苦纣之暴，而欲其亡，固人之心；及纣既死，则怨已解，而人心复有所不忍，亦事势人情之必然者。又况商之流风善政，毕竟尚有在人心者，及其顽民感商恩意之深，此其所以叛也。后来乐毅伐齐，亦如此。

《尚书考异》卷五《大诰》

（明）梅鷟撰

《大诰》小序。

陈寿云，皋陶之谟，略而雅；周公之诰，烦而悉，何则？皋陶与舜、禹共谈，周公与群臣矢誓也。其意或然。但《君奭》《康诰》与召公、康叔语，其辞亦甚委悉，抑亦当时设言自好烦复也。管、蔡导武庚为乱，此篇略于管、蔡者，公难以伐弟为言，故专说武庚叛耳。诰本亦作□。

《尚书疑义》卷五《大诰》

（明）马明衡撰

此篇盖周公东征以诛叛之义告天下也。其云"殷小腆诞敢纪其叙"，曰"予复反鄙我周邦"，则武庚已叛，难已作矣。周之致讨，自不容缓。而成王尚幼，周公其将委之何人乎？而又岂容空手避居东都三年之久，直至迎归之后，乃奉王命以徂征，则其叛者将不四出滋蔓，而三年之内，将何以待之耶？盖《金縢》所谓"流言于国"者，非只是流言也。古史记事，文不必具，自是如此。后儒不能深考其义，而谓以片言，即兴师以诛之为非圣人气象，将天来大事，看作闲言语。呜呼！岂有此等言语可作等闲看了。盖"不利孺子"一言，是构祸发难题目。兵出无名，事固不成。后世起兵举事，皆要提一大题目，以声其罪，以为名耳。管、蔡发端如此，即周公不为一身祸福之计，不将为天下安危计耶？故谓迎归以后方始东征者，考之于此，其不可通益显然矣。

大诰东征，周公之举，成王尚幼，而皆称王言者，可见周公自武王崩，虽有摄政，而其正名，出令未尝不以成王为主，此于义理，事体甚正，亦何可疑。特管叔造流言以为名耳，周公之征，非避流言，致讨其叛也。既造流言，必不得不叛；既已叛，必不得不致讨也。

《书经衷论》卷三《周书·大诰》

（清）张英撰

《大诰》一篇，首二节，言国家当降割之时，而望臣工之助己，不敢闭于天降威用，乃一篇之旨也。"宁王遗我大宝龟"以下，言武庚之当伐征，诸卜而可信。当时臣工有言卜之当违者。不知宁王以卜而受命，天以卜而相民。如是其不可违也。"王曰，尔唯旧人"以下，言宁王之事不可不图；而前宁人之功，亦不可弃，所以警动旧人之子若孙也。"王曰，呜呼"以下，又言天命、祖功之不可弃，而末归重于卜也。篇中词句古奥，而大义则朗如指掌。其孜孜以卜为言者，周室新造，嗣王新立，而忽从事于兴师动众之事，人情所难，且当时武庚以胜国之余，凭三叔王室之亲，其势之盛，有不可遏者，非援天命以神之，何以使人心奋而祛其疑畏也。周公之反复其词。有以哉。

周公当武庚三叔之畔，王室既摇，此时率众往征，声罪致讨，义何容辞？与盘庚当日迁都时，势缓急迥异，而周公谆谆诰诫，通篇皆以"卜吉"为言，但惕之以旧人，愧之以民献，绝不动之以威，驱之以势，与《盘庚》三篇同一缠绵剀切之意。固知圣贤举事，绝无有强人情而为之者也。

《尚书大传》卷三

（清）孙之騄辑

《大诰传》。

周公先谋于同姓；同姓从，然后谋于朋友；朋友从，然后谋于天下；天下从，然后加之蓍龟。是以君子、圣人谋义，不谋必成。卜义，不卜不义。故卜必以义击不义，故战必胜。是以君子、圣人谋则吉，战则胜。（归善斋按，太平御览引《大传》）

王若曰，猷！大诰尔多邦，越尔御事

1. 《尚书注疏》卷十二《周书》

（汉）孔氏传，（唐）陆德明音义，（唐）孔颖达疏

王若曰，猷，大诰尔多邦，越尔御事。

传，周公称成王命顺大道，以诰天下众国，及于御治事者，尽及之。

音义，猷，音由，道也。邦，马本作"大诰繇尔多邦"。尽，津忍反。

疏，正义曰，言王顺大道而为言曰，我今以大道诰汝天下众国，及于

众治事之臣。

传，正义曰，序云，相成王，则"王若曰"者，称成王之言，故言周公称成王命，实非王意。成王尔时信流言，疑周公，岂命公伐管、蔡乎？猷，训"道"也，故云顺大道以告天下众国也。郑、王本"猷"在"诰"下。《汉书》王莽摄位，东郡大守翟义叛莽，莽依此作《大诰》，其书亦"道"在"诰"下。此本"猷"在"大"上，言以道诰众国，于文为便。但此经云"猷"，《大传》云"大道"。古人之语多倒，犹《诗》称"中谷""谷中"也。"多邦"之下云"于尔御事"，是于诸国治事者尽及之也。郑玄云，王，周公也。周公居摄，命大事，则权称王。唯名与器不可假人，周公自称为王，则是不为臣矣。大圣作，则岂为是乎？

2. 《书传》卷十一《周书》

（宋）苏轼撰

王若曰，猷！大诰尔多邦，越尔御事

猷，谋也。越及也。

3. 《尚书全解》卷二十七《周书》

（宋）林之奇撰

王若曰，猷！大诰尔多邦，越尔御事。弗吊，天降割于我家不少，延洪唯我幼冲人，嗣无疆大历服。弗造哲，迪民康。矧曰其有能格知天命。已！予唯小子，若涉渊水。予唯往求朕攸济，敷贲敷前人受命，兹不忘大功。

当管、蔡挟武庚以叛也，周公摄政天下之事，皆决于公，则夫合邦君御事于朝而告之以黜殷之意者，周公之任也。然政虽总于周公，而成王在上为天子，号令虽由已出，而必称王命以告之。此经所以称"王若曰"，而序则言"周公相成王"以相发明也。郑康成曰，王，周公也。周公居摄命，大事则权称王。此言实害教之大者，唐孔氏既已辩之矣。此篇曰"王若曰，猷！大诰尔多邦"，《微子之命》曰"王若曰，猷！殷王元子"，《多士》曰"猷！诰尔多士"，《多方》曰"王若曰，猷！诰尔四国多方"。孔氏皆以"猷"训"道"。于此篇及《多士》《多方》则皆曰"以道告之",于《微子之命》则曰"顺道本而称之"。此篇及《多方》先言"猷"而后言"诰",其曰"以道诰之"犹可为说。至《微子之命》上言"猷",而下言"殷王元子"而以为"顺道本而称之",尤为无义。郑康成、王子雍,则皆移"猷"于"告"字之下。王莽之作《大诰》改"猷"字为"道",亦在"诰"字之下,其言"大诰道诸侯"。王颜师古注曰:言以大道告诸侯以下。其说大抵牵强而费力。某窃意所谓"猷"者,皆发语之辞也。《尧典》曰"咨!汝羲暨和",《舜典》曰"咨!十有二牧",《甘誓》曰"嗟!六事之人",《胤征》曰"嗟!予有众"。曰咨,曰嗟,皆发语之辞。盖"咨"之为字,至夏时变而为"嗟"此类是也。"猷"字正与"咨""嗟"同。窃意至于周时,其发语之辞且复变而为"猷"矣。按《尔雅》"猷"之诂训最为不一,或曰言也,或曰已也,或曰可也,或曰图也,岂但训"道"而已哉。此所以知其或为发语之辞也。然既久远,虽意其为发语之辞,然亦不敢指言其何训也。越,及也。御事,治事之臣也。将大诰多邦之君及御事之臣以黜殷之意,故发语而告之也。"弗吊"者,当作"相吊"之"吊"读,言为天之所恤。此篇曰"弗吊,天降割于我家不少延",《多士》曰"弗吊昊天大降丧于殷",《君奭》曰"弗吊天降丧于殷",孔氏皆以"吊"训"至"。《节南山》之诗曰"弗吊昊天,乱靡有定"。郑说亦然。按《春秋左传》成七年吴伐郯,季文子曰"中国不振旅,蛮夷入伐而莫之或恤,无吊者也夫",引《诗》"弗吊昊天"以为证,则"吊"之训"恤",其亦尚矣。又如鲁吊宋灾曰"若之何不吊"?臧孙纥出奔邾曰"敢告不吊",王子朝告于诸侯曰"天不吊周",皆言其不为天所吊恤。先儒之训失其义矣。周公之诰多方,以谓我不为天之吊恤者,以天降凶害于周家。盖武王遽丧,而不少延其命也。按《史记》,武王有疾不豫,群臣惧,太公召公缪卜,周公于是乃自以为质,欲代武王。明日武王有瘳。其后王崩,徐广据《封禅书》以谓武王克商二年,天下未宁而崩,此所以曰"不少延"也。班孟坚据《文王世子》之言谓文王五十而生,武王受命九年而崩,后四年乃武王克殷之岁,年八十六后,七年而崩。其年数虽同,然以理推测,有未安者。周公祷于三王,虽武王翼日有瘳矣,然意以是岁崩也,故此曰"弗吊,天降割于我家不少延"。使其克商七年而崩,则亦可谓"少延"而天下既定于周矣。武庚岂复有"反鄙我周邦"之望哉。先儒以"不少"为绝句，以"延"字属于下句，其曰"不少"者，谓三监及淮夷并作难也。据此篇之意，先言周家新造，而武王遽丧，成王以幼冲之资，缵承先业，恐其弗克负荷，"栗栗危惧"，期以保前人之基绪而已。而三叔、武庚，乃为此举以觊所非望，故自"越兹蠢"而下，然后言三监及淮夷之作难。所谓"不少延"者，但言武王之即世也。王氏、苏氏皆以"延"字属上句读，盖得之矣。"无疆大历服"，正犹舜、禹所谓"在躬之历数"也，言我周家膺天命而享其历数，绵绵延延，无有穷已也。武王既丧矣，故大惧。成王以幼冲之资，而继周家之历数，以配天作君，其智识未达，尚不能造于知人之哲，分别邪正，遴简贤能，以迪民，而使之安其居，况其能至于知天命者乎？孔子曰，"吾十有五而志于学，三十而立，四十而不惑，五十而知天命"，自不惑而积之，然后至于知天命。"弗迪哲"，则非不惑矣。其于知天命之不能至，盖可知也。既不能至于知天命，则天之聪明、明畏，必不知所以顺而宪之者，其于履至尊之位，继无疆大历之事，不亦难乎？故我小子之志，兢兢业业，惕然危惧，唯恐其弗克负荷，若涉深渊之中，唯往求我之所以济难之道也。"敷贲敷前人受命，兹不忘大功"，此则言其所以往求"朕攸济"，以缵承文武之丕烈，守之而不敢忘也。然"敷贲敷前人受命"，其说不明白。如孔氏以"贲"为"大"，则读为"扶云反"，与"弘兹贲"之"贲"同。"敷贲"者，言布行大道，敷前人受命者，布陈文武受命也。然经但言"敷贲"，又以为"陈大道"。其说迂曲。苏氏、林子晦，则皆以"贲"为"饰"，读为"被义反"。苏氏谓，我之所"敷"者，以饰敷前人受命，而不忘其功也。林子晦谓。敷贲者，修明典章，以敷施贲饰于天下也。其与孔氏虽音训不同，而其义之不明白，则一也。唯王氏疑其有脱误而不可知者，宜缺之。此为得体。薛博士增广王氏之说，尤为详备，曰"敷贲敷前人受命，兹不忘大功"，"殷小腆诞敢纪其叙，天降威"，"若兄考，乃有友伐厥子，民养其劝，弗救"，"越天棐忱，尔时罔敢易法，矧今天降戾于周邦"，凡此，皆书义疑有脱误，不可知者，学者缺焉。王氏解经，每不合于义者，不旁引曲取以为之说，至缺之。此王氏之所长也。《鸱鸮》之诗，周公所以贻于成王之言也；《大诰》之书，其所谓诰于多邦御事之言也；《金縢》之册，则其所以祷于三王之言也。此三者虽不同，而其意则未尝或异。盖皆以闵武王之既丧，惧周室之将亡，而奋不顾身，以当社稷宗庙之忧责也。《鸱鸮》《大诰》之言，成王非不之见也，然而未之行者，盖其心惑于流言，而未谅夫周公之心果如是也。及其启《金縢》之册，见其所以祷于冥冥之中，与其所以宣言于昭昭之际者，曾无少异，然后信其果如《鸱鸮》《大诰》之言，而其心之忠于王室，无复可疑者。向微《金縢》之册，则成王之疑无自而释矣，而周公之心亦终无以见于天下后世矣。

4.《尚书讲义》卷十三

（宋）史浩撰

《大诰》。

王若曰，猷！大诰尔多邦，越尔御事，弗吊，天降割于我家不少。延洪唯我幼冲人，嗣无疆大历服，弗造哲，迪民康。矧曰其有能格知天命。已！予唯小子，若涉渊水，予唯往求朕攸济。敷贲敷前人受命，兹不忘大功。予不敢闭于天降威用。宁王遗我大宝龟，绍天明即命，曰，有大艰于西土。西土人亦不静，越兹蠢。殷小腆诞敢纪其叙，天降威，知我国有疵。民不康，曰，予复！反鄙我周邦。今蠢，今翼日，民献有十夫予翼，以于敉宁武图功。我有大事，休，朕卜并吉。肆予告我友邦君，越尹氏、庶士、御事，曰予得吉卜，予唯以尔庶邦，于伐殷，逋播臣。尔庶邦君，越庶士、御事，罔不反曰，艰大。民不静，亦唯在王宫、邦君室。越予小子考翼，不可征，王害不违卜。肆予冲人永思艰，曰，呜呼！允蠢，鳏寡哀哉。予造天役，遗大，投艰于朕身。越予冲人，不卬自恤，义尔邦君、越尔多士、尹氏、御事，绥予曰，无毖于恤，不可不成乃宁考图功。已！予唯小子，不敢替上帝命。天休于宁王，兴我小邦周。宁王唯卜用，克绥受兹命。今，天其相民，矧亦唯卜用。呜呼！天明畏，弼我丕丕基。王曰，尔唯旧人，尔丕克远省，尔知宁王若勤哉。天閟毖我成功所，予不敢不极卒宁王图事。肆予大化诱我友邦君。天棐忱辞，其考我民。予曷其不于前宁人图功攸终。天亦唯用勤毖我民，若有疾。予曷敢不于前宁人，攸受休毕。王曰，若昔朕其逝，朕言艰日思。若考作室，既底法，厥子乃弗肯堂，矧肯构？厥父菑，厥子乃弗肯播，矧肯获？厥考翼，其肯曰，予有后弗弃基？肆予曷敢不越卬敉宁王大命？若兄考，乃有友伐厥子，民养其劝，弗救。王曰，呜呼！肆哉，尔庶邦君，越尔御事，爽邦由哲，亦唯十人，迪知上帝命。越天棐忱，尔时罔敢易法，矧今，天降戾于周邦。唯大艰人诞邻胥伐于厥室。尔亦不知天命不易。予永念曰，天唯丧殷，若稽夫，予曷敢不终朕亩。天亦唯休于前宁人，予易其极卜，敢弗于从。率宁人有指疆土，矧今卜并吉。肆朕诞以尔东征。天命不僭，卜陈唯若兹。

"王若曰"者，周公奉辞而伐罪也。"大诰尔多邦，越尔御事"，"多邦"，诸侯也；"御事"，诸侯之卿士、师尹、庶士也。"弗吊"者，呼昊天而悼武王之云亡，愬其夺之，遽不少延其命也。"洪唯我幼冲人"，临戎而代成王言也。嗣无疆之历数，抚无疆之五服，乃遭家弗造，未能知人、安民，况知天命之所在乎？此言盖所以感动诸侯，欲其以武王之故，悯其孤弱而同心以赴敌也。"已！予唯小子"，周公自谓也。"若涉渊水"，"未知攸济"，周公自责其不能辅导，以耸动诸侯也。大抵欲鼓舞众心，非责己不能动。周公既为王言之，又于己言之。诸侯，武王之臣也，闻此可不感激奋励而前乎？是故，敷饰武王受命之因而述其大功，以为周家之造如此艰难，岂以商一遗种作乱，而遂拱手以听其猖獗乎？"予不敢闭于天降威用"，天既降威，予不敢遏。武王一怒而安天下之民安宁也。宁王，谓武王也。或者谓文王。文王未尝受命。受命者，武王也，故亦谓之宁。考宁人，武王。宝是大龟，以稽疑。成王绍天明即命，即位之初卜之，得其兆曰"有大艰于西土。西土人亦不静，越兹蠢。商小腆诞敢纪其叙"，皆兆词也。夫武庚在东，而曰"西土人亦不安静"，是武庚之叛，西土之人亦不安而动也。成王即位之时，其兆已先见，则西土之诸侯，其可不赴此役乎？"商小腆诞敢纪其叙"者，或曰"小腆"，若所谓小丑，未之详也。"今，天降威，知我国有疵"，有疵所谓有隙可投，为三叔叛也。"知"者，龟为先知也。"民不康"者，不悦也。商民言曰"予复"，反鄙我周邦。鄙夷周邦而反从商也。商民无常吁可畏也。我师既动之明日，有十夫来助。夫天之所助者，顺也；人之所助者信也。十夫之来，皆豪杰也。"敉宁武图功"，此为大美事也。而况"卜之并吉"乎？人之助信，天之助顺，则胜商必矣。"肆予告我友邦君"，以诸侯为友，尊之也。"予既得吉卜"，卜其行师而胜也。则商之逋播臣武庚不足平也，而尔庶邦君越庶士御事反曰艰大，既以为难且大，宜乎？未尽从命也。乃测兆辞之言，以谓西土人不静者，非为商民，实成王宫室之内，有纵非彝而召乱。王当自"考翼"，欲其先自治，不当罪商也。其曰不可征，是谓不当伐四国，而劝成王，何不违卜也。此乃廷议之时，诸侯不从，故有是言。周公今作诰，乃重述其言，而剖决于诰中也，告以成王自闻汝言，永思其艰，亦不敢轻用兵。其如蠢动鳏寡之为可哀。何周公自谓，予造此役，负此大艰于身，岂得已哉？不印自恤，为王急急于此，亦岂为自恤其身，实畏天命而悯人穷也。"乂尔邦君"者，以义期之，使绥我之行，无劳我忧，共成此役，以终武王之功。故予小子不敢替天命，盖天方美武王以兴我周，亦唯卜是用，故克绥受天命。今，天其相我民，亦唯卜是用，而欲使我违卜，有是理乎？呜呼！天命可畏，所以"辅我丕丕基"者，是卜也。"王曰，尔唯旧人"，言诸侯皆武王之旧人也。"尔当大远思省武王之勤劳若此，可不为其子地乎？""天閟毖我成功所"者，言天难谌勉我以成功，予不敢不尽力，以终宁王图事。呜呼！使公无此志，成王不能持盈而守成矣。"肆予大化诱我友邦君"，我肆大化，唯天诱汝衷与我同力，可得成功。"天棐忱辞其考我民"，"天聪明，自我民聪明；天明威，自我民明威。"民之戴周如此，而商人尚敢叛命，予岂敢不念前宁人，而终图其功乎？天亦唯用勤勉我民，民归则天意从矣。今商民之叛，若有疾者，当力务去之。予岂敢不念前宁人所受之美命，而卒其成功乎？"王曰，若昔朕其逝，朕言艰日思"，若昔者，顺宁王之道以东征，未尝不日思其艰若。考作室，厥子乃弗肯终其役；厥父菑，厥子乃弗肯卒其业。厥考翼，敬事也。兢兢业业，以创业垂统。厥子"其肯曰，予有后弗弃基"，前人作基业，后人岂当弃乎？言武王成此大业，今若商人逋诛，是弃此基业，肆予曷敢不竟此役乎？今伐商之役，譬若兄考，"有友而伐其子"，其民其僕，劝而不救可乎？故虽管、蔡同气，若扰我成王，必并王室弃之，不得不以吾君之子为重也。"呜呼！肆哉"，肆，陈也。尔诸侯听我所陈，明德于邦，皆由哲人。今此十夫知天命之所在，不谋同归。天固棐忱，岂能易君臣之大法？今，天降戾于周邦，唯此大艰，人胥伐于厥室，是骨肉自相背，何止阋墙也。彼自取夷灭尔，天命岂可易哉？予永念曰，天之剪商，若穑夫之除草，武王既辟其基，曷敢不终我亩。盖言前人之功，有责于后人，继继承承，可不力图，所以共济之道乎？天亦唯美于武王，敢不从天之卜，是当力保武王之疆土，况卜之并吉乎？以尔东征，天命必不差。"卜陈唯若兹"，"若兹"者，如前所言也。

大诰一篇，自首至尾，唯言卜之不可不从，宁王之功不可不终。窃意周公专为邦君御事导王违卜而作是书，所以反复详尽，以卜为言。诸侯闻此，若发酰鸡之覆，则必人人用命矣。呜呼周公之心，其所以为成王者如此其至，可以副皇天动威，成王感泣之意矣。

5.《尚书详解》卷十八《周书·大诰》

（宋）夏僎撰

（归善斋按，见"《大诰》"）

6.《增修东莱书说》卷十九《周书·大诰第九》

（宋）吕祖谦撰，（宋）石澜增修

王若曰，猷！

猷，道也，始语之辞也，时虽不同，亦有唐虞"都""俞"之象，开导天下使听命也。

大诰尔多邦，越尔御事。

此周公讨乱之规摹也。武庚之叛，止"三监及淮夷"耳，何必大诰多方及御事之人，盖当时天下初定，人情未安，革商为周，天下亦未必尽晓然知天命所在，加之三监扇动为变，恐乱之牵引，不止于此，所以大诰多方之诸侯、御事之臣，开晓其志，谕以天意从违之理，使之释然晓悟。人心有定，合一无间，则变无由生。然后，周公得以安焉，而东征。后世人君，一方有乱，出师致讨，丝牵绳联，乱阶浸长者，变端在人心故也。唐德宗时，田悦始叛，其后朱滔、王武俊之徒叛之，展转卒无有已。周公于此，必大诰多方及御事之人，使造邦之意，明昭于天下。周公诚意孚于告谕之时，天下信之有素，是以东征三年之久，而天下如故者，由周公先有以镇定之也。

7.《尚书说》卷五《周书·大诰》

（宋）黄度撰

王若曰，猷！大诰尔多邦，越尔御事。

武王之丧未除，周公位冢宰，总百官，其号令天下，则必以王命。若，顺；猷，道。言黜殷不违于道也。黜殷，当与天下共之，故大诰多方，及其治事之臣。

8.《絜斋家塾书钞》卷十《周书·大诰》

（宋）袁燮撰

王若曰，猷！大诰尔多邦，越尔御事。弗吊，天降割于我家不少延。洪唯我幼冲人，嗣无疆大历服。弗造哲，迪民康。矧曰其有能格知天命。

夫举天下之大事，须使人人皆晓然，知朝廷之意。有一不知，天下皆将群起，而事未可知矣。所以，周公不唯大诰尔多邦，虽诸侯之臣，亦无不诰焉。所以使四海九州岛之人，晓然皆知吾所以征伐之意也。夫此书，皆周公之所作，而以"王若曰"为言者，体成王之意以作诰也。然成王疑周公者也。观其"居东二年，罪人既得，公以《鸱鸮》贻王，王亦未敢诮公"，其疑至此，犹未释疑周公，则以三监为是矣。周公乃奉其意以伐之，何哉曰此，探成王之本心而言之也，大抵有非心，有本心。不欲伐三监者，成王之非心也；欲伐之者，成王之本心也。观成王因天大雷电以风之变，而能释然无疑，深知周公之忠，是本心之复也。则论其本心，岂不以三监为当讨乎？此周公所以不顾其非心，而奉其本心以伐之也。

9.《书经集传》卷四《周书·大诰》

（宋）蔡沈撰

王若曰，猷！大诰尔多邦，越尔御事。弗吊，天降割于我家不少。延洪唯我幼冲人，嗣无疆大历服。弗造哲，迪民康，矧曰其有能格知天命。

猷，发语辞也。犹《虞书》"咨""嗟"之例。按《尔雅》，"猷"训最多，曰谋，曰言，曰已，曰图，未知此何训也。吊，恤也，犹《诗》言"不吊昊天"之"吊"，言我不为天所恤，降害于我周家，武王遂丧而不少待也。冲人，成王也。历，历数也。服，五服也。哲，明哲也。格，"格物"之"格"，言大思我幼冲之君，嗣守无疆之大业，弗能造明哲，以导民于安康，是人事且有所未至，而况言其能格知天命乎？

10.《尚书精义》卷三十二《周书·大诰》

（宋）黄伦撰

王若曰，猷！大诰尔多邦，越尔御事。弗吊，天降割于我家不少。延洪唯我幼冲人，嗣无疆大历服。弗造哲，迪民康，矧曰其有能格知天命。

无垢曰，猷，谋也。谋黜殷之事，大诰多邦，及三卿御事之臣，将征其兵以行也。盖"御事"者，诸侯谋议之臣，故诰诸侯必及御事。成王之尽人情盖如此，周公润色成王之意，为此罪己之言。曰天弗悯吊周民，降屠割于我家，不少延武王之，命使我痛苦无极也。武王既死，大唯我幼童人，乃今继此无疆大历服也。历，天命也。服，人事也。夫我幼冲，尚弗能深造知人之哲，收贤才，开道民于吉康之地，况能感格深知天命之所在乎？以言民事易见，尚弗知所以安民之术，况天命难测，其能深识幽明之理乎？

张氏曰，《尔雅》曰，猷，道也。止而有守，做而有就，一做一止，无非道也。周公之诰多邦与夫御事，非妄做也。本夫道而已。

吕氏曰，当时叛周，不过淮夷、三监。今大诰多方者，何故？盖当天下初定，人情未安，其时，乍革商为周，天下亦未能晓然举知天命所在，加之三监扇动为变，恐其为乱不止于三监淮夷，所以大诰多方之诸侯，及诸侯御事之臣，先开他志，谕以天命从违之意，使其心下释然晓悟，则不至变生肘掖，然后周公方出东征。此周公讨乱规模。后世人君讨乱，本只是要讨一处，后来丝牵绳联，他处皆乱者，只缘不能明告其众耳。且如唐有藩镇之祸，德宗初讨田悦，后来王武俊、李希烈之徒相继而叛，只缘德宗不是天讨，不能告谕万民，故伐叛未几，而叛者相继。唯周公诚意已孚于告谕之时，天下信周公者有素，此乃镇定万方之本。后虽东征三年之久，而天下如故者，由周公先有以镇定之也。

11. 《尚书详解》卷二十七《周书·大诰》

（宋）陈经撰

王若曰，猷！大诰尔多邦，越尔御事。弗吊，天降割于我家不少延。洪唯我幼冲人，嗣无疆大历服。弗造哲，迪民康，矧曰其有能格知天命。

"王若曰"，周公称成王之命也。猷，谋也，以黜商之谋，告尔多邦。盖调发诸侯之兵以行，故告尔多邦，越尔御事之臣，谓诸侯之三卿也。"弗吊"，成王罪己之辞，引咎以归己，不为天所悯吊，乃降祸害于我家，不少延留，谓武王安天下，未几而崩。"洪唯我幼冲人"，洪，大也，至大之责乃在我幼冲小子之身，俾我继无穷之历与服。历者，天命也；服者，人事也。此言任大责重之意。"弗造哲，迪民康"，我幼冲之人，尚未能深造知人之哲，以启迪民于康安之地，何况天命深远，其能至于天而知其命哉？

12. 《融堂书解》卷十一《周书·大诰》

（宋）钱时撰

王若曰，猷！大诰尔多邦，越尔御事。弗吊，天降割于我家不少延。洪唯我幼冲人，嗣无疆大历服。弗造哲，迪民康，矧曰其有能格知天命。

篇内"王曰"，皆周公以王命诰，史述当时之语，润色成文，故谓之"王若曰"也。此后如《大诰》《康诰》《酒诰》《梓材》《召诰》《洛诰》《多士》《君奭》《多方》之文，独声牙，与《盘庚》无异。若谓皆周公所作，则《无逸》《立政》《微子》《蔡仲之命》等篇，又何其平易也。以此知《大诰》诸书，乃史氏所记。当时秉笔者适为此文体，故特不同耳。本朝欧、宋二公，同修《唐史》，其立言斩斩不类，是乌足怪哉。周公将东征，以吉卜告于众。当时上下未免惑于流言，庶邦御事，往往反曰艰大，以为不可征，以为当违卜而且止，故遂大诰庶邦及御事，首呼而谕之也。

13. 《尚书要义》

（宋）魏了翁撰

（归善斋按，原缺）

14.《书集传或问》卷下《大诰》

(宋) 陈大猷撰
(归善斋按, 未解)

15.《尚书详解》卷七《周书·大诰第九》

(宋) 胡士行撰
(归善斋按, 见"武王崩")

16.《书纂言》卷四上《周书·大诰》

(元) 吴澄撰

王若曰, 猷! 大诰尔多邦, 越尔御事。弗吊, 天降割于我家不少延。洪唯我幼冲人, 嗣无疆大历服。弗造哲, 迪民康, 矧曰其有能格知天命。

周公以冢宰摄行王事, 公之东征, 代王亲征也。国之号令, 当自天子出, 故称王命以告。猷, 发语辞。大诰, 犹言普遍以告也。多邦, 谓诸侯之君; 御事, 谓其治事之臣。不吊, 犹言不幸, 谓不为天所闵恤也。割, 犹害也。遭大丧祸, 其痛如割也。延, 谓待也。"不少延", 谓伐殷未久, 武王遽崩也。无疆, 谓无有境界穷尽之处, 言其大也。历, 天之历数也。服, 犹事也。造, 犹"造道"之"造";"格", 犹"格物"之"格"。武王受天历, 而服王事, 此至大之任。大唯我以幼小冲弱之人, 而嗣守之, 弗能造于明哲, 以导民于安康, 是人事且有未尽, 况敢言能格知天命乎?

17.《书集传纂疏》卷四下《朱子订定蔡氏集传·周书·大诰》

(元) 陈栎撰

王若(曰), 猷! 大诰尔多邦, 越尔御事。弗吊, 天降割于我家不少延。洪唯我幼冲人, 嗣无疆大历服。弗造哲, 迪民康, 矧曰其有能格知天命。

猷, 发语辞也, 犹《虞书》"咨""嗟"之例。按《尔雅》"猷"训最多, 曰谋, 曰言, 曰已, 曰图, 未知此何训也。吊, 恤也。犹

《诗》言"不吊昊天"之"吊",言我不为天所恤,降害于我周家。武王遂丧,而不少待也。冲人,成王也。历,历数也。服,五服也。哲,明哲也。格,"格物"之"格",言大思我幼冲之君,嗣守无疆之大业,弗能造明哲,以导民于安康,是人事且有所未至,而况言其能格知天命乎?

纂疏:

"王若曰","若"字,只是一似如此说底意思,如《汉书》中"帝意若曰"之类。盖或宣道德意者,敷衍其说;或记录者,失其语而追其意如此。

书中"弗吊",只如字解者,欲训"吊"为"至",故音"的",非也。其意只如《诗》中"不吊昊天"耳。

林氏曰,公虽摄政,而成王在上,故必称王命以告。猷!发语辞。若二典之"咨",《夏书》之"嗟",意周时发语辞变而为"猷",故《微子之命》《多士》《多方》皆言"王若曰猷"。越,及也。

孔氏曰,猷,道也。

陈氏经曰,如今人诰谕人,多先言我说道理与汝也。

吕氏曰,叛者,三监、武庚,何必诰多方,盖天下初定,人情未安,三监煽祸,恐乱之牵引不止此,所以大诰谕之。人心定,则变无由生也。

真氏曰,圣贤举事,必先诰多方者,所以昭大公而一众志,非但防乱而已。马融读不少延为句。

董氏曰,幼,谓年少;冲,童也。

陈氏大猷曰,格知,知之至也。下文将言用龟绍天命,故先谦言已不知天命也。

王氏安石曰,大诰疑有脱误,其不可知者,辄缺之,而释其可知者。

愚按,朱子所以取荆公者,在此此可为解盘诰诸篇之法。

18.《读书丛说》卷六《大诰》

(元)许谦撰

(归善斋按,未解)

19.《书传辑录纂注》卷四《周书·大诰》

(元) 董鼎撰

王若曰,猷！大诰尔多邦,越尔御事。弗吊天降。割于我家不少延。洪唯我幼冲人,嗣无疆大历服。弗造哲,迪民康,矧曰其有能格知天命。

猷,发语辞也,犹《虞书》"咨""嗟"之例。按《尔雅》"猷"训最多,曰谋,曰言,曰己,曰图,未知此何训也。吊,恤也,犹《诗》言"不吊昊天"之"吊",言我不为天所恤,降害于我周家。武王遂丧,而不少待也。冲人,成王也。历,历数也。服,五服也。哲,明哲也。格,"格物"之"格",言大思我幼冲之君,嗣守无疆之大业,弗能造明哲,以导民于安康,是人事且有所未至,而况言其能格知天命乎？

辑录：

"王若曰",周公"若曰","若"字只是一似如此说底意思,如《汉书》中"帝意若曰"之类,盖或宣道德意者,敷衍其说；或记录者失其语,而追记其意如此也。书中"弗吊"字只如字读。解者欲训"吊"为"至"故音"的"声,非也。其义止如《诗》中所谓"不吊昊天"耳,言不见闵吊于上帝也。僩。

纂注：

林氏曰,政虽摄于周公,而成王在上,为天子号令,虽由己出,必称王命以告也。猷！发语之辞。若二典所谓"咨"；《甘誓》《胤征》所谓"嗟",窃意至周时,发语之辞变而为"猷",故《微子之命》《多士》《多方》皆言"王若曰：猷！"越,及也。

孔氏曰,猷,道也,顺人道以诰天下也。

陈氏曰,今人诰谕人,多先言我说道理与汝也。

吕氏曰,叛者,三监、武庚耳,何必大诰多方,盖天下初定,人情未安,三监煽变,恐乱之牵引不止于此,所以大诰谕之。人心有定,则变无由生也。

真氏曰,圣贤举事,必先诰谕多方者,所以昭大公,而一众志,非但防乱而已。马融读不少延为句。

薛氏曰,"洪唯"与"洪唯作威"同。

复斋董氏曰，幼，谓年少；冲，童也。

陈氏大猷曰，格知，格之至也。下文将言用龟绍天明，故先谦言己不知天命也。

王氏曰，《大诰》疑有脱误，其不可知者，辄缺之，而释其可知者。

20.《尚书句解》卷七《周书·大诰第九》

（元）朱祖义撰

王若曰（成王意如此言），猷（以黜商之谋）！大诰尔多邦（大诰尔多邦诸侯），越尔御事（及尔治事之臣）。

21.《尚书日记》卷十《周书·大诰》

（明）王樵撰

"王若曰，猷！大诰尔多邦"至"矧曰其有能格知天命"。

"王若曰"者，成王之言，作书者述其大意。凡成王之命，而周公传之，则称"周公曰，王若曰"，其止称"王若曰者"，或史臣之辞，或当时诰命，如后世制诏之类也。猷，发语辞。孔氏以为顺大道，以诰天下，则后篇"猷殷王元子"，为告何道邪？吊，恤也，犹《诗》"弗吊昊天"之例。历，历数也，服，五服也。言我不为天所恤，降害于我周家，武王遂丧而不少延也。大思我幼冲之人，嗣承大业，使懵于事理，弗能造哲，以导民于安康，是人事且有所未至，况言其能至知天命乎？"格知天命"，谓承天眷而延历服于无穷也。"造哲，迪民康"，谓眼前事理之当尽者，暗指讨叛而言。成王意谓讨叛安民，目前事理明甚于此，尚昧而不能决，则何以仰承天眷，而嗣守基业于无穷乎？此数言大意已尽，下复反复以谕之。古人所谓"哲"者，明于事理之所当然而已矣。"率宁人有指疆土"，即"造哲迪民康"者也。至于"爽邦由哲，亦唯十人迪知上帝命，越天棐忱"，则不止为"造哲迪民康"，而"格知天命"于人事之中，为"哲"之至者矣。

22.《日讲书经解义》卷七《周书·大诰》

（清）库勒纳等撰

王若曰：猷！大诰尔多邦，越尔御事。弗吊，天降割于我家不少延。

洪唯我幼冲人，嗣无疆大历服。弗造哲，迪民康，矧曰其有能格知天命。

此一节书，成王命周公东征，先以天命正告天下，以见天讨之不可已也。猷，发语词。多邦，外而诸侯众国；御事，内而治事群臣也。吊，恤也。割，害也。延，待也。洪，大也。唯，思也。历，国家相传历数；服，五服之地；迪，导也。成王曰，猷！大诰尔在外多邦之诸侯，及尔在内治事之臣，我周不见吊恤于天，乃降凶害于我家。武王遂丧，不少延待。大思我幼冲无知之人，继守无疆之历服，弗能明识理势，造哲以除害去暴，导迪民于安康，是人事之显然者且未能尽，况上天眷周之命，其能穷究而格知之哉？此我之不能晏然处此也。盖尝思之帝王举事无过，上承天命，下顺人心。叛逆之罪，天讨所必加，似无所用其疑惧者，而成王贤主，周公圣相，兢兢危惧，唯有引躬责己，常若恐天命之难保者，此其所以承天而顺人与。

《尚书考异》卷五《大诰》

（明）梅鷟撰

大诰繇尔邦多，越尔御事。

马本如此，晋人作"大诰尔多邦"，郑、王本，"猷"，皆在"诰"下。《汉书》王莽摄位，东郡太守翟义叛莽，莽依此作《大诰》其书亦"猷"在"诰"下。

弗吊，天降割于我家不少

1. 《尚书注疏》卷十二《周书》

（汉）孔氏传，（唐）陆德明音义，（唐）孔颖达疏

弗吊，天降割于我家不少。

传，言周道不至，故天下凶害于我家不少，谓三监、淮夷并作难。

音义，吊，音的，又如字。割，马本作害。不少，马读"弗少延"为句。难，乃旦反。

疏，正义曰，以我周道不至，故上天下其凶害于我家不少，言叛逆者多。

《尚书注疏》卷十二《考证》

"天降割于我家不少"音义"马读'不少延'为句"，疏"郑、王皆以'延'上属为句"。

臣召南按，马、郑、王皆学今文。据音义及疏，是伏生所传以"不少延"为句，孔氏古文则以"不少"为句也。王安石、苏轼并谓马郑王读是，后儒从之。

2.《书传》卷十一《周书》

（宋）苏轼撰

弗吊，天降割于我家不少延。

天弗吊恤我，降丧于我邦家，不少延武王之命。

3.《尚书全解》卷二十七《周书》

（宋）林之奇撰

（归善斋按，见"王若曰，猷！大诰尔多邦"）

4.《尚书讲义》卷十三

（宋）史浩撰

（归善斋按，见"王若曰，猷！大诰尔多邦"）

5.《尚书详解》卷十八《周书·大诰》

（宋）夏僎撰

（归善斋按，见"《大诰》"）

6.《增修东莱书说》卷十九《周书·大诰第九》

（宋）吕祖谦撰，（宋）石澜增修

弗吊，天降割于我家不少。延洪唯我幼冲人，嗣无疆大历服，弗造哲，迪民康，矧曰其有能格知天命。

欲伐三监，先之以叹所谓痛，则呼天也。"天降割于我家不少延"者，谓武王既死，三监复叛，是天降灾害于我国家，更不少待也。"洪唯我幼冲人，嗣无疆大历服"者，周公代成王自反自克之，言大思我幼冲之小子，乃当此重祸，力小而任重。既弗能作哲，迪导民于康安，况其有能知上帝之命者乎？"造哲"，如"知之曰明哲，明哲实作则"之"哲"。

7.《尚书说》卷五《周书·大诰》

(宋) 黄度撰

弗吊，天降割于我家不少。延洪唯我幼冲人，嗣无疆大历服，弗造哲，迪民康，矧曰其有能格知天命。

弗吊，古不幸之辞。《诗》"不吊昊天"。吊，至也，言人事不至，而得祸于天也。割，害。"降害不少"，谓武王崩。延，长；弘，大。唯我幼冲人，嗣无疆大历而服之。文武受命，其大历无穷竟，所谓天之历数也。然吾弗能自造于明哲，以"迪民康"，而矧敢自谓能格知天命？格知，知之至也。黜殷兴周，皆系天命，故首称此。

8.《絜斋家塾书钞》卷十《周书·大诰》

(宋) 袁燮撰

(归善斋按，见"王若曰，猷！大诰尔多邦")

9.《书经集传》卷四《周书·大诰》

(宋) 蔡沈撰

(归善斋按，见"王若曰，猷！大诰尔多邦")

10.《尚书精义》卷三十二《周书·大诰》

(宋) 黄伦撰

(归善斋按，见"王若曰，猷！大诰尔多邦")

11. 《尚书详解》卷二十七《周书·大诰》

(宋)陈经撰
(归善斋按,见"王若曰,猷!大诰尔多邦")

12. 《融堂书解》卷十一《周书·大诰》

(宋)钱时撰
(归善斋按,见"王若曰,猷!大诰尔多邦")

13. 《尚书要义》

(宋)魏了翁撰
(归善斋按,原缺)

14. 《书集传或问》卷下《大诰》

(宋)陈大猷撰
(归善斋按,未解)

15. 《尚书详解》卷七《周书·大诰第九》

(宋)胡士行撰

弗吊(周道不至),天降割(凶害)于我家不少。延(长)洪(大)唯(思)我幼冲人,嗣(继)无疆(限)大历(天历数)服(五服),弗(不)造(作)哲,迪(导)民康(安),矧(况)曰其有能格(至)知天命。

此自叹祸速力小任重也。

16. 《书纂言》卷四上《周书·大诰》

(元)吴澄撰
(归善斋按,见"王若曰,猷!大诰尔多邦")

17.《书集传纂疏》卷四下《朱子订定蔡氏集传·周书·大诰》

(元) 陈栎撰

(归善斋按,见"王若曰,猷！大诰尔多邦")

18.《读书丛说》卷六《大诰》

(元) 许谦撰

(归善斋按,未解)

19.《书传辑录纂注》卷四《周书·大诰》

(元) 董鼎撰

(归善斋按,见"王若曰,猷！大诰尔多邦")

20.《尚书句解》卷七《周书·大诰第九》

(元) 朱祖义撰

弗吊(我不为天所悯恤),天降割于我家(故天降下凶害于我周家,使武王遽丧)不少。延(不少延长其命)。

21.《尚书日记》卷十《周书·大诰》

(明) 王樵撰

(归善斋按,见"王若曰：猷！大诰尔多邦")

22.《日讲书经解义》卷七《周书·大诰》

(清) 库勒纳等撰

(归善斋按,见"王若曰：猷！大诰尔多邦")

《读书管见》卷下《大诰》

(元) 王充耘撰

弗吊天。

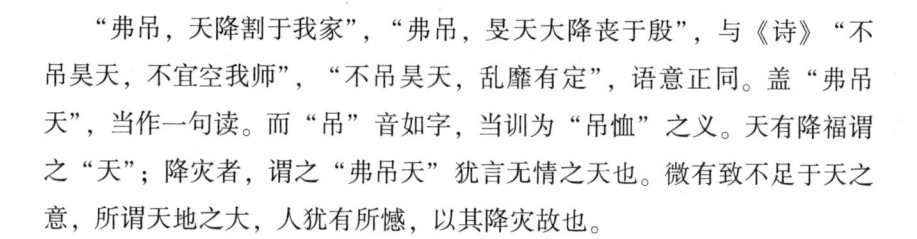

"弗吊，天降割于我家"，"弗吊，旻天大降丧于殷"，与《诗》"不吊昊天，不宜空我师"，"不吊昊天，乱靡有定"，语意正同。盖"弗吊天"，当作一句读。而"吊"音如字，当训为"吊恤"之义。天有降福谓之"天"；降灾者，谓之"弗吊天"犹言无情之天也。微有致不足于天之意，所谓天地之大，人犹有所憾，以其降灾故也。

《尚书考异》卷五《大诰》

（明）梅鷟撰

天降割于我家弗少延。

马本如此，晋人"害"作"割"，"弗"作"不"，"延"字读属下句。

洪唯我幼冲人

1. 《尚书注疏》卷十二《周书》

（汉）孔氏传，（唐）陆德明音义，（唐）孔颖达疏

延洪唯我幼冲人。

传，凶害延大，唯累我幼童人，成王言其不可不诛之意。

音义，累，劣伪反。

疏，正义曰，此害延长宽大，唯累我幼童人，成王自言害及己也。

传，正义曰，《释诂》云，延，长也。洪，大也。此害长大，败乱国家。经言唯我幼童人，谓损累之，故传加"累"字。累我童人，言其不可不诛之意。郑、王皆以"延"上属为句，言害不少乃延长之。王肃又以"唯"为"念"，向下为义，大念我幼童子，与继文、武无穷之道。

2. 《书传》卷十一《周书》

（宋）苏轼撰

洪唯我幼冲人，嗣无疆大历服。弗造哲，迪民康，矧曰其有能格知

天命。

服，事也。造，至也。大哉，我幼冲人，继此大历事也，我尚不能至于知人迪哲以安民者，况能至于知天命乎？

3. 《尚书全解》卷二十七《周书》

（宋）林之奇撰

（归善斋按，见"王若曰，猷！大诰尔多邦"）

4. 《尚书讲义》卷十三

（宋）史浩撰

（归善斋按，见"王若曰，猷！大诰尔多邦"）

5. 《尚书详解》卷十八《周书·大诰》

（宋）夏僎撰

（归善斋按，见"《大诰》"）

6. 《增修东莱书说》卷十九《周书·大诰第九》

（宋）吕祖谦撰，（宋）石澜增修

（归善斋按，见"弗吊，天降割于我家不少"）

7. 《尚书说》卷五《周书·大诰》

（宋）黄度撰

（归善斋按，见"弗吊，天降割于我家不少"）

8. 《絜斋家塾书钞》卷十《周书·大诰》

（宋）袁燮撰

（归善斋按，见"王若曰，猷！大诰尔多邦"）

9. 《书经集传》卷四《周书·大诰》

（宋）蔡沈撰

（归善斋按，见"王若曰，猷！大诰尔多邦"）

10. 《尚书精义》卷三十二《周书·大诰》

（宋）黄伦撰

（归善斋按，见"王若曰，猷！大诰尔多邦"）

11. 《尚书详解》卷二十七《周书·大诰》

（宋）陈经撰

（归善斋按，见"王若曰，猷！大诰尔多邦"）

12. 《融堂书解》卷十一《周书·大诰》

（宋）钱时撰

（归善斋按，见"王若曰，猷！大诰尔多邦"）

13. 《尚书要义》

（宋）魏了翁撰

（归善斋按，原缺）

14. 《书集传或问》卷下《大诰》

（宋）陈大猷撰

（归善斋按，未解）

15. 《尚书详解》卷七《周书·大诰第九》

（宋）胡士行撰

（归善斋按，见"弗吊，天降害于我家不少"）

16.《书纂言》卷四上《周书·大诰》

（元）吴澄撰

（归善斋按，见"王若曰，猷！大诰尔多邦"）

17.《书集传纂疏》卷四下《朱子订定蔡氏集传·周书·大诰》

（元）陈栎撰

（归善斋按，见"王若曰，猷！大诰尔多邦"）

18.《读书丛说》卷六《大诰》

（元）许谦撰

（归善斋按，未解）

19.《书传辑录纂注》卷四《周书·大诰》

（元）董鼎撰

（归善斋按，见"王若曰，猷！大诰尔多邦"）

20.《尚书句解》卷七《周书·大诰第九》

（元）朱祖义撰

洪唯我幼冲人（大自思唯我乃幼小童冲之人）。

21.《尚书日记》卷十《周书·大诰》

（明）王樵撰

（归善斋按，见"王若曰，猷！大诰尔多邦"）

22.《日讲书经解义》卷七《周书·大诰》

（清）库勒纳等撰

（归善斋按，见"王若曰，猷！大诰尔多邦"）

《尚书疑义》卷五《大诰》

（明）马明衡撰

"洪唯"字，亦是古话头多如此，如《泰誓》"洪唯作威"亦同。蔡以"唯"字训"思"，谓大思我幼冲人。《书》中言"唯"者多，如云"唯皇上帝""唯其克相上帝"等类，不计其数，何独此专训思耶？

嗣无疆大历服，弗造哲，迪民康

1. 《尚书注疏》卷十二《周书》

（汉）孔氏传，（唐）陆德明音义，（唐）孔颖达疏

嗣无疆大历服，弗造哲，迪民康。

传，言子孙承继祖考，无穷大数，服行其政，而不能为智道以安人，故使叛，先自责。

疏，正义曰，我之致此凶害，以我为子孙，承继无疆界之大数，服行其政，不能为智道，令民安，故使之叛，自责也。

传，正义曰，嗣，训"继"也，言子孙承继祖疆，境界则是无穷，大数长远。传世三十，卜年七百，是长远也。

2. 《书传》卷十一《周书》

（宋）苏轼撰

（归善斋按，见"洪唯我幼冲人"）

3. 《尚书全解》卷二十七《周书》

（宋）林之奇撰

（归善斋按，见"王若曰，猷！大诰尔多邦"）

4. 《尚书讲义》卷十三

（宋）史浩撰

（归善斋按，见"王若曰，猷！大诰尔多邦"）

5. 《尚书详解》卷十八《周书·大诰》

（宋）夏僎撰

（归善斋按，见"《大诰》"）

6. 《增修东莱书说》卷十九《周书·大诰第九》

（宋）吕祖谦撰，（宋）时澜增修

（归善斋按，见"弗吊，天降割于我家不少"）

7. 《尚书说》卷五《周书·大诰》

（宋）黄度撰

（归善斋按，见"弗吊，天降割于我家不少"）

8. 《絜斋家塾书钞》卷十《周书·大诰》

（宋）袁燮撰

（归善斋按，见"王若曰，猷！大诰尔多邦"）

9. 《书经集传》卷四《周书·大诰》

（宋）蔡沈撰

（归善斋按，见"王若曰，猷！大诰尔多邦"）

10. 《尚书精义》卷三十二《周书·大诰》

（宋）黄伦撰

（归善斋按，见"王若曰，猷！大诰尔多邦"）

11.《尚书详解》卷二十七《周书·大诰》

(宋)陈经撰
(归善斋按,见"王若曰,猷!大诰尔多邦")

12.《融堂书解》卷十一《周书·大诰》

(宋)钱时撰
(归善斋按,见"王若曰,猷!大诰尔多邦")

13.《尚书要义》

(宋)魏了翁撰
(归善斋按,原缺)

14.《书集传或问》卷下《大诰》

(宋)陈大猷撰
(归善斋按,未解)

15.《尚书详解》卷七《周书·大诰第九》

(宋)胡士行撰
(归善斋按,见"弗吊,天降害于我家不少")

16.《书纂言》卷四上《周书·大诰》

(元)吴澄撰
(归善斋按,见"王若曰,猷!大诰尔多邦")

17.《书集传纂疏》卷四下《朱子订定蔡氏集传·周书·大诰》

(元)陈栎撰
(归善斋按,见"王若曰,猷!大诰尔多邦")

18. 《读书丛说》卷六《大诰》

（元）许谦撰

（归善斋按，未解）

19. 《书传辑录纂注》卷四《周书·大诰》

（元）董鼎撰

（归善斋按，见"王若曰，猷！大诰尔多邦"）

20. 《尚书句解》卷七《周书·大诰第九》

（元）朱祖义撰

嗣无疆大历服（嗣守无穷大历年久之天下，乃莫大之事）。弗造哲（我尚未能深造知人之哲），迪民康（以启迪民于康安之地）。

21. 《尚书日记》卷十《周书·大诰》

（明）王樵撰

（归善斋按，见"王若曰，猷！大诰尔多邦"）

22. 《日讲书经解义》卷七《周书·大诰》

（清）库勒纳等撰

（归善斋按，见"王若曰，猷！大诰尔多邦"）

矧曰其有能格知天命

1. 《尚书注疏》卷十二《周书》

（汉）孔氏传，（唐）陆德明音义，（唐）孔颖达疏

矧曰其有能格知天命。

传，安人且犹不能，况其有能至知天命者乎？

音义,矧,矢忍反。

疏,正义曰,安民犹且不能,况曰其能至于知天之大命者乎?言己不能知天意也。

传,正义曰,民近而天远,以易而况难。天子必当至灵,至灵乃知天命,言己犹不能安民,明其不知天命,自责而谦。

2. 《书传》卷十一《周书》

(宋)苏轼撰

(归善斋按,见"洪唯我幼冲人")

3. 《尚书全解》卷二十七《周书》

(宋)林之奇撰

(归善斋按,见"王若曰,猷!大诰尔多邦")

4. 《尚书讲义》卷十三

(宋)史浩撰

(归善斋按,见"王若曰,猷!大诰尔多邦")

5. 《尚书详解》卷十八《周书·大诰》

(宋)夏僎撰

(归善斋按,见"《大诰》")

6. 《增修东莱书说》卷十九《周书·大诰第九》

(宋)吕祖谦撰,(宋)石𤄫增修

(归善斋按,见"弗吊,天降割于我家不少")

7. 《尚书说》卷五《周书·大诰》

(宋)黄度撰

(归善斋按,见"弗吊,天降割于我家不少")

8.《絜斋家塾书钞》卷十《周书·大诰》

(宋）袁燮撰

(归善斋按，见"王若曰，猷！大诰尔多邦"）

9.《书经集传》卷四《周书·大诰》

(宋）蔡沈撰

(归善斋按，见"王若曰，猷！大诰尔多邦"）

10.《尚书精义》卷三十二《周书·大诰》

(宋）黄伦撰

(归善斋按，见"王若曰，猷！大诰尔多邦"）

11.《尚书详解》卷二十七《周书·大诰》

(宋）陈经撰

(归善斋按，见"王若曰，猷！大诰尔多邦"）

12.《融堂书解》卷十一《周书·大诰》

(宋）钱时撰

(归善斋按，见"王若曰，猷！大诰尔多邦"）

13.《尚书要义》

(宋）魏了翁撰

(归善斋按，原缺）

14.《书集传或问》卷下《大诰》

(宋）陈大猷撰

(归善斋按，未解）

15. 《尚书详解》卷七《周书·大诰第九》

（宋）胡士行撰

（归善斋按，见"弗吊，天降害于我家不少"）

16. 《书纂言》卷四上《周书·大诰》

（元）吴澄撰

（归善斋按，见"王若曰，猷！大诰尔多邦"）

17. 《书集传纂疏》卷四下《朱子订定蔡氏集传·周书·大诰》

（元）陈栎撰

（归善斋按，见"王若曰，猷！大诰尔多邦"）

18. 《读书丛说》卷六《大诰》

（元）许谦撰

（归善斋按，未解）

19. 《书传辑录纂注》卷四《周书·大诰》

（元）董鼎撰

（归善斋按，见"王若曰，猷！大诰尔多邦"）

20. 《尚书句解》卷七《周书·大诰第九》

（元）朱祖义撰

矧曰其有能格知天命（况天道深远，其能至于天而知其命哉）。

21. 《尚书日记》卷十《周书·大诰》

（明）王樵撰

（归善斋按，见"王若曰，猷！大诰尔多邦"）

22.《日讲书经解义》卷七《周书·大诰》

(清) 库勒纳等撰

(归善斋按,见"王若曰,猷!大诰尔多邦")

《尚书疑义》卷五《大诰》

(明) 马明衡撰

"矧曰其有能格知天命",盖下文将言"不敢闭天威用",及"大龟绍天明",故先谦言,亦以见非已一人之私意也。语气谓,予实不知天命,但予小子,夙夜危惧,若涉渊水,唯求所济,实欲敷陈增光,前人受命于此,不忘其大功,然则,武庚今日倡乱,天实诛之。予不敢闭于天降威用也。

已!予唯小子,若涉渊水,予唯往求朕攸济

1.《尚书注疏》卷十二《周书》

(汉) 孔氏传,(唐) 陆德明音义,(唐) 孔颖达疏

已!予唯小子,若涉渊水。予唯往求朕攸济。

传,已,发端叹辞也。我唯小子承先人之业,若涉渊水,往求我所以济渡,言祗惧。

疏,正义曰,复叹而言,已乎!我唯小子承先人之业,如涉渊水,唯往求我所以济渡。言已恐惧之甚。

2.《书传》卷十一《周书》

(宋) 苏轼撰

已!予唯小子若涉渊水。予唯往求朕攸济。

已矣!今予但求所济而已。

3. 《尚书全解》卷二十七《周书》

（宋）林之奇撰

（归善斋按，见"王若曰，猷！大诰尔多邦"）

4. 《尚书讲义》卷十三

（宋）史浩撰

（归善斋按，见"王若曰，猷！大诰尔多邦"）

5. 《尚书详解》卷十八《周书·大诰》

（宋）夏僎撰

（归善斋按，见"《大诰》"）

6. 《增修东莱书说》卷十九《周书·大诰第九》

（宋）吕祖谦撰，（宋）石澜增修

已！予唯小子，若涉渊水。予唯往求朕攸济。

已者，更端之辞，言我以幼冲小子，当此祸，如涉深渊之水，无有津涯，可畏如此，"予唯往求朕攸济"者，虽畏之之深，终不可不去，必往求其济之之道，抑畏、自强，两者并行，方能有济。苟不知抑畏，以天下为不足平，则失之轻忽，不足以立事；苟徒畏缩，而不求所以济之之道，乃畏懦不能立事之人，所以成王言，若涉渊水，则必求攸济之理，所谓知天命也。

7. 《尚书说》卷五《周书·大诰》

（宋）黄度撰

已！予唯小子，若涉渊水。予唯往求朕攸济，敷贲敷前人受命，兹不忘大功。予不敢闭于天降威用。

已，止叹辞。天道诚难知，譬之于涉求济而已。敷，布；贲，大。或曰，贲，饰，谓润色之也。布大事，布文武受命，此乃为不忘大功。武王崩，天实降威用忧惧，我是亦有以通之，而岂敢闭塞之乎？

8. 《絜斋家塾书钞》卷十《周书·大诰》

(宋) 袁燮撰

已！予唯小子，若涉渊水。予唯往求朕攸济，敷贲敷前人受命，兹不忘大功。

夫当祸乱之起，正犹涉渊水，然更无津涯，言其如此可畏。然如此之难，而我今日又不可不往，故曰予唯往求朕攸济，所以示其决然必往之意也。此两句，无一句不得不知反复思虑，冒然轻易而为之，固不可也，然徒畏缩不求必济之道，亦不可。故两者并用，方能有济。敷，大也。贲，饰也。盖为人子孙，不可只守先王之基业，须当有以增广，而敷大之。当是时，周之王业，固已定矣，天命固已安矣，而周公犹不肯如是而遂止。曰"敷"者，欲其恢张之也；曰"贲"者，欲其藩饰之也。盖为人子孙之道，必如是方可观。《君奭》欲告归，而周公以为"我式克至于今日休？我咸成文王功于！不怠丕冒，海隅出日，罔不率俾"。夫文王之功，安有不成者。然周公犹欲勉勉不怠，以成其功，必至于际天所覆，极地所载。凡有血气者，莫不尊亲。呜呼！圣人之心可见矣。其后成王"抚万邦，巡侯甸，四征弗庭，绥厥兆民，六服群辟"，罔不承德，制礼作乐，郁郁乎极其盛，果能践履周公之言者矣。后世继体守成之君，只缘不知这道理。使其诚知此理，则岂敢惑于声色，岂敢沉湎于酒，岂敢盘于游畋。唯其不知所以，且苟安目前，而前人之功，卒不能广而大之也，岂为人后嗣之道哉。

9. 《书经集传》卷四《周书·大诰》

(宋) 蔡沈撰

已！予唯小子，若涉渊水。予唯往求朕攸济，敷贲敷前人受命。兹不忘大功。予不敢闭于天降威用。

已！承上语词。已而，有不能已之意。"若涉渊水"者，喻其心之忧惧；"求朕攸济"者，冀其事之必成。敷，布；贲，饰也。"敷贲"者，修明其典章法度；"敷前人受命"者，增益开大前王之基业。若此者，所以不忘武王安天下之大功也。今武庚不靖，天固诛之。予岂敢闭抑天之威

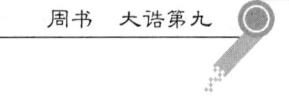

用，而不行讨乎？

10.《尚书精义》卷三十二《周书·大诰》

（宋）黄伦撰

已！予唯小子若涉渊水。予唯往求朕攸济。

无垢曰，既自念"弗能造哲"以"迪民康"。又不能知天命，其心茫然不知为计，故叹曰，已乎！我小子耳，今嗣无疆大历服，如涉渊水，欲罢不能，欲进不可，姑勉力前往，求所以济难之道耳。涉渊，无舟楫不可济，此艰难，非人其可乎。

吕氏曰，大率人君固当抑畏，亦当自强，两者并行，方能有济。若不抑畏，以天下不足平，则失之轻忽必，不足以立事；若徒然畏缩，不求所济之道，只是一个畏懦不能立事之人。所以成王说"若涉渊水"一句，便往须求"攸济"道理，亦是知天命也。

11.《尚书详解》卷二十七《周书·大诰》

（宋）陈经撰

已！予唯小子，若涉渊水。予唯往求朕攸济，敷贲敷前人受命，兹不忘大功。予不敢闭于天降威用。宁王遗我大宝龟，绍天明即命。

已者，发语之辞。我小子处此艰难重任，如涉深渊之水，然不胜其危惧也。虽然第知危惧，而不知有必为之志，不几于柔弱乎？予唯进而往求所以济险之道，处习坎而行，有尚知事之当为者，则决于必为，而无有退缩。我之所以必往求济险之术者，盖继人之功业者，当有以大而贲饰之于前人所受之命，亦当大之。如此则庶几前人之大功可以不忘。予岂敢闭于天之所降之威用哉。天威之用在于"福善祸淫"。三监、淮夷之叛如此，是自取于天之诛戮也。我于此不言奉天讨，则是闭塞天之威用矣。前人之业与前人之受命，当有以广大之；天之威用当有以奉之，则伐商之谋其可已？宁王遗我之宝龟，我其卜之，以绍继天之明，就受其命。古者有国，各有宝龟，以守其国家，有疑则卜之，所以谋之鬼神，而卜知天命之向背也。圣人举事本无事乎卜，特假是以决其疑耳。凡《大诰》之篇称"宁王""宁考"者，皆指武王有安天下之功也。宁人者，指武王当时所与同谋安天下之臣也。

12.《融堂书解》卷十一《周书·大诰》

(宋) 钱时撰

已！予唯小子，若涉渊水，予唯往求朕攸济。敷贲敷前人受命，兹不忘大功。予不敢闭于天降威用。宁王遗我大宝龟，绍天明即命，曰，有大艰于西土。西土人亦不静，越兹蠢。殷小腆诞敢纪其叙，天降威，知我国有疵。民不康，曰，予复。反鄙我周邦。

上文既自谓不能格知天命，此节乃言龟卜之灵可以知之，其实证诬也。"已"者，已矣之辞，犹今人转换话头而曰"休"，曰"且住"之类也。"敷"者，敷阐也。闭，隐闭。"天降威"，即是"天降割"，言武王死丧之威，实自天降也。"宁王"及下文"宁考""宁人"皆谓武王。他书并未尝有此称谓，何独于此书言之，盖时方蠢动不静，故因武王有安天下之功，而特曰"宁"以寓其意也。元龟，乃国家用以卜大疑者，宝而藏之，以遗其后，故曰"大宝龟"。绍，继也。明，即"明用稽疑"之"明"；"即命"与"今我即命于元龟"同义，承上文罪己之言，云，已矣！夫我小子嗣先王无疆大数之事，如涉乎深渊之水。我但向前，求我所以济险之道耳，求济如何敷阐贲饰之具，以增光先业可也；敷阐前王受天之命，使之浸昌浸明可也。如此方是不忘大功。是故武王之丧也，乃天降威用，我不敢隐闭，而卜诸武王遗我之大宝，绍承天意，昭然明白，而就听命焉。其占曰，有大艰于西土，西土之人亦不静，及至此日，果是蠢然骚动，与所占合。武庚余孽，特小腆耳，辄大敢经纪其既亡之叙，皆因武王丧后，知我国内自有疵病，民心摇动不安宁，遂谓商当复兴，反鄙薄我周邦，故敢肆然无忌惮也。"我国有疵"，正说三监。武庚小丑，彼何能为本使监殷，反以殷叛，视宗国如粪土，疾天属如仇雠。武庚之反鄙我周邦也，是真可鄙也。《大诰》此语，正是痛说当时祸根。然终篇只以殷为辞，而不显言三监者，圣人之心有所不忍故也。

13.《尚书要义》

（宋）魏了翁撰

（归善斋按，原缺）

14.《书集传或问》卷下《大诰》

（宋）陈大猷撰

（归善斋按，未解）

15.《尚书详解》卷七《周书·大诰第九》

（宋）胡士行撰

已（发端叹辞）！予唯小子，若涉渊（深）水（无津涯），予唯往求朕攸济（济难）。敷（布）贲（大道，夏作"贲饰"之"贲"）敷（布）前人受（所受）命（天命），兹不忘大功（文武创业）。

此言，难之当必济，而前人之不可忘也。

16.《书纂言》卷四上《周书·大诰》

（元）吴澄撰

已！予唯小子，若涉渊水，予唯往求朕攸济，敷贲敷前人受命，兹不忘大功。

渡水曰涉；往，犹进也。渡讫曰济；敷，广也。贲，饰也。若涉深渊之水，进而求所以济思，欲增广修饰以增广前人所受之命，使其命愈隆愈固，此不忘前人创业之大功也。

17.《书集传纂疏》卷四下《朱子订定蔡氏集传·周书·大诰》

（元）陈栎撰

已！予唯小子，若涉渊水，予唯往求朕攸济，敷贲敷前人受命。兹不忘大功。予不敢闭于天降威用。

已！承上语词。已而，有不能已之意。"若涉渊水"者，喻其心之忧惧;"求朕攸济"者,冀其事之必成。敷,布;贲,饰也。"敷贲"者,修明其典章法度;"敷前人受命"者,增益开大前王之基业。若此者,所以不忘武王安天下之大功也。今武庚不靖,天固诛之。予岂敢闭抑天之威用,而不行讨乎?

纂疏:

因论点《书》,曰,人说荆公穿凿,只是好处也用还他,如"天降割于我家不少延""用宁王遗我大宝龟",皆非注家所及。

叶氏曰,礼,天子在丧,称"予小子"。《诗》闵予小子是也。

陈氏大猷曰,渡曰涉;渡讫曰济。

夏氏曰,敷布贲饰之事,以敷布恢张前人所受之命,于此不忘前人之大功也。

真氏曰,天以商有罪,降之黜罚,非我所敢闭也。王者之威听乎天耳。天未降威,不敢先,文王是也;天既降威,不敢后,武王是也。

愚谓,"若涉渊水",畏之之深也。往求攸济,济之之道也。知惧、自强,二者并行,方能济难。不知畏者忽,徒知畏者沮,皆非也。唯天唯祖宗所以付任我者甚重,今日不敢不力。不敷贲敷前人,是不能继志述事,而忘祖宗之大功也;不用兵伐罪,而闭天威,是不能奉行天讨而忘上天之大命也。"威用"为句无意味,"用"字几为长辞,以属下句方有着落。"用"者用世传之龟也。

18.《读书丛说》卷六《大诰》

(元)许谦撰

(归善斋按,未解)

19.《书传辑录纂注》卷四《周书·大诰》

(元)董鼎撰

已!予唯小子,若涉渊水。予唯往求朕攸济,敷贲敷前人受命,兹不忘大功。予不敢闭于天降威用。

已,承上语辞。已而,有不能已之意。"若涉渊水"者,喻其心之忧惧,"求朕攸济"者,冀其事之必成。敷,布;贲,饰也。"敷贲"者,修明其典章法度；敷前人受命者增益开犬前王之基业，若此者所以不忘武王安天下之大功也。今武庚不靖天固诛之，予岂敢闭抑天之威用而不行讨乎？

辑录：

因论点《书》，曰，人说荆公穿凿，只是好处亦用还他，如"天降割于我家不少延""用宁王遗我大宝龟"，皆非注家所及。人杰。

纂注：

叶氏曰，礼，天子在丧称"予小子"。《诗》"闵予小子"是也。

陈氏大猷曰，渡水曰涉；渡讫曰济。夏氏曰，敷布贲饰之事，以敷布恢张前人所受之命，于此不忘前人之大功烈也。

孔氏曰，我不敢闭绝天所下威用而不行。

新安陈氏曰，"若涉渊水"，畏之之深也。往求攸济，济之之道也。知惧、自强，两者并行，方能济难。不知畏者，忽；徒知畏者，阻，皆非也。唯天唯祖宗所以付任我者甚重，今日不敢不力。不敷贲敷受命，是不能继志述事而忘祖宗之大功也；不用兵伐四国，是不能奉行天讨，而闵天之降威也。

真氏曰，"天降威"，谓天以商有罪，降之黜罚，非我所敢拒也。王者用威，听乎天而已。天未降威，不敢先，文王事殷是也；天既降威，不敢后，武王伐殷是也。

王氏曰，闭，拒也。"天降威"，成王不敢拒，故用宁王所用大宝龟，绍天之明，以断吉凶，而"即天命"也。

愚按，朱子深取王氏点句，而蔡氏不尽从何也？

20.《尚书句解》卷七《周书·大诰第九》

（元）朱祖义撰

已！予唯小子（已矣乎！我小子），若涉渊水（今如涉渡渊水）。予唯往求朕攸济（我唯日夜往求我所以济艰之道）。

21.《尚书日记》卷十《周书·大诰》

（明）王樵撰

"已！予唯小子，若涉渊水"至"不敢闭于天降威用"。

"已"，语终而未终之辞，今秦人语犹然。言"予唯小子"，未更于事，当此祸变，"若涉渊水"，而兢畏之深也。虽畏之深，宁可以难自阻，而不求其攸济之道邪？亦唯敷布国家之典章法度，增益开大前人所受之命，以不忘武王之大功可也。今武庚不靖，天固诛之。明法度，恢前功，于是乎在予，岂敢闭于天之威用，而不行讨乎？二"敷"字，与下一"闭"字相对看"贲"也，"前人受命"也，所当"敷"，故欲敷之，以不忘前人之功。天之威用，所不可"闭"也，故不敢闭之而必申天讨之义。典章法度，国家之神气精彩所存，故谓之"贲"，若不能施于所当施，法纪不明，无以示四方，非所以敷贲也。"前人受命"，所谓皇天眷命，唯我有周诞受多方者也。今武庚敢挟其丧亡之余，伺我王室之衅，妄谓天命可图，则非所以敷前人受命也。夫武王安天下之大功，今几何时，若无敷扬振起气象，是委之地下。故"敷贲敷前人受命"者，所以不忘武王安天下之大功。盖典章修明，基业开大，则四海永清之烈，万年一日也。或曰，贲，大也。"敷贲"，犹言"用宏兹贲"也。

22.《日讲书经解义》卷七《周书·大诰》

（清）库勒纳等撰

已！予唯小子，若涉渊水。予唯往求朕攸济，敷贲敷前人受命，兹不忘大功。予不敢闭于天降威用。

此一节书，是言欲奉天讨，以继武王之功也。已，语终而未终之词。敷，布也。贲，饰也。前人，谓武王。敷，增大之意；闭，遏抑也。成王大诰多邦，意犹未已，故又曰，"予唯小子"，寡昧无识，未能知为君之道，中心忧惧，不能迪民康，以保天命，若涉深渊之水，莫测津涯。予唯往求迪康保命之道，以守其成。如涉深渊之必济而后止，则兹之不能已。于此役者，岂无故哉？彼僭乱之臣，割据版宇，乃王法所必讨。今往征之，正使我国家典章法度贲饰于前者，益敷布而修明之。平其僭乱，复我版宇，使我前人所受于天之明命，益式廓而增大之。若此者，庶几无忘武王之大功，而绍其永清四海之烈耳。况武庚不靖，蔑我王章，侵我土地，此其得罪于天。天固降威以诛之，予敢闭抑天之威用而不行讨伐，失坠前人之绪乎。夫成王之于下，既称天以告戒之，又称前人以耸动之，可见人君之基业，受之于天，受之于祖宗，负荷何如其重，非其赫然振作。是非可否，独断于上，乌能破群疑，而卒成大功也哉。

敷贲敷前人受命，兹不忘大功

1.《尚书注疏》卷十二《周书》

（汉）孔氏传，（唐）陆德明音义，（唐）孔颖达疏

敷贲敷前人受命，兹不忘大功。

传，前人，文武也。我求济渡，在布行大道，在布陈文武受命。在此不忘大功，言任重。

音义，贲，扶云反，徐音愤。

疏，正义曰，我所求济者，唯在布行大道，布陈前人文王、武王受命之事。在我此身，不忘大功。

传，正义曰，前人，文、武也者成王前人，故为文武也。以涉水为喻，言求济者，在于布行大道，行天子之政也。文武有大功德，故受天命，又当布陈文武受命所行之事也。陈行天子之政。又陈文武所行之事，在此不忘大功。大功，太平之功也，言己所任至重，不得不奉天道，行诛伐也。

2.《书传》卷十一《周书》

（宋）苏轼撰

敷贲敷前人受命，兹不忘大功。

贲，饰也。我之所敷者，以饰敷前人受命，而不忘其功也。

3.《尚书全解》卷二十七《周书》

（宋）林之奇撰
（归善斋按，见"王若曰，猷！大诰尔多邦"）

4.《尚书讲义》卷十三

（宋）史浩撰
（归善斋按，见"王若曰，猷！大诰尔多邦"）

5.《尚书详解》卷十八《周书·大诰》

（宋）夏僎撰
（归善斋按，见"《大诰》"）

6.《增修东莱书说》卷十九《周书·大诰第九》

（宋）吕祖谦撰，（宋）石㵼增修
敷贲敷前人受命，兹不忘大功。予不敢闭于天降威用。
"敷贲"，谓修明典章法度，贲饰前人之业，增光润饰之意也。大抵守成之君，苟徒保守，无所增饰，使祖宗之业，不至光明盛大，日新无疆，则为不善继矣。必贲饰其业，大前人所受之命，兹乃能不忘所成之大功。盖继续不已之意。大者，创造之实。"敷贲"者，继述之工也。"予不敢闭于天降威用"者，谓"威"既"用"于三监，若不往伐，是闭天之"威用"也。

7.《尚书说》卷五《周书·大诰》

（宋）黄度撰
（归善斋按，见"已！予唯小子，若涉渊水"）

8.《絜斋家塾书钞》卷十《周书·大诰》

（宋）袁燮撰
（归善斋按，见"已！予唯小子，若涉渊水"）

9. 《书经集传》卷四《周书·大诰》

（宋）蔡沈撰

（归善斋按，见"已！予唯小子，若涉渊水"）

10. 《尚书精义》卷三十二《周书·大诰》

（宋）黄伦撰

敷贲敷前人受命，兹不忘大功予不敢闭于天降威用。宁王遗我大宝龟。绍天明即命。

无垢曰，武王之所以取此天下，皆邦君御事之力也。邦君御事之功亦大矣。我将于人事、天命，敷大之，贲饰之，则于邦君御事之功，其可忘之哉。今将谋诛三监，所以不敢忘邦君御事之功，而大诰诸侯，共图此功也。天无心也，"福善祸淫，殖有礼，覆昏暴"，皆人自取耳。故淫者，必祸；昏暴者，必覆。天之降威，常在人为之后，天子代天以行威者也。今三监之恶，理取诛戮，天威明明如此，我何敢以私意闭绝此威，容恶纵奸，以取怒于天哉？所以必当征之也。《易》曰"天生神物，圣人则之"，神物则大宝龟也。宝龟能传天命之吉凶，故武王以此龟遗子孙，使知天之明，而继之命之所在，而即之。

东坡曰，当时谓武王为宁王，以其克殷宁天下也。下文曰"乃宁考"知其为武王。旧说以为文王，非也。曰"前宁人"者亦谓武王之旧臣也。

张氏曰，人之不胜天久矣，又况君之于天，犹臣之于君。臣之拒君命，为逆，则成王之于天威，非所敢拒也。故于是用宁王所遗我之大宝龟，以卜知天意。夫大龟，神物也，足以前知，故能绍天之明，而吉凶可预见。吉凶之形既见，夫然后知天意之所趋向，而顺之；知天意之所背避，而违之。此所以能即天之命也。

王氏曰，文、武皆能安宁天下，故谓之宁王，是"宁王"者，兼文、武而言。若"宁人"，则又兼文、武之臣而言也。言"宁考"，则谓武王耳。

吕氏曰，古者，大而天下，小而一国，皆有宝龟以镇守国家，若有大疑则卜之，所以继天之明命，即此可以知天命之所在也。夫圣人将举大事，必有定见，何故只信龟卜，非是圣人，亦自见得不定也。盖圣人至诚，齐戒神明，其德以验之于龟，而龟者又至诚无私，与圣人之心相协。此天命不易之理，非后世技术之卜也。

11.《尚书详解》卷二十七《周书·大诰》

（宋）陈经撰

（归善斋按，见"已！予唯小子，若涉渊水"）

12.《融堂书解》卷十一《周书·大诰》

（宋）钱时撰

（归善斋按，见"已！予唯小子，若涉渊水"）

13.《尚书要义》

（宋）魏了翁撰

（归善斋按，原缺）

14.《书集传或问》卷下《大诰》

（宋）陈大猷撰

（归善斋按，未解）

15.《尚书详解》卷七《周书·大诰第九》

（宋）胡士行撰

（归善斋按，见"已！予唯小子，若涉渊水"）

16.《书纂言》卷四上《周书·大诰》

（元）吴澄撰

（归善斋按，见"已！予唯小子，若涉渊水"）

17. 《书集传纂疏》卷四下《朱子订定蔡氏集传·周书·大诰》

（元）陈栎撰

（归善斋按，见"已！予唯小子，若涉渊水"）

18. 《读书丛说》卷六《大诰》

（元）许谦撰

（归善斋按，未解）

19. 《书传辑录纂注》卷四《周书·大诰》

（元）董鼎撰

（归善斋按，见"已！予唯小子，若涉渊水"）

20. 《尚书句解》卷七《周书·大诰第九》

（元）朱祖义撰

敷贲（敷布贲饰其治）敷前人受命（以敷布弘张前人所受之天命），兹不忘大功（于此不忘前人大功）。

21. 《尚书日记》卷十《周书·大诰》

（明）王樵撰

（归善斋按，见"已！予唯小子，若涉渊水"）

22. 《日讲书经解义》卷七《周书·大诰》

（清）库勒纳等撰

（归善斋按，见"已！予唯小子，若涉渊水"）

予不敢闭于天降威用

1.《尚书注疏》卷十二《周书》

（汉）孔氏传，（唐）陆德明音义，（唐）孔颖达疏

予不敢闭于天降威用。

传，天下威用，谓诛恶也。言我不敢闭绝天所下威用而不行，将欲伐四国。

疏，正义曰，既不忘大功，将诛叛逆，由此我不敢绝天之所下威用而不行之，言必将伐四国也。

传，正义曰，王者征伐刑狱，象天震曜杀戮，则征伐者，天之所威用，谓诛恶是也。天有此道，王者用之。用之则开，不用则闭，言我不敢闭绝天之所下威用而不行之。既不敢不行，故将伐四国。

2.《书传》卷十一《周书》

（宋）苏轼撰

予不敢闭于天降威用。

天降威，三监叛也。天欲绝殷，故使之叛也。

3.《尚书全解》卷二十七《周书》

（宋）林之奇撰

予不敢闭于天降威用。宁王遗我大宝龟，绍天明即命，曰，有大艰于西土，西土人亦不静，越兹蠢。殷小腆诞敢纪其叙。天降威，知我国有疵。民不康，曰，予复！反鄙我周邦。今蠢，今翼日，民献有十夫予翼，以于敉宁武图功。我有大事，休，朕卜并吉。肆予告我友邦君，越尹氏庶士御事，曰，予得吉卜。予唯以尔庶邦，于伐殷，逋播臣。尔庶邦君，越庶士、御事，罔不反曰，艰大。民不静，亦唯在王宫、邦君室。越予小子考翼，不可征，王害不违卜。肆予冲人永思艰，曰，呜呼！允蠢，鳏寡哀

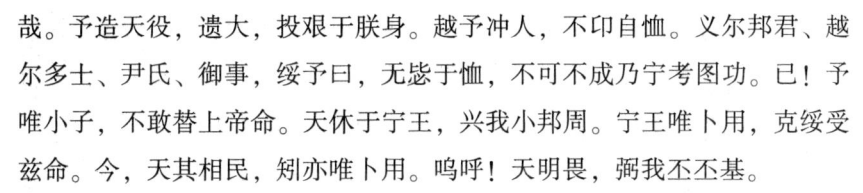

哉。予造天役，遗大，投艰于朕身。越予冲人，不卬自恤。义尔邦君、越尔多士、尹氏、御事，绥予曰，无毖于恤，不可不成乃宁考图功。已！予唯小子，不敢替上帝命。天休于宁王，兴我小邦周。宁王唯卜用，克绥受兹命。今，天其相民，矧亦唯卜用。呜呼！天明畏，弼我丕丕基。

前既云，天以大命佑我周家，虽使武王自百里而兴，伐暴戡乱，拯斯民于涂炭之中，以奄有九有之众，然而不使之享国家长久，使得以创业垂统，措天下于泰山之安，为万世无穷之基，而遽丧于克商之后，以新造未集之国，而幼冲之主，实当是责，故惴惴然，唯恐患难之来，乘间投隙，肆其不轨，以堕我祖宗传受之大业矣，于是遂言，武庚之叛，其征与不征，实我国家社稷安危之所系，故上稽天心，下顺人意，知其不可以不征也。"予不敢闭于降威"者，言武王之丧，是天下其威于我国家，而我不敢闭拒之也。传曰，君，天也。天可逃乎？"不敢闭"者，以其天命之不可逃也，亦顺受之而已矣。此云"天降威"，即上文所谓"天降割"也。唯天威之不可拒。当此之时，欲审其吉凶，以为避就之谋者，亦不过质诸鬼神而已。

于是用我考宁王所遗我之大宝龟，灼而卜之，以观吉凶之所在，继天之明，而即其命也。"绍天明"，言龟可以继天之明也。盖天之吉凶示人甚明，然其道玄远，无绍介以传其意，唯卜之以龟，则天之明，晓然可见矣。此所以"即命"也。宁王，即武王也。序言"武王崩，三监及淮夷叛"，则此篇所称"考""宁王""宁考""宁人"，皆是武王也。先儒以"宁王"为文王，殊失经意。然以"宁考"为文王，则亦不可。此篇之辞，虽出于周公，而其辞则指成王为主，曰"予冲人"，曰"予小子"是也。成王不可谓文王为考。先儒已知其说之不通，故于"宁考"，则曰宁祖、圣考，以"宁"为宁祖；以"考"为圣考。是以"宁"字为一人，"考"字为一人，非立言之体也。以"宁"云者，谓武王去残贼，以安天下之民也。曰"宁"，王曰"宁考"，曰"宁人"，正如《盘庚》曰"先后"，曰"高后"，曰"先神后"，但变其文耳，非有异义也。"宁王遗我大宝龟"者，盖古者，将欲决嫌疑，定犹豫以通幽明之情，使其应如响，无有毫厘抄忽之差者，而必有藉于灵龟，故其得之也则珍而藏之，以为国之宝，俟有事而用之，世世以是传而不失也。《楚语》曰，"龟足以宪臧否，则宝之"。《公羊传》曰"宝者，何龟青纯"，何休注曰，千载之龟，青髯，明于吉凶，谓之宝，世世保用之辞。《左传》吴王之弟蹶由曰"国之守龟，其何事不卜"，谓之守龟，盖世之所守以为宝故也者。卫之"昭兆"，臧氏之"偻句"，皆所谓宝龟也。故成王将卜龟，以绍天之明而即命，而其所用者，乃武王所以遗之者也。

"曰有大艰于西土，西土人亦不静"，此则龟所告之辞也。《周官》太卜掌三兆之法。其经，兆之体，皆百有二十；其颂，皆千有二百。"颂"，即春秋所谓"繇"也。唐孔氏《春秋正义》曰兆、颂旧有此辞，非卜人始为之也，则知"颂"者，盖古者卜筮之书。既灼龟而得此兆体矣，又以此兆体，而玩其辞也。晋献公之卜，而其辞曰"专之渝，攘公之羭"；庄公之卜，而其辞曰"如鱼窥尾衡流，而方羊裔焉"，此皆兆、颂旧有此辞，因卜而适得之耳。然不知其辞出于何代也？至于汉时，亦有此书，如汉文帝之占曰"大横庚庚余为天王夏后以光"是也。成王以武王既丧之故，灼龟启书，以占周家之休咎，而其繇辞曰"有大艰于西土，西土人亦不静"，言将有大艰之事及于西土；西土之人亦为之扰而不安也。方是时，三叔之流言未作，武庚之叛未兴而龟兆之言已云尔也。《中庸》曰"国家将兴，必有祯祥；将亡，必有妖孽。见乎蓍龟，动乎四体，祸福将至。善，必先知之；不善，必先知之，故至诚如神"。是时周家，将有不率厥典之人，唇齿相依，以危王室，其为祸也大矣，此所以见于卜龟，而其辞云尔也，故于今三监、淮夷，果蠢蠢然而动，则龟之所告，信其验也。

自"殷小腆"而下，则方言其"越兹蠢"之事，以明龟之有知也。"殷小腆诞敢纪其叙"者，汉孔氏曰，殷后小国，腆腆然之禄父，大敢纪其王业之叙，而欲兴复之。苏氏以"腆"为"厚"，言殷小富厚，乃敢纪其既亡之叙。按，左氏曰"不腆弊邑"，则"腆"之字，固当训"厚"。孔氏以为"腆腆然"，固不如苏氏以为"殷小富厚"。然其说亦不明白。盖经既云"殷小腆诞敢纪其叙"，必欲从而为之说，则其言当如是云尔。要之，此两句，乃是成王既言卜辞，然后以事应继之。其所言者，必殷人背叛之事，然其语则聱牙难通，必欲字字而为之说，则非多闻缺疑之义，故当以意逆志，而缺其辞之不可知者。"天降威，知我国有疵。民不康曰，予复！反鄙我周邦"，言天降威于我国家，武王既弃天下，而继有三叔流言之疵，民将不安。武庚知，之故其言曰，我将绍我汤之业，而光复之。殷既复，则反以我周家为鄙矣。武庚以叛亡之余，而有反鄙我周邦之言，则其志不小矣。纵之一日，则有一日之患。此所以不可不征也。然其征之也，必上得天心，下得人心，而后可以胜。故成王于是又陈其得天、人之应，而有胜之之理也。

"今蠢，今翼日"，言当此武庚蠢动之明日，民之贤者，有十夫来助予往征，以抚安宁考武王所图之功也。"民献"与《益稷》所谓"黎献"同。将兴师动众以讨不逞之武庚，而十夫以贤能之才，为我左右之助，则我所有之大事固为休矣。及其灼龟以卜师之胜负，则三龟又皆并吉。"民献有十夫予翼"，则得人心矣。"朕卜并吉"，则得天心矣。天、人俱应，则我周家有必胜之理，而武庚有必亡之势，如之何而不征也？汉孔氏于"予不敢闭于天降威用"，则言，我不敢闭绝天所下威用而不行，将欲伐四国；其于"宁王遗我大宝龟，绍天明即命"则言，武王遗我大宝龟，疑则卜之，以继天明就命而行之，言卜不可违。夫孔氏以"用"字属上句读，固为非矣；而以其遗大宝龟为卜伐四国，则是。其意谓，此所言"朕卜并吉"者，即上文用大宝龟而卜也。盖孔氏既以"天降割"与"天降威"为四国之叛，则安得不以遗大宝龟为征伐之事乎？苏氏虽以"天降割"为武王之丧；至于"天降威"，则亦以为三监叛也。但于"其有大艰于西土，西土人亦不静"，则以为龟所告之辞，此则与孔氏异耳。果如苏氏之意，则"天降威"为三监之叛，所谓"用大宝龟"与夫"朕卜并吉"者，其止一事而重言之乎？抑其当时之再卜乎？若此二者只一事，而再言之，则其卜兆之辞但曰"有大艰于西土，西土人亦不静"，成王何从而知其吉乎？若始卜之，其兆体之辞如此，而其再卜则吉，无乃渎乎？《春秋左传》曰"晋赵鞅率师伐齐，大夫请卜之。赵孟曰，吾卜于此，起兵事不再令卜，不袭吉信也"。渎龟之卜，赵鞅尚不肯为，而谓周公为之乎？此其为说，盖由于以"天降威"为三监之叛，故其抵牾，必至于此。殊不知，用大宝龟者，当武王之既丧而卜也；"朕卜并吉"者，卜伐武庚也。成王当孀嫕在疚之时，而占国之灾祥，乃得此兆，既而武庚作乱，则不静之言验矣。乃将征之，而又以其胜负卜之于龟，则得吉兆也。如此则其义上下相属，方为明白。

周之兴师也，庶邦、御事，皆有难色，独此十夫者为之辅翼，而遂以为我有大事休者，盖十夫为之助，则得民之心矣。晋楚之兵，遇于桑隧，赵同、赵括欲战，知庄子、范文子、韩献子皆不欲，于是军帅之欲战者众。或谓栾武子曰，圣人与众同欲，是以济事，子之佐十一人，其不欲者三人而已，欲战者可谓众矣。武子曰，善钧从众，夫善，众之主也；三卿为主，可谓众矣，从之不亦可乎？周公既得十夫之助，则虽邦君、御事皆以为未可，而民之心自可见矣。此正栾武子之意也。汉周亚夫伐楚，得剧孟。若一敌国，夫剧孟者，特一游侠之雄耳，亚夫得之尚赖之为重。况此十人谓之民献，则其得之，而以卜人之心，岂不可哉。此十夫者，周公得之，而其喜如此，则其人必非琐琐者，惜其名氏不见于后世。扬雄曰，昔者齐鲁有大臣，史失其名。其于"十夫"亦云，唯其十夫予翼，以得人之助；"朕卜并吉"以得天之助，故今我告尔邦君诸侯之相亲友者，与尹氏之官，以至众士、御事之臣曰，我既卜之于龟，而得吉矣，我当与尔众邦，仗义兴兵，以伐殷之逋亡播荡之臣武庚也。"尹氏"与《牧誓》之"师氏"同。《洪范》所谓"师尹唯日"是也。

尔庶邦君至于御事之臣，今乃无不以言，复曰，今将帅以伐殷，其势难而其事大，不可以轻动也。西土之人，所以不静者，虽武庚之叛，天下为之骚动不宁，而其源则在于王之宫、邦君之室，则不可以不自反也。故我小子，当成其敬以修己而已，未可征也，王何不违卜而必欲从之乎？"害"与"害浣害否"之"害"同。王莽曰"予害，敢不于祖宗安人图功而终"，颜师古曰"害，读曰曷"，正此类也。汉孔氏曰王室有害，固宜从卜；王氏曰王其咎之害在于不违卜也，皆误矣。尔庶邦御事之言既如此，故我冲人，长以此艰难而思，乃发叹曰，四国之叛，而我征之，信蠢动天下，使其无妻之鳏，无夫之寡，不得安居而乐业，是诚可哀也。我非忍于此也，盖以我继世以有天下，为天之所役使，而天之所遗我者，大所投我者艰，谓其湛然以幼冲之资，而负祖宗之讬，以嬛嬛在疚之初，而当变故之兴，我当赫然发愤，讨平僭叛，以系固周家之业，非我之自恤也。尔庶邦君而下，当以义而安我曰，无拘于所忧之可畏缩而不之决也，唯当"张皇六师"，往而灭殷，以成武王所图之功。盖武王既克商而有天下矣，今乃使之遗孽绝而复续，岂不丧武王所图之功乎？尔之所以安我之义，当如此。今乃欲舍武庚而不治，岂义也哉？盖邦君、御事，既以亦唯在王宫、邦君室，咎成王，又以考翼而勉成王，故成王自责，以为我以一身而负艰难之责，则其毒民以兴师者，岂为一己之故哉。我之兴师，既非徇一己之私忧，凡欲"聿追来孝"，以光大前人也，则尔群臣，其可以徇私意臆之见，而不念天下之大谋，与我合谋同心，共底安平乎？故成王以此而责之也。夫以周家新造，而管、蔡以叔父之尊，挟殷之余孽，以间王室，此固天下之所共怒者也。"尔邦君"者，列周之爵，分周之土，以为周之藩；而尹士、庶士、御事，又皆食周之禄，任周之职，以效其才能，则武庚之乱，宜其协一心，以与天下共诛之也。今乃倡为不可征之言者，盖其志苟目前之安，而不虑身后之患，谓武庚之叛，有以服其心，则自可不动干戈而平之矣，何必老师费财，交锋接刃，而后为得计哉？昔汤伐夏以救民，亳之民以为"夏罪其如台"，故咎汤以为不恤我众，舍我穑事而割正夏。夫汤之兵，为应天顺人而举也。今亳人徒以"桀灭德作威，以敷虐于万方"，而亳邑未被其祸，故惮于行役战斗之事，而出此言也。庶邦、御事之不肯致讨于武庚，其意亦若是而已矣。殊不知自古有天下之祸，常起于一隅，而其蔓延之久，则遍于天下。祭仲曰"无使滋蔓，蔓难图也。蔓草犹不可除，况君之宠弟乎？"今管、蔡以叔父之亲，武庚以殷家之裔，又与淮夷同恶相济，使其一旦滋蔓，群方响应，虽竭天下之力，亦未如之何也已矣。汉景帝之时，吴楚七国作乱于山东，其声焰甚炽，唯汉遣周亚夫将三十六将军之兵，倍道而进，故一鼓而灭之，不然不独关东非汉有也，自关以西亦将有累卵之危矣。晋武帝既死，惠帝以昏童而即祚，当是时，八王以肺腑之亲，更相屠灭。戎羯乘之，中夏鼎沸，历数百年而后定。管、蔡、武庚之乱，而又挟淮夷以为重，此其为变，盖不减于八王与五胡也。使成王信邦君、御事之言，置而不问，唯欲考翼以服之，未必无晋之祸。故予谓，当武王之丧，而卜之以龟也，其繇辞已曰"有大艰于西土，西土人亦不静"，管蔡丧乱于东土，则西土之人宜无所预也。而龟辞以为西土之人亦为之不静者，盖天下之势然也。晋八王、五胡之事，盖可见矣。"西土人亦不静"，则宁考之图功，将败坏而不立矣。

虽成王所以处己者，固未尝不敬，然管蔡、商、奄之顽愚，非文教之所能遽服，故欲成宁考之图功，则不可以不征也。成王既谓欲成宁考之图功，则管蔡、商奄在所必征，不可以邦君御事之所不欲，而遂置之也。况天之吉卜，又不可以有违。苟违卜而不征，则吉将转而为凶，虽欲考翼，以终宁王之功，岂可得哉，故我之所以不违者，乃所以成宁考之图功也，如之何而谓我不违卜为非哉？故我小子不敢废上帝之命而违卜。其所以"不敢废上帝命"者，则以上帝专美文王之德，使之自百里邦而兴，遂有天下，亦唯卜之用，而不敢替也，故能受天命以传于我小子。视武王誓师之言曰"朕梦协朕卜，袭于休祥，戎商必克"，则是武王之所以克商者，唯以不违卜故也。使其违卜，则获罪于天，而无所祷矣。故曰"予不顺天，厥罪唯钧"，以武王之圣德，尚不敢废上帝之命，而况小子乎？武王之克商，既获仁人，又加之梦卜之协，其天、人之应，不期而同，所以遂克商，而有天下。今"十夫予翼"，则是天助我民矣，况又卜之吉哉，天、人之应，亦如武王之世，则我之征武庚，不独成宁考之功，亦所以述宁考之事也。《洪范》之稽疑，"汝则从，龟从，筮从，卿士从。庶民从，是之谓大同"，至于谋及卿士、庶民之或从或违，而龟筮并从，则亦不失其为吉。盖以定天下之业，断天下之疑，唯卜筮之信故也。成王之伐武庚，虽邦君、庶士、御事有异言，然周公之心既以不疑，而卜筮又吉，是亦《洪范》之所谓吉也。况又十夫之予翼，以十夫为主，则卿士、大夫盖不尽逆也，何为而不可征哉。此所以亦唯卜之用也。

"呜呼！天明畏，弼我丕丕基"，此又嗟叹而申言之也，言天道无私，甚明而可畏。今以吉卜而畀我，则欲我讨平僭叛，以光大周室，是天之意，其于国家之积累基业，欲弼而成之也。天既弼我之基业，而我乃不从卜以征，是我自弃其基业矣。则天之明畏，必将移其祸以延于我邦矣，如此则非天之弃周，乃周之自弃。然则如之何而不可征哉？邦君、庶士、御事之人，其不知天命如此，周公之所以谆谆反复而告之也。

4.《尚书讲义》卷十三

（宋）史浩撰

（归善斋按，见"王若曰，猷！大诰尔多邦"）

5.《尚书详解》卷十八《周书·大诰》

（宋）夏僎撰

予不敢闭于天降威，用宁王遗我大宝龟，绍天明即命，曰，有大艰于西土；西土人亦不静，越兹蠢。殷小腆诞敢纪其叙。天降威，知我国有疵。民不康，曰，予复！反鄙我周邦。

成王上既言天降威，而武王死，己以幼冲嗣位，日夜恐惧，求其所以济而未得。于是言我不敢闭藏上天所降之威。盖武王之死，乃上天之降威于我国家也。今既遭此天威，乃不敢闭藏隐匿其事，恐患难之来，犹或未已，乃用宁王所遗与后世所宝藏之灵龟卜，以观吉凶，以龟能绍天之明，故己乃即龟以受命也。盖天之吉凶示人虽明，而其道远，非绍介以传意，则人莫晓。唯宝龟之神与天相通，知龟吉凶，则知天意之向背，是龟乃能绍介天之明命也。唯其能绍介天命，故成王所以即而受命焉。此篇所谓"宁人""宁王""宁考"，皆谓武王。以成王于武王为考，故当为武王。若谓文王，则误矣。盖此篇，虽出于周公之口，而实以成王为辞，故知"宁考"，当是成王指武王也。"曰：有大艰于西土；西土人亦不静"，此即宝龟所告之辞也。盖古者，卜筮有此一兆，则必有一兆之辞。如孝文占其兆之辞曰"大横庚庚，予为太王，夏启以光"，其辞亦此类也。盖成王既用宁王所遗宝龟以占休咎，而兆乃谓，将有大艰难之事及于西土；西土之人亦因此扰扰而不安，则三监、武庚之叛虽未形，而其兆已预于龟卜之间矣。成王既言龟卜之辞，谓我周家当有大变，于此果然蠢蠢而动，谓三监、武庚等之变果作，而龟之兆果可信也。"殷小腆"，谓禄父方小富厚也。"诞敢纪其叙"者，谓不自度，乃敢纪其既亡之序，谓将复兴商业也。然其所以敢妄如此者，亦见天降威于我周家，而武王死，国有此疵病，民将不康安，故敢妄言，谓我将绍复汤业，而反以周家鄙也。盖昔商为王，周为诸侯，是商为都，周为鄙。今周既为王，则周为都矣，而禄父乃欲复商，而更以周为诸侯，故言"予复！反鄙我周邦"也。

6.《增修东莱书说》卷十九《周书·大诰第九》

（宋）吕祖谦撰，（宋）石澜增修
（归善斋按，见"敷贲敷前人受命"）

7.《尚书说》卷五《周书·大诰》

（宋）黄度撰
（归善斋按，见"已！予唯小子，若涉渊水"）

8.《絜斋家塾书钞》卷十《周书·大诰》

（宋）袁燮撰

予不敢闭于天降威用，宁王遗我大宝龟，绍天明即命，曰，有大艰于西土；西土人亦不静，越兹蠢。殷小腆诞敢纪其叙。天降威，知我国有疵。民不康，曰，予复！反鄙我周邦。

三监之伐，所以奉行天讨。天既降威，我安敢闭而不用乎。神龟者，国之宝镇，吉凶祸福，将于是乎占焉。"绍天明"者，继天之明也。天之明命，见于龟卜。"即命"者，即于是而命也。只看繇辞所谓"有大艰于西土；西土人亦不静"之言，这便是命。及兹而果然蠢动，信如龟卜所言。武庚有一国，不过小腆尔，今诞敢纪其既亡之叙，因天降威于我，武王之崩，知我国有疵，民皆不康静。曰予其复先王之业，反以周邦为鄙。武庚桀恶若是，而可以不征乎。

9.《书经集传》卷四《周书·大诰》

（宋）蔡沈撰
（归善斋按，见"已！予唯小子，若涉渊水"）

10.《尚书精义》卷三十二《周书·大诰》

（宋）黄伦撰
（归善斋按，见"敷贲敷前人受命"）

11. 《尚书详解》卷二十七《周书·大诰》

（宋）陈经撰

（归善斋按，见"已！予唯小子，若涉渊水"）

12. 《融堂书解》卷十一《周书·大诰》

（宋）钱时撰

（归善斋按，见"已！予唯小子，若涉渊水"）

13. 《尚书要义》

（宋）魏了翁撰

（归善斋按，原缺）

14. 《书集传或问》卷下《大诰》

（宋）陈大猷撰

（归善斋按，未解）

15. 《尚书详解》卷七《周书·大诰第九》

（宋）胡士行撰

予不敢闭（藏隐）于天降威用（天威用以征伐）。宁王（孔云，安天下之主，谓文王也。吕云武王）遗（予）我大宝龟（国镇），绍（继介）天明即（就）命，曰（卜言），有大艰（难事）于西土（周所都）西土；人亦不静（安）。越（于）兹（此后）蠢（果惊动），殷（武庚）小腆（厚）诞（大）敢纪（经纪）其叙（旧叙）。天降威（武王崩而管、蔡流言），知（武庚知）我（周）国有疵（病也，管、蔡），民不康，曰（武庚曰），予复（复商旧业）！反鄙（边鄙）我周邦。

宝龟即命，《大诰》一篇纲目也，事至于天而定矣。

16. 《书纂言》卷四上《周书·大诰》

（元）吴澄撰

予不敢闭于天降威，用宁王遗我大宝龟，绍天明即命，曰，有大艰于西土；西土人亦不静。

闭，谓掩藏讳护；降威，即降割也。宁王，武王也。绍，谓龟能承接天意，以传于人；即命，就受天之命于龟也。曰者，龟兆之占如此云也。大艰，谓大患难也。天降丧祸于我，未知天意若何，不敢讳护不问，故用宁王所遗我之大宝龟，以继绍天明，卜未来之吉凶。而龟兆之占，预报以武庚叛乱之事，谓将有为大患难于西土者，盖言武庚叛周也。虽西土之人，亦为不安静之事。盖言管、蔡虽是周人，而亦为乱也。此武王崩后所卜。

17.《书集传纂疏》卷四下《朱子订定蔡氏集传·周书·大诰》

（元）陈栎撰

（归善斋按，见"已！予唯小子，若涉渊水"）

18.《读书丛说》卷六《大诰》

（元）许谦撰

（归善斋按，未解）

19.《书传辑录纂注》卷四《周书·大诰》

（元）董鼎撰

（归善斋按，见"已！予唯小子，若涉渊水"）

20.《尚书句解》卷七《周书·大诰第九》

（元）朱祖义撰

予不敢闭于天降威（我岂敢闭塞上天所降威于三监而不伐之乎）。

21.《尚书日记》卷十《周书·大诰》

（明）王樵撰

（归善斋按，见"已！予唯小子，若涉渊水"）

22.《日讲书经解义》卷七《周书·大诰》

(清)库勒纳等撰

(归善斋按,见"已!予唯小子,若涉渊水")

宁王遗我大宝龟,绍天明即命

1.《尚书注疏》卷十二《周书》

(汉)孔氏传,(唐)陆德明音义,(唐)孔颖达疏

宁王遗我大宝龟,绍天明即命。

传,安天下之王,谓文王也。遗我大宝龟,疑则卜之,以继天,明就其命而言之,言卜不可违。

音义,遗,唯季反。

疏,正义曰,宁天下之王,谓文王也。文王遗我大宝龟,疑则就而卜之,以继大明命。今我就受其命,言已就龟卜其伐之吉凶,已得吉也。

传,正义曰,纣为昏虐,天下不安,言文王能安之安。天下之王,谓文王也。遗我大宝龟者,天子宝藏神龟,疑则卜之,继天明道,就其命而行之,言卜吉则当行,不可违卜也。所以大宝龟皆得继天明者,以天道玄远,龟是神灵,能传天意,以示吉凶,故疑则卜之,以继天明道。郑玄云,时既卜乃后出诰,故先云然。

《尚书注疏》卷十二《考证》

"宁王"传"谓文王也"。

苏轼曰,当时称武王为宁王,以其克殷而安天下也。林之奇曰,此篇所称"考""宁王""宁考""宁人",皆是武王。先儒以为文王,殊失经意。

2.《书传》卷十一《周书》

（宋）苏轼撰

宁王遗我大宝龟，绍天明即命。

当时谓武王为宁王，以见其克殷宁天下也。下文曰乃"宁考"，知其为武王。旧说以为文王，非也。曰"前宁人"者，亦谓武王之旧臣也。天降威于殷，予不敢隐闭，用武王所遗宝龟卜，之所以继天明而待命也。

3.《尚书全解》卷二十七《周书》

（宋）林之奇撰

（归善斋按，见"予不敢闭于天降威用"）

4.《尚书讲义》卷十三

（宋）史浩撰

（归善斋按，见"王若曰，猷！大诰尔多邦"）

5.《尚书详解》卷十八《周书·大诰》

（宋）夏僎撰

（归善斋按，见"予不敢闭于天降威用"）

6.《增修东莱书说》卷十九《周书·大诰第九》

（宋）吕祖谦撰，（宋）石澜增修

宁王遗我大宝龟，绍天明即命。

大而天下，小而一国，必有大龟以为国镇。此一句《大诰》一篇之纲目也。自始至终，皆以卜为言，谓武王遗我大宝龟，继绍上天之明，而就其休美之命也。圣人之将天命，必有定见，何以龟卜为信，盖圣人斋戒神明，其德以验之于龟，而龟又至神无私，与圣人之心相协，此天命不易之理，非如后世技术之卜也。

7. 《尚书说》卷五《周书·大诰》

（宋）黄度撰

宁王遗我大宝龟，绍天明即命，曰，有大艰于西土；西土人亦不静。

宁王，古说以为文王，而中篇称"宁考"，则武王也。武王有辑宁天下之功，故称之曰"宁王"。武王继文王之功，而伐纣，今成王继武王而黜殷，故其后称"考""室""父菑"，皆谓当有克家之效也，则"宁王"为"武王"为是。武王以其大宝龟遗我，使继天明而即就其命。其占固尝有预见之辞，曰，将有大艰于西土；西土人亦不得宁息。是则武庚之叛，鬼神尝告其事矣。

8. 《絜斋家塾书钞》卷十《周书·大诰》

（宋）袁燮撰

（归善斋按，见"予不敢闭于天降威用"）

9. 《书经集传》卷四《周书·大诰》

（宋）蔡沈撰

宁王遗我大宝龟，绍天明即命，曰，有大艰于西土；西土人亦不静，越兹蠢。

宁王，武王也。下文又曰"宁考"，苏氏曰，当时谓武王为"宁王"，以其克殷而安天下也。蠢，动而无知之貌。"宁王遗我大宝龟"者，以其可以绍介天命，以定吉凶。曩尝即龟所命，而其兆谓，将有大艰难之事于西土；西土之人亦不安静，是武庚未叛之时，而龟之兆盖已预告矣，及此，果蠢蠢然而动。其卜可验如此，将言下文伐殷卜吉之事，故先发此，以见卜之不可违也。

10. 《尚书精义》卷三十二《周书·大诰》

（宋）黄伦撰

（归善斋按，见"敷贲敷前人受命"）

11. 《尚书详解》卷二十七《周书·大诰》

（宋）陈经撰

（归善斋按，见"已！予唯小子，若涉渊水"）

12. 《融堂书解》卷十一《周书·大诰》

（宋）钱时撰

（归善斋按，见"已！予唯小子，若涉渊水"）

13. 《尚书要义》

（宋）魏了翁撰

（归善斋按，原缺）

14. 《书集传或问》卷下《大诰》

（宋）陈大猷撰

（归善斋按，未解）

15. 《尚书详解》卷七《周书·大诰第九》

（宋）胡士行撰

（归善斋按，见"予不敢闭于天降威用"）

16. 《书纂言》卷四上《周书·大诰》

（元）吴澄撰

（归善斋按，见"予不敢闭于天降威用"）

17. 《书集传纂疏》卷四下《朱子订定蔡氏集传·周书·大诰》

（元）陈栎撰

宁王遗我大宝龟，绍天明即命，曰，有大艰于西土；西土人亦不静，越兹蠢。

宁王，武王也。下文又曰"宁考"，苏氏曰，当时谓武王为"宁王"，以其克殷而安天下也。蠢，动而无知之貌。"宁王遗我大宝龟"者，以其可以绍介天明，以定吉凶。曩尝即龟所命，而其兆谓，将有大艰难之事于西土；西土之人亦不安静，武庚未叛之时，而龟之兆盖已预告矣。及此，果蠢蠢然动。其卜可验如此，将言下文伐殷卜吉之事，故先发此，以见卜之不可违也。

纂疏：

叶氏曰，武王克殷安天下，故曰"宁王"。自成王而称之曰"宁考"，概言之，曰宁人，以其在前曰"前宁人"皆称武王也。

吕氏曰，"用宁王遗我大宝龟"，此一篇纲领也。自始至终，皆以卜为言。

林氏曰，天之吉凶示人甚明，然其道幽冥，无介绍以传其意，唯卜之以龟，则天之明晓然可见，此所以即之而受命也。

薛氏曰，"即命"与"即命于元龟"同意。

苏氏曰，"曰有大艰于西土；西土人亦不静"，此龟所以告也。及是，三监果动。

史氏渐曰，文、武、成三世大事，三以卜决。文王得太公以造周，武王伐商，"朕梦协朕卜"以兴周。成王东征，赖"朕卜并吉"以定周。三卜所系如此，宜大龟世守以为宝也。

愚按，"曰"字，孔氏以为语更端，不若以"曰"为龟告之辞。武庚之乱在东，非西土也。孔注云四国作大难于京师，意其指流言于国欤。

18.《读书丛说》卷六《大诰》

（元）许谦撰

（归善斋按，未解）

19.《书传辑录纂注》卷四《周书·大诰》

（元）董鼎撰

宁王遗我大宝龟，绍天明即命，曰，有大艰于西土；西土人亦不静，越兹蠢。

宁王，武王也。下文又曰"宁考"，苏氏曰，当时谓武王为"宁王"，以其克殷而安天下也。蠢，动而无知之貌。"宁王遗我大宝龟"者，以其可以绍介天明，以定吉凶。曩尝即龟所命，而其兆谓，将有大艰难之事于西土；西土之人亦不安静，将言下文卜吉之事，故先发此，以见卜之不可违也。

纂注：

叶氏曰，自成王称之曰"宁考"，概言之，曰"宁人"，以其在前曰"前宁人"，皆称武王也。

吕氏曰，"宁王遗我大宝龟"，《大诰》一篇之纲领也。自始至终，皆以卜为言。

林氏曰，天之吉凶示人甚明，然其道幽□，无介绍以传其意，唯卜之以龟，则天之明晓然可见。此成王所以即而受命焉。

薛氏曰，"即命"与《金縢》"即命于元龟"同意。

史氏渐曰，文、武、成之际，事之大者，凡三皆以卜而决。文王将"猎得非虎非熊"之卜，而太公起于渭滨造周之谋自此而成。武王师渡孟津曰"朕梦协朕卜"，兴周之基自此而定。成王主少国疑之际，而三监、商、奄相煽而起，赖"朕卜并吉"，故周公宁违众而举师不敢违卜而逆天，而安周之功自此而著。周家三世以三卜而兴，则大龟为世守之宝也亦宜。

新安陈氏曰，武庚之乱在东，非西土也。孔注四国作大难于京师，意其指流言于国欤。

葵初王氏曰，西土指镐京为是，即《牧誓》所谓"西土之人"。"大艰"以下，"艰大"例之，是因流言而有东征之役。

20.《尚书句解》卷七《周书·大诰第九》

（元）朱祖义撰

用宁王遗我大宝龟（于是用安天下之王武王，所遗我大宝龟而卜之），绍天明即命（天吉凶虽明，非龟为绍介传命，人莫晓；以绍介上天之明，就受其命）。

21.《尚书日记》卷十《周书·大诰》

（明）王樵撰

"宁王遗我大宝龟"至"越兹蠢"。

称武王为"宁王"，又曰"宁考，盖当时语也。大宝龟，所谓国之守龟也，介绍所以传人之意。龟为天之介绍以，传天之意，故曰"绍天明"。天明者，吉凶之理昭然者也。命，命龟也。大艰，大难也。西土，对东方诸国而言。此盖武王初崩之时，泛卜时事之吉凶，而有此兆，言将有大艰于西土，西土之人亦不能静。天时有变，人事艰虞之会，故曰"大艰"；东方有乱，西土奔命，故曰"不静"。郑玄谓西人亦有骚动者，妄也。夫武庚未叛，西土方晏然，而龟之预告已如此，所谓见乎蓍龟者也，及此，果蠢然而动，将言卜伐武庚之吉，故先言此，以见卜之有验而不可违也。

上言事理当尽之意，此下始以卜言以天命，决人事。反复言之，以勉群心之断而不疑也。

22.《日讲书经解义》卷七《周书·大诰》

（清）库勒纳等撰

宁王遗我大宝龟，绍天明即命，曰，有大艰于西土；西土人亦不静，越兹蠢。

此一节书，又举神道前知之事，以明天命之不可违也。宁王，谓武王；天明，天之明命；蠢，无知而动之貌。成王曰，天讨之不可不奉，于何见之，昔我安宁天下之武王，遗我后人大宝龟，使之绍介上天之明命，以定吉凶。昔尝问卜，龟即命曰，异日东方诸侯起而叛乱，将有大艰难之事于西土，使西土之人疲于奔命，不得安静。是西土晏然之时，龟兆已豫告矣。今三监倡乱，蠢然而动，卜之验于昔日者如此。今日之卜，其有不验乎。按，此非独圣人以神道设教，盖国家有事，其兆必见于先，特人未之知耳。若明圣之君，其平时思患豫防，无事不为未然计，即一旦有变，而成算素定，然百无一失。观书此词，则知武王之远虑，固已周于后世矣。

《书蔡氏传旁通》卷四下《周书·大诰》

（元）陈师凯撰

绍介天明，以定吉凶。

《韵会》云，绍介，行也，谓行人之副也。《书》疏云，天道玄远，龟是神灵，能传天意，以示吉凶，故疑则卜之，以继天明道。林氏曰，天之吉凶示人甚明，然其道幽口，无介绍以传其意，唯卜之以龟，则天之明晓可见。

《尚书疑义》卷五《大诰》

（明）马明衡撰

"宁王遗我大宝龟"至"越兹蠢"。

此言，即命于龟，曰，有大艰于西土，今西土亦不得安宁，于此蠢然而警动也。蠢者，无知而警动不安之意。此篇"兹蠢""今蠢"，并"允蠢鳏寡"三"蠢"字，皆是百姓惊动，非谓武庚蠢蠢而动，盖四国作难，百姓自然惊动不安。

曰，有大艰于西土，西土人亦不静，越兹蠢

1. 《尚书注疏》卷十二《周书》

（汉）孔氏传，（唐）陆德明音义，（唐）孔颖达疏

曰，有大艰于西土，西土人亦不静，越兹蠢。

传，"曰"，语更端也。四国作大难于京师，西土人亦不安于此。蠢，动。

音义，蠢，尺允反。难，乃旦反，下同，又如字。

疏，正义曰，上言为害不少，陈欲征之意，未说武庚之罪，更后发端言之曰，今四国叛逆，有大艰于西土，言作乱于东，与京师为难也。西土之人为此亦不得安静于此，人情皆蠢蠢然动。

传，正义曰，周公丁宁其事，止而复言，别加一"曰"，语更端也，下言"王曰"，此不言"王"，史详略耳。四国作逆于东，京师以为大艰，故言作大难于京师。西土人亦不安，亦如东方，见其乱不安也。《释诂》云，蠢，动也。郑云，周民亦不定，其心骚动，言以兵应之。当时京师，无与应者，郑言妄耳。

2. 《书传》卷十一《周书》

（宋）苏轼撰

曰，有大艰于西土；西土人亦不静。

此龟所以告者也。

越兹蠢。

蠢，动也。及此三监果动。

3. 《尚书全解》卷二十七《周书》

（宋）林之奇撰

（归善斋按，见"予不敢闭于天降威用"）

4. 《尚书讲义》卷十三

（宋）史浩撰

（归善斋按，见"王若曰，猷！大诰尔多邦"）

5. 《尚书详解》卷十八《周书·大诰》

（宋）夏僎撰

（归善斋按，见"予不敢闭于天降威用"）

6. 《增修东莱书说》卷十九《周书·大诰第九》

（宋）吕祖谦撰，（宋）石澜增修

曰：有大艰于西土；西土人亦不静，越兹蠢。

曰者，更端之辞；大艰者，谓武王死，所以致三监之蠢动，国有大艰，彼得乘之，使西土之人，亦忧惧惶惑不得宁静。上既言今负荷先人之业，欲奉天讨，卜天命于大宝龟，此却言武庚、三监所以作乱之由。

7.《尚书说》卷五《周书·大诰》

（宋）黄度撰
（归善斋按，见"予不敢闭于天降威用"）

8.《絜斋家塾书钞》卷十《周书·大诰》

（宋）袁燮撰
（归善斋按，见"予不敢闭于天降威用"）

9.《书经集传》卷四《周书·大诰》

（宋）蔡沈撰
（归善斋按，见"宁王遗我大宝龟"）

10.《尚书精义》卷三十二《周书·大诰》

（宋）黄伦撰

曰，有大艰于西土；西土人亦不静，越兹蠢。殷小腆诞敢纪其叙。

无垢曰，小国殷蠢尔，武庚其地其人如此尔，乃不量力，不度德，大敢求续前人之叙，以再王天下，真取死之道也。兵家以气为主，故其言不嫌于鄙薄。

吕氏曰，武王崩，便是有大祸难于西土；西土之人亦忧惧惶惑。于此时，三监蠢动作乱，武庚恃其国小小富厚，便欲复商家之正统，乃纪其叙之谓也。成王言此者，说武王既灭商，商之社稷已隳矣，宗庙已绝矣。于已隳、已绝之中，乃扶持而立之，是武王有大功于商。今武庚不知我武王扶持他于隳于绝之中，乃大敢纪其叙，敢之云者，言其无所忌惮，妄为僭乱，欲复商之旧业，而再为天子。夫纣为大恶，武王不得已而伐之。其伐纣之后，武王又不忍其无后，即武庚而封之。在武王者，亦可谓恩德周致矣，今武庚辄敢纪其叙言，其不知恩德如此，武庚如此用心，天所不覆，地所不载，成王此言所以说病源也。

11.《尚书详解》卷二十七《周书·大诰》

(宋)陈经撰

曰,有大艰于西土;西土人亦不静,越兹蠢。殷小腆诞敢纪其叙。天降威,知我国有疵。民不康,曰,予复!反鄙我周邦,今蠢,今翼曰,民献有十夫予翼,以于敉宁武图功,我有大事,休,朕卜并吉。

"曰",更端而言之也。"有大艰于西土",谓武王崩,我西土有大患也。西土之人,于此时皆为之惶惑不安,所以三监起而蠢动。商武庚恃其国小而富厚,大敢纪其王业之旧叙,意图商家复兴也。"天降威",谓三叔流言,有当诛之罪,此天所降之威也。武庚知我国有流言之变,内有疵病,民不安,于是大言以欺众曰,予商家当复。反鄙薄我周家。自古奸人乘衅而起者,多因国内之变。若无三叔流言,彼蕞尔武庚,何自而发。周家杀武庚之父,而灭其社稷,武庚于周为仇,则今日之叛,乃复君父之仇,于武庚何过之有?曰不然,父不受诛,子复雠可也。父受诛,则是天讨有罪矣,其子奚复仇?武王杀受,既是天讨,而武庚复仇是不知天讨之义,所以为周家之罪人。"今蠢,今翼曰,民献有十夫予翼",今天下蠢动之明日,彼四国之中,民之贤者有十人,舍彼从我,以翼助我抚安武事,以谋其功。贤者之见,尝先众人而决,盖彼知夫人事、天理在周,而不在商,于是先见事几,而来助周。周公、成王知十夫之来,卜知天意所在,故知我有大事之休美矣。大事,即兵戎之事也,又何况卜之于龟,而休祥并吉乎?并吉者,谓鬼神之谋,与人谋合吉也。圣人则灼见事理当为,然亦不敢自用,必考之人谋、鬼谋而后决。明而十夫,幽而吉卜,周公之所为,合于天、人之心久矣。

12.《融堂书解》卷十一《周书·大诰》

(宋)钱时撰

(归善斋按,见"已!予唯小子,若涉渊水")

13. 《尚书要义》

（宋）魏了翁撰

（归善斋按，原缺）

14. 《书集传或问》卷下《大诰》

（宋）陈大猷撰

（归善斋按，未解）

15. 《尚书详解》卷七《周书·大诰第九》

（宋）胡士行撰

（归善斋按，见"予不敢闭于天降威用"）

16. 《书纂言》卷四上《周书·大诰》

（元）吴澄撰

（归善斋按，见"予不敢闭于天降威用"）

17. 《书集传纂疏》卷四下《朱子订定蔡氏集传·周书·大诰》

（元）陈栎撰

（归善斋按，见"宁王遗我大宝龟"）

18. 《读书丛说》卷六《大诰》

（元）许谦撰

"有大艰于西土"至"我有大事，休"。

金先生以为命龟之辞。盖因武庚之叛而卜，今并以祝辞告于众，所以前不叙殷叛事无费辞也。自"兹不忘大功"以下，共为一章，两"天降威"与前"天降割"，皆言武王崩也。上"天降威"，告于众也；下"天降威"述命龟之辞也。闭者，有所避而不出之意，言今兹不敢忘武王之大功，且不敢避天威而不为。凡武庚之叛，意皆在"兹"字内，于是用宁王所遗之大宝龟，以介绍知天之明命，即祝之曰，有大艰难之事于西土之周国，本为西土之人，如三（缺），亦且摇荡不静于此。蠢（缺）动，殷小厚之国，大敢经纪其遗叙。以天降威于我国，武王初丧，又知我国有兄弟之疵隙，而民不安静，言曰，我将复殷之天下。反鄙邑我周国。今于其蠢动之明日，民有献贤者十人出，为予助，以往抚宁大难，继武先王所图之功。我有此大事，其休美乎？既命之，则我灼龟而卜，乃并吉并。吉者，习吉也。金先生之大意如此。

19.《书传辑录纂注》卷四《周书·大诰》

（元）董鼎撰

（归善斋按，见"宁王遗我大宝龟"）

20.《尚书句解》卷七《周书·大诰第九》

（元）朱祖义撰

曰（龟告），有大艰于西土（今群叔流言，有艰难于西土）；西土人亦不静（西土人亦惶惑不安），越兹蠢（于此蠢蠢而动）。

21.《尚书日记》卷十《周书·大诰》

（明）王樵撰

（归善斋按，见"宁王遗我大宝龟"）

22.《日讲书经解义》卷七《周书·大诰》

（清）库勒纳等撰

（归善斋按，见"宁王遗我大宝龟"）

《尚书疑义》卷五《大诰》

（明）马明衡撰

（归善斋按，见"宁王遗我大宝龟"）

殷小腆诞敢纪其叙

1. 《尚书注疏》卷十二《周书》

（汉）孔氏传，（唐）陆德明音义，（唐）孔颖达疏

殷小腆诞敢纪其叙。

传，言殷后小腆，腆之禄父，大敢纪其王业，欲复之。

音义，腆，他典反，马云至也。诞，大旦反。父，音甫，后同。

疏，正义曰，殷后小国，腆腆然之禄父，大敢纪其王业之次叙，而欲兴复之。

传，正义曰，殷本天子之国，武庚比之为小，故言"小腆"。腆，是小貌也。郑玄云，腆谓小国也。王肃云，腆，主也。殷小主，谓禄父也。大敢纪其王业，经纪王业，望复之也。

《尚书注疏》卷十二《考证》

殷小腆。

林之奇曰，苏氏以"腆"为"厚"，按《左传》云，"不腆敝邑"固当训"厚"。金履祥曰，小腆，犹云蕞尔国。

2. 《书传》卷十一《周书》

（宋）苏轼撰

殷小腆诞敢纪其叙。天降威，知我国有疵，民不康，曰，予复！反鄙我周邦。

腆，厚也。殷少富厚，乃敢纪其既亡之叙。盖"天降威"亦其心知我国有三叔之疵，而民不安，故欲作难，以鄙我周邦也。

3. 《尚书全解》卷二十七《周书》

（宋）林之奇撰

（归善斋按，见"予不敢闭于天降威用"）

4.《尚书讲义》卷十三

（宋）史浩撰
（归善斋按，见"王若曰，猷！大诰尔多邦"）

5.《尚书详解》卷十八《周书·大诰》

（宋）夏僎撰
（归善斋按，见"予不敢闭于天降威用"）

6.《增修东莱书说》卷十九《周书·大诰第九》

（宋）吕祖谦撰，（宋）石𤁋增修
殷小腆诞敢纪其叙。

腆，厚也。殷纣既灭，武王不忍其无后，封禄父于卫，是武王有大造于商也，武庚不知周之德，方小小富厚，谓有此土地，即欲大敢纪其正统。

7.《尚书说》卷五《周书·大诰》

（宋）黄度撰
越兹蠢。殷小腆诞敢纪其叙。天降威，知我国有疵，民不康，曰，予复！反鄙我周邦。

越，于；蠢，动。于此，果有动者，龟告验矣。腆，小貌。或曰厚，言小厚而思变也。殷之小腆，乃大敢纪其统叙，谓以纣承帝乙，而武庚承纣也。纣丧国诛死，不当承宗庙。武庚受周封爵。"天降威"，武王崩，不幸而三叔流言。武庚知我国之有疵瑕，民不安，乘间而起，自谓当复其先业，而反鄙我周邦。鄙，犹"薄"也。文、武盛德，谁敢薄之。武庚必有丑周之言。或曰以周为边鄙，盖欲自据东土也。自文王献洛西之地，商人盖鄙周于陕矣。

8.《絜斋家塾书钞》卷十《周书·大诰》

（宋）袁燮撰
（归善斋按，见"予不敢闭于天降威用"）

9.《书经集传》卷四《周书·大诰》

（宋）蔡沈撰

殷小腆诞敢纪其叙。天降威，知我国有疵。民不康，曰，予复！反鄙我周邦。

腆，他典反；疵，才支反。腆，厚；诞，大；叙，绪；疵，病也。言武庚以小厚之国，乃敢大纪其既亡之绪，是虽"天降威"于殷，然亦武庚知我国有三叔疵隙，民心不安，故敢言我将复殷业，而欲反鄙邑我周邦也。

10.《尚书精义》卷三十二《周书·大诰》

（宋）黄伦撰
（归善斋按，见"有大艰于西土"）

11.《尚书详解》卷二十七《周书·大诰》

（宋）陈经撰
（归善斋按，见"有大艰于西土"）

12.《融堂书解》卷十一《周书·大诰》

（宋）钱时撰
（归善斋按，见"已！予唯小子，若涉渊水"）

13.《尚书要义》

（宋）魏了翁撰
（归善斋按，原缺）

14.《书集传或问》卷下《大诰》

（宋）陈大猷撰
（归善斋按，未解）

15.《尚书详解》卷七《周书·大诰第九》

（宋）胡士行撰
（归善斋按，见"予不敢闭于天降威用"）

16.《书纂言》卷四上《周书·大诰》

（元）吴澄撰

越兹蠢。殷小腆诞敢纪其叙。天降威，知我国有疵。民不康，曰，复！反鄙我周邦。

蠢，如虫之物而无知也。殷，谓武庚；腆，厚也。纪，理丝也。叙，传世之次也。疵，犹隙也。国有疵，谓二叔谤周公，以惑成王也。民，即人；不康，即不静，谓动兵也。反，谓反于常理也。鄙，远邑也。武王崩后，龟兆预告以将有叛乱，及此果有蠢然而动者。殷余小小腆厚之武庚，大敢理其传系，以己为殷王之子，当继世而王。适值天降丧祸于周，知二叔与周公有隙，而为不安静之事，遂乘比隙而曰，此予殷家兴复之时，欲亡周而反以周邦之土地为商畿之远鄙。此武庚之叛谋也。当时蠢动，盖是管、蔡率殷民以来。诰辞直归罪武庚者，指出叛谋所起，祸根所在而言也。

17.《书集传纂疏》卷四下《朱子订定蔡氏集传·周书·大诰》

（元）陈栎撰

殷小腆诞敢纪其叙，天降威，知我国有疵。民不康，曰，予复！反鄙我周邦。

腆，厚；诞，大；叙，绪；疵，病也。言武庚以小厚之国，乃敢大纪其既亡之绪，是虽"天降威"于殷，然亦武庚知我国有三叔疵隙，民心不安，故敢言我将复殷业，而欲反鄙邑我周邦也。

纂疏：

吕氏曰，"反鄙"之"鄙"，如子产曰"郑鄙邑也"。

18.《读书丛说》卷六《大诰》

（元）许谦撰

（归善斋按，见"有大艰于西土"）

19.《书传辑录纂注》卷四《周书·大诰》

（元）董鼎撰

殷小腆诞敢纪其叙。天降威，知我国有疵。民不康，曰，予复！反鄙我周邦。

腆，厚；诞，大；叙，绪；疵，病也。言武庚以小厚之国，乃敢大纪其既亡之绪，是虽"天降威"于殷，然亦武庚知我国有三叔疵，隙民心不安，故敢言我将复殷业，而欲反鄙邑我周邦也。

纂注：

吕氏曰，"反鄙"之"鄙"如郑子产曰"郑鄙邑也"。

20.《尚书句解》卷七《周书·大诰第九》

（元）朱祖义撰

殷小腆（禄父力小富厚）诞敢纪其叙（大敢纪其既亡之叙，意图复兴商业）。

21.《尚书日记》卷十《周书·大诰》

（明）王樵撰

"殷小腆诞敢纪其叙"至"反鄙我周邦"。

腆，厚；诞，大；叙，绪；疵，瑕也。言武庚以殷余小腆之国，大敢纪其既亡之绪，是虽"天降威"于殷，然亦因知我国有三叔瑕隙，故敢言我将复殷祚，而反鄙邑我周邦也。三监虽愚，岂不知武庚得复，周邦反鄙之，不已利乎？盖一时为所诱惑，特未悟尔。元吉与建成，图世民去，世民则取建成易尔。此武庚之谋也，吴楚七国举兵而向汉，以晁错为辞，汉为之诛错而兵不罢。诘之者曰，此其意不在错也，反者语塞。成王讨武庚，亦犹是也。

22.《日讲书经解义》卷七《周书·大诰》

（清）库勒纳等撰

殷小腆诞敢纪其叙。天降威，知我国有疵。民不康，曰，予复！反鄙我周邦。

此一节书，正言武庚当讨之罪也。殷，指武庚也。小腆，言其国之小厚；诞，大也。纪，经纪也。叙，统绪；鄙，鄙邑也。成王曰，武庚以殷之末裔，特小小腆厚之国，不度德量力，乃敢大经纪其既亡之绪，是虽天之降威于殷，使之自取亡灭，然亦彼知我国内有疵病，三叔流言，民心动摇不安，故敢曰，予将恢复旧业，欲使殷如昔之富有四海，而反欲我周如昔之鄙，在西土以服事殷也。武庚之蠢动如此，其敢闭天威而不讨乎？此可见外患兴，必乘内衅而起。武庚之不静，实由于三叔之不协。成王谆谆训戒臣下，欲其同心同德，戮力共济，可谓知戡乱之本矣。

《尚书疑义》卷五《大诰》

（明）马明衡撰

"殷小腆"至"周邦"，声武庚之罪；"今蠢"至"并吉"，言得人心之应而卜兆之吉，以见皆天意所当征也。但"今蠢，今翼日"，虽依蔡传，今解终有难晓。

《书经衷论》卷三《周书·大诰》

（清）张英撰

《大诰》但言"殷小腆"而一语不及二叔，其隐跃之词，亦不过曰亦唯在王宫、邦君室而已。甚矣，周公亲亲之心，初不忍斥言之也。

天降威，知我国有疵

1. 《尚书注疏》卷十二《周书》

（汉）孔氏传，（唐）陆德明音义，（唐）孔颖达疏

天降威，知我国有疵。

传，天下威，谓三叔流言，故禄父知我周国有疵病。

音义，疵，在斯反，马云瑕也。

疏，正义曰，禄父所以敢然者，上天下威于三叔，以其流言，欲下威诛之。禄父知我周国自此庛病。

传，正义曰，王肃云，天降威者，谓三叔流言当诛伐之，言诛三叔是天下威也。《释诂》云，疵，病也。郑、王皆云，知我国有疵病之瑕。

2. 《书传》卷十一《周书》

（宋）苏轼撰

（归善斋按，见"殷小腆诞敢纪其叙"）

3. 《尚书全解》卷二十七《周书》

（宋）林之奇撰

（归善斋按，见"予不敢闭于天降威用"）

4. 《尚书讲义》卷十三

（宋）史浩撰

（归善斋按，见"王若曰，猷！大诰尔多邦"）

5. 《尚书详解》卷十八《周书·大诰》

（宋）夏僎撰

（归善斋按，见"予不敢闭于天降威用"）

6. 《增修东莱书说》卷十九《周书·大诰第九》

（宋）吕祖谦撰，（宋）石澜增修

天降威，知我国有疵。民不康，曰，予复！反鄙我周邦。

武庚固不量力，矣亦天降此乱，以警动我周家也，天所以降此三监之乱者，知我国有丧，足以为疵。今殷民不安，乃曰，我当复其旧国，反鄙小我周邦为都邑。鄙者，如春秋郑子产曰"郑鄙邑也"之谓。

7. 《尚书说》卷五《周书·大诰》

（宋）黄度撰

（归善斋按，见"殷小腆诞敢纪其叙"）

8. 《絜斋家塾书钞》卷十《周书·大诰》

（宋）袁燮撰

（归善斋按，见"予不敢闭于天降威用"）

9. 《书经集传》卷四《周书·大诰》

（宋）蔡沈撰

（归善斋按，见"殷小腆诞敢纪其叙"）

10. 《尚书精义》卷三十二《周书·大诰》

（宋）黄伦撰

天降威，知我国有疵。民不康，曰，予复！反鄙我周邦。今蠢，今翼日，民献有十夫予翼，以于敉宁武图功。我有大事，休，朕卜并吉。

无垢曰，武庚之叛，必乘间而起。今所以起者，以三叔流言于朝，骨肉之间，自为疑间，民心震动，是周家有疵也。故因此而叛焉。不言三叔流言，而曰"天降威"者，起无根之言，乱朝廷之治，此天所以诛罚而降威也，以言叔之罪，天所不赦也。其辞如何，曰，予当复有天下，为中兴之君，反以周邦骨肉危疑为可鄙也。今四国起兵，天下惊骇而蠢动。起兵之明日，四国民之贤者，有十夫焉，知武庚无道必败，惠然来翼我周家，以抚慰宁王之武事，而图伐叛之功也。周公谓我方举兵以伐叛，而有十夫来翼，是周家之美事也。人事既尔，卜之鬼神，卜又并吉。并吉，谓三龟并以为吉也。三龟，即三兆之法也。天意、人事如此，其伐四国成功必矣。盖武王方死，人心摇撼，而又仍之以流言之变，武庚之变，非周公安定其心，据人事、天意以为必胜之□，则事未可知也。古人遭变，其安定乃如此，则夫轻愠易喜，数惊易摇者，安足以议天下事乎？

东坡曰，汉高祖讨陈豨，至赵得四人，皆封之千户曰，吾以羽檄征天下兵，未有一人至者，吾何爱四千户，不以慰赵子弟乎？此亦周公之意也。

黄氏曰，天下之变，莫大于新造之后，易世危疑之际，彼其抵巇窃发，固未足以败吾天下，而其所忧大者，特在于天下观望，以为去就。夫天下各怀去就之心，则其变，不止一国；乱，不止一人也。自武庚之叛，《周书》大半为商人作，而《大诰》专为周人。远之庶邦，近之大臣，若皆去周即商，而其不叛者特十夫尔。呜呼，是岂天下皆叛，而十夫独忠也哉？方危疑之际，人怀去就。周公盖逆探天下之微，而夺其欲去之心。天下之心夺，而商人之党孤矣。

张氏曰，夫得天，在乎得民；得民在乎得贤。盖天之视听从民；民之去就，视贤。"民献十夫予翼"，则天与之民归之可知矣。

吕氏曰，大率圣人观天命，只就贤愚上看，不就众寡上看。"反鄙我周邦"，人若甚众；十夫来翼，人若甚寡。就众寡论，商民实众，十夫实少；若就贤愚论时，商民虽多，皆蚩蚩无知之众。若知天命之贤人来，虽十人，已足见得天命、人心并归周家了，所谓"反鄙周邦"，都不足道。

11.《尚书详解》卷二十七《周书·大诰》

（宋）陈经撰

（归善斋按，见"有大艰于西土"）

12.《融堂书解》卷十一《周书·大诰》

（宋）钱时撰

（归善斋按，见"已！予唯小子，若涉渊水"）

13. 《尚书要义》

（宋）魏了翁撰

（归善斋按，原缺）

14. 《书集传或问》卷下《大诰》

（宋）陈大猷撰

（归善斋按，未解）

15. 《尚书详解》卷七《周书·大诰第九》

（宋）胡士行撰

（归善斋按，见"予不敢闭于天降威用"）

16. 《书纂言》卷四上《周书·大诰》

（元）吴澄撰

（归善斋按，见"殷小腆诞敢纪其叙"）

17. 《书集传纂疏》卷四下《朱子订定蔡氏集传·周书·大诰》

（元）陈栎撰

（归善斋按，见"殷小腆诞敢纪其叙"）

18. 《读书丛说》卷六《大诰》

（元）许谦撰

（归善斋按，见"有大艰于西土"）

19. 《书传辑录纂注》卷四《周书·大诰》

（元）董鼎撰

（归善斋按，见"殷小腆诞敢纪其叙"）

20.《尚书句解》卷七《周书·大诰第九》

（元）朱祖义撰

天降威（敢妄意如此者，亦见"天降威"于周而武王死），知我国有疵（知我国有此疵病）。

21.《尚书日记》卷十《周书·大诰》

（明）王樵撰

（归善斋按，见"殷小腆诞敢纪其叙"）

22.《日讲书经解义》卷七《周书·大诰》

（清）库勒纳等撰

（归善斋按，见"殷小腆诞敢纪其叙"）

《尚书疑义》卷五《大诰》

（明）马明衡撰

（归善斋按，见"殷小腆诞敢纪其叙"）

民不康，曰，予复！反鄙我周邦

1.《尚书注疏》卷十二《周书》

（汉）孔氏传，（唐）陆德明音义，（唐）孔颖达疏

民不康，曰，予复！反鄙我周邦。

传，禄父言我殷当复，欺惑东国人，令不安，反鄙易我周家，道其罪无状。

音义，令，力呈反。易，以豉反，下"其易"同。

疏，正义曰，而欺惑东国人，令人不安。禄父谓人曰，我殷复望得更为天子，反鄙易我周国。

传，正义曰，禄父以父罪灭殷，身亦当死，幸得继其先祀，宜荷天恩，反鄙薄轻易我周家，言其不识恩养，道其罪无状也。汉代止有无状之语，盖言其罪大无可形状也。近代已来，遭重丧，答人书云，无状招祸，是古人之遗语也。

2. 《书传》卷十一《周书》

（宋）苏轼撰

（归善斋按，见"殷小腆诞敢纪其叙"）

3. 《尚书全解》卷二十七《周书》

（宋）林之奇撰

（归善斋按，见"予不敢闭于天降威用"）

4. 《尚书讲义》卷十三

（宋）史浩撰

（归善斋按，见"王若曰，猷！大诰尔多邦"）

5. 《尚书详解》卷十八《周书·大诰》

（宋）夏僎撰

（归善斋按，见"予不敢闭于天降威用"）

6. 《增修东莱书说》卷十九《周书·大诰第九》

（宋）吕祖谦撰，（宋）石澜增修

（归善斋按，见"天降威，知我国有疵"）

7. 《尚书说》卷五《周书·大诰》

（宋）黄度撰

（归善斋按，见"殷小腆诞敢纪其叙"）

8. 《絜斋家塾书钞》卷十《周书·大诰》

（宋）袁燮撰

（归善斋按，见"予不敢闭于天降威用"）

9. 《书经集传》卷四《周书·大诰》

（宋）蔡沈撰

（归善斋按，见"殷小腆诞敢纪其叙"）

10. 《尚书精义》卷三十二《周书·大诰》

（宋）黄伦撰

（归善斋按，见"天降威，知我国有疵"）

11. 《尚书详解》卷二十七《周书·大诰》

（宋）陈经撰

（归善斋按，见"有大艰于西土"）

12. 《融堂书解》卷十一《周书·大诰》

（宋）钱时撰

（归善斋按，见"已！予唯小子，若涉渊水"）

13. 《尚书要义》

（宋）魏了翁撰

（归善斋按，原缺）

14. 《书集传或问》卷下《大诰》

（宋）陈大猷撰

（归善斋按，未解）

15.《尚书详解》卷七《周书·大诰第九》

（宋）胡士行撰

（归善斋按，见"予不敢闭于天降威用"）

16.《书纂言》卷四上《周书·大诰》

（元）吴澄撰

（归善斋按，见"殷小腆诞敢纪其叙"）

17.《书集传纂疏》卷四下《朱子订定蔡氏集传·周书·大诰》

（元）陈栎撰

（归善斋按，见"殷小腆诞敢纪其叙"）

18.《读书丛说》卷六《大诰》

（元）许谦撰

（归善斋按，见"有大艰于西土"）

19.《书传辑录纂注》卷四《周书·大诰》

（元）董鼎撰

（归善斋按，见"殷小腆诞敢纪其叙"）

20.《尚书句解》卷七《周书·大诰第九》

（元）朱祖义撰

民不康（民将不安），曰（故敢妄言），予复（我当恢复旧业）！反鄙我周邦（反以我周家为商之都鄙）。

21.《尚书日记》卷十《周书·大诰》

（明）王樵撰

（归善斋按，见"殷小腆诞敢纪其叙"）

22.《日讲书经解义》卷七《周书·大诰》

（清）库勒纳等撰

（归善斋按，见"殷小腆诞敢纪其叙"）

《书蔡氏传旁通》卷四下《周书·大诰》

（元）陈师凯撰

反鄙邑我周邦。

《左传》宣十四年，宋华元曰"过我而不假道，鄙我也。鄙我，亡也"。杜预云"以我比其边鄙，是与亡国同"。

《尚书疑义》卷五《大诰》

（明）马明衡撰

（归善斋按，见"殷小腆诞敢纪其叙"）

今蠢，今翼日，民献有十夫予翼，以于敉宁武图功

1.《尚书注疏》卷十二《周书》

（汉）孔氏传，（唐）陆德明音义，（唐）孔颖达疏

今蠢，今翼日，民献有十夫予翼，以于敉宁武图功。

传，今天下蠢动，今之明日，四国人贤者，有十夫来翼佐我周，用抚安武事，谋立其功。言人事先应。

音义，敉，亡婢反。应，"应对"之"应"。

疏，正义曰，今天下蠢动，今之明日，四国民之贤者，有十夫不从叛逆。其来为我翼佐我周。于是用抚安武事，谋立其功。明禄父举事不当，得贤者叛来投我，为我谋用，是人事先应。

传，正义曰，武庚既叛，闻者皆惊，故今天下蠢动，谓闻叛之日也。今之明日，闻叛之明日。以献为贤，四国民内，贤者十夫来翼佐我周。十

人，史无姓名，直是在彼逆地，有先见之明，知彼必败弃而归周。周公喜其来降，举以告众，谓之为贤，未必是大贤也。用抚安武事，谋立其功，用此十夫为之将，欲伐叛。而贤者即来，言人事先应也。

2.《书传》卷十一《周书》

（宋）苏轼撰

今蠢，今翼日，民献有十夫予翼，以于敉宁武图功。

献，贤也。敉，抚也。四国蠢动之明日，民之贤者有十夫来助我，求往征四国，抚循宁王之武事以图功也。周公之东征，邦君、卿士皆疑，天下骚动，而此十夫者至，故周公喜之，表其人以令天下。汉高祖讨陈豨，至赵得四人，皆封之千户，曰吾，以羽檄征天下兵，未有一人至者。吾何爱四千户，不以慰赵子弟乎？此亦周公之意也。

3.《尚书全解》卷二十七《周书》

（宋）林之奇撰

（归善斋按，见"予不敢闭于天降威用"）

4.《尚书讲义》卷十三

（宋）史浩撰

（归善斋按，见"王若曰，猷！大诰尔多邦"）

5.《尚书详解》卷十八《周书·大诰》

（宋）夏僎撰

今蠢，今翼日，民献有十夫予翼，以于敉宁武图功。我有大事，休，朕卜并吉。肆予告我友邦君，越尹氏、庶士、御事曰，予得吉卜，予唯以尔庶邦于伐殷逋播臣。尔庶邦君，越庶士、御事，罔不反曰，艰大。民不静，亦唯在王宫、邦君室。越予小子考翼，不可征，王害不违卜。

成王既言武庚有反鄙之意，遂言我周家得天、人之助，不可以不伐。谓今武庚蠢动于商郊，今之明日，民之贤者有十夫来辅翼，以往敉宁武事所图之功。敉，抚也。宁，安也，谓抚安之也。"武事所图之功"，谓天下也。盖武王以武功定天下，今武庚实蠢动，故成王东征之者，将以抚安之也。先儒以十夫不从叛逆，来为我佐，其意则以此十夫，自武庚叛所而来，政如高祖伐陈豨，得赵四人，侯以千户，盖欲因此以收人心。虽有此理，然又言"民献十夫予翼"，不明言自彼而来，亦不必如此说，只是得人之助，自足以破敌，不必拘在此与在彼也。成王欲伐武庚，而得十贤之助，则举兵戎大事可谓美矣。况朕之卜于三龟，而三龟又且并吉，则又得其天心矣。既得人心，又得天心，则周必胜，而商必亡矣。三龟，即《周官》太卜之三兆，各有一龟也。然言用明王遗我大宝龟，此又言"朕卜并吉"者，盖前言用宝龟，乃武王崩后，成王乍罹大变，恐以冲人嗣立，弗克负荷，故卜于龟，以观吉凶，而龟辞有"大艰于西土"之说，已而武庚果叛，今又将往征之，故成王又卜于龟，以决胜负，而三龟又并告，故成王决意东征。是前之用宝龟，乃卜于武王既崩之后；此云"朕卜并吉"，乃卜于将往征武庚之初也。先儒合以为一，误也。成王谓我之东征，"十夫予翼"，既得人助；"朕卜并吉"，又得天心，故我于是告我所与亲友之邦君，及尹氏，谓庶官之正也，及庶士、御事，谓以上、中、下士，为王治事之臣也，曰，我已得吉卜，谓"朕卜并吉"也。我今欲以尔之庶邦，仗义兴兵，以伐殷逋亡播荡之臣，谓武庚也。而尔庶邦之君，及于庶士、御事之臣，无不以言复于我曰，兴师伐殷，其事至难至大，不可轻动。今日西土之人，所以不静者，虽由武庚之叛，而其源则在于王之宫，与邦君之室，不可以不自反，其意则以武庚所以敢叛者，由三叔以骨肉之亲，离间王室，是其衅端，实兆于王宫、邦君之室也。且谓于我小子之身，唯当成其敬道，以修己而已，不可以征伐，王何不违卜，而勿征。故曰，"王害不违卜"。此"害"，如《诗》"害浣害否"之"害"同。先儒所谓成王之意，谓汝邦君言民之不安者，亦唯在我天子之宫，与邦君之室教化之过使然，然我小子先卜，敬成周道。若谓四国不可征，则王室有害，故谓今决不敢违卜。据此意，则以不可征，王害为一句，不违卜为一句。是其言乃成王自言及意，非成王叙邦君之言以告之意。既迂回，又与本文不相贯，故不敢从。王氏虽以此为成王叙邦君之言以告之，然又以"王害不违卜"，为邦君之意，谓王之害在于不违卜耳，欲王违卜而不征。夫卜所以决吉凶，岂可谓从卜则为害，非立言之体。但问王何故不违卜，则有味也。

6.《增修东莱书说》卷十九《周书·大诰第九》

（宋）吕祖谦撰，（宋）石澜增修

今蠢，今翼日，民献有十夫予翼，以于敉宁武图功。我有大事，休，朕卜并吉。

今蠢动之明日，即有十夫来翼辅我，以安宁我武王所图之功。天意之归，以贤人观之足矣。我于此必有大休美之事，况"朕之卜并吉"。人从，卜从，故谓之"并吉"。商六七君涵养之厚，民间黎献之多，"十夫予翼"，必非小小贤，皆盛德通幽明之人，不然周公亦未敢证之以为信也。周公之卜，异于后世之卜。周公之卜吉，乃在"十夫予翼"之后，盖先观于人，后观于天，此圣人之知本也。大抵圣人之观天命，于贤愚观之，不于众寡观之。反鄙我周人，若甚众；十夫来翼，人若甚寡。求之贤愚，商民虽多，皆蚩蚩无知之众；知天之命贤人，虽止于十，天命、人心之归已可验矣。

7.《尚书说》卷五《周书·大诰》

（宋）黄度撰

今蠢，今翼日，民献有十夫予翼，以于敉宁武图功。我有大事，休，朕卜并吉。

"今翼日"，今日与明日也。献，贤也。今动，今翼日，民之贤者相继有十夫翼佐我，言其识高见早也。敉，抚也。用以往抚定宁考之以武事所图功。大事，兵也。我有大事，必休美矣。于是卜之，而并吉。本人谋也，《金縢》曰，"乃并是吉"。

8.《絜斋家塾书钞》卷十《周书·大诰》

（宋）袁燮撰

今蠢，今翼日，民献有十夫予翼，以于敉宁武图功。我有大事，休，朕卜并吉。肆予告我友邦君，越尹氏、庶士、御事，曰，予得吉卜。予唯以尔庶邦于伐殷逋播臣。尔庶邦君，越庶士、御事，罔不反曰，艰大。民不静，亦唯在王宫、邦君室，越予小子考翼，不可征，王害不违卜。

今日四国蠢动，而明日，有十夫来告成王、周公，以为四国当伐，辅翼我之有为，抚安武王所图之功。宁武，即宁王也，谓武王也。贤者之心既归，而我又"卜并吉"，想当时，因四国之蠢动，又曾卜之鬼神，以为此事将如之何，而卜无不吉，是鬼神之心，又以为然矣。贤者之心既归，鬼神之心又从我，乃播告尔友邦冢君，及其臣，相与伐此逋播不轨者是举也，可谓至当，尔反曰，兹事艰大，不可轻发。民之不静，乃在王宫及邦君室，由己实致之，当反求诸己，不可专于责人。又曰，汝小子当考己之翼敬。卜虽曰吉，而理不当往，王何不违卜而勿往乎？夫"爱人不亲反其仁，治人不治反其智，礼人不答反其敬"，行有不得者，皆反求诸己。自反之说，诚人主所当念者，然有当自反之时，亦有不当自反之时。四国蠢动，将以危吾宗庙社稷，而犹自反，是乃腐儒，不知通变之论也。譬如"兄考乃有友伐厥子"，而曰我且当自反，不速救之，其可乎？虽使在我未有以致之，亦不必自反矣。古人举事，只看吾心如何。吾心以为当然，便为之。好言语、好议论都用不着，此古人之举事，所以过于后世也。

9.《书经集传》卷四《周书·大诰》

（宋）蔡沈撰

今蠢，今翼日，民献有十夫予翼，以于敉宁武图功，我有大事，休，朕卜并吉。

敉，音弭。于，往；敉，抚；武，继也。谓今武庚蠢动，今之明日，民之贤者十夫辅我，以往抚定商邦，而继嗣武王所图之功也。大事，戎事。《左传》云，"国之大事在祀与戎"。休，美也。言知我有戎事，休美者，以朕卜三龟而并吉也。按上文"即命，曰有大艰于西土"，盖卜于武王方崩之时，此云"朕卜并吉"，乃卜于将伐武庚之日，先儒合以为一误矣。

10.《尚书精义》卷三十二《周书·大诰》

（宋）黄伦撰

（归善斋按，见"天降威，知我国有疵"）

11.《尚书详解》卷二十七《周书·大诰》

（宋）陈经撰

（归善斋按，见"有大艰于西土"）

12.《融堂书解》卷十一《周书·大诰》

（宋）钱时撰

今蠢，今翼日，民献有十夫予翼，以于敉宁武图功。我有大事，休，朕卜并吉。肆予告我友邦君，越尹氏、庶士、御事，曰，予得吉卜。予唯以尔庶邦于伐殷逋播臣。尔庶邦君，越庶士、御事，罔不反曰，艰大。民不静，亦唯在王宫、邦君室。越予小子考翼，不可征，王害不违卜。

上节既言武庚之叛，龟卜可信如此，于是遂言黜殷之役，因民献、龟卜协应，而为是举。庶邦、御事乃反以为艰大，以为不可征，以为王当违卜，申述其言而喻之也。"民献"，乃民中之贤，无爵位者也，故曰"十夫"。观下文以为"哲"，以为"迪知上帝命"，周公必非轻许。邦君、御事，皆以为艰大，而兹十人于亿兆流俗中，毅然来辅，独与周公合，其先见绝识贤于人远矣。"予翼"者，为我辅翼也。"武图功"，用武图谋之功也。"考翼"者，父敬也。谓"今蠢"，然骚动之明日，乃有十夫来为我辅，以抚安我欲图之功。贤者归之，人心可见，此将举大事休美之证验也。我有此大事之休，兼卜之于龟，又并得吉，故我告于有邦之君，及尹氏、庶士、御事曰，我得吉卜，我用尔庶邦往伐殷逋逃播荡之臣，尔庶邦及庶士、御事乃无不反以为艰难重大，且谓民之所以蠢动不静者，非有他也，亦在王之宫，与邦君之室耳。言"王"与"邦君"，而曰"宫""室"，正是说三监夫流言之变，乃阃门骨肉中，自有嫌隙，所以致此扰扰于我小子，则谓三监与殷皆武王所命，是父之所敬也，不可遽行征伐，王何不违其所卜，而重信之乎？详味此语，专主自反。自反，未为非也，而未免有督过王室之意，是罪不在三监也，是惑于流言也，故反以东征为艰大。

699

13. 《尚书要义》

（宋）魏了翁撰

（归善斋按，原缺）

14. 《书集传或问》卷下《大诰》

（宋）陈大猷撰

或问，"十夫""十人"，或以为"十乱"，或以为四国之贤者。曰若"十乱"，即周公、太公、召公实在其中，周公不应自言，亦不应言"十夫"。必是在下疏远之贤，若良、平之于汉，房、杜之于唐之类，但未知必自四国而来也。

15. 《尚书详解》卷七《周书·大诰第九》

（宋）胡士行撰

今蠢，今翼（次）日，民献（贤）有十夫（人）予翼（辅），以于敉（安）宁（定）武（武事）图（所图）功。我有大事，休（美），朕卜并吉（三龟皆吉）。

"十夫予翼""卜并吉"焉，人谋、鬼谋之大同也，"休""吉"何疑焉。夏云，前言"宝龟"，武王崩后所卜也；此言"卜吉"，将征武庚之初也。

16. 《书纂言》卷四上《周书·大诰》

（元）吴澄撰

今蠢，今翼日，民献有十夫予翼，以于敉宁武图功。我有大事，休，朕卜并吉。

民献，未仕之贤也。于，往；敉，抚安也。宁武，亦谓武王初丧未谥，以其能安天下，曰"宁王"；有安天下之武功，故曰"宁武"。自嗣子言，则曰"宁考"。概言之，曰"宁人"；自后人言之，则曰"前宁人"。大事，戎事也。"并吉"，三龟皆吉也。今殷民蠢动于今日之明日，有贤者十人来为我辅翼，以往抚安武王所图之功。克殷有天下者，武王所图之功也。使殷再复，则前功鉴矣。往平殷乱，所以救其图功也。我之戎事，有克捷休祥之征，故卜三龟而皆吉，此东征之时所卜。圣人虽灼见事理之当为，尤必协人谋、鬼谋而不自用也。

17.《书集传纂疏》卷四下《朱子订定蔡氏集传·周书·大诰》

（元）陈栎撰

今蠢，今翼日，民献有十夫予翼，以于敉宁武图功。我有大事，休，朕卜并吉。

于，往；敉，抚；武，继也。谓今武庚蠢动，今之明日，民之贤者十夫辅我，以往抚定商邦，而继嗣武王所图之功也。大事，戎事。《左传》云，"国之大事在祀与戎"。休，美也。言知我有戎事，休美者，以朕卜三龟而并吉也。按上文"即命曰有大艰于西土"，盖卜于武王方崩之时；此云"朕卜并吉"，乃卜于将伐武庚之日。先儒合以为一误矣。

纂疏：

孔氏曰，今天下蠢动，今之明日，四国人贤者有十夫来佐我周，抚安武事，谋立其功。言人事先应，人谋既从，卜又并吉，所以为美。

林氏曰，民之贤者有十夫来助予往征，以抚安武王所图之功，则得人心矣。"朕卜并吉"，则得天心矣。天、人俱应，则我有必胜之理。武庚有必亡之势，如之何不征。"民献"与"黎献"同。栾武子以三卿为主，亦此从十夫之意。曰艰大者虽众，皆不知天者也；知天之十献为主，可谓众矣。惜十夫名氏不传耳。

杨氏曰，唯至诚能通天下之志。诚而不疑，其类自合。时人心危疑，唯公身任之而不疑，故"十夫予翼"，此"勿疑朋盍簪"之谓也。

愚谓，公之东征，邦君、御事皆疑。民献十夫先至，故公表其人，以诰天下。盖天之视听在民，而民之去就，视贤。蓍龟固可以绍天明，贤人尤可以占天意。贤人，人中之蓍龟也。此章言，东征必行，唯决之贤与卜二者，乃一篇大纲领也。十夫，马融以为"十乱"非也。十乱，周公在中，不应自言。又有妇人焉，亦不得称十夫。"敉宁武图功"，单以"武"字称武王，未见其例，以"武"为继，亦恐未然。"并吉"，用郑氏"三龟并吉"之说，似未为稳。不过如"乃并是吉"之"并"。民献知其吉，而"卜并吉"也。释此一节孔氏为优。

18.《读书丛说》卷六《大诰》

（元）许谦撰

（归善斋按，见"有大艰于西土"）

19.《书传辑录纂注》卷四《周书·大诰》

（元）董鼎撰

今蠢，今翼日，民献有十夫予翼，以于敉宁武图功。我有大事，休，朕卜并吉。

于，往；敉，抚；武，继也。谓今武庚蠢动，今之明日，民之贤者，十夫辅我，以往抚定商邦，而继嗣武王所图之功也。大事，戎事。《左传》云，"国之大事，在祀与戎"。休，美也。言知我有戎事，休美者，以朕卜三龟而并吉也。按上文"即命曰，有大艰于西土"，盖卜于武王方崩之时；此云"朕卜并吉"，乃卜于将伐武庚之日。先儒合以为一误矣。

纂注：

孔氏曰，今天下蠢动，今之明日，四国人贤者，有十夫来翼佐我周国，抚安武事，谋立其功。言人事先应，人谋既从，卜又并吉，所以为美。

林氏曰，民之贤者，有十夫来助予往征，以抚安武王所图之功，则得人心矣。"朕卜并吉"，则得天心矣。天、人俱应，则我周有必胜之理，武庚有必亡之势，如之何不征。"民献"与"黎献"同。栾武子以三卿为主，不与楚战，亦周公从十夫之意。"曰艰大"者虽众，皆不知天者也；知天之十献为主，可谓众矣。惜十民献名氏，不见于后世耳。

杨氏曰，唯至诚为能通天下之志。诚而不疑，其类自合。方是时，危疑之甚，唯周公以身任之而不疑，故"十夫予翼"。此"勿疑朋盍簪"之谓也。

新安陈氏曰，公之东征，邦君、卸事皆疑，民献十夫先至，故公表其人，以告天下。盖天之视听，在民；而民之去就，视贤。蓍龟固可以绍天明，贤人尤可以占天意。贤人，人中之蓍龟也。此章言武庚作乱，不可不征，而决之贤与卜。民献、龟卜乃《大诰》之大纲领也。"救宁武图功"，以"武"字称武王固简明，但未有单以"武"字称武王之例。"并吉"，如《金縢》"乃并是吉"，指龟与占书"并是吉"耳。释此二句，古注为优。

20. 《尚书句解》卷七《周书·大诰第九》

（元）朱祖义撰

今蠢，今翼日（今武庚蠢动于商郊，今之明日），民献有十夫予翼（民之贤者，有十夫来为我辅翼），以予救宁武图功（以为我抚安武事所图回之功。救，抚也。宁安也）。

21. 《尚书日记》卷十《周书·大诰》

（明）王樵撰

"今蠢，今翼日"至"朕卜并吉"。

"今蠢，今翼日"，举武庚蠢动之明日，见大义所在。贤者，即见之明，而应之速，不待于时日之多也。民之贤者十夫，见其众也。来翼佐我，以往抚定宁武之图功。"宁武图功"，即"宁考图功"也。后云救宁王大命语意同此言人事先应大事戎事也人谋既从卜又并吉，所以为美。"并吉"，即所谓"三龟一习吉"也。蔡传读"救宁"为句。"武图功"，训"武"为"继"，似牵强。

栾武子以三卿为主，不与楚战。君子之于天下也，己不必常是，则从众；众不必常是，则从贤。贤者，人心公议之主也。邦君、御事之曰"艰大"者，所谓"众不必常是"者也；从善以十献为主，可谓众矣。盖邦君、御事，犹有利害之惑，而十献同心，则公理所在，超乎利害之外者，质诸亿万人而皆合可知矣，虽不卜亦可决，况卜三龟而并吉乎？

22. 《日讲书经解义》卷七《周书·大诰》

（清）库勒纳等撰

今蠢，今翼日，民献有十夫予翼，以于救宁武图功。我有大事，休，朕卜并吉。

　　此一节书，是言伐殷卜吉之事，见天意与人谋相符也。献，贤人。翼，辅翼；于，往也。敉，宁；抚，定；休，美也。成王曰：武庚今日蠢动，而今之明日，即有我民之贤者十人，不惮征役之劳，来辅我，以往抚定殷邦，继嗣武王所图之功，使者定之烈，于今再见人心之协，应如此。夫得贤人以举大事，我固知其休美矣。及决之于卜，则三龟又皆并吉，其胜又何疑焉。夫前日大艰不静之兆，既已验之于今，则今日伐商必克之占，自可验之于后。此朕所以决于往征也。吁！先言民献之十夫，而后言龟卜之并吉，岂非人心，即天意。人心之所顺天意，岂有不从之者乎？

《尚书疑义》卷五《大诰》

　　（明）马明衡撰

　　（归善斋按，见"殷小腆诞敢纪其叙"）

我有大事，休，朕卜并吉

1. 《尚书注疏》卷十二《周书》

　　（汉）孔氏传，（唐）陆德明音义，（唐）孔颖达疏

　　我有大事，休，朕卜并吉。

　　传，大事，戎事也，人谋既从，卜又并吉，所以为美。

　　音义，并，必政反，注及篇末同。

　　疏，正义曰，如此则我有兵戎大事，征伐必休美矣。人谋既从，我卜又并吉是其休也，言往必克敌安民之意，告众使知也。

　　传，正义曰，成十三年《左传》云，国之大事，在祀与戎。今论伐叛，知大事，戎事也。十夫来翼，人谋既从，卜又并吉，所以为美。美，即经之"休"也。既言其休，乃说我卜并吉，以成此休之意。郑玄云卜并吉者，谓三龟皆从也。王肃云何以言美？以三龟一习吉，是言并吉，证其休也。与孔异矣。

2.《书传》卷十一《周书》

(宋) 苏轼撰

我有大事,休,朕卜并吉。肆予告我友邦君,越尹氏、庶士、御事,曰,予得吉卜,予唯以尔庶邦于伐殷逋播臣。尔庶邦君,越庶士、御事,罔不反曰,艰大。民不静,亦唯在王宫、邦君室,越予小子考翼,不可征,王害不违卜。

休,美也。尹,正也,官之表正也。翼,敬也。害,曷也。《诗》曰"害浣害否,我事既美"矣,而我卜又吉,故告尔以东征殷之叛臣,今汝反曰难哉。此大事也,民之不静,亦唯在王与邦君之家,及王之身,考德、敬事、修已以正之,不可征也,王曷不违卜,而用人言乎?

3.《尚书全解》卷二十七《周书》

(宋) 林之奇撰

(归善斋按,见"予不敢闭于天降威用")

4.《尚书讲义》卷十三

(宋) 史浩撰

(归善斋按,见"王若曰,猷!大诰尔多邦")

5.《尚书详解》卷十八《周书·大诰》

(宋) 夏僎撰

(归善斋按,见"今蠢,今翼日")

6.《增修东莱书说》卷十九《周书·大诰第九》

(宋) 吕祖谦撰,(宋) 石澜增修

(归善斋按,见"今蠢,今翼日")

7. 《尚书说》卷五《周书·大诰》

(宋)黄度撰

(归善斋按,见"今蠢,今翼日")

8. 《絜斋家塾书钞》卷十《周书·大诰》

(宋)袁燮撰

(归善斋按,见"今蠢,今翼日")

9. 《书经集传》卷四《周书·大诰》

(宋)蔡沈撰

(归善斋按,见"今蠢,今翼日")

10. 《尚书精义》卷三十二《周书·大诰》

(宋)黄伦撰

(归善斋按,见"天降威,知我国有疵")

11. 《尚书详解》卷二十七《周书·大诰》

(宋)陈经撰

(归善斋按,见"有大艰于西土")

12. 《融堂书解》卷十一《周书·大诰》

(宋)钱时撰

(归善斋按,见"今蠢,今翼日")

13. 《尚书要义》

(宋)魏了翁撰

(归善斋按,原缺)

14. 《书集传或问》卷下《大诰》

（宋）陈大猷撰
（归善斋按，未解）

15. 《尚书详解》卷七《周书·大诰第九》

（宋）胡士行撰
（归善斋按，见"今蠢，今翼日"）

16. 《书纂言》卷四上《周书·大诰》

（元）吴澄撰
（归善斋按，见"今蠢，今翼日"）

17. 《书集传纂疏》卷四下《朱子订定蔡氏集传·周书·大诰》

（元）陈栎撰
（归善斋按，见"今蠢，今翼日"）

18. 《读书丛说》卷六《大诰》

（元）许谦撰
（归善斋按，见"有大艰于西土"）

19. 《书传辑录纂注》卷四《周书·大诰》

（元）董鼎撰
（归善斋按，见"今蠢，今翼日"）

20. 《尚书句解》卷七《周书·大诰第九》

（元）朱祖义撰
我有大事，休（则我举兵，我大事可谓美矣）！朕卜并吉（我卜为二龟，又皆并吉）。

21.《尚书日记》卷十《周书·大诰》

（明）王樵撰
（归善斋按，见"今蠢，今翼日"）

22.《日讲书经解义》卷七《周书·大诰》

（清）库勒纳等撰
（归善斋按，见"今蠢，今翼日"）

《尚书疑义》卷五《大诰》

（明）马明衡撰
（归善斋按，见"殷小腆诞敢纪其叙"）

肆予告我友邦君，越尹氏、庶士、御事

1.《尚书注疏》卷十二《周书》

（汉）孔氏传，（唐）陆德明音义，（唐）孔颖达疏
肆予告我友邦君，越尹氏、庶士、御事。
传，以美故告我友国诸侯，及于正官尹氏卿大夫、众士、御治事者，言谋及之。
疏，正义曰，以人从卜吉，为美之故，故我告汝有邦国之君，及于尹氏卿大夫、众士、治事者。
传，正义曰，肆，训"故"也。承上"休"之下，以其东征，必美之故，我告友国君以下共谋之。尹氏，即《顾命》云"百尹氏"也。尹，正也。诸官之正，谓卿大夫，故传言及于正官尹氏卿大夫。尹氏，即官也，总呼大夫为官氏也。上文"大诰尔多邦，越尔御事"，无尹氏、庶士；下文"尔庶邦君，越庶士、御事"，亦无尹氏。唯此及下文，施义二者详其文，余略之，从可知也。

2.《书传》卷十一《周书》

（宋）苏轼撰

（归善斋按，见"我有大事，休"）

3.《尚书全解》卷二十七《周书》

（宋）林之奇撰

（归善斋按，见"予不敢闭于天降威用"）

4.《尚书讲义》卷十三

（宋）史浩撰

（归善斋按，见"王若曰，猷！大诰尔多邦"）

5.《尚书详解》卷十八《周书·大诰》

（宋）夏僎撰

（归善斋按，见"今蠢，今翼日"）

6.《增修东莱书说》卷十九《周书·大诰第九》

（宋）吕祖谦撰，（宋）石澜增修

肆予告我友邦君，越尹氏庶士御事，曰，予得吉卜。予唯以尔庶邦于伐殷逋播臣。尔庶邦居，越庶士、御事罔不反曰，艰大。

此周公叙邦君、御事向者议论之所言也。周公知天人之心已归，卜又吉矣，方敢告尔友邦君及御事言，我已得吉卜，尔众当奉我伐逋播之臣。尔有邦之众乃无不谓此事之"艰大"。

7.《尚书说》卷五《周书·大诰》

（宋）黄度撰

肆予告我友邦君，越尹氏、庶士、御事，曰，予得吉卜。予唯以尔庶邦于伐殷逋播臣。尔庶邦君，越庶士、御事，罔不反曰，艰大。民不静，亦唯在王宫、邦君室。越予小子考翼，不可征，王害不违卜。

尹，正，古者以官氏。武庚为周逋亡播越之臣，正其罪必当伐，而尔诸侯君臣无不反曰，其事艰大。武庚挟旧国之资，乘管、蔡睽离之衅，用蛮夷连衡之势，东征诚艰且大矣。而况武王诛纣，立其子，今将黜之，动天下观听，此亦其艰者。又民之不宁，实自王宫、邦君室。王宫，以亲言也。"邦君室"，谓管、蔡举国应殷也。考，成；翼，敬。于予小子自成敬，而不可用师。害，曷。事既"艰大"，故以为王何不违卜也。如诸侯之言，岂唯殷不可征，虽三监亦不可征。公"将不利孺子"之言，彼固自以为忠也。至亲骨肉，自以输忠王室，而其是非未可尽见，乃不能成敬以辑睦之，而谋动干戈，诚若有所未然者。周公以为逆党已合，山东摇动，倾危王室，火燃头目之势，救之岂容少缓。三监虽亲，以诬为忠，怀私未论，起衅召祸，实为叛首，是必当诛，无可言者。武庚作宾王家，与国咸休，乃其道也。而纪殷鄙周，岂复可存哉。此周公东征定计，民献赞之，卜筮成之，为不可易者。诸侯、国人，其言亦非无理，故于此尽异同之论焉。《大诰》无一语及三监，为亲讳，不忍言也，夫子书序乃表出之。

8.《絜斋家塾书钞》卷十《周书·大诰》

（宋）袁燮撰

（归善斋按，见"今蠢，今翼日"）

9.《书经集传》卷四《周书·大诰》

（宋）蔡沈撰

肆予告我友邦君，越尹氏、庶士、御事，曰，予得吉卜。予唯以尔庶邦于伐殷逋播臣。

此举尝以卜吉之故，告邦君、御事往伐武庚之辞也。肆，故也。尹氏，庶官之正也。殷逋播臣者，谓武庚及其群臣，本逋亡播迁之臣也。

10.《尚书精义》卷三十二《周书·大诰》

（宋）黄伦撰

肆予告我友邦君，越尹氏、庶士、御事，曰，予得吉卜。予唯以尔庶邦于伐殷逋播臣。尔庶邦君，越庶士、御事，罔不反曰，艰大。民不静，亦唯在王宫、邦君室。越予小子考翼，不可征，王害不违卜。

无垢曰，盖古人无愧于幽□，幽□信于我，故我亦信于幽□，洋洋乎如在其上，如在其左右。故我凡一卜筮，若与鬼神合堂同席相与议论者。卜而得吉，是议论以为可也，鬼神以为可，则何往而不可。卜而得凶，是议论以为不可也，鬼神以为不可，则何往而可。此古人所以必信于卜也。后人平居负于幽□者多矣，非特不我信，而我亦不敢必信于幽□，其颠倒思虑，倾邪心术，诚安在哉。古人责人常轻，责己常重。四国之叛，必我有以致之，岂可恃兵夸武，以罪诿人，而不思责己之道，徒快意于一战乎。此心二，肆小人得志，君子无立足之地矣。秦皇、汉武率此道也。观周公之意，颇以吉卜、十夫为恃，似有轻敌之心，故庶邦君，越庶士、御事无不答周公曰，四国之难甚大，岂可轻哉，当先责己可也。宫、室皆深邃之地，以言四国皆叛，民之不静，乃吾屋漏，暗室中失德过行之所形见也。诚诸中，形诸外，岂可欺哉。考，求也。翼，敬也。邦君及庶士，以民不静在王宫、邦君室耳，则四国之叛，岂可责之他人。周公当辅成王，以求敬之道于慎独之间，以率邦君；亦求敬于慎独之间，以率天下。微之显，诚之不可掩，则干羽舞，而有苗格；考翼尽，而四国归。岂可略不思责己之道，而遽以征伐为事哉？且夫武王倒载干戈，包之虎皮，示不复用，今肉未及寒，乃遽以干戈为事何耶？王曷不违卜，以尽求敬之道乎？

吕氏曰，周公言，天、人之心并依卜兆又卜如此了，方敢告诸侯及尹人、庶士、御事，说我已得吉卜，则尔众当奉我一人，伐逋亡播荡之臣。此是周公叙初征与诸侯商量时节。盖根本之祸，乃在天子之宫、诸侯之室，须自省，德泽之未深，教化之未至，刑政之未孚，初不在武庚一人之身。是当时诸侯，只教成王自反，自反其敬，未可出征伐。虽龟卜如此分明，然且当自反，何不违卜。

11.《尚书详解》卷二十七《周书·大诰》

（宋）陈经撰

肆予告我友邦君，越尹氏、庶士、御事，曰，予得吉卜。予唯以尔庶邦于伐殷逋播臣。尔庶邦君，越庶士、御事，罔不反曰，艰大。民不静，亦唯在王宫、邦君室。越予小子考翼，不可征。王害不违卜。

周公之意，若曰，十夫既来矣，卜又吉矣，故我告友邦之君，谓诸侯也；尹氏者，诸侯之正官也；庶事与治事之臣，皆诸侯之国众士也，曰，予既得吉卜，予唯以尔庶邦往伐商遒亡播荡之臣，指武庚也。商亡而武庚无所依归，即遒播也。我武王念其绝祀，从而封之。至今乃背恩忘本如此，岂得不伐。十夫予翼，而独举卜者，盖龟乃神物至公无私者也。尔庶邦之君与乎庶士、御事罔不反我之言，且曰"艰大"，以为征伐四国之事，其难而且大，是与成王、周公之意相反也。又且以谓民之不安，皆唯在王者之宫、邦君之室。盖化行自内始，四国有难，汝成王当反求诸已，岂可专责他人。"越予小子"，亦是"邦君"，指成王而言，谓我小子当成其敬道，自反己也，不可征伐。王何不违其卜，而为自反之策乎？且行有不得，皆反求诸己，岂非圣贤责己之道。然用之于禹征有苗，则可；用之于周公伐商，则不可。事有轻重缓急，唯达权知变者，为能尽之。舜之天下已治，唯一苗民不服，舍之未害也。故益所以有招损得益之赞。成王之三监则，又异于此。安危存亡之机在此一举。周公若抚机不发，是见义不为也。邦君、御事、考翼之言，非无足取也，然当此之时而为此言，则但见邦君、御事，怀安惮劳而已，不知权变而已。故周公叙述其本情而告之。

12.《融堂书解》卷十一《周书·大诰》

（宋）钱时撰

（归善斋按，见"今蠢，今翼日"）

13.《尚书要义》

（宋）魏了翁撰

（归善斋按，原缺）

14.《书集传或问》卷下《大诰》

（宋）陈大猷撰

（归善斋按，未解）

15.《尚书详解》卷七《周书·大诰第九》

(宋) 胡士行撰

肆（故）予告我友（顺）邦君，越（及）尹氏（庶官之正）、庶士（上中下士）、御（治）事，曰，予得吉卜。予唯以尔庶邦于（往）伐殷逋（窜）播（亡）臣（武庚）。尔庶邦君，越庶士、御事，罔不反曰，艰（难）大。民不静亦唯（只）在王（成王）宫、邦君（周公）室，越（谓）予小子考（察）翼（予翼之夫），不可征（伐武庚）。王害（何）不违卜。

王以卜吉告邦君、御事矣，而邦君、御事顾以艰大为疑，至谓民之不安，咎在王与周公，且谓予翼之夫当察而未可遽信，至并卜而欲弃之焉。此《大诰》之所以不得不作也。

16.《书纂言》卷四上《周书·大诰》

(元) 吴澄撰

肆予告我友邦君，越尹氏、庶士、御事，曰，予得吉卜。予唯以尔庶邦于伐殷逋播臣。尔庶邦君，越庶士、御事，罔不反曰，艰大。民不静，亦唯在王宫、邦君室。越予小子考翼，不可征，王害不违卜。

尹氏，大夫；庶士，上、中、下士；御事，指卿而言也。逋播臣，谓殷亡而武庚逋逃播荡也。以此见周未尝封武庚为诸侯。而自司马迁以来，皆谓纣诛，而以武庚续殷祀者，所传谬误也。"越予小子"，设为诸侯自称之辞；考，谓揆度，审察；翼，即十夫予翼者。周公以十贤来助，龟卜协吉，决于往伐。而邦君、御事，乃不欲往，曰患难之大，而人之为不静者，亦唯在王之宫、邦君之室。盖谓王惑流言，二叔不咸也。我众诸侯，揆度审察十夫之谋，不可往。征王曷不违卜而罢东征之役乎？或曰，王师以顺讨逆，而诸侯敢不从命，何也？曰，管、蔡二叔，诬谤周公，举兵内向，必以奖辅王室为名，成王幼冲，方且疑惑，岂遽目之为逆。武庚之叛谋甚深，党附二叔，劝之西行，实欲二叔去殷乱周而已，得以据殷叛周也。二叔既堕其术中，众人浅识，亦但见二叔有不咸之迹，而不知武庚怀叵测之心。诸侯不欲东征者，以二叔王室至亲，而武庚叛形未露也。唯周公上智，洞烛几先，明征其辞，显斥其罪，专指武庚而不及二叔。兵法所谓上兵伐谋，先人夺人之心者，固圣人之余事。邦君、御事，乃以艰大不静，唯在二叔而不及，武庚，愚智所见相去悬绝若此。倪武庚谋泄迹著，人人皆知其叛，则诸侯安敢不从征讨，而自比于逆乱哉。

17.《书集传纂疏》卷四下《朱子订定蔡氏集传·周书·大诰》

（元）陈栎撰

肆予告我友邦君，越尹氏、庶士、御事，曰，予得吉卜。予唯以尔庶邦于伐殷逋播臣。

此举尝以卜吉之故，告邦君、御事往伐武庚之辞也。肆，故也。尹氏，庶官之正也。殷逋播臣者，谓武庚及其群臣，本逋亡播迁之臣也。

18.《读书丛说》卷六《大诰》

（元）许谦撰

（归善斋按，未解）

19.《书传辑录纂注》卷四《周书·大诰》

（元）董鼎撰

肆予告我友邦君，越尹氏、庶士、御事，曰，予得吉卜。予唯以尔庶邦于伐殷逋播臣。

此举尝以卜吉之故，告邦君、御事，往伐武庚之辞也。肆，故也。尹氏，庶官之正也。殷逋播臣者，谓武庚及其群臣，本逋亡播迁之臣也。

20.《尚书句解》卷七《周书·大诰第九》

（元）朱祖义撰

肆予告我友邦君（故我告我同志之国君诸侯），越尹氏（及庶官之正者）、庶士、御事（上、中、下众士，为王治事者）。

21.《尚书日记》卷十《周书·大诰》

（明）王樵撰

"肆予告我友邦君"至"王害不违卜"。按，始而三叔流言，武庚诱之也；既而连兵以叛，武庚胁之也。当时三叔必为戎首，其举兵之辞，虽不可知，意亦必有所托。邦君、御事，但知三叔流言之衅，而不知武庚首祸之情，故以王宫、邦君室为言。

22.《日讲书经解义》卷七《周书·大诰》

（清）库勒纳等撰

肆予告我友邦君，越尹氏、庶士、御事，曰，予得吉卜。予唯以尔庶类于伐殷逋播臣。

此一节书，举尝告臣下吉卜之词，再申言殷之当伐也。肆，故字之意。尹氏，庶官之长；庶士，众官；御事，治事之人也。逋，亡也。播，迁也，谓武庚及其群臣也。成王曰，我之东征，既豫兆于当年，又获吉于今日，知卜之断不可违，故告吾友邦君，及尹氏、庶士、御事曰，予之此举非敢漫然为之。予已得吉卜，天命明示，断不可违。予唯以尔庶邦之众，往伐殷逋亡播迁之臣，使武庚诛灭，凶孽剪除，以上承天意，而缵前人之功也。然则，予岂得已，而尔等犹不能深喻我意乎。观成王此词，则知丁宁告戒其臣下，已非一日。而一时之群谋，犹多未协。定大事之难如此。

《尚书疑义》卷五《大诰》

（明）马明衡撰

"肆予告我友邦君"至"不违卜"。

承上谓殷罪如此，人心、卜兆如此，故告汝以伐殷，而汝不可也。其言曰"艰大，民不静"。推原其故，亦唯至亲倡诱之，故于此，谓予小子当考正，而安定之，不可即往征之也。卜虽得吉，王何不违卜而勿征乎？盖友邦君，诸人之意，以为作乱者是管叔，为王室之至亲，非他人比，是可以恩意，呼之使来，可以不烦兵力而定。此意固好，然不知其不能，而急缓玩寇，时不可失也。厥后周公亦至二年，而罪人斯得，岂无是意行于其间哉。上言有"大艰于西土；西土人亦不静"，故此云"艰大，民不静"，正以应上文也。

曰，予得吉卜，予唯以尔庶邦，于伐殷，逋播臣

1.《尚书注疏》卷十二《周书》

（汉）孔氏传，（唐）陆德明音义，（唐）孔颖达疏

曰，予得吉卜，予唯以尔庶邦，于伐殷，逋播臣。

传，用汝众国往伐殷。逋亡之臣，谓禄父。

音义，逋，布吾反。

疏，正义曰，曰，我得吉卜，我唯与汝众国往伐殷。逋，亡；播荡之臣，谓伐禄父也。

传，正义曰，逋，逃也。播，谓播荡逃亡之意。禄父，殷君，谓之为殷。今日叛逆，是背周逃亡，故云"用汝众国往伐"。彼殷君于我周家逋逃亡叛之臣，谓禄父也。

2.《书传》卷十一《周书》

（宋）苏轼撰

（归善斋按，见"我有大事，休"）

3.《尚书全解》卷二十七《周书》

（宋）林之奇撰

（归善斋按，见"予不敢闭于天降威用"）

4.《尚书讲义》卷十三

（宋）史浩撰

（归善斋按，见"王若曰，猷！大诰尔多邦"）

5.《尚书详解》卷十八《周书·大诰》

（宋）夏僎撰
（归善斋按，见"今蠢，今翼日"）

6.《增修东莱书说》卷十九《周书·大诰第九》

（宋）吕祖谦撰，（宋）石澜增修
（归善斋按，见"肆予告我友邦君"）

7.《尚书说》卷五《周书·大诰》

（宋）黄度撰
（归善斋按，见"肆予告我友邦君"）

8.《絜斋家塾书钞》卷十《周书·大诰》

（宋）袁燮撰
（归善斋按，见"今蠢，今翼日"）

9.《书经集传》卷四《周书·大诰》

（宋）蔡沈撰
（归善斋按，见"肆予告我友邦君"）

10.《尚书精义》卷三十二《周书·大诰》

（宋）黄伦撰
（归善斋按，见"肆予告我友邦君"）

11.《尚书详解》卷二十七《周书·大诰》

（宋）陈经撰
（归善斋按，见"肆予告我友邦君"）

12. 《融堂书解》卷十一《周书·大诰》

（宋）钱时撰

（归善斋按，见"今蠢，今翼日"）

13. 《尚书要义》

（宋）魏了翁撰

（归善斋按，原缺）

14. 《书集传或问》卷下《大诰》

（宋）陈大猷撰

（归善斋按，未解）

15. 《尚书详解》卷七《周书·大诰第九》

（宋）胡士行撰

（归善斋按，见"肆予告我友邦君"）

16. 《书纂言》卷四上《周书·大诰》

（元）吴澄撰

（归善斋按，见"肆予告我友邦君"）

17. 《书集传纂疏》卷四下《朱子订定蔡氏集传·周书·大诰》

（元）陈栎撰

（归善斋按，见"肆予告我友邦君"）

18. 《读书丛说》卷六《大诰》

（元）许谦撰

（归善斋按，未解）

19.《书传辑录纂注》卷四《周书·大诰》

(元)董鼎撰

(归善斋按,见"肆予告我友邦君")

20.《尚书句解》卷七《周书·大诰第九》

(元)朱祖义撰

曰(告之曰),予得吉卜(我已得吉卜)。予唯以尔庶邦(我今唯以尔众国诸侯),于伐殷,逋播臣(往伐殷之逋亡播荡之臣武庚)。

21.《尚书日记》卷十《周书·大诰》

(明)王樵撰

(归善斋按,见"肆予告我友邦君")

22.《日讲书经解义》卷七《周书·大诰》

(清)库勒纳等撰

(归善斋按,见"肆予告我友邦君")

《尚书疑义》卷五《大诰》

(明)马明衡撰

(归善斋按,见"肆予告我友邦君")

尔庶邦君,越庶士、御事,罔不反曰,艰大

1.《尚书注疏》卷十二《周书》

(汉)孔氏传,(唐)陆德明音义,(唐)孔颖达疏

尔庶邦君,越庶士、御事,罔不反曰:艰大。

传,汝众国上下,无不反曰征伐四国为大难,叙其情以戒之。

疏，正义曰，汝国君及于众治事者，无不反我之意，相与言曰，伐此四国，为难甚大，言其不欲征也。

传，正义曰：王以卜吉之故，将以诸国伐殷，且彼诸国之情，必有不欲伐者，无不反我之意，相与言曰：征伐四国为大难。言其情必如此，叙其情以戒之，使勿然也。郑云汝国君及下群臣，不与我同志者，无不反我之意。云三监叛其为难大，是言反者，谓反上意。反是上意，则知"曰"者相与言也。

2. 《书传》卷十一《周书》

（宋）苏轼撰

（归善斋按，见"我有大事，休"）

3. 《尚书全解》卷二十七《周书》

（宋）林之奇撰

（归善斋按，见"予不敢闭于天降威用"）

4. 《尚书讲义》卷十三

（宋）史浩撰

（归善斋按，见"王若曰，猷！大诰尔多邦"）

5. 《尚书详解》卷十八《周书·大诰》

（宋）夏僎撰

（归善斋按，见"今蠢，今翼日"）

6. 《增修东莱书说》卷十九《周书·大诰第九》

（宋）吕祖谦撰，（宋）石澜增修

（归善斋按，见"肆予告我友邦君"）

7. 《尚书说》卷五《周书·大诰》

（宋）黄度撰
（归善斋按，见"肆予告我友邦君"）

8. 《絜斋家塾书钞》卷十《周书·大诰》

（宋）袁燮撰
（归善斋按，见"今蠢，今翼日"）

9. 《书经集传》卷四《周书·大诰》

（宋）蔡沈撰

尔庶邦君，越庶士、御事，罔不反曰，艰大。民不静，亦唯在王宫、邦君室。越予小子考翼，不可征，王害不违卜。

此举邦君、御事不欲征，欲王违卜之言也。邦君、御事无不反曰，艰难重大，不可轻举。且民不静，虽由武庚，然亦在于王之宫、邦君之室。谓三叔不睦之故，实兆衅端，不可不自反。害，曷也。越我小子与父老敬事者，皆谓不可征，王曷不违卜而勿征。

10. 《尚书精义》卷三十二《周书·大诰》

（宋）黄伦撰
（归善斋按，见"肆予告我友邦君"）

11. 《尚书详解》卷二十七《周书·大诰》

（宋）陈经撰
（归善斋按，见"肆予告我友邦君"）

12. 《融堂书解》卷十一《周书·大诰》

（宋）钱时撰
（归善斋按，见"今蠢，今翼日"）

13.《尚书要义》

（宋）魏了翁撰

（归善斋按，原缺）

14.《书集传或问》卷下《大诰》

（宋）陈大猷撰

（归善斋按，未解）

15.《尚书详解》卷七《周书·大诰第九》

（宋）胡士行撰

（归善斋按，见"肆予告我友邦君"）

16.《书纂言》卷四上《周书·大诰》

（元）吴澄撰

（归善斋按，见"肆予告我友邦君"）

17.《书集传纂疏》卷四下《朱子订定蔡氏集传·周书·大诰》

（元）陈栎撰

尔庶邦君，越庶士、御事罔不反曰，艰大。民不静，亦唯在王宫、邦君室。越予小子考翼，不可征，王害不违卜。

此举邦君、御事，不欲征，欲王违卜之言也。邦君、御事无不反曰，艰难重大，不可轻举。且民不静，虽由武庚，然亦在于王之宫、邦君之室，谓三叔不睦之故，实兆衅端，不可不自反。害，曷也。越我小子与父老敬事者，皆谓不可征，王曷不违卜而勿征乎？

纂疏：

愚按，"越予小子考翼，不可征"，据蔡氏，则以"小子"为邦君等之自称，以"考翼"为父老所敬事者；据诸说，则以"小子"为成王自言，接上文说来，谓是在王之宫、邦君之室，及我小子之身当考成其翼敬，以自反而已，不可征也。二说皆未为的当。此"考翼，不可征"，与下文"厥考翼，其肯曰"，两"考翼"能一样说而皆通，乃可耳。大抵周诰聱牙，又多讹缺不可强通，姑解其大略，而缺此等处可也。他仿此。

18. 《读书丛说》卷六《大诰》

（元）许谦撰

（归善斋按，未解）

19. 《书传辑录纂注》卷四《周书·大诰》

（元）董鼎撰

尔庶邦君，越庶士、御事罔不反曰，艰大。民不静，亦唯在王宫、邦君室。越予小子考翼，不可征。王害不违卜？

此举邦君、御事不欲征，欲王违卜之言也。邦君、御事，无不反曰，艰难重大，不可轻举。且民不静，虽由武庚，然亦在于王之宫、邦君之室。谓三叔不睦之故，实兆衅端，不可不自反。害，曷也。越我小子与父老敬事者，皆谓不可征。王曷不违卜而勿征乎？

纂注：

新安陈氏曰，"越予小子考翼，不可征"，据蔡氏，则以"小子"为邦君等之自称，以"考翼"为父老敬事者；据诸说。则以"小子"为成王自言，接上文言之，谓是在王之宫、邦君之室，及我小子之身，当考成其敬翼，以自反而已，不可征也。二说皆未允当，宜与下文"厥考翼，其肯曰"两处一样说，而皆通，可也。大抵周诰聱牙，又或讹缺，不可强通，姑解其大略可也。

20. 《尚书句解》卷七《周书·大诰第九》

（元）朱祖义撰

尔庶邦君（奈何尔众国君诸侯），越庶士、御事（及众士治事之臣），罔不反曰（无不以言复于我曰），艰大（兴师伐殷，其事至艰至大）。

21. 《尚书日记》卷十《周书·大诰》

（明）王樵撰

（归善斋按，见"肆予告我友邦君"）

22.《日讲书经解义》卷七《周书·大诰》

（清）库勒纳等撰

尔庶邦君，越庶士、御事罔不反曰，艰大。民不静，亦唯在王宫、邦君室。越予小子考翼，不可征。王害不违卜？

此一节书，是举群臣不欲东征，劝王违卜之词也。反，复也。王宫，谓王家；邦君室，谓三叔也。小子，群臣自谓；考翼，父老之敬事者。害，读作"曷"。成王曰，我既举吉卜，以告尔有众矣。尔庶邦君及庶士、御事，乃不仰承我奉天伐叛之意，无不复于我曰，东征之事艰难重大，未可轻举。今民叛乱不静，虽由武庚，亦在王之宫、邦君之室，肘腋亲近之臣，非由他人，岂宜遽尔动众远伐。越予等小子，固无所知识，至于敬事之父老，乃老成练达之人，皆以为不可。人谋未协，龟兆难凭，曷不违卜，而听于人乎？噫！尔之不识天命如此，亦暗于图功之义。予用是滋戚矣。由此观之，国家有大疑难决，非常人所能灼见。彼周之众臣，未尝非左右亲信，与国同休戚者，而所言若此。是故为人君者不可无倚任，以责成功名；又不可无独断，以立决几事也。

《尚书疑义》卷五《大诰》

（明）马明衡撰

（归善斋按，见"肆予告我友邦君"）

民不静，亦唯在王宫、邦君室

1.《尚书注疏》卷十二《周书》

（汉）孔氏传，（唐）陆德明音义，（唐）孔颖达疏

民不静，亦唯在王宫、邦君室。

传，言四国不安，亦在天子诸侯教化之过，自责不能绥近以及远。

疏，正义曰，汝不欲伐罪，我之由。四国之民不安而叛者，亦唯在我

天子王宫与邦君之室教化之过，使之然，以此令汝难征，过事在我。

传，正义曰，自责，唯当言天子教化之过，而并言诸侯者，化从天子，布于诸侯，道之不行，亦邦君之咎，见庶邦亦有过，故并言之。教化之过在于君身，而云王宫、邦君室者宫室，是行化之处，故指以言之。

2.《书传》卷十一《周书》

（宋）苏轼撰
（归善斋按，见"我有大事，休"）

3.《尚书全解》卷二十七《周书》

（宋）林之奇撰
（归善斋按，见"予不敢闭于天降威用"）

4.《尚书讲义》卷十三

（宋）史浩撰
（归善斋按，见"王若曰，猷！大诰尔多邦"）

5.《尚书详解》卷十八《周书·大诰》

（宋）夏僎撰
（归善斋按，见"今蠢，今翼日"）

6.《增修东莱书说》卷十九《周书·大诰第九》

（宋）吕祖谦撰，（宋）石澜增修

民不静，亦唯在王宫、邦君室。越予小子考翼，不可征。王害不违卜。肆予冲人永思艰，曰，呜呼！允蠢，鳏寡哀哉。

谓民之不静，在尔王宫、邦君之室，所以自修。及"予小子"成王，自成其敬尔。此事"艰大"，不可往征。王何不违其卜？邦君，所以有此言者，一则守常习，故遭变事而不知其权；一则见其"艰大"，退避而畏缩也。成王明知邦君之言为非，而必为之。永思者，人情之难怫而己见之难时也。"肆予冲人永思艰，曰，呜呼！允蠢，鳏寡哀哉"，谓我闻汝言，日夜长思其艰信蠢动，鳏寡之民为可哀。为民之主，既永思鳏寡之受害，岂得不往征。圣贤无断然阻绝人之意如此。禹之征苗，益亦赞曰"唯德动天，无远弗届"，使之自反不为，周公之必征，何也？盖苗之为恶不过一人，可以修德，待其自化，如人小疾，调其元气而已。至于武王既崩，三监、淮夷又叛，危疑之际，不可不伐。使益当此时，必在十夫之数，况益之言，至公；邦君之言，安常守，故畏缩不敢，皆私意也。

7.《尚书说》卷五《周书·大诰》

（宋）黄度撰

（归善斋按，见"肆予告我友邦君"）

8.《絜斋家塾书钞》卷十《周书·大诰》

（宋）袁燮撰

（归善斋按，见"今蠢，今翼日"）

9.《书经集传》卷四《周书·大诰》

（宋）蔡沈撰

（归善斋按，见"尔庶邦君，越庶士"）

10.《尚书精义》卷三十二《周书·大诰》

（宋）黄伦撰

（归善斋按，见"肆予告我友邦君"）

11.《尚书详解》卷二十七《周书·大诰》

（宋）陈经撰

（归善斋按，见"肆予告我友邦君"）

12.《融堂书解》卷十一《周书·大诰》

（宋）钱时撰

（归善斋按，见"今蠢，今翼日"）

13.《尚书要义》

（宋）魏了翁撰

（归善斋按，原缺）

14.《书集传或问》卷下《大诰》

（宋）陈大猷撰

（归善斋按，未解）

15.《尚书详解》卷七《周书·大诰第九》

（宋）胡士行撰

（归善斋按，见"肆予告我友邦君"）

16.《书纂言》卷四上《周书·大诰》

（元）吴澄撰

（归善斋按，见"肆予告我友邦君"）

17.《书集传纂疏》卷四下《朱子订定蔡氏集传·周书·大诰》

（元）陈栎撰

（归善斋按，见"尔庶邦君，越庶士"）

18.《读书丛说》卷六《大诰》

（元）许谦撰

（归善斋按，未解）

19.《书传辑录纂注》卷四《周书·大诰》

（元）董鼎撰

（归善斋按，见"尔庶邦君，越庶士"）

20.《尚书句解》卷七《周书·大诰第九》

（元）朱祖义撰

民不静，亦唯在王宫、邦君室（今西土之民，所以不安者，虽由武庚之叛，其源亦唯在于群叔，以骨肉之亲离间王室，衅端实兆于王之宫与邦君之室也）。

21.《尚书日记》卷十《周书·大诰》

（明）王樵撰

（归善斋按，见"肆予告我友邦君"）

22.《日讲书经解义》卷七《周书·大诰》

（清）库勒纳等撰

（归善斋按，见"尔庶邦君，越庶士"）

《尚书疑义》卷五《大诰》

（明）马明衡撰

（归善斋按，见"肆予告我友邦君"）

越予小子考翼，不可征，王害不违卜

1.《尚书注疏》卷十二《周书》

（汉）孔氏传，（唐）陆德明音义，（唐）孔颖达疏

越予小子考翼，不可征，王害不违卜。

传，于我小子先卜，敬成周道，若谓今四国不可征，则王室有害，故宜从卜。

疏，正义曰，虽然于我小子先考疑而卜之，欲敬成周道。若谓四国难大，不可征，则于王室有害，不可违卜，宜从卜往征也。

传,正义曰,翼,训"敬"也。于我小子先自考卜,欲敬成周道。汝庶邦御事等,若谓今四国不可征,则周道不成,于王室有害,故宜从卜。小子先卜,当谓初即位时卜。其欲成周道也,不可违卜,谓上"朕卜并吉"也,言欲征卜吉,当从卜征之。

2. 《书传》卷十一《周书》

(宋)苏轼撰

(归善斋按,见"我有大事,休")

3. 《尚书全解》卷二十七《周书》

(宋)林之奇撰

(归善斋按,见"予不敢闭于天降威用")

4. 《尚书讲义》卷十三

(宋)史浩撰

(归善斋按,见"王若曰,猷!大诰尔多邦")

5. 《尚书详解》卷十八《周书·大诰》

(宋)夏僎撰

(归善斋按,见"今蠢,今翼日")

6. 《增修东莱书说》卷十九《周书·大诰第九》

(宋)吕祖谦撰,(宋)石澜增修

(归善斋按,见"民不静,亦唯在王宫、邦君室")

7. 《尚书说》卷五《周书·大诰》

(宋)黄度撰

(归善斋按,见"肆予告我友邦君")

8.《絜斋家塾书钞》卷十《周书·大诰》

（宋）袁燮撰
（归善斋按，见"今蠢，今翼日"）

9.《书经集传》卷四《周书·大诰》

（宋）蔡沈撰
（归善斋按，见"尔庶邦君，越庶士"）

10.《尚书精义》卷三十二《周书·大诰》

（宋）黄伦撰
（归善斋按，见"肆予告我友邦君"）

11.《尚书详解》卷二十七《周书·大诰》

（宋）陈经撰
（归善斋按，见"肆予告我友邦君"）

12.《融堂书解》卷十一《周书·大诰》

（宋）钱时撰
（归善斋按，见"今蠢，今翼日"）

13.《尚书要义》

（宋）魏了翁撰
（归善斋按，原缺）

14.《书集传或问》卷下《大诰》

（宋）陈大猷撰
（归善斋按，未解）

15. 《尚书详解》卷七《周书·大诰第九》

（宋）胡士行撰

（归善斋按，见"肆予告我友邦君"）

16. 《书纂言》卷四上《周书·大诰》

（元）吴澄撰

（归善斋按，见"肆予告我友邦君"）

17. 《书集传纂疏》卷四下《朱子订定蔡氏集传·周书·大诰》

（元）陈栎撰

（归善斋按，见"尔庶邦君，越庶士"）

18. 《读书丛说》卷六《大诰》

（元）许谦撰

（归善斋按，未解）

19. 《书传辑录纂注》卷四《周书·大诰》

（元）董鼎撰

（归善斋按，见"尔庶邦君，越庶士"）

20. 《尚书句解》卷七《周书·大诰第九》

（元）朱祖义撰

越予小子考翼（自谓于我小子，当自反以成其敬道），不可征（不可轻举征伐之事）。王害不违卜（王曷不违卜而勿征邪）？

21. 《尚书日记》卷十《周书·大诰》

（明）王樵撰

（归善斋按，见"肆予告我友邦君"）

22.《日讲书经解义》卷七《周书·大诰》

（清）库勒纳等撰

（归善斋按，见"尔庶邦君，越庶士"）

《尚书疑义》卷五《大诰》

（明）马明衡撰

此章诰语多主卜者，蔡以邦君、御事欲王违卜，故以卜吉之义与天命、人事之不可违者，反复告谕之。窃意以古人作事，动归于天而已，未尝有一毫私意也。卜者，所以绍天之明。龟筮既从天命之矣，卜与天命非有二也。故此篇拳拳于卜者，正在敬承天命以从事，非徒以卜而解诸人之惑也。又朱子谓，周公在当时，外有武庚、管、蔡之叛，内有成王之疑，天下岌岌然，此诰当以耸动天下，今乃意思缓而不切，殊不可晓。愚窃以为，此正周公所以为周公也。学者未有圣人之根本，安识圣人之气象。圣人遇事正不如是周章。今人处些小事，便自狂奔尽气，欲求耸动乎人，便是伯术用事；圣人只平平说去，诚意自至，且亦足以见当时，成王未尝大疑周公也。

《尚书疑义》卷五《大诰》

（明）马明衡撰

（归善斋按，见"肆予告我友邦君"）

肆予冲人永思艰，曰，呜呼！允蠢，鳏寡哀哉

1.《尚书注疏》卷十二《周书》

（汉）孔氏传，（唐）陆德明音义，（唐）孔颖达疏

肆予冲人永思艰，曰，呜呼！允蠢，鳏寡哀哉。

传，故我童人成王，长思此难，而叹曰，信，蠢动天下，使无妻无夫

者受其害，可哀哉。

音义，鳏，故顽反。

疏，正义曰，以汝等有难征之意，故我童子成王，长思此难，而叹曰：呜呼！四国今叛，信蠢动天下，使鳏寡受害，尤可哀哉。

2.《书传》卷十一《周书》

（宋）苏轼撰

肆予冲人永思艰，曰，呜呼！允蠢，鳏寡哀哉。予造天役，遗大投艰于朕身。越予冲人，不卬自恤。义尔邦君，越尔多士、尹氏、御事，绥予曰，无毖于恤，不可不成乃宁考图功。

卬，我也。毖，畏也。我闻汝众言，亦永思其难，曰，是行也，信动，鳏寡哀哉。然予为天子。作天之役，天实以大艰遗我，故勉而从天，非我自忧也。尔众人义当以言安我曰，无畏此所忧之事，唯当一心以成汝宁考所图之功。今乃不然，故深责之也。

3.《尚书全解》卷二十七《周书》

（宋）林之奇撰

（归善斋按，见"予不敢闭于天降威用"）

4.《尚书讲义》卷十三

（宋）史浩撰

（归善斋按，见"王若曰，猷！大诰尔多邦"）

5.《尚书详解》卷十八《周书·大诰》

（宋）夏僎撰

肆予冲人，永思艰，曰，呜呼！允蠢，鳏寡哀哉。予造天役，遗大投艰于朕身。越予冲人，不卬自恤。义尔邦君，越尔多士、尹氏、御事，绥予曰，无毖于恤，不可不成乃宁考图功。

成王又谓，我以众人谓其事难大，不可轻动。故予冲人长思其所以为艰难之说，遂发叹而言曰，呜呼！武庚之叛，而我征之信蠢动，其鳏寡之民可哀也哉。盖兴师之际，鳏寡之民，实被其害故也。然我继世有天下，为天子，则天之吏也。故为天之所役使。造，为也。今日之事，天实以其事之甚大者，遗我身；事之甚艰者，投于我身。故仗义往征者，于我冲人，非自恤也，实天以是遗我也。今日事既已如此，自义言之，汝邦君及尔多士、尹氏治事之臣当有安慰我曰，无大畏慎于所忧恤之事。谓东征乃朝廷忧恤之事，不可过慎退缩，而不敢进惎慎也。唯当张皇六师，仗义以伐，不可不成此安宁天下之考武王所图之功。盖武王灭商，定天下，其功已有次第。今武庚自尊大，有反鄙我周之意。苟纵而不诛，则武功，岂不岌岌乎殆哉？故成王谓，我东征虽不能不蠢动鳏寡，而实所以成武王之功也。

6.《增修东莱书说》卷十九《周书·大诰第九》

（宋）吕祖谦撰，（宋）石澜增修

（归善斋按，见"民不静，亦唯在王宫、邦君室"）

7.《尚书说》卷五《周书·大诰》

（宋）黄度撰

肆予冲人永思艰，曰，呜呼！允蠢，鳏寡哀哉。予造天役，遗大投艰于朕身。越予冲人，不卬自恤。义尔邦君，越尔多士、尹氏、御事，绥予曰，无毖于恤，不可不成乃宁考图功。

故今我冲人，以尔邦君上下之言，长思其艰，将言而嗟叹之，言之为难尽也。东征信骚动，鳏寡甚可哀矣。此役，予虽造之而奉天意，故谓之天役。然其事诚大，乃以遗我；其势诚艰，乃以役我，是皆在朕身矣。卬，我。于我冲人，不我自忧，言不以我自忧为能济也。实尚义尔邦君，及尔群臣期之以义，故曰"义尔邦君"。苟为此义，必且绥安我而言曰，无慎乎忧。言无大自苦也，不可不成汝宁考武王所图功。如此，则必能同心协力济吾事矣。

8.《絜斋家塾书钞》卷十《周书·大诰》

（宋）袁燮撰

肆予冲人永思艰，曰，呜呼！允蠢，鳏寡哀哉。予造天役，遗大投艰于朕身。越予冲人,不卬自恤。义尔邦君,越尔多士、尹氏、御事,绥予曰,无毖于恤,不可不成乃宁考图功。

"考翼,不可征"之言,虽不可用,然吾闻汝等之言,亦尝再三深思兹事之难矣,允蠢者,信其蠢动也。四国蠢动,师旅一兴,唯鳏寡之人为可哀。古人最念这鳏寡。《诗》云,"哿矣富人,哀此□独"。文王发政施仁,必先斯四者,盖此等人最可念也。然予造天役,奉天以有为,而投大艰于朕身,我亦不暇自恤其身,苟可为民,身且不恤,则三监其可不伐乎?邦君、御事,前日虽以为在王宫、邦君室,成王周公委曲开导,今亦以为当伐而绥宁我曰,毋毖其忧,不可不自奋以成宁考所图之功。其言甚合于义,故曰"义尔邦君"。

9.《书经集传》卷四《周书·大诰》

(宋)蔡沈撰

肆予冲人永思艰,曰,呜呼!允蠢,鳏寡哀哉。予造天役,遗大投艰于朕身。越予冲人,不卬自恤。义尔邦君,越尔多士、尹氏、御事,绥予曰,无毖于恤,不可不成乃宁考图功。

卬,五刚反。毖音秘。造,为;卬,我也。故我冲人,亦永思其事之艰大,叹息言,信四国蠢动,害及鳏寡,深可哀也。然我之所为,皆天之所役。使今日之事,天实以其甚大者,遗于我之身;以其甚艰者,投于我之身。于我冲人,固不暇自恤矣。然以义言之,于尔邦君,于尔多士,及官正治事之臣,当安我曰,无劳于忧,诚不可不成武王所图之功,与戮力致讨可也。此章深责邦君、御事之避事。

10.《尚书精义》卷三十二《周书·大诰》

(宋)黄伦撰

肆予冲人永思艰,曰,呜呼!允蠢,鳏寡哀哉。予造天役,遗大投艰于朕身。越予冲人,不卬自恤。

无垢曰,周公以谓,成王闻邦君、御事艰大之言不静之说,亦长思其艰,而叹曰,呜呼!信乎,举兵行师,摇动天下,使鳏夫寡妇,有思子之心,其哀矣哉。是则周公虚心下意,听邦君、御事之言,而不敢以其说为不当矣。然权其轻重缓急，动众乃一时之小害，而弭乱乃天下之大利。我为天子，为人所驱役，东西南北当听命于天。天今遗我以四国之大事，投我以四国之艰难，我以湛然一身，当此驱役，其敢以汝众责己之言，委四国不问其罪，乃敛然退而求敬，而任其自猖獗，以遗天命哉？其理不得不听十夫及宝龟之言，以往征也。

张氏曰，夫劳民以征伐，则于民不能无挠，而鳏寡尤在所可哀。盖以鳏寡之民为无告故也。"予造天役，遗大投艰于朕身"，言鳏寡虽可哀，然予造天役，则其兴师动众，岂己之所欲为哉？造，为也。"不卬自恤"者，成王自言，我幼冲之人，非自恤也。其所恤者，在于宁考所图之功，所以见其往伐之意，上则承天之命；下则成于"宁考图功"，非出于一己之私故也。

吕氏曰，盖人君代天而有天下，无非供天之役。今日之事，我当深造天役，又况到大艰难之事委在我一人之身。盖言武王既丧，而天役则在我。天下至大之责，亦在我一人之身。况王者以万民为子，若坐视而不救之，是废天役，自我也，则我今日岂敢为身计，言不敢自恤也。

11.《尚书详解》卷二十七《周书·大诰》

（宋）陈经撰

肆予冲人永思艰，曰，呜呼！允蠢，鳏寡哀哉。予造天役，遗大投艰于朕身。越予冲人，不卬自恤。义尔邦君，越尔多士、尹氏、御事，绥予曰，无毖于恤，不可不成乃宁考图功。

周公述成王之意以谓，故我幼冲之人，因汝邦君有艰大之说，亦尝永长思其艰，而为之深谋远虑矣。曰，呜呼！信乎此举蠢动鳏寡之民，往赴征伐之事岂不可哀也哉？然戡大难者，不顾小劳；成大利者，不恤小害。蠢动鳏寡之民，虽曰可哀，然功之不成，害之不除，则为有国之大患。以成一人之身，乃为天之役，当奉天以行罚也。天以重大之计，而遗于我之身；以艰难之事，而投于我之身。我冲人，岂于我之身而自恤乎？言我身不足恤，则其所恤，必有大于此者。义，宜也。宜乎尔邦君与多士、尹氏、御事之众，当以言安于我，以为成王不惮劳忧恤之事，宁考武王所当图之功，不可不成为此言，则可岂可与己意相反，为艰大之说乎？周公盖责望，其以此意相勉也。

12.《融堂书解》卷十一《周书·大诰》

（宋）钱时撰

肆予冲人永思艰，曰，呜呼！允蠢，鳏寡哀哉。予造天役，遗大投艰于朕身。越予冲人，不卬自恤。义尔邦君，越尔多士、尹氏、御事，绥予曰，无毖于恤，不可不成乃宁考图功。

此节正与上节相应。上节谓，我欲以尔众伐殷逋播臣，而罔不反曰艰大，故此节谓，予造天役，尔等当绥予曰，无毖于恤，不可不成乃宁考图功可也。两个"曰"字正是相应说。毖，谨也。承上文而言，既闻汝等艰大之语，我亦永思此事之艰。师旅之兴，诚未免骚动，鳏寡诚可哀伤。然我之为此役也，非私意，乃天役也。此事虽大，天实遗我；此事虽艰，天实投我。我冲人虽欲自恤而不可得耳。尔邦君，及尔多士、尹氏、御事，唯当断之以大义。义者，宜也。执中无权，犹执一也。偏执一说，而不达乎时措之宜，乌足与言义哉？汝等当慰安乎我曰，无谨于忧恤，不可不成乃宁考图功。功成庶合于义矣，不可不成。"乃宁考图功"与上文"考翼不可征"正相应。武王克商，天下大定，武功告成，复何所图。盖四国之叛，正王室汲汲之秋，失今弗为，丧亡无日，是武王所图之功终于不成也。一念及此，但忧其艰大而委之可得乎？

13.《尚书要义》

（宋）魏了翁撰

（归善斋按，原缺）

14.《书集传或问》卷下《大诰》

（宋）陈大猷撰

（归善斋按，未解）

15.《尚书详解》卷七《周书·大诰第九》

(宋)胡士行撰

肆予冲人永（长）思艰（艰大之说），曰，呜呼！允（信）蠢（动），鳏寡哀（可怜）哉。予造（为）天役（所使），遗（内）大投（畁）艰于朕身。越（于）予冲人，不卬（我）自恤。

邦君艰大之说，非也，然而有是说，予亦长思之矣。征伐之举，使鳏夫寡妇，思其子从军，诚劳动也。然天方役我，遗投以艰大之责，我虽欲自恤不可得也，而岂故欲劳民也哉。

16.《书纂言》卷四上《周书·大诰》

(元)吴澄撰

肆予冲人永思艰，曰，呜呼！允蠢，鳏寡哀哉。予造天役，遗大投艰于朕身。越予冲人，不卬自恤。义尔邦君，越尔多士、尹氏、御事，绥予曰，无毖于恤，不可不成乃宁考图功。

永思，犹曰深长思也。卬，我也。毖，谨慎勤劳之意。我深思今日之患难，而曰，彼之蠢信乎，为无知而动矣。然少壮被驱以行，鳏寡不得其养，可哀也哉。我嗣受天命，兴师讨罪，乃天役也，为此天役，所谓大艰皆遗之、投之于我一身，谓我身自当之也，但我不暇自忧一身；所忧者，在前人之基业。意谓，尔邦君等知义，必安我曰，无过于忧，不可不勇往定乱，以成汝宁考所图之功。今尔反曰"不可征"，岂为义乎？

17.《书集传纂疏》卷四下《朱子订定蔡氏集传·周书·大诰》

(元)陈栎撰

肆予冲人永思艰，曰，呜呼！允蠢，鳏寡哀哉。予造天役，遗大投艰于朕身。越予冲人，不卬自恤。义尔邦君，越尔多士、尹氏、御事，绥予曰，无毖于恤，不可不成乃宁考图功。

造，为；卬，我也。故我冲人，亦永思其事之艰大，叹息言，信四国蠢动，害及鳏寡，深可哀也。然我之所为，皆天之所役使。今日之事，天实以其甚大者，遗于我之身；以其甚艰者，投于我之身。于我冲人，固不暇自恤矣。然以义言之，于尔邦君，于尔多士，及官正治事之臣，当安我曰，无劳于忧，诚不可不成武王所图之功，相与戮力致讨可也。此章深责邦君、御事之避事。

纂疏：

愚谓，以大任责己，以大义责臣，非不知遗我以大，投我以艰，而责不得辞也。以义言之，当如此；反观之，则以艰大阻挠者，其为不义大矣。

18.《读书丛说》卷六《大诰》

（元）许谦撰

（归善斋按，未解）

19.《书传辑录纂注》卷四《周书·大诰》

（元）董鼎撰

肆予冲人永思艰，曰：呜呼！允蠢，鳏寡哀哉。予造天役，遗大投艰于朕身。越予冲人，不卬自恤。义尔邦君，越尔多士、尹氏、御事，绥予曰：无毖于恤，不可不成乃宁考图功。

造，为；卬，我也。故我冲人，亦永思其事之艰大，叹息言，信四国蠢动，害及鳏寡，深可哀也。然我之所为，皆天之所役。使今日之事，天实以其甚大者，遗于我之身；以其甚艰者，投于我之身。于我冲人，固不暇自恤矣。然以义言之，于尔邦君，于尔多士，及官正、治事之臣，当安我曰，无劳于忧，诚不可不成武王所图之功，相与戮力致讨可也。此章深责邦君、御事之避事。

辑录：

"卬"字，即"我"字。沈存中以为秦语平音，故谓之"卬"。淳。

纂注：

新安陈氏曰，以大任责己，以大义责臣，非不知遗我以大，投我以艰，而责不得辞也。以义言之，当如此；反观之，则以艰大阻挠者，其为不义大矣。

20. 《尚书句解》卷七《周书·大诰第九》

(元) 朱祖义撰

肆予冲人（故我幼冲之人）永思艰（长思所以艰大之说），曰（遂言），呜呼（嗟叹）！允蠢，鳏寡（国叛而我征之，信蠢动，其鳏寡无告之民）哀哉（可哀也哉）。

21. 《尚书日记》卷十《周书·大诰》

(明) 王樵撰

"肆予冲人永思艰"至"宁考图功"。

造，为；卬，我也。沈栝谓，秦语平音，故呼"我"为"卬"。恤，忧；愍，劳也。言尔以"艰大"阻我，肆予冲人，亦岂不思其艰大哉，其如四国"允蠢"，害及鳏寡之可哀。何"造哲，迪民康"，乃悯人穷者之所汲汲，而可以"艰大"止邪？我之所为，皆天之所役。使今日之事，天实以其甚大者，遗于我之身，而役之以图大也，奚可畏其大而不为也；天实以其甚艰者，投于我之身，而役之以图艰也，奚可畏其艰而不为也。我固不遑自恤，以义言之，尔邦君、御事，诚当宽我之忧，勉我之事，而乃反以"艰大"阻我，无乃非人臣之义乎已？

22. 《日讲书经解义》卷七《周书·大诰》

(清) 库勒纳等撰

肆予冲人永思艰，曰，呜呼！允蠢，鳏寡哀哉。予造天役，遗大投艰于朕身。越予冲人，不卬自恤。义尔邦君，越尔多士、尹氏、御事，绥予曰，无毖于恤，不可不成乃宁考图功。

此一节书，深责群臣之避事也。允，信也。造，为也。役，使也。卬，我也。绥，安慰也。愍，劳也。恤，忧也。成王曰，东征之举，艰难重大。奚待尔言，肆予冲人，亦何尝不深思及此，但事势有不得不然者。故叹息曰，信此四国蠢动，害及鳏寡，深为可哀。天实矜之，凡予所为除乱安民之事，皆天所役使，有不可逭者。今日之举，天实以甚大者遗于吾之身；甚艰者投于吾之身。越予冲人，固不暇自顾恤矣。若以人臣之义言之，于尔邦君，于尔多士及官正治事之臣，当安予曰，君无劳于忧。凡我为臣者，不可不共矢其力，声罪致讨，成乃宁考所图之功。如此，则能分我艰大之责，而于臣职无愧矣。何为昧于大义，而惮征违卜耶？自古国家大患，平居，则食禄之人多；临难，则致命之人少，天下事往往无身承而力任者。此正坐纪纲未振耳。成王数语，不过申明人臣之大谊，而词严义正，凛然胜于斧钺。东征之成大功也，宜哉已。

《尚书疑义》卷五《大诰》

（明）马明衡撰

"肆予冲人永思艰"至"乃宁考图功"。

承上言，汝意欲违卜如此，是以我亦长思此大难，非不思而妄为也。思之，则尤见痛切于身，曰，信惊动此鳏寡之人，为可哀也。予之所役，乃天役也。盖天遗大事，投大艰于我之，身我于是不能自恤矣。汝当劝勉我也。"乂尔"，犹言"汝等皆乂"也已。

予造天役，遗大，投艰于朕身

1.《尚书注疏》卷十二《周书》

（汉）孔氏传，（唐）陆德明音义，（唐）孔颖达疏

予造天役，遗大，投艰于朕身。

传，我周家为天下役事，遗我甚大，投此艰难于我身。言不得已。

音义，造，为也，马云遗也。

疏，正义曰，我周家为天下役事，而遗我甚大，乃投此艰难于我身，此难须平，不可以已。

传，正义曰，为天子者当役己，以养天下。故我国家为天下役事，总言周家当救天下。此事遗我，故为甚大。以大役遗我，以为甚大，而又投掷此艰难之事于我身，谓当己之时，有四国叛逆，言己职当静乱不得以已也。

2.《书传》卷十一《周书》

（宋）苏轼撰

（归善斋按，见"肆予冲人永思艰"）

3.《尚书全解》卷二十七《周书》

（宋）林之奇撰

（归善斋按，见"予不敢闭于天降威用"）

4.《尚书讲义》卷十三

（宋）史浩撰

（归善斋按，见"王若曰，猷！大诰尔多邦"）

5.《尚书详解》卷十八《周书·大诰》

（宋）夏僎撰

（归善斋按，见"肆予冲人永思艰"）

6.《增修东莱书说》卷十九《周书·大诰第九》

（宋）吕祖谦撰，（宋）石𤂖增修

予造天役，遗大投艰于朕身。越予冲人，不卬自恤。

谓我之所为，皆天之所役使。而三监之叛，乃天遗此重大艰难之事于朕身。越予幼冲小子，不暇自恤其身，必当往而伐之也。

7.《尚书说》卷五《周书·大诰》

（宋）黄度撰

（归善斋按，见"肆予冲人永思艰"）

8.《絜斋家塾书钞》卷十《周书·大诰》

（宋）袁燮撰

（归善斋按，见"肆予冲人永思艰"）

9. 《书经集传》卷四《周书·大诰》

(宋）蔡沈撰
(归善斋按，见"肆予冲人永思艰"）

10. 《尚书精义》卷三十二《周书·大诰》

(宋）黄伦撰
(归善斋按，见"肆予冲人永思艰"）

11. 《尚书详解》卷二十七《周书·大诰》

(宋）陈经撰
(归善斋按，见"肆予冲人永思艰"）

12. 《融堂书解》卷十一《周书·大诰》

(宋）钱时撰
(归善斋按，见"肆予冲人永思艰"）

13. 《尚书要义》

(宋）魏了翁撰
(归善斋按，原缺）

14. 《书集传或问》卷下《大诰》

(宋）陈大猷撰
(归善斋按，未解）

15. 《尚书详解》卷七《周书·大诰第九》

(宋）胡士行撰
(归善斋按，见"肆予冲人永思艰"）

16. 《书纂言》卷四上《周书·大诰》

（元）吴澄撰

（归善斋按，见"肆予冲人永思艰"）

17. 《书集传纂疏》卷四下《朱子订定蔡氏集传·周书·大诰》

（元）陈栎撰

（归善斋按，见"肆予冲人永思艰"）

18. 《读书丛说》卷六《大诰》

（元）许谦撰

（归善斋按，未解）

19. 《书传辑录纂注》卷四《周书·大诰》

（元）董鼎撰

（归善斋按，见"肆予冲人永思艰"）

20. 《尚书句解》卷七《周书·大诰第九》

（元）朱祖义撰

予造天役（造，为也。我为天之所役使），遗大投艰于朕身（天实以事之甚大，遗于我身；事之甚艰，投于我身）。

21. 《尚书日记》卷十《周书·大诰》

（明）王樵撰

（归善斋按，见"肆予冲人永思艰"）

22. 《日讲书经解义》卷七《周书·大诰》

（清）库勒纳等撰

（归善斋按，见"肆予冲人永思艰"）

《尚书疑义》卷五《大诰》

(明)马明衡撰

(归善斋按,见"肆予冲人永思艰")

越予冲人,不卬自恤,义尔邦君,越尔多士、尹氏、御事

1. 《尚书注疏》卷十二《周书》

(汉)孔氏传,(唐)陆德明音义,(唐)孔颖达疏

越予冲人,不卬自恤,义尔邦君,越尔多士、尹氏、御事。

传,言征四国,于我童人不唯自忧而已,乃欲施义于汝众国君臣上下,至御治事者。

音义,卬,五刚反,我也。

疏,正义曰,今征四国,于我童人,不唯自忧而已,乃欲施义于汝众国君,于汝多士、尹氏、治事之人。

传,正义曰,卬,我;恤,忧也。四国叛逆,害及众国,君得静乱,则为大美。言征四国,于我童人不唯自忧而已。乃欲施义于汝众国君臣,言难除则义施也。

2. 《书传》卷十一《周书》

(宋)苏轼撰

(归善斋按,见"肆予冲人永思艰")

3. 《尚书全解》卷二十七《周书》

(宋)林之奇撰

(归善斋按,见"予不敢闭于天降威用")

4. 《尚书讲义》卷十三

(宋)史浩撰

(归善斋按,见"王若曰,猷!大诰尔多邦")

5. 《尚书详解》卷十八《周书·大诰》

（宋）夏僎撰

（归善斋按，见"肆予冲人永思艰"）

6. 《增修东莱书说》卷十九《周书·大诰第九》

（宋）吕祖谦撰，（宋）石澜增修

（归善斋按，另见"予造天役"）

乂尔邦君，越尔多士、尹氏、御事，绥予曰，无毖于恤，不可不成乃宁考图功。

始者，邦君与御事之人皆劝不可。至闻人君不可畏避，乃复绥成王，谓无为忧恤至此，不可不成乃武王所图之功。成王谓，乂哉，尔邦君及尔多士、尹氏、御事之人，能反前日之见，而绥安于我。所谓"乂"者，如"王乂嗣德答拜"之"乂"，称之之辞也，见成王、周公诚意既至，训诰既明，邦君、御事前日畏避不敢之心，皆已洗濯，而当然之理明矣。

7. 《尚书说》卷五《周书·大诰》

（宋）黄度撰

（归善斋按，见"肆予冲人永思艰"）

8. 《絜斋家塾书钞》卷十《周书·大诰》

（宋）袁燮撰

（归善斋按，见"肆予冲人永思艰"）

9. 《书经集传》卷四《周书·大诰》

（宋）蔡沈撰

（归善斋按，见"肆予冲人永思艰"）

10. 《尚书精义》卷三十二《周书·大诰》

（宋）黄伦撰

（归善斋按，另见"肆予冲人永思艰"）

义尔邦君，越尔多士、尹氏、御事，绥予曰，无毖于恤，不可不成乃宁考图功。已！予唯小子，不敢替上帝命。

无垢曰，邦君、御事，识此公义，见我当此大艰时，则当安慰我曰，无过忧劳此大艰之事，当勉力往征，不可不成武王所图定天下之功也。毖，劳也。如此则于义为得矣。今乃使我求敬违卜，以义观之，则为失当矣。周公当众论疑贰之际，乃独以义观之，圣人之见，其造化乃如此大矣哉。帝命高远，何从而知。所以传帝意者，宝龟也。卜龟而吉，是上帝欲征之也，不从卜之言，是违上帝命也。上帝其可违乎？

张氏曰，毖，慎也。"无毖于恤"，言无慎于征伐之忧也。征伐虽曰大事，在所可恤，然将欲成宁考所图之功，其涉危难，故不足恤矣。夫静一天下者，宁考所图之功也。为之子孙者，当继嗣而成之。今三监及淮夷叛，苟不能征之，则宁考功功或至于几成而败矣。卜征而吉，则征之者出于上帝之命也。然则，天命其可以废弃之哉。昔汤之伐桀曰"予畏上帝，不敢不正"；武王之伐纣曰"予弗顺天，厥罪唯钧"，盖亦以天命之不可替故也。

吕氏曰，天、人并应，卜又吉，邦君之众又都回心则，上帝命我分明，我湛然一小子，既荷上帝之命如此，岂敢替上帝之命，言必往伐矣。

11. 《尚书详解》卷二十七《周书·大诰》

（宋）陈经撰

（归善斋按，见"肆予冲人永思艰"）

12. 《融堂书解》卷十一《周书·大诰》

（宋）钱时撰

（归善斋按，见"肆予冲人永思艰"）

13.《尚书要义》

（宋）魏了翁撰

（归善斋按，原缺）

14.《书集传或问》卷下《大诰》

（宋）陈大猷撰

（归善斋按，未解）

15.《尚书详解》卷七《周书·大诰第九》

（宋）胡士行撰

（归善斋按，另见"肆予冲人永思艰"）

义（以义言之）尔邦君，越（及）尔多士、尹氏、御事，绥（当安慰）予曰，无毖（劳畏）于恤（忧），不可不成乃宁（安民）考（父，孔云，宁祖圣考）图功。

此责以大义，言尔当以无毖安慰我，而可以艰大疑我乎。

16.《书纂言》卷四上《周书·大诰》

（元）吴澄撰

（归善斋按，见"肆予冲人永思艰"）

17.《书集传纂疏》卷四下《朱子订定蔡氏集传·周书·大诰》

（元）陈栎撰

（归善斋按，见"肆予冲人永思艰"）

18.《读书丛说》卷六《大诰》

（元）许谦撰

（归善斋按，未解）

19.《书传辑录纂注》卷四《周书·大诰》

（元）董鼎撰
（归善斋按，见"肆予冲人永思艰"）

20.《尚书句解》卷七《周书·大诰第九》

（元）朱祖义撰

越予冲人（于我幼冲之人），不卬自恤（岂容于我身而自恤之乎？卬，昂）。义尔邦君（宜尔国君诸侯），越尔多士（及尔上、中、下之多士）、尹氏、御事（庶官之正，为王治事之臣）。

21.《尚书日记》卷十《周书·大诰》

（明）王樵撰
（归善斋按，见"肆予冲人永思艰"）

22.《日讲书经解义》卷七《周书·大诰》

（清）库勒纳等撰
（归善斋按，见"肆予冲人永思艰"）

《尚书疑义》卷五《大诰》

（明）马明衡撰
（归善斋按，见"肆予冲人永思艰"）

绥予曰，无毖于恤，不可不成乃宁考图功

1.《尚书注疏》卷十二《周书》

（汉）孔氏传，（唐）陆德明音义，（唐）孔颖达疏
绥予曰，无毖于恤，不可不成乃宁考图功。

传,汝众国君臣当安勉我曰:无劳于忧,不可不成汝宁祖圣考文武所谋之功,责其以善言之助。

音义,毖,音秘。

疏,正义曰,如此,为汝计,汝君臣当安勉我曰:无劳于征伐之忧,我诸侯当往共征四国。汝王不可不成汝宁祖圣考所谋之功。宜出此善言,以助我,何谓违我不欲征也。

传,正义曰,绥,安也。毖,劳也。言我既施义于汝,汝众国君臣言得我之功,当安慰勉劝我曰,无劳于忧,令我无忧四国,众国自来征之。经言"宁",即文王;考,即武王。故言宁祖、圣考也。王以众国反己,乃复设为此言,责其无善言助己。

2.《书传》卷十一《周书》

(宋)苏轼撰

(归善斋按,见"肆予冲人永思艰")

3.《尚书全解》卷二十七《周书》

(宋)林之奇撰

(归善斋按,见"予不敢闭于天降威用")

4.《尚书讲义》卷十三

(宋)史浩撰

(归善斋按,见"王若曰,猷!大诰尔多邦")

5.《尚书详解》卷十八《周书·大诰》

(宋)夏僎撰

(归善斋按,见"肆予冲人永思艰")

6.《增修东莱书说》卷十九《周书·大诰第九》

(宋)吕祖谦撰,(宋)石澜增修

(归善斋按,见"越予冲人,不卬自恤")

7. 《尚书说》卷五《周书·大诰》

（宋）黄度撰
（归善斋按，见"肆予冲人永思艰"）

8. 《絜斋家塾书钞》卷十《周书·大诰》

（宋）袁燮撰
（归善斋按，见"肆予冲人永思艰"）

9. 《书经集传》卷四《周书·大诰》

（宋）蔡沈撰
（归善斋按，见"肆予冲人永思艰"）

10. 《尚书精义》卷三十二《周书·大诰》

（宋）黄伦撰
（归善斋按，见"越予冲人，不卬自恤"）

11. 《尚书详解》卷二十七《周书·大诰》

（宋）陈经撰
（归善斋按，见"肆予冲人永思艰"）

12. 《融堂书解》卷十一《周书·大诰》

（宋）钱时撰
（归善斋按，见"肆予冲人永思艰"）

13. 《尚书要义》

（宋）魏了翁撰
（归善斋按，原缺）

14. 《书集传或问》卷下《大诰》

（宋）陈大猷撰

（归善斋按，未解）

15. 《尚书详解》卷七《周书·大诰第九》

（宋）胡士行撰

（归善斋按，见"越予冲人，不卬自恤"）

16. 《书纂言》卷四上《周书·大诰》

（元）吴澄撰

（归善斋按，见"肆予冲人永思艰"）

17. 《书集传纂疏》卷四下《朱子订定蔡氏集传·周书·大诰》

（元）陈栎撰

（归善斋按，见"肆予冲人永思艰"）

18. 《读书丛说》卷六《大诰》

（元）许谦撰

（归善斋按，未解）

19. 《书传辑录纂注》卷四《周书·大诰》

（元）董鼎撰

（归善斋按，见"肆予冲人永思艰"）

20. 《尚书句解》卷七《周书·大诰第九》

（元）朱祖义撰

绥予曰（皆当安慰我曰），无毖于恤（无大畏谨东征之役，为朝廷忧恤之事，而至于退缩不进），不可不成乃宁考图功（唯当仗义以往，不可不成汝安天下之父武王勤劳所谋之功)。

21. 《尚书日记》卷十《周书·大诰》

(明) 王樵撰

(归善斋按,见"肆予冲人永思艰")

22. 《日讲书经解义》卷七《周书·大诰》

(清) 库勒纳等撰

(归善斋按,见"肆予冲人永思艰")

《尚书疑义》卷五《大诰》

(明) 马明衡撰

(归善斋按,见"肆予冲人永思艰")

已!予唯小子,不敢替上帝命

1. 《尚书注疏》卷十二《周书》

(汉) 孔氏传,(唐) 陆德明音义,(唐) 孔颖达疏
已!予唯小子,不敢替上帝命。
传,不敢废天命,言卜吉,当必征之。
疏,正义曰,既叙众国之情,告以必征之意,已乎!我唯小子不敢废上帝之命,卜吉不征,是废天命,从卜而兴,乃有故事。

2. 《书传》卷十一《周书》

(宋) 苏轼撰
已!予唯小子,不敢替上帝命。天休于宁王,兴我小邦周。宁王唯卜,用克绥受兹命。今,天其相民,矧亦唯卜用。呜呼!天明畏,弼我丕丕基。

已矣！予唯不敢替上帝命。帝美宁王之德，而兴周。王唯用卜，以安受帝命。至于今，天其犹助我民，况我亦用卜哉。天所以动四国明威命者，非以困我，欲辅成我大业也。

3.《尚书全解》卷二十七《周书》

（宋）林之奇撰

（归善斋按，见"予不敢闭于天降威用"）

4.《尚书讲义》卷十三

（宋）史浩撰

（归善斋按，见"王若曰，猷！大诰尔多邦"）

5.《尚书详解》卷十八《周书·大诰》

（宋）夏僎撰

已！予唯小子，不敢替上帝命。天休于宁王，兴我小邦周。宁王唯卜用，克绥受兹命。今，天其相民，矧亦唯卜用。呜呼！天明畏，弼我丕丕基。

成王以义责邦君、众臣不能安慰我心，协谋共大事，故自叹曰已乎者，谓汝众既已不与我同心，我亦已乎无可奈何也。汝众臣虽不与我同心，然我小子既行吉卜，则上帝之意已许我削平僭叛，我实不敢废上帝之命，必往东征。况我国家肇造之初，天休美于文王之德，使之自诸侯之小国而兴。宁考武王，尚且唯卜是用，不敢替废，谓若《泰誓》言"朕梦协朕卜，袭于休祥，戎商必克"，即宁王唯卜用也。我宁王肇造大业，尚唯卜是用，今日武庚之叛，"朕卜并吉"，是天已明相助我民，况我亦唯卜是用，则决意往征，又何疑哉。盖深言卜之决不可违，于是又叹而言曰，天道甚明，明而可畏。今卜并吉，是已弼我大大之基业矣。我其可违哉，又所以申言其卜之不可违也。

6.《增修东莱书说》卷十九《周书·大诰第九》

（宋）吕祖谦撰，（宋）石澜增修

已！予唯小子，不敢替上帝命。

夫天、人并应，卜并吉。邦君之众又已回心，则上帝之命明矣，我岂敢不往哉。

7.《尚书说》卷五《周书·大诰》

（宋）黄度撰

已！予唯小子，不敢替上帝命。天休于宁王，兴我小邦周。宁王唯卜用，克绥受兹命。今，天其相民，矧亦唯卜用。呜呼！天明畏，弼我丕丕基。

替，废。予不敢废天命。天美武王，"兴我小邦周"。武王何自而知天命哉？武王唯卜是用，故能安受兹命。今，天辅相我民，矧我亦唯卜用，而汝乃使我违卜，岂所以绥安我乎？天明可畏，辅我之大夫基业；卜必不可违也。古人敬鬼神，信卜筮，唯其诚也。本之于人谋，协之于鬼神，无本则诳，不协则肆。

8.《絜斋家塾书钞》卷十《周书·大诰》

（宋）袁燮撰

已！予唯小子，不敢替上帝命。天休于宁王，兴我小邦周。宁王唯卜用，克绥受兹命。今，天其相民，矧亦唯卜用。

邦君、御事，虽能绥我，而犹恐其心有所未喻，故又反复开导之，以为我宁王所以兴，亦只唯卜是用。今祸乱之作，乃天所以相我。况我之卜，又无有不吉，其可不往乎。

9.《书经集传》卷四《周书·大诰》

（宋）蔡沈撰

已！予唯小子，不敢替上帝命。天休于宁王，兴我小邦周。宁王唯卜用，克绥受兹命。今，天其相民，矧亦唯卜用。呜呼！天明畏，弼我丕丕基。

卜伐武庚而吉，是上帝命伐之也。上帝之命，其敢废乎？昔天眷武王，由百里而有天下，亦唯卜用，所谓"朕梦协朕卜，袭于休祥"是也。今，天相佑斯民，避凶趋吉，况亦唯卜是用，是上而先王，下而小民，莫不用卜，而我独可废卜乎？故又叹息言，天之明命，可畏如此。是盖辅成我丕丕基，其可违也。"天明"，即上文所谓"绍天明"者。

10.《尚书精义》卷三十二《周书·大诰》

（宋）黄伦撰

（归善斋按，见"越予冲人，不卬自恤"）

11.《尚书详解》卷二十七《周书·大诰》

（宋）陈经撰

已！予唯小子，不敢替上帝命。天休于宁王，兴我小邦周。宁王唯卜用，克绥受兹命。今，天其相民，矧亦唯卜用。呜呼！天明畏，弼我丕丕基。王曰，尔唯旧人，尔丕克远省。尔知宁王若勤哉。天闷毖我成功所，予不敢不极卒宁王图事。

"已！予我小子，不敢替上帝命"，示之以必往之意也。天命高远，何自而见之，曰以卜而见之。"天休于宁王"，言往日天有休美之命，命我武王与我小邦周，由诸侯而为天子。我武王亦唯听命于龟，所以能绥定天下，而受此大命，如《泰誓》所言"朕卜"是也。况今日天有意于诛叛人，以助我民，其可不唯卜之是用哉？武王之心，与天心合，故武王用卜；成王之心，与武王合，故亦当如武王之用卜。"呜呼"，叹而言之，天有明德，福善祸淫，深可敬畏。今日之艰难祸变，发于不测，皆天意有以辅成我莫大之业也。《孟子》曰，"生于忧患，而死于安乐"。盖"安乐"者，乃天之所以纵其心，而稔其恶；"忧患"者，乃天之所以苦其心，俾之增益其所不能。"王曰，尔唯旧人"，成王恐邦君、御事不从，又指其老成历事之君子，当时曾为武王之臣，亲见武王之事者。尔大能远省，言老成之人所见之远大也。尔岂不知武王所以勤劳创业造天下者乎？知武王之勤，则知今日之事不可已也。天之意，闷闭而劳，我以成功之所，使我艰难辛苦，不敢怀安，则是将欲辟之，必固阖之；将欲张之，必固翕之。予不敢不极尽其力，以终宁王所图之事，岂可以武王勤劳所图之事，今日为奸人乘衅，而遽坏之乎？众人昧于天理，以为不可伐；圣人深知天理，则以为不可不伐也。

12. 《融堂书解》卷十一《周书·大诰》

（宋）钱时撰

已！予唯小子不敢替上帝命。天休于宁王，兴我小邦周，宁王唯卜用，克绥受兹命。今，天其相民，矧亦唯卜用。呜呼！天明畏，弼我丕丕基。

此节专言用卜，所以解上文王曷不违卜之意也。"用"与"违"，正相应。大凡变故之兴，天所以开圣人，四国骚动，其威固可畏也，殊不知上天明示此威，乃是辅弼我周家莫大之基业。天之所以相民者，正在乎是。汝等但曰，王曷不违卜？何不可也，当是时而发"丕丕基"之言，信落落于众听矣。既黜殷，而八百年之规模遂定，然后知圣人之心，即天之心，的的不诬。

13. 《尚书要义》

（宋）魏了翁撰

（归善斋按，原缺）

14. 《书集传或问》卷下《大诰》

（宋）陈大猷撰

（归善斋按，未解）

15. 《尚书详解》卷七《周书·大诰第九》

（宋）胡士行撰

已！予唯小子，不敢替（废）上帝命（东征天命也）。天休（美）于宁王，兴我小邦周（百里而有天下）。宁王唯卜用（《泰誓》"朕梦协朕"），克绥受（安）兹命。今（东征），天其相（助）民，矧（况）亦唯卜（并吉）用。

此以宁王证卜之不可违也。

16.《书纂言》卷四上《周书·大诰》

(元)吴澄撰

已！予唯小子，不敢替上帝命。天休于宁王，兴我小邦周。宁王唯卜用，克绥受兹命。今，天其相民，矧亦唯卜用。呜呼！天明畏，弼我丕丕基。

我之往征，盖不敢废上帝之命也。天降休命于宁王，由百里小邦而兴周。唯卜之吉而用以伐纣，遂能安受此天命而为王。今，天意其相助我周之人，犹宁王时也，况我亦唯卜之吉，而用以讨叛。卜吉，则天意可知矣。故叹而言曰，天之明，天之威，辅弼我大大之基业，其可不顺天命以讨彼之逆天命者乎？

17.《书集传纂疏》卷四下《朱子订定蔡氏集传·周书·大诰》

(元)陈栎撰

已！予唯小子，不敢替上帝命。天休于宁王，兴我小邦周。宁王唯卜用，克绥受兹命，今，天其相民，矧亦唯卜用。呜呼！天明畏，弼我丕丕基。

卜伐武庚而吉，是上帝命伐之也。上帝之命，其敢废乎？昔天眷武王，由百里而有天下，其唯卜用，所谓"朕梦协朕卜，袭于休祥"是也。今，天相佑斯民，避凶趋吉，况亦唯卜是用，是上而先王，下而小民，莫不用卜，而我独可废卜乎？故又叹息言，天之明命可畏如此，是盖辅成我丕丕基业，其可违也？"天明"，即上文所谓"绍天明"者。

纂疏：

吕氏曰，天之明示威畏，乃所以辅成我大业，如言天将降大任，必先苦其心志。威之，所以辅之也。"多难兴邦，殷忧启圣"，此周公自强处，即所以畏天命。

愚按，小邦不必言百里，此非文王也。"天明畏"，与皋谟同，亦与"绍天明"不类。

18.《读书丛说》卷六《大诰》

（元）许谦撰

（归善斋按，未解）

19.《书传辑录纂注》卷四《周书·大诰》

（元）董鼎撰

已！予唯小子，不敢替上帝命。天休于宁王，兴我小邦周。宁王唯卜用，克绥受兹命。今，天其相民，矧亦唯卜用。呜呼！天明畏，弼我丕丕基。

卜伐武庚而吉，是上帝命伐之也。上帝之命，其敢废乎？昔天眷武王，由百里而有天下，亦唯卜用，所谓"朕梦协朕卜，袭于休祥"是也。今，天相佑斯民，避凶趋吉，况亦唯卜是用，是上而先王，下而小民，莫不用卜，而我独可废卜乎？故又叹息言，天之明命可畏如此，是盖辅成我丕丕基业，其可违邪？"天明"，即上文所谓"绍天明"者。

纂注：

吕氏曰，天之明示威畏，非以困我，乃欲辅成我大业也。如孟子言天将降大任，必先苦其心志。畏之者。乃所以弼之也。"多难兴邦，殷忧启圣"，此周公自强处，即所以畏天命。

20.《尚书句解》卷七《周书·大诰第九》

（元）朱祖义撰

已！予唯小子（已矣乎！我小子），不敢替上帝命（不敢废上天东征之命）。

21.《尚书日记》卷十《周书·大诰》

（明）王樵撰

"予唯小子，不敢替上帝命"至"弼我丕丕基"。

以卜为卜，则占数之一术而已，殊不知卜者，所以绍天之明，则卜之所在，帝命之所在也。今也，卜伐武庚而吉，是帝既命伐之矣。其敢废乎？故即先王、小民莫不用卜，以见己不可废卜之意。"天明"，即卜也，从之则吉，逆之则凶，是可畏也。壮我讨叛之谋，坚我克敌之志，辅成我丕丕基业者，唯兹卜也，其可违哉？上释"艰大"，此释"违卜"。"天明"说见上文。

22.《日讲书经解义》卷七《周书·大诰》

（清）库勒纳等撰

已！予唯小子，不敢替上帝命。天休于宁王，兴我小邦周。宁王唯卜用，克绥受兹命。今，天其相民，矧亦唯卜用。呜呼！天明畏，弼我丕丕基。

此一节书，深言卜吉之不可违，以天命谕群臣也。替，废也。休，眷也。相，佑也。"明畏"，言天之明命可畏。丕，大也。成王曰，尔群臣劝我，曷不违卜，不知卜固不可违也。盖卜以传天命，予小子，方恭行天讨之不遑，其敢轻替而弗遵乎？昔天眷休我武王，由百里小邦周，兴起以有天下，时休祥、梦协，唯卜是用，所以能安享天命。今，天相佑斯民，趋吉避凶，矧亦唯卜是用。无举事而不卜者，夫上考于国祥，下察于人事，悉皆用卜，而我独可废之乎？因又叹息言，天命甚明，凛然可畏。天之意，无非欲使我肃将天威，戡定祸乱，而辅成我丕基于不坠。今若违卜，是违天也，可乎哉？成王反复以天、人之理，晓譬其下。盖至是情愈迫，而望愈切矣。

《尚书疑义》卷五《大诰》

（明）马明衡撰

"予唯小子"至"丕丕基"，言天意见于卜决，当从卜以东征也。

天休于宁王，兴我小邦周，宁王唯卜用，克绥受兹命

1.《尚书注疏》卷十二《周书》

（汉）孔氏传，（唐）陆德明音义，（唐）孔颖达疏

天休于宁王，兴我小邦周，宁王唯卜用，克绥受兹命。

传,言天美文王,兴周者,以文王唯卜之用,故能安受此天命,明卜宜用。

疏,正义曰,天休美于安天下之文王。兴我小国周者,以安民之王,唯卜是用,以此之故,安受此上天之命。明卜宜用之。

2.《书传》卷十一《周书》

(宋) 苏轼撰

(归善斋按,见"予唯小子,不敢替上帝命")

3.《尚书全解》卷二十七《周书》

(宋) 林之奇撰

(归善斋按,见"予不敢闭于天降威用")

4.《尚书讲义》卷十三

(宋) 史浩撰

(归善斋按,见"王若曰,猷!大诰尔多邦")

5.《尚书详解》卷十八《周书·大诰》

(宋) 夏僎撰

(归善斋按,见"予唯小子,不敢替上帝命")

6.《增修东莱书说》卷十九《周书·大诰第九》

(宋) 吕祖谦撰,(宋) 石澜增修

天休于宁王,兴我小邦周。宁王唯卜用,克绥受兹命。

谓向者,天以休命于武王,兴我小邦周。是时武王亦唯卜用,故能安受此天命。

7.《尚书说》卷五《周书·大诰》

(宋) 黄度撰

(归善斋按,见"予唯小子,不敢替上帝命")

8. 《絜斋家塾书钞》卷十《周书·大诰》

(宋）袁燮撰
(归善斋按，见"予唯小子，不敢替上帝命"）

9. 《书经集传》卷四《周书·大诰》

(宋）蔡沈撰
(归善斋按，见"予唯小子，不敢替上帝命"）

10. 《尚书精义》卷三十二《周书·大诰》

(宋）黄伦撰

天休于宁王，兴我小邦周。宁王唯卜用，克绥受兹命。今，天其相民，矧亦唯卜用。呜呼！天明畏，弼我丕丕基。

无垢曰，武王所为，上当天意，故天美之。何以见美之之实哉？自小邦诸侯，一旦振起之，使有天下是也。武王何以当天意耶？曰，唯卜是从耳。以其取天意于卜，今我安敢以邦君之言，遽疑卜筮，以拂上帝而悖先王乎？此所以不可不征也。天示吉卜，令诛四国，又遣十夫，令诛四国。谁谓天窈冥难测哉？其威命明明如此，可不敬乎？夫商道不衰，何以见高宗；四夷不叛，何以见宣王。汉无昌邑之变，则无以启宣帝；唐无宫闱之变，则无以启明皇。由此观之，则四国之乱，乃天所以弼我周家积累之业也。

张氏曰，《易》曰"探赜索隐，钩深致远，以定天下之吉凶，成天下之亹亹，莫大乎蓍龟"。古之圣人，建大功，成大事，未尝不用卜也。夫宁王之所有天下，莫如天命，以其唯卜是用；今我之征伐，亦唯用卜，则我之所为，有以合于宁王。若然，则三监、淮夷之征，其可已乎？天道无私，其彰有德甚明，其讨有罪可畏。三监及淮夷之有罪，在所宜诛，则我周家世世修德，为天所弼可知矣。积而大，谓之"丕"。"丕"者，言其积之大也。周之基业，肇于太王，而成于文王，此所以谓之"丕丕基"。

陈氏曰，在昔上天休我文王，自小邦而有天下，未尝敢违卜，以至于安受天命。今，天助我民，况我敢不用卜哉？天之命，昭然可畏，我既不敢违卜，汝亦宜顺天，而辅我大此大基也。

吕氏曰，天显道可畏，所以艰难祸变，乃是天栽培弼助我丕丕无穷之基业。正如《孟子》所谓故天将降大任于是人也，必先苦其心志，所以动心忍性，增益其所不能。畏之者，乃所以弼之也。大抵为国者，多成于忧患，亡于治安。人君须知此，乃是大欲辅成君德，不可自沮。

11.《尚书详解》卷二十七《周书·大诰》

（宋）陈经撰

（归善斋按，见"予唯小子，不敢替上帝命"）

12.《融堂书解》卷十一《周书·大诰》

（宋）钱时撰

（归善斋按，见"予唯小子，不敢替上帝命"）

13.《尚书要义》

（宋）魏了翁撰

（归善斋按，原缺）

14.《书集传或问》卷下《大诰》

（宋）陈大猷撰

（归善斋按，未解）

15.《尚书详解》卷七《周书·大诰第九》

（宋）胡士行撰

（归善斋按，见"予唯小子，不敢替上帝命"）

16.《书纂言》卷四上《周书·大诰》

（元）吴澄撰

（归善斋按，见"予唯小子，不敢替上帝命"）

17. 《书集传纂疏》卷四下《朱子订定蔡氏集传·周书·大诰》

（元）陈栎撰

（归善斋按，见"予唯小子，不敢替上帝命"）

18. 《读书丛说》卷六《大诰》

（元）许谦撰

（归善斋按，未解）

19. 《书传辑录纂注》卷四《周书·大诰》

（元）董鼎撰

（归善斋按，见"予唯小子，不敢替上帝命"）

20. 《尚书句解》卷七《周书·大诰第九》

（元）朱祖义撰

天休于宁王（况天往日有休美之命，命我安天下之王武王），兴我小邦周（兴起自我小邦周之诸侯而为天子）。宁王唯卜用（武王尚且唯卜是用，凡事不敢妄举），克绥受兹命（故能安定天下受此大命）。

21. 《尚书日记》卷十《周书·大诰》

（明）王樵撰

（归善斋按，见"予唯小子，不敢替上帝命"）

22. 《日讲书经解义》卷七《周书·大诰》

（清）库勒纳等撰

（归善斋按，见"予唯小子，不敢替上帝命"）

《书义断法》卷四《周书·大诰》

（元）陈悦道撰

宁王唯卜用，克绥受兹命。今，天其相民，矧亦唯卜用。呜呼！天明畏，弼我丕丕基。

宁王，武王也。卜，天意之所寓也。宁王遗宝龟，而绍天明。天之明畏，已弼我丕丕基矣。今日之"有大事，休，朕卜并吉"，岂非天之"明畏"而"弼我丕丕基"者哉？天将定天下之大业，故上可以决天下之大疑，天之所"命"、所"相"、所"弼"，皆于卜而占之。岂以昔之"唯卜用"，可以验天意；而今之唯卜用，不足以"绍天明"哉？此东征之师，所以质诸鬼神而无疑，考之宁王而益信也。"呜呼"一言，成王之所感深矣。

《尚书疑义》卷五《大诰》

（明）马明衡撰

（归善斋按，见"予唯小子，不敢替上帝命"）

今，天其相民，矧亦唯卜用

1.《尚书注疏》卷十二《周书》

（汉）孔氏传，（唐）陆德明音义，（唐）孔颖达疏

今，天其相民，矧亦唯卜用。

传，人献十夫，是天助民，况亦用卜乎，吉可知矣。亦，亦文王。

音义，相，息浪反。

疏，正义曰，今，天助民矣。十夫佐周，是天助也。人事既验，况亦如文王唯卜之用，吉可知矣。

传，正义曰，天之助民，乃是常道，而云民献十夫，是天助民者，下云亦唯十人，迪知上帝命，故以民献十夫，为天助民也。

2.《书传》卷十一《周书》

（宋）苏轼撰
（归善斋按，见"予唯小子，不敢替上帝命"）

3.《尚书全解》卷二十七《周书》

（宋）林之奇撰
（归善斋按，见"予不敢闭于天降威用"）

4.《尚书讲义》卷十三

（宋）史浩撰
（归善斋按，见"王若曰，猷！大诰尔多邦"）

5.《尚书详解》卷十八《周书·大诰》

（宋）夏僎撰
（归善斋按，见"予唯小子，不敢替上帝命"）

6.《增修东莱书说》卷十九《周书·大诰第九》

（宋）吕祖谦撰，（宋）石澜增修
今，天其相民，矧亦唯卜用。
今，天其相我民，况亦唯卜用，安得不往。

7.《尚书说》卷五《周书·大诰》

（宋）黄度撰
（归善斋按，见"予唯小子，不敢替上帝命"）

8.《絜斋家塾书钞》卷十《周书·大诰》

（宋）袁燮撰
（归善斋按，见"予唯小子，不敢替上帝命"）

9. 《书经集传》卷四《周书·大诰》

（宋）蔡沈撰

（归善斋按，见"予唯小子，不敢替上帝命"）

10. 《尚书精义》卷三十二《周书·大诰》

（宋）黄伦撰

（归善斋按，见"天休于宁王，兴我小邦周"）

11. 《尚书详解》卷二十七《周书·大诰》

（宋）陈经撰

（归善斋按，见"予唯小子，不敢替上帝命"）

12. 《融堂书解》卷十一《周书·大诰》

（宋）钱时撰

（归善斋按，见"予唯小子，不敢替上帝命"）

13. 《尚书要义》

（宋）魏了翁撰

（归善斋按，原缺）

14. 《书集传或问》卷下《大诰》

（宋）陈大猷撰

（归善斋按，未解）

15. 《尚书详解》卷七《周书·大诰第九》

（宋）胡士行撰

（归善斋按，见"予唯小子，不敢替上帝命"）

16. 《书纂言》卷四上《周书·大诰》

（元）吴澄撰

（归善斋按，见"予唯小子，不敢替上帝命"）

17. 《书集传纂疏》卷四下《朱子订定蔡氏集传·周书·大诰》

（元）陈栎撰

（归善斋按，见"予唯小子，不敢替上帝命"）

18. 《读书丛说》卷六《大诰》

（元）许谦撰

（归善斋按，未解）

19. 《书传辑录纂注》卷四《周书·大诰》

（元）董鼎撰

（归善斋按，见"予唯小子，不敢替上帝命"）

20. 《尚书句解》卷七《周书·大诰第九》

（元）朱祖义撰

今，天其相民（今日天有意于诛叛人，以助我民），矧亦唯卜用（况我亦唯卜是用，得吉兆，故往伐之，何可听尔违卜之言，而自沮邪）。

21. 《尚书日记》卷十《周书·大诰》

（明）王樵撰

（归善斋按，见"予唯小子，不敢替上帝命"）

22. 《日讲书经解义》卷七《周书·大诰》

（清）库勒纳等撰

（归善斋按，见"予唯小子，不敢替上帝命"）

《尚书疑义》卷五《大诰》

(明) 马明衡撰

(归善斋按,见"予唯小子,不敢替上帝命")

《书义断法》卷四《周书·大诰》

(元) 陈悦道撰

(归善斋按,见"天休于宁王,兴我小邦周")

呜呼！天明畏，弼我丕丕基

1.《尚书注疏》卷十二《周书》

(汉) 孔氏传, (唐) 陆德明音义, (唐) 孔颖达疏

呜呼！天明畏，弼我丕丕基。

传，叹天之明德可畏，辅成我大大之基业，言卜不可违也。

音义，畏如字，徐音威。

疏，正义曰，呜呼，而叹天之明德可畏也。辅成我周家大大之基业。卜既得吉，不可违也。

2.《书传》卷十一《周书》

(宋) 苏轼撰

(归善斋按,见"予唯小子,不敢替上帝命")

3.《尚书全解》卷二十七《周书》

(宋) 林之奇撰

(归善斋按,见"予不敢闭于天降威用")

4.《尚书讲义》卷十三

（宋）史浩撰

（归善斋按，见"王若曰，猷！大诰尔多邦"）

5.《尚书详解》卷十八《周书·大诰》

（宋）夏僎撰

（归善斋按，见"予唯小子，不敢替上帝命"）

6.《增修东莱书说》卷十九《周书·大诰第九》

（宋）吕祖谦撰，（宋）时澜增修

呜呼！天明畏，弼我丕丕基。

谓天之明示其威畏者，乃欲辅弼我丕丕之基业，如《孟子》谓天将降大任于是人，必先苦其心志。所以动心忍性，增益其所不能。"畏"之者，乃"弼"之也。大抵国家多成于忧患，亡于治安。天虽降威，不可自沮。此周公之自强，亦所以畏天命也。

7.《尚书说》卷五《周书·大诰》

（宋）黄度撰

（归善斋按，见"予唯小子，不敢替上帝命"）

8.《絜斋家塾书钞》卷十《周书·大诰》

（宋）袁燮撰

呜呼！天明畏，弼我丕丕基。王曰，尔唯旧人，尔丕克远省。尔知宁王若勤哉。天閟毖我成功所，予不敢不极卒宁王图事。

上文既曰"今，天其相民"，此又曰"弼我丕丕基"。夫自常情视之，武王不幸而有疾，周公有代死之言，而疾瘳未几，武王又崩，三监、武庚、淮夷，相挟以叛。骨肉兄弟之间，自为反逆。天意于周家，似不相向，而成王、周公乃以为此天所以相我也，此天所以"弼我丕丕基"也，这非是圣人，如何见得。汉人有言，祸乱之作，天所以开圣人也。大抵国家无事，中外乂安，未必非天所以稔其毒；敌国外患侵陵扰攘，未必非天所以开其治。考之古今之变，如是者多矣。虢公骤胜，而晋人以为是天夺其鉴，而益其疾。晋师胜楚，而范文子以为忧。盖国家盛强，往往未必是福，若有患难，有祸乱，则志气益强，政治自修，乃天所以辅之也。故曰"入则无法家拂士，出则无敌国外患者，国恒亡。然后知生于忧患，而死于安乐也"。由此观之，则人主处天下治安之时，不可以自恃；当祸乱正作之时，亦不可以自沮。尔邦君、御事，皆尝服事武王，皆国家之旧人，亦能远省，亦知宁王所以勤劳于天下者乎？以宁王之勤如此，天命岂止于此而遂绝，则知周之王业，必未便替。我所以见得三监之叛，乃天所以弼我也。"勤"之一字，是武王所以造周家基业之根本。古人只是一个"勤"。"予小子夙夜祗惧"；召公《旅獒》之作，亦告之以"夙夜罔或不勤"。《诗》称"文王既勤"。止古人之"勤"，非后世之所谓"勤"也。后世所谓"勤"，不过了得些事；古人直是无一念间断，所以德为圣人，亦只是一个"勤"字。"天閟毖我成功所"，谓"閟毖"，大略是戒惧之意，言今日祸乱之作，天所以与我成功之处也。

9.《书经集传》卷四《周书·大诰》

（宋）蔡沈撰

（归善斋按，见"予唯小子，不敢替上帝命"）

10.《尚书精义》卷三十二《周书·大诰》

（宋）黄伦撰

（归善斋按，见"天休于宁王，兴我小邦周"）

11.《尚书详解》卷二十七《周书·大诰》

（宋）陈经撰

（归善斋按，见"予唯小子，不敢替上帝命"）

12. 《融堂书解》卷十一《周书·大诰》

（宋）钱时撰

（归善斋按，见"予唯小子，不敢替上帝命"）

13. 《尚书要义》

（宋）魏了翁撰

（归善斋按，原缺）

14. 《书集传或问》卷下《大诰》

（宋）陈大猷撰

（归善斋按，未解）

15. 《尚书详解》卷七《周书·大诰第九》

（宋）胡士行撰

呜呼！天明（显然）畏（可畏），弼（助）我丕丕基。

忧勤启圣，多难兴邦。其降威之可畏，乃所以弼其丕基，而使之"丕丕"也，而何"艰大"之疑乎？

16. 《书纂言》卷四上《周书·大诰》

（元）吴澂撰

（归善斋按，见"予唯小子，不敢替上帝命"）

17. 《书集传纂疏》卷四下《朱子订定蔡氏集传·周书·大诰》

（元）陈栎撰

（归善斋按，见"予唯小子，不敢替上帝命"）

18. 《读书丛说》卷六《大诰》

（元）许谦撰

（归善斋按，未解）

19. 《书传辑录纂注》卷四《周书·大诰》

（元）董鼎撰

（归善斋按，见"予唯小子，不敢替上帝命"）

20. 《尚书句解》卷七《周书·大诰第九》

（元）朱祖义撰

呜呼（嗟叹）！天明畏（天道甚明，明而可畏），弼我丕丕基（今卜并吉，是辅成我大大之基业）。

21. 《尚书日记》卷十《周书·大诰》

（明）王樵撰

（归善斋按，见"予唯小子，不敢替上帝命"）

22. 《日讲书经解义》卷七《周书·大诰》

（清）库勒纳等撰

（归善斋按，见"予唯小子，不敢替上帝命"）

《书义断法》卷四《周书·大诰》

（元）陈悦道撰

（归善斋按，见"天休于宁王，兴我小邦周"）

《尚书疑义》卷五《大诰》

（明）马明衡撰

（归善斋按，见"予唯小子，不敢替上帝命"）

王曰，尔唯旧人，尔丕克远省，尔知宁王若勤哉

1.《尚书注疏》卷十二《周书》

（汉）孔氏传，（唐）陆德明音义，（唐）孔颖达疏

王曰，尔唯旧人，尔丕克远省，尔知宁王若勤哉。

传，特命久老之人，知文王故事者，大能远省识古事，汝知文王，若彼之勤劳哉，目所亲见，法之又明。

音义，省，悉井反。

疏，正义曰，既述文王之事，王又命于众曰：汝唯久老之人，汝大能远省识古事，汝知宁王若此之勤劳哉，以老人目所亲见，必知之也。

2.《书传》卷一一《周书》

（宋）苏轼撰

王曰，尔唯旧人。尔丕克远省，尔知宁王若勤哉。

王又特命久老之人，逮事武王者曰，尔当大省久远。尔知武王之勤劳若此也哉。

3.《尚书全解》卷二七《周书》

（宋）林之奇撰

王曰，尔唯旧人，尔丕克远省。尔知宁王若勤哉。天闷毖我成功所，予不敢不极卒宁王图事。肆予大化诱我友邦，君天棐忱辞，其考我民。予曷其不于前宁人图功攸终。天亦唯用勤毖我民，若有疾，予曷敢不于前宁人攸受休毕。王曰，若昔朕其逝，朕言艰日思。若考作室，既底法，厥子乃弗肯堂，矧肯构。厥父菑，厥子乃弗肯播，矧肯获。厥考翼，其肯曰予有后弗弃基。肆予曷敢不越卬敉宁王大命。若兄考，乃有友伐厥子，民养其劝，弗救。王曰，呜呼！肆哉，尔庶邦君，越尔御事。爽邦由哲，亦唯十人，迪知上帝命。

774

当周之初基，其所以固结民心而维持社稷者，未久也。武王遽弃群臣，而传于童孺之成王焉。大位，奸之窥也；幼主，邪之伺也。则当时，已有岌岌之势矣。而况管、蔡以兄弟之亲，而肆其无根之言；武庚以殷商之孽，而怀其克复之志；淮夷以介鳞之种，而逞其吞噬之心。三恶相济，兴兵而西，民心一摇，则周之社稷其存亡，盖未可知也。如是，则岂武王之所望于后人，以建立纲纪，而巩固基业之本志哉。龟繇之辞，谓西土之大，而亦将不静，其言非不验也。而邦君、御事乃怀其臆见，谓西土之所以不静者，唯在夫王宫、邦君室有以致之耳，苟自反而考翼，则所谓大艰者不足虑也。何事兴干戈，然后能胜之哉？殊不知武庚挟管、蔡、淮夷以叛，其志不细也。如纵之而不诛，则犹养疽囊焉，不知将溃而发也。御事、邦君既不肯从周公以征，而徇其私见，以苟一时之安，使周公驱之以势，胁之以威，夫谁敢有异议哉。然而周公之心，则不忍劫其不服之心而强使之事，其所以告喻之者反复宛转，欲以晓其未悟之情，使其释然而醒，然后与之东讨不义。故自"弼我丕丕基"以上，所以陈述其东征之事，盖将从吉卜以服上天之命，而继武王之成绩，非我之好大喜功而为是举也。其言详而明，严而尽，固无余蕴矣。然周公之心，犹以为未也。又从而告喻之。

凡言"王曰"者，皆语之更端也。盖所以晓譬未悟者，不得不然。此古人忠厚之心也。"尔唯旧人"者，言尔邦君、御事皆旧有位之人，事武王者也。周家之业，自后稷公刘以来，至于太王、王季、文王积德累功，以肇造区夏。武王继之，又能兢兢业业，夙夜匪懈，以致其勤，然后克商，而有天下。尔既先世之旧人，当大能远省前事，岂不知宁王若是之勤哉？而今也，有武庚之变，苟舍而不治，则宁王之勤劳以遗后人者，将无所继。而卜世三十，卜年八百之历于我而殄绝矣。盖武庚之叛，是天之闭塞，以使我毖慎，盖欲其操心危，而虑患深，养其德慧术智于疢疾之中，此正我戡定祸乱以成功之所也。我其敢不极尽而使无遗力，以终宁王所图之事乎？尽力以终其所图之事，则宁王之勤劳以遗我后人者，乃为有所待也。尔既知天，胡不为我，而扇为此异论哉？故我今谆谆然反复论难，使汝之心，信然以为如此。故曰"肆予大化诱我友邦君"也。《孟子》曰"有如时雨化之者"；颜子曰"夫子循循然善诱人"。"化诱"者，有优游不迫之意。《盘庚》曰"盘庚敩于民"；此篇云"肆予大化诱我友邦君"。曰"敩"，曰"化诱"，皆先王忠厚之道也。

"天棐忱辞"，言空言无实者，不足以感天之所以辅我，唯以我有至诚之辞，非矫伪饰以诬天也。然天不言，胡为而知天之辅我哉？唯考之于民而已。十夫以民献而来助，于是则民助之矣。民助之，则天助之也，盖可见矣。天既辅我，予何敢不讨平僭叛，以安周室，使前宁人所图之功，于是而有所终乎？武庚之乱，非天弃周而复商也，盖以此而勤劳，愍慎我民，使其忧畏之心，未尝暂替。若人有疾，则其谨起居，节饮食，尝药石，以去斯疾者，其心当如何也，则我何敢不奉顺天意，以从吉卜，使于前宁人所受之美命，于此而有终乎卒宁王图事？"于前宁人图功攸终"者，盖欲绍隆基业，以继前人之成绩也。"于前宁人攸受休毕"者，盖欲永膺历数，以继武王之美命也。唐孔氏曰，三者文辞略同，义不甚异。大意推言，当终文王之业，须征逆乱之贼，丁宁以劝民耳。此说是也。但不当以宁王为文王耳。或者于此之类，皆必从而为之说。锱铢而较之，皆凿说也。"王曰，若昔朕其逝"，孔氏曰，顺古道，我其往东征矣。王氏亦曰，顺古之道，以朕其往而征之也，然上文但言前人之烈，待我而后成，不可不顺天命以征之。初无有顺古道之事，则与上文不接。苏氏曰，如我本意，则昔者已往矣，所以至今者以言艰而日思也，此说是也。盖当武庚之乱，周公遂欲举天下之兵以征之，其所以迟迟而未行，则以邦君、御事之言，谓其"艰大"而不可轻动。我以此言隐之于心，而日日在念也。虽以"艰大"之言而日思之，然上考天心，下稽人事，则其势盖所必征，不可以其"艰大"而不以身当其责也。故以作室耕事而喻焉。人之作室，其父已审其向背，定其高下，而致法矣，其子乃不肯为之堂基，况肯缔构一屋乎？人之耕田，其父既已反土而菑，其子乃不肯为之播种，况肯俟成熟而获之乎？夫作室耕田，非是父既底法，而其堂架必委之于子；父既菑田，而其播种必委之于子，盖设为此论故也。武王初基，而遽即世，犹父之底法，菑而未能成效也。今武庚之乱，我尚不能讨而灭之，以安社稷于几危，其敢望周家之世世享祚而不绝乎？"厥考翼，其肯曰，予有后弗弃基"，盖父之底法、菑田，是钦其事也。父钦其事，而子无以继之，则其父岂肯曰我之有后，弗弃基业乎？必自以为不幸而无后也。武王克商，而成王不能殄灭商之遗孽，则武王在天之灵，当以为如何哉？故我今不敢不于我之身，持循宁王之大命，而平定凶逆，以定国家之基业也。王氏曰，于我者不敢以诿后人也。武庚之叛，在成王即位之初，周公摄政之日，则夫平定凶逆，以奠国家之基业者，正成王、周公之责也。使其不以此自任，则岂足以为武王之子乎？尔邦君、御事之不肯从我以征，无乃为不足以堪前人所付托之重乎？故成王以此而自勉也。

"若兄考，乃有友伐厥子，民养其劝，弗救"，汉孔氏曰，若兄弟父子之家，乃有朋友来伐其子，"民养其劝，弗救"者，以子恶，故以此四国将诛而无救者，罪大故也。苏氏之说与此亦不甚相远。夫古人之取譬，虽假设言，亦必近于人情。父之底法，而子不肯堂；父之菑田，而子弗肯播，盖子之弗祗厥父事，而弗负荷，则其至于此者，盖有之矣。未有父子兄弟之家，至于朋友伐其子，而不之救者。夫兄弟阋于墙，外御其侮，同室之人斗，被发缨冠而往救可也。盖其情之所在，有不期然而然者，岂以不救为是乎？孔氏之说为不近人情矣。而诸家之说，大抵迂曲，唯王氏缺之为得。于是又嗟叹而言曰，肆哉。汉孔氏以叹今伐四国必克之，故以告诸侯，及臣下治事者。孔氏之意，以"肆"训"今故为此言尔雅曰肆今也，则肆之训，今固有此理，然经但言肆传，遂以为今可也，又以为今"，伐四国必克之，岂"肆"之一字，而道理如此，其多其说蔓衍不足取也。王氏以"肆"为涉危难而无所惎；苏氏以"肆"为"过"，亦皆迂曲，不如颜师古之说。王莽之作《大诰》亦曰"呜呼！肆哉"，而师古曰，肆，劝也，劝令陈力。盖当武庚之叛，邦君、御事与国同其休戚者，固宜投袂而起，赴功趋事，以致其协赞之力。今既有异议，而不肯从我以征，则其心必迁延龃龉，而不陈力矣。故嗟叹而欲其陈力，以戡难也。

其所以告谕邦君御事之众，而劝之陈力者，则以"爽邦由哲"故也。"爽"与"用爽厥师"同。盖当夫朝廷有大议论，国有大利害，彼以为是，此以为非；彼以为否，此以为可，互相矛盾，纷纭交错而不决焉，非有大过人之智，足以决断定大计，则安能使邦之爽明而无疑谋哉？此"爽邦"所以由哲人也。武庚之乱，神、人之所共怒。周公相成王，固有必征之意，而邦君、御事乃以为不可，周公、成王亦以此之故，为之迟回而不决。既此十人惠然而来，而皆以为可征，则我得其左右之助，而国论自此定矣。则夫十人者，盖哲人也。十人之所以为哲人者，以其能迪知上帝之命故也。故天之眷顾于我周家，其情盖未艾也。既使之克商而有天下矣，虽然遗孽乘间而起，而天之心未庸释也。彼天之于人君，其去就从违之间，不容毫厘之差，顺之则吉，逆之则凶。吉凶相承，殆反复手耳，自非"迪知天命"者，不能奉而顺之也。天之于周，既示吉卜矣而邦君御事乃怀其臆见循其私欲以为不可征欲王违卜而不用是不能知上帝之命也，唯此十人知天命之固如此，遂奋不顾身以来助其谋，则成王之心，自此判矣，安得而不爽哉？既"爽邦由哲"，则尔邦君、御事不可以不陈力也。

4.《尚书讲义》卷十三

（宋）史浩撰

（归善斋按，见"王若曰，猷！大诰尔多邦"）

5.《尚书详解》卷十八《周书·大诰》

（宋）夏僎撰

王曰，尔唯旧人。尔丕克远省。尔知宁王若勤哉。天闷毖我成功所，予不敢不极卒宁王图事。肆予大化诱我友邦君。天棐忱辞，其考我民。予曷其不于前宁人图功攸终。天亦唯用勤毖我民，若有疾，予曷敢不于前宁人攸受休毕。

此言"王曰"，又是一节告戒之辞，非与上文相连为一时之言。盖周公当时此言，非如今日制诰，作一篇文于殿庭间，历历告之，乃如今人，以是语相告，说一节了，又说一节，故凡一篇之中有"王曰"皆又是一节之言，非相属，如今人之为文也。周公上一节乃深言卜之不可违，此一节乃力言东征，将以成武王之功，终武王之业耳。林少颖谓管、蔡挟武庚、淮夷以叛，其志不细也。纵而不诛，则犹养疽焉，不知其将溃而发也。御事、邦君不肯从周公以征，而苟一时之安，使周公驱之以势，胁之以威夫，谁敢有异议，然周公则不忍劫其不服之心，而强使之从事，其所以告谕者反复宛转，欲晓其不服之情，使之释然以醒，然后与之东讨，故自"弼我丕丕基"以上，其陈述东征之不可已，卜之不可违，命之不可替，与武王之功不可以不成者。其言详而明，严而尽，而周公之心犹以为未也，又复更端其语，以告谕之者，盖晓譬未谕不得不然。乃古人忠厚之至也。其言然哉。周公之意盖谓，尔庶君及尔御事，皆旧有位之人，亲见我武王勤劳定天下，故言尔为旧有位之人，大能远远思省，知我武王当时建立若之何其勤哉。今日武庚之乱，乃天之閟毖我成功之所也。上"閟"训"闭"，有秘密之义；下"毖"训"慎"，盖武庚之乱，天将使成王削平，虽曰僭叛，实成王成功之所也。此成功之所，天实密有以毖慎之，犹言阴相也。天既密有以慎我成功之所，而非轻易，我"不敢不极卒宁王图事"。极，尽也。卒，终也。谓尽终武王所谋之事，谓武庚之叛，是武王谋事犹有未终者，今日决意往征，是尽终其事也。唯成王之意在于尽终武王所谋之事，故邦君、御事不肯从命，成王所以大化诱之，使必从。化，如《孟子》所谓"有如时雨化之者"之"化"同；诱，如《论语》所谓"循循然善诱人"之"诱"同，皆渐以教饬之，非迫之使从也。

"天棐忱辞，其考我民。予曷其不于前宁人图功攸终"者，此成王又言，天之辅我至诚之人，其□□之中，已有一定之辞。今考我民，如十夫之"予翼"，则天之辞可见矣。天之所以辅我至诚者如此，我何敢不于前宁人而图其功之所终乎？所谓图功之所终者，亦谓诛武庚，则前人之功可以保其善终也。"天亦唯用勤毖我民，若有疾，予曷其不于前宁人攸受休毕"者，此成王又谓，今日武庚之乱，乃天用此勤劳，毖慎我民，使之因此可畏之事，而复知所以忧惧，如有疾之人，因有疾之故，而节饮食，慎起居，不敢自恣。天意既如此，我何敢不于宁人所受之休美，而毕之乎？所谓"毕"者，亦图终之意也。成王之言，凡三节，一节谓天密有毖慎，故我不敢不尽终前人之事；一节谓天之辅我至诚，不徒辅之，且有可见之辞，考民言可见，故我不敢不图前人功之所终；一节谓天不特辅我，而勤劳毖慎我民，故我不得不毕前人所受之休美辞。虽三节，其意实不大相远，但周公叮咛之意，有加无已，故详复如此。唐孔氏谓三者文辞略同，义不甚异，大意唯当终前人之业，须征逆乱之贼，叮咛以劝民耳。此说是也。

此一段先儒释之皆相类，唯"天棐忱辞，其考我民"，说者不同。孔氏连上"大化诱我友邦君"，谓此忱辞即"化诱"之辞，言我化诱之辞，皆诚实之辞。天实辅之，所以成我民。审如此说，则天之相成王东征，乃在邦君不从命，成王既"化诱"之后，前此天未尝辅也。其说有害经意，故不敢从。一说又谓，我有诚辞，天实辅之。天之辅人，当自乎心，不在区区言语之末，故此说亦无意义，不如天之辅至诚已有辞矣，其说颇安。虽天不能"谆谆然命之"，然《诗》言"帝谓文王"，盖谓若有言然此；成王所以继以"其考我民"者，盖谓天之辅至诚之人，若有辞于冥□之中，考之民之向背，可知其言矣。

6.《增修东莱书说》卷十九《周书·大诰第九》

（宋）吕祖谦撰，（宋）时澜增修

王曰，尔唯旧人。尔丕克远省。尔知宁王若勤哉。

周公于邦君、御事之中，提出旧人而告之，谓在位之旧人，逮事武王者，尔大能远察尔当时在朝，亦知武王之勤劳矣，岂可今日怠惰，使武王之业废坏不振乎？

7.《尚书说》卷五《周书·大诰》

（宋）黄度撰

王曰，尔唯旧人，尔丕克远省，尔知宁王若勤哉。天閟毖我成功所，予不敢不极卒宁王图事。

天意、人心本不相远耳。唯旧人尔大能远省前事，尔知宁王之勤何如哉。閟、毖，皆慎也。閟，有护惜之意。极终、卒，竟。天犹閟毖我周成功所在，而我岂敢不终竟武王所图事哉？武庚能率由典常，则无他事矣，而方反侧如此，其事诚未竟也。

8.《絜斋家塾书钞》卷十《周书·大诰》

（宋）袁燮撰

（归善斋按，见"天明畏，弼我丕丕基"）

9.《书经集传》卷四《周书·大诰》

（宋）蔡沈撰

王曰，尔唯旧人，尔丕克远省，尔知宁王若勤哉。天閟毖我成功所，予不敢不极卒宁王图事。肆予大化诱我友邦君。天棐忱辞，其考我民。予曷其不于前宁人图功攸终。天亦唯用勤毖我民，若有疾，予曷敢不于前宁人攸受休毕。

闷，音秘。当时邦君御、事有武王之旧臣者，亦惮征役。上文"考翼，不可征"是也。故周公专呼旧臣而告之曰，尔唯武王之旧人，尔大能远省前日之事，尔岂不知武王若此之勤劳哉。闷者，否，闭而不通；毖者，艰难而不易。言天之所以否闭艰难，国家多难者，乃我成功之所在，我不敢不极卒武王所图之事也。化者，化其固滞；诱者，诱其顺从。棐，辅也。宁人，武王之大臣。当时谓武王为"宁王"，因谓武王之大臣为"宁人"也。民献十夫以为可伐，是天辅以诚信之辞，考之民而可见矣，我曷其不于前宁人而图功所终乎？"勤毖我民若有疾"者，四国勤毖我民，如人有疾，必速攻治之。我曷其不于前宁人所受休美，而毕之乎？按此三节，谓不可不卒终毕宁王、宁人事功休美之意，言宁人，则旧人之不欲征者，亦可愧矣。

10.《尚书精义》卷三十三《周书·大诰》

（宋）黄伦撰

王曰，尔唯旧人，尔丕克远省，尔知宁王若勤哉。

无垢曰，周公意言，武王勤劳辛苦得天下，为子孙万世之基，以绥养天下万世之民，今不可故违吉卜，安坐求敬，忍视王室之危亡，而不恤矣。如此训谕，则见周公义理深长，而邦君、御事之计，似为迂阔矣。

11.《尚书详解》卷二十七《周书·大诰》

（宋）陈经撰

（归善斋按，见"予唯小子，不敢替上帝命"）

12.《融堂书解》卷十一《周书·大诰》

（宋）钱时撰

王曰，尔唯旧人，尔丕克远省，尔知宁王若勤哉。天闷毖我成功所，予不敢不极卒宁王图事。肆予大化诱我友邦君。天棐忱辞，其考我民。予曷其不于前宁人图功攸终。天亦唯用勤毖我民，若有疾，予曷敢不于前宁人攸受休毕。

上文语毕，而又再诰，故再著"王曰"以别之。然此节大旨，却亦专是发明上文"不可不成乃宁王图功"之意耳。如曰"予不敢不极卒宁王图事"，如曰"予曷其不于前宁人图功攸终"，如曰"予曷敢不于前宁人攸受休毕"，曰终，曰极卒，皆究竟前事之辞也。"哉"者，疑辞，有责问之意。毖，谨也。化诱者，训化开导，而使之听从也。首言旧人知武王之勤，提醒众听下文，却以究竟武王之事诰之，言今日天之所以闭塞畏谨乎我者，正是我成功之所，忱辞实语也。谓我"化诱"之辞，的的诚实，故天辅之。天之辅之，于何而见，其考之于民乎，则可见矣。民之辅，即天之辅也。以此观之，是东征之役，民情往往皆以为然。故《大诰》一书，专诰邦君等众，而无一语及民。"民献十夫予翼"，即"棐忱"之实证也。且四国之变，天意亦唯用此勤劳谨饬我民，如人有疾然。传曰，疾犹生我勤毖之者，乃生全之道也。我又何敢安视其疾，不于武王所受天之休，而使之究竟乎。

13.《尚书要义》

（宋）魏了翁撰

（归善斋按，原缺）

14.《书集传或问》卷下《大诰》

（宋）陈大猷撰

（归善斋按，未解）

15.《尚书详解》卷七《周书·大诰第九》

（宋）胡士行撰

王曰，尔唯旧人（于邦君、御事中提出旧人，逮事文武者），尔丕（大）克远省（察），尔知宁王若（如此）勤（创业之艰）哉。天闳（塞）毖（劳）我成功所（之所），予不敢不极卒（终）宁王图事。

宁王之兴也，亦劳矣，则今之闳塞劳毖，乃我成功之所也，敢以"艰大"自沮，而弃宁王之勤乎？

16.《书纂言》卷四上《周书·大诰》

（元）吴澄撰

王曰，尔唯旧人，尔丕克远省，尔知宁王若勤哉。天闷毖我成功所，予不敢不极卒宁王图事。肆予大化诱我友邦君。天棐忱辞，其考我民。予曷其不于前宁人图功攸终。天亦唯用勤毖我民，若有疾，予曷敢不于前宁人攸受休毕。

尔西土邦君、御事，皆旧事武王之人，尔大能远省前事，岂不知武王定天下若是之勤劳哉。闷者，隐匿不显之意。天实隐匿勤慎，与我以成完前人图功之所，我不敢不极尽以卒其所图之事也。化，谓化其固滞；诱，谓诱之顺从。天非诚有言辞以命我，但考我之民。民贤来助，即天意也。予曷其不于前人所图之功，而思所以终之乎？天亦唯用勤谨佑我周之人，若有疾病，当速攻治，予曷其不于前人所受之休命，而思所以毕之乎？

17.《书集传纂疏》卷四下《朱子订定蔡氏集传·周书·大诰》

（元）陈栎撰

王曰，尔唯旧人，尔丕克远省，尔知宁王若勤哉。天闷毖我成功所。予不敢不极卒宁王图事。肆予大化诱我友邦君。天棐忱辞，其考我民。予曷其不于前宁人图功攸终。天亦唯用勤毖我民，若有疾，予曷敢不于前宁人攸受休毕。

当时，邦君、御事有武王之旧臣者，亦惮征役。上文"考翼，不可征"是也。故周公专呼旧臣而告之曰，尔唯武王之旧人，尔大能远省前日之事，尔岂不知武王若此之勤劳哉？闷者，否，闭而不通；毖者，艰难而不易。言天之所以否闭艰难，国家多难者，乃我成功之所在。我不敢不极卒武王所图之事也。化者，化其固滞；诱者，诱其顺从。棐，辅也。宁人，武王之大臣。当时谓武王为"宁王"，因谓武王之大臣为"宁人"也。民献十夫。以为可伐。是天辅以诚信之辞。考之民而可见矣。我曷其不于前宁人而图功所终乎？"勤毖我民，若有疾"者，四国勤毖我民，如人有疾，必速攻治之，我曷其不于前宁人所受休美而毕之乎？按此三节，谓不可不卒终毕宁王、宁人事功休美之意。言宁人，则旧人之不欲征者，亦可愧矣。

纂疏：

诸家"棐"字并作"辅"字训，更晓不得后读《汉书》颜师古注云"棐""匪"通用，如书中"棐"字，正合作"匪"字义。

忱，谌字，只训"信"，"天棐忱"，如云"天不可信"。

唐孔氏曰，三节文辞略同，义不甚异。

林氏曰，武庚之叛，是天闭塞之，而欲其毖慎，盖将使我操心危，虑患深，养其德慧术智于疢疾中，正我戡定祸乱以成武功之所也。天所以辅我，以我谆谆化诱，皆忱诚之辞，非矫伪诬天也。考于民而可见。"民献予翼"，民翼则天棐可见矣。

许氏月卿曰，朱子谓"棐""匪"通，天非诚有言辞，考之民可见。天意欲征武庚，非"谆谆然命之"，民心所欲，即天意也。

陈氏大猷曰，图事，以所行言；图功，以所成言；休，以受命言，反复谕之耳。

愚按，以宁王、宁人为文王，固非；以前宁人为武王旧臣，亦未稳。玩文意，宁王、宁人、前宁人，皆合指为武王。"棐忱辞"，许氏说甚明顺，且不背朱子。

18.《读书丛说》卷六《大诰》

（元）许谦撰

（归善斋按，未解）

19.《书传辑录纂注》卷四《周书·大诰》

（元）董鼎撰

王曰，尔唯旧人，尔丕克远省，尔知宁王若勤哉。天閟毖我成功所，予不敢不极卒宁王图事。肆予大化诱我友邦君。天棐忱辞，其考我民。予曷其不于前宁人图功攸终。天亦唯用勤毖我民，若有疾，予曷敢不于前宁人攸受休毕。

当时，邦君、御事，有武王之旧臣者，亦惮征役，上文"考翼，不可征"是也。故周公专呼旧臣而告之曰，尔唯武王之旧人，尔大能远省前日之事，尔岂不知武王若此之勤劳哉。闵者，否，闭而不通；毖者，艰难而不易。言天之所以否闭艰难，国家多难者，乃我成功之所在。我不敢不极卒武王所图之事也。化者，化其固滞；诱者，诱其顺从。棐，辅也。宁人，武王之大臣。当时，谓武王为"宁王"，因谓武王之大臣为"宁人"也。民献十夫以为可伐，是天辅以诚信之辞，考之民而可见矣。我曷其不于前宁人而图功所终乎？"勤毖我民，若有疾"者，四国勤毖我民，如人有疾，必速攻治之。我曷其不于前宁人所受休美而毕之乎？按此三节，谓不可不卒终毕宁王、宁人事功休美之意。言宁人，则旧人之不欲征者，亦可愧矣。

辑录：

诸家"棐"字并作"辅"字训，更晓不得后读《汉书》颜师古注云"匪""棐"通用，如书中"棐"字正合作"匪"字义。贺孙。忱，谌字，只训"信"，"天棐忱"，如云"天不可信"。僩。

纂注：

唐孔氏曰，三节文辞略同，义不甚异。

林氏曰，武庚之叛，是天之闵塞而使我毖慎，盖欲其操心危，而虑患深，养其德慧术智于疢疾之中，此正我戡定祸难，以成武功之所也。

新安许氏曰，文公谓"棐""匪"通，今蔡传解"棐"为"辅"，乃异师说。盖天非诚然有言，考之民可见。天意欲征武庚，故此归之于天，非"谆谆然命之"也。民心之所欲，即是天意如此。

陈氏大猷曰，图事，以其所行言；图功，以其所成言；休，以受命言，反复谕之耳。

新安胡氏曰，宁人、宁王、前宁人，皆当从前叶氏之说

20.《尚书句解》卷七《周书·大诰第九》

（元）朱祖义撰

王曰（成王曰），尔唯旧人（尔邦君、御事皆旧有位人），尔丕克远省（尔大能远远思省），尔知宁王若勤哉（尔知我安宁天下之武王，当时

建立若之何其勤哉)。

21.《尚书日记》卷十《周书·大诰》

(明)王樵撰

"王曰，尔唯旧人，尔丕克远省"至"攸受休毕"。

闷，闭也。"极卒"与"毕"，皆终也。"图事""图功"，自其所经营者，谓之事；自其所成者，谓之功。"攸受休"，天休也。宁人，十乱之属。当时谓武王为"宁王"，因谓其臣为"宁人"也。此章以下，重释"艰大"之语。"旧人"，即所谓"考翼"者，逮事武王克商者也，又专呼而告之曰，尔唯武王之旧人，尔大能远省前日之事，尔岂不知武王若此之勤劳哉。武王创造之初，亦以艰难勤劳而成之，则今日天之否闷勤劳我者，乃我成功之所也，予敢不极卒宁王之图事乎？化者。化其固滞；诱者，诱其顺从。棐，辅也。棐忱，辅人之诚信也。言龟从虽可以即事，而人谋未协，故犹烦化诱之辞，冀其金同之应。而民献十夫以为可伐，则天棐忱之辞，考之我民而可见矣。言天虽无言，而民言之公，即天意也，予曷其不于前宁人之图功是终乎？天亦唯用此事变，以勤劳我民，如人之有疾，必速攻治之，非可养患于身也。予曷其不于前宁人所受之休是毕乎？此章三言"天"，三言"予"，盖谓天意如此，我安敢不如此。既言"宁王"，又言"宁人"者，盖谓"宁人"之"功"，我尚思"终"之；"宁人"之"休"，我尚思"毕"之，况尔旧人乎？曰事，曰功，曰休，盖互言。大抵宁王、宁人，以除乱安民为事而成功，于时受休于天者。今适不幸，有武庚之乱，不能讨定，则前事有不卒，前功有不终，前休有不毕矣。不讫事之咎，谁则执之，我固不敢辞。尔旧人与宁人昔日同功一体者，亦何以自解乎？书中言"棐忱"者，非一不可异解（蔡传云，天辅以诚信之辞，考之民而可见）。

22.《日讲书经解义》卷七《周书·大诰》

(清)库勒纳等撰

王曰，尔唯旧人，尔丕克远省，尔知宁王若勤哉。天闷毖我成功所，予不敢不极卒宁王图事。肆予大化诱我友邦君。天棐忱辞，其考我民。予曷其不于前宁人图功攸终。天亦唯用勤毖我民，若有疾，予曷敢不于前宁人攸受休毕。

此一节书，成王因群臣有"考翼，不可征"之言，故又呼国之旧臣而戒谕之也。旧人，武王时旧臣。省，记也。闵者，否塞不通之意；毖者，艰难不易之意。卒，毕也。化者，通其固滞；诱者，致其顺从。棐，辅也。忱辞，诚信之词。宁人，即与武王共安天下之人也。成王曰，尔等旧人，皆尝逮事武王，尔必能远记前日之事，尔岂不知武王之经营缔造，若是之勤劳哉。当时之创业既如此，今四国蠢动，我之法令否塞而不行，教化壅遏而不遂。天之闵毖我国家者，乃欲使我奋发有为，以大其成功。是多难正所以兴邦也。我敢不仰承天意，戡定祸乱，以完武王所图之事乎？龟兆虽已告吉，而人谋犹恐未协，故予谆谆然，大化诱我友邦君，去惮征之固滞，以导其顺从。而民献十夫，谓为可伐，是天辅我以忱信之辞，考之民而可见矣。我其敢不思前宁人佐武王所图永清大定之功，而相与成其终乎？且天亦唯用此四国之乱，勤毖我民，害及鳏寡，未尝不欲早除之，如人有疾，决当速治，不容稍缓。我其敢违天之命，坐视祸患，使前宁人佐武王所受休美之命，不自我而成就之乎？然则继志述事在予，固有不得辞之责；而辅君讨罪在尔旧臣，尤有无可诿之义矣。窃思自古国家未有数十年无事，祸难之兴，正皇天警戒人主。观成王告旧臣之词，则知当日朝廷之上，纪纲法度厘然肃然。一时臣下虽欲姑息偷安，自靳其力而不可得。成王之精神，固有戡此而有余者，殷人之叛，何能为害哉？

《尚书疑义》卷五《大诰》

（明）马明衡撰

"王曰"凡四，每"王曰"为一节，皆更端以告之，以尽其义也。宁王，旧注作文王；蔡传作武王，然意以安宁天下，故称"宁"耳。"尔唯旧人"至"攸受休毕"，亦作三节，皆称天，称宁王，宁人，以见承天意，绍祖业在此举也。"天棐忱辞，其考我民"者，谓天辅我有诚信之辞，其以成我民也。"忱辞""化诱"邦君之辞也。

天閟毖我成功所，予不敢不极卒宁王图事

1. 《尚书注疏》卷十二《周书》

（汉）孔氏传，（唐）陆德明音义，（唐）孔颖达疏

天閟毖我成功所，予不敢不极卒宁王图事。

传，毖，慎也，言天慎劳我周家成功所在，我不敢不极尽文王所谋之事，谓致太平。

音义，毖，音秘。

疏，正义曰，以文王勤劳如此，故天命慎劳来我周家，当至成功所在。天意既然，我不敢不极尽文王所谋之事。文王教致太平，我欲尽行之。

传，正义曰，毖，慎，《释诂》文。天慎劳我周家者，美其德，当天心慎惜，又劳来劝勉之。使至成功所在，在于致太平也。

2. 《书传》卷十一《周书》

（宋）苏轼撰

天閟毖我成功所，予不敢不极卒宁王图事。

毖，闭也。天所以闭塞艰碍我国者，使我知畏而成功，于此，我其敢不尽力以终宁王所图之事哉？

3. 《尚书全解》卷二十七《周书》

（宋）林之奇撰

（归善斋按，见"尔唯旧人，尔丕克远省"）

4. 《尚书讲义》卷十三

（宋）史浩撰

（归善斋按，见"王若曰，猷！大诰尔多邦"）

5.《尚书详解》卷十八《周书·大诰》

（宋）夏僎撰

（归善斋按，见"尔唯旧人，尔丕克远省"）

6.《增修东莱书说》卷十九《周书·大诰第九》

（宋）吕祖谦撰，（宋）石𣵠增修

天閟毖我成功所，予不敢不极卒宁王图事。

谓天保庇忧恤我周家成功至此，非特武王勤劳，天实扶持保护，方到得成功地位，我岂敢不尽力，以终武王所图之事。

7.《尚书说》卷五《周书·大诰》

（宋）黄度撰

（归善斋按，见"尔唯旧人，尔丕克远省"）

8.《絜斋家塾书钞》卷十《周书·大诰》

（宋）袁燮撰

（归善斋按，见"天明畏，弼我丕丕基"）

9.《书经集传》卷四《周书·大诰》

（宋）蔡沈撰

（归善斋按，见"尔唯旧人，尔丕克远省"）

10.《尚书精义》卷三十三《周书·大诰》

（宋）黄伦撰

天閟毖我成功所，予不敢不极卒宁王图事。

无垢曰，天意以成王冲幼，坐继武王之业，恐其怠惰恣纵，故闭塞劳苦我成功之所，使我知天命之不易，而人情之艰难也。我何敢不尽心尽力，以卒我武王所图之事哉。武王所图之事，何事也，盖天下尽归周家之事也。

张氏曰，闷，言天命之否闭而不通；毖言人事之难艰而不易。事者，功之始；功者，事之成。前人之功，积事以成之者也。今也，天闷毖我成功所，则我于宁考所图之功，不能必成，姑亦终其所图之事而已。天下之事，先王定之于前；极其卒之者，非子孙其谁乎？

11.《尚书详解》卷二十七《周书·大诰》

（宋）陈经撰

（归善斋按，见"予唯小子，不敢替上帝命"）

12.《融堂书解》卷十一《周书·大诰》

（宋）钱时撰

（归善斋按，见"尔唯旧人，尔丕克远省"）

13.《尚书要义》

（宋）魏了翁撰

（归善斋按，原缺）

14.《书集传或问》卷下《大诰》

（宋）陈大猷撰

（归善斋按，未解）

15.《尚书详解》卷七《周书·大诰第九》

（宋）胡士行撰

（归善斋按，见"尔唯旧人，尔丕克远省"）

16.《书纂言》卷四上《周书·大诰》

（元）吴澄撰

（归善斋按，见"尔唯旧人，尔丕克远省"）

17.《书集传纂疏》卷四下《朱子订定蔡氏集传·周书·大诰》

（元）陈栎撰

（归善斋按,见"尔唯旧人,尔丕克远省"）

18.《读书丛说》卷六《大诰》

（元）许谦撰

（归善斋按,未解）

19.《书传辑录纂注》卷四《周书·大诰》

（元）董鼎撰

（归善斋按,见"尔唯旧人,尔丕克远省"）

20.《尚书句解》卷七《周书·大诰第九》

（元）朱祖义撰

天閟毖我成功所（今日武庚之乱,乃天密有以谨我成功之所）,予不敢不极卒宁王图事（我不敢不尽终武王勤劳所谋之事）。

21.《尚书日记》卷十《周书·大诰》

（明）王樵撰

（归善斋按,见"尔唯旧人,尔丕克远省"）

22.《日讲书经解义》卷七《周书·大诰》

（清）库勒纳等撰

（归善斋按,见"尔唯旧人,尔丕克远省"）

《书义断法》卷四《周书·大诰》

（元）陈悦道撰

天閟毖我成功所,予不敢不极卒宁王图事。肆予大化诱我友邦君。天棐忱辞，其考我民。予曷其不于前宁人图功攸终。

上天闭塞艰难之会，因以立功而可成，此为人上者，不可不极卒宁王之图事也。人君化诲诱劝之辞，征之天人而可信，此人臣者，不可不终宁王之图功也。宁王于武王所立之功；则继其志者，在我宁人于武王所用之人；终其功者，在友邦君。"不敢不极卒"者，成王之所以自任于己；"曷其不于"者，成王之所以相期于人也。反复乎古今；参验乎天、人，东征之师其可已乎？

《读书管见》卷下《大诰》

（元）王充耘撰

天闷毖我成功所。

天闷毖我成功所，予不敢不极卒宁王图事。肆予大化诱我友邦君。天棐忱辞，其考我民。予曷其不于前宁人图功攸终。天亦唯用勤毖我民，若有疾，予曷敢不于前宁人攸受休毕。

三言"天"，三言"予"，盖谓天意如此，我安敢不如此。

《尚书疑义》卷五《大诰》

（明）马明衡撰

（归善斋按，见"尔唯旧人，尔丕克远省"）

肆予大化诱我友邦君

1.《尚书注疏》卷十二《周书》

（汉）孔氏传，（唐）陆德明音义，（唐）孔颖达疏
肆予大化诱我友邦君。
传，我欲极尽文王所谋，故大化天下，道我友国诸侯。
疏，正义曰，我欲尽文王所谋，故我大为教化，劝诱我所友国君，共伐叛逆。

传,正义曰,天意欲使之然,我为文王子孙,敢不极尽文王所谋之事。文王本谋,谓致太平。

2.《书传》卷十一《周书》

(宋)苏轼撰

肆予大化诱我友邦君。

王告此旧人,我已大化诱我友邦君,无不从我矣。

3.《尚书全解》卷二十七《周书》

(宋)林之奇撰

(归善斋按,见"尔唯旧人,尔丕克远省")

4.《尚书讲义》卷十三

(宋)史浩撰

(归善斋按,见"王若曰,猷!大诰尔多邦")

5.《尚书详解》卷十八《周书·大诰》

(宋)夏僎撰

(归善斋按,见"尔唯旧人,尔丕克远省")

6.《增修东莱书说》卷十九《周书·大诰第九》

(宋)吕祖谦撰,(宋)石澜增修

肆予大化诱我友邦君。

遂使我以大化诱我友邦君,谓以前此之言诱其友邦君,使至于同心也。

7.《尚书说》卷五《周书·大诰》

(宋)黄度撰

肆予大化诱我友邦君。天棐忱辞,其考我民。予曷其不于前宁人图功攸终。

棐，辅；忱，诚。故今我大化诱我友邦君，而方尚辞为不得已矣。然其辞皆诚合天意，故天辅之；天又考之于民。天、人协从，则我何其不于前宁天下之人图功之所终乎？

8.《絜斋家塾书钞》卷十《周书·大诰》

（宋）袁燮撰

肆予大化诱我友邦君。天棐忱辞，其考我民。予曷其不于前宁人图功攸终。

凡人此心至诚，则发于言者，亦无非"忱辞"。忱辞之人，天之所辅相者也。何以知天之"棐忱辞"，考之我民可见矣。且当时，成王、周公所以见得是"今天其相民"，见得是"弼我丕丕基"。他如何知得，只是考之于民。盖当时，只是三监、武庚、淮夷叛乱。天下之心，其爱戴周家为如何，只观武王用兵，华夏蛮貊，罔不率俾，不期而会孟津者，八百诸侯。人心如此归周也。民之所欲，天必从之。人心既归周，天其不辅我乎？似此一句是成王、周公所以伐三监之根本。

9.《书经集传》卷四《周书·大诰》

（宋）蔡沈撰

（归善斋按，见"尔唯旧人，尔丕克远省"）

10.《尚书精义》卷三十三《周书·大诰》

（宋）黄伦撰

肆予大化诱我友邦君。天棐忱辞，其考我民。予曷其不于前宁人图功攸终。天亦唯用勤毖我民，若有疾，予曷敢不于前宁人攸受休毕。

无垢曰，周公唯恐其未喻也，乃曰至诚称誉，而非诐非谀者，天必辅之，欲知至诚称誉，不可考之于诸大夫，恐其有爵禄之累也。其言可信也尚矣。使民有"徯予后，后来其苏"之辞，有"徯予后，后来其无罚"之辞，则天之辅我可知矣。当时"十夫来翼"，则民有"忱辞"归我可知矣。民有忱辞归我，则天之辅我，亦可知矣。其往征也，何疑哉？民欲征四国如此，此天心也。予何敢违天，不于武王与夫旧臣之功，使之有无穷之计乎？诚使周公听求敬、违卜之言，坐视四国之叛而不为之经理，则武王之天下未可知也。四国叛乱，如己有疾，以害我周家之业，我何敢不于前宁人武王与夫旧臣所受于天之休命，有以终其业乎？毕，终也，终其业，则视四国叛乱如疾在躬，必去之而后已。

张氏曰，化者，化之以其道也；诱者，诱之以其言也。三监、淮夷之叛，有邦之君皆以为不可征。此成王所以化之者也。"天棐忱辞，其考我民"者，诚信而有辞，天之所辅也。我忱信而有辞，天必辅我。天道远而难知，欲知天之辅我，当考之我民而已。民之去就，视贤。"十夫予翼"，则民辅我矣。天之视听自民，民辅我，则天辅我矣。天辅我，民辅我，岂特可以极卒宁王所图之事，其于图功，亦可以终之者也。

11.《尚书详解》卷二十七《周书·大诰》

（宋）陈经撰

肆予大化诱我友邦君。天棐忱辞，其考我民。予曷其不于前宁人图功攸终。天亦唯用勤毖我民，若有疾，予曷敢不于前宁人攸受休毕。

观"化诱"之言，可以见圣人忠厚之至。圣人以其生杀予夺之柄令之，谁敢不从，倡之谁敢不应，而必谆谆为之言以化而诱之者，可见圣人之心，不敢咈众，必欲上下相安，然后可以举事。东征之谋，周公、成王所以大化诱我友邦之君，当其化诱之时，即至诚之言也。上天知我有至诚之辞，从而辅我。然天道高远，何以见天之辅诚辞，即诸民而可考矣。民心之所向，即天意之所辅也。天意、民心若此，则前宁人如武王之旧臣，所与武王图谋天下之功，我曷不敢终其事乎？"天亦唯用勤毖我民，若有疾"，令四国叛乱为周家之害，天意用勤劳我民，使之动心忍性，知患之所当除，如人之有疾。然去其疾，则身可安；除其患，则民可安。予曷敢不于前宁人所受之休命从而了毕其事乎？此一段言"予曷敢""予曷其""予不敢"，皆是反复重复，言武王之业，不敢不成；商人之叛，不可不诛之意。初非周公之私意劳民动众也。

12.《融堂书解》卷十一《周书·大诰》

（宋）钱时撰
（归善斋按，见"尔唯旧人，尔丕克远省"）

13.《尚书要义》

（宋）魏了翁撰
（归善斋按，原缺）

14.《书集传或问》卷下《大诰》

（宋）陈大猷撰
（归善斋按，未解）

15.《尚书详解》卷七《周书·大诰第九》

（宋）胡士行撰

肆予大化诱（善道）我友邦君。天棐（助我）忱辞，（凡《大诰》所言，字字皆实），其考（察，孔云成）我民（民归则天辅）。予曷（何）其不于前宁人图功攸终。天亦唯用勤毖我民（劳之者，所以定之），若有疾（因疾而慎，茹以劳而图安），予曷敢不于前宁人攸（所）受休（休命）毕（终之）。

我之毖，民之毖，一也，皆天所以畏而弼之也。何可疑其畏而不察，其为弼乎？

16.《书纂言》卷四上《周书·大诰》

（元）吴澄撰
（归善斋按，见"尔唯旧人，尔丕克远省"）

17.《书集传纂疏》卷四下《朱子订定蔡氏集传·周书·大诰》

（元）陈栎撰

（归善斋按，见"尔唯旧人，尔丕克远省"）

18.《读书丛说》卷六《大诰》

（元）许谦撰

（归善斋按，未解）

19.《书传辑录纂注》卷四《周书·大诰》

（元）董鼎撰

（归善斋按，见"尔唯旧人，尔丕克远省"）

20.《尚书句解》卷七《周书·大诰第九》

（元）朱祖义撰

肆予大化诱我友邦君（故我大训化诱掞我同志之邦君诸侯）。

21.《尚书日记》卷十《周书·大诰》

（明）王樵撰

（归善斋按，见"尔唯旧人，尔丕克远省"）

22.《日讲书经解义》卷七《周书·大诰》

（清）库勒纳等撰

（归善斋按，见"尔唯旧人，尔丕克远省"）

《书义断法》卷四《周书·大诰》

（元）陈悦道撰

（归善斋按，见"天闷毖我成功所"）

《读书管见》卷下《大诰》

（元）王充耘撰

（归善斋按，见"天闷毖我成功所"）

《尚书疑义》卷五《大诰》

（明）马明衡撰

（归善斋按，见"尔唯旧人，尔丕克远省"）

天棐忱辞，其考我民

1.《尚书注疏》卷十二《周书》

（汉）孔氏传，（唐）陆德明音义，（唐）孔颖达疏

天棐忱辞，其考我民。

传，言我周家有大化诚辞，为天所辅，其成我民矣。

音义，棐，徐音匪，又芳鬼反。忱，市林反。

疏，正义曰，天既辅助我周家，有大化诚辞，其必成就我之众民。

传，正义曰，《释诂》云，棐，辅也。忱，诚也。文承"大化"之下，知辅诚辞者。言周家有大化诚辞，为天所辅，其成我民，必为民除害，使得成也。

2.《书传》卷十一《周书》

（宋）苏轼撰

天棐忱辞，其考我民。予曷其不于前宁人图功攸终。

天既助我至诚之辞，其必考之于民，以验其实。我其可不与宁王之旧臣，图功之所终乎？

3. 《尚书全解》卷二十七《周书》

（宋）林之奇撰
（归善斋按，见"尔唯旧人，尔丕克远省"）

4. 《尚书讲义》卷十三

（宋）史浩撰
（归善斋按，见"王若曰，猷！大诰尔多邦"）

5. 《尚书详解》卷十八《周书·大诰》

（宋）夏僎撰
（归善斋按，见"尔唯旧人，尔丕克远省"）

6. 《增修东莱书说》卷十九《周书·大诰第九》

（宋）吕祖谦撰，（宋）石澜增修
天棐忱辞，其考我民。
天辅以成信之辞，于何而见，但考之于民，则可见矣。言民心既归，则天辅可知。

7. 《尚书说》卷五《周书·大诰》

（宋）黄度撰
（归善斋按，见"肆予大化诱我友邦君"）

8. 《絜斋家塾书钞》卷十《周书·大诰》

（宋）袁燮撰
（归善斋按，见"肆予大化诱我友邦君"）

9. 《书经集传》卷四《周书·大诰》

（宋）蔡沈撰
（归善斋按，见"尔唯旧人，尔丕克远省"）

10. 《尚书精义》卷三十三《周书·大诰》

（宋）黄伦撰
（归善斋按，见"肆予大化诱我友邦君"）

11. 《尚书详解》卷二十七《周书·大诰》

（宋）陈经撰
（归善斋按，见"肆予大化诱我友邦君"）

12. 《融堂书解》卷十一《周书·大诰》

（宋）钱时撰
（归善斋按，见"尔唯旧人，尔丕克远省"）

13. 《尚书要义》

（宋）魏了翁撰
（归善斋按，原缺）

14. 《书集传或问》卷下《大诰》

（宋）陈大猷撰
（归善斋按，未解）

15. 《尚书详解》卷七《周书·大诰第九》

（宋）胡士行撰
（归善斋按，见"肆予大化诱我友邦君"）

16. 《书纂言》卷四上《周书·大诰》

（元）吴澄撰
（归善斋按，见"尔唯旧人，尔丕克远省"）

17.《书集传纂疏》卷四下《朱子订定蔡氏集传·周书·大诰》

（元）陈栎撰

（归善斋按，见"尔唯旧人，尔丕克远省"）

18.《读书丛说》卷六《大诰》

（元）许谦撰

天棐忱辞。

朱子曰，棐本木名，而借为（缺）字。颜师古注《汉书》云"棐"，古"匪"字通用，是也。天畏以忱，犹曰天难谌尔。孔传训作"辅"字，殊无义理（文。七十一卷）。金先生书中，"棐"字皆作"匪"说，唯《洛诰》不然。

19.《书传辑录纂注》卷四《周书·大诰》

（元）董鼎撰

（归善斋按，见"尔唯旧人，尔丕克远省"）

20.《尚书句解》卷七《周书·大诰第九》

（元）朱祖义撰

天棐忱辞（天亦冥冥之中辅我化诱诸侯至诚之言），其考我民（其考察我民，如"十夫予翼"，即天之所辅也）。

21.《尚书日记》卷十《周书·大诰》

（明）王樵撰

（归善斋按，见"尔唯旧人，尔丕克远省"）

22.《日讲书经解义》卷七《周书·大诰》

（清）库勒纳等撰

（归善斋按，见"尔唯旧人，尔丕克远省"）

《书义断法》卷四《周书·大诰》

（元）陈悦道撰

（归善斋按，见"天闷毖我成功所"）

《读书管见》卷下《大诰》

（元）王充耘撰

（归善斋按，见"天闷毖我成功所"）

《尚书疑义》卷五《大诰》

（明）马明衡撰

（归善斋按，见"尔唯旧人，尔丕克远省"）

予曷其不于前宁人图功攸终

1. 《尚书注疏》卷十二《周书》

（汉）孔氏传，（唐）陆德明音义，（唐）孔颖达疏

予曷其不于前宁人图功攸终。

传，我何其不于前文王安人之道，谋立其功所终乎？

疏，正义曰，天意既如此矣，我何其不于前文王安民之道，谋立其功之处所，而终竟之乎？

2. 《书传》卷十一《周书》

（宋）苏轼撰

（归善斋按，见"天棐忱辞"）

3.《尚书全解》卷二十七《周书》

（宋）林之奇撰
（归善斋按，见"尔唯旧人，尔丕克远省"）

4.《尚书讲义》卷十三

（宋）史浩撰
（归善斋按，见"王若曰，猷！大诰尔多邦"）

5.《尚书详解》卷十八《周书·大诰》

（宋）夏僎撰
（归善斋按，见"尔唯旧人，尔丕克远省"）

6.《增修东莱书说》卷十九《周书·大诰第九》

（宋）吕祖谦撰，（宋）石𬬸增修
予曷其不于前宁人图功攸终。
我何敢不于前宁人武王图谋之功以终之。

7.《尚书说》卷五《周书·大诰》

（宋）黄度撰
（归善斋按，见"肆予大化诱我友邦君"）

8.《絜斋家塾书钞》卷十《周书·大诰》

（宋）袁燮撰
（归善斋按，见"肆予大化诱我友邦君"）

9.《书经集传》卷四《周书·大诰》

（宋）蔡沈撰
（归善斋按，见"尔唯旧人，尔丕克远省"）

10. 《尚书精义》卷三十三《周书·大诰》

（宋）黄伦撰
（归善斋按，见"肆予大化诱我友邦君"）

11. 《尚书详解》卷二十七《周书·大诰》

（宋）陈经撰
（归善斋按，见"肆予大化诱我友邦君"）

12. 《融堂书解》卷十一《周书·大诰》

（宋）钱时撰
（归善斋按，见"尔唯旧人，尔丕克远省"）

13. 《尚书要义》

（宋）魏了翁撰
（归善斋按，原缺）

14. 《书集传或问》卷下《大诰》

（宋）陈大猷撰
（归善斋按，未解）

15. 《尚书详解》卷七《周书·大诰第九》

（宋）胡士行撰
（归善斋按，见"肆予大化诱我友邦君"）

16. 《书纂言》卷四上《周书·大诰》

（元）吴澄撰
（归善斋按，见"尔唯旧人，尔丕克远省"）

17. 《书集传纂疏》卷四下《朱子订定蔡氏集传·周书·大诰》

（元）陈栎撰

（归善斋按，见"尔唯旧人，尔丕克远省"）

18. 《读书丛说》卷六《大诰》

（元）许谦撰

（归善斋按，未解）

19. 《书传辑录纂注》卷四《周书·大诰》

（元）董鼎撰

（归善斋按，见"尔唯旧人，尔丕克远省"）

20. 《尚书句解》卷七《周书·大诰第九》

（元）朱祖义撰

予曷其不于前宁人图功攸终（我何敢不诛武庚，而于前安天下之武王谋其功之所终乎）。

21. 《尚书日记》卷十《周书·大诰》

（明）王樵撰

（归善斋按，见"尔唯旧人，尔丕克远省"）

22. 《日讲书经解义》卷七《周书·大诰》

（清）库勒纳等撰

（归善斋按，见"尔唯旧人，尔丕克远省"）

《书义断法》卷四《周书·大诰》

（元）陈悦道撰

（归善斋按，见"天闷毖我成功所"）

《读书管见》卷下《大诰》

（元）王充耘撰
（归善斋按，见"天闷毖我成功所"）

《读书管见》卷下《大诰》

（元）王充耘撰
（归善斋按，见"天闷毖我成功所"）

《尚书疑义》卷五《大诰》

（明）马明衡撰
（归善斋按，见"尔唯旧人，尔丕克远省"）

天亦唯用勤毖我民，若有疾

1.《尚书注疏》卷十二《周书》

（汉）孔氏传，（唐）陆德明音义，（唐）孔颖达疏
天亦唯用勤毖我民，若有疾。
传，天亦劳慎我民欲安之，如人有疾，欲已去之。
疏，正义曰，天亦唯劳慎我民，若人有疾病，而欲已去之。
传，正义曰，亦者，亦民之义也。君民共为一体，天慎劳使成功，亦当勤劳民，使安宁，故言"亦"也。如疾欲已去之，言天急于民至甚也。

2.《书传》卷十一《周书》

（宋）苏轼撰
天亦唯用勤毖我民，若有疾，予曷敢不于前宁人攸受休毕。
天所以勤劳忧畏我民者，使我日夜思念，如人有疾之不忘医也。予其可不与前宁人同受休终哉。

3. 《尚书全解》卷二十七《周书》

（宋）林之奇撰
（归善斋按，见"尔唯旧人，尔丕克远省"）

4. 《尚书讲义》卷十三

（宋）史浩撰
（归善斋按，见"王若曰，猷！大诰尔多邦"）

5. 《尚书详解》卷十八《周书·大诰》

（宋）夏僎撰
（归善斋按，见"尔唯旧人，尔丕克远省"）

6. 《增修东莱书说》卷十九《周书·大诰第九》

（宋）吕祖谦撰，（宋）石澜增修
天亦唯用勤毖我民，若有疾，予曷敢不于前宁人攸受休毕。
天亦唯用勤于我民，所以有三监及淮夷之事，亦如人之有疾。大抵人或得一疾，因可以得保身养生之理。天以三监之叛勤劳我，是乃教我以安逸之道，我于此何敢不于前宁人所受休命以毕其事也。

7. 《尚书说》卷五《周书·大诰》

（宋）黄度撰
天亦唯用勤毖我民，若有疾，予曷敢不于前宁人攸受休毕。
天亦唯用勤劳毖慎我民，如疾者之不忘起，则予曷敢不于前安宁天下之人所受天之休命而毕之。

8. 《絜斋家塾书钞》卷十《周书·大诰》

（宋）袁燮撰
天亦唯用勤毖我民，若有疾予，曷敢不于前宁人攸受休毕。
今日四国之叛，非特毖我一人，亦必毖吾民焉。人疾在身，必思所以去之；四国之危社稷，正犹疾之在身也，其可不去乎？此皆是惧邦君、御事犹有未喻，故反复开导如此。

9. 《书经集传》卷四《周书·大诰》

（宋）蔡沈撰

（归善斋按，见"尔唯旧人，尔丕克远省"）

10. 《尚书精义》卷三十三《周书·大诰》

（宋）黄伦撰

（归善斋按，见"肆予大化诱我友邦君"）

11. 《尚书详解》卷二十七《周书·大诰》

（宋）陈经撰

（归善斋按，见"肆予大化诱我友邦君"）

12. 《融堂书解》卷十一《周书·大诰》

（宋）钱时撰

（归善斋按，见"尔唯旧人，尔丕克远省"）

13. 《尚书要义》

（宋）魏了翁撰

（归善斋按，原缺）

14. 《书集传或问》卷下《大诰》

（宋）陈大猷撰

（归善斋按，未解）

15. 《尚书详解》卷七《周书·大诰第九》

（宋）胡士行撰

（归善斋按，见"肆予大化诱我友邦君"）

16. 《书纂言》卷四上《周书·大诰》

（元）吴澄撰

（归善斋按，见"尔唯旧人，尔丕克远省"）

17. 《书集传纂疏》卷四下《朱子订定蔡氏集传·周书·大诰》

（元）陈栎撰

（归善斋按，见"尔唯旧人，尔丕克远省"）

18. 《读书丛说》卷六《大诰》

（元）许谦撰

（归善斋按，未解）

19. 《书传辑录纂注》卷四《周书·大诰》

（元）董鼎撰

（归善斋按，见"尔唯旧人，尔丕克远省"）

20. 《尚书句解》卷七《周书·大诰第九》

（元）朱祖义撰

天亦唯用勤毖我民（今武庚之乱，天亦唯用勤劳毖谨我民，使知忧恤），若有疾（如人有疾，去其疾则身安，除其患则民可安）。

21. 《尚书日记》卷十《周书·大诰》

（明）王樵撰

（归善斋按，见"尔唯旧人，尔丕克远省"）

22. 《日讲书经解义》卷七《周书·大诰》

（清）库勒纳等撰

（归善斋按，见"尔唯旧人，尔丕克远省"）

《读书管见》卷下《大诰》

（元）王充耘撰
（归善斋按，见"天闷毖我成功所"）

《尚书疑义》卷五《大诰》

（明）马明衡撰
（归善斋按，见"尔唯旧人，尔丕克远省"）

予曷敢不于前宁人攸受休毕

1.《尚书注疏》卷十二《周书》

（汉）孔氏传，（唐）陆德明音义，（唐）孔颖达疏
予曷敢不于前宁人攸受休毕。
传，天欲安民，我何敢不于前文王所受美命，终毕之。
疏，正义曰，天意于民如此之急，我何敢不于前安人文王所受美命，终毕之乎？以须终毕之故，故当诛除逆乱，安养下民，使之致太平。
传，正义曰，上云"卒宁王图事"，又云"图功攸终"，此云"攸受休毕"，毕，终也。三者文辞略同，义不甚异。大意唯言当终文王之业，须征逆乱之贼。周公重兵慎战，丁宁以劝民耳。

2.《书传》卷十一《周书》

（宋）苏轼撰
（归善斋按，见"天亦唯用勤毖我民"）

3.《尚书全解》卷二十七《周书》

（宋）林之奇撰
（归善斋按，见"尔唯旧人，尔丕克远省"）

4. 《尚书讲义》卷十三

（宋）史浩撰

（归善斋按，见"王若曰，猷！大诰尔多邦"）

5. 《尚书详解》卷十八《周书·大诰》

（宋）夏僎撰

（归善斋按，见"尔唯旧人，尔丕克远省"）

6. 《增修东莱书说》卷十九《周书·大诰第九》

（宋）吕祖谦撰，（宋）石澜增修

（归善斋按，见"天亦唯用勤毖我民"）

7. 《尚书说》卷五《周书·大诰》

（宋）黄度撰

（归善斋按，见"天亦唯用勤毖我民"）

8. 《絜斋家塾书钞》卷十《周书·大诰》

（宋）袁燮撰

（归善斋按，见"天亦唯用勤毖我民"）

9. 《书经集传》卷四《周书·大诰》

（宋）蔡沈撰

（归善斋按，见"尔唯旧人，尔丕克远省"）

10. 《尚书精义》卷三十三《周书·大诰》

（宋）黄伦撰

（归善斋按，见"肆予大化诱我友邦君"）

11. 《尚书详解》卷二十七《周书·大诰》

（宋）陈经撰
（归善斋按，见"肆予大化诱我友邦君"）

12. 《融堂书解》卷十一《周书·大诰》

（宋）钱时撰
（归善斋按，见"尔唯旧人，尔丕克远省"）

13. 《尚书要义》

（宋）魏了翁撰
（归善斋按，原缺）

14. 《书集传或问》卷下《大诰》

（宋）陈大猷撰
（归善斋按，未解）

15. 《尚书详解》卷七《周书·大诰第九》

（宋）胡士行撰
（归善斋按，见"肆予大化诱我友邦君"）

16. 《书纂言》卷四上《周书·大诰》

（元）吴澄撰
（归善斋按，见"尔唯旧人，尔丕克远省"）

17. 《书集传纂疏》卷四下《朱子订定蔡氏集传·周书·大诰》

（元）陈栎撰
（归善斋按，见"尔唯旧人，尔丕克远省"）

18.《读书丛说》卷六《大诰》

（元）许谦撰
（归善斋按，未解）

19.《书传辑录纂注》卷四《周书·大诰》

（元）董鼎撰
（归善斋按，见"尔唯旧人，尔丕克远省"）

20.《尚书句解》卷七《周书·大诰第九》

（元）朱祖义撰

予曷敢不于前宁人攸受休毕（我何敢不于武王所受休命而毕其事乎）。

21.《尚书日记》卷十《周书·大诰》

（明）王樵撰
（归善斋按，见"尔唯旧人，尔丕克远省"）

22.《日讲书经解义》卷七《周书·大诰》

（清）库勒纳等撰
（归善斋按，见"尔唯旧人，尔丕克远省"）

《读书管见》卷下《大诰》

（元）王充耘撰
（归善斋按，见"天闷毖我成功所"）

《尚书疑义》卷五《大诰》

（明）马明衡撰
（归善斋按，见"尔唯旧人，尔丕克远省"）

王曰：若昔朕其逝，朕言艰日思

1.《尚书注疏》卷十二《周书》

（汉）孔氏传，（唐）陆德明音义，（唐）孔颖达疏

王曰，若昔朕其逝，朕言艰日思。

传，顺古道，我其往东征矣。我所言国家之难备矣，日思念之。

音义，日，人实反。难，乃旦反，下"为难"同。厎，之履反。构，古候反治直吏，反薔侧其反草也。田一岁，曰菑。获，户郭反。恶，乌路反。

疏，正义曰，子孙成父祖之业，古道当然。王又言曰，今顺古昔之道，我其往东征矣。我所言国家之难备矣，日日思念之。

2.《书传》卷十一《周书》

（宋）苏轼撰

王曰，若昔朕其逝，朕言艰日思。

如我本意，则昔者已往矣，所以至今者，以言艰而日思之也。

3.《尚书全解》卷二十七《周书》

（宋）林之奇撰

（归善斋按，见"尔唯旧人，尔丕克远省"）

4.《尚书讲义》卷十三

（宋）史浩撰

（归善斋按，见"王若曰，猷！大诰尔多邦"）

5.《尚书详解》卷十八《周书·大诰》

（宋）夏僎撰

王曰，若昔朕其逝，朕言艰日思。若考作室，既厎法，厥子乃弗肯

堂，矧肯构；厥父菑，厥子乃弗肯播，矧肯获。厥考翼，其肯曰，予有后弗弃基。肆予曷敢不越卬敉宁王大命。若兄考，乃有友伐厥子，民养其劝弗救。

此成王又更端以告之也。"若昔朕其逝"者，孔氏谓顺古道，我其东往征矣。然成王东征，本意只是谓天下协赞，不可不往，初无顺道之事，故不当以"若昔"为"顺古道"。苏氏谓"若昔朕其逝"者，谓如我本意则昔者已往矣，所以至今日者，以言艰日思也。此说极然。但以"若"为如"我本意"，至"若"字则属下句"昔者朕其逝"，其语言机阻不安，不如谓"若昔朕其逝"者，谓如我昔者之本意，则我已逝矣。所谓"昔"者，犹言前者，即谓初欲东征之时也。成王之意谓，如我昔者初欲东征之时，其仗义决往，我已逝之久矣，所以迟迟未行者，朕以言艰之，故日思之于心，故至今耳。我今思之于心，今日之事，正如作室、菑田之事。父欲作室家，既以底定其高下、向背之法矣，其子乃不肯为之堂基，况肯构结其屋乎？又如耕田，父已反土而菑，菑谓去草也，一岁为菑，二岁为畬，其子乃不肯为之播。播，布也，谓布而种之也。况肯俟其成熟而刈获之乎？父之作室，既定其法，父之治田既去其草，则父可谓敬其事矣。而子乃不肯堂，不肯播，则是不能继父之志，述父之事矣。其父肯曰我有后弗弃基业乎？必自谓不幸而无后也。故继之曰"厥考翼，其肯曰，予有后弗弃基"。成王言此，盖谓武王定天下大业，立纲陈纪，如作室之定法，如治田之已菑。今三监、武庚之乱，我不能讨平以安社稷，则是不肯堂，不肯播，况望延延绵绵，传基业于不朽乎。如是，是武王已敬其事矣，而我不能继之，使武王之灵见之，其肯自谓其有后不弃基业乎？必自叹其无后矣。唯其如此，故成王所以自谓，我何敢不以我身，抚安武王之大命，谓伐武庚，安周室也。成王既以身任东征之责，故又设譬，责邦君众士之不从，谓譬如为人父兄，乃有朋友伐击其子，凡民之见之者，虽有勤止之，方且涵养其劝之之心，坐视其伐而不肯救。父兄譬王，朋友譬三监、武庚，子譬东西土之民。其"民养其劝弗救之"者，民犹言凡人也，譬如邦君等。谓今成王在上，而四国乃敢肆叛，击伐其民。所谓邦君者，固当有以救之，而乃重于兴师，是犹见人击子，虽欲劝使勿击，今乃惮劳，遂涵养其劝心，而不肯救也，其可哉？此盖责邦君不肯东征救民之灾也。

苏氏之意，亦不异此。但以"民养"谓如"厮养"之"养"，谓朋友伐父兄之子，为厮养者方且劝其击伐，而不救，其意亦通，姑存之。

6.《增修东莱书说》卷十九《周书·大诰第九》

（宋）吕祖谦撰，（宋）石澜增修

王曰，若昔朕其逝，朕言艰日思。若考作室，既底法，厥子乃弗肯堂，矧肯构；厥父菑，厥子乃弗肯播，矧肯获。

周公又以成王之意而言，"若昔"者，非"古昔"之"昔"。前日之言，今日举之，亦谓之"昔"，谓昔日我往伐时，盖非轻动，我心与口，亦艰难长思之矣。若考作室，既定其弘大之规摹矣，子当用力于基址。基址且不肯筑，况肯为之立其木，而成其堂乎？父既菑辟其田，子当种植，乃有秋成之待。若于种植尚不肯，况能至于刈获之时乎？谓筑基、播种之后，工夫尚多。筑基、播种且犹不肯，其后之工尚可望哉？成王谓止是伐三监一事，即有异同，后欲相与成就文武基业，将如之何。

7.《尚书说》卷五《周书·大诰》

（宋）黄度撰

王曰，若昔朕其逝，朕言艰日思。若考作室，既底法，厥子乃弗肯堂，矧肯构；厥父菑，厥子乃弗肯播，矧肯获。厥考翼，其肯曰，予有后弗弃基。肆予曷敢不越卬敉宁王大命。

往顺来逆，顺于往昔，而朕日月其逝矣。犹言往事非吾所及也。今事之艰不唯言之，而又日思之。正如其父作室已致法，言经营之有其绪也。堂，基。而其子犹弗肯堂，其肯构立屋乎？又如其父已灾发其田。田一岁曰菑，谓如菑，除其草也。而其子犹弗肯播种，其肯割获之乎？翼，敬，其父敬矣。待时乘势，唯日不足，而遑自暇逸，乃谓吾有后能，弗弃基业，留以遗之乎？凡其事之未竟者，唯后之人自不能已也。故今我何敢不于此抚定宁王受天之大命乎？

8.《絜斋家塾书钞》卷十《周书·大诰》

(宋) 袁燮撰

王曰，若昔朕其逝，朕言艰日思。

我之心自以为当往，知其艰难反复思之。所以勇往如此也。成王言此，欲使邦君、御事知此举之非轻动也欤。

9.《书经集传》卷四《周书·大诰》

(宋) 蔡沈撰

王曰，若昔朕其逝，朕言艰日思。若考作室既底法，厥子乃弗肯堂，矧肯构；厥父菑，厥子乃弗肯播，矧肯获。厥考翼，其肯曰，予有后弗弃基。肆予曷敢不越卬敉宁王大命。

昔，前日也，犹《孟子》"昔者"之"昔"。若昔，我之欲往，我亦谓其事之难，而日思之矣，非轻举也。以作室喻之，父既底定广狭高下，其子不肯为之堂基，况肯为之造屋乎？以耕田喻之，父既反土而菑矣，其子乃不肯为之播种，况肯俟其成而刈获之乎？考翼，父敬事者也。为其子者如此，则考翼其肯曰，我有后嗣弗弃我之基业乎？盖武王定天下，立经陈纪，如作室之底法；如治田之既菑，今三监叛乱不能讨平，以终武王之业，则是不肯堂、不肯播，况望其肯构、肯获，而延绵国祚于无穷乎？武王在天之灵，亦必不肯自谓其有后嗣，而不弃坠其基业矣。故我何敢不及我身之存，以抚存武王之大命乎？按此三节，申喻不可不终武功之意。

10.《尚书精义》卷三十三《周书·大诰》

(宋) 黄伦撰

王曰，若昔朕其逝，朕言艰日思。若考作室，既底法，厥子乃弗肯堂，矧肯构；厥父菑，厥子乃弗肯播，矧肯获。厥孝翼，其肯曰，予有后弗弃基。

无垢曰，武王既已统一天下，未及纪纲万事而死。今成王继之，有四国之叛，使不为之扑灭，是若作室，不肯为之营筑也，营田而不为之播种也，况能制礼作乐，立经陈纪，为子孙无穷之计。因其作室、菑田之说，又思曰父以敬存心，见其子不继其志，其肯言曰，予有后，不弃我基业乎？为人子而不为父所信，则亦何以为人哉？使我今日不能继武王之业，以平四国之乱，是武王无后也，是尽弃武王之业，而不为保守也。如此，不征其可乎？

张氏曰，父作之于前，而子不能继之于后也。

11.《尚书详解》卷二十七《周书·大诰》

（宋）陈经撰

王曰，若昔朕其逝，朕言艰日思。若考作室，既底法，厥子乃弗肯堂，矧肯构；厥父菑，厥子乃弗肯播，矧肯获。厥考翼，其肯曰，予有后弗弃基。肆予曷敢不越卬敉宁王大命。若兄考，乃有友伐厥子，民养其劝弗救。

若，顺也。昔，古也。我师古昔之道，所以必往古人见义而必为。凡今日顺理而动者，皆顺乎古也。不必泥其陈迹，而后谓之顺古。朕所言者，皆出于艰难而日思之矣。既曰"永思艰"，又曰"艰日思"，又曰"予永念"，可见圣贤举事，出于谋深虑远，未尝轻易而动。譬之为人父作室家，然既已规模素定，而底致其法度矣，为之子者尚不肯为之营筑堂基，何况能为之创造屋宇乎？又况之为人父治田，然既已除去恶草而菑矣，为之子者尚不能播植五谷，何况能为有收获乎？周公此言，譬喻武王前日创业规模未成，所以成前日之事，更在后之子孙。今成王为之子，苟不能承父之志，有奸不除，有患不去，则是隳坏前人之业，尚何望其能显设藩饰，制礼作乐，以文太平，如厥子之构而获乎？厥考可曰恭敬其事。今见厥子如此，其肯谓我有后而终不弃我之基业乎？为人子而使其父至此，则人子之心何安，故我何敢不于我之身，抚循宁王之大命乎？大命，天下之命也。又譬如为人之父兄者，忽有朋类自外来，伐其子，又可养其劝伐之心而不救之乎？成王犹父兄也，四国犹友也，厥子犹民也。四国作乱，为民之害，成王决不可养其助伐之心，而不救。言必无此理也。圣人以天下为一家，故托一家之事，以喻天下之事。

12. 《融堂书解》卷十一《周书·大诰》

(宋) 钱时撰

王曰：若昔朕其逝，朕言艰日思。若考作室，既底法，厥子乃弗肯堂，矧肯构；厥父菑，厥子乃弗肯播，矧肯获。厥考翼，其肯曰，予有后弗弃基。肆予曷敢不越卬敉宁王大命。若兄考，乃有友伐厥子，民养其劝弗救。

此"王曰"，又是一节，然意实与上文相应。上文谓我不敢不究竟武王之事，此则又谓武王之事全在今日，断不可不于我之身而任其责也。"若昔"盖指言初欲东征之时。考翼，父敬也。越卬，犹言"于我"也。"厥考翼其肯曰，予有后弗弃基"者，言以其父之敬言之，安肯自谓我有后不弃我之基业乎？断断曰于我分明以身任大命之寄，的然有不容委之他人，迟之后日者。此所以结尽上文肯堂、肯播之意也。民养。言为吾民者，反容养玩视也。三监之叛，动摇国本，正如朋辈来伐其子，而邦君、御事反曰"不可征"，何异容养玩视，劝之使弗救也。此一转语，纠责邦君，尤更明切。

13. 《尚书要义》

(宋) 魏了翁撰

(归善斋按，原缺)

14. 《书集传或问》卷下《大诰》

(宋) 陈大猷撰

15. 《尚书详解》卷七《周书·大诰第九》

(宋) 胡士行撰

王曰，若（如）昔（前日，窃意，孔云顺古道）朕其逝（已往），朕言（亦言）艰（艰大）日（日日）思（深思之故迟至今）。若考（父）作室，既底（定）法（规模），厥子乃弗肯堂（为基），矧（况）肯构（立屋）；厥父菑（田一岁），厥子乃弗肯播（种），矧肯获（刈）。厥考翼（已敬其事），其肯曰，予有后（子）弗弃基？肆（故）予曷敢不越（于）卬（我）敉（安）宁王大命。

汝"艰大"之说，我亦迟迟思之矣，然终不可已者，何也？譬之父底法、菑矣，而子弗堂、播焉，则父之敬事创业者，必以不肖子目之矣，肯言其能不弃基乎？如此，则宁王大命卬何敢不敉也。

16. 《书纂言》卷四上《周书·大诰》

（元）吴澄撰

王曰，若昔朕其逝，朕言艰日思。若考作室，既底法，厥子乃弗肯堂，矧肯构；厥父菑，厥子乃弗肯播，矧肯获。厥考翼，其肯曰，予有后弗弃基。肆予曷敢不越卬敉宁王大命。若兄考，乃有友伐厥子，民养其劝弗救。

昔，昔日也，谓初欲东征之时，言语辞，或曰犹谓"说及"也。如昔日之意，则我已往矣。我亦于此患难，日日思之，以至于今。譬如作室，父既底定广狭之度矣，其子乃不肯为之筑基，况肯为之造屋乎；譬如耕田，父既反土而菑矣，其子乃不肯为之播种，况肯使之成熟而获乎？其子如此，其父之辅翼者，其肯曰，予有后嗣能不弃父之基业乎？予者，予其父也。盖武王定天下，如作室之底法，如耕田之既菑；今不能讨平叛乱，以终武王之业，则是不肯堂、不肯播矣，况可望其肯构、肯获，而保天命于无穷乎？故我何敢不以我而抚安武王所已受之天命。此自责之辞。"养"如"养痈护疽"之"养"；"劝"如《盘庚》篇"汝诞劝忧"之"劝"。叛者当惩，不往诛之，是劝之也。坐视其叛，而不之惩，是养其劝而不救也。兄考，喻武王；友，喻武庚；子，喻成王；民，谓为兄考家之人，喻邦君、御事。此责诸侯之辞。

17. 《书集传纂疏》卷四下《朱子订定蔡氏集传·周书·大诰》

（元）陈栎撰

王曰，若昔朕其逝，朕言艰日思。若考作室，既底法，厥子乃弗肯堂，矧肯构；厥父菑，厥子乃弗肯播，矧肯获？厥考翼，其肯曰，予有后弗弃基。肆予曷敢不越卬敉宁王大命。

昔，前日也，犹《孟子》"昔者"之"昔"。若昔，我之欲往，我亦谓其事之难，而日思之矣，非轻举也。以作室喻之，父既底定广狭高下，其子不肯为之堂基，况肯为之造屋乎？以耕田喻之，父既反土而菑矣，其子乃不肯为之播种，况肯俟其成而刈获之乎？考翼，父敬事者也，为其子者如此，则考翼其肯曰，我有后嗣，弗弃我之基业乎？盖武王定天下，立经陈纪，如作室之定法，如治田之既菑。今三监叛乱，不能讨平，以终武王之业，则是不肯堂、不肯播，况望其肯构、肯获，而延绵国祚于无穷乎？武王在天之灵，亦必不肯自谓，其有后嗣，而不弃坠其基业矣。故我何敢不及我身之存，以抚存武王之大命乎。按此三节，申喻不可不终武功之意。

纂疏：

苏氏曰，如我昔者，本意则已往矣，其迟至今者，言艰而日思之也。

18.《读书丛说》卷六《大诰》

（元）许谦撰

（归善斋按，未解）

19.《书传辑录纂注》卷四《周书·大诰》

（元）董鼎撰

王曰，若昔朕其逝，朕言艰日思。若考作室，既底法，厥子乃弗肯堂，矧肯构；厥父菑，厥子乃弗肯播，矧肯获。厥考翼，其肯曰，予有后，弗弃基肆。予曷敢不越卬敉宁王大命。

昔，前日也，犹《孟子》"昔者"之"昔"。若昔，我之欲往，我亦谓其事之难，而日思之矣，非轻举也。以作室喻之，父既底定广狭高下，其子不肯为之堂基，况肯为之造屋乎。以耕田喻之，父既反土而菑矣，其子乃不肯为之播种，况肯俟其成而刈获之乎？考翼，父敬事者也。为其子者如此，则考翼，其肯曰，我有后嗣，弗弃我之基业乎？盖武王定天下，立经陈纪，如作室之底法，如治田之既菑。今三监叛乱，不能讨平，以终武王之业，则是不肯堂、不肯播，况望其肯构、肯获，而延绵国祚于无穷乎？武王在天之灵，亦必不肯自谓其有后嗣，而不弃坠其基业矣。故我何敢不及我身之存，以抚存武王之大命乎？按此三节，申喻不可不终武功之意。

纂注：

苏氏曰，如我昔者，本意则已往矣。所以至今者，以言艰而日思之也。

新安陈氏曰，按苏说，文意颇顺。"厥考翼"，与前"考翼，不可征"，要当缺疑。

20.《尚书句解》卷七《周书·大诰第九》

（元）朱祖义撰

王曰（成王又更端以告曰），若昔朕其逝（如我昔者，初欲东征之时，仗义决伐，我其往之久矣），朕言艰日思（所以迟迟未行者，我以尔等言难之，故日念于心，故至今耳）。

21.《尚书日记》卷十《周书·大诰》

（明）王樵撰

"王曰，若昔朕其逝"至"卬敉宁王大命"。

苏氏曰，如我本意，则昔日已往矣，所以至今者，以言艰而日思之也。以筑室喻，又以农喻，父虽敬其事，而子不继其父，其肯曰，我有后不弃基乎？我其何敢不及我身之存，以抚安宁王之大命乎？

以厎法与菑，喻武王之开创；以堂、播，喻今日之平乱；以构、获，喻守成长远之事。今日正如堂之才定，基、稼之未降、种，尽有事在，尚且怠惰，则何望其它。责在我身，则欲于我身毕之，故曰"予曷敢不越卬敉宁王大命"。此承上章卒事、终功、毕休之意，又取喻而深切言之。假如有田菑而不播，播而不获；有室厎法而不堂，堂而不构，谓之事卒与不卒，功终与不终，休毕与不毕乎。

22.《日讲书经解义》卷七《周书·大诰》

（清）库勒纳等撰

王曰，若昔朕其逝，朕言艰日思。若考作室，既厎法，厥子乃弗肯堂，矧肯构；厥父菑，厥子乃弗肯播，矧肯获。厥考翼，其肯曰，予有后弗弃基。肆予曷敢不越卬敉宁王大命。

此一节书，申言不可不终武王之功，以见已不得辞其责也。逝，往也。底，定也。法，作室之法；堂，堂基；构，构屋也。反土去草曰畲，播，布种；获，刈收也。敉，抚定也。成王曰，若昔日，朕之欲东征，亦知其事之艰难，而日思之，岂好为此举哉？特以继述之责在我，不敢畏难自阻耳。譬之作室，其父底定广狭高下之法度，则堂、构可成矣。其子不肯为之堂基，况肯为之构屋乎？譬之耕田，其父既反土而畲，则播、获可施矣。其子乃弗肯为之播种，况肯俟其成而刈获之乎？为子者之不肖如此，则其家敬事之父老，必不肯曰，吾有后嗣，弗弃我之基业矣。夫我武王戡定祸乱，立纲陈纪，即如作室之底法，治田之既畲，属望于后人者何？如今三监倡乱，不能诛讨，以终其功，则是堂与播尚不能为，其能是构，是获，而绵国祚于无穷乎？武王在天之灵，必不肯自谓有后嗣，能弗弃其基业矣。故予不敢不及我身之存，剪乱安民，以抚定武王之大命者。正欲尽继述之责，而为弗弃基之子也。尔等岂犹未知此哉。盖天下之事，大小不同，其理则一。作室者，非尽力于堂、构，无以望室之成。耕田者，非尽力于播、获，无以望田之入。为国家者，非振纪纲，肃法度，上有道揆，下有法守，无以拨乱反治，而建万年不拔之基，有承先裕后之责者，其念兹哉。

《尚书疑义》卷五《大诰》

（明）马明衡撰

"王曰，若昔朕其逝"至"其劝弗救"，则皆喻其当绍祖父之基业，以伐殷也。

若考作室，既底法，厥子乃弗肯堂，矧肯构

1.《尚书注疏》卷十二《周书》

（汉）孔氏传，（唐）陆德明音义，（唐）孔颖达疏

若考作室，既底法，厥子乃弗肯堂，矧肯构。

传，以作室，喻治政也。父已致法，子乃不肯为堂基，况肯构立屋乎？不为其易，则难者可知。

疏，正义曰，乃以作室为喻，若父作室营建基址，既致法矣，其子乃不肯为之堂，况肯构架成之乎？

2.《书传》卷十一《周书》

（宋）苏轼撰

若考作室，既厎法，厥子乃弗肯堂，矧肯构。

王以筑室喻也，父已准望高下程度广狭，以致法矣，子乃不肯为基，矧肯构屋乎？

3.《尚书全解》卷二十七《周书》

（宋）林之奇撰

（归善斋按，见"尔唯旧人，尔丕克远省"）

4.《尚书讲义》卷十三

（宋）史浩撰

（归善斋按，见"王若曰，猷！大诰尔多邦"）

5.《尚书详解》卷十八《周书·大诰》

（宋）夏僎撰

（归善斋按，见"王曰，若昔朕其逝"）

6.《增修东莱书说》卷十九《周书·大诰第九》

（宋）吕祖谦撰，（宋）石𬭼增修

（归善斋按，见"王曰，若昔朕其逝"）

7.《尚书说》卷五《周书·大诰》

（宋）黄度撰

（归善斋按，见"王曰，若昔朕其逝"）

8.《絜斋家塾书钞》卷十《周书·大诰》

（宋）袁燮撰

若考作室，既底法，厥子乃弗肯堂，矧肯构；厥父菑，厥子乃弗肯播，矧肯获。厥考翼，其肯曰，予有后弗弃基。

成王、周公思所以与邦君、御事相与图成者，盖将为深远不拔之计，非特伐三监而已。今此举不我从，则他日深远不拔之计，尚有望于尔乎？既弗肯堂，况于肯构；既弗肯播，况于肯获？观此一段，便见得古之人君，所以与诸侯及诸侯之臣，必相期至于千万年不拔之地，其意深且远矣。

9.《书经集传》卷四《周书·大诰》

（宋）蔡沈撰

（归善斋按，见"王曰，若昔朕其逝"）

10.《尚书精义》卷三十三《周书·大诰》

（宋）黄伦撰

（归善斋按，见"王曰，若昔朕其逝"）

11.《尚书详解》卷二十七《周书·大诰》

（宋）陈经撰

（归善斋按，见"王曰，若昔朕其逝"）

12.《融堂书解》卷十一《周书·大诰》

（宋）钱时撰

（归善斋按，见"王曰，若昔朕其逝"）

13.《尚书要义》

（宋）魏了翁撰

（归善斋按，原缺）

14.《书集传或问》卷下《大诰》

（宋）陈大猷撰

（归善斋按，未解）

15.《尚书详解》卷七《周书·大诰第九》

（宋）胡士行撰

（归善斋按，见"王曰，若昔朕其逝"）

16.《书纂言》卷四上《周书·大诰》

（元）吴澄撰

（归善斋按，见"王曰，若昔朕其逝"）

17.《书集传纂疏》卷四下《朱子订定蔡氏集传·周书·大诰》

（元）陈栎撰

（归善斋按，见"王曰，若昔朕其逝"）

18.《读书丛说》卷六《大诰》

（元）许谦撰

（归善斋按，未解）

19.《书传辑录纂注》卷四《周书·大诰》

（元）董鼎撰

（归善斋按，见"王曰，若昔朕其逝"）

20.《尚书句解》卷七《周书·大诰第九》

（元）朱祖义撰

若考作室（我思今日，正如父欲作室家），既底法（既致其高下向背

之法），厥子乃弗肯堂（其子乃不肯为之堂基），矧肯构（况肯结构其屋乎）？

21.《尚书日记》卷十《周书·大诰》

（明）王樵撰

（归善斋按，见"王曰，若昔朕其逝"）

22.《日讲书经解义》卷七《周书·大诰》

（清）库勒纳等撰

（归善斋按，见"王曰，若昔朕其逝"）

《尚书考异》卷五《大诰》

（明）梅鷟撰

（归善斋按，另见"王曰，若昔朕其逝"）

若考作室，既底法，厥子乃弗肯堂，矧弗肯构，厥考翼，其肯曰，予有后弗弃基；厥父菑，厥子乃弗肯播，矧弗肯获。厥考翼，其肯曰，予有后弗弃基。

定本"肯堂""肯获"之上，皆有"弗"字，晋人删去。郑王本于"肯构"之下，亦有"厥考翼"一经，晋人删去。孔颖达曰，治田、作室为喻也同，故以此经结上二事，取喻既同，不应重出。盖先儒见下有，而上无谓，其脱而妄增之。孔颖达既逞其臆见如此，蔡沈略不置思，而即从之，遂使圣人之经，为晋人所涂抹者，凡一十有四字。呜呼！惜哉。吾尝反复读之，反复思之。伏生之书，诚出于壁藏，而晋书之伪，自不可盖也。夫作室，必由堂而后构；治田必由播，而后获。既不肯堂，构于何所？既不肯播，获于何物？未有不肯堂，而犹可望之以肯构；不肯播而犹可望之以肯获也。故当依定本，"肯构""肯获"之上，皆有"弗"字然后为是，其辞气不可断绝，与"厥考翼"一经，相为唱和。故此一经，决不可少。乃圣人之本，经颖达以为先儒之妄增，则非矣。晋人不知全章之大势，错认"乃"字与"矧"字。若相唱和，其意以为堂、播之始者，轻者尚不肯为，况构、获之终者，重者其肯为之乎？如此，则二句辞气雍容可以暂歇，故直削去"厥考翼"一经，而不顾也。殊不知圣人之本经，若曰，乃既不肯堂，矧又不肯构，则厥考翼，其肯曰，我有后，弗弃基者乎？言必不以不肯堂、不肯构之子，为有后不弃基者也。下条亦然，此其辞气，安可妄削哉。疏家专门党同伐异，不足责也。蔡沈游于文公之门，所当虚心平气，发潜经之幽光，然后为有功于文公。今晋人曰，伏生失其本经，口以传授，则诸古文出之壁藏，定为五十九篇，则诸如此等处，直削经文，蒙蔽后学皆，其大者，茫不之觉，是其胸中懵懵亦已久矣。吾请有以晓之。《甘誓》曰，"左不攻于左，汝不共命；右不攻于右，汝不共命；御非其马之正，汝不共命"，凡三用"汝不共命"。以上二"汝不共命"为后儒妄增可乎，此犹其在《夏书》者。《牧誓》曰，"不愆于六步、七步，乃止，齐焉。夫子勖哉，不愆于四伐、五伐、六伐、七伐，乃止，齐焉。勖哉夫子。尚桓桓，如虎如貔，如熊如罴，于商郊。弗迓克奔，以役西土，勖哉夫子"。凡一用"夫子勖哉"，二用"勖哉夫子"，以上二句，为后儒妄增，又可乎？此犹其在誓言者。《召诰》曰，"相古先民有夏，天迪从子保，面稽天若。今时既坠厥命，今相有殷，天迪格保，面稽天若，今时既坠厥命"，凡两用"今时既坠厥命"，不可以为重复而当削一句也。又其下文曰"我不敢知曰，有夏服天命，唯有历年；我不敢知曰，不其延，唯不敬厥德，乃早坠厥命；我不敢知曰，有殷受天命，唯有历年；我不敢知曰，不其延，唯不敬厥德，乃早坠厥命"，则其言之重复殆有甚焉。若曰夏、殷二事立言也同，但以后章，"唯不敬厥德，乃早坠厥命"，结上二事可矣。则其侮圣言也，岂不甚哉，何以异于是。

厥父菑，厥子乃弗肯播，矧肯获

1. 《尚书注疏》卷十二《周书》

（汉）孔氏传，（唐）陆德明音义，（唐）孔颖达疏

厥父菑，厥子乃弗肯播，矧肯获。

传，又以农喻其父已菑耕其田，子乃不肯播种，况肯收获之乎？

疏，正义曰，又以治田为喻，其父菑耕其田，杀其草，已堪下种矣。其子乃不肯布种，况肯收获乎？

传，正义曰，又以农喻也者，上言"作室"，此言"治田"，其取喻一也。上言"若考作室既厎法"，此类上文当云，若父为农，既耕田，从上省文耳。菑，谓杀草。故治田一岁，曰菑，言其始杀草也。播，谓布种，"后稷播殖百谷"是也。定本云"矧弗肯构""矧弗肯获"，皆有"弗"字。检孔传所解，"弗"为衍字。

2.《书传》卷十一《周书》

（宋）苏轼撰

厥父菑，厥子乃弗肯播，矧肯获。

王又以农喻也，菑，耕也。播，种也。获，敛也。

3.《尚书全解》卷二十七《周书》

（宋）林之奇撰

（归善斋按，见"尔唯旧人，尔丕克远省"）

4.《尚书讲义》卷十三

（宋）史浩撰

（归善斋按，见"王若曰，猷！大诰尔多邦"）

5.《尚书详解》卷十八《周书·大诰》

（宋）夏僎撰

（归善斋按，见"王曰，若昔朕其逝"）

6.《增修东莱书说》卷十九《周书·大诰第九》

（宋）吕祖谦撰，（宋）石澜增修

（归善斋按，见"王曰，若昔朕其逝"）

7.《尚书说》卷五《周书·大诰》

（宋）黄度撰

（归善斋按，见"王曰，若昔朕其逝"）

8.《絜斋家塾书钞》卷十《周书·大诰》

（宋）袁燮撰

（归善斋按，见"若考作室"）

9.《书经集传》卷四《周书·大诰》

（宋）蔡沈撰

（归善斋按，见"王曰，若昔朕其逝"）

10.《尚书精义》卷三十三《周书·大诰》

（宋）黄伦撰

（归善斋按，见"王曰，若昔朕其逝"）

11.《尚书详解》卷二十七《周书·大诰》

（宋）陈经撰

（归善斋按，见"王曰，若昔朕其逝"）

12.《融堂书解》卷十一《周书·大诰》

（宋）钱时撰

（归善斋按，见"王曰，若昔朕其逝"）

13.《尚书要义》

（宋）魏了翁撰

（归善斋按，原缺）

14. 《书集传或问》卷下《大诰》

（宋）陈大猷撰

（归善斋按，未解）

15. 《尚书详解》卷七《周书·大诰第九》

（宋）胡士行撰

（归善斋按，见"王曰，若昔朕其逝"）

16. 《书纂言》卷四上《周书·大诰》

（元）吴澄撰

（归善斋按，见"王曰，若昔朕其逝"）

17. 《书集传纂疏》卷四下《朱子订定蔡氏集传·周书·大诰》

（元）陈栎撰

（归善斋按，见"王曰，若昔朕其逝"）

18. 《读书丛说》卷六《大诰》

（元）许谦撰

（归善斋按，未解）

19. 《书传辑录纂注》卷四《周书·大诰》

（元）董鼎撰

（归善斋按，见"王曰，若昔朕其逝"）

20. 《尚书句解》卷七《周书·大诰第九》

（元）朱祖义撰

厥父菑（又如耕田，其父菑而去草），厥子乃弗肯播（其子不肯播种），矧肯获（况肯俟成熟而刈获乎）。

21.《尚书日记》卷十《周书·大诰》

（明）王樵撰

（归善斋按，见"王曰，若昔朕其逝"）

22.《日讲书经解义》卷七《周书·大诰》

（清）库勒纳等撰

（归善斋按，见"王曰，若昔朕其逝"）

《尚书疑义》卷五《大诰》

（明）马明衡撰

（归善斋按，见"王曰，若昔朕其逝"，另见"若考作室"）

厥考翼，其肯曰，予有后弗弃基

1.《尚书注疏》卷十二《周书》

（汉）孔氏传，（唐）陆德明音义，（唐）孔颖达疏

厥考翼，其肯曰，予有后，弗弃基。

传，其父敬事创业，而子不能继成其功。其肯言，我有后，不弃我基业乎？今不征是弃之。

疏，正义曰，其此作室、治田之父，乃是敬事之人。见其子如此，其肯言曰，我有后不弃我基业乎？必不肯为此言也。

传，正义曰，经言"厥考翼，其肯曰：予有后弗弃基"者，治田、作室，为喻既同，故以此经结上二事。郑、王本于"矧肯构"下，亦有此一经，然取喻既同，不应重出。盖先儒见下有，而上无，谓其脱而妄增之。

2.《书传》卷十一《周书》

（宋）苏轼撰

厥考翼，其肯曰，予有后弗弃基。

父虽敬其事，而子不继，其父其肯曰，我有后不弃我基乎？

3.《尚书全解》卷二十七《周书》

（宋）林之奇撰
（归善斋按，见"尔唯旧人，尔丕克远省"）

4.《尚书讲义》卷十三

（宋）史浩撰
（归善斋按，见"王若曰，猷！大诰尔多邦"）

5.《尚书详解》卷十八《周书·大诰》

（宋）夏僎撰
（归善斋按，见"王曰，若昔朕其逝"）

6.《增修东莱书说》卷十九《周书·大诰第九》

（宋）吕祖谦撰，（宋）石澜增修
厥考翼，其肯曰，予有后弗弃基。
复设喻以言之，谓厥子不肯构基、播种，其父于敬事创业之时，见其子如此，其肯言，我有后子孙，弗弃其基业乎，必言子之不肖而弃基业矣。周公深体武王之心勤劳如此。成王或不能平三监之乱，武王之心谓何？今日之事，必任其责可也。

7.《尚书说》卷五《周书·大诰》

（宋）黄度撰
（归善斋按，见"王曰，若昔朕其逝"）

9.《书经集传》卷四《周书·大诰》

（宋）蔡沈撰
（归善斋按，见"王曰，若昔朕其逝"）

10. 《尚书精义》卷三十三《周书·大诰》

（宋）黄伦撰
（归善斋按，见"王曰，若昔朕其逝"）

11. 《尚书详解》卷二十七《周书·大诰》

（宋）陈经撰
（归善斋按，见"王曰，若昔朕其逝"）

12. 《融堂书解》卷十一《周书·大诰》

（宋）钱时撰
（归善斋按，见"王曰，若昔朕其逝"）

13. 《尚书要义》

（宋）魏了翁撰
（归善斋按，原缺）

14. 《书集传或问》卷下《大诰》

（宋）陈大猷撰
（归善斋按，未解）

15. 《尚书详解》卷七《周书·大诰第九》

（宋）胡士行撰
（归善斋按，见"王曰，若昔朕其逝"）

16. 《书纂言》卷四上《周书·大诰》

（元）吴澄撰
（归善斋按，见"王曰，若昔朕其逝"）

17.《书集传纂疏》卷四下《朱子订定蔡氏集传·周书·大诰》

（元）陈栎撰

（归善斋按，见"王曰，若昔朕其逝"）

18.《读书丛说》卷六《大诰》

（元）许谦撰

（归善斋按，未解）

19.《书传辑录纂注》卷四《周书·大诰》

（元）董鼎撰

（归善斋按，见"王曰，若昔朕其逝"）

20.《尚书句解》卷七《周书·大诰第九》

（元）朱祖义撰

厥考翼（今我武王定天下大业，立经陈纪，已敬其事。如作室有法，治田已畬矣。今三监、武庚之乱，我不能讨平，以安社稷，则是不肯堂、不肯播，况望其显设藩饰，制礼作条，以文太平，如子之构如获乎？使武王之灵，于此时见之），其肯曰（其肯自谓），予有后弗弃基（我有后，而终不弃我之基业乎）。

21.《尚书日记》卷十《周书·大诰》

（明）王樵撰

（归善斋按，见"王曰，若昔朕其逝"）

22.《日讲书经解义》卷七《周书·大诰》

（清）库勒纳等撰

（归善斋按，见"王曰，若昔朕其逝"）

《尚书疑义》卷五《大诰》

（明）马明衡撰

（归善斋按，见"王曰，若昔朕其逝"，另见"若考作室"）

肆予曷敢不越卬敉宁王大命

1.《尚书注疏》卷十二《周书》

（汉）孔氏传，（唐）陆德明音义，（唐）孔颖达疏

肆予曷敢不越卬敉宁王大命。

传，作室农人犹恶弃基，故我何敢不于今日抚循文王大命，以征逆乎？

疏，正义曰，我若不终文武之谋，则文武之神亦如此耳。其肯道我不弃基业乎？作室农人犹恶弃其基业，故我何敢不于我身，今日抚循安人之文王大命，以征讨叛逆乎？

2.《书传》卷十一《周书》

（宋）苏轼撰

肆予曷敢不越卬敉宁王大命。

我其敢不及我身之存，以抚循宁王之大命乎？

3.《尚书全解》卷二十七《周书》

（宋）林之奇撰

（归善斋按，见"尔唯旧人，尔丕克远省"）

4.《尚书讲义》卷十三

（宋）史浩撰

（归善斋按，见"王若曰，猷！大诰尔多邦"）

5. 《尚书详解》卷十八《周书·大诰》

（宋）夏僎撰

（归善斋按，见"王曰，若昔朕其逝"）

6. 《增修东莱书说》卷十九《周书·大诰第九》

（宋）吕祖谦撰，（宋）石澜增修

肆予曷敢不越卬敉宁王大命。

故我何敢不以我身，往安宁武王所受之大命。

7. 《尚书说》卷五《周书·大诰》

（宋）黄度撰

（归善斋按，见"王曰，若昔朕其逝"）

8. 《絜斋家塾书钞》卷十《周书·大诰》

（宋）袁燮撰

肆予曷敢不越卬敉宁王大命。

越，于也。卬，我也。岂可不于我而敉安宁王之大命。言宁王大命，不可使至我而绝也。此便见得圣人，自任天下之重处。

9. 《书经集传》卷四《周书·大诰》

（宋）蔡沈撰

（归善斋按，见"王曰，若昔朕其逝"）

10. 《尚书精义》卷三十三《周书·大诰》

（宋）黄伦撰

肆予曷敢不越卬敉宁王大命。若兄考，乃有友伐厥子，民养其劝弗救。

东坡曰，养，厮养也。父兄而与朋友伐其子，其家之民养，当助父兄欤，抑助其子欤。其将相劝，助其父兄，弗救其子也。今王与诸侯征伐四国，正如父兄与朋友伐其子，尔众人孰当助乎。

陈氏曰，兄考者，喻成王、周公也。友者，邦君也，喻四国也。子者，喻民也。民养者，厮养也，喻群臣也。四国残害我赤子，我为赤子之父兄，固将救之，汝群臣乃劝我弗救乎。

吕氏曰，如人之父兄，被侪类伐其子，父兄岂肯弗相救，必被发缨冠而往救之，何况王者视民如子，见得武庚、管、蔡害民，为天下诸侯，岂可不相救助，此以世间常情论之。

11.《尚书详解》卷二十七《周书·大诰》

（宋）陈经撰

（归善斋按，见"王曰，若昔朕其逝"）

12.《融堂书解》卷十一《周书·大诰》

（宋）钱时撰

（归善斋按，见"王曰，若昔朕其逝"）

13.《尚书要义》

（宋）魏了翁撰

（归善斋按，原缺）

14.《书集传或问》卷下《大诰》

（宋）陈大猷撰

（归善斋按，未解）

15.《尚书详解》卷七《周书·大诰第九》

（宋）胡士行撰

（归善斋按，见"王曰，若昔朕其逝"）

16.《书纂言》卷四上《周书·大诰》

（元）吴澄撰

（归善斋按，见"王曰，若昔朕其逝"）

17.《书集传纂疏》卷四下《朱子订定蔡氏集传·周书·大诰》

（元）陈栎撰

（归善斋按，见"王曰，若昔朕其逝"）

18.《读书丛说》卷六《大诰》

（元）许谦撰

（归善斋按，未解）

19.《书传辑录纂注》卷四《周书·大诰》

（元）董鼎撰

（归善斋按，见"王曰，若昔朕其逝"）

20.《尚书句解》卷七《周书·大诰第九》

（元）朱祖义撰

肆予曷敢不越卬敉宁王大命（唯其如此，故我何敢不以我身，抚循武王之大命，谓伐武庚，安周室也）。

21.《尚书日记》卷十《周书·大诰》

（明）王樵撰

（归善斋按，见"王曰，若昔朕其逝"）

22.《日讲书经解义》卷七《周书·大诰》

（清）库勒纳等撰

（归善斋按，见"王曰，若昔朕其逝"）

《尚书疑义》卷五《大诰》

（明）马明衡撰

（归善斋按，见"王曰，若昔朕其逝"）

若兄考，乃有友伐厥子，民养其劝，弗救

1.《尚书注疏》卷十二《周书》

（汉）孔氏传，（唐）陆德明音义，（唐）孔颖达疏

若兄考，乃有友伐厥子，民养其劝，弗救。

传，若兄弟父子之家，乃有朋友来伐其子，民养其劝，不救者，以子恶故。以此四国将诛，而无救者，罪大故。

疏，正义曰，我今东征，无往不克，若凡人兄及父与子弟为家长者，乃有朋友来伐其子，则民皆养其劝伐之心，不救之。何则，以子恶故也。以喻伐四国，虽亲如父兄，亦无救之者，以君恶故也。言罪大不可不诛，无救，所以必克也。顾氏以上"不卬自恤"传云"不唯自忧"，遂皆以"卬"为"唯"。但"卬"之为"唯"，非是正训。观孔意，亦以"不卬"为"唯"义也。

传，正义曰，经言"若兄考"者，此经大意言，兄不救弟，父不救子。发首兄考备文伐厥子，不言弟，互相发见。传言兄弟父子之家，以足之。民养其劝，民为父兄，为家长者，养其心不退止也。

2.《书传》卷十一《周书》

（宋）苏轼撰

若兄考，乃有友伐厥子，民养其劝，弗救。

养，厮养也。父兄而与朋友伐其子。其家之民养，当助父兄欤，抑助其子欤。其将相劝，助其父兄，弗救其子也。今王与诸侯征伐四国，如父兄与朋友伐其子，尔众人孰当助乎？

3. 《尚书全解》卷二十七《周书》

（宋）林之奇撰

（归善斋按，见"尔唯旧人，尔丕克远省"）

4. 《尚书讲义》卷十三

（宋）史浩撰

（归善斋按，见"王若曰，猷！大诰尔多邦"）

5. 《尚书详解》卷十八《周书·大诰》

（宋）夏僎撰

（归善斋按，见"王曰，若昔朕其逝"）

6. 《增修东莱书说》卷十九《周书·大诰第九》

（宋）吕祖谦撰，（宋）石澜增修

若兄考，乃有友伐厥子，民养其劝，弗救。

谓三监，既戕害百姓，汝庶邦之众，乃保养之而不伐，如人之父兄，有僚友伐其子弟，民岂有相劝而不救援者，以人情体之也。

7. 《尚书说》卷五《周书·大诰》

（宋）黄度撰

若兄考，乃有友伐厥子，民养其劝，弗救。

譬若父兄之子，其友伐之，凡人则养其劝心，而不救，同室则被发缨冠，而往矣。劝，勉也，当勉而养之，言不敢其力也，在民则可，同室则不可。

8. 《絜斋家塾书钞》卷十《周书·大诰》

（宋）袁燮撰

若兄考，乃有友伐厥子，民养其劝，弗救。

友，喻三监也；子，喻周家也；民养，喻邦君、御事也。为人父兄，有友伐厥子，而民养坐视弗救，则必加刑罚焉。今三监蠢动，危我社稷，尔为臣子而弗之救，曾民养之，尚不若乎。此处是成王、周公将道理至明白者，以解其疑，破其昏而使之晓然，见此理之所在。盖当时，邦君、御事所以不肯从成王伐三监，只为其心疑，疑故昏，何则？彼见周家得天下，未几，不幸而武王病；又未几而武王崩，而兄弟骨肉之间，自相离叛。盖以为周家之天命，未可知也。正当危疑之际，所以此心皆昏蔽，而不知天理之所在。周公将此等言语晓喻之，彼反而思之，以为"友伐厥子，民养弗救"，吾必将加罪，责于民养。今尔为人臣，坐视国家之难而不救可乎？至此前日之昏蔽，皆释然矣。此处见得人心，本自分明，又见得圣贤善于开谕人心如此。

9.《书经集传》卷四《周书·大诰》

（宋）蔡沈撰

若兄考，乃有友伐厥子，民养其劝，弗救。

民养，未详。苏氏曰，养，厮养也，谓人之臣仆。大意言，若父兄有友攻伐其子，为之臣仆者，其可劝其攻伐，而不救乎？父兄以喻武王；友以喻四国；子以喻百姓；民养以喻邦君、御事。今王之四国毒害百姓，而邦君臣仆，乃惮于征役，是长其患而不救，其可哉？此言民被四国之害，不可不救援之意。

10.《尚书精义》卷三十三《周书·大诰》

（宋）黄伦撰

（归善斋按，见"肆予曷敢不越卬敉宁王大命"）

11.《尚书详解》卷二十七《周书·大诰》

（宋）陈经撰

（归善斋按，见"王曰，若昔朕其逝"）

12. 《融堂书解》卷十一《周书·大诰》

（宋）钱时撰

（归善斋按，见"王曰，若昔朕其逝"）

13. 《尚书要义》

（宋）魏了翁撰

（归善斋按，原缺）

14. 《书集传或问》卷下《大诰》

（宋）陈大猷撰

（归善斋按，未解）

15. 《尚书详解》卷七《周书·大诰第九》

（宋）胡士行撰

若兄考（王周公自喻），乃有友（喻三监）伐厥子（喻民），民养（厮养，喻邦君、御事），其（其可）劝弗救（乎）？

前堂、播之喻，以自责；此民养之喻，以责邦君、御事。

16. 《书纂言》卷四上《周书·大诰》

（元）吴澄撰

（归善斋按，见"王曰，若昔朕其逝"）

17. 《书集传纂疏》卷四下《朱子订定蔡氏集传·周书·大诰》

（元）陈栎撰

若兄考，乃有友伐厥子，民养其劝，弗救。

民养，未详。苏氏曰，养，厮养也，谓人之臣仆。大意言，若父兄有友攻伐其子，为之臣仆者，其可劝其攻伐，而不救乎？父兄以喻武王；友以喻四国；子以喻百姓；民养以喻邦君、御事。今王之四国毒害百姓，而邦君臣仆，乃惮于征役，是长其患而不救，其可哉？此言民被四国之害，不可不救援之意。

纂疏：

此段王氏、张氏、林氏皆云当缺疑。

真氏曰，养，如"养寇"之"养"。友，谓我所友爱之人。以仇人伐吾子尚可言也，以友爱伐吾子，民其可容养之，且劝我弗救乎。友，指三监，本吾所亲爱，一旦至此，《孟子》所谓"涕泣道之"者也。"伐厥子"，如《诗》"既取我子"。民，谓当时异论者，实指邦君、御事，而讬之民也。"若兄考"，指武王，周公之兄，成王之考也。友，谓管、蔡；子，谓成王，"兄考"之子也。管、蔡叛周，是伐兄考之子也。兄考之子，为友所伐尔，民乃欲养祸而劝以弗救乎？

18.《读书丛说》卷六《大诰》

（元）许谦撰

（归善斋按，未解）

19.《书传辑录纂注》卷四《周书·大诰》

（元）董鼎撰

若兄考，乃有友伐厥子，民养其劝，弗救。

民养，未详。苏氏曰，养，厮养也，谓人之臣仆。大意言，若父兄，有友攻伐其子，为之臣仆者，其可劝其攻伐，而不救乎？父兄，以喻武王；友，以喻四国；子，以喻百姓；民养，以喻邦君、御事。今王之四国，毒害百姓，而邦君、臣仆乃惮于征役，是长其患而不救，其可哉？此言民被四国之害，不可不救援之意。

纂注：

张氏曰，此段当在缺疑之数。

林氏曰，王氏缺之为得。

真氏曰，养，如"养寇"之"养"。友，谓我所友爱之人。以仇雠之人，伐吾子，尚可言也。以友爱之人，伐吾子，民其可容养之，且劝我勿救乎？友指三监。三监本吾所亲爱者，一旦至此，《孟子》所谓"涕泣而

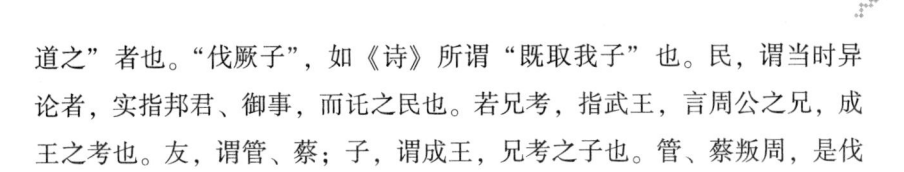

道之"者也。"伐厥子",如《诗》所谓"既取我子"也。民,谓当时异论者,实指邦君、御事,而讬之民也。若兄考,指武王,言周公之兄,成王之考也。友,谓管、蔡;子,谓成王,兄考之子也。管、蔡叛周,是伐兄考之子也。兄考之子为友所伐,尔民乃欲养祸,而劝以弗救乎?

20.《尚书句解》卷七《周书·大诰第九》

(元)朱祖义撰

若兄考(譬如为人父兄,犹成王为人君),乃有友伐厥子(乃有朋友伐击其子,犹四国作乱,害西土之民),民养其劝弗救(为厮养,如奴隶者,方且坐视武庚为民害,而不救可乎)?

21.《尚书日记》卷十《周书·大诰》

(明)王樵撰

"若兄考"至"弗救"。

兄考,武王,周公之兄,成王之考也。"有友伐厥子"者,管、蔡,王之懿亲。武庚,武王所封,本非仇敌,犹之友,而来伐其子也。民,指当时之异论者,而托之民也。民养,盖当时语。养,畜养也。苏氏训为"厮养",则非。所以目其臣也,意邦君、御事。以王宫、邦君室为言者,颇以管、蔡为难尔。而成王言,譬之有友来伐其子,则为所畜养者,亦唯急救之为是,而不可犹豫,坐视相劝,以弗救也。"劝"字,还是民养自相劝,以弗救。如隋人作《毋向辽东浪死歌》"以相感劝",即此"劝"字。传中作"劝其攻伐而不救",似非语意也。

22.《日讲书经解义》卷七《周书·大诰》

(清)库勒纳等撰

若兄考,乃有友伐厥子,民养其劝弗救。

此一节书,责群臣当辅己以终武功也。兄考,犹言父兄在上也;民养,犹臣仆也。成王曰,今日之事,我固不得辞其艰矣。尔群臣独无责乎哉?譬若父兄在上,乃有友攻伐其子,为之臣仆者,皆当捐躯以救护之,岂可劝其攻伐,而不救乎。今四国构乱,使武王之百姓咸受涂炭,而汝邦君、御事乃惮于征伐，阻挠天讨，是犹不恤父兄之难，而视坐其子之患害也，岂为民养之义哉？按，成王譬晓臣下之词，至为警切。人臣能知此义，则自然视国事如家事，有身不肯□，有难不肯避矣。然则，戡乱定变，非得忘私殉国之臣，安能有济乎哉。此成王，既以"艰大"自责，而即以责其臣也。

《尚书疑义》卷五《大诰》

（明）马明衡撰

（归善斋按，见"王曰，若昔朕其逝"）

王曰：呜呼！肆哉，尔庶邦君，越尔御事

1.《尚书注疏》卷十二《周书》

（汉）孔氏传，（唐）陆德明音义，（唐）孔颖达疏

王曰，呜呼！肆哉，尔庶邦君，越尔御事。

传，叹今伐四国必克之，故以告诸侯，及臣下御治事者。

疏，正义曰，既言四国无救之者，王曰又言叹，今伐四国必克之，故告汝众国君及于汝治事之臣。

2.《书传》卷十一《周书》

（宋）苏轼撰

王曰，呜呼！肆哉，尔庶邦君，越尔御事。

肆，过也，过矣哉，尔众人也，不助父而助子。

3.《尚书全解》卷二十七《周书》

（宋）林之奇撰

（归善斋按，见"尔唯旧人，尔丕克远省"）

4.《尚书讲义》卷十三

(宋)史浩撰

(归善斋按,见"王若曰,猷!大诰尔多邦")

5.《尚书详解》卷十八《周书·大诰》

(宋)夏僎撰

王曰,呜呼!肆哉,尔庶邦君,越尔御事。爽邦由哲,亦唯十人,迪知上帝命。越天棐,忱尔时罔敢易法,矧今,天降戾于周,邦唯大艰人诞邻胥伐于厥室,尔亦不知天命不易。

此成王又更端以告邦君也。肆,陈也,欲其陈力共往,故先叹而言"肆哉",谓陈力决行也哉,尔众邦之君,及尔治事之臣,爽明邦国,使无疑谋者,由于哲人。盖朝廷有大议论,彼以为是,此以为非;彼以为可,此以为否,纷纭交错,不能决定。苟非有大过人之哲,足以决定大计,则安能致邦之爽明无疑谋哉?成王言此,盖谓今日武庚之乱,天人共怒,虽邦君、御事且不能无疑。唯彼十人,独能启迪以知天命所在,毅然而至,辅我以往,以决在庭之疑,可谓爽邦之哲人矣。故成王言"爽邦由哲"所以继以"亦唯十人,迪知上帝命"。成王既言此十人能知天命,辅我东征,遂欲责邦君不能相从。谓若"天棐忱尔时罔敢易法"谓武王之初以至诚,为天所辅,自诸侯而起,克商以有天下。尔于彼天辅至诚之时,尚不敢改易武王所颁之法度,谓进退皆听武王之命,不敢少违。矧今日,天降罪戾于周邦,谓武王在位不久而死,而彼造作大艰难之人,谓三监、武庚之徒,大邻近,相胥杀伐于其居室,谓作乱于其国,尔岂不知天之命我周家,亦不敢改变乎,是十夫之不若也。盖言武庚虽一时肆虐,蠢动王室,而天命盖在周,而不在彼也。

6.《增修东莱书说》卷十九《周书·大诰第九》

(宋)吕祖谦撰,(宋)石澜增修

王曰,呜呼!肆哉,尔庶邦君,越尔御事。爽邦由哲,亦唯十人,迪知上帝命。越天棐,忱尔时罔敢易法,矧今,天降戾于周邦。唯大艰人诞邻胥伐于厥室，尔亦不知天命不易。

成王先叹而言"肆哉"，谓我铺陈辞旨，尔庶邦君及尔御事之人，可不听乎？"爽邦由哲"者，通达国体，乃曰明哲之人。今亦唯十人灼然诚意，践履能迪知上帝之命。十人，即十夫也。贤人能尽天地之心，十夫归，则天意归矣。故汤伐桀，亦曰"聿求元圣，与之戮力"耳。"越天棐忱"，棐，辅也。当天下平定之时，天至诚棐辅我，我是时尚不敢变易其法，谓不敢违天，况今降戾于周邦，尤不敢不从天命也。唯此大艰乱之人，指三监，而言诞相亲邻相胥效，以伐其室，我不往伐，尔亦不知天命不易，言天意之决也。

7.《尚书说》卷五《周书·大诰》

（宋）黄度撰

王曰，呜呼！肆哉，尔庶邦君，越尔御事。爽邦由哲，亦唯十人，迪知上帝命。越天棐，忱尔时罔敢易法，矧今，天降戾于周邦。唯大艰人诞邻胥伐于厥室。尔亦不知天命不易。

肆，故，今也，犹曰及今以往哉。爽明邦，论之明，实由智哲之人。亦唯是十人，能蹈知天命，可以明邦矣。卜而得吉，则于天为辅。诚人谋虽协，卜之不吉，则天不辅也。康强逢吉，作内作外，用静用作，皆有常法。今谋于贤者而协，卜之以析天心而吉，于法当从，而反使我违卜，岂非易法乎。而况天今降戾于周邦，武王崩，王业未终，而唯是大艰在人，大若比邻之胥，伐于厥室，将覆弃其家，其事急矣。而吾将征之，以救危乱。尔亦不知天命之不易，而反欲违卜乎。友伐厥子固为蠥矣，邻伐厥室，殆又甚焉，故《鸱鸮》曰"既取我子，无毁我室"。

8.《絜斋家塾书钞》卷十《周书·大诰》

（宋）袁燮撰

王曰，呜呼！肆哉，尔庶邦君，越尔御事。爽邦由哲，亦唯十人，迪知上帝命。越天棐忱，尔时罔敢易法，矧今，天降戾于周邦，唯大艰人诞邻胥伐于厥室。尔亦不知天命不易。

开爽邦家，必明哲之人能之。迪者，蹈也；蹈者，行也。曰"迪知上帝命"，曰"迪知天威"，皆真知之，而异乎常人之所谓"知"，故谓"迪知"。想象泰山之高者，是臆度之"知"也。足亲历之，亲见其所以为高，是谓"迪知"。上帝之命至为难知，而十人能知之，此其所以谓之"迪知"。"越天棐忱"，言三监未为乱之时也，岂谓天前日则"棐忱"，今日则否乎。今日亦是"棐忱"，但措辞之法固如是耳尔。于是时，犹且罔易法，况今天降戾于周邦，尔正宜协力以奖王室，而乃劝而弗救其可乎。是尔不知天命之不易也。当时邦君、御事，所以不肯伐三监，只缘疑周家之天命未必永，不知天命固断然不易矣。天命最难知，当时见得天命不易者，唯是十人。

9.《书经集传》卷四《周书·大诰》

（宋）蔡沈撰

王曰，呜呼！肆哉，尔庶邦君，越尔御事。爽邦由哲，亦唯十人，迪知上帝命。越天棐忱，尔时罔敢易法，矧今，天降戾于周邦。唯大艰人诞邻胥伐于厥室。尔亦不知天命不易。

肆，放也，欲其舒放而不畏缩也。爽，明也，"爽厥师"之"爽"。桀昏德，汤伐之，故言"爽师"。受昏德，武王伐之，故言"爽邦"，言昔武王之明大命于邦，皆由明智之士，亦唯乱臣十人，蹈知天命。及天辅武王之诚，以克商受。尔于是时，不敢违越武王法制，惮于征役，矧今，武王死，天降祸于周，首大难之四国，大近相攻于其室。事危势迫如此，尔乃以为不可征，尔亦不知天命之不可违越矣。此以今昔互言，责邦君、御事之不知天命。按，先儒皆以十人为十夫，然十夫民之贤者尔，恐未可以为迪知帝命，未可以为"越天棐忱"。所谓"迪知"者，蹈行真知之词也。"越天棐忱"，天命已归之词也。非乱臣昭武王，以受天命者，不足以当之。况《君奭》之书，周公历举虢叔、闳夭之徒，亦曰"迪知天威"。于受殷命，亦曰"若天棐忱"。详周公前后所言，则十人之为乱臣又何疑哉。

10.《尚书精义》卷三十三《周书·大诰》

（宋）黄伦撰

王曰，呜呼！肆哉，尔庶邦君，越尔御事。爽邦由哲，亦唯十人，迪知上帝命。越天棐忱，尔时罔敢易法，矧今，天降戾于周邦。唯大艰人诞邻胥伐于厥室。尔亦不知天命不易。

无垢曰，爽，明也。清明邦国，必赖哲人。今兹十夫，通知上帝之命，命在周家，故来翼我。十夫可谓哲人矣。清明四国叛乱者，非十夫其谁。十夫来助征伐，是上帝来助征伐也，其可已乎。以是知非有以高天下之见者，则不足运动天下。邦君、御事，学至于立矣，特未可与权。平居守常，则有余裕；傥遇变故，则不足以知几而斡旋。上天之法，诚者辅之，今周家至诚动天，天遣十夫来翼。邦君、御事其可有异论，不辅我至诚之心，而易上天之心乎，降戾周家。使大艰人，如三叔等，以我至亲，乃大近相伐于室家之中，此周家不幸，天降此祸也。祸端已起，不可不治。治之道，伐之而已矣。夫上天之法，本于辅诚，此天之定命，不可改易也。三叔乃一时变故耳，岂能易天之法与天之命哉。天法、天命既不可易，邦君、御事乃以谓不可征，是不知天命之不易也。

吕氏曰，天辅助我有周。于诚实平定无事之时，其时尚有不敢变易其法，以辅诚天命。何况今日，天动威，以警戒我周邦，尤不当不从也。

11.《尚书详解》卷二十七《周书·大诰》

（宋）陈经撰

王曰，呜呼！肆哉，尔庶邦君，越尔御事。爽邦由哲，亦唯十人，迪知上帝命。越天棐忱，尔时罔敢易法。矧今，天降戾于周邦。唯大艰人诞邻胥伐于厥室，尔亦不知天命不易。

肆，陈也，言我所以告我邦君、御事者，其铺陈已如此，尔邦君御事不可不明乎此邦家之理。理乱者，本由哲智之人。今也，有"十夫予翼"，其平日所蹈履，皆足以知上帝之命。周公于此，以贤者之去就，卜天意之从违。伊尹归亳，而成汤伐夏之谋决；十乱同心，而武王伐商之计定。十夫之来，天意可卜矣。天意既棐辅我周家之诚，尔邦君御事其敢易我周家之法乎。我周家赏善伐恶，禁暴除乱，自有定法。尔不可易也。何况天降灾戾于周邦，使大艰险之人大相邻助以伐于室家。以理言之，征讨无可疑者。此实天命之已定者也，尔若不从，是尔不知天之定命矣。

12. 《融堂书解》卷十一《周书·大诰》

（宋）钱时撰

王曰，呜呼！肆哉，尔庶邦君，越尔御事。爽邦由哲，亦唯十人，迪知上帝命。越天棐忱，尔时罔敢易法，矧今，天降戾于周邦。唯大艰人诞邻胥伐于厥室，尔亦不知天命不易。予永念曰，天唯丧殷，若穑夫，予曷敢不终朕亩。天亦唯休于前宁人，予曷其极卜，敢弗于从率宁人有指疆土，矧今卜并吉，肆朕诞以尔东征，天命不僭，卜陈唯若兹。

此书，首序民献，龟卜协从，故定东征之议其间，反复开晓邦君、御事者至矣。于此复申言民献、龟卜协从，以断之于终，以明天命之不可易，尤更深切也。肆，大也。王曰，呜呼，大哉。叹下文所诰非细事也。于是，呼尔庶邦君及尔御事而谕之。夫邦国昏乱，何由爽明，由乎哲人也。方群情惶惑之时，而"十夫予翼"，此正哲人之见，所以爽吾邦者在是。成王首云"弗造哲"，故不能格知天命。此十夫者，亦唯其明哲，有以迪知上帝之命，故"予翼"耳，非偶然而翼也。乃上帝辅我之忱也，所谓"天棐忱辞，其考我民"是已。东征之师，以十夫为的，十夫之来，以天命为的，此定法也，天则之不可渝也。尔等，岂容变易之命曰是无敢易确然之辞也。况今，天降乖戾于周邦。三监却大与邻人交结，自相攻伐其室家，乖戾甚矣。"有指疆土"，言见成基业。此书专以天命为主，而天命又专以民献、龟卜为决。虽累称"王曰"辞不相属，而浅深次第，井井有条，始终乎民献、龟卜之两端，而天命确乎其不可易。呜呼！圣人举事于危疑变故之地，固如此。

13. 《尚书要义》

（宋）魏了翁撰
（归善斋按，原缺）

14. 《书集传或问》卷下《大诰》

（宋）陈大猷撰
（归善斋按，未解）

15. 《尚书详解》卷七《周书·大诰第九》

（宋）胡士行撰

王曰呜呼！肆哉（铺陈言）尔庶邦君，越（及）尔御事。爽（明）邦（国体）由（用）哲，（明哲之人）亦唯十人，（民献），迪（诚意践履）知上帝命。越（于）天棐忱，尔时（平时）罔敢易（变败）法，（大法）矧今，天降戾（罪）于周邦。唯大艰人（三监大艰乱之人）诞（大）邻（近）胥（相）伐于厥室（周室），尔亦不知天命（眷佑）不易（轻变乎）。予永念曰，天唯丧（亡灭）殷，若（如）穑夫（去草去根），予曷敢不终朕亩（黜殷所以终亩）。天亦唯休（美）于前宁人，予曷（何待）其极（究）卜，敢弗于从（从天）率（循）宁人有指（意）疆土，矧今卜并吉。肆朕诞（大）以尔东（东面）征，天命不僭（差），卜陈（列）唯若兹。

天之眷宁王至矣何待卜而后知乎我敢不从以率其疆土也不卜且可无疑况又卜并吉而东征之举尚何疑乎？

16. 《书纂言》卷四上《周书·大诰》

（元）吴澄撰

王曰，呜呼！肆哉，尔庶邦君，越尔御事。爽邦由哲，亦唯十人迪知上帝命。越天棐忱，尔时罔敢易法，矧今，天降戾于周邦。唯大艰人诞邻胥伐于厥室，尔亦不知天命不易。予永念曰，天唯丧殷，若穑夫，予曷敢不终朕亩。天亦唯休于前宁人，予曷其极卜，敢弗于从。率宁人有指疆土，矧今卜并吉。肆朕诞以尔东征，天命不僭，卜陈唯若兹。

"肆"下加"哉"字，亦发语之辞，连下至"御事"句绝，明察国事，由于哲人。十人，即"民献十夫"。"迪知"者，真知，非臆度知之。十人知天命之眷周，故来助东征之役。天非可信，尔于是无敢改易前人之法。奉天命以伐商者，武王之成法。改其成法，是逆天命也，则天将不可信而命亦改矣。况今，天降丧祸之戾于周邦，故唯兴大患难之人，大于邻近之处，自相攻伐于其邦君之室。此事不可考，疑是康叔不肯从乱，而管、蔡伐之也。今汝不欲东征，是不知天命之不易，得而轻弃之也。降

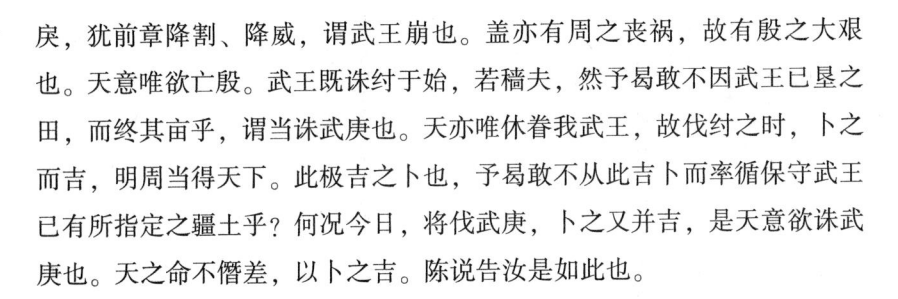

戾，犹前章降割、降威，谓武王崩也。盖亦有周之丧祸，故有殷之大艰也。天意唯欲亡殷。武王既诛纣于始，若稽夫，然予曷敢不因武王已垦之田，而终其亩乎，谓当诛武庚也。天亦唯休眷我武王，故伐纣之时，卜之而吉，明周当得天下。此极吉之卜也，予曷敢不从此吉卜而率循保守武王已有所指定之疆土乎？何况今日，将伐武庚，卜之又并吉，是天意欲诛武庚也。天之命不僭差，以卜之吉。陈说告汝是如此也。

17.《书集传纂疏》卷四下《朱子订定蔡氏集传·周书·大诰》

（元）陈栎撰

王曰，呜呼！肆哉，尔庶邦君，越尔御事。爽邦由哲，亦唯十人，迪知上帝命。越天棐忱，尔时罔敢易法，矧今，天降戾于周邦。唯大艰人诞邻胥伐于厥室，尔亦不知天命不易。

肆，放也，欲其舒放而不畏缩也。爽，明也，"爽厥师"之"爽"。桀昏德，汤伐之，故言"爽师"；受昏德，武王伐之，故言"爽邦"，言昔武王之明大命于邦，皆由明智之士，亦唯乱臣十人，蹈知天命。及天辅武王之诚，以克商受，尔于是时，不敢违越武王法制，惮于征役，矧今，武王死，天降祸于周。首大难之四国，大近相攻于其室。事危势迫如此，尔乃以为不可征，尔亦不知天命之不可违越矣。此以今昔互言，责邦君、御事之不知天命。按先儒，皆以十人为十夫，然十夫民之贤者尔，恐未可以为迪知帝命，未可以为"越天棐忱"。所谓"迪知"者，蹈行真知之词也。"越天棐忱"，天命已归之词也，非乱臣佐武王以受天命者，不足以当之，况《君奭》之书，周公历举虢叔、闳夭之徒，亦曰"迪知天威"；于受殷命亦曰"若天棐忱"。详周公前后所言，则十人之为乱臣，又何疑哉。

纂疏：

陈氏曰，肆，伐也。《诗》"是伐是肆"。

林氏引王莽大诰"肆哉"颜注，肆，陈也，劝令陈力。一说，敷陈辞意，欲其听也。

孔氏曰，十人谓民献十夫。

愚谓，爽明国事，实由哲人。爽邦，犹言通达国体也。十人，即十夫。所谓爽邦之哲人也，亦唯此十人，深知帝命。及天之棐忱，尔于常时尚不敢变易天命讨之法，矧今，天降戾，邻胥伐，骨月相仇。事势危迫如此，尔乃以为不可征，是尔亦不知天命之不可变矣。以此解之，岂不明顺。蔡氏必以十人为十乱，费辞辨之。自"爽邦"至"棐忱"本无武王时之意也。十夫、十人前后相应，周公十乱之一，决不应自言之。

18. 《读书丛说》卷六《大诰》

（元）许谦撰

（归善斋按，未解）

19. 《书传辑录纂注》卷四《周书·大诰》

（元）董鼎撰

王曰，呜呼！肆哉，尔庶邦君，越尔御事。爽邦由哲，亦唯十人，迪知上帝命。越天棐忱，尔时罔敢易法，矧今天降戾于周邦。唯大艰人诞邻胥伐于厥室，尔亦不知天命不易。

肆，放也。欲其舒放而不畏缩也。爽，明也，"爽厥师"之"爽"。桀昏德，汤伐之，故言"爽师"；受昏德，武王伐之，故言"爽邦"。言昔武王之明大命于邦，皆由明哲之士，亦唯乱臣十人，蹈知天命。及天辅武王之诚，以克商受，尔于是时不敢违越武王法制，惮于征役。矧今，武王死，天降祸于周，首大难之四国，大近相攻于其室。事危势迫如此，尔乃以为不可征，尔亦不知天命之不可违越矣。此以今昔互言，责邦君御事之不知天命。按，先儒皆以十人为十夫，然十夫民之贤者，尔恐未可以为迪知帝命，未可以为"越天棐忱"。所谓"迪知"者，蹈行真知之辞也。"越天棐忱"，天命已归之辞也，非乱臣昭武王以受天命者，不足以当之。况《君奭》之书，周公历举虢叔、闳夭之徒，亦曰"迪知天威"；于受殷命，亦曰"若天棐忱"。详周公前后所言，则十人之为乱臣，又何疑哉。

纂注：

陈氏曰，肆，伐也。《诗》曰"是伐是肆"。

林氏曰，王莽大诰亦曰"肆哉"，颜师古曰，肆，陈也，劝令陈力是也。见《翟义传》。一说，我铺陈辞旨，欲其听也。

孔氏曰，十人，谓民献十夫。

林氏曰，国家有大议大利害，纷纭不决，非有大过人之智，足以决定大计，安能致邦之爽明无疑哉。武庚之乱，邦君、御事皆疑，此十人者惠然而来，以为可征，则夫十人者，盖哲人也。十人所以为哲人者，以其能迪知帝命故也。

新安陈氏曰，爽明国事，实由哲人。"爽邦"，犹言通达国体也。十人，即民献。十夫，即所谓"爽邦"之哲人也，亦唯此十人，蹈迪而深知帝命。及天之辅忱，命德讨罪，天之法也。尔于常时，尚当罔敢变易其法，矧今，天降戾，邻胥伐，骨肉相仇，事势危迫如此，尔乃以为不可征，是尔亦不知天命之不可变矣。以此解之，岂不辞意明顺乎。蔡氏必以十人为十乱，费辞辨之，终觉首尾衡决，且自"爽邦"至"棐忱"十七字中，本略无武王时之意，不过硬说上耳。十夫、十人，前后相应。周公十乱之一，公不应自言之也。前"十夫"，马融训"十乱"，尤未足据。

20. 《尚书句解》卷七《周书·大诰第九》

（元）朱祖义撰

王曰（王又更端以告邦君），呜呼（叹言）！肆哉（肆，陈也，欲其陈力决行），尔庶邦君，越尔御事（尔邦君及治事之臣）。

21. 《尚书日记》卷十《周书·大诰》

（明）王樵撰

"王曰，呜呼！肆哉，尔庶邦君"至"尔亦不知天命不易"。

"肆哉"，勉其舒肆而不畏缩也。爽，明也。桀、纣昏乱，汤、武克之，而天下清，故曰"爽厥师"。曰"爽邦由哲"者，由得哲人之辅也。十人，即乱臣十人也，十臣蹈履至到，故心与天通，能知其祸福之几于先，及周德日隆，天休滋至，亦唯十人与武王同心同德，有以悟其式教用休之意于不言之表。十人有知天之德如此，以此赞襄武王克商受命。"用爽厥师"，所谓"爽邦"也。尔于是时，不敢违越武王法制，惮于征役。况今武王死，天降祸于周。首大难之四国，大近相攻于其室。比武王吊伐之时，事势之危迫何如？东征以奉天命，其所赖于臣人之辅者，又何如？尔乃以为不可征，以今视昔，尔亦不知天命之不可违越矣。视十人迪知帝命之心，何如耶；视尔昔时不敢易法之心，何如耶？

"迪知上帝命"者，心与天通，自然合理者也。"知天命不易"者，未能真知，而不敢不信者也。在武主时，商罪贯盈，不可不讨。天命如此眷佑有周，"梦卜协吉，天之棐忱"又如此。在今日，武庚作乱，不可不讨，天命亦如此。"民献予翼，朕卜并吉"，天之棐忱，亦又如此。是今昔之事，理一也。然在昔，有十人之辅，而尔旧人，亦不敢易武王之法。今"考翼，不可征"，则不唯易我之法，而言"害不违卜"，则"亦不知天命之不可易"矣。顺上从征，君之法不可易；奉天行罚，天之命尤不可易也。以昔时奉法之心，为今日顺天之义，则与"迪知"者虽有间，而与"爽邦"者实同功矣，不亦美乎。

天命至微，天之棐忱亦无形声可验，唯十人蹈知之。

吕氏曰，哲人能尽天地之心。

"诞邻胥伐于厥室"，言其为害迫近，比武王伐纣救民，犹为乱在彼国，本国固无事也。

"易"字，蔡传训为"违越"而下无音，则只如字读，陆以豉反。

22.《日讲书经解义》卷七《周书·大诰》

（清）库勒纳等撰

王曰，呜呼！肆哉，尔庶邦君，越尔御事。爽邦由哲，亦唯十人，迪知上帝命。越天棐忱，尔时罔敢易法，矧今，天降戾于周邦。唯大艰人诞邻胥伐于厥室，尔亦不知天命不易。

此一节书，以今昔对言，责群臣不知天命，而激劝之也。肆，放也。爽，明也。十人，乱臣也。"迪知"，蹈行真知之词。成王又叹息言曰，东征之事，虽艰难重大，自我观之，尔等皆当舒放其心，而无过畏也。且尔在外庶邦之君，及在内御事之臣，不闻伐纣之事乎？昔者，纣德昏乱，武王奉行天讨，而故习咸新，皆由明哲之士，相为辅佐耳。所谓明哲之士者，亦唯是乱臣十人，迪知上帝黜殷之命；在纣，有必亡之机；又迪知上天辅周之诚，在武王，有可兴之理，皆奉承国家法制，不敢违法而惮于征也。当时群臣，何其明哲如此。矧今，宁王既丧，是上天降祸于周邦也。四国又首倡大难，即如一家之人，相逼相攻，而事危势迫已甚矣，此天命之所必讨也。尔等犹以为不可征，而欲我违卜者，亦不知天命之不可违矣。尔何不念天命之可畏，从予一人，同心戮力，庶几媲美于前十人耶。人心愤发之时，即大难将平之日；小丑凭凌，何世靡有，其所以建威消萌，则恃人有任事之心，敢行之志耳。然朝廷不明赏罚，定功罪，以鼓舞天下，其道无由也。今诵成王，罔敢易法之言，亦可想见武王当日法度严明，人思用命之概矣。

《尚书疑义》卷五《大诰》

（明）马明衡撰

"呜呼！肆哉"至末，复反复归于天命，而见于卜，决意东征也。周公将东征而告谕天下，勤恳切至如此，盖亦伸大义于天下，以晓示人心，然后从而征之。圣人举事，岂是草草一闻谤言，遂避居以待主上之察耶。

爽邦由哲，亦唯十人，迪知上帝命

1.《尚书注疏》卷十二《周书》

（汉）孔氏传，（唐）陆德明音义，（唐）孔颖达疏

爽邦由哲，亦唯十人，迪知上帝命。

传，言其故，有明国事，用智道十人，蹈知天命。谓人献十夫来佐周。

疏，正义曰，所以知必克者，故有明国事，用智道者，亦唯有十人。此人皆蹈知上天之命，谓民献十夫来佐周家。此人既来，克之必也。

传，正义曰，言其故者，此言其必克之故也。爽，明也。由，用也。有明国事，用智道，言其有贤德也。蹈天者，识天命而履行之。此言"十人"，谓上文"民献十夫来佐周家"者。此是贤人。贤人既来，彼无所与，是必克之效也。王肃云，我未伐而知民弗救者，以民十夫，用知天命

故也。

2.《书传》卷十一《周书》

(宋) 苏轼撰

爽邦由哲,亦唯十人,迪知上帝命。

邦之明,乃能用哲。今十人归我,而不助彼,则帝命可知矣。

3.《尚书全解》卷二十七《周书》

(宋) 林之奇撰

(归善斋按,见"尔唯旧人,尔丕克远省")

4.《尚书讲义》卷十三

(宋) 史浩撰

(归善斋按,见"王若曰,猷!大诰尔多邦")

5.《尚书详解》卷十八《周书·大诰》

(宋) 夏僎撰

(归善斋按,见"肆哉,尔庶邦君,越尔御事")

6.《增修东莱书说》卷十九《周书·大诰第九》

(宋) 吕祖谦撰,(宋) 石澜增修

(归善斋按,见"肆哉,尔庶邦君,越尔御事")

7.《尚书说》卷五《周书·大诰》

(宋) 黄度撰

(归善斋按,见"肆哉,尔庶邦君,越尔御事")

8.《絜斋家塾书钞》卷十《周书·大诰》

(宋) 袁燮撰

(归善斋按,见"肆哉,尔庶邦君,越尔御事")

9. 《书经集传》卷四《周书·大诰》

（宋）蔡沈撰
（归善斋按，见"肆哉，尔庶邦君，越尔御事"）

10. 《尚书精义》卷三十三《周书·大诰》

（宋）黄伦撰
（归善斋按，见"肆哉，尔庶邦君，越尔御事"）

11. 《尚书详解》卷二十七《周书·大诰》

（宋）陈经撰
（归善斋按，见"肆哉，尔庶邦君，越尔御事"）

12. 《融堂书解》卷十一《周书·大诰》

（宋）钱时撰
（归善斋按，见"肆哉，尔庶邦君，越尔御事"）

13. 《尚书要义》

（宋）魏了翁撰
（归善斋按，原缺）

14. 《书集传或问》卷下《大诰》

（宋）陈大猷撰
（归善斋按，未解）

15. 《尚书详解》卷七《周书·大诰第九》

（宋）胡士行撰
（归善斋按，见"肆哉，尔庶邦君，越尔御事"）

16.《书纂言》卷四上《周书·大诰》

（元）吴澄撰

（归善斋按，见"肆哉，尔庶邦君，越尔御事"）

17.《书集传纂疏》卷四下《朱子订定蔡氏集传·周书·大诰》

（元）陈栎撰

（归善斋按，见"肆哉，尔庶邦君，越尔御事"）

18.《读书丛说》卷六《大诰》

（元）许谦撰

（归善斋按，未解）

19.《书传辑录纂注》卷四《周书·大诰》

（元）董鼎撰

（归善斋按，见"肆哉，尔庶邦君，越尔御事"）

20.《尚书句解》卷七《周书·大诰第九》

（元）朱祖义撰

爽邦由哲（爽明邦国，使无疑谋者，由于知人之哲），亦唯十人迪知上帝命（唯彼十人，独能启迪，以知天命所在，毅然而至，辅我以往）。

21.《尚书日记》卷十《周书·大诰》

（明）王樵撰

（归善斋按，见"肆哉，尔庶邦君，越尔御事"）

22.《日讲书经解义》卷七《周书·大诰》

（清）库勒纳等撰

（归善斋按，见"肆哉，尔庶邦君，越尔御事"）

《尚书疑义》卷五《大诰》

(明) 马明衡撰

(归善斋按,见"肆哉,尔庶邦君,越尔御事")

越天棐忱,尔时罔敢易法,矧今,天降戾于周邦

1. 《尚书注疏》卷十二《周书》

(汉) 孔氏传,(唐) 陆德明音义,(唐) 孔颖达疏

越天棐忱,尔时罔敢易法,矧今,天降戾于周邦。

传,于天辅诚汝天下,是知无敢易天法,况今,天下罪于周,使四国叛乎。

疏,正义曰,于我天辅诚信之故,汝天下是知无敢变易天法者,若易法无信,则上天不辅,故无敢易法也。况今,天下罪于周国,使四国叛逆。

传,正义曰,于天辅诚,言天之所辅,必是诚信。汝天下于是观之,始知无敢变易天法。若易天法,则天不辅之。况今,天下罪于周,使四国叛乎?以小况大,易法犹尚不可,况叛逆乎?

2. 《书传》卷十一《周书》

(宋) 苏轼撰

越天棐忱,尔时罔敢易法,矧今,天降戾于周邦。唯大艰人诞邻胥伐于厥室,尔亦不知天命不易。

及天之方辅诚以助我,尔时我犹不敢不畏法度。矧今,天降戾,使我大艰难之民,与强大之邻,相伐于厥室。邻室相攻可谓急矣,汝犹不知天命不易,欲安而不问也。

3.《尚书全解》卷二十七《周书》

（宋）林之奇撰

越天棐忱，尔时罔敢易法。矧今，天降戾于周邦。唯大艰人诞邻胥伐于厥室，尔亦不知天命不易。予永念曰，天唯丧殷，若穑夫，予曷敢不终朕亩。天亦唯休于前宁人，予曷其极卜敢弗于从。

汉孔氏曰，于天辅诚汝天下，是知无敢易天法，况今，天下罪于周，使四国叛乎。盖始既言"越棐忱"，尔时周敢易法，矧今，天降戾于周邦，则孔氏从而训释之，不得不如此云云也。其意谓，天所辅者，唯至诚不欺之人，故天下无敢变易法度，以自绝于天。今四国之叛，是易法也。然王氏以此为不可知，而缺之，盖亦谨疑之义也。大艰人，谓三监也。三监以兄弟手足之亲，挟武庚之叛，间衅王室，以是大近相伐于其室家之中。室家之人，至于有相吞灭之志，而不利于国家，则于大义不可以不征也。盖三叔，虽周公之兄弟，然既挟武庚以叛，则是周公之雠矣。正犹石厚助州吁不轨之谋，则石碏当举大义以灭之。而尔邦君、御事，反以为不可征，是尔不知天命之不易也。天之命无常，可谓难矣。今有吉卜而不用，则安知其不为凶乎。此其不易也，尔不知天命之不易，则邦无自而爽安，可不从我以征哉。唐孔氏曰，管、蔡导武庚为乱，此篇略于管、蔡者，犹难以伐弟为言，故专说武庚罪耳。此说虽是，而未之尽也。盖三叔之于武庚，雠也；其于周公，兄弟也。今乃舍其兄弟，而挟武庚以叛，其恶播于天下矣。邦君、御事必知其为可诛，不以兄弟而疑之也。其所以为不可征者，第以祸发于东土，而西土无预焉。故贪目前之安，不肯从事于干戈，欲成王考翼，而彼自服也。殊不知纵之而不诛，则其祸必浸淫于西土，其何以继前人之业，而举上天之命乎？故其兆之辞，以为西土亦将不静。周公既举此以告之矣，又谓其"诞邻胥伐于厥室"，其可以贪目前之安，而不讨之哉。故其所诰之辞，略于管、蔡也。"予永念曰，予曷敢不终朕亩"言管、蔡之所以叛，则以殷之遗孽犹有存者，必以此借口也。故我之长念，则谓天以纣之暴虐而改命我周，其于殷人也，若穑夫治田，去其稂莠，必芟夷蕴崇之，绝其本根，勿使能植而后已。今也有遗种焉，则我何敢不如田亩之终，而毕其事乎？盖武庚之叛不去，则为不终朕亩矣。

武王之伐纣也，其誓师曰"除恶务本"正如此"终朕亩"之谓也。盖纣不克，则其本不除；武庚不除，则其本不终。然武王既以"务本"为言，周公既以"终亩"为言，则其于殷，盖疾之甚矣。至其灭纣，则封武庚；诛武庚，则封微子者，盖武王之所欲诛者，纣而已，武庚何罪焉。成王之所欲诛者，武庚而已，微子何罪焉。盖恶之止于其身者，圣人之忠厚也。与夫恶"相"，而恶木边之姓；恶"解"，而恶水中之蟹，其迁怒也有间矣。天以吉卜锡我周家，使我周家仗大义以灭殷者，亦唯休美于前宁人，使长享天下也。我今何以极卒宁王之图功哉，唯从吉卜则可矣。故卜不敢不从也。而邦君、御事，乃以不违卜为非，何哉。

4.《尚书讲义》卷十三

（宋）史浩撰

（归善斋按，见"王若曰，猷！大诰尔多邦"）

5.《尚书详解》卷十八《周书·大诰》

（宋）夏僎撰

（归善斋按，见"尔庶邦君，越尔御事"）

6.《增修东莱书说》卷十九《周书·大诰第九》

（宋）吕祖谦撰，（宋）石澜增修

（归善斋按，见"肆哉，尔庶邦君，越尔御事"）

7.《尚书说》卷五《周书·大诰》

（宋）黄度撰

（归善斋按，见"肆哉，尔庶邦君，越尔御事"）

8.《絜斋家塾书钞》卷十《周书·大诰》

（宋）袁燮撰

（归善斋按，见"肆哉，尔庶邦君，越尔御事"）

9.《书经集传》卷四《周书·大诰》

（宋）蔡沈撰
（归善斋按，见"肆哉，尔庶邦君，越尔御事"）

10.《尚书精义》卷三十三《周书·大诰》

（宋）黄伦撰
（归善斋按，见"肆哉，尔庶邦君，越尔御事"）

11.《尚书详解》卷二十七《周书·大诰》

（宋）陈经撰
（归善斋按，见"肆哉，尔庶邦君，越尔御事"）

12.《融堂书解》卷十一《周书·大诰》

（宋）钱时撰
（归善斋按，见"肆哉，尔庶邦君，越尔御事"）

13.《尚书要义》

（宋）魏了翁撰
（归善斋按，原缺）

14.《书集传或问》卷下《大诰》

（宋）陈大猷撰
（归善斋按，未解）

15.《尚书详解》卷七《周书·大诰第九》

（宋）胡士行撰
（归善斋按，见"肆哉，尔庶邦君，越尔御事"）

16. 《书纂言》卷四上《周书·大诰》

（元）吴澄撰

（归善斋按，见"肆哉，尔庶邦君，越尔御事"）

17. 《书集传纂疏》卷四下《朱子订定蔡氏集传·周书·大诰》

（元）陈栎撰

（归善斋按，见"肆哉，尔庶邦君，越尔御事"）

18. 《读书丛说》卷六《大诰》

（元）许谦撰

（归善斋按，未解）

19. 《书传辑录纂注》卷四《周书·大诰》

（元）董鼎撰

（归善斋按，见"肆哉，尔庶邦君，越尔御事"）

20. 《尚书句解》卷七《周书·大诰第九》

（元）朱祖义撰

越天棐忱，尔时罔敢易法（谓武王之初，以至诚为天所辅。尔于彼时，尚不敢改易其武王所班之法度），矧今，天降戾于周邦（况今，天降下灾戾于周邦而武王死）。

21. 《尚书日记》卷十《周书·大诰》

（明）王樵撰

（归善斋按，见"肆哉，尔庶邦君，越尔御事"）

22. 《日讲书经解义》卷七《周书·大诰》

(清) 库勒纳等撰
(归善斋按,见"肆哉,尔庶邦君,越尔御事")

《尚书疑义》卷五《大诰》

(明) 马明衡撰
(归善斋按,见"肆哉,尔庶邦君,越尔御事")

唯大艰人诞邻胥伐于厥室,尔亦不知天命不易

1. 《尚书注疏》卷十二《周书》

(汉) 孔氏传,(唐) 陆德明音义,(唐) 孔颖达疏
唯大艰人诞邻胥伐于厥室,尔亦不知天命不易。
传,唯大为难之人,谓三叔也,大近相伐于其室家,谓叛逆也。若不早诛汝,天下亦不知天命之不易也。
音义,易,以豉反。
疏,正义曰,唯大为难之人,谓三叔等,大近相伐于其室家,自欲拔本塞源,反害周室,是其为易天法也。彼变易天法,若不早诛之,汝天下亦不知天命之不可变易也。
传,正义曰,"唯大为难之人,谓三叔"者,以下句言"相伐于其室家",室家自相伐,知"唯大为难之人,谓三叔"也。"大近相伐于其室家"者,三叔为周室至亲,而举兵作乱,是室家自相伐,为叛逆之罪,是变易天法之极。若汝诸国不肯诛之,是汝天下亦不知天命之不可变易也。王肃云,唯大为难之人,谓管、蔡也。大近相伐于其室家,明不可不诛也。管、蔡犯天诛而汝不欲伐,则亦不知天命之不易也。

2.《书传》卷十一《周书》

(宋)苏轼撰

(归善斋按,见"越天棐忱,尔时罔敢易法")

3.《尚书全解》卷二十七《周书》

(宋)林之奇撰

(归善斋按,见"越天棐忱,尔时罔敢易法")

4.《尚书讲义》卷十三

(宋)史浩撰

(归善斋按,见"王若曰,猷!大诰尔多邦")

5.《尚书详解》卷十八《周书·大诰》

(宋)夏僎撰

(归善斋按,见"肆哉,尔庶邦君,越尔御事")

6.《增修东莱书说》卷十九《周书·大诰第九》

(宋)吕祖谦撰,(宋)石𬩽增修

(归善斋按,见"肆哉,尔庶邦君,越尔御事")

7.《尚书说》卷五《周书·大诰》

(宋)黄度撰

(归善斋按,见"肆哉,尔庶邦君,越尔御事")

8.《絜斋家塾书钞》卷十《周书·大诰》

(宋)袁燮撰

(归善斋按,见"肆哉,尔庶邦君,越尔御事")

9. 《书经集传》卷四《周书·大诰》

（宋）蔡沈撰

（归善斋按，见"肆哉，尔庶邦君，越尔御事"）

10. 《尚书精义》卷三十三《周书·大诰》

（宋）黄伦撰

（归善斋按，见"肆哉，尔庶邦君，越尔御事"）

11. 《尚书详解》卷二十七《周书·大诰》

（宋）陈经撰

（归善斋按，见"肆哉，尔庶邦君，越尔御事"）

12. 《融堂书解》卷十一《周书·大诰》

（宋）钱时撰

（归善斋按，见"肆哉，尔庶邦君，越尔御事"）

13. 《尚书要义》

（宋）魏了翁撰

（归善斋按，原缺）

14. 《书集传或问》卷下《大诰》

（宋）陈大猷撰

（归善斋按，未解）

15. 《尚书详解》卷七《周书·大诰第九》

（宋）胡士行撰

（归善斋按，见"肆哉，尔庶邦君，越尔御事"）

16. 《书纂言》卷四上《周书·大诰》

（元）吴澄撰
（归善斋按，见"肆哉，尔庶邦君，越尔御事"）

17. 《书集传纂疏》卷四下《朱子订定蔡氏集传·周书·大诰》

（元）陈栎撰
（归善斋按，见"肆哉，尔庶邦君，越尔御事"）

18. 《读书丛说》卷六《大诰》

（元）许谦撰
（归善斋按，未解）

19. 《书传辑录纂注》卷四《周书·大诰》

（元）董鼎撰
（归善斋按，见"肆哉，尔庶邦君，越尔御事"）

20. 《尚书句解》卷七《周书·大诰第九》

（元）朱祖义撰
唯大艰人（唯大艰险之人，如三监、武庚之徒）诞邻胥伐于厥室（得以乘衅而大邻近，相杀伐于其所居之室），尔亦不知天命不易（尔岂不知天命归周，有不可改易之理邪）。

21. 《尚书日记》卷十《周书·大诰》

（明）王樵撰
（归善斋按，见"肆哉，尔庶邦君，越尔御事"）

22. 《日讲书经解义》卷七《周书·大诰》

（清）库勒纳等撰

（归善斋按，见"肆哉，尔庶邦君，越尔御事"）

《尚书疑义》卷五《大诰》

（明）马明衡撰

予永念曰，天唯丧殷，若穑夫，予曷敢不终朕亩

1. 《尚书注疏》卷十二《周书》

（汉）孔氏传，（唐）陆德明音义，（唐）孔颖达疏

予永念曰，天唯丧殷，若穑夫，予曷敢不终朕亩。

传，稼穑之夫，除草养苗。我长念天亡殷，恶主亦犹是矣。我何敢不顺天，终竟我垄亩乎？言当灭殷。

音义，垄，力勇反。

疏，正义曰，所以必当诛四国者，我长思念之曰，天唯丧亡殷国，若稼穑之夫务去草也。天意既然，我何敢不终我垄亩也。言秽草尽须除去，殷余皆当殄灭也。

2. 《书传》卷十一《周书》

（宋）苏轼撰

予永念曰，天唯丧殷，若穑夫，予曷敢不终朕亩。

天使我丧殷，若农夫之去草，其敢不尽力乎？

3. 《尚书全解》卷二十七《周书》

（宋）林之奇撰

（归善斋按，见"越天棐忱，尔时罔敢易法"）

4.《尚书讲义》卷十三

（宋）史浩撰

（归善斋按，见"王若曰，猷！大诰尔多邦"）

5.《尚书详解》卷一八《周书·大诰》

（宋）夏僎撰

予永念曰，天唯丧殷，若穑夫，予曷敢不终朕亩。天亦唯休于前宁人，予曷其极，卜敢弗于从。率宁人有指疆土，矧今卜并吉。肆朕诞以尔东征，天命不僭，卜陈唯若兹。

成王既责邦君不知天命，不能从我，故又言我之责，汝非妄言轻发。我庸长永思念于心曰，天之丧殷，若稼穑之人，其治田也，必欲尽去稂莠，芟夷蕴崇，勿使再生。前者，武王伐纣，是犹穑夫已去草于其始矣。若其余根遗蘖，犹有存者，实不无望于我后人，终其亩而尽去之。盖武王既诛纣，其余蘖武庚，若更生肆恶，若终以去之者，实成王责也，故言"予曷敢不终朕亩"。成王既言天命属周身，当灭武庚，故又言今日灭武庚，所以得吉兆，可以必诛者，亦天以此休美于我前宁人武王，故虽处祸乱，而可以必胜。我何以至此，故曰"予曷其极"，谓"至"也。今日既是天以此休美于前人，非我后人所能至，故卜之吉也，敢不往以从之。既言卜敢不于从，又言"率宁人有指疆土，矧今卜并吉"者，盖谓今日东征之举，将以率循武王有指意之疆土。盖先王建立疆土，皆有指意。今武庚作乱，是不能守前人之指意，至于叛逆。我今将率循之。虽不卜亦当决往，况今卜之于龟，而三龟又皆"并吉"乎？唯其"并吉"故我所以大与尔众邦，决往东征也。成王既告庶邦，使又往东征，又恐其犹有狐疑，故又戒之曰"天命弗僭，卜陈唯若兹"，谓今日天命已一定，决不僭差，卜之所陈唯如此而已，汝不可不从也。先儒以"予曷其极卜"为一句，以"敢弗于从"为一句，谓前人膺天休命，唯卜是用，我何敢穷极其卜而不从乎。此说迂回，不敢从。

6.《增修东莱书说》卷十九《周书·大诰第九》

（宋）吕祖谦撰，（宋）石澜增修

予永念曰，天维丧殷，若穑夫，予曷敢不终朕亩。

谓纣之为恶，天本欲无遗其育。武王不肯尽绝，乃立武庚。武庚又叛，成王深思长念，谓天之丧殷，如穑夫之有事于田亩，予何敢不终厥亩欤。

7.《尚书说》卷五《周书·大诰》

（宋）黄度撰

予永念曰，天唯丧殷，若穑夫，予曷敢不终朕亩。天亦唯休于前宁人，予曷其极卜，敢弗于从。率宁人有指疆土，矧今卜并吉。

我长念曰天之丧殷，譬若穑夫除草未终亩矣，予何敢不终之。武庚能知天命，约已敬慎，以承余业，尚庶几能协武王之意。而自作不靖，以速其亡。除草终亩，夫岂当恤哉。黜殷定王业，是为天休美武王，见于蓍龟者，予何其极卜，而敢弗于从乎。极，尽也。谋及乃心、谋及卿士、谋及庶人、谋及卜筮。询谋至卜筮而尽，故曰"极卜"。大封于韩、齐、鲁、燕、管、蔡，布在侯卫，武王又尝欲作洛，是为有指疆土，"矧卜之并吉"，其敢违之哉？观此，及武庚鄙周之语，则当时议论，似有欲并弃豫洛以东者矣，如当时事势摇动震惊，非文武之盛德，周公之善应变，山东诚难保。

8.《絜斋家塾书钞》卷十《周书·大诰》

（宋）袁燮撰

予永念曰，天唯丧殷，若穑夫，予曷敢不终朕亩。天亦唯休于前宁人，予曷其极卜，敢弗于从。

武王杀纣，立武庚，殷之天命，犹未绝也。至今，商始丧矣。武王克商，犹农夫之耕，此亩予可不与之竟乎。极卜者，卜之极于善者也。予可不唯善之是从乎。

9.《书经集传》卷四《周书·大诰》

(宋)蔡沈撰

予永念曰,天唯丧殷,若稼夫,予曷敢不终朕亩。天亦唯休于前宁人。

天之丧殷,若农夫之去草,必绝其根本,我何敢不终我之田亩乎?我之所以终亩者,是天亦唯欲休美于前宁人也。

10.《尚书精义》卷三十三《周书·大诰》

(宋)黄伦撰

予永念曰,天唯丧殷,若稼夫,予曷敢不终朕亩。天亦唯休于前宁人,予曷其极卜,敢弗于从。

无垢曰,殷之有天下,犹亩之田也。田有恶草,则害嘉谷;天下有不仁之君,则害良民。天相武王,诛纣灭殷,以保良民。是若稼夫除去恶草,以养嘉谷也。今其莠犹在,如武庚之叛也,成王岂敢不力诛锄,以终天下之业,而继武王乎。亦犹稼夫尽去恶草,不使一苗有遗类也。前曰"日思",此曰"永念",则知圣贤举事,不轻易如此。

东坡曰,是时,武王之旧臣,皆欲从成王征伐,故王曰,天若欲休息此前宁人者,予何敢尽用卜,敢不从众而止乎。

张氏曰,稼夫之治田,去其害稼者而已。盖稂莠不除,终为苗稼之害。殷商之害虐斯民,为天所畏,有类于此,故曰"天唯丧殷,若稼夫"。天之丧殷如是,则为成王者,故当敛之,至于终亩所以应天者也。极,至也。天之休美于前宁人,使有天下。成王自谓我何所至乎,言有天下之休命者,尽宁王之德也。我卜既吉而不往从之,则是逆天者也。成王之所以必往伐之者,从卜而已。

吕氏曰,周公之论天之命丧商之意,分明天降休命于武王,又分明何必去,占卜自合,当从天命,去东征虽不卜亦可。

11.《尚书详解》卷二十七《周书·大诰》

（宋）陈经撰

予永念曰，天唯丧殷，若稽夫，予曷敢不终朕亩。天亦唯休于前宁人，予曷其极卜，敢弗于从。率宁人有指疆土，矧今卜并吉。肆朕诞以尔东征，天命不僭，卜陈唯若兹。

"予永念曰"，言我亦尝深思远虑。以为天下之丧殷。如稽夫然。稽夫之治田亩也，去恶草则恐其害嘉谷。武王之伐商也，矜其绝祀，复立武庚。武庚作乱，是恶草之本根未除，今则芟夷蕴崇之，以终其田亩之事，俾无遗种也。方是时，武王旧臣，皆欲从成王征伐，使天意若欲休息此前宁人，则我何敢尽用卜，敢不从众人而止乎，以见当时旧臣之从周公者亦多矣。今宁人指我以疆土所至，不可坐受其侵略，在我所当循之。何况卜之于龟又并吉乎，以见人心之与天意皆合也。人事既如此，天意又如此，教我诞以尔东征，天命无有差僭，卜之陈列已如此矣。

此篇大概以人事、天意为主。以人事言之，则莫如十夫之"予翼"；以天意言之，则莫如卜之吉。贤者，民之望也；卜者人情之所素信也。周公不以一己之意，强夫人之必从，而以人事、天意之可信者示之，俾之不得不从。此所以卒成东征之谋，而人无异辞也。

12.《融堂书解》卷十一《周书·大诰》

（宋）钱时撰

（归善斋按，见"肆哉，尔庶邦君，越尔御事"）

13.《尚书要义》

（宋）魏了翁撰

（归善斋按，原缺）

14.《书集传或问》卷下《康诰》

（宋）陈大猷撰

（归善斋按，未解）

15.《尚书详解》卷七《周书·大诰第九》

(宋)胡士行撰

(归善斋按,见"肆哉,尔庶邦君,越尔御事")

16.《书纂言》卷四上《周书·大诰》

(元)吴澄撰

(归善斋按,见"肆哉,尔庶邦君,越尔御事")

17.《书集传纂疏》卷四下《朱子订定蔡氏集传·周书·大诰》

(元)陈栎撰

予永念曰,天唯丧殷,若稽夫,予曷敢不终朕亩。天亦唯休于前宁人。

天之丧殷,若农之去草,必绝其根本,我何敢不终我之田亩乎?我之所以终亩者,是天亦唯欲休美于前宁人也。

18.《读书丛说》卷六《大诰》

(元)许谦撰

(归善斋按,未解)

19.《书传辑录纂注》卷四《周书·大诰》

(元)董鼎撰

予永念曰,天唯丧殷,若稽夫,予曷敢不终朕亩,天亦唯休于前宁人。

天之丧殷,若农夫之去草,必绝其根本,我何敢不终我之田亩乎?我之所以终亩者,是天亦唯欲休美于前宁人也。

纂注:

林氏曰,我长念于心,则谓天以纣之暴虐,而改命我周,其于殷人也,若稽夫治田,去其稂莠,必芟夷蕴崇之,绝其本根,勿使能植而后已。今也有遗种焉,则我何敢不于田亩之中,而毕其事乎?盖武庚之叛,而不去,则为不终朕亩矣。

20.《尚书句解》卷七《周书·大诰第九》

(元)朱祖义撰

予永念曰（我亦当深思远虑而言）,天唯丧殷,若穑夫（天唯丧亡殷家,如穑夫之治田亩,去恶草,则恐其害嘉谷。武庚作乱,是恶草之本根未除）。予曷敢不终朕亩（我何敢不芟夷蕴崇,以终其田亩之事。灭武庚,以终其安天下之功哉）。

21.《尚书日记》卷十《周书·大诰》

(明)王樵撰

"予永念曰,天唯丧殷"至"唯休于前宁人"。

我长念曰,天之除恶也,止其身,岂若农夫之去草,必芟夷蕴崇之,无复易种而后已哉。唯人自作孽,则有自灭之道。如农夫去草不尽,使复延蔓,则有朕亩不终之责矣。使武庚不叛,则天之所欲亡者纣而已。恶恶止其身,罚弗及其嗣人,理也,实天心也。此武王所以封武庚也。夫何武庚也,不畏天,安分为商家世祀之谋,而诞纪其绪,为一旦灭祀之举,乃知天之丧殷也,若穑夫然,不尽除之不已也。则我亦安敢不终朕亩邪?我之所以终亩者,是天亦唯欲休美于前宁人,不使有除恶不尽之累尔,意以武王诛纣,而复封武庚,譬之去草不尽,致复滋蔓为害,其美不全,故今欲终亩以全其美也。

22.《日讲书经解义》卷七《周书·大诰》

(清)库勒纳等撰

予永念曰,天唯丧殷,若穑夫,予曷敢不终朕亩。天亦唯休于前宁人。

此一节书,言已迓天唯休,以勉励群臣也。穑夫,农田去草之人也。成王又曰,予于东征之举,非但日思之而已也,盖永念之矣。夫天以纣之暴虐,改命我周,其于殷人一如穑夫之治田,必去其稂莠,而又绝其根本而后已焉。今武庚尚存，则是余种犹在，予何敢不声罪致讨，以终朕田亩之事乎？若此者，上天之意，岂唯集休于前宁人而已哉。盖亦欲前宁人辅主之烈，弥久而弥光耳。天意昭然，谓可违卜而勿征乎？

《读书管见》卷下《大诰》

（元）王充耘撰

天唯丧殷，若穑夫。

"天唯丧殷，若穑夫。予曷敢不终朕亩"，此二句，是一意；"天亦唯休于前宁人。予曷其极卜，敢弗于从，率宁人有指疆土"，此二句是一意，皆是以天与予对言，文势犹前三言"天"，三言"予"之意。"敢弗于从，率宁人有指疆土"当作一句云云。"于"训为"往"，言敢不往从。"率循宁人有指定之疆土"，传谓敢不从尔弗征，非是。

《尚书疑义》卷五《大诰》

（明）马明衡撰

（归善斋按，见"肆哉，尔庶邦君，越尔御事"）

天亦唯休于前宁人，予曷其极卜，敢弗于从

1.《尚书注疏》卷十二《周书》

（汉）孔氏传，（唐）陆德明音义，（唐）孔颖达疏

天亦唯休于前宁人，予曷其极卜，敢弗于从。

传，天亦唯美于文王受命，我何其极卜法，敢不于从，言必从也。

疏，正义曰，天亦唯美于前宁人文王，我何其极文王卜法，敢不于是从乎？言必从之也。

传，正义曰，天亦唯美于文王受命，言文王德当天心。天每事美之，故得受天命，是文王之德大美也。文王用卜能受天命，今于我何其穷极文王卜法，敢不从乎？言必从文王卜也。

2.《书传》卷十一《周书》

（宋）苏轼撰

天亦唯休于前宁人，予曷其极卜，敢弗于从。率宁人有指疆土，矧今卜并吉。肆朕诞以尔东征，天命不僭，卜陈唯若兹。

方是时，武王之旧臣，皆欲从王征伐，故王曰，天若欲休息此前宁人者，予何敢尽用卜，敢不从众而止乎？今宁人指我以疆域所至，不可坐受侵略，况今卜并吉，是天欲征，而不欲休也。我其必往，盖卜之久矣。陈，久也。《盘庚》《大诰》皆违众自用者所以借口也。使盘庚不迁都，周公不摄政，天下岂有异议乎？平居无事，变乱先王之政，而民不悦，则以盘庚、周公自比，此王莽所以作《大诰》也。

3.《尚书全解》卷二十七《周书》

（宋）林之奇撰

（归善斋按，见"越天棐忱，尔时罔敢易法"）

4.《尚书讲义》卷十三

（宋）史浩撰

（归善斋按，见"王若曰，猷！大诰尔多邦"）

5.《尚书详解》卷十八《周书·大诰》

（宋）夏僎撰

（归善斋按，见"予永念曰，天唯丧殷"）

6.《增修东莱书说》卷十九《周书·大诰第九》

（宋）吕祖谦撰，（宋）石澜增修

天亦唯休于前宁人。予曷其极卜，敢弗于从。率宁人有指疆土，矧今卜并吉。

谓天降休命于武王也，以天命观，既归于成王；以祖宗观，武王复已受天之休，又何待于卜，自当从天命以东征，以率循前人所指画之疆土，况今卜又并吉。

7.《尚书说》卷五《周书·大诰》

（宋）黄度撰

(归善斋按，见"予永念曰，天唯丧殷")

8.《絜斋家塾书钞》卷十《周书·大诰》

（宋）袁燮撰

(归善斋按，见"予永念曰，天唯丧殷")

9.《书经集传》卷四《周书·大诰》

（宋）蔡沈撰

(归善斋按，另见"予永念曰，天唯丧殷")

予曷其极卜，敢弗于从。率宁人有指疆土，矧今卜并吉。肆朕诞以尔东征。天命不僭，卜陈唯若兹。

我何敢尽欲用卜，敢不从尔勿征，盖率循宁人之功，当有指定先王疆土之理，卜而不吉，固将伐之，况今卜而并吉乎？故我大以尔东征，天命断不僭差，卜之所陈盖如此。

按，此篇专主卜言。然其上原天命，下述得人；往推宁王、宁人不可不成之功，近指成王、邦君、御事不可不终之责，谆谆乎民生之休戚，家国之兴丧，恳恻切至，不能自已。而反复终始乎卜之一说，以通天下之志，以断天下之疑，以定天下之业，非"聪明睿知，神武而不杀"者，孰能与于此哉。

10.《尚书精义》卷三十三《周书·大诰》

（宋）黄伦撰

(归善斋按，见"予永念曰，天唯丧殷")

11. 《尚书详解》卷二十七《周书·大诰》

（宋）陈经撰

（归善斋按，见"予永念曰，天唯丧殷"）

12. 《融堂书解》卷十一《周书·大诰》

（宋）钱时撰

（归善斋按，见"肆哉，尔庶邦君，越尔御事"）

13. 《尚书要义》

（宋）魏了翁撰

（归善斋按，原缺）

14. 《书集传或问》卷下《康诰》

（宋）陈大猷撰

（归善斋按，未解）

15. 《尚书详解》卷七《周书·大诰第九》

（宋）胡士行撰

（归善斋按，见"肆哉，尔庶邦君，越尔御事"）

16. 《书纂言》卷四上《周书·大诰》

（元）吴澄撰

（归善斋按，见"肆哉，尔庶邦君，越尔御事"）

17. 《书集传纂疏》卷四下《朱子订定蔡氏集传·周书·大诰》

（元）陈栎撰

（归善斋按，另见"予永念曰，天唯丧殷"）

予曷其极卜，敢弗于从。率宁人有指疆土，矧今卜并吉。肆朕诞以尔东征。天命不僭,卜陈唯若兹。

我何敢尽欲用卜,敢不从尔勿征。盖率循宁人之功,当有指定先王疆土之理,卜而不吉,固将伐之,况今卜而并吉乎?故我大以尔东征。天命断不僭差,卜之所陈盖如此。

按此篇专主卜言。然其上原天命,下述得人;往推宁王宁人不可不成之功,近指成王、邦君、御事不可不终之责,谆谆乎民生之休戚,家国之兴丧,恳恻切至不能自已。而反复终始乎卜之一说,以通天下之志,以断天下之疑,以定天下之业,非"聪明睿知,神武而不杀"者,孰能与于此哉?

纂疏:

如周诰诸篇,不过说周合代商之意,是当时说话其间,多有不可解者,亦且观其大意所在而已。

《书》亦难点,如《大诰》语句甚长,今人都碎读了,所以不晓得。

陈氏曰,天丧殷,若农夫治田,去其稂莠,绝其本根,勿使有遗种,方为终其事。武庚叛而不讨,是不终朕亩也。

袁氏曰,武王创业,普天皆王土。今当率循武王有指意之疆土,使人得以僭窃,而不全有其所覆,岂宁王之指意乎?

真氏曰,此章以"予永念"发端,下分三说,天命丧殷,我不可不终其事,一也;天降休命于武王,凡今日所有疆土,皆前人所区画,我可不率其旧,如韩文"唯天、唯祖宗所以付任予者,在此予曷敢不力",二也;下言今卜并吉,是实天命,我所不可违,三也。"予曷其极卜"言不必穷极于卜也。"卜陈唯若兹",言卜亦不能外于此也。先以理断,而后以卜参之,盖不特不违卜,亦本不专恃于卜也。

董氏鼎曰,商之亡也,格人元龟,罔敢知吉。周之东征也,民献于翼,而卜又并吉,参人以天,证天以人,盖如此。

余氏苞舒曰,宁考、宁王、宁人、前宁人一意。

篇末"休于前宁人""宁人有指疆土",文意尤明。

愚按,"予永念曰",只当至"卜陈唯若兹"合为一章。我深思言,天丧殷,若穑夫之除草,我曷敢不终朕亩乎?天亦唯降休命于武王,我亦何待穷极于卜,敢不唯天是从,以率循武王指画之疆土乎?况今卜又并吉乎。意谓东征之举,以天命与先王之责决之,本不待卜,况今卜又并吉,故我大以尔东征,天命讨罪,决不僭差,卜之所陈盖如此。此总陈前诸章之意而结之,以哲人与元龟知天意之当从,前业之当终,而决于东征也。

18.《读书丛说》卷六《大诰》

(元) 许谦撰

(归善斋按,未解)

19.《书传辑录纂注》卷四《周书·大诰》

(元) 董鼎撰

予曷其极卜,敢弗于从。率宁人有指疆土,矧今卜并吉。肆朕诞以尔东征。天命不僭,卜陈唯若兹。

我何敢尽欲用卜,敢不从尔勿征。盖率循宁人之功,当有指定先王疆土之理,卜而不吉,固将伐之,况今卜而并吉乎?故我大以尔东征。天命断不僭差,卜之所陈盖如此。

按此篇专主卜言。然其上原天命,下述得人;往推宁王、宁人不可不成之功,近指成王、邦君、御事不可不终之责,谆谆乎民生之休戚,家国之兴丧,恳恻切至不能自已。而反复终始乎卜之一说,以通天下之志,以断天下之疑,以定天下之业,非"聪明睿智,神武而不杀"者,孰能与此哉。

辑录:

如周诰诸篇,不过说周合代商之意,是当时说话其间,多有不可解者,亦且观其大意所在而已。

《书》亦难点。如《大诰》语句甚长,今人都碎读了,所以不晓得。

纂注:

新安陈氏曰,前一节,只当与此合为一章。

真氏曰,此章以"予永念"发端,下分三说。天命丧殷,我不可不终其事,一也;天降休命于武王,凡今所有之疆土,皆前人之所区画,我可不率其旧,如韩愈所谓"唯天、唯祖宗所以付任予者,庶其在此予曷敢不力",二也;其下乃言今卜并吉,是天实命,我所不可违，三也。"予曷其极卜"，言不必穷极于卜也。"卜陈唯若兹"，言卜亦不外乎此也，先以理断，而后以卜参之，盖不特不违卜，亦本不专恃于卜也。

愚谓，帝王之决大疑，必"询谋佥同""谋及乃心"，卿士、庶民而后及卜筮。盖以人谋既协，乃决于天。商之亡也，格人元龟，罔敢知吉。周之东征也，"民献十夫予翼"，而卜又并吉，此《大诰》一书，所以始终言之。

（归善斋按，另见"予永念曰，天唯丧殷"）

20.《尚书句解》卷七《周书·大诰第九》

（元）朱祖义撰

天亦唯休于前宁人（今灭武庚可以必胜者，天亦以此休美于前宁人武王）。予曷其极（我后人何能至此极至也），卜敢弗于从（卜之既吉敢不往从之）。

21.《尚书日记》卷十《周书·大诰》

（明）王樵撰

（归善斋按，另见"予永念曰，天唯丧殷"）

"予曷其极卜"至"卜陈唯若兹"。

"指"与"耆"同。《左传》引《诗》"耆定厥功"，陆音旨，"耆定"犹指定也。上既历解其"艰大"之疑，此章又释其"违卜"之意。谓大事以人谋为本，我亦何敢尽欲用卜，敢不从尔勿征乎？唯佐武王以开疆土，此宁人之功，有待于后人之继者也。此功不循，不但无以休于前宁人，而先王之疆土为他人所窃据，则又不但朕躬不终之责而已。若率循其功，则讨叛伐罪，王威自当丕扬于海表。除残去暴，疆土岂容窃据于他人。指定先王疆土，此实事理之显然而可见者也，卜而不吉，固将伐之，况今卜而并吉乎？肆朕大以尔东征，言必往矣。"天命不僭"，言必克矣。卜之所陈，已明告如此矣。

蔡传总结，上原天命，下述得人；往推宁王宁人不可不成之功，近指成王、邦君、御事不可不终之责，而反复始终卜之一说云云，最得一篇大意。

周家四大事，皆定于卜，伐商也，都洛也，东征也，武王之疾瘳也。皆圣人诚信合天之效，非寻常区区卜数之间也。《洪范》极言其理曰，"是之谓大同，身其康强，子孙其逢吉"。吁！卜之为道，岂小也哉。非知天者，不足以用之。

22. 《日讲书经解义》卷七《周书·大诰》

（清）库勒纳等撰

（归善斋按，另见"予永念曰，天唯丧殷"）

予曷其极卜，敢弗于从。率宁人有指疆土，矧今卜并吉。肆朕诞以尔东征。天命不僭，卜陈唯若兹。

此一节书，诰戒既终，反复申明用卜之意也。极卜，尽用卜也。指，定也。僭，差也。成王又曰，予观尔群臣，欲我违卜勿征，无非以此事重大之故，诚为美意。予亦何敢尽欲用卜，而不从尔勿征之言乎。然有必不可从者，凡国家所有之疆土，皆宁王受之于天，而宁人所以辅成之者也。今武庚不靖，海内骚然，将谓率循成模开扩前功之义何在？今日之事，即于人事可决，不待卜之吉不吉也，况今所卜，复皆吉乎？此朕所以大以尔东征也。盖天命讨罪，断乎不爽，但卜兆所陈，实有显然而可豫定者，尔等复何疑惧哉？

按《大诰》一篇，首言天命当从，前业当终，以见不可不征之意；次言人心乐从，生民涂炭，以见不可不征之势；又始终申明卜之一说，以见不必惮征之意。临大事而能果断，又反复诰戒，肫诚恳恻，其所以能承天休，以成祖业，一举而定大难者，良有以也。至于篇内"肯堂""肯获"之言，尤可为守成之懿训哉。

《读书管见》卷下《大诰》

（元）王充耘撰

（归善斋按，见"予永念曰，天唯丧殷"）

《尚书疑义》卷五《大诰》

（明）马明衡撰

（归善斋按，见"肆哉，尔庶邦君，越尔御事"）

率宁人有指疆土，矧今卜并吉

1.《尚书注疏》卷十二《周书》

（汉）孔氏传，（唐）陆德明音义，（唐）孔颖达疏

率宁人有指疆土，矧今卜并吉。

传，循文王所有指意，以安疆土，则善矣。况今卜并吉乎？言不可不从。

疏，正义曰，我循彼宁人所有指意，以安疆土，不待卜筮，便即东征已自善矣。况今卜东征，而龟并吉。

传，正义曰，文王之指意，欲令天下疆土皆得其宜。有叛逆者，自然须平定之。我直循彼文王所有指意伐叛，则已善矣，不必须卜筮也。况今卜并吉乎？言不可不从也。王肃云，顺文王安人之道，有指意尽天下疆土，使皆得其所，不必须卜筮也。况今卜三龟皆吉，明不可不从也。

2.《书传》卷十一《周书》

（宋）苏轼撰

（归善斋按，见"天亦唯休于前宁人"）

3.《尚书全解》卷二十七《周书》

（宋）林之奇撰

率宁人有指疆土，矧今卜并吉。肆朕诞以尔东征。天命不僭，卜陈唯若兹。

言天下之疆，理莫非王者之土，皆前人之指意者，我但率循谨守之而已矣。今三监之叛，使欺王略，固不可不征，以奠其疆界，况于卜龟而并吉，则其胜之也必矣。故今我大以尔邦君、御事东向征之。夫命之于天，无有差忒，卜之所陈，既已若是，可以无疑矣。王氏曰，武庚所择以为商臣，三叔周所任以商事者也。其材似非庸人，方主幼国疑之

时，相率而为乱，非周公往征，则国家安危存亡，殆未可知。然承文武之后，贤人众多，而迪知上帝，以决此议者，十夫而已。况后世之末，流欲大有为者，乃欲取同于污俗之众人乎？王氏此言，假之以为新法之地也。故每于盘庚迁都，周公东征以傅会其说，而私言之，以寓其意焉。殊不知己之所为，与盘庚、周公之事相近，而实不侔也。盘庚之迁都，将以奉上天之命，而复先王之业也，不迁则有垫溺之患。周公之东征，亦将以奉上天之命，而终前人之功也，不征则有割据之祸。而当时，邦伯、师长、邦君、御事，玩一时之安，而不虑他日之忧，故扇为异论，以摇其上。盘庚、周公于此，唯不忍以利驱，而势迫之，故丁宁反复，至于再三，必使之心悦诚服而后已，非是诰之而不从，则遂胁之以刑威，而有所不恤也。盖必使其心皆信其所为，而后与之共事。使其诰之而不从，而遂有所不恤，则其与不诰也，何以异哉。故盘庚之迁，周公之征，虽其始也有异同之论，而其既已诰之矣，则莫不改心易虑，唯上之是听，不独民献十夫以为可征也。如王氏之说，则是周公之东征，决其议者十夫而已，其余无预也。苏氏曰，《盘庚》《大诰》皆违众自用者所以借口，盖为王氏而发也。

4. 《尚书讲义》卷十三

（宋）史浩撰
（归善斋按，见"王若曰，猷！大诰尔多邦"）

5. 《尚书详解》卷十八《周书·大诰》

（宋）夏僎撰
（归善斋按，见"予永念曰，天唯丧殷"）

6. 《增修东莱书说》卷十九《周书·大诰第九》

（宋）吕祖谦撰，（宋）石澜增修
（归善斋按，见"天亦唯休于前宁人"）

7.《尚书说》卷五《周书·大诰》

（宋）黄度撰

（归善斋按，见"予永念曰，天唯丧殷"）

8.《絜斋家塾书钞》卷十《周书·大诰》

（宋）袁燮撰

率宁人有指疆土，矧今卜并吉。肆朕诞以尔东征。天命不僭，卜陈唯若兹。

指，指意也。当武王克商，普天之下莫非王土。使他人得以据之，而不全有所覆，岂宁王之指意乎？我今日所以必往，道理既已如此，何况我之卜并吉，可不往乎？大凡为人子孙，受前人全盛之天下，苟为他人所据，而不能全而覆之，失为子孙之道矣。武王全有天下，今三监叛乱，周公便肯已乎？"卜陈唯若兹"，言卜之道如是而已也。

读大诰一篇，须看三监叛乱，周公东征三年，"罪人斯得"，何故？处天下大变而所为必成如此，只详味此书，便可见矣。这卜极有深意，盖邦君、御事见武王崩，三监叛，皆疑周家之天命，未必能永。周公以为吾卜之鬼神，而卜并吉矣，是天意灼然可知，天命断然不易矣。又况今日，四国蠢动，而明日有"十夫予翼"，天意尤更可见。所以此一篇书，多说卜，又说十夫，盖以此，而破当时人心之疑，使之释然，知天命之在我也。圣贤言语真切，当一句是一句。若泛泛说一篇，如何感动得人。观此处，便见得古人所以处天下之事，而能必于有成者，不特此也。如盘庚之迁，都须看他如何终于迁得成，如周家之安商民，须看他如何抚循之，使之帖然不动。能如此看，便是经历也。然于此又可以观古今之变，且后世朝廷，卒然有非常之变，若使人主谆谆而告之，以为吾卜之鬼神而吉，尔不可不往，人谁我信。而古人如此说，人皆信之，何哉？此却是在平日有工夫。盖古之时，上下之间，此心相孚，上有言焉，人无敢不信。后世上下相疑，平日不曾做得工夫，一旦如何，以空言动得人，然人心依旧自在，亦未常有不可感动者。唐德宗奉天之祸，可谓极矣，然一下罪已之诏，而武夫悍卒无不流涕，人心亦何尝不可感动哉。

9.《书经集传》卷四《周书·大诰》

（宋）蔡沈撰

（归善斋按，见"天亦唯休于前宁人"）

10.《尚书精义》卷三十三《周书·大诰》

（宋）黄伦撰

率宁人有指疆土，矧今卜并吉。肆朕诞以尔东征。天命不僭，卜陈唯若兹。

东坡曰，今宁人指我以疆域所至，不可坐受侵略，况今卜并吉，是天欲征，不欲休也。《盘庚》与《大诰》皆违众自用者所以借口也。使盘庚不迁都。周公不摄政。岂有异议乎。平居无事变乱先王之政，而民不悦，则以盘庚与周公自比，此王莽所以作《大诰》也。

张氏曰，天虽难忱，其示人以吉凶之命，而无有僭差，卜之所陈者如此。此三监、淮夷不可不征也。

荆公曰，武庚，周所择以为商后；三叔，周所任以商事者也。其材皆非庸人，方主幼、国疑之时，相率而为乱，非周公往征，则国家安危存亡，殆未可知。然承文武之后，贤人众多，而迪知上帝，以决此议者，十夫而已，况后世之末，流欲大有为，而乃欲取同于污俗之众人乎。

11.《尚书详解》卷二十七《周书·大诰》

（宋）陈经撰

（归善斋按，见"予永念曰，天唯丧殷"）

12.《融堂书解》卷十一《周书·大诰》

（宋）钱时撰

（归善斋按，见"肆哉，尔庶邦君，越尔御事"）

13.《尚书要义》

（宋）魏了翁撰

（归善斋按，原缺）

14.《书集传或问》卷下《康诰》

（宋）陈大猷撰

（归善斋按，未解）

15.《尚书详解》卷七《周书·大诰第九》

（宋）胡士行撰

（归善斋按，见"肆哉，尔庶邦君，越尔御事"）

16.《书纂言》卷四上《周书·大诰》

（元）吴澄撰

（归善斋按，见"肆哉，尔庶邦君，越尔御事"）

17.《书集传纂疏》卷四下《朱子订定蔡氏集传·周书·大诰》

（元）陈栎撰

（归善斋按，见"天亦唯休于前宁人"）

18.《读书丛说》卷六《大诰》

（元）许谦撰

（归善斋按，未解）

19.《书传辑录纂注》卷四《周书·大诰》

（元）董鼎撰

（归善斋按，见"天亦唯休于前宁人"）

20.《尚书句解》卷七《周书·大诰第九》

（元）朱祖义撰

率宁人有指疆土（今我循守安天下之武王指我疆土所至，不容坐受其侵略），矧今卜并吉（况今卜之龟而三兆并吉）。

21.《尚书日记》卷十《周书·大诰》

（明）王樵撰

（归善斋按，见"天亦唯休于前宁人"）

22.《日讲书经解义》卷七《周书·大诰》

（清）库勒纳等撰

（归善斋按，见"天亦唯休于前宁人"）

《读书管见》卷下《大诰》

（元）王充耘撰

（归善斋按，见"予永念曰，天唯丧殷"）

《尚书疑义》卷五《大诰》

（明）马明衡撰

（归善斋按，见"肆哉，尔庶邦君，越尔御事"）

肆朕诞以尔东征，天命不僭，卜陈唯若兹

1.《尚书注疏》卷十二《周书》

（汉）孔氏传，（唐）陆德明音义，（唐）孔颖达疏

肆朕诞以尔东征，天命不僭，卜陈唯若兹。

传，以卜吉之故，大以汝众东征四国，天命不僭差，卜兆陈列，唯

此吉，必克之，不可不勉。

音义，僭，子念反。

疏，正义曰，以吉之故，我大以尔东征四国，天命必不僭差，卜兆陈列，唯若此吉，不可不从卜，不可不勉力也。

传，正义曰，天命不僭者，天意去恶与善其事，必不僭差，言我善而彼恶也。卜兆陈列，唯若此吉，言往必克之，不可不勉力。

2.《书传》卷十一《周书》

（宋）苏轼撰

（归善斋按，见"天亦唯休于前宁人"）

3.《尚书全解》卷二十七《周书》

（宋）林之奇撰

（归善斋按，见"率宁人有指疆土"）

4.《尚书讲义》卷十三

（宋）史浩撰

（归善斋按，见"王若曰，猷！大诰尔多邦"）

5.《尚书详解》卷十八《周书·大诰》

（宋）夏僎撰

（归善斋按，见"予永念曰，天唯丧殷"）

6.《增修东莱书说》卷十九《周书·大诰第九》

（宋）吕祖谦撰，（宋）石澜增修

肆朕诞以尔东征。天命不僭，卜陈唯若兹。

今我以尔东征，天命更无僭差。卜之所陈亦不过如此。

大诰一篇之意，以卜为主。然始也，先言"十夫予翼"，然后言"朕卜并吉"；中也，先言"今，天相民"，然后言"亦唯卜用"；其终，亦先言"天休宁人"，然后言"今卜并吉"。盖卜筮之本，先人而后天，此王者举事之意,参人以天,非专信卜筮也。

7.《尚书说》卷五《周书·大诰》

(宋)黄度撰

肆朕诞以尔东征。天命不僭。卜陈唯若兹。

僭,差;卜,陈,陈其卜之得吉也。众人揣度事势,故以为"艰大"而不可征,周公凭藉前烈审察天命,故专陈卜吉,以为当必征。古人作事反复议论,穷尽事理,皆如此。

8.《絜斋家塾书钞》卷十《周书·大诰》

(宋)袁燮撰

(归善斋按,见"率宁人有指疆土")

9.《书经集传》卷四《周书·大诰》

(宋)蔡沈撰

(归善斋按,见"天亦唯休于前宁人")

10.《尚书精义》卷三十三《周书·大诰》

(宋)黄伦撰

(归善斋按,见"率宁人有指疆土")

11.《尚书详解》卷二十七《周书·大诰》

(宋)陈经撰

(归善斋按,见"予永念曰,天唯丧殷")

12.《融堂书解》卷十一《周书·大诰》

(宋)钱时撰

(归善斋按,见"肆哉,尔庶邦君,越尔御事")

13. 《尚书要义》

（宋）魏了翁撰

（归善斋按，原缺）

14. 《书集传或问》卷下《康诰》

（宋）陈大猷撰

（归善斋按，未解）

15. 《尚书详解》卷七《周书·大诰第九》

（宋）胡士行撰

（归善斋按，见"肆哉，尔庶邦君，越尔御事"）

16. 《书纂言》卷四上《周书·大诰》

（元）吴澄撰

（归善斋按，见"肆哉，尔庶邦君，越尔御事"）

17. 《书集传纂疏》卷四下《朱子订定蔡氏集传·周书·大诰》

（元）陈栎撰

（归善斋按，见"天亦唯休于前宁人"）

18. 《读书丛说》卷六《大诰》

（元）许谦撰

（归善斋按，未解）

19. 《书传辑录纂注》卷四《周书·大诰》

（元）董鼎撰

（归善斋按，见"天亦唯休于前宁人"）

20. 《尚书句解》卷七《周书·大诰第九》

（元）朱祖义撰

肆朕诞以尔东征（故我大以尔庶邦东征），天命不僭（今日天命已一定决不僭差），卜陈唯若兹（卜之所陈又如此，汝不可以不从）。

21. 《尚书日记》卷十《周书·大诰》

（明）王樵撰

（归善斋按，见"天亦唯休于前宁人"）

22. 《日讲书经解义》卷七《周书·大诰》

（清）库勒纳等撰

（归善斋按，见"天亦唯休于前宁人"）

《尚书疑义》卷五《大诰》

（明）马明衡撰

（归善斋按，见"肆哉，尔庶邦君，越尔御事"）